U0949560

长宁年鉴

CHANGNINGNIANJIAN

2011

《长宁年鉴》编纂委员会

方志出版社

《长宁年鉴》编纂委员会

主　　任　李耀新
副 主 任　周文贤　陆继业
委　　员　（按姓氏笔画为序）
叶　苗　宋嘉禾　张永珍　张　源
张　磊　李世樑　李荣华　杨解平
邱　刚　陈卫东　周　崴　林可嗣
金其根　姚　期　施文雄　赵成樑
唐如康　夏利民　钱雪娃　顾　健
龚　明　葛　敏　潘　敏

办公室主任　施文雄

《长宁年鉴》编辑部

主　　编　施文雄
副 主 编　屠宝麟
执行副主编　颜小忠
编　　辑　查斐佳　徐德生　汤翠萍　郑兆永

审稿单位　上海市地方志办公室

重要政务

1 中共长宁区第八届委员会第十四次全体会议（《长宁时报》供稿）

2 长宁区第十四届人民代表大会第七次会议（《长宁时报》供稿）

3 长宁区政协第十二届委员会第四次会议（区政协供稿）

1

2

重要政务

1 4月27日，长宁区召开庆祝“五一”国际劳动节暨劳模先进表彰大会

（区总工会供稿）

2 2月2日，长宁区召开党政军迎春座谈会

（《长宁时报》供稿）

3 1月29日，长宁区人民政府、市金融服务办公室、上海联合产权交易所共同举办2010虹桥资募港高峰论坛

（《长宁时报》供稿）

3

市容新貌

1 长宁区虹桥中心花园
（郑惠国供稿）

2 长宁区长宁路苏州河沿岸景观
（郑惠国供稿）

3 3月16日，虹桥机场2号航站楼投入使用（机场集团供稿）

4 延安西路两侧灯光夜景
（区世博办供稿）

1

市容新貌

1 虹桥综合交通枢纽全线通车
（郑惠国供稿）

2 苏州河沿岸（长宁段）景观
（区世博办供稿）

3 北翟高架道路
（郑兆永供稿）

4 区废弃物处置中心
（郑兆永供稿）

3

4

1

2

市容新貌

1 泸定路桥（郑兆永供稿）

2 长宁民俗文化中心（区档案馆供稿）

3 苏州河景观（区档案馆供稿）

3

1

经济发展

1 长宁区百联西郊购物中心与长宁区文化局联手举行城市文化广场周周演活动 （郑惠国供稿）

2 9月16日，长宁区举行“欢乐世博、缘聚长宁”2010上海旅游节、购物节长宁区活动暨虹桥文化之秋艺术节开幕式 （郑惠国供稿）

3 10月16日，长宁区黄金城道步行街举行德国HB黄金啤酒节 （郑惠国供稿）

2

3

1

2

3

4

经济发展

1 5月18日，服务世博——“仙霞美食”文化节开幕　　（区世博会供稿）

2 9月28日，举行仙霞美食文化节——美食无国界、世博冷盘菜系厨艺大比武，12家专业酒家和5户外籍居民pK厨艺　　（郑惠国供稿）

3 7月27日，上海对外贸易学院举行WTO教席计划启动仪式　　（上海对外贸易学院供稿）

4 长宁百联西郊购物中心　　（郑惠国供稿）

1

2

3

经济发展

1 区工商执法人员在超市检查（区工商局供稿）

2 区食品药品监督局人员检查药品（区食品药品监督管理局供稿）

3 长宁区黄金城道步行街举行首届汽车文化周（郑惠国供稿）

4 长宁“龙之梦”迎春气氛浓（郑惠国供稿）

4

1

2

3

社会生活

1 开展“人人学会游泳”活动（区体育局供稿）

2 2月23日，举行上海市控烟条例实施宣传周活动（区爱卫办供稿）

3 元宵节前夕，长宁区残疾人艺术团举行联欢活动（区残联供稿）

4 造血干细胞志愿者正在采样入库（区卫生局红十字会供稿）

5 友谊商城举办爱而秀艺术生活用品义拍（郑惠国供稿）

4

5

1

2

3

社会生活

1 慈善义卖矿泉水 （区致公党供稿）

2 各界人士在长宁区青聪泉儿童培训中心为自闭症儿童献爱心 （郑惠国供稿）

3 虹桥中心花园的人工湖成了社区钓鱼爱好者的乐园 （郑惠国供稿）

4 韩哲一扶贫基金会举行慈善绘画活动，来自韩哲一家乡山东几十位画家挥豪作画 （郑惠国供稿）

4

社会生活

1 外籍学生在长宁民俗文化中心的老街，学当小店员 （郑惠国供稿）

2 国外学生在长宁民俗文化中心学民俗文化 （郑惠国供稿）

3 长宁区残联举行2010长宁区残疾人群众体育比赛活动 （郑惠国供稿）

4 4月18日，长宁区政府和市服饰学会联合主办“玉兰绽放世博年——2010海派旗袍风采展示”活动 （区世博办供稿）

1

2

3

4

1

2

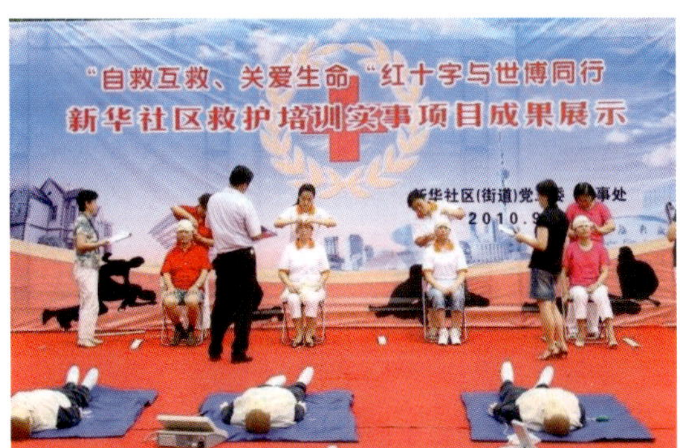

3

4

社会生活

1 7月30日，世界卫生组织总干事陈冯富珍考察新泾镇　　（新泾镇供稿）

2 区检察院长做客东方网谈未成年人犯罪预防　　（区检察院供稿）

3 社区居民参加救护培训演练活动　　（区红十字会供稿）

4 市检察院副检察长柳小秋、区人大副主任鲁德喜为社区检察室揭牌　　（区检察院供稿）

5 区司法局、区律工委举办2010年长宁区律师工作年会　　（区司法局供稿）

5

1

社会生活

1 4月25日，世界地球日活动现场，彰显各国家庭环保科普理念　（区科委供稿）

2 12月，民进区委举行“建立社情民意采集点签约仪式”（民进长宁区委供稿）

2

3

4

3 日本大阪府枚方市政府代表团参观华阳社区文化活动中心（区外事办供稿）

4 6月5日，在上海动物园爱心日活动中，中外志愿者与病残儿童一起欢乐游（郑惠国供稿）

1

2

3

精神文明

1 3月4日，长宁区总工会举办第二十一届“三八”姐妹运动会（区总工会供稿）

2 9月29日，长宁区华阳路街道举行凝聚之夜国庆文艺汇演（郑惠国供稿）

3 5月1日，“情满浦江悦动长宁”世博周周演开幕式（区文化局供稿）

4 10月1日，长宁区举行盛世欢歌庆祝国庆61周年文艺演出活动（郑惠国供稿）

4

精神文明

1 10月31日，上海市盲童学校学生参加2010年上海世博会闭幕式（区教育局供稿）

2 12月3日，境外优秀志愿者在区世博会志愿者工作总结表彰大会作交流发言（区委宣传部供稿）

3 2010年上海市“白玉兰纪念奖”授奖仪式（区外事办供稿）

4 为迎世博、洛阳牡丹花上海分会场暨第五届法华牡丹文化节开幕式在中山公园举行（郑惠国供稿）

1

2

3

4

1

2

精神文明

1 长宁沪剧团2010年代表作《梦圆曲》剧照（区文化局供稿）

2 中外人士在长宁区工人文化宫的外语沙龙平台进行中外文化交流（郑惠国供稿）

3 社区居民到长宁区革命文物陈列馆参观（郑惠国供稿）

3

1

精神文明

1 11月，第8届“虹桥文化之秋”艺术节闭幕式（区文化局供稿）

2 长宁区华阳路街道机关青年为社区群众表演文艺节目（郑惠国供稿）

3 12月，《上海市长宁区志（1993-2005）》出版（郑兆永供稿）

4 长宁区天都商厦坚持二年的爱心便民免费轿车已服务十几万人次（郑惠国供稿）

2

3

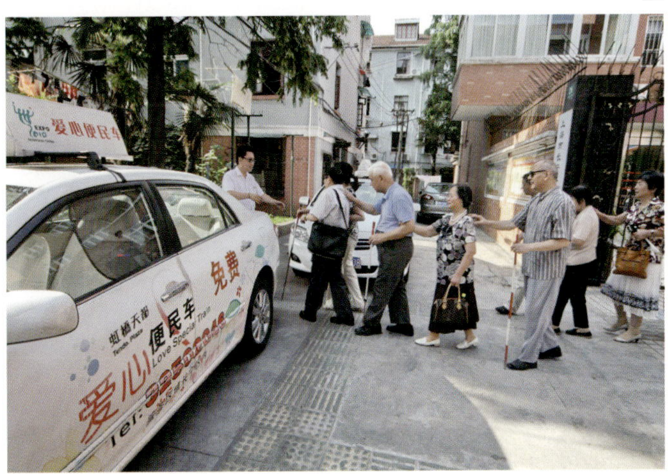

4

迎办世博

1 3月31日，区公安干警开展“3·31”集中清查整治行动（区世博办供稿）

2 2010年，改造后的北渔路民俗文化中心（区世博办供稿）

3 4月9日，公安长宁分局在长宁文化艺术中心举行世博安保临战誓师大会（区世博办供稿）

4 “和谐之景”主题绿化景点（区绿化和市容管理局供稿）

1

2

3

4

迎办世博

1 长宁区83岁离休干部卓志军画百幅儿童肖像迎世博　（郑惠国供稿）

2 5月12日，世博国际参展方、联合国馆馆长贝楠（右二）参观华阳社区文化活动中心　（区世博办供稿）

3 5月12日，"参展国进长宁"活动合影　（《长宁时报》供稿）

4 5月14日，世博会法国罗阿大区表演团在中山公园表演　（区文化局供稿）

1

迎办世博

1 5月27日，长宁区举行千名老人看世博首发仪式

（区民政局供稿）

2 来自全市140名中外儿童聚集在充满欧陆风情的长宁区黄金城道步行街，参加由区虹桥办、文化局主办的“印象·世博 第二届上海古北黄金城道杯国际儿童街头绘画友谊赛”

（郑惠国供稿）

2

3

4

3 7月17日，长宁法院书记员刘洁在世博会担任志愿者工作

（区法院供稿）

4 长宁区在华东政法大学举行2010年中国文化遗产日长宁区系列活动开幕暨畅享世博，长宁经典老建筑文化之旅发车仪式

（郑惠国供稿）

1

2

4

3

迎办世博

1 世博园区与站点志愿者（区世博办供稿）

2 外籍居民世博志愿者（区世博办供稿）

3 北新泾街道参加世博会塞内加尔馆日活动（区世博办供稿）

4 8月10日，接待南非非国大经济论坛代表团（区侨办供稿）

5 长宁区举行世博工作总结表彰大会（《长宁时报》供稿）

5

编辑说明

CHANGNINGNIANJIAN 2011

一、《长宁年鉴》是年度资料性文献。在中共长宁区委、区政府领导下，由《长宁年鉴》编纂委员会主持编纂。本年鉴以马列主义、毛泽东思想、邓小平理论和“三个代表”重要思想为指导，深入贯彻落实科学发展观，全面系统地反映长宁区政治、经济、文化、社会等的新成就、新经验、新情况、新问题，力求体现时代特征，地方特点，年度特色，为各级领导和有关部门的决策提供借鉴和依据，为社会各界人士了解长宁提供信息，为续编区志积累资料。

二、《长宁年鉴（2011）》是长宁区综合性地方年鉴的第11卷，记载时间为2010年1月1日至12月31日。《长宁年鉴（2011）》按栏目—分目—条目三级结构层次编排，以条目为主要信息载体和记述的基本形式，条目标题以■为标志。本年鉴根据2010年区情实际，对栏目、分目设置作了一些调整。卷首设编辑说明、特载、大事记、长宁概貌。卷中设28个栏目、187个分目、1457个条目，有串文照92帧。卷末设先进集体 先进个人，区党政机关 人民团体及街道 镇负责人名录，统计资料，区委、区政府和区委办、区政府办主要文件目录，索引。

三、本年鉴栏目之首，一般设“综述”，以记述机构、部门、系统年度工作的总体情况，分目之首设“概况”，以记述该分目事物是年的概况。

四、本年鉴条目由区各部委办局、街道（镇）及区境内有关单位指定专人撰写，并经单位领导审核，由《长宁年鉴》编辑部负责编纂。撰稿人姓名署于各条目之后，栏目编辑姓名署名于各栏目之后，均加圆括号；图片说明文字后注明摄影者姓名或提供单位名称，并加圆括号。年鉴中“统计资料”由区统计局提供，条目中的数据如与此有出入，应以“统计资料”为准。

五、本年鉴对各条目之间的交叉重复，在分清主次和相互协调的基础上，采取平衡删留、区别视角等不同方法记述。

目录

CHANGNINGNIANJIAN 2011

目录

CHANGNINGNIANJIAN
2011

目录

CHANGNINGNIANJIAN

2011

目录

CHANGNINGNIANJIAN
2011

目录

CHANGNINGNIANJIAN 2011

目录

CHANGNINGNIANJIAN

2011

目录

CHANGNINGNIANJIAN

2011

Contents

CHANGNINGNIANJIAN

2011

特载

TE ZAI

CHANGNINGNIANJIAN

2011

在八届区委十五次全会上的讲话

（2010年11月17日）

中共长宁区委书记 卞百平

这次全会审议通过了《中共长宁区委关于制定长宁区国民经济和社会发展第十二个五年规划的建议》（以下简称《建议》），圆满完成了各项议程，即将胜利闭幕。今天上午和下午，大家讨论非常热烈，敞开思想，踊跃发言，积极建言献策，同志们提了许多好的意见和建议，这些意见建议经梳理后将修改到区委建议稿和区政府规划纲要稿中，并在今后工作中落实。这次会议开得很成功，是一次明确方向、凝聚共识、振奋精神的会议。大会通过的“十二五”规划建议凝聚了各方智慧，体现了全区上下的共同心愿，现在关键是抓好落实。

下面，我就贯彻落实全会精神，讲三点意见。

一、统一思想，提高认识，准确把握长宁“十二五”发展的总体战略

区委关于“十二五”规划建议的起草工作，前后历时半年多，充分吸收了全区学习实践科学发展观活动和去年、今年区委10个重点调研课题的成果。过程中，区委先后听取了各部委办局街道（镇）、国有企业集团、人大代表、政协委员、区第八次党代会代表、离退休老同志以及区决策咨询专家、曾经在长宁工作过的老领导等各方面的意见，人大、政协党组分别组织了专题座谈会，区委委员、各部门各街镇主要负责同志更是多次参与了相关的讨论。可以说，这次区委建议稿起草过程中，听取意见的广度、对重要问题研究的深度，是近年来少有的。讨论中，大家认为：区委《建议》充分体现了中央和市委精神，紧密结合长宁发展的阶段性特征，既体现了方向性、前瞻性，又具有较强的操作性，是指导长宁“十二五”经济社会发展的纲领性文件。接下来，全区党员干部要认真学习、深刻领会、切实贯彻《建议》精神，把思想和行动统一到区委决策部署上来，重点要做到“五个准确把握”。

1. 准确把握长宁“十二五”发展面临的形势。一方面，未来五年仍是发展的重要战略机遇期。以经济建设为中心、推动科学发展仍然是“十二五”时期的主要任务，这也是我们各项工作包括改善民生的基础。党的十七届五中全会指出，我国仍处于可以大有作为的重要战略机遇期，要切实用好重要战略机遇期，加快推进科学发展，在发展中改善民生，通过发展促进和谐。另一方面，也要对未来五年发展中的一些不确定性因素保持清醒的头脑。一是国际金融危机的影响尚未结束，还将持续相当长一段时间，世界经济发展具有不确定性。二是通货膨胀引发的连锁反应不容忽视，其负面影响也在不断显现，中央宏观调控力度可能会进一步加大，未来宏观政策存在不确定性。三是周边地区竞争态势逼人，市委明确虹桥商务区的建设三到五年内要初具规模，周边的闵行、青浦、嘉定、普陀等区纷纷在打“虹桥”牌，长宁相对来说有先发优势，但也有土地资源短缺、商务成本相对高的劣势，而且后发的区往往有规划起点较高的优势，所以在发展中，大家一定要增强忧患意识。

总的来看，“十二五”时期，既面临难得机遇，又有新的挑战。因此，全区各级领导干部都要切实增强机遇意识、忧患意识和责任意识。抢抓机遇要突出一个“快”字。机遇稍纵即逝，机遇抓不住，优势就没有了。当然，在抢抓机遇的同时，也要强调“好”字，就是要提高发展的质量和效益。

2. 准确把握长宁“十二五”所处的发展阶段。“十二五”时期，长宁将进入建管并举、逐步过渡到以管为主的发展阶段，这是我们做好“十二五”工作的基本出发点。这个阶段有三个特点：一是资源约束越来越明显。长宁剩余可开发土地资源越来越少，这就要求我们必须走集约、内涵、优质的科学发展道路。一方面要求我们

善用资源，更加注重精品精细，进一步提高有限资源的利用效益；另一方面要求我们解放思想，走出去开拓发展空间，提升产业能级。二是产业结构调整紧迫性增强。市委"十二五"规划建议明确提出，中心城区重点发展现代服务业。区委《建议》提出，要努力使第三产业的比重达到98%左右，三产内部要加快发展以贸易为引领的现代服务业。在讨论中，大家也提到要大力发展总部经济、枢纽经济，实质就是要加快转变经济发展方式，提升产业能级，这是我们应对商务成本上升和抢抓机遇、推动转型发展的必由之路。三是改善民生、加强社会建设的任务更加突出。建管并举向以管为主过渡，要求我们进一步加强严格管理，提高管理精细化水平；要求我们不仅关注人们的工作，更要关注人们的生活，加快推进安居工程，积极发展就业、养老、帮困救助等社会事业，提供更多更好的公共服务。高水平的社会事业、优质的公共服务和管理有序、平安和谐的城区环境，本身就是投资环境，也是提升城区综合功能的应有之义。

3. 准确把握长宁"十二五"发展主线。《建议》把"加快转变经济发展方式、提升城区综合功能"作为长宁"十二五"发展的主线。这一主线，充分体现了科学发展观在长宁的贯彻落实，同时又紧密结合了长宁实际。一是要坚持统筹兼顾，实现科学发展。"加快转变发展方式"提出的是"转型发展"，"提升城区综合功能"的内涵是"民生为本"，再细化一点说，就是强调在抓经济建设的同时要抓好社会建设，这里的"社会建设"包括民生改善、文化发展、城市管理等等。二是要着力弥补功能缺失，推动全面协调发展。调研讨论中，大家认为长宁的商业、文化相对薄弱，社会事业东西布局还不够均衡，"十二五"要把薄弱的功能尽快补上去，推动全面协调发展。三是要不断增强发展后劲，实现可持续发展。经过长期发展，长宁形成了"虹桥"、"数字"、"国际"等历史积淀，"十二五"要在充分继承的基础上，实现创新发展，不断增强长宁未来持续发展的后劲。

4. 准确把握长宁"十二五"发展方针。《建议》提出的16字方针与"十一五"的发展方针既一脉相承，又体现了开拓创新。具体内容，上午耀新同志已经作了详细说明。"精品虹桥"，体现的是对"依托虹桥"、"拓展虹桥"的继承和发展，就是在虹桥枢纽周边兄弟区纷纷打"虹桥"牌的情况下，充分发挥长宁的先发优势，坚持错位竞争，抢占制高点，树立"虹桥标杆"，始终在"大虹桥"区域发展中保持领先优势。"国际商都"，既有对接"国际城区"中"国际"的内涵，又要加快发展以贸易为引领的现代服务业，同时也要提升我们的商务环境，加快发展楼宇经济和园区经济。"智慧高地"，就是在上海建设"智慧城市"过程中，充分发挥"数字长宁"的先发优势，充分重视信息化对管理的基础支撑作用，力争使长宁的信息化基础设施达到全市一流，着力解决"信息孤岛"现象，进一步拓展信息化在城市管理、公共服务等领域的应用，在数字惠民上走在全市前列。"活力城区"，就是要努力创建全国文明城区，提升市民总体素质；要不断提高创新能力，各级领导干部、我们的各支队伍和企业，都要不断解放思想、改革创新；要让老百姓安居乐业，人才脱颖而出，城区环境宜商宜居。

5. 准确把握长宁"十二五"发展的主要任务。一是要提升贸易核心功能。要紧密对接上海"四个中心"特别是国际贸易中心建设，搭建贸易平台，集聚龙头企业和机构，大力发展总部经济，优化商贸商务环境，着力提升以贸易为核心的现代服务业在整个经济结构中的比重。二是要提升商业和文化功能。商业发展要凸现商圈的理念，商圈的繁荣对楼宇经济和园区经济的发展有长远的带动作用，同时商圈也是以人为本满足周边或区域市民需求的重要载体。"十二五"不仅要把新虹桥、中山两大市级商业中心尽快繁荣起来，增强在全市乃至长三角地区的影响力，而且要把西部地区的商业发展起来。文化发展要突出重点功能性项目，这方面已经有了一些初步进展，包括虹桥国际舞蹈中心等，要力争在"十二五"中尽早取得重大突破。要积极推动商业文化融合发展，用好品牌文化资源，积极探索商、旅、文、娱融合发展的长宁特色商圈发展之路。三是要提升教育、卫生等社会事业配套功能。一方面，要积极推进社会事业设施"西进"，"十二五"要在数量上、布局结构上把这篇文章做好。另一方面，在"西进"的同时要有品牌、有质量。随着虹桥商务区建设，上海城市发展出现"西拓"的态势，我们在推进长宁西部建设发展的时候，要有西边超过东边的雄心壮志，包括临空地区商、居、办融合发展，这在规划引领、项目设计、功能提升上都对我们提出更高要求，立意上要立足辐射虹桥商务区。四是要提升环境品质。首先要把握好建设与管理的关系，建设时就要考虑到以后的管理，要为管理留空间，为后续管理创造条件。现在有些地方管理不到位就是因为当初建设时没有考虑到管理。其次要提高精细化管理水平，更加注重依靠法律法规、依靠规范和标准来提高精细化管理水平。同时，还要加强行业管理，严格执法，不仅要管好体制内，还要向体制外拓展，实现行业管理全覆盖，如教育、卫生、文化、质监等。五是要提升信息化支撑功能。信息化带来生产生活方式、管理方式的转变，政府要适应信息化时代的扁平化管理方式，加快电子政务建设，提高管理效率。在产业发展上，要大力发展电子商务、多媒体产业，继续保持长宁信息服务业领先态势。在“数字惠民”上，要继续推进数字校园、数字医疗和社区信息化，让在老百姓享受公共服务的过程更透明、更便捷。

二、突出重点，统筹兼顾，全力推进“十二五”规划目标任务落实

（一）要坚持目标引领

首先，要主动对接、找准定位，各部门、各街镇要自觉把部门工作目标融入到全区发展目标中去，找到自己在全区发展中的位置。其次，要项目支撑、务实推进，要坚持项目导向，把总体目标落实到一个个具体项目，即使是提升软实力也要有硬措施。三是要细化分解、可及可考。

（二）要突出工作重点

“十二五”期间，要做的工作很多，要统筹兼顾，更要突出重点。五年时间很快，一定要聚焦重点、突出重点。一是要聚焦“三大组团”，突出功能性、平台性项目。即使是三大组团，也要有先后次序，也要分轻重缓急。接下来，政府规划纲要要予以明确。二是要聚焦改善民生，安居工程、旧区改造要咬住目标不放，社会事业要作为硬任务去落实。三是要聚焦难点问题。如，市委、市政府关心支持的“三跨”项目要解决好，两个重点文化项目要抓紧推进，千方百计在“十二五”把这些问题解决好。

（三）要注意工作章法

1. 坚持“做标志”，树立虹桥标杆。所谓“做标志”，就是要在重要区域功能性、平台性项目上立足做标志，努力形成全市乃至长三角地区的制高点，体现转型发展、民生为本。一是重点地区要有标志性楼宇，如虹桥地区的金虹桥、尚嘉、高岛屋以及将来的98号街坊，中山地区的凯德置地、临空的SOHO等，要努力形成该地区的制高点。二是各项工作都要努力创造品牌，“十二五”期间教育、文化、卫生、城市管理、社会建设、社会管理等各条线、各街镇都要努力争创一流、做出品牌。三是在增强系统性上做标志。有时候，单个项目可能做不了标志，但通过系统考虑，把几个项目组合起来也可以形成标志，比如，虹桥“井”字型地区市政配套、楼际连通、地下空间开发等就可以组合起来，形成一个功能性的标志区域。

2. 打好“组合拳”，提升形态功能。一是项目要组合。要在规划的统领下，系统考虑各个项目的推进时序和节奏，做到有机衔接，不能单打一。比如，金虹桥国际中心竣工时，周边道路、停车、步行、地下通道等市政建设也应该顺利完工。围绕功能性项目，企业做企业的，政府做政府的，最终形成整体效应。二是部门要联动。按照系统综合、精品一流的要求，相关部门既要按照分工有序推进，又要加强综合联动，增强工作合力，这本身也是“组合拳”。同时要把政府导控与市场运作紧密结合起来，充分发挥好企业的积极性。

3. 注重“搭平台”，凝聚各方力量。建平台是社会主义市场经济条件下、信息化时代的一种必然工作方式，也是对各级干部、党和政府能力水平的考验。一是搭建信息化平台，要整合、联通各类政府信息化和党建信息化平台，提高管理水平。二是搭建区域四大资源交流合作平台，如“凝聚力工程”学会平台、“文明和谐西大门”平台，推动党组织、政府、企业和社会组织在一个平台上融合互动。三是搭建功能性贸易平台，如有关贸易论坛、大宗商品交易平台、综合电子商务平台等。四是搭建公众参与平台，如志愿者管理服务平台、城市管理公众监督平台等，加强政府与公众互动沟通。

三、弘扬精神，真抓实干，以良好工作作风确保“十二五”规划顺利实施

今天区委全会已正式通过了区委关于制定“十二五”规划的建议，长宁“十二五”时期经济社会发展的指导思想、总体思路、发展方针、目标任务、重大举措已经确定。下一步关键是要把共识转化为行动。我这里要强调的是，决策前我们调查研究、听取意见，充分发扬民主、集思广益，一旦会议讨论决定后，就要集中精力抓好落实。也就是我们以前强调的，决策前七嘴八舌、决策后咬定目标，少说多做，这点很重要。

1. 要弘扬世博精神。“十一五”期间，长宁经济社会发展取得显著成绩，这是我们各个部门、各级干部、全区人民共同努力的结果，我们始终保持了昂扬向上、攻坚克难的精神状态，特别是在迎博办博中充分展现了“凝

心聚力、激流勇进、务实创新、争创一流”的长宁世博精神。我们能够交出迎博办博的满意答卷，靠的就是在这种精神引领下形成的全区上下“心齐气顺、劲足风正”的凝聚力、“雷厉风行、说到做到”的执行力、“锐意进取、奋勇开拓”的创新力。这充分说明长宁有一支能战斗的干部队伍，有可以信赖和依靠的人民群众。讨论中，大家认为，面对“十二五”艰巨的任务，我们的干部还需要进一步提高勤于学习、敏于思考的学习力，不能固步自封、墨守陈规。应该说，弘扬世博精神，进一步提高凝聚力、执行力、创新力、学习力，现在有了很好的氛围，但也还需要各级领导在今后的工作中继续率先垂范，积极引领。

2. 要勇于改革创新。长宁发展到今天，积累的一些矛盾和问题需要我们去突破；未来五年，我们面临的困难和挑战依然很多，特别是市场化、信息化、社会化等新形势对干部的工作能力，对区委总揽全局、协调各方的能力提出了更高要求，我们要从体制机制上去进一步探索和创新，要在干部队伍的建设上进一步下力气。要继续解放思想、大胆探索，努力取得新的突破。

3. 要落实工作责任。一是要集中精力、心无旁骛，扑下身子抓工作，把心思放在抓好工作上，少考虑换届因素，切实把责任尽到位、工作做到位，以实际行动让群众选择，让组织挑选。二是要一抓到底、善始善终，确定了的事不能左右摇摆，要一抓到底，抓出成效。三是要大胆指挥、及时协调，对于难点问题要及时研究对策，排除各种阻力；工作推进中，要注重沟通和激励，对于关键时候敢于担当、敢于负责的干部，要坚持正确导向，大胆使用。

4. 要坚持群众路线。一是要坚持群众需求导向，以更大的决心和力度推进安居工程，特别是旧区改造、旧小区综合整治，公共服务提升等各项民生工作。二是要善于依靠群众做好群众工作，充分调动群众的积极性，同时要加强对群众的宣传教育和引导，不断提高市民素质。三是要鼓励群众参与，在城区管理、社区建设等方面，要鼓励群众参与。大力发展社会组织，通过购买服务等方式逐步把一部分公益性工作交给社会组织去做。四是要自觉接受群众监督，推进政府信息公开，严格依法行政，提高政府公信力，加强与群众互动沟通。

5. 要加强党建引领。一是在深化大党建工作上下功夫。要增强区域化大党建的意识，发挥好“凝聚力工程”学会平台作用，形成与驻区单位融合互动的工作格局。发挥大党建引领带动作用，落实社会建设各项任务；深入开展“创先争优”活动，提升党员活动中心功能，做好区域党员的服务工作和发动工作。二是在加强干部队伍建设上下工夫。进一步落实“三带”，领导带头，率先垂范，形成一级带一级、层层抓落实的作风。要进一步夯实“三基”，加强基层队伍建设。以社区两支队伍为重点，同时加强网格化队伍、城管执法队伍、协管员队伍、志愿者等队伍建设。

最后，再强调一下近期几项工作：

1. 抓好全会精神的学习传达和“十二五”规划纲要编制。会后，各部门、各街镇要通过中心组学习等各种形式及时学习传达全会精神。区政府要加快组织“十二五”规划纲要编制，加强对各部门专项规划的指导，增强规划体系的科学性、整体性和指导性。

2. 抓好年底各项工作的冲刺和明年工作启动。年底前，各项工作要抓紧冲刺，尤其是旧区改造、开竣工、重点社会事业项目等各项重点工作要尽全力争取完成年度工作目标。明年是“十二五”规划实施的第一年，抓好开局非常关键。各部门要抓紧开展明年重点项目的前期论证、沟通协调等相关工作，有条件的项目要争取早启动，确保明年工作早开局、开好局。

3. 时刻绷紧安全生产这根弦，抓好安全生产各项工作。静安 11 · 15 特大火灾警示我们一定要时刻绷紧安全生产这根弦。世博结束后很多工地要开工，很多项目要继续推进，我们要切实用好世博安保经验，巩固世博安保长效机制，加强安全隐患排查，杜绝安全事故和其他影响长宁平安和谐的事件发生。

4. 关注物价上涨对百姓生活的影响。加强市场管理和价格监测；结合岁末年初慰问，做好困难群众等弱势群体的生活关心、保障工作。

政府工作报告

（2010年1月19日在长宁区第十四届
人民代表大会第七次会议上）

长宁区区长 李耀新

各位代表：

现在，我代表长宁区人民政府，向大会作政府工作报告，请予审议，并请各位政协委员和其他列席人员提出意见。

一、2009年工作回顾

2009年是很不平凡的一年。面对国际金融危机的严峻挑战，面对迎世博的繁重任务，全区人民在市委、市政府和区委的领导下，深入开展学习实践科学发展观活动，紧紧围绕“四个走在前列”（现代服务业集聚发展走在前列、社会事业发展走在前列、城区信息化建设走在前列、城区环境品质走在前列）的奋斗目标，以“四个确保”（确保经济平稳较快发展、确保民生持续得到改善、确保社会和谐稳定、确保世博会筹办有序推进）为工作主线，坚定信心，克难奋进，抢抓机遇，务实开拓，完成了区十四届人大五次会议确定的目标任务。其中，完成区增加值283.17亿元，同比增长10.30%；完成全区财政收入147.27亿元，同比增长18.58%；区级财政收入达到62.95亿元，同比增长19.64%；经济楼宇竣工面积46.2万平方米；完成旧区改造19万平方米、旧小区综合整治240万平方米；新增就业岗位33287个，城镇登记失业人数控制在市政府下达指标以内。

2009年，我们着力推进了以下七方面工作：

（一）积极应对国际金融危机，经济保持平稳较快发展

经济运行质量进一步提升。认真贯彻落实中央和市委、市政府应对国际金融危机的相关政策，及时采取有效措施，全力以赴保增长、扩内需、调结构，区级财政收入增速名列中心城区第一位，经济运行的质量、效益、结构进一步改善。现代服务业完成税收50.21亿元，同比增长13.61%，占全区税收的37.70%，其中信息服务业、专业服务业分别同比增长16.52%和11.82%。房地产业完成税收41.05亿元，同比增长22.97%，占全区税收的30.82%。现代业态商业完成税收28.11亿元，同比增长18.88%，占全区税收的21.10%。都市型工业和高新技术产业继续调整优化。节能减排工作深入推进，落实专项资金1070.90万元，完成建筑节能改造10.11万平方米，削减二氧化硫排放总量40吨，万元生产总值能耗降低预计能达到市政府下达指标。完成了第二次全国经济普查相关工作。区“十二五”规划编制工作全面启动。

金融业发展势头良好。主动对接上海国际金融中心建设，积极贯彻落实市政府相关实施意见，成立了区金融办，制定了促进我区金融业发展三年行动计划（2010–2012年）和相关扶持政策，加快金融机构和人才集聚，构建融资服务体系。渤海证券上海地区总部等一批金融机构入驻我区，金融业完成税收7.86亿元，同比增长21.75%。与上海联合产权交易所合作组建了中小企业融资服务中心长宁区分中心，率先在全市各区县中搭建风险投资、私募基金股权融资平台。有序推进小额贷款公司试点工作，成立了2家小额贷款公司，不断优化融资环境，切实帮助中小企业解决融资难等问题。

“招、留、增”工作成效明显。进一步完善企业服务工作机制，召开了“政企同心、逆势飞扬”等一系列企业座谈会和政策解读会，提高政策的知晓率和兑现效率。全年新设立各类企业2062家，引进“四有”企业334家，

其中世界500强企业和跨国公司的地区总部或分支机构24家。全区968家重点企业完成税收74.75亿元，同比增长13.67%，其中年产税千万元以上的企业199家，比2008年增加22家。完成楼宇重点企业工商转化29家、税务转化13家。东银商务中心租税联动试点取得成效。58幢重点商务楼宇平均税收落地率达到46.47%，比2008年提高了1.15个百分点。全区税收“亿元楼”达到13幢，完成税收30.39亿元，楼宇经济集聚效应进一步显现。

科技创新能力进一步增强。大力推进高新技术产业化，我区被命名为“上海市首批高新技术产业化（软件和信息服务业）产业基地”。继续加大政府采购自主创新产品等政策实施力度，财政投入科技自主创新资金2.59亿元，新增市级高新技术企业15家、市级“科技小巨人”企业2家、高新技术成果转化项目15个，申请专利1381件。建成多媒体技术二期和宽带技术二期等公共服务平台。制定并实施了《长宁区加强高层次人才激励若干意见》等政策，依托多媒体产业园博士后创新实践基地，引进高端科研人才35名。与中国电信、东方有线等企业签署了合作协议，城区信息化建设进一步拓展深化。我区连续第三次被评为“全国科技进步先进区”。

国资国企改革积极推进。完成了深化国资国企改革课题研究，形成总体实施方案。完善了临空公司法人治理结构，临空园区开发、管理和运行体制进一步完善；组建了区国资经营投资公司，加快构建国资国企投融资平台，形成了“5+2”国资国企发展新格局。完成国有中小企业改革改制39家。区国有企业集团实现主营业务收入75.5亿元、净利润6.05亿元，缴纳税收7.91亿元。加强了国资项目预算管理和经营绩效评估，国资监管体系进一步完善。

（二）抢抓大虹桥发展机遇，重点区域建设有力推进

发展规划定位进一步提升。主动对接上海国际贸易中心破题和虹桥商务区建设，完成了上海国际贸易中心虹桥承载区发展战略研究等重大课题，进一步提升虹桥、临空、中山三大重点区域一体化规划。与市商务委签署战略合作协议，与机场集团、东方国际集团、东华大学、上海对外贸易学院等大企、大学加强合作，联手推进虹桥承载区建设。成功举办了“情满香江、融汇虹桥”大型推介会，签署了一批项目合作协议。深化长三角合作交流，成功承办以“携手长三角、聚焦大虹桥”为主题的虹桥论坛；与嘉兴、南通、湖州等城市缔结为友好城区。

发展空间载体进一步拓展。聚焦虹桥、临空、中山等重点区域的形态优化和功能提升，加快高档商务楼宇和产业楼宇建设。尚嘉大厦等5个项目开工建设，总建筑面积44万平方米；古北财富中心二期等20个在建项目总体进展顺利，总建筑面积125.5万平方米；联合利华二期等16个项目竣工，总建筑面积46.2万平方米。完成了锦明大厦智能化改造。完成91街坊、临空10–2等8幅土地出让，共计22.19公顷；完成98街坊等4块土地收购储备，共计5.8公顷，为规划建设一批功能性项目提供了重要支撑。

商业商务融合发展取得新突破。加大了临空经济园区配套设施建设，设置了园区环线公交，淞虹路P+R停车库竣工启用，银行、餐饮、休闲娱乐、无线网络等配套服务功能日趋完善。积极与市有关部门沟通协调，形成了虹桥—古北地下通道的规划设计方案，基本完成世贸商城公交站点建设。加大了重点商圈商业主题策划宣传，建立了区域商业企业联谊会。天山路沿线商业网点形态改造和业态调整取得成效，黄金城道商业街基本实现整体开业，仙霞路、上海城风味坊被命名为“上海市美食特色街”，新虹桥商圈被正式列为全市12个市级商业中心之一。精心组织了上海旅游节、购物节长宁系列活动，“中山家电节”、“盛世虹桥周年庆”等商业促销活动成效明显。

枢纽配套市政工程进展顺利。主动对接虹桥综合交通枢纽，积极配合推进地铁10号线、11号线站点建设。北翟路高架（外环线以西）、仙霞西路西延伸等4项工程的前期动迁基本完成。延安西路（镇宁路—外环线）等架空线入地和综合整治工程全面完成。外环林带、河道整治、田渡环卫项目建设总体进展顺利。新泾地区城市化进程加快推进，完成6个生产队撤队，动迁村民851户，安置劳动力137人。枢纽南块二期动迁商品房竣工交付，北块项目开工建设。

（三）全面实施迎世博600天行动计划，各项工作取得阶段性明显成效

市容景观建设成效显著。围绕“虹桥大都市、苏河老印象、长宁新社区”，着力打造一批迎世博亮点工程。迎世博100个项目总体进展顺利，其中建设项目已完成90%以上。内环高架沿线综合整治等“五大战役”全面完成，延安西路迎宾景观带、苏州河沿线景观带建设形成新亮点。虹桥综合交通枢纽周边市容环境整治加快推进。北渔路民俗文化街、第一坊文化创意园和愚园路历史文化风貌区等项目正在推进。第四轮环保三年行动计划全面启动实施，新增公共绿地10公顷，工地管理、水系治理等得到加强。对乱设摊、乱搭建、乱张贴、乱倒渣土等顽症加大治理力度，整治中小道路51条（段），完成150幢楼宇景观灯光建设，规范和清理户外广告、店招店牌8221块，清洁建筑立面727万平方米，拆除存量违法建筑3.49万平方米。城区网格化管理继续深化拓展，沿街面市容环境大门责管理全面实施，城区综合执法和长效管理得到加强，市容环境综合测评继续名列中心城区前茅。

窗口服务质量稳步提升。深入开展了“迎世博，诚信兴商在长宁”主题活动，全面推行市场服务承诺制和诚信经营承诺制。整顿和规范市场秩序，重点加强无证无照经营综合整治，“质量和安全年”活动扎实推进。在全区100家窗口服务单位开展了优质服务立功竞赛活动，完成员工培训10万人次。强化窗口服务行业管理，督促企业完成了98项整改任务。积极联手大型旅游企业，策划世博旅游景观线路和主题活动。

社会动员广泛深入开展。加强资源整合、联建共建，“文明和谐西大门”第一批10个创建项目已基本完成。结合精神文明建设，广泛开展了“窗口服务日”、“环境清洁日”、“公共秩序日”主题实践活动，参与人数达7.2万人次。完成世博知识培训48.1万人。组建了62个志愿者服务站点和全市第一支“洋居民”世博志愿服务队，志愿者报名人数超过1.5万人。积极做好市文明指数测评迎检工作，在历次测评中，我区名次总体位居中心城区前列。

安全保障工作有力开展。加强组织领导，成立了区世博安保指挥部，制定细化了世博安保应急处置工作方案和预案。大力推进“迎世博、保平安”整治工作，对重点区域（单位）和重点行业开展了安全检查，加强源头治理，各项安全防范措施有效实施。细化落实群防群治任务20项，组建了2.7万人的安保志愿者服务队。

（四）全力实施旧区改造和旧小区综合整治，群众居住条件得到切实改善

旧区改造取得重大突破。加强市区联手，千方百计筹措资金和房源，着力突破瓶颈制约，全年共拆除旧区建筑19万平方米，超出年初计划14万平方米。积极争取各方支持，上钢十厂旧改地块“三跨”历史遗留问题得到有效破解，完成居民动迁84%。启动建设经济适用住房4万平方米。扩大廉租住房受益面，累计实行租金配租2381户，一批困难家庭的住房条件得到改善。

旧小区综合整治成效显著。以迎世博为契机，加大推进力度，全年完成旧小区综合整治240万平方米，4.8万户居民直接受益，提前两年超额完成四年行动计划（2008—2011年）。结合旧小区综合整治，叠加完成二次供水改造、道路积水点改造、无障碍设施建设等便民实事项目。探索实施“一平方米改造”，新华路393弄成套率改造正在推进。

物业管理得到加强。制订了《长宁区关于加强完善物业管理工作的实施方案》。新建业主委员会18家，完成换届改选77家，居民区自治管理有序推进。加大对物业公司的监管指导力度，强化物业公司资质管理，开展物业从业人员培训1208人次。继续对无人管理小区进行托底保障。开通了物业服务呼叫热线，及时受理居民反映的各类物业管理问题。我区物业管理行风测评在全市18个区县中名列第三。

（五）加快推进各项社会事业发展，公共服务不断完善

教育质量稳步提高。继续推进义务教育优质均衡发展，积极探索素质教育新举措，在义务教育学校实施了绩效工资改革。完成了区少年宫保护改造和652间中小学教室照明改造任务。中小学的校舍安全抗震加固工程完成总工程量的30%。新建3所幼儿园。番禺中学与华东政法大学建立合作办学机制，更名为华政附中，促进了资源整合、优势互补。制定实施社区学校规范化建设评估指标体系，学习型城区建设稳步推进。

卫生改革发展步伐加快。继续深化社区卫生服务综合改革，预防保健经费达到每万人60万元，提前完成了区“十一五”规划指标。推进三级医院、二级医院与社区卫生服务中心合作，着力提高全科服务团队服务水平。完成改扩建标准型社区卫生服务站7个。健康城区建设和“中医治未病试点区”工作有序推进。加强联防联控，启用区公共卫生应急信息平台，在9所医疗机构设置了发热门诊，甲型H1N1流感防控和疫苗接种工作取得阶段性成效。

文化体育事业蓬勃发展。成功举办了“虹桥文化之秋”艺术节、“荷花杯”舞蹈大赛、中华小姐大赛等大型文化活动。全年开展群众文化活动6万余场，参与群众达220余万人次。第三次全国文物普查工作全面开展。长宁文化艺术中心完成改造，虹桥当代艺术馆对外开放。顺利通过了文化部"全国文化先进区"复评。"全民健身与世博同行"主题活动广泛开展。完成了67个居民健身苑点、403件健身器材的更新改造。继续加大竞技体育后备人才培养，我区培养输送的运动员在国际国内赛事上取得佳绩。

合作共建与对口帮扶等工作继续加强。"双拥"工作、国防动员、国防教育和国防后备力量建设有力推进，我区被评为"上海市征兵先进单位"。落实都江堰市崇义镇对口援建资金5458.37万元，一批援建项目如期完成。援藏、援疆、援滇对口帮扶工作有序开展。人口与计划生育工作全面落实。妇女儿童事业稳步发展。民族、宗教、侨务等工作继续加强。国际交流和友好往来拓展深化。完成了《长宁区志（1993—2005年）》送审稿编纂工作。

（六）不断加强民生保障，社会保持和谐稳定

促进就业和社会保障力度加大。全年安排社会保障资金2.95亿元，其中就业补助资金1.32亿元，社会救济资金1.26亿元，居家养老等补贴经费0.24亿元。积极落实促进就业"1+3"（1是指促进创业带动就业计划，3是指三项特别工作计划：稳定岗位、职业培训、就业援助）行动计划，制定完善了帮助困难人员就业、扶持创业等相关政策，完成职业技能培训1.9万人次，帮扶50名"零就业"家庭成员和620名"双困"人员实现就业，扶持288名青年成功创业。维护劳动者权益与帮扶企业发展相结合，建立健全群体性劳动纠纷预警处置机制，"百日结千案"活动结案1074件。加大帮困救助力度，实施各类社会救助50.42万人次。更新置换残疾人机动车辆223辆。完成"幸福养老"指标体系中期评估工作。建成2家养老机构，新增养老床位234张，新增居家养老服务对象2000人。建成社区老年人助餐服务点10个、老年人日间服务中心2家。区第三福利院（含干休所）开工建设。

社区建设管理水平不断提高。社区公共财政保障机制进一步完善，强化街道社会管理和公共服务职能，社区"三个中心"（社区事务受理服务中心、社区文化活动中心、社区医疗卫生服务中心）服务功能进一步提升。社区基层民主建设扎实推进，顺利完成了居（村）委会换届选举，直选率达100%。完成31家居委会办公用房面积达标工程。"实有人口、实有房屋"管理覆盖面进一步扩大。继续推进社区综合帮扶工作，实施个案帮扶39例，帮扶资金达56.48万元。加强社工人才队伍建设，培育发展社会组织41家。落实"数字惠民"应用项目，有线电视数字化整体转换试点工作有序推进，惠及9.84万户居民。新增2个市级科普示范社区。和谐社区创建工作成效明显，我区被评为"全国和谐社区建设示范城区"。

社会稳定工作不断加强。"平安长宁"建设深入开展，社会治安综合治理进一步加强，对治安突出问题加大了集中整治力度，及时侦破一批有较大社会影响的刑事案件，确保了国庆等重要活动、重要节点期间的社会安全稳定。平安建设实事项目加快推进，新增图像监控探头152个，监控系统从交通、治安管理向社区管理延伸；完成仙霞、江苏、北新泾等3个派出所办公用房新建改建。加强了"预判、预警、预案"工作，社会稳定监测机制和重大事项风险评估机制进一步完善。信访责任制得到落实，通过领导包案、引进律师参与、探索信访终结制等举措，有效化解了一批历史积案和突出信访矛盾。强化食品药品安全监管，成功创建了5条市级食品安全示范街。加大了生产安全、消防安全、交通安全、特种设备安全等专项整治力度，全区安全形势总体平稳可控。

（七）进一步加强政府自身建设，行政效能和服务水平不断提高

行政管理体制改革稳步推进。按照大部委制改革要求，调整优化了10个政府部门的组织结构和职能分工，实现了平稳运行。行政审批制度改革继续深化，取消和调整行政审批事项27项。建成区行政审批网上办事平台，173项审批项目实现在线办理。积极开展建设项目和企业设立注册网上并联审批试点工作，企业设立审批时间从25个工作日缩短为5个工作日。实施了党政机关公务用车制度改革。非税收入收缴分离改革有序推进。完成政府采购管理制度"采管分离"，初步形成了"决策—管理—执行"三分离新体制。

依法行政深入开展。"三重一大"（重大决策、重要人事任免、重大事项安排，大额资金使用）集体决策制度得到全面落实，政府决策科学化、民主化、规范化水平进一步提高。扎实推进"三个更加注重"（更加注重治本、更加注重预防、更加注重制度建设）试点成果转化，建立了政府投资项目储备库，首批17个项目实行了代建制，财务监理委派制得到有效实施。继续推行行政负责人出庭应诉制度，7名行政部门领导出庭应诉9起案件。坚持定期向区人大及其常委会报告工作，向区政协通报情况，认真办理人大代表书面意见和政协提案，办复率达 100%。审计整改措施得到有效落实，对审计中发现的问题进行了严肃查处，开展了“小金库”专项治理和整改。政府信息公开和政务公开进一步深化。基本完成了电子政务建设三年行动纲要确定的目标任务，全面建成“4+2”（见注释）信息系统，率先通过了上海市区县电子政务综合示范区验收。

作风和队伍建设继续加强。学习实践科学发展观活动深入开展，整改措施得到落实。加大行政效能监察和纠风工作力度，继续在全区机关部门开展作风建设满意度测评，机关服务水平进一步提升。廉政建设深入推进，廉洁从政的各项制度得到落实。全年压缩一般性行政开支 2283 万元，全部统筹安排用于保障民生。加强公务员队伍能力建设，加大了公务员财经、审计等实务知识教育培训力度，公务员综合素质进一步提高。

各位代表：过去的一年，是克难奋进、务实开拓的一年，我们经受住了国际金融危机的严峻考验，完成了全年各项目标任务，成绩确实来之不易。这是市委、市政府和区委正确领导的结果，是区人大、区政协有效监督和大力支持的结果，是全区深入开展学习实践科学发展观活动的结果，是广大干部群众迎难而上、团结拼博的结果。在此，我代表长宁区人民政府，向全区人民，向给予政府工作大力支持的人大代表和政协委员，向各民主党派、工商联、人民团体和社会各界人士，向市有关部门和单位，向驻区部队，向关心和支持长宁发展的外省市驻沪单位和境外人士，致以崇高的敬意和衷心的感谢！

同时，我们也清醒地认识到，长宁正处于经济社会发展的转型期，还面临不少困难和挑战，工作中还有一些不足。一是转变经济发展方式的任务依然十分艰巨，经济发展后劲有待增强，迫切需要进一步加快产业结构调整、优化空间布局、提升城区功能。二是推进动拆迁、旧区改造、重大项目建设、城区长效管理等还面临不少瓶颈制约，迫切需要进一步提高改革创新、破解难题的能力。三是保障和改善民生、加强社会管理、促进社会和谐稳定等工作还面临不少老矛盾和新问题，迫切需要进一步增强应对挑战、统筹协调的能力。四是政府职能转变还没有完全到位，有些政府工作人员服务意识不强、工作作风不实、办事效率不高，迫切需要进一步创新政府管理模式、改进工作作风、提高行政效能。对此，我们必须高度重视，切实采取有效措施，认真加以解决。

二、2010 年主要工作安排

2010 年是上海世博会举办之年，是实施“十一五”规划的最后一年，也是“十二五”规划编制之年。我们面临的任务光荣而艰巨。当前，宏观形势总体趋于好转，但国际金融危机影响仍然存在，世界经济复苏面临着诸多不确定因素。我国经济率先实现企稳回升，但经济回升的基础还不牢固，内在动力仍然不足。上海经济总体进入平稳回升的轨道，但面临着自身经济发展转型和外部经济环境变化的双重考验。对长宁而言，2010 年是继往开来、承前启后的重要一年，机遇与挑战并存，我们既面临着上海世博会举办、虹桥商务区加快建设、虹桥综合交通枢纽正式运营等重大发展机遇，也面临着财政增收压力加大、转型期社会矛盾比较突出等困难。因此，我们既要看到经济形势发展的积极变化，始终坚定信心、振奋精神，善于抢抓机遇、用好机遇；更要充分估计经济形势的复杂性，始终保持清醒的头脑，进一步增强转变发展方式的自觉性、抢抓机遇的紧迫性、深化改革的坚韧性，切实把思想和行动统一到市委、市政府和区委的决策部署上来，只争朝夕、奋力拼搏，继续推动区域经济社会又好又快发展。

2010 年区政府工作的总体要求是：坚持以邓小平理论和“三个代表”重要思想为指导，深入贯彻落实科学发展观，认真贯彻党的十七大、十七届四中全会和中央经济工作会议精神，按照市委、市政府和区委的决策部署，坚持“拓展虹桥、提升功能、数字长宁、国际城区”的发展方针，围绕“四个走在前列”的奋斗目标，进一步振奋精神、真抓实干、聚焦重点、攻坚克难，确保世博会成功举办，确保经济发展方式转变取得新进展，确保民生持续改善，确保社会和谐稳定，确保“十一五”规划目标全面实现、高质量编制好“十二五”规划，为长宁长远发展奠定更加坚实的基础。

综合考虑各方面因素，2010 年长宁经济社会发展的主要预期目标是：区增加值同比增长 10%；全区财政收入同比增长 12%，区级财政收入同比增长 8%；经济楼宇竣工面积 46 万平方米；完成旧区改造 7 万平方米；全面完成市政府下达的节能减排、促进就业各项指标。

2010 年，要重点推进以下三方面工作：

（一）全力以赴服务世博，充分展示国际城区新形象

要把服从服务好上海世博会作为全区工作的头等大事，全力以赴“保安全、保稳定、保秩序、保市容”，充分展示长宁国际城区新形象和长宁人文明风采，为上海举办一届“成功、精彩、难忘”的世博会作出应有的贡献。

全力加强公共安全保障。安全是世博会成功的根本前提。全面落实世博安保总体要求，完善技防、专防、群防相结合的安保网络。强化防恐反恐措施，加强实战演练，提高应急处置能力，确保重要地区、重点目标、重大活动的安全保障万无一失。深入持久开展安全隐患排查整改，对各类人员密集场所加大定期安全检查力度，全面加强安全生产、交通安全、消防安全、食品药品安全、公共卫生安全、特种设备安全等工作，严防发生重特大安全事故。全力开展社会治安综合治理，有效预防、依法严厉打击各类违法犯罪活动。深化“预判、预警、预案”机制，加大初信初访和突出矛盾化解稳控力度。强化属地管理，逐级落实安全稳定责任制，进一步加强“实有人口、实有房屋”全覆盖管理，创新人民调解工作机制，努力把矛盾纠纷化解在基层、解决在萌芽状态，筑牢基层第一道防线，确保社会大局安定、和谐、有序。

全面提升市容景观环境品质。加强虹桥综合交通枢纽运营保障，配合推进北翟路高架（外环线以西）、天山西路西延伸等重要道路建设，优化交通组织，确保区域内交通安全畅通。全面完成迎世博600天行动计划，加快完成虹桥综合交通枢纽周边和古北新区（一期）市容环境整治，完成北翟路架空线、虹桥路信息管线入地工程。加快城市景观精品建设，完成愚园路历史文化风貌区、北渔路民俗文化街、上海第一坊文化创意园和临空园区重要景观工程的改造或新建，提升延安西路迎宾景观带、苏州河沿线景观带、红坊文化创意园等景观亮点工程，充分展示“虹桥大都市、苏河老印象、长宁新社区”的新形象。坚持疏堵结合，从源头上加大市容顽症整治力度。加大城区运营维护投入，进一步完善门责制和网格化相结合的城区长效管理机制，提高精细化管理水平。全面实施第四轮环保三年行动计划，重点推进燃煤锅炉改造、餐饮油烟整治、扬尘污染治理等工作，进一步改善城区生态环境质量。

整体提升城区文明水平。深入开展社会动员，广泛发动全区干部群众积极参与世博、奉献世博、服务世博，以实际行动当好东道主。深化“文明和谐西大门”创建，深入开展“迎世博、讲文明、树新风”活动，普及文明礼仪，弘扬文明风尚，革除不文明陋习，不断提高城区文明程度和市民文明素质。完成城市志愿者服务站点建设，组织开展志愿者服务活动，发挥好志愿者队伍作用。继续做好文明指数测评迎检工作。完善窗口服务设施，做好标识标牌、外语标示等服务设施建设与维护。强化窗口服务行业管理，拓展窗口服务领域，进一步提高窗口服务水平。

努力放大世博盛会效应。把世博会作为宣传长宁、推动发展的难得契机。深化细化工作方案，确保圆满完成世博各类接待任务。精心办好“虹桥国际论坛”和“社区重塑论坛”，扩大虹桥品牌影响力，展示“相融共生”国际城区风采。积极拓展合作交流领域，广交国内外各方朋友和企业家，吸引更多企业到长宁发展。整合旅游资源，开通世博旅游景观线路。精心策划一批商务、旅游、会展等大型活动，促进商、旅、文融合，吸引更多的海内外游客在世博会期间“驻足长宁、体验长宁、感受长宁”，带动商业零售、宾馆酒店、会议展览和休闲娱乐等产业繁荣发展。

（二）积极对接大虹桥发展战略，加快经济发展转型和城区功能提升

主动融入全市发展大局，聚焦重点产业、重点区域、重点项目，加快产业结构调整，优化空间布局，提升城区功能，加快经济发展方式转变，不断增强区域经济发展后劲。

加大产业结构调整力度。以创建国家级现代服务业综合实验区、国家级贸易中心实验区为契机，大力发展以经贸为核心的现代服务业。深化细化现代服务业发展目录，完善产业扶持政策，力争在电子商务、法律服务、中介咨询、专业会展、航空物流、教育培训、高端医疗服务等细分行业形成新优势。大力发展金融业，加快推进“虹桥资募港”建设，建立产业引导基金，加快构建适应产业结构调整、促进现代服务业发展的区域投融资体系。规范引导房地产业平稳发展，挖掘增量、盘活存量，进一步优化内部结构，促进房屋租赁业发展。大力推进新虹桥商圈、中山公园商业中心和特色商业街建设，组织好购物节、旅游节等大型商业活动，进一步提升长宁商业品牌。加快推进高新技术产业化，落实扶持政策，培育壮大软件和信息服务、生物医药等重点产业。制定支持民营科技企业上市的政策措施，帮助企业做大做强，为区域经济发展注入新动力。积极服务国家863重点项目，促进科技创新成果转化应用。进一步调整优化都市型工业，加快创意产业发展。加大节能减排工作力度，推进区节能服务中心建设，削减二氧化硫排放总量35吨，积极创建低碳经济示范区。

加快城区功能提升。加快编制完成东虹桥重点区域规划深化方案。着眼于提升城区功能、夯实发展基础，全年预安排政府投资项目290个左右，重点包括市政基础设施、旧区改造和保障性住房、土地储备、社会公益性设施等项目。精心打造虹桥"井"字形核心区域，适时推进98街坊等地块出让，加强功能性项目的策划包装和规划设计，加快推进金虹桥国际中心等项目建设，确保广播大厦二期等项目竣工；推进紫云环路拓建和虹桥古北六岔路口改造，全面落实虹桥、古北地区市政一体化管理。全力加快临空经济园区建设，有序推进土地出让，强化源头招商，大力引进总部型企业；加快产业楼宇建设，确保新长宁产业楼、民营城改建等项目开工，推进博世科技研发楼等项目建设，确保文洋、统一等产业楼竣工；完善园区文化、休闲、商业等综合配套功能。基本完成新泾地区撤村撤队工作，加强社会事业配套，加快提升城市化水平。积极推进中山公园周边地区改造提升，加强环境综合整治，实施透绿工程；推进法律服务园建设；确保华宁国际广场整体开业。

继续加强"招、留、增"和服务企业工作。加强条块联动，深化楼宇"开竣工"与"招、留、增"协调推进机制，引进"四有"企业300家。扩大重点商务楼宇范围和租税联动实施范围，持续提高楼宇税收落地率和产出率。建立健全统一高效的企业服务平台，贴近企业需求，深化安商、助商、留商工作。进一步完善银企合作平台，发挥中小企业融资服务中心长宁区分中心和小额贷款公司作用，为中小企业融资提供便利服务。整顿和规范市场经济秩序，优化投资发展环境。

深入推进国资国企改革。进一步突出国企主业战略，围绕重点产业发展和重大项目建设，推动资金、资产、资源向主业集聚发展。大力推进国资国企开放性、市场化重组联合，支持新锦华等企业引进战略投资者，鼓励国企做大做强。压缩国企管理层级，"关、停、并、转"中小企业50家。鼓励国资市场化运作，支持国企发行企业债，加强国企上市筹备，提高国资经营管理水平。进一步完善国企法人治理结构，探索建立外部董事等制度。推进政企分开、管办分离，逐步实现政府部门与下属企业脱钩，推动国资监管全覆盖。

大力促进非公有制经济发展。认真落实《国务院关于进一步促进中小企业发展的若干意见》，进一步完善促进非公有制经济特别是民营中小企业发展的政策措施，营造良好发展环境。以解决市场准入、资金融通、自主创新、人才引进、项目审批等瓶颈制约问题为重点，切实加强和改进中小企业服务工作，减轻中小企业负担，推动中小企业特别是民营科技型中小企业加快发展，不断增强区域经济发展活力。

高质量编制好"十二五"规划。加强组织领导，深入研究事关长宁经济社会发展转型的前瞻性、战略性、全局性重大问题，对"十二五"期间长宁的发展阶段、发展方针、发展目标、发展战略、重大项目等进行科学判断和统筹安排。坚持开门办规划，积极借用外脑，广泛征询各方面的意见和建议，使规划编制过程成为集思广益、群策群力、形成共识的过程。

（三）聚焦重点改善民生，不断促进社会和谐稳定

坚持把办世博、促发展、惠民生等各项工作有机结合起来，聚焦旧区改造、旧小区综合整治、促进就业、社会保障、为老服务等重大民生问题，加大财政投入和工作推进力度，努力办好一批民生实事项目，让人民群众共享改革发展成果。

全力推进安居工程。安居是民生之必需，要把旧区改造作为最重要的民生大事。在确保不影响世博会的前提下，加大旧区改造攻坚力度，坚持市区联动，调动各方积极性，发挥好国企的主力军作用，千方百计加快房源和资金筹措，积极争取政策试点，全面推行阳光动迁，推广二次征询，稳步推进26幅地块动拆迁，力争完成旧区改造7万平方米。加快推进4万平方米经济适用住房建设，并做好新基地选址工作。完成枢纽北块、205街坊动迁商品房建设。继续扩大廉租住房政策覆盖面，努力做到应保尽保。启动旧居住小区综合整治70万平方米，力争完成工程量的30%。继续探索实施"一平方米改造"。继续加强物业管理，健全居委会、业委会、物业公司和社区民警等各方参与的"四位一体"管理机制，加强行业监管，逐步建立优胜劣汰机制，不断提高居民对物业服务的满意度。

继续加强促进就业与社会保障。积极落实促进就业各项政策，全面完成市政府下达的新增就业岗位等指标任务。继续推进充分就业社区建设，加大稳定就业、职业培训、就业援助等工作力度，鼓励支持青年创业。加强劳动保障监察和劳动争议仲裁，促进劳动关系和谐稳定。进一步落实社会保障各项政策，加大社会帮困救助力度,提升社区市民综合帮扶水平。全面完成首轮三年"幸福养老"指标体系建设各项目标任务,加强考核评估。加快区第三福利院(含干休所)建设。新建养老床位800张。新增居家养老服务对象1600人,新建社区老年人助餐点10个。积极推进"老年友好城区"创建工作和"全国残疾人工作示范城区"创建工作。

推进各项社会事业协调发展。进一步完善社会事业设施规划布局,促进资源整合,推动均衡发展。稳妥有序推进事业单位绩效工资改革。优化教育管理,加强素质教育,促进教育内涵发展、特色发展。推进市三女中体育馆等一批教育项目建设,基本完成全区中小学的校舍安全抗震加固工程。提高公共卫生服务水平,推进中医特色预防保健服务体系建设,继续做好甲型H1N1流感等传染病的防控工作。通过改造与合作,提升区中心医院能级。改扩建标准型社区卫生服务站5个。以"世博,身边的精彩"为主线,广泛开展各类群众文化活动,推进专业演艺团队进社区,提升社区文化中心服务功能。加快推进一批文化公益性项目建设。推进公园绿地增设文体设施,新建延天绿地公共运动场。维护、更新健身点(苑)35个。加大竞技体育后备人才培养力度。

全面加强社区建设管理。进一步完善社区公共财政保障体系,夯实基层、基础、基本,充分发挥街道(镇)在加强社区管理、服务企业、维护社会稳定等工作中的基础作用。加强社区"三个中心"管理,提升服务功能和管理水平。继续改善居委会办公条件。加大公益性社会组织培育力度,规范引导社会组织发展。做好社工培育工作,提升专业服务水平。完善各类协管员队伍的统筹调配、考核管理、绩效奖励和从业风险困难补助等机制,发挥好协管员队伍在社会管理中的作用。深化"数字惠民"和社区信息化建设,完成15万户居民有线电视数字化整体转换工作。做好第六次全国人口普查相关工作。继续推进人口计生、妇女儿童、民族、宗教、侨务、对台和档案管理等工作。加强国防教育、国防动员和国防后备力量建设,深化"双拥"共建,巩固军政军民团结。按节点完成对口援建都江堰各项有关任务,继续做好援藏、援疆、援滇对口帮扶工作。

三、切实加强政府自身建设

围绕加快建设"服务政府、责任政府、法治政府、廉洁政府"的目标要求,以政府职能转变为核心,以行政审批制度改革和电子政务建设为重点,以依法行政和作风建设为保证,进一步加强政府自身建设,不断提高推动科学发展的能力和水平。

(一)加快政府管理创新,不断提高行政效能

深化行政审批制度改革。围绕"三高两少"的目标,进一步加大行政审批制度改革力度,继续依法清理一批行政审批事项,逐步实行目录管理制度。优化行政审批流程,深化告知承诺和并联审批工作,全面推进建设项目和企业设立注册网上并联审批改革试点工作。完善区行政审批网上办事大厅功能,加快与市级网上审批平台对接连通,基本实现全区行政审批事项在线办理,切实提高政府服务效能。

扩大电子政务应用和政府信息公开。按照"三化两覆盖"的要求,全面推广应用"4+2"信息系统,完善区公务员统一门户功能,开发应用数字签名,加快推进无纸化办公。建立全覆盖的人口、法人和地理信息数据库。推进电子政务公共服务延伸到街道(镇)、居委会。进一步加大政府信息公开力度,扩大主动公开范围,不断提高行政透明度。依法推进预算信息公开,向区人代会报送的政府部门预算达到50%。有序推进审计结果和整改情况公开,以公开促整改。

完善公共财政体系。加强预算统筹,优化支出结构,加大保障和改善民生、加强公共服务、促进经济发展方式转变等方面的投入,坚决压缩行政经费,继续严格控制会议、公务接待、因公出国(境)等经费支出。加强预算支出管理,逐步推进国库集中支付制度和公务卡改革试点。实施"乡财县管"改革。加强经营性资产和非经营性资产统筹,逐步实行统一管理,提高使用效益。

(二)深入推进依法行政,切实提高政府公信力

依法规范行政行为。增强依法行政意识,加强行政问责,严格依照法定权限和程序行使权力、履行职责。落实行政执法责任制,加强对行政执法行为的监督,不断提高行政执法水平,切实增强政府公信力。继续推进行政负责人出庭应诉制度。认真执行区人大及其常委会的决议,坚持重大事项向区人大常委会报告和向政协通报制度,认真做好人大代表书面意见和政协提案的办理工作。

深入开展廉政建设。健全"三重一大"集体决策事项上报备案制度。深化"三个更加注重"工作,加强政府投资项目的资金监管和绩效评估，加强各类重大专项资金的行政监察与审计监督。重视新闻舆论监督和社会公众监督。加强政风行风测评，深入开展纠风专项治理。继续推进公务用车制度改革，完善改革后的长效运行机制。

（三）完善政府运行机制，着力提高行政执行力

健全各项工作机制。完善重大事项集体讨论决定、专家咨询、社会公示与听证、决策评估等各项决策制度，不断提高政府决策水平。建立健全分级授权和跨部门协调机制，优化工作流程，强化综合联动，切实增强协调能力、执行能力和攻坚能力。加强政府目标管理，强化督办考核，确保各项工作落到实处、取得成效。

加强作风和队伍建设。大力倡导求真务实、真抓实干、开拓创新、雷厉风行的工作作风，进一步营造知实情、讲实话、做实事、出实效的良好氛围；大力推行“一线工作法”，切实做到领导在一线指挥，工作在一线落实，问题在一线解决，作风在一线改进。进一步巩固学习实践科学发展观活动成果，推进学习型机关建设，强化分层次、全覆盖的教育培训，不断提高公务员综合素质，努力建设一支素质高、能力强、作风好的公务员队伍。

各位代表：世博盛会千载难逢，世界目光聚焦上海；虹桥腾飞催人奋进，长宁未来无限美好！让我们紧密团结在以胡锦涛同志为总书记的党中央周围，高举中国特色社会主义伟大旗帜，以邓小平理论和“三个代表”重要思想为指导，深入贯彻落实科学发展观，在市委、市政府和区委的正确领导下，团结奋进，锐意进取，为上海举办一届“成功、精彩、难忘”的世博会，为全面完成“十一五”目标任务，科学谋划“十二五”发展蓝图，深入推进“四个走在前列”而努力奋斗！

《政府工作报告》名词解释

“四个走在前列”

2009年，我区组织开展了2007年、2008年“四个走在前列”推进成效的评估工作。此次评估共包括36个指标，在指标数据的采集上，采用部门采集为主、其他渠道采集为辅的方式，采集到九个中心城区数据的可比指标有30个，其余6个指标采集到纵向可比数据。总体评估结果显示，2007年、2008年我区总指数均排在中心城区第三位，且与排在前两位的徐汇区、静安区的差距在逐渐缩小。分类评估结果显示，2008年我区四个方面指标都排在中心城区的前四位，显示了在经济、社会、信息化、环境等方面的均衡协调发展态势。现代服务业集聚发展情况——2008年我区排在第三位，与2007年相比上升了两位，排在前两位的分别是静安和卢湾。这一部分的评估结果与我区目前的经济发展状况基本吻合。社会事业发展情况——2008年我区保持第四位。静安、卢湾、徐汇排在前三位，但我区与第三名徐汇比较已经不相上下。其中，我区社会保障完备度排在第一位。城区信息化建设情况——2008年我区排在第四位，与2007年相比上升了一位。其中，政府信息化服务度、企业信息化发展度和居民信息化普及度分别排在第六、第二和第五位。政府信息化服务度的排名和国家工信部对2008年中国政府网站区县绩效评估结果基本一致。城区环境品质情况——我区连续两年排在第一位。2008年我区“城市环境综合整治定量考核”和“绿化覆盖率”均排在中心城区第一位，表明我区的生态环境友好度和居住环境舒适度进一步提升。

中小企业融资服务中心长宁区分中心

为构建中小企业多层次融资服务体系，解决中小企业融资难问题，经长宁区人民政府和上海联合产权交易所批准，上海联合产权交易所中小企业融资服务中心与上海市长宁区金融办公室经友好协商，于2009年9月共同组建了“上海联合产权交易所中小企业融资服务中心长宁区分中心”。其主要功能是为长宁区内中小企业提供专业化融资服务，服务内容主要包括政策融资、债务融资、权益融资；知识产权和科技成果（项目）转让交易；股权和知识产权的质押；担保贷款；企业改制、上市策划等。

高新技术产业化

为加快调整产业结构、提升自主创新能力、转变经济发展方式，上海市政府于2009年5月制定实施了《关于加快推进上海高新技术产业化的实施意见》,明确重点推进新能源、民用航空制造业、先进重大装备、生物医药、电子信息制造业、新能源汽车、海洋工程装备、新材料、软件和信息服务业等9个重点领域。多年来,我区高度重视科技创新和高新技术产业化工作,结合区域实际,坚持以"聚焦产业基地和重点领域,促进信息服务业集群发展;依托龙头企业和重点项目,大力发展其他高新技术产业"为主线,已逐步形成了信息服务业集群发展,其他高新技术产业以龙头企业为引领的发展格局。2009年,区政府制定了《推进长宁区高新技术产业发展的意见》和《推动长宁区软件与信息服务业发展的意见》,明确了产业主攻方向。长宁区被命名为首批"上海市高新技术产业化(软件和信息服务业)产业基地"。

政府采购自主创新产品政策

是指政府通过采购企业尤其是中小科技企业自主创新产品,帮助企业加快创新产品推广应用的政策。该政策旨在鼓励企业增强自主创新,帮助广大创新型企业共克时艰,发展壮大。根据《上海市自主创新产品认定管理办法(试行)》,2009年,我区在七大类信息化项目方面探索实施了该政策,采购合同金额达1008.5万元。

"5+2"国资国企发展新格局

"5+2"是指以长宁区国资委为出资人代表所隶属的5家集团(公司)和2家新纳入隶属管理的公司。5家集团(公司)是指上海新长宁(集团)有限公司、上海九华商业(集团)有限公司、上海服装(集团)有限公司、上海万宏工业投资(集团)有限公司、上海中山建设实业发展总公司。2家公司是新纳入隶属管理的上海长宁国有资产经营投资有限公司和上海虹桥临空经济园区发展有限公司。根据区委、区政府调整国有资产战略布局、优化国资产业结构的要求,"5+2"国资国企将进一步聚焦主业,明晰发展目标,为推动区域经济社会发展发挥积极作用。

新虹桥商圈

根据《上海市商业网点布局规划纲要(2009—2020)》,新虹桥商圈是指依托虹桥涉外贸易中心和虹桥综合交通枢纽建设,以涉外贸易、会展服务为主导,集高端商业、餐饮休闲、文化娱乐等功能为一体的上海新兴综合商业功能区。2009年,新虹桥商圈被正式列为全市12个市级商业中心之一。商圈布局上形成"两纵"(娄山关路、遵义路)、"两横"(天山路、仙霞路)的"井"字型商业空间框架,依托娄山关路形成商业、文化娱乐发展轴线,依托遵义路形成商业商务综合发展轴线,依托天山路形成综合商业发展轴线,依托仙霞路形成商务、酒店发展轴线。

沿街面市容环境大门责管理

为推进迎世博600天行动计划,加强市容环境长效管理,2009年,我区出台了《长宁区街道(镇)市容环境沿街面大门责管理暂行办法》,明确我区建立商家自律、街道(镇)综合协调、区市容联席会议办公室牵头的"三级管理"网络,实施定岗、定人、定责、定时、定流程的"五定"精细化管理措施,巩固以街镇为实施主体的属地化管理机制,健全管理、自律、作业、执法"四位一体"的联动机制,以实现"道路整洁、门前有序、立面规范、垃圾分类"的市容管理目标。

义务教育学校绩效工资改革

为建立科学的分配激励机制,加强教师队伍建设,促进教育事业持续健康发展,根据国务院和上海市有关规定,我区于2009年在义务教育学校平稳实施了绩效工资改革。改革实施范围包括按国家规定执行事业单位岗位绩效工资制度的义务教育初级中学、小学和特殊教育学校中2009年1月1日在编在册的正式教职工。改革后,义务教育学校实施岗位绩效工资,由岗位工资、薪级工资、绩效工资和津贴补贴四部分组成,绩效工资分为基础性和奖励性两部分。

区公共卫生应急信息平台

是指我区公共卫生突发事件应急指挥系统。该系统以“听得见、看得着、查得到、控制得住”为设计理念，运用现代化的计算机、网络通信、多媒体、GPS/GIS 等技术，通过“区域医疗信息管理与交互平台”整合区属医疗资源，为指挥决策者提供全面有效的通讯服务和信息服务、决策依据和分析手段、指令实施和监督方法等，及时有效调集各方资源，提高公共卫生突发事件应急处置能力。

促进就业“1+3”行动计划

为应对金融危机影响、稳定就业局势，2009 年初市政府制定实施了“1+3”行动计划。其中，“1”是指：促进创业带动就业计划；“3”是指三项特别工作计划：(1)稳定岗位；(2)职业培训；(3)就业援助。

重大事项风险评估机制

是指由区政府及相关职能部门批准的建设项目、企业改革、村队撤制等重大事项，在审批或实施前，对可能影响社会稳定的因素开展科学、系统的预判、分析和评估。评估内容重点包括：是否符合有关法律、法规和政策规定；是否经过必须的讨论、听证和公示等公众参与程序；是否听取相关利益群体的诉求和意见；是否会引发某些社会稳定风险等。同时针对分析评估情况，制定风险应对策略和预案，从源头上预防和化解矛盾，把社会稳定风险消除在基层、解决在萌芽状态。

“4+2”信息系统

是我区电子政务框架体系的简称。2007 年以来，我区作为国务院信息化工作办公室电子政务综合试点区，全面实施《长宁区电子政务三年行动纲要(2007—2009)》，基本形成了统一网络、统一框架、统一标准的电子政务系统格局，提高了政府部门行政效能和公共服务水平，使我区电子政务应用水平在全市走在前列。其中，“4”是指：(1)城区综合建设与管理信息系统；(2)实有人口综合服务与管理信息系统；(3)综合经济管理信息系统；(4)统一门户和机关办公信息系统；“2”是指：(1)行政审批网上办事大厅；(2)电子监察系统。

现代服务业综合实验区

是指具有明确的功能与产业定位，并集聚了一批现代服务业重点企业和功能性项目的服务业集聚区。目前，国家发改委正积极探索服务业发展政策、体制机制等方面的改革试点工作，将建立一批国家或区域性服务业发展中心。我区将积极争取国家、市相关部门支持，积极创建国家级现代服务业综合实验区，努力争取有关政策在我区先试先行，推进一批功能性项目落地和现代服务业企业集聚，进一步优化提升城区功能和产业能级，增强区域经济发展后劲。

国家级贸易中心实验区

在对接上海国际贸易中心建设中，我区将积极寻求国家商务部支持，依托部市合作机制，大力推进贸易要素集聚，努力打造功能性、标志性区域。我区将与京沪(北京)国际品牌管理中心签订合作协议，在东虹桥分阶段建设进口商品分销平台，平台由法国、美国、德国和意大利等 20 个国别和地区商品中心，以及国际信息、金融和物流中心等组成，搭建面向外国供应商和中国买家的全方位、多层次的高端服务体系。

产业引导基金

是长宁区政府出资设立，按市场化方式运作的政策性基金，旨在发挥政府资金杠杆放大作用，引导社会资金进入创业投资领域，投向长宁区重点发展的相关产业。

东虹桥

长宁是虹桥品牌的发源地。随着上海市和长宁区 30 多年改革开放进程的不断深化，“虹桥”概念被不断赋予新的内涵。

1986 年 10 月,国务院批准成立虹桥经济技术开发区,这是全国唯一以第三产业为主的开发区,占地 0.65 平方公里,南至虹桥路、北至仙霞路、西至古北路、东至伊犁路,另外包括延安西路、凯虹路与中山西路之间的三角地块。

20 世纪 90 年代初,根据“依托虹桥、发展长宁”的发展方针,长宁加快建设以涉外经贸为主导功能的虹桥涉外贸易中心,占地 1.77 平方公里(包括虹桥经济技术开发区),南至虹桥路、北至天山路、西至古北路、东至中山西路。

2005 年 1 月,《上海加速发展现代服务业实施纲要》把虹桥涉外商务区(由虹桥涉外贸易中心、中山公园商业中心和临空经济园区三大经济组团构成)列为上海市现代服务业集聚区之一,虹桥品牌效应进一步放大。

随着虹桥综合交通枢纽的全面建成启用,虹桥也扩展为一个“大虹桥”的概念。上海市委市政府把建设虹桥商务区作为加快“四个中心”建设,加快落实长三角一体化发展战略的重要举措。2010 年 1 月,《上海市虹桥商务区管理办法》明确了虹桥商务区范围为东起外环高速 (S20),西至沈海高速 (G15),北起京沪高速 (G2),南至沪渝高速 (G50),约 86 平方公里,包括 26 平方公里左右的虹桥商务区主功能区和 60 平方公里左右的拓展区。

虹桥商务区将辐射带动周边地区发展,围绕 26 平方公里主功能区,将形成“东虹桥地区、南虹桥地区、西虹桥地区和北虹桥地区”的空间布局。长宁位于枢纽东部,属于东虹桥,其中有 7 平方公里左右纳入虹桥商务区主功能区。长宁将立足全市发展大局,积极对接“大虹桥”建设机遇,充分发挥先发优势,进一步优化形态和布局,通过与国家商务部、上海市商务委等相关部门以及区域内的大企业集团、高等院校等联手合作,加快推进一批功能性项目建设,集聚一批功能性机构,重点打造贸易营运与控制、现代国际化采购交易、国际购物、国际服务贸易集聚等四大功能,加快建成上海国际贸易中心虹桥承载区。

低碳经济示范区

低碳经济是指以低能耗、低污染、低排放为基础的经济模式。我区将以政策和技术为推进手段,在产业发展、建筑、交通、居民生活等方面开展低碳经济试点,推动区域内产业结构和能源结构调整,引导居民消费观念向低碳消费转变,积极争创国家级低碳经济示范区。

虹桥“井”字形核心区域

为更好对接上海国际贸易中心破题和虹桥商务区建设,区委区政府提出,虹桥功能拓展区建设要重点聚焦天山路—仙霞路—娄山关路—遵义路构成的“井”字型核心区域。未来几年,虹桥“井”字型核心区域将建成尚嘉大厦、金虹桥国际中心、虹桥国际电影艺术中心、上海城三期、上海城四期等一批高品质、标志性项目,加快形成国际贸易功能性机构集聚区和高档商业消费中心。随着开发建设的不断推进,“井”字型核心区域将向南进一步拓展。

二次征询

全称是“动迁二次征询制度”,是指在地块改造前,开展两轮征询,充分听取群众改造意见:(1)征询改造意愿。受征询对象同意改造户数超过一定比例的(按照市建交委下发的“沪建交联[2009]319 号”文件精神,该比例由各区政府确定,原则上不低于 90%),办理地块改造前期手续。(2)征询房屋拆迁补偿安置方案意见。在一定时间内签订附生效条件的房屋拆迁补偿安置协议的居民户数超过规定比例的(按照市建交委下发的“沪建交联[2009]319 号”文件精神,该比例由各区政府确定,原则上不低于居民总户数的三分之二),进入实施改造阶段。

老年友好城区

2006 年,世界卫生组织发起了老年友好城市项目。根据其界定,老年友好城市是指能够防止和纠正人们在变老过程中越来越多地遇到各种问题的城市。2007年,世界卫生组织发布了《全球老年友好城市建设指南》,涵盖城市物质环境、经济社会环境、社会服务环境等三个方面八个主题共82个特征指标。2009年,全国老龄办在全国选择了6个城市,正式启动国家级老年友好城市试点工作,我区被列为试点城区之一。目前,我区正积极进行《长宁区老年友好城区创建试点方案》、《长宁区老年友好城区评估办法》等文件的研究、论证和起草,并与"幸福养老"指标体系目标值对接、调整和补充。老年友好城区的创建目标,是通过政策、服务、场所和设施等方面的支持,优化老年人健康条件、参与机会和安全保障,充分挖掘老年人的潜能,提高老年人的生活质量,从而促进社会更加和谐。

行政审批制度改革"三高两少"目标

是我区深化行政审批制度改革,加快服务型政府建设的目标要求,具体包括:(1)推进建设项目和企业设立这两个领域的并联审批制度改革试点,成为行政审批效率最高的地区之一;(2)开展告知承诺制等创新办法,构建区域性经济领域的诚信体系,成为经济领域诚信度最高的地区之一;(3)构建区域性、全覆盖的行政审批网上办事大厅,同步建设电子监察系统,成为行政审批公开、透明度最高的地区之一;(4)结合体制机制改革,进一步削减行政审批项目,成为行政审批项目最少的地区之一;(5)严格行政审批收费管理,成为行政收费最少的地区之一。

区行政审批网上办事大厅

是我区电子政务建设的重要项目,主要由以下三方面内容构成:(1)已建成的涉及全区22个部门173项审批事项的网上受理和审批模块;(2)在建的企业设立登记注册并联审批网上受理和审批模块;(3)建设项目并联审批网上受理和审批模块。我区将通过不断完善区域性的、全覆盖的行政审批网上办事大厅,实现全部行政审批内容网上查询、网上申报、审批状态网上查询、审批结果网上告知,提高行政审批的效率和透明度。

国库集中支付制度

是财政资金支出改革的重大举措之一,是把财政资金由传统的层层划拨改为国库单一账户的公共财政管理体系。所有财政性资金都纳入国库单一账户体系管理,财政收入直接缴入国库或财政专户,财政支出通过国库单一账户体系支付到商品和劳务供应者或用款单位。实行国库集中支付制度,有利于进一步加强财政监督,提高资金使用效益。

公务卡改革试点

公务卡是指预算单位工作人员持有的、主要用于日常公务支出和财务报销业务的信用卡。推行公务卡改革的主要目的是减少传统现金支付结算,提高财政财务透明度。

乡财县管

是指在乡镇政府管理财政的法律主体地位不变,财政资金所有权和使用权不变,乡镇享有的债权及负担的债务不变的前提下,县级财政部门在预算编制、账户统设、集中收付、采购统办和票据统管等方面,对乡镇财政进行管理和监督的一种方式。通过完善乡镇级政府公共财政的运行机制,加强乡镇级政府财政预算管理,规范乡镇级政府的收支行为,保障乡镇级政府重点支出,提高财政保障水平,促进经济社会协调发展。

在长宁区开展深入学习实践科学发展观活动总结大会上的讲话

（2010年3月5日）

中共长宁区委书记 卞百平

按照中央统一部署，2009年3月至2010年3月，区四套班子、区党政机关、街道（镇）、国有企业以及全区中小学校、居民区（村）和“两新”组织等1781个单位先后参加了我区第一批、第二批学习实践活动（其中第一批68个单位，第二批1713个单位），累计参加党员总数4.6万多名，其中，处级以上党员领导干部536人。在整个学习实践活动中，各级党组织高度重视、精心组织，认真贯彻中央和市委要求，紧扣区委“坚持科学发展、推进‘四个走在前列’”的实践载体，紧密联系各部门各单位工作实际，扎实推进学习实践活动各阶段各环节的工作，实现了“党员干部受教育，科学发展上水平，人民群众得实惠”的总体要求。中央第二巡回检查组和市委第二巡回检查组给予充分肯定；全国政协副主席、中央统战部部长杜青林同志亲自到长宁调研置信等非公经济单位的学实活动，对我区的做法给予肯定；国家民政部、司法部和教育部领导分别对我区新社会组织、律师事务所和教育系统的学习实践活动给予了肯定。中央学习实践活动领导小组办公室两次刊发了我区开展学习实践活动的简报，《人民日报》、《解放日报》、《文汇报》、《组织人事报》等新闻媒体多次报道我区学实活动开展情况。在学实活动即将结束之际，我代表区委感谢市巡回检查组的精心指导，感谢全区各级党组织对学实活动的坚强领导，感谢区学实办及其工作人员，感谢区各指导检查组工作人员的辛勤工作。现将我区第一批、第二批学习实践活动的情况总结如下：

一、总体成效和收获

一年来的学习实践活动，在市委领导和市巡回检查组的指导下，在全区各级党组织和广大党员干部群众的积极参与、共同努力下，基本达到了“提高思想认识、解决突出问题、创新体制机制、促进科学发展”的预期目标，取得了比较明显的成效。

1. 把握好长宁发展的历史阶段。科学发展观第一要义是发展，发展阶段决定发展方式。通过学习实践活动，广大党员干部进一步认识到，长宁正处于建设向管理过渡、城市形态基本定型的发展阶段，剩余可开发土地资源越来越少，工作的要求越来越高，所以必须更加注重效益效率，更加注重精品精细，更加注重统筹兼顾，坚定不移地走集约、内涵、优质的科学发展道路。在更高起点上推动长宁发展，必须统一三点思想认识：一是要对接发展大局。把长宁的发展放在长三角联动发展的国家战略、加快建设“四个中心”（上海国际经济中心、国际金融中心、国际航运中心、国际贸易中心）的全市大局中再思考、再认识、再谋划，拓宽工作视野、提升工作站位、优化发展战略。二是要深化目标内涵。一方面，要充分认识到区第八次党代会确定的“四个走在前列”目标要求是完全符合科学发展和长宁发展阶段的实际；另一方面，要着眼于虹桥商务区建设的机遇，着力提升城区综合功能，不断深化“四个走在前列”的目标内涵，实现产业发展和城市功能提升的综合优势。三是要强化区域特色。珍惜历届区委、区政府打下的坚实基础，继承和发展长宁已形成的虹桥商务区、数字长宁、国际城区、以贸易为特色现代服务业以及“凝聚力工程”等优势，还要做强做好我们的特色，使长宁的功能性与标志性发展更加凸显。

2. 转变了推动发展的思想观念。学习实践活动中，广大党员干部认真查找思想观念和工作方法不适应、不符合的问题，进一步更新理念、推动实践，形成了“四个必须切实增强”的工作理念：必须切实增强规划统筹的理念，集约利用剩余土地资源，使城区发展布局更加合理、综合服务功能更加完善。必须切实增强市场经营的理念，用改革创新的精神盘活存量资源，努力放大财政资金的使用效益，注重调动社会资本、运用社会力量、发挥市场机制推动长宁经济社会发展。必须切实增强区域联动的理念，更加积极主动地推动与各驻区单位乃至长三角城市群的交流与合作，凝聚各方资源、形成推进合力。必须切实增强精品精细的理念，立足于中心城区的发展定位、凸显中心城区的区位优势，注重形态、提升品质、追求品位，着力打造精品一流城区。

3. 形成了促进发展的思想共识。通过学实活动，广大党员干部对推动长宁科学发展的实现路径有了更清晰的认识，形成了“三个大”的思想共识：一是要“抢抓大机遇”，长宁的发展正面临三大历史机遇，核心是虹桥枢纽机遇，本质是现代服务业的大发展，长宁要把转变经济增长方式作为学习实践科学发展观的首要任务，加快发展以贸易为核心的现代服务业。二是要“拓展大虹桥”，16 个字发展方针中的“拓展虹桥”，是历届区委区政府坚持的，现在这个“虹桥”概念的内涵和外延，进一步拓展，所以要拓展大虹桥。三是要“功能大提升”，要立足于城市综合功能的提升，不仅要有高品质的楼宇，还要建设一批高标准的社会事业基础设施，进一步提升城区发展软实力。

4. 找到了制约发展的瓶颈问题。核心是经济发展方式的问题。在学实活动中，大家普遍感觉到长宁区作为上海的中心城区，必须发展以贸易为核心的现代服务业，它的体现方式就是楼宇经济与园区经济。所以，我们要立足一流、精品的意识把这个工作做好。针对经济发展方式，大家查找出的问题包括国际经贸和商务主导功能凸显不够、楼宇经济竞争力不强、商业商务融合不到位、商旅文联动发展还不够等；深层次是行政管理模式的问题。包括政企不分、政事不分、管办不分的情况依然一定程度存在，国资经营管理水平还有待提高等等。针对这些情况，区委常委会举一反三，制定了 60 项具体整改项目，有针对性地完善了 6 个规划纲要，制定了 9 个实施意见，形成 31 个具体工作方案，并修订了 8 个制度规定，在加大干部队伍建设、推进公车改革等廉政机制建设等方面取得重要进展。

5. 解决了一批群众关注的突出问题。学实活动中，我们一方面牢牢把握发展的大局，把握又好又快发展的本质要求；另一方面，坚持发展依靠人民、发展为了人民、发展成果让人民共享，让群众在科学发展中多受益、广受益、长受益，努力为群众多办实事多办好事。一是把服务企业作为应对危机保增长的重要内容加大力度。全面落实各项企业扶持政策，去年财政支出达 7.8 亿元，同比增长 24.6%。聚焦企业融资难问题，成立了金融办，建立 2 家小额贷款公司，成立中小企业融资服务中心，加大贷款担保力度，为 18 家中小企业提供 2 亿元担保贷款，年投入贴息资金 650 万元，财政投入科技自主创新资金 2.59 亿元。二是把旧改安居工程作为当前最重要的民生问题加以推进。自我加压、迎难而上，去年完成旧区改造 19 万平方米，提前完成了“十一五”25 万平方米的旧改目标。完成旧小区综合整治 240 万平方米，提前两年完成四年（2008—2011 年）整治 230 万平方米的目标。扩大廉租房受益面，学实活动开展以来新增廉租家庭 1131 户，启动建设经济适用住房 4 万平方米。三是把迎世博行动作为改善民生的重要契机抓紧抓实。结合迎世博 102 个重点项目实施，加快推进市容环境改观工程，整治中小道路 64 条（段），清理户外广告和规范店招店牌 8910 块，清洁建筑立面 843 万平方米，拆除违法建筑 4.486 万平方米，优化绿化景观 177.8 万平方米。同时注重城区软环境建设，加大顽症治理和城市管理力度，创建完成 10 个乱设摊“差别化管理”区域，在前一次文明指数测评中，我区上升至中心城区第二位。四是把化解社会矛盾作为促进和谐稳定的重要内容落实措施。以市领导调研信访突出矛盾为契机，梳理信访积案，采取积极有效的化解手段，全区 69 件信访积案已成功化解 24 件，缓解 43 件，报终结 2 件，化解率列全市第二位。同时，层层落实维稳责任和任务，深化平安长宁建设，社会公众安全感满意率继续位居中心城区第一，被市评为“平安城区”和“市社会治安综合治理优秀单位”荣誉称号，全区有 8 个街镇被市命名为“平安社区”。

6. 锤炼了党员干部的党性党风。我们深切体会到，这次学习实践活动不仅是一次科学发展观思路方法的集中训练，也是一次党员干部弘扬优良传统、坚定理想信念、造就过硬作风的锻炼。一是增强了深入基层、服务群众的宗旨意识。活动期间，全区各级领导干部建立基层联系点 681 个，深入基层、听取意见；去年，区四套班子领导会同有关部门共走访企业 400 多家，帮助解决实际问题；第一批学实活动后，落实周四无会日要求，推进领导干部进一步转变作风、深入基层、帮扶企业、解决民生。二是增强了真抓实干、求真务实的工作作风。学实活动中，我们坚持从常委班子做起，认真查找党性党风党纪方面存在的突出问题，切实落实严格带班、严格带队的政治责任，积极倡导敢于负责、攻坚破难，求真务实、争创一流的作风，不断提高学习力、执行力、创新力，涌现了一批勇于担当、主动跨前、攻坚破难、关心群众疾苦、善做群众工作等方面的先进典型。三是增强了廉洁自律、拒腐防变能力意识。一方面，强化党性党风党纪教育和财经、审计等实务知识培训，推动廉政教育经常化、制度化；另一方面，针对基层群众反映公车私用等突出问题，稳步推进公务用车制度改革，加大制度改革创新力度。

二、主要做法和特点

按照中央、市委有关要求，我区紧密结合长宁实际，把握节奏、注重效果，认真落实规定动作，创新探索自选动作，深入学习调研、深刻分析检查、狠抓整改落实，扎实推进学习实践活动各项工作。在学习调研阶段，着眼于提高认识，着力抓好学习培训、调查研究、解放思想大讨论。活动中邀请专家、学者、老红军、劳动模范等作辅导报告和讲座800多次，各单位共收集意见建议共15733条，各单位领导班子成员撰写调研报告622篇（第一批380篇、第二批242篇）。通过学习、讨论，广大党员干部进一步认清了使命和责任，增强了贯彻落实科学发展观的自觉性和坚定性，夯实了学习实践活动的基础。在分析检查阶段，着眼于找准问题，着力把活动中形成的新认识转化为谋划科学发展的新思路。区委结合开展“问政于民、问需于民、问计于民”的“三问”活动，广泛征求意见、广泛走访基层，区委班子成员谈心达128人次，查找梳理5方面109条问题。各基层单位在第二批活动中共查找梳理4大类2293条问题。全区累计召开356个民主生活会（第一批68个，第二批288个），召开专题组织生活会921个，撰写分析检查报告157篇，形成分析检查材料1123篇。各单位领导班子通过认真梳理问题、开诚布公交流思想、客观深入分析原因，明晰了发展思路，明确了整改提高的目标方向。在整改落实阶段，着眼于解决重点问题，突出完善制度措施，突出解决民生问题，使活动取得看得见、摸得着的实际成效。区委研究确定了60个重点整改项目。全区各单位共制定整改落实方案355个，确定整改项目和突出问题5329个，已解决制约科学发展、涉及群众利益、基层组织建设、党性党风党纪等方面的突出问题3890个。

回顾总结我区第一批、第二批学习实践活动，主要有以下几个鲜明的特点：

1.坚持转变观念、提升站位，推动党员干部思想大解放。在深入学的基础上加大集中走、集中看、集中议的力度，通过走访市发改委、市商务委、世博局，主动对接市委“四个中心”的要求；通过走访虹联公司、古北集团、机场集团、商务区管委会及部分高校等，主动加强与市属驻区单位的交流与沟通，整合各方资源，促进区域发展；通过走访浦东、闵行、嘉定区等兄弟区，走访江苏昆山、浙江杭州、湖州、丽水等长三角城市，感受兄弟省市以及兄弟区敢为人先的精神状态，也学习了他们大手笔规划、高起点定位、强机制推进的经验。通过集中走访和学习考察，帮助我们开拓了视野、找到了差距、明确了方向，激发了敢于争先、敢于突破、敢于创新的志气，增强了坚持科学发展、推进“四个走在前列”的责任感和紧迫感。

2.坚持统筹兼顾、带动提升，促进当前各项工作上台阶。切实做到“两手抓、两不误、两促进”（“学实”活动和业务工作两手抓、两不误、两促进）。一是打好保增长攻坚战，一方面，积极应对国际金融危机的挑战，加快推进重点项目开竣工、加大企业服务扶持和“招、留、增”工作力度，千方百计保增长；另一方面，坚定不移地把“调结构、促转型”作为主攻方向，抢抓虹桥商务区建设机遇，与市商务委签署合作协议，与市合作交流办联手举办虹桥论坛，成功举行香港招商推介活动。去年区级财政收入完成62.95亿元，增速列全市中心城区第一位，总量继续保持中心城区第二位。二是确保迎世博硬任务，我们立足于为上海“留作品、出精品”的工作站位，提出了“扮靓上海西大门、对接世博留作品、全民参与大动员、形成机制重管理”的工作思路，“虹桥大都市、苏河老印象、长宁新社区”三大留作品重点项目得到了推进落实。通过搭建“上海文明和谐西大门”创建平台，组织动员驻区单位融入迎世博行动；先后制定了11个专项规划。目前，全区102项迎世博项目已完成及按计划推进达92.3%。最近我们也召开了相关会议，要求在4月15日前必须把这些项目全部完成。三是落实加强党的建设新要求，一方面，我们借学实活动加强党性教育，积极稳妥地推进大部制改革，完善大口党工委设置，做好干部调整工作，同时，着眼长宁未来发展，制定并实施处级班子和干部队伍优化方案，有序推进干部队伍年轻化、专业化，加强干部队伍党性锤炼。另一方面，贯彻区域化党建工作要求，研究制定了《中共长宁区委关于加强党的建设的若干意见》，明确了社区、楼宇（园区）、机关、区属企事业等分领域推进基层党建的目标任务；成立了"凝聚力工程"学会，推动"凝聚力工程"向凝聚服务企业深化拓展。

3. 坚持整改联动、解决问题，确保学习实践活动出成效。一是市区联动整改突出问题。我们紧紧抓住全市第一批学实活动单位组织开展整改及回头看等契机，紧紧依靠市领导调研信访突出矛盾和"三跨"矛盾，主动争取支持和帮助，推动了上钢十厂等一批历史遗留矛盾的解决。同时，为确保"十二五"期间提前完成成片旧区改造任务，积极争取市政府牵头协调，帮助解决安置房源等瓶颈难点问题，得到市房管局（旧改办）等部门的大力支持。二是条块联动整改突出问题。第一批学习实践活动中，我们针对群众反映比较突出的问题，除整改落实方案中充分吸收群众所提意见建议外，又专项梳理了10项与学实活动同步推进、向人民群众承诺活动期间明显见效的项目，落实责任部门开展集中专项整改。同时，组织各街镇因地制宜开展"拾遗补缺"惠民行动，至去年底，共使用资金1567万元，实施了休闲椅安装、扶手安装、晾衣架安装、宣传栏安装、老化电线调整、小区物防技防、无人管理地段补绿等一批实事项目。三是批次联动整改突出问题。在全区第二批学实活动整改阶段，认真组织第一批单位开展"回头看"，聚焦第二批学实活动中梳理出的28个突出问题，督促责任部门进行整改。目前已解决6个，19个问题正在协调解决中，另3个因不符市政规划暂无法解决。

4. 坚持群众路线、发扬民主，把群众满意作为衡量标准。我们坚持"以人为本，群众路线"的要求，带着感情了解民情、带着感情落实整改、带着感情多办实事，为学习实践活动提供了扎实的群众基础。我们自始至终坚持开门搞活动，开展了"三问"（问需于民、问计于民、问智于民）活动，广泛听取意见，切实把学习实践活动当中听取的民意、了解的民情和我们的整改结合起来。我们坚持依靠群众，虚心向基层和群众求教，集中智慧、集思广益。在落实整改过程中，又多次征求意见，听取群众对我们整改成效的意见，形成比较符合实际、各方比较认同的整改方案。在这方面也涌现出许多感人的例子。区建交委、房管局等部门在旧小区综合整治、世博建设"六个统一"等实施过程中，针对一部分居民不了解、不理解的情况，力求办好事，把好事办好，多次到居民家中听意见、公开工程信息、倾听群众的需要、完善工程方案，使工程实施得到了居民的广泛理解和普遍支持。区科委会同相关职能部门充分利用数字长宁的先发效应，改进服务方式，223项行政许可事项实现在线办理，初步做到网上行政审批事项全覆盖。仙霞社区（街道）党工委以老年居民的实际需求为导向，以"四个突破"创新幸福养老工作理念，重点在社区幸福养老体系、机制建设、为老服务项目、养老助老社会化运作模式上取得突破，保持为老服务的长久效应。

5. 坚持立足基层、固本强基，夯实了党在基层的执政基础。针对第一批学习实践活动将我区10个街镇作为全市试点的情况，我们注重加强分类指导，制定了《长宁区社区（街道）、镇居民区开展深入学习实践科学发展观活动工作提示》，使试点工作取得了积极的成效。针对我区第二批学习实践活动单位以基层为主的特点，我们通过学习实践活动进一步理顺基层党组织的管理体制，加强"两新"组织党建工作，充分发挥基层党组织的战斗堡垒作用和党员的先锋模范作用，使基层党的建设更有生机和活力。在学习实践活动中，共新建基层党组织65个，理顺党组织隶属关系26个，充实调整班子成员139名，找到流动党员197人。结合贯彻实施"世博先锋行动"，2009年11月份以来，已连续组织5次（每月一次）约3000名党员参加以清洁家园、为民服务、维护交通秩序等为主要内容的迎世博主题实践日活动，先后动员5500名社区在职党员参与地铁保畅志愿活动，全区已有41%的党员参与党员网上签名承诺志愿服务世博。区委组织部、区社工委多次召开街道综合党委和社区专职工作者座谈会，直接听取意见建议，制定了《社区专职党群工作者管理办法》和《长宁区"两新"（新经济组织、新社会组织）组织党建公众经费保障机制的暂行规定》等指导性文件，推动长宁社区党群工作者队伍的持续发展。区教育党工委通过建立了教育系统党建工作督导制，创建党建特色项目5个一级指标、13个二级指标和46个三级指标，将党建工作责任制与督导制、行政督导和党建督导结合在一起，在督导过程中提升党组织书记的责任意识和业务水平。江苏社区（街道）党工委牢固把握基层政权建设和居委会自治建设两个主体，建立健全居委会的重大事务听证制、社会救助预审制等六项制度，形成规范有序的民主监督机制，形成了小区民主自治的雏形。程家桥社区（街道）党工委在程桥二村因地铁施工造成房屋损坏善后处理中，广泛动员居民及各种社会关系，挨家挨户耐心细致做群众搬迁工作，召开78次专题会议，走访居民7215次，顺利完成了群众搬迁任务。天山街道纺大居民区党总支将“社情民意气象站”由当初的“居委点、电话线、楼组面”，拓展到群众自治小组、“两新”组织、外来务工人员工作站等8个社会团体组织，在掌握居民需求、排摸矛盾纠纷、了解思想动态上更加快速及时。新泾镇绥宁村党支部积极配合做好村民的动迁，“坚持实事求是，依法补偿；坚持和谐操作，稳定为上；坚持三个签约，集体会商”，顺利实现了六个市重大工程建设项目征地动迁工作。

6. 坚持领导“三带”（带头、带班、带队）、率先垂范，起到示范带动作用。学习实践活动，关键在领导，责任在班子，各级领导干部认真执行“十个带头”（带头作动员报告、带头确定重点调研课题、带头到基层和联系点开展调研并听取群众意见、带头撰写调研报告、带头参与解放思想讨论、带头查找个人和班子的突出问题、带头写民主生活会发言材料、带头开展批评与自我批评、带头参加分析检查报告的撰写、带头制定整改措施并落实整改）的工作要求，以身作则，主要负责同志切实履行第一责任人的职责，认真抓好研究部署，统筹协调，形成一级带一级的良好局面，为整个学习实践活动扎实开展提供了有力保证。一是在密切联系群众上发挥示范作用，区委、区政府领导结合开展“三问”系列活动，带头开展网上访谈，直接与网民进行交流互动，了解群众需求，接受群众监督。学实活动中，四套班子领导除了分别建立健全基层联系点外，又建立了联系区域42家重点单位制度，深化与区域“四大资源”联系走访机制。各级领导干部也结合学习实践活动大兴求真务实之风，大兴调查研究之风，大兴密切联系群众之风，党的意识、宗旨意识、服务基层群众的意识不断增强。二是在攻坚克难上发挥表率作用，第一批学习实践活动后，建立了四套班子主要领导联系推进重点旧改地块工作机制，及时协调解决难点问题。同时进一步完善局级领导包案化解信访突出矛盾工作机制，历年来全区局级领导包案的132件突出信访矛盾，目前已化解60件。三是推动领导干部带头为党员干部上党课，区委领导带头，去年约有40位部门和单位处级“一把手”为学员干部上党课。

总之，这次学习教育活动取得了明显的成效，但我们也清醒地看到，对照科学发展观要求和人民群众的期待，我们仍存在不少差距：一是认识还有待深化，通过广泛深入开展学习实践科学发展观的活动，我们在推动长宁科学发展上进一步理清了思路和工作脉络，如何进一步用学实活动的成果统一全区党员干部的思想和行动，但是在指导实践、在推动工作、在建立机制等方面，还有大量工作要做。二是整改还需要检验，学习实践活动中，第一批和第二批都确立了整改项目，按照时间节点，这些整改项目也逐项地完成，取得了阶段性成果。但我们在机制的创新上、在突出矛盾瓶颈的解决上、在精神状态和作风上，还要进一步接受实践的检验、群众的检验。三是作风还需要锤炼，学习实践活动使广大党员干部经受了一次思想认识和工作作风上的难得锻炼，在领导带头、深入基层、服务群众等方面得到了基层和群众的认可、好评，但靠一次活动难以解决党员干部在这方面的所有问题，要从根本上增强党的观念、增强宗旨意识、转变工作作风，还有大量工作要做。希望全区各级党组织要清醒地认识到，坚持科学发展是一项长期艰巨的战略任务，学实活动结束只意味着活动告一段落，科学发展的实践还需要我们继续保持学实活动中的状态，以发展的实效取信于民。

三、下一步工作打算

发展永无止境，实践也永无止境。学习实践科学发展观活动是有阶段性的，但贯彻落实科学发展观却是没有止境、需要长期坚持的。各单位要以这次学习实践活动为新的起点，进一步巩固和扩大学习实践活动的成果。

1. 深化长效机制建设。前不久，中央制定下发了《关于建立健全学习实践科学发展观长效机制的意见》，明确提出了要在六个方面建立健全学习实践科学发展观长效机制的要求，一是认真总结开展学习调研的做法经验，进一步健全完善党员干部理论学习教育制度。二是认真总结查找解决突出问题的做法经验，进一步健全完善党员领导干部民主生活会制度。三是认真总结增强考核评价科学性的做法经验，进一步健全完善领导班子和领导干部考核评价办法。四是认真总结加强基层组织建设的做法经验，进一步健全完善基层党建领导体制和工作机制。五是认真总结深入基层和服务群众的做法经验，进一步健全完善改进干部作风的制度措施。六是认真总结理论普及和典型宣传的做法经验，进一步营造深入学习实践科学发展观的舆论环境。我们要认真贯彻落实中央要求，认真总结提炼学习实践活动期间形成的好经验、好做法，把广大党员干部在活动中激发出发来的良好精神状态延续下去，把学习实践活动中创造的成功经验用制度和机制的形式固定下来。

2. 深化活动成果运用。 把学实活动的成果进一步运用到指导和推动今年四方面重点工作中去。一是在办世博上，充分认识举办世博是深入贯彻落实科学发展观的重大实践，在确保平安世博的前提下，要用好世博机遇，借世博接待等宣传推荐长宁，多层次、多领域地做好交流合作；要提升管理水平，理顺应急联动、门责制与网格化等工作机制，形成城区管理长效机制；要深入宣传发动，让广大市民感受到世博带来的环境品质、生活品质的提升，共同参与世博、服务世博、共享世博。二是在转方式上，引导全区党员干部把握好当前的历史机遇，切实增强机遇意识、一流意识、开放意识、务实意识，一方面立足当前，完善“东虹桥”规划布局，聚焦虹桥“井”字形和临空园区配套，加快推进重点项目；一方面着眼长远，结合“十二五”规划编制，完善城区综合功能和城区特色的规划营造。三是在保民生上，要按照“十二五”提前两年完成旧区改造的目标，加大旧改推进力度。在深入调研的基础上，有序推进社会事业优质均衡发展。要进一步立足基层社区，完善物业管理、治安管理等管理体系。四是在强党建上，深入贯彻区委《关于加强党的建设的若干意见》，提升党建科学化水平。要发挥“凝聚力工程”学会作用，持续推进“凝聚力工程”深化拓展，完善凝聚服务企业的工作机制。要适应社会发展趋势，统筹推进社会建设。

3. 深化党性作风锤炼。 一是在领导层，要严格带头带班带队，进一步带出敢抓敢管、敢于负责的风气，带出能打硬仗、执行力强的队伍，带出眼睛向下、为民务实的作风，提升整个班子和干部队伍的执行力和战斗力。二是在基层，要夯实基层基础基本，要大力加强基层干部队伍建设，建立健全基层工作网络，坚持和发扬基本工作方法，切实转变工作作风，不断增强基层党组织的战斗堡垒作用和党员先锋模范作用。特别是在世博会即将召开之际，也是对基层党组织的战斗堡垒作用和党员先锋模范作用的考验。

同志们，长宁正处于发展的关键阶段，我们要把学习实践活动取得的成功经验及时运用到推动科学发展的实践中去，当前，尤其是要把办好世博会作为深入贯彻落实科学发展观、检验学习实践活动成效的重大实践，继续保持良好的工作作风和精神状态，以更加严谨的态度、更加扎实的工作、更加昂扬的斗志迎接这场考验，确保举办一届成功、精彩、难忘的世博会。

科学知识

科学家破译生命天书

遗传学由于破译了人类部分基因组而发生革命性变化。决定一个人长成什么样子的生命蓝图就存储在受精卵的脱氧核糖核酸中，它携带着决定蛋白质结构的遗传信息——基因，这些基因按一定顺序排列。人体每一个细胞中的基因都排列在紧密缠绕在一起的脱氧核糖核酸“细线”上，进而组成一对对的染色体。基因是生命发育过程中的“指示”或“命令”，它可以说明为什么一个人的外貌和举止与别人不同，还可以说明为什么有些人易生病。

国际人类基因组计划是人类首次全面、系统地研究人类遗传物质 DNA 的一项国际合作公益计划。它的核心内容是，测定人类基因组的全部 DNA 序列，从而获得人类最基本的生物学信息。成果将由全人类自由分享，是 21 世纪生命科学的基础和先导。

目前由英国剑桥大学、日本庆应大学、东海大学医学院、美国的华盛顿大学和世界各地的几十个实验室的上百名科学家们组成的这个设备一流、人员一流的“人类基因组计划”国际小组，力图揭示和绘制人体 10 万个基因、30 亿个碱基对图谱。他们很快就能将人类全部基因的排列搞清楚，到时会将关于人类所有 DNA 的完整资料在因特网上予以公布，建立起完整的遗传信息库。整个人类基因组工程一旦全部完成，就将成为有史以来科学研究领域中取得的最重大的成就之一。它是一份描述人类自身的说明书，是一本完整地讲述人体构造和运转情况的指南。届时，危害人类健康的 5000 多种遗传病以及与遗传密切相关的癌症、心血管疾病、关节炎、糖尿病、高血压、阿耳茨海默氏症以及多发性硬化症和精神病等，都可以得到诊断和治疗。遗传学领域的这一新突破几乎肯定会在 21 世纪引发一场医学革命，这项发现的重要程度超过了第一颗原子弹爆炸和人类登上月球。

长宁区世博工作总结报告

（2010年11月15日）

长宁区区长 李耀新

迎世博工作启动以来，全区上下围绕“扮靓上海西大门，对接世博留作品，全民参与大动员，形成机制重管理”的总体要求，全力以赴、攻坚克难，确保了长宁安全保卫万无一失，社会氛围文明祥和，经济运行和城市管理平稳有序，世博接待热情周到，圆满完成了世博期间的各项任务。

一、扮靓上海西大门，城区品质显著提升

着力提升区域形象。全面完成延安路高架整治、SN 10路等虹桥交通枢纽周边区域环境整治等“六大战役”；精心打造愚园路、北渔路等特色工程；优化绿化景观190余公顷，完成景观灯光建设114幢，修复95幢。着力提升管理水平。探索完善大门责制、网格化管理等工作机制，强化属地管理，将轨道交通站（地铁口）和地下空间管理纳入网格化管理体系。虹桥、古北等重点区域实行一体化、差别化管理。着力提升服务能级。开展“诚信经商在长宁”主题活动，推进虹桥友谊等20家重点商家加强商业诚信规范管理。实现“购物节”、“旅游节”、“虹桥文化艺术之秋”三节合一，促进商旅文融合发展。“十一”黄金周全区商业实现销售2.15亿元，同比增长42.6%。

二、以人为本促和谐，重塑社区改善民生

安居工程成效显著。加大旧区改造攻坚力度，“十一五”期间，共拆除旧区约51万平方米，动迁居民约7000户。完成旧小区综合整治345万平方米，7万户居民直接受益。公共卫生服务百姓。依托“东方讲坛”举办系列健康知识讲座14场；全区推行“四医联动”基本医疗保障；接种疫苗4.3万人次；世界卫生组织总干事对我区健康城区建设工作给予高度评价。社会保障扎实有效。今年以来新增就业岗位3.6万人。实施各类社会救助29.57万人次，救助金额9370.2万元。发放“世博大礼包”22万份。组织“万人看世博”活动，贫困家庭等18类群体逾8万人次进园区参观。文化生活丰富多彩。举办“世博号角”等系列群众展演。编排沪剧《梦圆曲》公开巡演60余场。组织15支社区团队6600人次入园表演30场；园内国外文艺团队走入社区、学校，开展20余场文化交流。

三、众志成城保世博，社会稳定平安有序

保障公共安全。建立世博安保社会面维稳防控指挥中心以及街镇分指挥中心，制定《区安全保卫工作总体方案》和5大类公共安全防控事项。世博期间，共加班出动警力13.2万人次，开展平安志愿服务241.8万余人次；完成各类警卫任务159批910批次。做好信访维稳。今年以来受理各类信访同比下降4.3%。4至10月，我区没有发生涉世重大群体性事件和恶性事件；没有发生上访人员到世博园区及周边地区造成重大影响事件。维护治安秩序。推进“平安世博”系列打击整治攻坚战，加强13个治安重点地区专项整治；实施全方位、全时段、全覆盖的社会面巡逻，“八类”案件、“两抢”、入室盗窃案件同比均大幅下降。筑牢基层防线。街镇、居(村)委全面落实社会面防控42项措施。世博期间，全区没有发生有重大影响的刑事、治安案件和交通、火灾事故，社会面总体稳定可控。

四、抓住机遇谋发展，交流推介取得实效

接待服务因“世”利导。世博期间，全区热情、周到接待内外宾、港澳台侨及商务团组等 439 团，1.1 万余人次；组织土耳其等国家馆日活动 10 次，2400 余人次；开展涉外活动 22 场，1400 余人次。与加拿大旺市、安徽池州等地新缔结友好意向。发挥红坊、东华大学、西郊百联等资源优势，多角度展示长宁形象；设计长宁“老洋房”系列世博礼品，组织“长宁，历史的钩沉——百幢经典老房子油画展”进园区，展示长宁历史积淀。招商引资乘“世”而上。世博期间，接待美国戴尔、法国米其林等世界 500 强企业和重点企业 30 个，324 人次。今年以来，引进“四有”企业 314 家，同比上升 8.3%。培育现代服务业税收亿元以上企业 13 户。引进德国贝朗等地区总部 6 家，沪港机场管理公司等知名企业入驻长宁。经济发展顺“世”而为。主要经济指标均超额完成任务进度。区级财政收入完成 64.78 亿元，同比增长 14.47%；现代服务业完成税收 55.3 亿元，同比增长 26.3%。

五、全民参与大动员，文明祥和充满活力

世博宣传有声有色。区领导接受了东方网和新闻坊等栏目专访。举办了“社区重塑”论坛。邀请周汉民、于丹、余秋雨等专家学者主讲“世博大讲坛”。举办了长宁区机关廉政文化创意大赛。主要媒体对我区世博宣传报道达 800 多篇。各类培训凸显主题。累计完成文明礼仪培训 25 万人、世博知识培训 52.65 万人、世博双语培训 6.75 万人；开展“学习《廉政准则》，服务保障世博”、“百万家庭学礼仪”以及世博人家专项培训等活动。志愿服务广泛开展。组建 2 万余人的园区志愿者、城市站点志愿者和城市文明志愿者队伍；组建党员和洋居民志愿服务队。建成志愿者服务站点 70 个，重点区域投入平安志愿者 1.1 万余人次。社会各界凝聚合力。全区党代表、人大代表、政协委员开展各类活动为世博进言献策。通过“凝聚力工程”学会平台，有效联系区域单位 650 多家。272 家中央和市属单位党组织、335 家“两新”党组织、1.5 万余名在职党员到社区报到参与世博先锋行动。文明指数明显提升。迎博、办博期间八次文明指数测评中，我区连续 3 次位居中心城区第二。

回顾近 800 天的迎博办博历程，世博会给我们留下了深刻的体会和启示：

一、加强组织领导，指挥协调抓落实。成立世博工作领导小组和相关指挥部。制定和落实资金管理、项目推进、特事特办、定期例会等制度规范。贯彻“廉洁办博、节俭办博”要求，加大对与世博相关的政府投资建设项目、大额资金投入的监管力度。可以说，世博开启了上海经济社会的转型，长宁在新的发展机遇和挑战下，要继续发挥好党的政治优势、组织优势，在区委坚强领导下，抓好统筹协调，实现新一轮的大发展。

二、注重调研先行，规划引领促发展。结合区委重点调研课题，“看清楚”世博契机，“想明白”发展举措；开展形式多样的区委中心组学习，先后赴世博园城市最佳实践区等学习。编制“延安高架沿线景观灯光建设”等项目规划 26 个，确保“世博”出精品、留作品。办博的历程让我们意识到，对城市发展理念的思考和讨论要不断延续和深化，要继续发挥规划的引领统筹作用，激发城区发展的持久推动力。

三、坚持区域联动，集中力量办大事。迎博办博过程中，“凝聚力工程”学会、“文明和谐西大门”创建等平台充分发挥了作用，区域单位、驻区部队、民主党派、社会组织和各界人士积极参与，人大代表、政协委员和广大群众积极投入，为圆满完成各项任务奠定了坚实社会基础。今后，要继续牢固树立联动合作理念，深化区域资源整合，凝心聚力推动长宁发展。

四、坚持敢闯敢试，改革创新重实践。各相关部门在迎博办博过程中，不按部就班、不墨守成规，攻克了延安高架沿线综合整治、古北路保留房整修等重点难点项目，确保了世博各项任务按时完成。后世博时期，要聚焦重点领域、关键环节，加快推进城区长效管理、公共安全保障、社会公共服务等方面体制机制和管理创新，实现长宁经济社会发展的创新驱动。

同志们，世博会已经圆满落幕，但世博精神将激励长宁人踏上新的征程，在新的起点上去取得更大的胜利。我们坚信，在市委、市政府和区委的坚强领导下，在全区人民的共同努力下，长宁“十二五”新一轮发展将绘就更加美好的蓝图！

司法解读

《上海市住宅物业管理规定》解读代表大会条例解读

2004年8月19日上海市第十二届人民代表大会常务委员会第十四次会议通过，2010年12月23日上海市第十三届人民代表大会常务委员会第二十三次会议修订，自2011年4月1日起施行。

一、关于物业管理的监督管理体制

《规定》对管理职责作了具体规定：一是，房屋管理部门主要负责对物业管理实行监督管理，并设立派出机构具体实施监督管理职责；二是，区、县政府应当建立住宅小区综合管理工作制度，部署、推进和协调辖区内相关物业管理工作，并加强对业主大会、业主委员会各项工作的组织推动和指导监督；三是，乡镇政府、街道办事处负责具体落实指导业主大会、业主委员会的组建和日常运作工作，以促进业主委员会规范化运作，并相应建立本辖区住宅小区综合管理工作制度，协调和处理辖区内物业综合事务和纠纷。

二、关于业主大会成立和业主委员会组建及运作制度

《规定》从以下几方面作了调整：第一，明确业主大会筹备组由业主代表、建设单位、街道办事处或者乡镇政府、房管办事处、居民委员会或者村民委员会派员组成，并规定筹备组中业主代表必须高于总人数的1/2；第二，创设了业主委员会换届改选过渡期制度，要求在换届改选小组成立后十日内，业主委员会应将其保管的资料、印章等物品移交换届改选小组，并对换届改选期间业主委员会的权力作了限制，除维持日常工作所需的职责外，明确不得对选聘和解聘物业服务企业、管理规约规定情形以外的维修和更新项目等重大事项作出决定；第三，明确业主大会可以决定设立监督机构，由其他业主代表或者委托第三方对业主委员会各项活动进行监督。

三、关于物业服务收费

《规定》明确了同一物业管理区域内实施同一物业服务内容、执行同一标准物业服务费的原则。针对物业费拖欠问题，《规定》明确业主应当根据物业服务合同规定，按时交纳物业服务费，业主逾期不交纳物业服务费的，业主委员会应当督促其交纳，物业服务企业可以依法向人民法院起诉。

四、关于业主自行管理物业方式

《规定》明确，经专有部分占建筑物总面积过半数的业主且占总人数过半数的业主同意，业主可以自行管理物业。考虑到特定专业设施设备的维修养护，直接涉及到居民的人身和财产安全，为此，《规定》对于其中电梯、消防、技防等涉及人身、财产安全的设施设备，明确必须委托专业机构进行维修养护。

五、关于物业保修金制度

《规定》明确建立物业保修金制度，要求建设单位在房屋所有权初始登记前，将物业保修金交存至房屋管理部门指定的账户，专项用于保修期内物业维修的保障。在保修期内，如果物业保修金不足的，建设单位应当予以补足；保修期满后，物业保修金尚有余额的，则返还给建设单位。

六、关于改变物业使用性质

《规定》设定具体的审批程序：第一，明确由区、县规划管理部门会同房屋管理部门提出改变房屋使用性质的区域范围和方案，通过召开相关范围内居民的听证会，听取居民意见，解决可改变使用性质的具体范围和相邻关系处理等问题。第二，可改变使用性质住宅的区域范围及方案通过后，对于具体住宅改变使用性质的申请，由区、县房屋管理部门负责审批，并须根据改变房屋使用性质后的经营活动类型依法办理相应的行政审批手续。

七、关于物业管理信息公开制度

《规定》针对不同主体和不同事项，明确了物业信息发布和公开的具体要求。在业主自我管理方面，明确业主委员会应当建立信息发布制度，主动公布业主大会、业主委员会的各项决定，以及物业管理中的重大事项信息，包括选聘物业服务企业时的选聘方案、专项维修资金使用情况、自行管理物业的账目等内容，并接受业主对所保管物业管理信息的查询。在物业服务方面，物业服务企业应当按照规定公布物业服务收费项目及标准、专项维修资金和公共收益收支情况等内容，以利于业主进行监督。

大事记

DA SHI JI

CHANGNINGNIANJIAN

2011

1月

4日 区领导围绕“迎世博、保民生”分头检查推进开局工作。实地查看旧小区综合整治情况，检查迎世博市政道路改造整治情况，开展迎世博窗口服务暗访，慰问交通志愿者和居委会干部，检查文明创建工作，参加有关志愿者迎世博主题实践活动。

同日 举行长宁区第三社会福利院奠基仪式。区委书记卞百平、区长李耀新等区领导出席。

同日 区长李耀新等区领导出席徐家宅旧区改造地块动迁动员会。

5日 召开长宁区关工委2010年全体会议。

13日 长宁区委召开党校教学工作推进会。

14日 区委书记卞百平主持召开2010年区委重点调研课题讨论会。

15日 召开长宁区党员负责干部会议。传达学习市委九届十次全会精神。

18-21日 召开长宁区政协第十二届委员会第四次会议。

19-22日 召开长宁区十四届人民代表大会第七次会议。选举王瑾为区人大常委会副主任，严明华为区检察院检察长。

27 召开2009年度长宁区领导班子和局级领导干部绩效考核述职测评会。

2月

1日 举行“世博有我更精彩”——长宁职工迎世博“冲刺一百”岗位建功誓师大会。

2日 召开长宁区2010年党的建设工作会议。区委书记卞百平出席会议并讲话。

同日 召开2009年度长宁区机关绩效考核先进单位、先进个人表彰大会。

同日 区领导卞百平、李耀新、刘雅琴、陈建兴等率队走访慰问驻区部队并出席2010年长宁区党政军迎春座谈会。

3—6日 举办2010年长宁区处级部门党（工）委书记专题培训班。

6日 召开长宁区“迎世博600天行动”工作专题会。听取迎世博工作推进中的重点难点工作汇报。

8日 区委召开专题会议，听取关于推进2010年重点工作、虹桥“井”字型重点项目、虹桥临空经济园区建设、旧区改造等工作的情况汇报。

同日 召开2010年长宁区机关党的工作会议。会上表彰区委统战部、区委办等12个分别获得2009年度市、区级创建学习型机关先进单位荣誉称号的部门。

10日 召开长宁区总工会第四届委员会第十次全体会议。

12日 开展2010年春节慰问活动。卞百平、李耀新、刘雅琴、陈建兴等区领导分四路深入到长林公司、区妇幼保健医院、古北家乐福、江苏路派出所、长支菜市场、区城管大队第六分队等单位，慰问节日期间坚守岗位的一线人员并视察节日市场供应情况。

22日 区委副书记、区长李耀新，区委常委、宣传部部长朱国宏等出席华东政法大学附属中学新校门剪彩、校训石揭幕仪式及开学典礼。

24日 市委组织部副部长冯小敏一行到虹桥街道虹储居民区调研。

25日 区委书记卞百平走访仙霞新村街道锦苑居民区，慰问居委会干部并听取对加强基层基础工作的意见建议。

26日 召开长宁区“凝聚力工程”学会第一次会长会议。

3月

1日 召开长宁区“迎世博600天行动”各指挥部负责人会议，研究部署贯彻落实市委全会精神，推进长宁区各项世博筹办工作。

2日 区委召开部分居民区党组织书记座谈会。

3日 区委召开旧改工作专题推进会。

同日 召开长宁区2010年共青团工作会议。

4日 区委召开部分虹桥临空经济园区企业家座谈会，卞百平、李耀新、赵惠琴、杲云等区领导出席。

同日 区政协主席陈建兴主持召开“加强社会建设，夯实社区基层基础”区委调研课题组工作会议。夏永泰、周文贤、沈敏、刘玉鹏等出席。

8日 召开中共长宁区第八届委员会第十二次全会。会议按照市委九届十一次全会精神，全面部署世博会筹办工作冲刺阶段和世博运营期间的各项任务；审议并通过《中国共产党上海市长宁区第八届委员会第十二次全体会议决议》；下发《关于加强长宁区世博运营期间应急联动管理工作的实施意见》、《关于长宁区世博安保社会面防控需要街镇和居(村)委落实的工作措施及要求》、《长宁区世博运营期间接待工作总体方案》、《关于长宁区加强世博宣传与社会动员工作的实施方案》、《关于长宁区深化"世博先锋行动"的实施方案》。

同日 召开区第三届优秀中国特色社会主义事业建设者表彰大会。

同日 召开2010年度长宁区武装工作暨民兵参与世博安保工作部署会。

9日 举行"时代巾帼添彩世博"——长宁各界妇女纪念"三八"国际劳动妇女节100周年暨长宁妇女服务世博誓师大会。市妇联主席张丽丽和卞百平、李耀新、刘雅琴、陈建兴等区领导出席会议。

12日 举办长宁区处级干部世博安保工作专题培训班。

同日 召开长宁区行政审批改革领导小组专题会议,研究行政审批制度改革任务分解落实工作。

18日 召开长宁区世博主运行指挥部工作动员会。

22日 举行长宁区深化"世博先锋行动"动员大会。

同日 召开2010年长宁区党代表任期制工作会议。

23日 区委书记卞百平检查迎世博冲刺阶段有关任务完成情况,并实地查看有关市容综合整治项目。

25日 召开长宁区"迎世博,创建上海文明和谐西大门"工作推进会。会议表彰了"文明西大门"创建活动中的先进成员单位及个人。

30日 区委召开专题会议。区委书记卞百平主持会议,听取关于长宁区世博安保工作情况及加强世博期间信访稳定工作情况的汇报。

4月

2日 举行长宁区局处中心组联组学习会。邀请市纪委常委、市委巡视组副组长、市委巡视组正局级巡视专员赵增辉作学习贯彻《廉政准则》辅导报告。

同日 西班牙共产党代表团一行5人在总书记何塞·路易斯·森特利亚(Jose Luis Centella)率领下参观长宁区就业指导中心,听取关于促进劳动就业工作介绍;还参观上海瑞华电器有限公司,听取瑞华电器有限公司关于党建工作的介绍并乘坐瑞华电器有限公司研制的新能源环保公交车。

3日 召开区世博会筹办工作暨大口街镇党(工)委书记专题会议。

6日 长宁区党员领导干部集中收看中央召开的全党深入开展学习实践科学发展观活动电视总结大会。卞百平、李耀新、刘雅琴、陈建兴、夏永泰等出席会议。

7日 召开长宁区平安建设推进暨信访工作会议。

8日 卞百平、刘雅琴、陈建兴、夏永泰等区领导分四路先后到中山公园地铁站、上海动物园等处检查指导世博安保、环境整治、接待服务等迎世博冲刺阶段工作并慰问世博志愿者。

9日 区公安分局召开世博安保临战动员会。区委书记卞百平出席会议并讲话。

10日 "洛阳牡丹景、上海世博情"——洛阳牡丹花会上海分会场暨第五届法华牡丹节在中山公园举行。

13日 召开区世博筹办行政执法部门座谈会。区委书记卞百平出席会议,要求执法部门、行业主管部门和街镇之间要进一步加强工作联动,增强工作合力,聚焦生产安全、消防安全、食药品安全等重点难点问题,坚持严格执法,确保安全。

同日 中科院上海分院、中科院上海硅酸盐研究所、中科院上海微系统与信息技术研究所领导到长宁区座谈,双方就参与属地安保、院区合作等进行交流,卞百平、夏永泰、杲云等区领导出席。

同日 召开长宁区政风行风建设工作会议。李耀新、沈敏、杲云等区领导出席。

17日 卞百平、李耀新、夏永泰、赵惠琴等区领导视察世博冲刺阶段重点项目及有关重大市政项目收尾工作情况。

19日 浙江省丽水市市委书记陈荣高率党政代表团到长宁区考察。

21日 卞百平、李耀新、刘雅琴、陈建兴等区领导集体前往世博园区进行试运行参观活动。

22日 中央外办、外交部等部委领导代表团一行到长宁区参观。

同日 召开区"十二五"规划起草工作小组集中研讨会。

23日 召开信访稳定专题会议。研究进一步做好世博期间突出的群体性矛盾排查、化解和稳控有关工作。

25日—27日 广西南宁市、四川泸州市、杭州江干区、宁波北仑区等15个友好城区代表团接受长宁区“共享世博、感受长宁”为主题的邀请,来长宁考察社会经济发展情况,参观世博园区。先后参观城市雕塑中心、长宁区文化艺术中心、长宁规划展示厅及上海动物园世博熊猫馆等。

27日 召开中共长宁区第八届委员会第十三次全会。全会审议并通过《中共长宁区第八届委员会第十三次全体会议关于递补区委委员的决定》,民主推荐提名处级党政正职预备人选。

同日 召开“当好主力军,建功世博会,建功在长宁,展示新风采”——长宁区庆祝五一国际劳动节暨劳模先进表彰大会。

28日 召开长宁区“迎世博600天行动”总结表彰暨世博运行工作领导小组(扩大)会议。

同日 召开长宁区世博会志愿者誓师大会暨长宁各界青年纪念五四运动91周年大会。

29日 卞百平、李耀新、刘雅琴、陈建兴、夏永泰等区领导分五路集中走访慰问上海警备区、武警上海总队、武警上海消防总队、武警上海边防总队以及驻守世博园区的武警三支队等世博安保部队,并听取部队对长宁区双拥工作的意见建议。

5月

6日 卞百平、周文贤、沈敏等出席中纪委、中组部联合召开的贯彻实施“四项制度”、进一步提高选人用人公信度视频会议长宁分会场会议。

8日 欧盟委员会副主席薇薇亚娜·雷丁一行15人由区人大常委会主任刘雅琴陪同参观上海城市雕塑艺术中心和民生现代美术馆。

9日 长宁区结对世博参展方波斯尼亚和黑塞哥维那在世博中心举行国家馆日活动。副区长张连城及各街道(镇)群众150余人参加活动。

11日 长宁区组织集中收看市党政负责干部会议。区领导,全区各部门、街道(镇)、企事业单位处级以上干部,区世博运行领导小组人员参加。

12日 来自波黑、土耳其、克罗地亚等国家以及联合国等国际组织的10个上海世博会国际参展方代表走进长宁,参加为期一天的社区体验活动,先后参观区少年宫、上海纺织服饰博物馆、新十钢·红坊国际创意产业园、华阳社区文化活动中心。卞百平、夏永泰等陪同。

13日 长宁区组织有关领导干部赴世博园区城市最佳实践区学习考察。

同日 召开“十二五”规划城区建设和管理专题编制工作讨论会。

14日 区委召开贯彻实施“四项监督制度”中心组专题学习会。会议传达中央视频会议精神以及市委精神。卞百平、李耀新、刘雅琴、陈建兴、夏永泰等出席。

同日 2010年上海科技活动周长宁区活动开幕式在世博园公众参与馆举行。

同日 法国罗纳—阿尔卑斯大区主席让·雅克·凯拉纳先生率团来长宁区访问。参观上海城市雕塑艺术中心和民生现代美术馆,到中山公园观看罗阿大区“东方乐队”的艺术表演,还与长宁区区长李耀新就开展两个区域经济、文化和社会等方面的合作进行交流探讨。

20日 区委举行中心组学习活动。卞百平等区领导和有关部门主要负责人以及各街道(镇)党(工)委书记前往黄浦区和世博会城市最佳实践区考察。

26日 爱尔兰科克市市长达拉·墨菲率代表团来长宁区进行友好访问。参观建青实验学校并与该校各年级学生进行互动交流。

27日 黄浦区委、区政府、区人大、区政协领导到长宁区学习考察。参观虹桥综合交通枢纽、虹桥临空经济园区和长宁规划展示厅。

31日 长宁区“童乐世博,精彩长宁”——庆祝“六一”国际儿童节主题集会暨区少年宫改扩建启用仪式在区少年宫举行。卞百平等区领导出席。

6月

3—4日 区委举行中心组学习活动。区领导赴崇明,考察长江隧桥展示厅、东滩湿地、明珠湖、西沙湿地等,并与崇明县四套班子领导进行座谈交流。

4日 举办以“绿色世博、低碳生活”为主题的循环经济论坛活动。市环保局局长张全、长宁区区长李耀新出席论坛并讲话。

5日　召开区世博运行工作领导小组专题会议。

12日　市委组织部、市社会工作党委、市民政局、市公务员局有关领导到长宁区调研，听取长宁区关于进一步加强居民区干部、社区专职党群工作者队伍建设，不断夯实基层基础工作若干做法的汇报，并进行座谈。

同日　卞百平、李耀新、刘雅琴、陈建兴、夏永泰等区领导分四路开展世博慰问活动，走访区世博办、部分世博志愿者站点、派出所、清道班组及居委会，并向一线工作人员致意。

18日　长宁区召开世博安保民兵集中备勤动员大会。

21日　区委中心组到静安、卢湾区学习考察，参观静安雕塑公园、梅泰恒商务楼宇、思南公馆、壹号美术馆等项目。

7月

1日　长宁区召开纪念建党89周年暨“世博先锋行动”创先争优表彰大会。

同日　召开长宁区“三重一大”集体决策制度推进会。卞百平出席会议并讲话。

7日　2010年长宁区青年干部轮训班开班。卞百平出席开班仪式上的情景模拟教学活动，并与学员开展互动交流。

13日　区委召开党外人士座谈会，就区政府上半年工作和下半年主要安排听取党外人士的意见建议。

14日　市委副秘书长刘卫国到长宁区调研党建工作。

15日　闸北区委书记方惠萍率团到长宁区学习访问，考察新十钢红坊国际创意产业园、虹桥涉外贸易中心、虹桥临空经济园区、长宁规划展示厅等。

16日　召开中共长宁区第八届委员会第十四次全会。会议传达市委九届十二次全会精神，卞百平向全会作区委常委会工作报告，李耀新作关于上半年经济社会发展情况和下半年经济社会发展工作安排的讲话。

23日　召开大口、街镇书记例会暨区创先争优领导小组第一次会议。

26日　湖南湘潭市市委书记陈三新率领党政代表团到长宁区学习考察，参观多媒体产业园、长宁规划展示厅等，并与长宁区领导进行座谈交流。

27日　日本大阪府知事桥下彻先生一行来长宁区考察，参观虹桥临空经济园区。了解园区规划、发展情况和对企业的优惠政策等，以学习借鉴推动日本大阪关西国际空港经济开发区的发展。

27—30日　日本大阪府枚方市市长竹内修先生率团来长宁进行为期4天的访问交流。参观长宁区妇幼保健院、长宁规划展示厅、老洋房油画展、华阳社区文化活动中心等富有长宁特色的参观点。访问团一行还与枚方市日中友好协会第38次访中团、长宁区市民代表一同参加28日世博园内的大阪日纪念活动。还拜会长宁区领导并进行专题交流。

28日　召开区政协2010年年中全体委员会议。

同日　召开区人大代表会议。

29日　区领导卞百平、李耀新、陈建兴、王惠宁、周文贤等分四路走访慰问驻区部队。

30日　世界卫生组织总干事陈冯富珍一行到长宁区视察健康城区工作。考察新泾镇社区卫生服务中心的社区卫生服务信息系统和淞虹苑小区的“健康路”等，还参加新泾镇绿一居委市民健康自我管理小组活动。

8月

2日　长宁区与上海水资源保护基金会、中国水基会（香港）有限公司共同签署“低碳城市”合作意向书。

同日　市委宣传部及市相关职能部门联合调研组到长宁区调研基层宣传文化队伍建设情况。

11日　2010年长宁区新任处级干部廉政专题教育培训班开班。

13日　卞百平、李耀新、刘雅琴、陈建兴、夏永泰等区领导分四路进行世博高温慰问，实地走访中山公司杨宅路动迁基地、治安支队巡逻中队、区看守所和拘留所、绿化管理署等，看望并慰问在持续高温下仍坚守岗位的一线工作人员。

19日　区委召开专题会议，听取《中共长宁区委关于制定长宁区国民经济与社会发展第十二个五年规划的建议（初稿）》、《中共长宁区委、长宁区人民政府关于进一步加强社会建设的若干意见（讨论稿）》和《中共长宁区委关于进一步加强和改进工会、青年团、妇联工作的若干意见（征求意见稿）》的起草情况汇报。

23日 卞百平等区领导到青浦学习考察，参观徐泾大型社区、朱家角生态大道、青浦区规划馆等，并与青浦区领导进行座谈。

25日 召开长宁区纪念“五老”(老干部、老战士、老劳模、老教师、老专家)德育报告团成立20周年暨2009—2010年度表彰先进大会。卞百平出席会议并就进一步做好关心下一代工作提出要求。

26日 召开长宁区“凝聚力工程”学会第二次会长(扩大)会议。

9月

2日 区有关领导分四路视察学校开学工作。

同日 长宁区召开纪念中国人民抗日战争胜利65周年大会暨老干部抗战故事演讲会。

3日 召开长宁区科技进步贯标行动推进大会，正式启动创建全国科技进步先进区行动计划。

7日 召开长宁区文明指数测评工作总结推进大会。

同日 波兰外交部国务秘书让·博科夫斯基先生为团长的波兰外交部代表团一行来长宁区参观。到坐落在中山公园内的波兰伟大作曲家、钢琴家肖邦像献花，并参观新近安放在肖邦像旁的肖邦音乐长椅。

8日 召开长宁区庆祝第二十六届教师节大会。区长李耀新出席会议并讲话。

16日 举行“欢乐世博 缘聚长宁”——’2010上海旅游节、购物节长宁区活动暨虹桥文化之秋艺术节开幕式。

21日 召开2010年长宁区人才工作会议暨领军、拔尖人才命名表彰大会。

28日 李耀新、陈建兴、夏永泰等区领导走访上海警备区、武警上海总队、武警上海消防总队、武警上海边防总队等，看望慰问担任世博安保任务部队。

10月

14日 区委召开中心组(扩大)学习会，邀请市委研究室副主任傅爱明作关于加强社会建设的专题报告。

18日 举行区委党校、区行政学院、区社会主义学院、“凝聚力工程”学会揭牌仪式。

20日 召开长宁区机关廉政文化创意大赛总结颁奖会。

25日 召开长宁区社会建设工作会议。

29日 举办长宁区机关青年长宁发展论坛。

11月

1日 匈牙利总理欧尔班·维克托一行到长宁区参观。

3日 举办“畅享世博 炫彩长宁”——’2010上海旅游节、购物节长宁区活动暨虹桥文化之秋艺术节闭幕颁奖晚会。

5-6日 召开长宁区2011年工作务虚会。会议围绕“加快转变经济发展方式，提升重点区域形态功能”、“创新社会管理，推进社会建设”、“加强党的建设，凝聚各方力量”三个专题展开讨论，全面谋划2011年各项重点工作。

15日 召开长宁区世博工作总结表彰大会。

17日 召开中共长宁区第八届委员会第十五次全会。会议传达市委九届十三次全会精神，审议并通过《中共长宁区委关于制定长宁区国民经济和社会发展第十二个五年规划的建议》和《中共长宁区第八届委员会第十五次全体会议决议》。

22日 举行2010年居民区党组织书记培训班开班仪式。

25日 召开长宁区世博安保工作总结会。

12月

1日 长宁区与华东政法大学签署战略合作框架协议。

同日 长宁区领导干部集中收看静安区“11·15”特大火灾事故处置情况电视通报大会。

3日 中央信访工作督导组督察专员李中军、副巡视员张俊华一行到长宁区调研督导信访工作开展情况。

9日 上海虹桥国际舞蹈中心项目推进小组第三次会议召开。市委宣传部副部长张止静主持会议，市文广局、市教委有关领导和区委副书记、区长李耀新、区委常委、宣传部长朱国宏出席。

17日 举行长宁区女法律人才联谊会成立仪式。

28日 召开中共长宁区第八届委员会第十六次全会。卞百平代表区委常委会作工作报告，李

耀新作《关于长宁区2010年经济社会发展情况和2011年经济社会发展工作安排》的讲话。（常 念）

中央、市级领导视察长宁区

1月

26日 卫生部副部长、国家中医药管理局局长王国强到长宁区视察卫生工作，听取区域卫生信息化建设和区域中医特色、预防保健体系建设汇报，察看区卫生信息中心和天山中医医院KY3H“治未病”中心。

31日 中共中央政治局常委、全国人大常委会委员长吴邦国，在全国人大财政经济委员会副主任高强、市委副书记殷一璀、市人大副主任陈豪、副市长沈晓明的陪同下，到长宁视察社区卫生工作。吴邦国一行视察了新启用的虹桥街道社区卫生服务中心并听取区委书记卞百平关于长宁区社区卫生服务综合改革情况的汇报。

同日，吴邦国到中科院上海硅酸盐研究所视察。

2月

9日 市委常委、市委政法委书记吴志明，市长助理、市公安局局长张学兵，市委副秘书长李逸平一行到长宁区检查帮困送温暖工作，视察新泾镇社会救助事务管理所、慈善超市等，走访慰问2户困难家庭。

3月

2日 市委常委、市委政法委书记吴志明一行到长宁区检查指导世博安保工作，视察新华路街道“快乐之家”和联动中心，听取长宁区关于加强世博安保工作的情况汇报。

11日 市委常委、市委组织部部长沈红光，副市长沈晓明一行到长宁区调研，检查长宁区落实市委、市政府“方便就医”实事项目的情况。

24日 全国人大常委会副委员长、中国红十字会会长华建敏和中国红十字会副会长郭长江一行到长宁区，考察区红十字会少儿住院互助基金对外窗口服务情况，观摩区红十字会组织的社区居民现场初级急救培训。

29日 市政协副主席周太彤出席长宁区政府、市金融服务办公室、上海联合产权交易所共同举办的“2010虹桥资募港高峰论坛”并讲话。

4月

1日 副市长艾宝俊、市政协副主席钱景林等市领导出席由市经信委、长宁区政府、东华大学三方联手推进的《环东华时尚创意产业集聚区建设合作框架协议》签约仪式。

9日 副市长沈骏一行到长宁区检查虹桥综合交通枢纽环境综合整治情况。

14日 市人大常委会主任刘云耕，市人大常委会副主任陈豪一行到长宁区调研推进信访突出矛盾化解工作，听取区委关于落实世博安保、化解信访突出矛盾的情况汇报。

18日 市委常委、宣传部部长杨振武出席在长宁区举行的以“社区重塑与城市发展”为主题的最后一场世博区县论坛。国际展览局名誉主席吴建民作开幕演讲。

20日 市人大常委会副主任周慕尧参加长宁区组织的市、区党代会代表、人大代表联系社区活动。

21日 全国妇联党组副书记、副主席、书记处书记陈秀榕一行到长宁区进行基层妇女组织如何参与基层群众自治实践的调研，听取关于“推进城乡妇女参与基层群众自治实践”工作汇报，并到华阳路街道参观。

22日 国家民委主任杨晶一行到长宁区华阳路街道调研社区民族工作。

25日 市政协主席冯国勤出席“长宁，历史的钩沉”——百幢经典老房子油画展并讲话。

5月

6日 市政协主席冯国勤一行到长宁区慰问基层干部群众，先后视察多媒体广场世博志愿者城市服务站、虹桥路清道班组、区应急联动中心等，并听取有关工作汇报。

6月

9日 市委常委、常务副市长杨雄一行到中科院上海硅酸盐研究所视察。

12日 全国人大常委会副委员长、中科院院长路甬祥一行到中科院上海硅酸盐研究所视察。

7月

8日，副市长赵雯到长宁区调研社区公共运动场建设、管理和维护工作，并视察刚落成的延天绿地社区公共运动场。

30日，副市长沈骏到长宁区视察保障性住房基地项目的规划、建设情况。

8月

2日 副市长艾宝俊等出席长宁区与上海水资源保护基金会、中国水基会（香港）有限公司共同签署“低碳城市”合作意向书仪式。

5日 中共中央政治局委员、市委书记俞正声在市委常委、市委秘书长丁薛祥等陪同下到长宁区视察，实地察看红坊国际公共文化艺术社区、虹桥临空经济园区、长宁规划展示厅，并听取工作汇报。

12日，市委副书记殷一璀一行分别到新华路街道和华阳路街道调研街道党建工作。实地察看新华街道党员服务中心俞静工作室、民生当代艺术馆、华阳街道党员服务中心，观看《葫芦缘里一家人》等短片；听取长宁区委关于推进文化建设、区域化党建工作等情况汇报，并与长宁区“凝聚力工程”学会代表、社会组织代表、区域单位代表等进行座谈。

18日 市人大常委会主任刘云耕、副主任姚明宝一行到长宁区调研，听取长宁区关于突出信访矛盾化解、世博维稳等工作情况汇报。

9月

19日 上海警备区司令员彭水根、政委朱争平到长宁区考察，参观长宁规划展示厅、上海多媒体产业园、虹桥临空经济园区和晨讯科技集团。

11月

4日 副市长艾宝俊一行到长宁区调研生产性服务业发展情况。先后参观DOHO创意园、梅赛德斯奔驰车辆技术有限公司、易贸资讯和临空经济园区，并听取有关情况汇报。

12月

7日 全国人大常委会副委员长、民建中央主席陈昌智，副市长艾宝俊，市政协副主席、民建上海市委主委周汉民等出席在长宁区举行的由民建上海市委、上海市经信委和长宁区政府联合举办的“上海民建浦江论坛”。

30日 市人大常委会副主任杨定华、市政协副主席朱晓明等领导参加长宁区举办的2010虹桥论坛。

31日 民盟中央副主席、上海市人大常委会副主任、民盟上海市委主委郑惠强等出席民盟上海市委与江苏路街道举行的社区共建签约仪式。

（常 念）

司法解读

上海市职工代表大会条例解读

《上海市职工代表大会条例》已于2010年12月23日经上海市第十三届人大常委会第二十三次会议表决通过，自2011年5月1日起施行。

《上海市职工代表大会条例》（以下简称《条例》）是本市第一部全面规范基层企事业单位职工代表大会制度的地方性法规，具有很强的普适性、规范性和指导性。

《上海市职工代表大会条例》共九章四十八条，内容包括：总则、职权、职工代表、组织制度、议事规则、工作机构、区域（行业）性职工代表大会、监督检查和法律责任、附则。

一、职工代表大会的责任主体：明确企事业单位是职工代表大会建制的责任主体。

二、职工代表大会的工作机构：企事业单位的工会是职工代表大会的工作机构，承担职工代表大会的日常工作。

三、职工代表的人数：职工人数在一百人以上的企事业单位应当召开职工代表大会；职工人数不足一百人的企事业单位一般召开职工大会。

四、职工代表的构成：职工代表的构成应当以一线职工为主体，且不低于百之五十。企事业单位中直接从事生产服务、专业技术等基础性工作的职工视作一线职工。职工代表的构成中，中、高层管理人员不超过百之二十。跨地区、跨行业的大型集团型企业的比例可以适当提高，介不得超过百之四十。

区域性、行业性职工代表大会的职工代表可以由区域、行业内企业的职工、经营管理者，区域、行业工会负责人，区域、行业企业组织代表等方面负责人构成。

五、职工代表大会职权：审议建议权，是以知情、参与为目的，对审议的事项提出建议，不具有决定性权限。审议通过权，是在审议的基础上进行表决，形成通过或不通过的决定。审查监督权，是指经职工代表大会审议通过以及经职工代表大会决定的事项，其落实情况应由企事业单位或工会向职工代表大会报告，接受职工代表大会的审查、监督。民主选举权，是指按照法律法规规定以及企事业单位与工会协商确定，应在职工代表大会上由职工代表民主选举产生有关人员。民主评议权，是指按照法律法规规定以及企事业单位与工会协商确定，在职工代表大会上，应由职工代表对企事业单位领导人员及有关人员进行民主评议。

《上海市职工代表大会条例》几大亮点

亮点一：打破企业所有制界限。《条例》适用于本市行政区域内的企业、事业单位以及民办非公企业单位等组织，立法打破了职代会的建制单位的所有制界限。

亮点二：劳务工可当职工代表。《条例》打破了职工代表一定要从“具有劳动关系和聘用关系的职工”中产生的界限，而是对职工代表的构成作了弹性规定，没有区分职工或劳务派遣工，而用“企事业单位的职工”来统一表述。也就是说，劳务派遣工也可当选职工代表，并规定享有同等权利，一定程度上维护了劳务派遣工的权益。

亮点三：详解职代会议事规则。作为一部程序性法规，《条例》专章设置了“议事规则”，这在其他省市的相关立法中是没有的。在这一章节中，专门规定了职代会的议事规则，职代会在审议和审议通过涉及职工切身利益事项中的程序规定等。

《条例》还对职代会职权进行了新的界定划分，将以往的审查同意或否决权、审议决定权合并为审议通过权，新增设了一项审查监督权，赋予了职工对企事业单位共同约定的事项以及企事业单位执行国家劳动法律法规规定事项具有审议和监督的职责。

亮点四：针对区域行业设专章。《条例》增设了“区域性、行业性职工代表大会”专章，增加了一项“区域性、行业性职代会依法行使下列职权：听取区域、行业执行国家有关劳动法规政策情况报告，区域、行业劳动关系状况报告；审议区域、行业内企业有关劳动报酬、工作时间、休息休假、劳动安全卫生、保险福利、职工培训、以及劳动定额等直接涉及职工切身利益的重要问题；审议通过区域性、行业性集体合同草案和专项集体合同草案；审查监督区域、行业内企业执行劳动法律法规和区域性、行业职工代表大会决定事项的情况，履行区域性、行业性集体合同情况等”

长宁概貌

CHANG NING GAI MAO

CHANGNINGNIANJIAN

2011

境域

长宁区位于上海市区西部，东与静安区长宁路、武定西路、镇宁路接壤；西交闵行区北横泾机场河、许浦港；南与徐汇区华山路、兴国路、淮海西路、古羊路毗连；北靠吴淞江（苏州河），西段以吴淞江为界与嘉定区隔河相望，东段以万航渡路为界与普陀区相接。2010年，区境线全长39.61公里，区域面积37.19平方公里。区境地处亚热带季风区北部，气候温和湿润。境域河网密布、港汊交错，属吴淞江水系。随着城市建设发展，陆续填浜筑路，2010年有大小河汊36条，集中于区境西部，长度在1.5公里以上8条，最短的姚家浜仅40米。吴淞江为区境干流，一级支流有新泾港、纵泾港、朱家浜等，二级支流有周家浜、野奴泾、新渔浦。

行政区划

区境在唐天宝十年（751年）隶属华亭县高昌乡。北宋时，称高昌乡法华港。元至元二十八年（1291年），置上海县后改隶上海县。明嘉靖年间（1522年—1566年），法华称镇。清宣统二年（1910年），法华建置为乡。民国17年（1928年），划归上海特别市，改为法华区。民国36年（1947年），因长宁路横贯境内，改称长宁区。民国37年（1948年），改称法曹区。解放后，沿用长宁区名，区境几经调整。1950年，区境扩入吴淞江以南、古北路以东、折延安西路以北的新泾区周家桥地区。1956年，区境向东扩至静安区静安寺地区，向西扩入新泾区及吴淞江以南、沪杭铁路徐虹支线以北地区。1959年，区境东界西移镇宁路。1982年，区境向西扩到上海县新泾人民公社9个自然村。1983年，向西南扩到上海县地域内的万国公墓及其周边地区。1984年，向西扩到上海县北新泾镇及新泾乡35个自然村、虹桥乡2个村及虹桥机场等地区，北新泾镇从上海县划入长宁区。1991年，扩到虹桥机场兴建的机场新村地区。1992年，向西扩到新泾乡42个自然村和虹桥乡2个村，新泾乡划入长宁区，始成现状。2010年，区下辖新华路、江苏路、华阳路、周家桥、天山路、虹桥、程家桥、仙霞新村、北新泾9个街道和新泾镇，下设177个居民委员会和3个村民委员会。区人民政府地址：长宁路599号。

人口民族

2010年末，全区户籍人口总户数为214864户，计616187人，其中，男性306305人、女性309882人。全年户籍出生4265人，出生率为6.93‰；死亡4451人，死亡率为7.24‰；自然增长率为-0.31‰。全区户籍育龄妇女14.66万人，其中，已婚育龄妇女8.51万人，人口考核计划生育率为99.30%。全区60岁以上老人144581人，比上年增加5697人，人口平均期望寿命84.11岁，其中男性82.45岁，女性85.79岁。年末常住人口总数为778919人，其中外来流动人口总数为162732人，人口考核计划生育率为91.83%。全区户籍居民绝大多数为汉族，占总人口的98.21%；有少数民族居民11000人，其中常住6600人，外来4400人，有侗族、回族、维吾尔族、满族等42个民族。

经济发展综述

2010年，区经济发展态势良好，全区完成增加值309.93亿元，比上年增长9.5%，其中，第三产业增加值269.32亿元，比上年增长9.8%。全区完成财政收入172.76亿元，其中，完成区级财政收入72.08亿元，比上年增长14.5%。全年完成固定资产投资59.85亿元，比上年增长8.2%，从产业投向看，第三产业投资59.6亿元，占固定资产投资的99.6%，产业结构进一步优化。全年现代服务业实现税收63.96亿元，比上年增长27.4%，占全区税收总量的40.0%。推进国资管理和国企改革，完成区建交系统政企分开、希晨餐饮公司改制和43户企业关停并转；区国有企业集团实现主营业收入71亿元，净利润5.1亿元，缴纳税金7.57亿元。虹桥涉外商务区集聚发展，全年实现税收72.2亿元，比上年增长34.8%。经济载体建设顺利，广播大厦二期等改造项目竣工；金虹桥国际中心等在建项目稳步推进，总建筑面积59.5万平方米。区商业商务环境不断提升，全球品牌展示交易中心等开张营业；调整天山路商业街业态；龙之梦商务大厦项目进展顺利；中山公园商业中心实现税收18.71亿元，比上年增长71.2%。虹桥临空园区实现税收21.8亿元，开工和竣工项目各4个，在建项目和动迁房建设46万平方米。区全年外贸进出口总额46.16亿美元，比上年增长72.0%，其中，进口总额33.5亿美元，比上年增长157.9%。全年引进“有规模、有实力、有产业、有实效”企业344家，其中总部型企业6家。全区962家重点企业完成税收89.36亿元，比上年增长19.8%。经济楼宇竣工项目12

个，总建筑面积46.9万平方米；新开工项目4个，总建筑面积43.2万平方米。全年实现工业总产值79.56亿元，比上年下降16.8%；实现工业销售产值83.0亿元，比上年增长25.7%，其中非公经济工业销售产值62.09亿元，工业产品销售率104.3%，比上年增长7.4%。全年建筑业完成施工产值181.42亿元；施工面积1912.8万平方米，比上年增长39.6%；竣工面积381.2万平方米，比上年增长18.1%。全年实现社会消费品零售总额209.53亿元，比上年增长12.8%。年末，全区有连锁商业网点550余家；各类市场54家；全区旅行社61家，全年组团人数210.54万人次，比上年增长16.9%，年营业收入60.44亿元，比上年增长17.5%。全区主要宾馆（饭店）53家，全年营业收入33.0亿元，比上年增长46.8%。虹桥机场全年起降航班21.9万架次，比上年增长15.8%。全年区新设各类企业2223户，新增注册资金124.73亿元，比上年增长68.0%。全区注册登记个体工商户1.8万户，比上年增长2.9%；注册登记外商投资企业0.36万户，比上年增长12.5%，注册资金754.27亿元，比上年增长12.5%。全年新增高新技术企业15家、软件企业17家；认定高新技术成果转化项目10项；认定技术合同455项，金额15.49亿元；专利申请1805件；1家企业被认定为市级科技小巨人企业，7家企业被认定市级小巨人培育企业，11家被认定为区级科技小巨人企业。区校合作扎实推进，区与市经信委、东华大学共同推进环东华时尚创意产业集聚区建设。节能减排工作深入推进，全年累计投入节能减排工作资金1940.1万元，完成建筑节能改造4.63万平方米。

■ 社会事业发展综述

2010年，区政府投入24亿元用于改善民生、提升城区环境质量的12件区政府实事项目（10件实事项目顺利完成，旧小区整治和中小学校舍抗震加固等2件实事项目的部分内容因召开世博会，顺延至次年）。其中：完成旧区改造10.02万平方米；完成迎世博中小道路市容整治11条、北翟路长途客运站周边环境整治、31条小市政道路整治和一批无障碍设施建设项目；新建或改建公共厕所7座、垃圾房31座、倒粪站（小便池）6座；新建公共绿地13.30万平方米，至年末，区绿地总面积1014.94公顷，人均公共绿地7.14平方米；新建2000平方米社区公共运动场和2家标准化菜场；推进市民幸福养老工程，完成5家养老机构新建、扩建，新增养老床位811张，新增居家养老服务对象1600人；完成第六次全国人口普查相关工作；为全区23907名退休妇女免费进行妇科、乳腺病筛查；深化社区医疗卫生服务改革，建成2个中医治未病服务中心、10个街道（镇）分中心和13个新村服务站，完成5个社区卫生服务站改扩建；完成全区2100间中小学教室光环境改善、19所中小学校舍抗震加固工程计9.08万平方米；全年新增就业岗位36193个，综合保险覆盖140182人，帮扶907名就业困难人员实现就业，完成市政府下达目标的151.2%等。

是年，全区有各类医疗卫生机构229所，核定病床5824张，各类卫生技术人员8975人，区医疗机构年门诊总量约918.65万人次，其中区属医院占65.0%。区市政基础设施建设和房地产业平稳发展，推进以SN十路、天山西路、仙霞西路延伸建设为代表的主次干路网建设，完成北翟路中环立交、外环立交辟建和虹桥路等10条道路整治，完成北翟路和虹桥路架空线入地、周家浜拓宽、许渔河水系沟通一期工程及中山公园、虹桥地区停车诱导系统建设；区房地产市场房屋共成交11323套，比上年下降43%。区教育资源不断优化，全区有幼儿园40所（教育部门办31所）、小学25所、中学26所、职校1所、成人教育学院1所；学龄儿童入学率100%，高中阶段升学率94.7%，应届高中毕业生高考上线率99.6%，比上年提高2.85个百分点；全区中小学生体育健康达标率93%；新增市级科普示范区1个，市级科普示范区覆盖率达到80%，市级科普教育基地20家。稳步推进就业和社会救助，实施社会救助46.19万人次，发放救助金1.07亿元；全年办理结婚登记8359对，离婚登记1512对。城区居民储蓄有所增加，年末区域内主要专业银行储蓄存款余额增长13.7%，贷款余额增长11.9%。区生态环境明显改善，全区河道水质达标率64.3%、空气质量优良率90.4%；建成资源节约型绿色示范小区单位（区级）25个，绿色家庭20户，其中，金菊小区成功创建为上海市联合国首批环境友好型城市绿色小区示范项目。区信息化工作取得新进展，长宁门户网站全年总访问量2172.9万人次，发布政府信息2611条，其中，主动公开信息2370条，“政府信息公开”专栏访问量282万人次。

■ **精神文明建设综述**

2010 年,区“文明和谐西大门”创建成效显著,完成市“迎世博 600 天行动”计划下达的 102 项重点项目任务。世博期间,出动警力 13.2 万人次;招募各类志愿者 5.6 万余名,建成志愿者服务站点 70 个,开展志愿者服务 241 万余人次;完成各项重大活动的食品安全保障;区文明指数测评连续四次名列全市前茅。成功举办“社区重塑与城市发展”世博论坛,接待内外宾、港澳台侨及商务团组 439 个,计 1.1 万余人次;组织 8 万社区居民赴世博园文明观博,发放“世博大礼包”22 万份。市民文体活动设施不断完善,建成延天绿地公共运动场,改建 3 个街道示范健身点,新建 3 个街道示范健身点、2 个街道社会体育指导员站,更新健身器材 435 件,全年受惠市民 2.76 万余人次;区体操中心全年接待市民健身 150 万人次。竞技体育成绩斐然,全区 1276 名运动员参加市第 4 届市运会 54 个项目比赛,获金牌 145.25 枚、银牌 105 枚、铜牌 89.5 枚和青少年组团体总分第三、奖牌总数第四的佳绩。区运动员在国内外赛场共获得金牌 13 枚,向上级输送一、二线体育后备人才 74 人次。在丰富市民文化生活方面,区开展各类文化活动 51971 场,总参与人数 217 万人次。区图书馆(含街镇图书馆)文献外借册次 183 万册,流通人数 248 万人次。组织各类演出、展览和讲座 525 场,参与人员 15.75 万人次。其中,组织中外文化交流活动 28 场、进世博园演出 33 场、世博文化广场(西郊百联)周周演 54 场、赴外区巡演 11 场。举办 2010 虹桥文化之秋艺术节演出 125 场、展览 23 场、讲座 27 场;长宁沪剧团演出沪剧 4 部,计 157 场;天山电影院放映 600 场公益免费或低价电影。创新建立“上海虹桥志愿者服务网”平台。区有线电视中心抓舆论导向,自办节目 1 套 8 个栏目,每周播送 3.5 小时;《长宁时报》全年发行 52 期,发放 5.5 万份;《长宁时报》双语版全年发行 18 期,发放 1.2 万份。全区 10 个街道(镇)均获 2008—2009 年度上海市文明社区。

(常　念)

(栏目编辑　郑兆永)

司法解读

《中华人民共和国人民调解法》解读

2010 年 8 月 28 日,第十一届全国人民代表大会常务委员会第十六次会议审议通过了《中华人民共和国人民调解法》(以下简称《人民调解法》),自 2011 年 1 月 1 日起施行。

一、立法背景

人民调解制度植根于中华大地,是治国安民的“东方经验”。现代人民调解制度是在继承我国民间调解优良传统的基础上,逐步发展而成的一项社会主义民主与法律制度。人民调解制度萌芽于 20 世纪 20 年代中国共产党领导的第一次国内革命战争时期,新中国成立后得到长足发展。1982 年,人民调解制度作为人民群众自治的重要内容载入《中华人民共和国宪法》,同年颁布的《中华人民共和国民事诉讼法》确立了人民调解制度与民事诉讼的关系。1989 年,国务院颁布了《人民调解委员会组织条例》(以下简称《组织条例》),专门对人民调解工作进行规范。目前,我国宪法、民事诉讼法、继承法、村民委员会组织法、居民委员会组织法、人民法院组织法等法律对人民调解工作均有明确规定。

二、主要内容

1、人民调解的性质:强调民间。人民调解的群众性、民间性、自治性的性质和特征得到了坚持和巩固。尽管人民调解组织形式、调解领域、工作方式有许多新的发展变化,但这一性质始终没有改变,也不能改变。

2、人民调解的原则:保护权利。与《组织条例》相比,《人民调解法》的原则出现了两个变化:一是将当事人平等自愿原则提到了第一位;二是将尊重当事人诉讼权利扩展为当事人权利。

对当事人在人民调解活动中享有的权利作了明确规定。为确保当事人的权利得到充分尊重,法律还对调解员的行为予以规范。

3、人民调解的组织形式：保留空间。《人民调解法》规范了村民、居民调解委员会和企事业单位调解委员会的设立、组成及任期制度。同时，为乡镇、街道人民调解委员会及一些特定区域设立的人民调解组织和基层工会、妇联、残联、消协等群众团体、行业组织设立的新型人民调解组织保留了制度空间。

4、人民调解员：优化结构。人民调解员的任职条件、选任方式、行为规范和保障措施得到明确。为提高人民调解员队伍整体素质，优化人民调解员队伍结构，《人民调解法》规定了人民调解员的任职条件，要求司法行政机关定期对人民调解员进行业务培训。同时规定人民调解员从事调解工作误工补贴，致伤致残或牺牲的人民调解员及其家属享受国家救助和抚恤，以激励广大群众积极参与人民调解工作。

5、经费保障：空前重视。对人民调解工作的指导和保障得到加强。同时，明确规定司法行政机关对人民调解工作的指导管理体制，明确基层人民法院对人民调解委员会调解民间纠纷进行业务指导。

6、人民调解程序：灵活便利。人民调解的灵活性和便利性得到体现。基于人民调解的性质和特征，《人民调解法》相关规定凸显了人民调解不拘形式、灵活便捷、便民利民的特点和优势，要求在充分尊重当事人权利的基础上，采用多种方式帮助当事人达成协议，避免人民调解程序司法化的倾向。为贯彻调解优先原则，充分发挥人民调解在化解社会矛盾纠纷中的基础作用，人民调解与其他纠纷解决方式之间的衔接机制也得到法律确认。

7、人民调解效力：法律约束。人民调解协议的效力及司法确认制度得到明确。同时，《人民调解法》首次通过立法确立了对人民调解协议的司法确认制度，这是近年来人民调解工作的一项重要制度创新，是运用司法机制对人民调解给予支持的重要保障性措施。

《中华人民共和国社会保险法》解读

2010年10月28日第十一届全国人民代表大会常务委员会第十七次会议通过，自2011年7月1日起施行。

一、社会保险制度的一些基本概念

社会保险制度的内涵：国家建立基本养老保险、基本医疗保险、工伤保险、失业保险、生育保险等社会保险制度，保障公民在年老、疾病、工伤、失业、生育等情况下依法从国家和社会获得物质帮助的权利。

社会保险制度的方针：社会保险制度坚持广覆盖、保基本、多层次、可持续的方针，社会保险水平应当与经济社会发展水平相适应。

社会保险的管理：国务院社会保险行政部门负责全国的社会保险管理工作，国务院其他有关部门在各自的职责范围内负责有关社会保险工作。县级以上地方人民政府社会保险行政部门负责本行政区域的社会保险管理工作，县级以上地方人民政府其他有关部门在各自职责范围内负责有关社会保险工作。

二、社会保险法的主要亮点

（一）养老、医疗保险将实现异地“漫游”。个人跨统筹地区就业的，其基本养老保险关系随本人转移，缴费年限累计计算；个人达到法定退休年龄时，基本养老金分段计算、统一支付。

（二）基本养老保险首次确立“全国统筹”目标。基本养老保险基金逐步实行全国统筹，其他社会保险基金逐步实行省级统筹，具体时间、步骤由国务院规定。

（三）强化征收确保百姓“保命钱”不落空。强化用人单位缴纳职工社会保险费的义务，并规定对用人单位不缴纳可以采取的强制措施。法律规定，用人单位应当按照国家规定的本单位职工工资总额的比例缴纳基本养老保险费，记入基本养老保险统筹基金。

（四）加强监管“盯牢”百姓“保命钱”。国家对社会保险基金实行严格监管；国务院和省、自治区、直辖市人民政府建立健全社会保险基金监督管理制度，保障社会保险基金安全、有效运行；鼓励和支持社会各方面参与社会保险基金的监督。

一、中共长宁区委员会

ZHONG GONG CHANG NING QU WEI YUAN HUI

（一）综述

2010年，长宁区委坚持以科学发展观为统领，坚决落实中央宏观调控各项政策措施，坚决落实市委决策部署，扎实做好迎办世博工作，精心组织“十二五”规划编制，全区经济社会发展和党的建设等各方面工作都取得了新的进展。

服务保障世博大局。根据中央和市委工作要求，把服务保障世博作为首要任务。完成102个迎办世博重点项目；加强城区管理，环境品质、窗口服务水平不断提高；加强社会动员，文明指数测评名列前茅，报名登记在册志愿者达7万余名；加强媒体宣传，中央、上海等主流媒体报道长宁区迎办世博新闻近2000篇；加强安保措施，世博期间社会面总体和谐稳定，未发生有重大影响的治安刑事案件、交通安全事故和涉博上访事件；精心组织接待，完成439批1.1万余人次接待任务，组织“万人看世博”8万余人。确立总体目标，提出“扮靓上海西大门、对接世博留作品、全民参与大动员、形成机制重管理”的目标。落实责任制，迎世博领导小组每100天召开一次总结推进会，每月召开一次工作例会；各指挥部及办公室大胆指挥，协调推进；各街镇落实属地责任，守土有责，各部门各司其职。加强措施落实，加强对重点工作的靠前指挥、现场协调，推动措施落实。搭建“文明和谐西大门”工作平台，先后完成两批20个合作项目。组织全区党员职工参与志愿活动2万余人次。先后4次开展世博贡献奖表彰活动。

推动长宁科学发展。坚持一手抓世博、一手抓发展，抢抓历史机遇，放大世博效应，保持良好的发展势头。全区财政收入完成172.76亿元，同比增长17.3%，其中区级财政收入完成72亿元，同比增长14.5%，总量继续保持中心城区第二位。组织开展“十二五”规划大讨论，形成区委关于制定“十二五”发展规划的建议。区委领导班子定期听取经济运行情况分析，专题研究重点项目推进、旧区改造、招留增等工作，加强跟踪督察，及时协调难点问题。

着力改善民生工作。坚持把改善民生作为各项工作的重点。全年完成旧区改造10万平方米、旧小区综合整治35万平方米。统筹推进科技、教育、卫生、文化、体育等社会事业全面发展。加强世博安保维稳工作，增强突发事件快速应对处置能力，全年化解疑难动迁矛盾42件，化解率达31%。制定并实施《关于进一步加强社会建设的若干意见》，召开社会建设工作推进会，不断提升社会建设工作水平。

深化拓展党的建设。贯彻落实市人大工作会议精神，制定实施长宁区加强人大工作的意见，支持人大依法履职。支持政协发挥优势，建言献策。加强新时期统战工作，服务世博，促进发展。进一步理顺大口党工委组织设置，定期组织召开大口街镇书记例会。完善“凝聚力工程”学会运作机制，深化拓展区域化大党建工作领域。深入开展以“世博先锋行动”为主题的“创先争优”活动，600多家区域单位及1.3万多名在职党员到社区报到、认领任务。坚持抓班子、带队伍。贯彻干部选拔任用“四项监督制度”，围绕年轻化、专业化和加强党性锻炼等要求，优化班子配备，全年提拔处级干部35名，交流处级干部70名。加强优秀年轻干部培养选拔，抽调100多名干部参与世博相关工作，启动实施选派优秀中青年干部到基层一线锻炼计划，全年共培训各类干部约3000人次。召开人才工作会议，制定实施《关于进一步推进人才工作发展的实施意见》。坚持廉政建设，落实“廉洁办博”工作要求，组织开展机关廉政文化创意大赛活动。完善“三重一大”集体决策制度，开展对22个政府投资重点项目的监督检查。落实依纪依法办案要求，严肃查办有关违法违纪案件。推进政风行风和机关作风满意度测评，加大突出问题的整改力度。

老干部工作、档案管理、地方志工作、党史工作等都围绕区委大局工作，结合自身职能和工作特点有序推进，取得较好成效。（常　念）

12月3日，区委书记卞百平在创建文明和谐西大门总结推进会上讲话　（区委宣传部供稿）

（二）重要会议、决策及活动

概况

年内，区委召开区委八届十二次全会至区委八届十六次全会共5次，召开区委常委会33次，召开书记碰头会36次，区委中心组学习会议10次。中央、市领导到长宁视察、开展调研25次（批）。区委下发《关于制定长宁区国民经济和社会发展第十二个五年规划的建议》等重要文件10个。

（崔鸿宝）

召开区委八届十二次全会

3月8日，区委八届十二次全会召开，全会由区委常委会主持。全会按照“六个确保”的要求和九届市委十一次全会精神，部署世博会筹办工作冲刺阶段和运行阶段的各项任务。全会审议并通过《中国共产党上海市长宁区第八届委员会第十二次全体会议决议》，下发《关于加强长宁区世博运营期间应急联动管理工作的实施意见》、《关于长宁区世博安保社会面防控需要街镇和居（村）委落实的工作措施及要求》、《长宁区世博运营期间接待工作总体方案》、《关于长宁区加强世博宣传与社会动员工作的实施方案》、《关于长宁区深化“世博先锋行动”的实施方案》。区委书记卞百平要求，要聚焦主要任务，确保目标完成；要不断细化措施，把各项工作任务层层分解，逐项落实；要充分发挥党的政治优势、组织优势和群众工作优势，把贯彻落实区委关于加强党的建设的若干意见与服务世博的各项工作紧密结合起来，以党建新成效保障世博顺利运行，推动长宁科学发展。区委委员、候补委员出席全会，区纪委委员、有关方面负责同志、部分区党代表、全区177个居民区党组织书记、区世博办公室及指挥部相关人员列席全会。（崔鸿宝）

召开区委八届十三次全会（扩大）

4月27日，区委八届十三次全会（扩大）召开，全会由区委常委会主持。会议审议并通过《中国共产党上海市长宁区第八届委员会第十三次全体会议关于递补区委委员的决议》，决定递补区委候补委员莫平为区委八届委员；民主推荐提名处级党政正职预备人选。区委委员、候补委员出席全会，区人大、区政府、区政协领导列席全会。（崔鸿宝）

召开区委八届十四次全会

7月16日，区委八届十四次全会召开，全会由区委常委会主持。全会传达市委九届十二次全会精神，区委书记卞百平代表区委常委会作工作报告，区委副书记、区长李耀新作关于上半年经济社会发展情况和下半年经济社会发展工作安排的讲话。全会强调，2010年以来，区委坚持以科学发展观为统领，围绕全局工作抓统筹，围绕重点目标抓推进，围绕重大问题抓调研，扎实推进学实活动整改任务，认真实施巡视整改方案，各项主要目标任务基本实现“时间过半、任务过半”。下半年，要深入贯彻落实科学发展观，善始善终抓好世博，坚持不懈抓好发展，团结一致，振奋精神，真抓实干，务求实效，全面完成今年和“十一五”目标任务，为“十二五”打下扎实基础。区委委员、候补委员出席全会，区纪委委员、有关方面负责同志和部分区党代表、区域单位负责人列席全会。（崔鸿宝）

召开区委八届十五次全会

11月17日，区委八届十五次全会召开，全会由区委常委会主持。全会传达市委九届十三次全会精神。区委书记卞百平讲话，区委副书记、区长李耀新作《中共长宁区委关于制定长宁区国民经济和社会发展第十二个五年规划的建议（讨论稿）》的说明。全会审议并通过《中共长宁区委关于制定长宁区国民经济和社会发展第十二个五年规划的建议》、《中共长宁区第八届委员会第十五次全体会议决议》。全会肯定“十一五”时期长宁经济社会发展取得的显著成就。指出“十二五”时期，长宁发展仍处于重要战略机遇期，要积极谋划和推动“十二五”经济社会发展，为到2020年把长宁建设成为现代化国际城区打下更加坚实的基础。区委委员、候补委员出席全会，区纪委委员、有关方面负责同志和部分区党代表、区域单位负责人列席全会。

（崔鸿宝）

召开区委八届十六次全会

12月28日，区委八届十六次全会召开，全会由区委常委会主持。区委书记卞百平代表区委常委会作工作报告；区委副书记、区长李耀新作《关于长宁区2010年经济社会发展情况和2011年经济社会发展工作安排》的讲话；全会审议并通过《中共长宁区第八届委员会第十六次全体会议决议

(草案)》;听取关于长宁区2010年处级干部选拔任用工作专题报告,并对2010年干部选拔任用工作进行民主评议,对2010年新提拔的党政主要领导干部进行民主测评。全会指出,2011年是实施“十二五”规划的开局之年,也是中国共产党成立90周年。要按照“精品虹桥、国际商都、智慧高地、活力城区”的发展方针,积极抢抓大虹桥和上海“四个中心”建设等重要机遇,加快发展以贸易为引领的现代服务业,大力发展楼宇经济、园区经济;聚焦三大组团、旧区改造、社会事业等重点地区和重点领域,全力以赴推进功能性、标志性项目;深化国资国企改革、推进政务公开和行政审批制度改革。要扎实推进全国文明城区创建和全国社会管理创新综合试点区工作,加大改善民生工作力度,推进实施社会事业“西进”战略,加强社区公共服务,发展壮大社会组织,完善城区管理长效机制,不断提升社会建设整体水平。要以迎接建党90周年为契机,深入推进区域化大党建工作,深化拓展“凝聚力工程”,加强领导班子和干部队伍建设,深入推进反腐倡廉建设,不断提高党的建设科学化水平。区委委员、候补委员出席全会,区纪委委员、有关方面负责同志和部分区党代表、区域单位负责人列席全会。 (崔鸿宝)

■ **开展重点课题调研**

2月5日,区委八届常委会第112次会议确定“转变经济发展方式,进一步优化提升城区综合功能,增强长宁发展后劲”、“提升城区环境品质,完善城区长效管理机制”、“推进社会事业优质均衡发展,提升城区软实力”和“加强社会建设,夯实社区基层基础”等4个重点调研课题。在近半年的课题研究组织实施中,充分发挥区人大、区政府、区政协3个党组和每位常委的作用,课题组开展专题讨论,走访周边区市,开展专家咨询,定期汇报进展情况。调研报告形成后,区常委会逐一审议专题,分解落实调研形成的目标任务。 (崔鸿宝)

■ **制定《关于表彰“世博先锋行动先进基层党组织”、“世博先锋行动优秀共产党员”、“世博先锋行动党建联建优秀单位”的决定》**

6月26日,为激励先进,弘扬正气,区委制定《关于表彰“世博先锋行动先进基层党组织”、“世博先锋行动优秀共产党员”、“世博先锋行动党建联建优秀单位”的决定》。该决定授予虹储居民区党总支等50个基层党组织为长宁区世博先锋行动先进基层党组织,授予方慧芳等305名共产党员为长宁区世博先锋行动优秀共产党员,授予上海虹桥经济技术开发区联合发展有限公司等21个区域单位为长宁区世博先锋行动党建联建优秀单位。 (崔鸿宝)

■ **制定《关于进一步推进人才工作发展的实施意见》**

9月19日,为贯彻落实全国、上海市人才工作会议精神,区委、区政府制定《关于进一步推进人才工作发展的实施意见》,提出坚持“人才优先、国际竞争、创新机制、优化环境、以用为本、服务发展”的指导方针,提出以加大现代服务业人才集聚力度,加强企业经营管理人才队伍建设,加快高技能人才开发步伐,进一步完善创新团队培育机制,着力培训一批社会事业领域名师、名家,大力提升党政人才能力素质和推进社会人才队伍建设主要任务。并提出加大政策扶持力度,完善人才评价激励机制,优化人才发展的综合环境和加强组织保障等主要措施,推进区域人才工作发展。 (崔鸿宝)

■ **制定《关于进一步加强社会建设的若干意见》**

10月22日,为贯彻中共十七大精神和《中共上海市委、上海市人民政府关于进一步加强社会建设的若干意见》,区委、区政府制定《关于进一步加强长宁区社会建设的若干意见》,提出进一步加强长宁区社会建设的总体要求和指导思想,要求用3到5年时间逐步使长宁区形成具有时代特征、长宁特色的社会建设基本框架,构建服务完善、社会稳定、管理有序、文明和谐、宜商宜居、充满活力的社会生活共同体,并努力争取创建为全国文明城区。 (崔鸿宝)

■ **制定《关于进一步加强工会、共青团、妇联工作的若干意见》**

10月26日,区委制定《关于进一步加强工会、共青团、妇联工作的若干意见》,支持工青妇组织依照法律和各自章程创造性地开展工作,党群共建、创先争优,推动长宁科学发展。 (崔鸿宝)

■ **区委提出《关于制定长宁区国民经济和社会发展第十二个五年规划的建议》**

11月17日,区委八届十五次全会审议通过《中共长宁区委关于制定长宁区国民经济和社会发展第十二个五年规划的建议》(以下简称《建议》)。《建议》指出,“十二五”时期是深入贯彻落实科学发展观、加快转变经济发展方式、不断增强长宁可持续发展后劲的重要时期。《建议》提出“十二五”时期长宁的发展方针是精品虹桥、国际商都、智慧高地、活力城区。奋斗目标是转变经济发展方式取得实质性进展,现代服务业聚集发展、社会事业发展、城区信息化建设和城区环境品质继续走在中心城区前列,商业商务的国际化程度、公共服务的国际化水平、和谐地区的国际化内涵和环境品质的国际化水准进一步提升,城区综合服务进一步完善,为建设现代化国际城区打下更坚实的基础。《建议》要求把加快转变经济发展方式、提升城区综合功能贯穿“十二五”发展全局,加快形成以贸易功能为引领、以现代服务业为主体的产业体系,着力提升重点区域综合功能,全面提升城区环境品质,充分激发区域创新活力,切实保障和改善民生,进一步加强和创新社会建设和管理,着力提升城区文化软实力,进一步深化改革开放,凝聚各方力量为实现“十二五”规划而努力奋斗。 (崔鸿宝)

■ **召开2010党的建设工作会议**

2月2日,区委召开2010年党的建设工作会议,区委副书记夏永泰主持会议。区委书记卞百平就党建工作提出要求:要肯定成绩立足发展,准确把握党建工作面临的新形势。不断研究新情况,探索解决新问题,以改革创新精神推动长宁党建工作迈上新台阶。要统筹兼顾、突出重点,以党建工作的新成效推进长宁经济社会新发展。要抓好两个重点,即突出带头带班带队,加强干部队伍建设;突出基层基础基本,加强基层党的建设。要加强领导、落实责任,努力开创全区党建工作的新局面。不断创新党建工作机制,切实落实党建工作责任,按照中共十七届四中全会和市委九届九次全会部署,围绕区委的工作目标和任务,改革创新、求真务实、扎实工作,为推动全区经济社会发展提供坚强有力的保证,为深入推进“四个走在前列”作出新贡献。 (崔鸿宝)

■ **召开长宁区深入学习实践科学发展观活动总结大会**

3月5日,召开长宁区深入学习实践科学发展观活动总结大会。区委书记、区委学习实践活动领导小组组长卞百平出席会议并作总结。2009年3月至2010年3月,区领导、区党政机关、街道(镇)、国有企业以及全区中小学校、居民区(村)和“两新”组织等1781个单位按照中央统一部署,先后参加区第一批、第二批学习实践活动(其中第一批68个单位,第二批1713个单位),累计参加党员总数4.6万多人。在整个学习实践活动中,各级党组织高度重视,精心组织,认真贯彻中央和市委要求,紧扣区委“坚持科学发展、推进‘四个走在前列’”的实践载体,紧密联系各部门各单位工作实际,扎实推进学习实践活动各阶段各环节的工作,实现“党员干部受教育,科学发展上水平,人民群众得实惠”的总体要求,取得“把握好长宁发展的历史阶段、转变了推动发展的思想观念、形成了促进发展的思想共识、找到了制约发展的瓶颈问题、解决了一批群众关注的突出问题、锤炼了党员干部的党性党风”等6方面的主要收获,得到了中央第二巡回检查组和市委第二巡回检查组的充分肯定。区委副书记、区长李耀新主持会议。市委“学实”活动第二巡回检查组组长马银芳及检查组成员,区领导、区老领导,区委委员和候补委员,区纪委委员,区各民主党派主要负责同志,区“学实”活动领导小组成员,区委指导检查组和“学实”办成员,区各部、委、办、局、街道(镇)、区属国企党政主要负责同志,部分参与“学实”活动的党员群众和基层党组织书记代表出席会议。 (崔鸿宝)

■ **召开纪念建党89周年暨“世博先锋行动”创先争优表彰大会**

7月1日,长宁区召开纪念建党89周年暨“世博先锋行动”创先争优表彰大会。区委书记卞百平出席会议并强调要全力以赴保障世博,全面展现长宁党员干部“大局观念、一流意识、奉献精神、实干作风”等新风貌;要围绕中心工作,在服务世博大局、推动科学发展、关注民生社会等方面进一步增强党建工作的保障力;要努力适应形势,着力推动党建区域化和全覆盖,不断提升党建战斗力;要认真贯彻落实中央和市委精神,紧紧抓住开展创先争优活动的有利契机,进一步增强基层组织战斗力。区委副书记、区长李耀新主持会议,区委常委、组织部长周文贤宣读表彰决定,市委组织部副部长冯小敏,区人大常委会主任刘雅琴,区政协主席陈建兴,区委副书记夏永泰等区领导出席。(崔鸿宝)

■ **召开长宁区社会建设工作会议**

10月25日，召开长宁区社会建设工作会议。会议深入贯彻党的十七届五中全会精神，分析长宁区社会建设面临的新形势，进一步明确加强社会建设的主要任务和工作部署。区委书记、区社会建设工作领导小组组长卞百平在会上指出，首先要增强对新时期加强社会建设的重要性、紧迫性的认识；其次要聚集重点，细化操作，突破社会建设的瓶颈制约、难点问题；第三要党建引领、融合互动，进一步带动、提升社会建设。区委副书记夏永泰主持会议。市社会工作党委书记、市社会建设工作领导小组办公室主任施南昌，市民政局局长马伊里及有关区领导出席会议。大会下发《中共长宁区委、长宁区人民政府关于进一步加强社会建设的若干意见》。（崔鸿宝）

■ **召开2011年区委工作务虚会**

11月5—6日，区委召开2011年工作务虚会。会议围绕"加快转变经济发展方式，提升重点区域形态功能"、"创新社会管理，推进社会建设"、"加强党的建设，凝聚各方力量"三个专题展开讨论，全面谋划2011年各项重点工作。区委书记卞百平，区委副书记、区长李耀新出席会议并讲话，区领导和各部、委、办、局负责人，各街道（镇），集团（公司）党政负责人参加会议。（崔鸿宝）

■ **召开长宁区世博总结表彰大会**

11月15日，长宁区召开世博总结表彰大会。区委书记卞百平出席会议并讲话，区委副书记、区长李耀新作世博工作总结报告，区委副书记夏永泰宣读表彰决定。大会表彰500名世博工作先进个人和60个先进集体。来自安保、城建、商业、志愿者、社区、接待等六个方面的先进代表上台演讲并接受主持人的采访，讲述迎办世博过程中感人故事。区有关领导和各方面代表约300余人出席大会。（崔鸿宝）

（三）组织工作

■ **概况**

2010年，全区共有党员50329人（年内新发展党员295人）；基层党组织2001个，其中党委62个、党工委16个、党总支208个、党支部1731个。区委、区人大常委会、区政府、区政协领导班子成员及法院院长、检察院检察长共25人，其中正局级4人、副局级16人；女性3人；中共党员20人、民主党派3人、无党派2人。全区处级部门68个。全区处级干部419人（不含公安分局、安全分局、工商分局、税务分局、质量监督局、食品药品监督局的处级干部），其中女干部87人，占20.7%；党外干部14人，占3.3%；处级干部全部达到大专以上学历。处级领导班子成员共291人，其中正处级干部106人，占36.4%；女干部82人，占28.2%。加强领导班子和干部队伍建设。着眼科学发展选干部配班子。组织区委全委会成员民主推荐一批正处级领导职位预备人选，共对15名党政正职领导岗位拟任人选进行民主推荐提名。年内，全区共提拔干部39人（正处级8人，副处级31人）；交流干部97人（正处级32人，副处级干部65人），占处级干部总数23.2%。研究实施加强党政机关和国企领导班子建设及后备干部培养和使用有关工作方案。深化干部人事制度改革。逐步梳理优化机构改革后各部门的编制职数，分步调整社区综合党委书记、居民区党委书记的干部配置。推进非领导职务干部选拔工作。研究制定并实施《区国有企业领导人员分层管理的若干意见》、《区处级领导干部配备后评估工作试行办法》等干部人事制度。加大干部教育培训力度。创新培训方式，逐步实现综合培训向专题化"菜单式"选学培训的转变，开展案例分析、情景模拟、主题演讲等系列教学活动。分批分类举办各类研讨班、培训班等。组织选送41名局、处两级干部参加市委组织部、市委党校的各类培训。做好长宁区3个群众工作案例的征集上报工作，编印《长宁区干部教育培训案例汇编》。充分发挥老同志作用和做好关心老同志工作。召开老同志座谈会，请老同志参加重大活动等。积极稳妥做好干部监督工作。会同区纪委等部门开展局处两级领导干部报告个人有关事项、收入申报、民主生活会以及领导干部经济责任审计等工作，建立全区领导干部个人有关事项档案库，将领导干部报告个人有关事项集中申报工作延伸为一年两次。实行科级干部工作记实制度、干部离任检查制度，将"一报告两评议"工作向全区各处级部门延伸。年内共受理反映干部问题的信访举报15起、处理"退改离"等历史遗留问题信访10起。进一步加强人才工作和人才队伍建设。增强区域人才工作合力，根据长宁经济社会发展需要调整充实人才工作协调小组及其办公室成员单位。在长宁区8个人才规划分课题调研报告成果基础上，编制完成《长宁区"十二五"人才发展规划》，明确长宁未来5年人才工作的指导思想和发展目标，并提出相应的保障措施。落实重点人才工作项目。加大上海多媒体产业园博士后创新实践基地建设力度，为上海生物制品研究所等企业立项8项，成功引进博士后3人。推进硕博士创新实践基地建设，年内共招收近200名优秀硕博士到长宁实习。注重发挥领军人才的团队效应，推进创新团队建设，资助10个创新团队及其拓展项目共65万元，人才"群体效应"初步显现。年内接收对口支援地区及友好城区13位干部到长宁区挂职锻炼。加强基层党组织和党员队伍建设。深化"凝聚力工程"，推进各领域基层党组织建设。以基层、基础、基本为重点，做好服务群众、凝聚社会各项工作。全区建立楼组党小组或党的活动小组4261个，楼组党小组组建率达80%。不断发展党内基层民主。积极推广陈家巷党员议事会、新华"葫芦缘议家社"、华一"1+6议事会"等有效做法。举办2010年度居民区党组织书记培训班，部署第四轮居民区党建工作"金银奖"评选。开展志愿者服务活动和党内激励帮扶活动3200余次，近8万余人次党员群众受益。加强"两新"组织党建工作。全区"两新"党组织覆盖率达到14.8%，规模以上非公企业党建覆盖率95%以上，新建党组织22家。开展综合党委书记、专职党群工作者、"两新"组织党组织书记、入党积极分子培训400人次。推进机关、企事业单位党建工作。制定《关于进一步深化"双结对"活动的意见》。继续推进学习型机关建设，对10个创建学习型机关先进单位和3个市学习型机关创建工作先进单位进行表彰。加强组织部门自身建设。巩固和深化学习实践科学发展观活动成果，加强制度建设，改进部内各项工作。深化"讲党性、重品行、作表率，树组工干部新形象"活动，通过组织科长例会、信息员网评员会议等载体，加强组工干部的政治理论培训、业务培训。深化和拓展组织部长、组工干部下基层活动，切实转变工作作风，推动组织部门真正成为"党员之家"、"干部之家"、"人才之家"。（高文婷）

■ 组织开展以"世博先锋行动"为主题的创先争优活动

年初，制定《长宁区深化"世博先锋行动"实施方案》，于3月22日召开全区深化"世博先锋行动"动员大会，进行党内再动员。全区有39个党委（党组）召开专题党委（党组）会，全区1600多个基层党支部召开以"冲刺世博，党员在行动"为主题的专题组织生活会。组织3.3万多名党员参加全市百万党员践行文明承诺网上签名活动。"凝聚力工程"学会8家副会长单位和各街道（镇）分会动员区域单位响应号召、积极参与。对接中共上海市委"三个行动（即家园行动、岗位行动、志愿行动）"要求，研究制定深入开展世博先锋"十个一"活动（一份行动方案，一份活动倡议，一系列专题组织生活会，一本党员"世博志愿行动"联系手册，一项社区报到制度，一次社区"红袖章"行动，一次代表联系社区行动，一批区域单位开展"凝聚世博行动"，一次世博"创先争优"活动，一个宣传世博先进专栏）。年内，共有550家区属单位党组织、634家区域单位党组织、1.5万余名在职党员到社区报到。开展"世博先锋行动"评比表彰，评选出50家先进基层党组织和308名优秀共产党员，授予21家区域单位为"世博先锋行动党建联建优秀单位"。（高文婷）

■ 加大竞争性选拔干部力度

9月，根据区委"严格规范，公开透明，统筹兼顾，人岗相适"的具体要求，对区国资委副主任、团区委副书记（2名）、区市容局副局长等4个副处级岗位面向全市开展公开选拔。共有73人报名，经过资格初审、统一笔试、资格复审、面试答辩、差额考察等环节，在11月底最终确定4名任职人员。本次公开选拔严格遵循公开、公平、公正的原则，建立问责机制，确保结果客观、真实、准确。同时，还指导团区委开展地区部、权益部、学校部部长三个正科级岗位的公开选拔工作。上述实践为探索、推动干部人事制度改革积累了经验。（高文婷）

■ 加大优秀年轻干部培养选拔力度

年内，实现每个处级班子基本配备35岁左右年轻干部，加强对部门正职助理的跟踪考核。开展"构建来自基层一线党政领导干部工作调研"，制定下发《选派优秀中青年干部到基层一线锻炼的实施意见》，规定每年选派60名左右优秀中青年干部到社区一线、生产一线、信访稳定一线、城建管理一线锻炼。至年底，已有43名干部到基层居委会和区信访办等挂职锻炼，抽调100余名干部参与市世博局、

世博园区和区世博办、世博指挥部工作，选派3名干部参与援藏、援青等对口帮扶工作。（高文婷）

■ 召开2010年长宁区人才工作会议

9月21日，召开长宁区人才工作会议暨领军、拔尖人才命名表彰会。区委副书记、区长李耀新在会上讲话。有关区领导、各部委办局、街道（镇）、区属国有企业（集团）党政主要领导、区领军人才和拔尖人才等出席。会议传达上海市人才工作会议精神，命名表彰10名现代服务业十大领军人才、39名第二届领军人才、48名第七轮拔尖人才。

（高文婷）

■ 启动优秀青年人才安居工程

为优化人才生活环境，年内启动人才安居工程。通过实施租房补贴和人才公寓补贴政策，解决引进人才临时性居住困难，降低生活成本。对长宁三大园区重点企业的青年人才给予每人每月1000元的租房补贴，共计投入120万元，100名优秀青年人才受益。统筹推进人才公寓试点，截止年底，共落实27名优秀青年人才入住首批人才公寓。今后还将探索“政府提供政策支持、社会机构运行管理”的模式，为各类人才提供更多的过渡性居住用房。（高文婷）

■ 制定出台系列人才政策

年内，先后制定下发《长宁区关于推进人才工作发展的实施意见》和《长宁区关于加快集聚高层次和优秀青年人才的若干意见（试行）》及《长宁区关于人才公寓若干意见（试行）》等重要文件，明确未来五年长宁区将加快集聚一批符合长宁经济、社会发展需要的各类人才，特别是高层次人才和优秀青年人才，同时提出加大对现代服务业、高新技术产业、社会事业等领域高层次人才的激励力度，扩大人才工作鼓励政策的受益面，不断优化区域人才发展综合环境。（高文婷）

■ 依托“凝聚力工程”学会完善区域化大党建工作

年内，不断拓展“凝聚力工程”学会服务功能，推动其成为信息交流平台。召开会长会议2次、专家顾问座谈会1次、联络员会议4次，建立会长、副会长联系会员单位制度，促进市区、校企、政企、企企之间联动合作。为会员单位提供区企协商、政策咨询、项目合作、人才培养、党务培训等10个方面服务。开展“百企帮百家”、“服务世博‘六个一’”（一次专题动员培训、一份以“凝聚力量、奉献世博”为内容的倡议书、一次“奉献世博、清洁家园”行动、一期“长宁时报”服务世博专栏、一项“地铁保畅”活动、一次慰问社区世博志愿者活动）、“六个便利服务联盟”（白领午餐便利服务、发展融资便利服务、法律维权便利服务、学习培训便利服务、卫生保健便利服务、沟通交流便利服务）等系列活动，推进“凝聚力工程”向服务企业、凝聚社会深化拓展，区域会员及其党员全部到社区报到，共认领党建共建项目近70个，区域会员单位自发购置慰问品走访慰问万名世博志愿者，参与世博志愿活动2万余人次，76家会员单位与179户困难家庭结对。

（高文婷）

■ 加强居民区干部和社区专职党群工作者队伍建设

年内，根据区委要求，会同区社区办、人社局、社工委、民政局、财政局等部门，对居民区干部和社区专职党群工作者两支队伍的年龄结构、收入水平、激励机制等进行专题调研。召开街道（镇）领导、组织科长、部分居民区书记、主任和专职党群工作者等座谈会，听取意见建议，并向上海市有关职能部门征求意见。制定《关于进一步加强居民区工作人员和社区专职党群工作者等队伍建设的实施意见》及4个操作附件，明确打破体制壁垒、加大从基层一线选拔力度、提高薪酬待遇、完善考核机制和加强培训等规定。（高文婷）

■ 深入推进“六个便利服务联盟”工作

1月，区委组织部、区社工委、虹桥办、临空办联合下发《深化拓展“双结合大联动”党建工作新机制、推进“六个便利服务联盟”工作实施意见》，成立“沟通交流”、“发展融资”、“学习培训”、“法律维权”、“卫生保健”、“白领午餐”等六个便利联动组，分别由区社工委、区发改委（金融办）、区教育局（社区学院）、区司法局、区卫生局、区商务委为组长单位，各相关社区（街道）综合党委为主要联动单位，牵头组织一批区相关部门配合开展工作。6月，召开长宁区“六个便利服务联盟”工作推进会。全年累计开展各类服务项目和活动60余个（次），有效推动区域化大党建下的服务向全区商务楼宇、经济园区、功能区域推广。（高文婷）

■ 切实贯彻干部选拔任用“四项监督制度”

年内，按照区委要求，组织人员到全区各部门了解、汇总贯彻实施干部选拔任用“四项监督制度”(中组部下发的《党政领导干部选拔任用工作责任追究办法(试行)》、《党政领导干部选拔任用工作有关事项报告办法(试行)》、《地方党委常委会向全委会报告干部选拔任用工作并接受民主评议办法(试行)》、《市县党委书记履行干部选拔任用工作职责离任检查办法(试行)》等4个制度性文件，简称为“四项监督制度”。)的情况。全区各大口、街镇等部门在本系统开展“深入整治用人不正之风”专题谈心谈话活动，涉及基层部门单位279个，谈心谈话总人数达2310人次，其中主要领导与班子成员间谈话419人次、主要领导与下属有人事任免权单位负责人谈话132人次、主要领导与本单位干部、党员、群众间的谈话1834人次，梳理反映干部选任过程中的意见建议99条。10月，全区各处级部门对贯彻执行《党政领导干部选拔任用工作条例》和“四项监督制度”的情况开展自查，填写上报《长宁区科级干部选拔任用工作记实表》。至年底，全区61家处级部门(含区管企业集团)共上报科级干部记实表352份，区委组织部进行初步审核并向有关部门提出整改意见。12月，区委组织部会同区纪委分5个检查小组对全区10家单位开展抽查，并将检查结果向各单位主要领导进行反馈。（高文婷）

(四)宣传工作

■ 概况

2010年，区委宣传系统圆满完成文明指数测评、志愿服务、世博宣传、世博论坛、群文活动等各项世博社会动员和宣传任务。区委宣传部获迎世博贡献奖(宣传教育贡献奖)、上海世博会社会宣传工作突出贡献奖和公众参与馆优秀组织奖，区文明办获“精彩世博，文明先行”上海市民学双语活动优秀组织奖，区外宣办(新闻办)被评为世博区县涉外综合工作优秀集体，长宁新闻中心被评为上海世博工作优秀集体，区世博会志愿者工作站获中国2010年上海世博会志愿者工作优秀组织奖。

加强理论学习和群众思想政治工作建设。丰富中心组学习的内涵和形式。组织学习交流会10次，组织全区局、处两级中心组参观世博园城市最佳实践区，并到兄弟区县学习考察。“强化集体调研，破解瓶颈难题，促进科学发展”被市委宣传部和市委组织部评为2009年度党委(党组)中心组学习创新成果优秀项目。开展基层群众读书会调研活动，《长宁区群众读书会现状的调研分析与对策》被市思想政治工作研究会评为优秀成果奖，区思想政治工作研究会获市思想政治工作研究会工作奖。定期下发《理论热点面对面》、《学习活页文选》等形势任务学习资料，为党员干部订阅《七个怎么看》、《划清“四个重大界限”》等理论读物，组织党员群众参加先进事迹报告会和图片展，加强东方讲坛、机关大讲坛、群众读书会等载体建设，面向群众开展形势任务教育。区委宣传部被评为市全民国防教育先进单位。注重收集干部群众对热点问题和突发性事件的看法，并提出舆论引导建议，向市委宣传部报送58篇舆情信息和8篇舆情专报。

提高舆论引导能力。调整区新闻办，完善新闻发言人制度，规范新闻发布流程，召开4次新闻发布会和1次网上新闻发布会。制定《长宁区突发公共事件新闻及信息发布应急案》、《政府机关媒体接待工作手册》和《日常新闻接待工作程序》等规章制度，建立新闻发布和新闻应对工作网络，形成新闻应急协调和快速反应机制，开展专题培训和模拟演练。围绕区域经济社会发展的重点工作和重大项目，通过新闻发布会、新闻通气会、媒体策划会和记者招待会等形式，精心策划选题，组织6000余篇报道，编印《重要新闻报道专报》15篇、《媒体视野中的长宁》及专刊13期。长宁有线电视中心自办节目1套8个栏目，每周播送3.5小时；《长宁时报》全年发行52期，每期发放5.5万份；《长宁时报》双语版全年发行18期，每期发放1.2万份；长宁门户网站全年总访问量5840人次，获上海市区县政府网站年度综合优秀奖，并连续4年获中国政府网站国际化程度测评第一名。举办“长宁，我们共同的家园——奔向世博·境外志愿者在行动暨2010年涉外信息服务”主题活动，开发制作《长宁告诉你2010》(中英文版)、《长宁概览2010》(中英文版)、《长宁生活指南》(中英文版)等外宣品，《参与世博，长宁有我》获市第十届“银鸽奖”出版类(折页)三等奖。承办“中国之窗”座谈会，上海虹桥图书馆(中国之窗·上海阅览中心)获2009—2010年度上海市对外书刊宣传工作先进单位称号。通过“网情通”信息监测系统即时收集涉及长宁的网络舆情信息，完善“文明在线”处置机制，形成系统的网络舆情日报、周报、月报服务机制，为领导提供决策参考。加强以长宁门户网站为核心，各委办局、街道（镇）网站组成的政府网站群，统一技术标准与内容规范，打造“宣传、服务、展示、体验”四大项目平台，推出网上访谈和网络主题活动，开展居民区网络双版主培训班，形成政府宣传网络主阵地。

推进精神文明建设。10个街道（镇）均获2008—2009年度上海市文明社区称号，推进2009—2010年度文明单位（小区）创建工作。深化“学在数字长宁”工作体系，创建成全国社区教育示范区。组织开展2010年“我推荐、我评议身边好人”评选和2009年度社会主义精神文明“十佳”好人好事评选，征集13项年度未成年人思想道德建设实事项目，组织全区中小学生参加“争当世博‘风尚好少年’”系列活动。（田　慧）

■ 调整长宁区人民政府新闻办公室

4月6日，根据沪府督函《关于贯彻落实市主要领导批示精神，研究加强政府舆情处置和媒体接待工作的情况汇报》的精神，经区委常委会研究同意，将长宁区人民政府新闻办公室与外宣办公室合署办公调整为在长宁区委宣传部增挂长宁区人民政府新闻办公室（长宁区委对外宣传办公室）的牌子。5月11日，区政府决定：区委常委、宣传部部长朱国宏为长宁区人民政府新闻办公室主任（兼）；区委宣传部副部长潘敏为长宁区人民政府新闻办公室副主任（兼）；区政府政策研究室副主任黄升任为长宁区人民政府新闻发言人。5月17日，区委决定：朱国宏任中共长宁区委、长宁区人民政府新闻发言人（兼）；潘敏任中共长宁区委、长宁区人民政府新闻发言人。（田　慧）

■ 圆满完成社会动员和世博宣传各项任务

年内，按照区委提出的“扮靓上海西大门，对接世博留作品，全民参与大动员，形成机制重管理”的要求，区委宣传部动员市民参与，营造世博氛围，把握舆论导向，圆满完成社会动员和世博宣传各项任务。以提高市民文明素质为目的，开展世博知识、文明礼仪、双语应用、文明观博等各类培训。参加世博知识培训人数52.65万人，完成率达247%，参加培训数占全区人口总数的77%，名列全市前茅。完成世博双语培训6.75万人，完成率140%。参加文明观博培训人数32.86万人，完成率154%，合格率为82%，列全市第一。以提升城区文明程度和管理水平为重点，推进百日文明指数测评、文明和谐西大门创建、文明社区创建等各类精神文明创建工作。以参与奉献世博为宗旨，开展文明志愿服务活动。会同区交警支队在每月25日组织开展“公共秩序日”集中行动。设置11个志愿者外建服务站和59个内设服务站，派出420名志愿者进园区开展志愿服务。成立平安世博、交通文明、清洁城市、文明游园、市民巡访、世博宣传、窗口行业和社区志愿服务八类志愿队伍，并结合长宁区域化大党建工作格局和国际城区的区域特色，组建党员志愿服务队及洋居民志愿服务队，开展50余次八大志愿者行动，服务70余万人次。坚持“主动出击，引导舆论、立足当前，着眼长远”的工作原则，扎实做好新闻发布、媒体服务工作，多方位展示长宁发展成就，形成“世界聚焦上海，媒体关注长宁”的宣传态势。采编围绕长宁迎办世博的新闻宣传报道近800篇，编撰《媒体视野中的长宁》迎世博600天专刊和《长宁世博纪实》。设计制作世博宣传漫画手册、宣传折页、宣传参考资料等50余万份；发放世博文明卡、台卡、招贴画、海报、易拉宝等宣传品4万余份；会同各街道（镇）制作世博宣传环保袋、纸杯、宣传牌等八大系列的宣传用品，发放至每家每户；组织举办以宣传世博知识和文明礼仪为主要内容的世博图片展。围绕重要时间节点，在重要路段、重点区域设立大型户外喷绘公益广告36处，布置沿街宣传旗7800余对，策划制作12部长宁迎世博公益短片并在公共场所滚动播放，与申通地铁公司合作，在地铁2号线长宁区域的站台增设世博公益广告18处，并在站台流媒体播放宣传片。举办“社区重塑与城市发展”世博论坛。建立世博新闻采访线，开展“知名网络媒体长宁世博行”活动，在中央、上海等主流媒体刊发关于长宁区迎办世博的新闻报道近2000篇。编辑出版《印象大虹桥——作家笔下的长宁》和《长宁百景》摄影集，多方位展示长宁发展成就。至2010年10月，开展各类世博主题文化活动70余项400余场，近80万人次参加。世博运营期间，在世博园区市民广场举行为期一周的长宁区专场演出。7月21日，组织200名社区队员组成的合唱队到世博演艺中心参与世博合唱节。（田　慧）

■ 召开“社区重塑与城市发展”世博论坛

4月18日，以“社区重塑与城市发展”为主题的最后一场世博区县论坛在长宁区举行。论坛由市委宣传部、世博会事务协调局和长宁区人民政府联合主办。市委常委、宣传部部长杨振武、世博局副局长朱咏雷出席论坛并致辞。国际展览局名誉主席吴建民作开幕演讲。论坛由长宁区区长李耀新主持，长宁区区委书记卞百平作题为《重塑城市社区，共建和谐家园》主旨发言。住房和城乡建设部政策法规司副司长徐宗威、同济大学副校长陈小龙、浙江省杭州市副市长俞志宏、联合国计划开发署和欧盟中国社区建设项目专家于燕燕、国家信息化专家咨询委员会副主任、网络与信息安全专委会主任、中国工程院院士何德全等官员和专家从人居环境、社区服务、数字社区等多个视角发表演讲。6位来自不同领域的人士围绕和谐人际关系、国际都市多元文化、未来数字化社区等话题展开深度对话。（田　慧）

■ 举行“我们大家的世博”图片展2010新版首展

4月18日，“我们大家的世博”图片展2010新版首展活动在虹桥喜来登上海太平洋大饭店举行。展览由上海世博会宣传及媒体服务指挥部和上海世博会事务协调局主办，长宁区委宣传部协办。此次展览为长宁人“参与世博、共享世博”的重要内容之一。市委常委、宣传部部长杨振武，前驻法大使、国际展览局名誉主席吴建民等领导和嘉宾前往参观，上海世博局、长宁区领导陪同参观。杨振武向长宁区委书记卞百平赠送“我们大家的世博”图片展2010新版首展纪念品。新版图片展以“世博看什么，如何看世博”为主线，囊括概要、地标、展示、活动、论坛、服务六大板块内容，提供权威的世博会举办内容信息，新增最受参观者关注的票务、交通、餐饮、园区导览、参观者服务等实用信息。（田　慧）

■ 举办世博宣传与媒体服务培训班

为贯彻中央与上海市关于“确保世博新闻宣传有声有色”的总体要求，提高长宁区世博期间新闻宣传与媒体服务管理的水平，区委宣传部举办世博宣传与媒体服务培训班，围绕新闻发布、媒体接待与服务等内容进行实务与技巧培训。3月15日，邀请市政府新闻办公室副主任、市政府新闻发言人陈启伟作专题辅导报告。3月24日，在市委党校对区内“三公”（公权力大、公益性强、公众关注度高）部门、街道（镇）负责人进行新闻发布和电视专访模拟演练，东方卫视创意总监、新闻评论员骆新现场点评。培训通过理论学习结合模拟演练的方式进一步强化实务操作，为世博期间新闻宣传与媒体服务工作做好充分准备。（田　慧）

■ 召开“迎世博600天行动”社会动员工作总结暨世博宣传及媒体服务工作部署会

5月21—23日，区委宣传部召开“迎世博600天行动”社会动员工作总结暨世博宣传及媒体服务工作部署会，来自区各大口、街道（镇）、工青妇的分管领导和宣传干部、宣传部机关以及长宁时报社、长宁有线电视中心、长宁门户网站的70余名同志参加培训。邀请市文明办、市委外宣办、世博会培训中心等单位的专家分别就精神文明建设在迎办世博过程中的创新、世博看点、新闻应对等三个主题为与会人员作专题报告。区委常委、宣传部部长朱国宏出席会议并讲话。会议总结了长宁区“迎世博600天行动”社会动员工作。（田　慧）

■ 召开文明指数测评暨世博宣传动员工作总结会

11月26日，长宁区召开文明指数测评暨世博宣传动员工作总结会。区领导卞百平、夏永泰、朱国宏、张连城出席。区委书记卞百平指出世博是一场大考试、是一个大舞台、是一个新起点。来自一线的志愿者、媒体工作人员、社会宣传工作人员作交流发言。会上播放了回顾迎办世博宣传动员工作的专题片。（田　慧）

■ 举办“奔向世博·境外志愿者在行动”主题活动

3月6日，区外宣办举行“长宁，我们共同的家园——奔向世博·境外志愿者在行动暨2010年涉外信息服务”主题活动。在活动现场，对26位优秀境外志愿者和4个境外志愿服务团队进行表彰。境外志愿者们表示将在世博期间提供翻译、公共关系、教育培训等方面的志愿服务；启动上海虹桥志愿服务网，该网站具有志愿者信息管理、项目管理、培训管理和统计分析等多重功能。到场境外嘉宾获赠《上海与世博会》、《上海日报》10周年纪念版阅读卡，《长宁生活指南》、《长宁世博旅游宣传册》、《长宁告诉你》等外宣品，以及虹桥国际图书馆《阅

览证》和一套文房四宝。民间艺人现场表演书法、撕纸、捏面人等绝活。（田 慧）

■ 承办“中国之窗”2010年度工作会议

10月25日，“中国之窗”2010年度工作会议在“中国之窗·上海阅览中心”上海虹桥国际图书馆召开。国务院新闻办公室、文化部外联局、国家图书馆、北京大学图书馆、中国社科院图书馆、上海市新闻办、上海图书馆等有关单位代表出席会议。会议总结交流“中国之窗”项目的有关情况，与会代表还参观建于长宁图书馆的“中国之窗”上海阅览中心。（田 慧）

■ 长宁区文明指数测评名列中心城区前茅

在迎办世博期间，全市每100天的公共文明指数测评是全面检验各区县迎世博工作的重要指标之一。在全部8次文明指数测评工作中，长宁区先后获得第4、7、4、3、2、2、2、1名，名列中心城区前茅。在第八次世博城市文明指数测评中，长宁区以93.35分位居中心城区第一名。（田 慧）

■ 召开“迎世博，创建文明和谐西大门”总结推进大会

12月3日，“上海文明和谐西大门”创建工作总结推进大会在长宁区召开。市委宣传部副部长、市文明办主任马春雷，区领导卞百平、李耀新、朱国宏出席会议并讲话。市文明办副主任朱响应主持。会上通报迎办世博期间“上海文明和谐西大门”创建工作开展情况，表彰一批“上海文明和谐西大门创建”优秀贡献单位。“上海文明和谐西大门创建”是在市文明办的大力支持指导下，由区文明委牵头实施。自2009年3月创建工作正式启动以来，37家成员单位已推进20个签约合作项目，涉及迎世博期间延安西路高架整治等建设工程、世博志愿服务、世博接待服务等服务类项目。在迎办世博期间，在长宁区联合举办70余场大型主题活动、专题宣传教育活动。“文明和谐西大门”的创建，突破传统体制和机制，实现从区属到区域、从双赢到共生的转变，形成区域联动，政府、企业、社会良性互动的城市管理新模式；构建多方联动的合作平台，形成条块结合、块块结合的机制，提升新形势下长宁区作为虹桥商务区的核心区面向全国、服务长三角的综合功能；探索在长三角一体化发展、“四个中心”建设、大虹桥发展和后世博四大机遇下，弱化城区行政界限和政府条线工作界限，强调搭建平台、项目引领、同城共建的城市管理和社会建设新格局、新机制，对长宁乃至上海融入长三角一体化建设具有积极推动作用。“西大门”创建单位还在会上提出深化长宁文明和谐校园创建、生活垃圾分类源头工作减量、中山公园整体改造、虹桥机场地区水环境治理、社区家庭文明指导中心规范化建设等第三批创建项目。（田 慧）

■ 召开“上海虹桥志愿服务网”全区动员培训大会

8月24日，区文明办组织召开“上海虹桥志愿服务网”全区动员培训大会，各相关部门、街道（镇）、区属商业集团分管领导和系统管理员参加会议。上海世博会的召开，为志愿服务体系的构建提供重要历史机遇，世博志愿服务工作为长宁志愿服务工作长效机制的建立提供有益经验。为及时总结经验，推动世博志愿服务工作的成果转化和市民文明素质的提升，长宁区对接中央文明办提出的“三个转变”的工作要求，搭建开放式、社会化的志愿服务工作平台，构建“枢纽型管理、社会化招募、组织化培训、项目化运作、信息化调配、制度化激励”的志愿服务管理体系。在理论研究的基础上，建设“上海虹桥志愿服务网”这全区统一的、具有报名登记、信息管理、招募管理、培训管理以及各项分类统计分析功能的网站。（田 慧）

■ 召开“志愿者工作新平台建设”专家论证会

12月3日，区委宣传部召开“志愿者工作新平台建设”专家论证会，就《关于创新和完善志愿服

12月3日，召开长宁区世博会志愿者工作总结表彰大会（区委宣传部供稿）

务长效机制的研究（以长宁区为试点）》征求专家意见并进行论证。区文明办在会上汇报了志愿者工作新平台建设情况。区志愿者协会、天山社区、虹储居民区等3家试点单位就试点运行情况进行交流。与会专家听取情况后提出相应的建议和意见。（田　慧）

■ **策划开展在线访谈活动**

年内，先后与中国上海门户网站、东方网合作，策划制定《长宁区网上访谈工作方案》，推进网上访谈工作。区建交委、区发改委、区商务委以及华阳路街道、新华路街道等单位领导先后做客长宁门户网站嘉宾访谈室，围绕长宁世博期间城市管理、"十二五"规划建设、商业发展、和谐社区建设等内容与网民开展在线互动。（田　慧）

■ **长宁门户网站连续四届蝉联国际化程度"优秀外文版奖"**

5月20日，在中国社会科学院信息化研究中心、国脉互联政府网站评测研究中心举办的"第四届中国政府网站国际化程度测评会"发布会上，长宁区荣获直辖市所属（县）区国际化程度"优秀外文版"奖，连续四年以总分第一的成绩蝉联该奖项，其中本地信息、公共服务、互动交流、用户体验等项目获得专家高分。长宁区是上海市国际化程度最高的城区之一，长宁门户网站目前已开设英、日、韩、西班牙外文版网站，为更多的外籍人士融入上海、融入长宁搭建平台。（田　慧）

■ **开展基层宣传文化队伍现状调研**

7—8月，为贯彻落实中宣部等6部委联合下发的《关于加强地方县级和城乡基层宣传文化队伍建设的若干意见》和市委宣传部的要求，区委宣传部对区、街道（镇）、居委会三级宣传文化干部队伍建设情况进行全面摸底调查，完成《长宁区宣传干部队伍建设基本情况报告》。同时，对全区社区文化（活动）中心进行调研，完成《长宁区社区文化（活动）中心现状调研报告》。8月2日，市委宣传部副部长宗明带队到长宁区专题调研基层宣传文化队伍建设情况，区委、区政府分管领导及区委宣传部、区委组织部、区编办、区文化局、区人力资源和社会保障局、区发改委、区财政局等相关职能部门负责人参加。（田　慧）

（五）统战工作

■ **概况**

2010年，区委统战部团结和引导广大统一战线成员，发挥优势，坚持把服务世博作为首要任务。在统战系统进行广泛宣传发动，鼓励统一战线成员以多种形式服务世博。举办"放大世博效应，促进长宁发展"主题论坛、世博社交礼仪讲座、"精彩世博，美丽瞬间"摄影比赛等活动。推出200多个服务世博的"金点子"。组织以社区归侨侨眷、少数民族和民族宗教界等统战人士为主的1213人、27个统战志愿者队伍为世博服务。有43家民营企业参与世博项目建设。世博期间，共接待来自南非、美国、俄罗斯等国家和中国台湾、中国香港地区的25个代表团，658人次。做好清真食品网点的合理布局和清真食品供应工作。

坚持对接大虹桥建设，聚焦"十二五"规划的编制，发挥海联会、侨联、侨商会、知联会等统战团体的作用，开展"金点子"活动、"我为长宁发展献一计"等建言献策活动。知联会发动广大无党派知识分子围绕长宁发展提出许多有价值、有操作性的建议，建立建言献策专报制度。通过组织座谈会、政策咨询、专题讲座、情况通报会等主动向侨商、台商、民营企业宣传和介绍长宁发展规划等相关信息，鼓励他们投资长宁新一轮发展项目。帮助侨企、台企、民营和非公有制企业做强做优。会同有关部门在安商、助商和帮助民企、侨企、台企做大做强中，做好相关服务工作。

区委统战部还加强多党合作和政治协商的规范化、制度化、程序化建设，为各民主党派和统战团体换届做准备。推进党外干部和党外知识分子工作，深入拓展新的社会阶层人士统战工作，民族宗教工作有新加强，侨务工作有新拓展，对台工作有新提升，"一街一特色"社区统战工作有新突破，统战宣传和调研工作有新成果。（代红侠）

■ **完善多党合作制度**

年内，不断完善区委"双月座谈会"。协助区委召开5次党外代表人士座谈会、谈心会和民主协商会，认真做好政治协商情况的反馈。支持和帮助民主党派围绕中心服务大局，积极参政议政。在区政协十二届四次会议上，民主党派的组织提案32份，占组织提案的86.5%，得到区委区政府领导的批示和肯定。加强社情民意工作，共收到社情民意111份。其中民革区委反映的"关于整合社会助餐资源，提升本区幸福养老水平的建议"的社情民意由民革市委转报市政协后，被市政协采用，并得到市委书记俞正声批示，目前区民政部门正在牵头调研，要把老年人用餐这件事办好办实。（代红侠）

■ 支持民主党派加强自身建设

年内，区委统战部支持和协助民主党派加强自身建设。重点协助民主党派区委进一步加强思想建设，推动开展学习践行社会主义核心价值体系教育活动。通过学习教育活动，进一步坚定坚持共产党领导、与共产党风雨同舟，做共产党的诤友、挚友的信念。支持和帮助民主党派加强班子建设。先后走访党派主委、副主委所在单位党组织，争取单位中共党组织支持。走访部分党派区委委员、支部主任，了解情况沟通信息。支持和帮助民主党派加强组织建设，主动关心民主党派的组织发展，并推荐部分同志加入民主党派。走访约谈有关民主党派市委，加强与区教育局、卫生局、建交委党工委的联系和沟通，为民主党派2011年换届做好准备，打好基础。支持民主党派区委做好基层支部改选有关工作，并举办民主党派支部主任学习班。协助民主党派区委加强机关建设。支持民主党派开展民主监督。聘请36位民主党派人士担任特约审计员、特约监督员、特约检察员和特约教育督导员。关心党外人士生活，走访慰问特殊困难、特殊贡献的民主党派成员，及时把党和政府的温暖送到党外人士的手中。与有关部门协商，做好关心同盟者利益的工作。发挥知联会在教育引导党外知识分子中的积极作用，组织召开知联会年会，顺利完成知联会换届工作。（代红侠）

■ 推进社区统战工作

年内，区委统战部开展对各街道（镇）贯彻社区统战工作会议精神情况的跟踪检查，加强与区域各方面的联系和合作，夯实基础，做实基层，强化基本。指导各街道（镇）配强、配齐统战社工。举办统战社工培训班，努力提高统战社工素质。加大"一街一特色"社区统战工作探索力度。在已召开的6个现场会的基础上，8月12日，在新泾镇召开"一街（镇）一特色"社区统战工作暨新泾镇加强联动、推进新的社会阶层人士统战工作现场交流会；9月21日，在北新泾街道召开依托社区文化建设、强化社区统战工作——社区统战工作"一街一特色"现场交流会；12月29日，在江苏路街道召开"加强信息化和文化建设 促进社区统战工作新发展——长宁区'一街一特色'江苏社区统战工作现场交流会"，进一步加强对社区统战工作的分类指导和经验推广。（代红侠）

■ 深入拓展新的社会阶层人士统战工作

年内，区委统战部努力探索开展新社会阶层人士工作的有效方法和途径。充分发挥新的社会阶层工作联席会议制度的作用，不断形成工作合力。加强与新社会阶层社会团体的工作，支持帮助他们组织有特色、有影响的活动，凝聚社团，引领成员。加强自由择业知识分子工作，在深入调研基础上建立知联会周桥联络组、华阳联络组、天山联络组、园区青年联络组，团结凝聚自由择业知识分子。与区卫生局党工委联手，在民营医院中建立医卫专业人士沙龙，扩大新社会阶层人士的联系面。加强对非公经济人士的培训，进一步支持和发挥工商联在开展非公有制经济代表人士工作方面的作用。全区构建以工商联为平台做好非公有制经济人士工作，以知联会为平台做好自由择业知识分子工作的格局。加强对"四个二"试点单位的新社会阶层人士的联系，建立一支新社会阶层代表人士队伍。（代红侠）

■ 积极开展调研工作

年内，区委统战部积极组织开展统战专题调研，形成《完善大统战工作体制机制的实践与思考》、《民营企业低碳经济现状和发展趋势的若干思考》、《关于重视海外人才的培养，促进新华侨华人发展的几点思考》、《区知联会工作的探索与思考》等重点课题调研报告。组织编撰《凝心·聚力》理论探索集。还积极参与市委统战部组织开展的"社区统战服务世博"案例征集活动，共组织撰写选送案例50篇。（代红侠）

■ 加强统战干部队伍建设

年内，区委统战部结合开展学习型机关创建活动，进一步完善机关学习制度。在统战系统内开展"统战工作月月谈"统战理论和业务知识讲座，全面提高统战干部的政治、业务能力和综合素质。

进一步转变机关工作作风，深入基层，加强对基层统战的分类指导。进一步加强对全区各级统战干部的培训，重点对统战部机关干部、民主党派专职干部、社区统战干部和统战社工的学习培训，不断提高统战工作服务科学发展的能力。

（代红侠）

（六）政法工作

概况

2010年，区政法系统以世博安保工作为首要任务，以深入推进社会矛盾化解、社会管理创新、公正廉洁执法工作为重点，全面履行政法综治维稳职能，确保世博会期间的社会面大局稳定，为世博年全区经济和社会又好又快发展提供良好的社会环境和法治环境保障。年内，政法系统全力投入，组织落实世博安保社会面防控各项工作任务，确保世博会期间全区社会面总体稳定可控，没有发生有社会影响的事件，实现世博安保的各项目标要求。政法系统各部门履行执法职能，维护社会稳定，服务区域经济社会发展，取得了较好的成绩。区公安分局全年侦破各类刑事案件1433起；侦破各类经济案件161起，挽回经济损失844万元。区法院共受理各类案件1.8万件，审结和执结1.78万件，分别同比上升27.3%和25.3%。区检察院共受理提请批准逮捕犯罪嫌疑人680人，批准逮捕633人；受理移送审查起诉579件824人，向法院提起公诉570件785人，立案侦查贪污贿赂案件28件，涉案金额2580余万元。各级人民调解组织共调处各类纠纷1.33万件，调解成功率97.4%。平安创建工作取得新的进展，全区有9个社区、161个小区、263个单位被评为市级“平安社区”、“平安小区”、“平安单位”；15个小区和41个单位被评为区级“平安小区”、“平安单位”。加强预防和减少犯罪体系建设，全年社区服刑对象无重犯，社区闲散青少年无刑事犯罪，在册五年期刑释解教人员重犯率0.39%，处于全市较低水平，实现对吸毒人员、社区矫正对象、刑释解教人员和社区闲散青少年等对象在世博会期间的各项工作要求和目标。坚持加强禁毒工作，侦破涉毒案件95起，查处涉毒治安案件293起；组织开展世博会期间涉毒对象的排查、服务、帮教、管控和危机干预；开展“迎世博、保平安”，“依法禁毒、构建和谐”等禁毒主题宣传活动，禁毒宣传覆盖面达到实有人口的90%以上。年内，吸毒人员帮教率为87.9%，同比上升26.4%，社区康复实际执行率为87.2%，同比上升26.0%，社区戒毒实际执行率91.2%，同比上升22.5%。表彰奖励市级见义勇为先进分子5人、区级26人。长宁区被命名为2010年度上海市“平安城区”。

（施慧忠）

做好世博会安全保卫社会面防控工作

年内，按照世博安保的总体目标要求，全区动员，全力投入，确保世博安保工作实现“以面保点”、“万无一失”。超前谋划部署。开展调研摸底、拟定方案、构建组织架构、提出工作目标等一系列世博安保前期准备工作。共制定下发《中国2010年上海世界博览会长宁区安全保卫工作总体方案》等有关实施意见56个，先后汇编社会面防控需要街镇、居（村）委落实的工作任务共42项，持续开展突出矛盾纠纷、重点管控对象、公共安全隐患等情况的排查，落实防控措施。完善组织指挥机制。组建由38家成员单位组成的区世博安保、宣传指挥部，负责对全区世博安保社会面防控各项工作的统筹、协调、推进。街道（镇）层面建立相应的世博安保分指挥部及其办公室和工作组。建立重点人、事、地、物、情防控机制。对全区378条街面线路、261个公交站点、14个旅游景点（商业闹市）、184个中小旅馆、6557个居民区水箱（池）以及各类重点管控对象等全部落实公安等专业力量与平安志愿者等群防群治力量进行驻守、巡防、稳控。实行检查督导机制。形成区领导、世博安保指挥部、街道（镇）和居委会4个层面的检查督导机制，每天对小区水箱管理、中小旅馆经营、管制刀具销售、重点人员管控等各项安保防控措施落实情况开展督察。加强统筹协调。区世博安保办统筹协调各街道（镇）、各相关职能部门推进落实各项世博安保社会面防控措施。实行专群结合、群防群治的防控机制。加强警社联防、警民联动，以公安机关为主，以治安巡防队、物业保安等专职安保力量为辅，以小区“红袖章”治安巡逻队等其他群防群治队伍为补充，积极组织开展破案会战、社会治安重点地区集中排查整治等社会治安防控工作。组建3.7万余名平安志愿者队伍，在治安巡防、驻点守护和及时发现、排除安全隐患、协助破案等方面发挥了重要作用。

（施慧忠）

■ **加强街道(镇)综治工作中心建设**

年内,由区委办、区政府办转发区综治委《关于建立长宁区社区(街道)、镇综治工作中心的实施意见(试行)》,按照统一组织架构、统一进驻部门、统一名称标识、统一接待窗口、统一工作制度的模式,全区10个街道(镇)均建立综治工作中心。中心由综治办牵头负责,主任由街道(镇)党(工)委分管维稳工作的副书记担任,副主任由街道(镇)行政分管领导担任,综治办专职副主任兼任综治中心副主任,并负责日常工作;公安派出所、司法所、信访办等部门主要负责同志兼任中心副主任。街道(镇)综治办、信访办、司法所、人口办、社保队等部门进入综治工作中心集中办公,统筹整合各方力量,形成矛盾联调、问题联治、重点人员联管、治安联防、平安联创的综治工作格局。 (施慧忠)

(七)社会工作

■ **概况**

2010年,区社工委以"两新"组织党建为先导,积极探索社会领域党建工作,主动适应社会建设对党建工作带来的新要求和新挑战,摸索走出一条党建工作新路径:在功能作用上,从主要依赖行政手段,转向依赖协调、服务方式来整合社会、服务社会;在组织设置上,从封闭、各自为政的单位建党模式,转向开放、有机联系的网络化党建模式;在载体和方式上,从单一转向多样。夯实基层基础,不断扩大党的组织覆盖和工作覆盖。全区新增属地"两新"组织党组织58个,属地"两新"党组织总数达到478个,覆盖2230家"两新"组织,组织覆盖率达到15.6%。整合社会领域资源,拓宽党建工作领域载体。加强与"凝聚力工程"学会的联络,邀请学会参加"两新"组织座谈会,积极参加学会工作例会,做到信息互通、资源共享。推进"六个便利服务联盟",为"两新"组织白领青年提供白领厨房、彩妆体验和外语角等交流平台,提供婚姻、情感等方面咨询或讲座。开展"两新"组织党组织与机关党组织党建联建,第一批3家机关党组织已同区内6家"两新"组织党组织进行共建结对签约。联手团区委、区司法局、区体育局等单位举办体育嘉年华暨第二届楼宇园区趣味运动会、"法律进楼宇"系列活动之"和谐长安杯"商务楼宇从业人员法制文艺汇演、卡帝乐鳄鱼足球赛、"多媒体之夜"迎新晚会、第三届龙之梦杯楼宇园区乒乓球邀请赛和迎世博多米诺骨牌比赛等体育娱乐项目和文艺展示活动。筹备社会建设大会,拓展社会领域党建。参与区社会建设大会的文件起草、交流材料汇编、会议筹备。探索社会组织组织覆盖,创新枢纽式管理模式。指导各社区综合党委探索"党务+业务"的管理模式,形成功能辐射型、项目导向型等不同模式的枢纽式管理模式。深入开展调查研究,总结提炼党建工作经验。完成5个年度调研课题,并结合创先争优活动,形成关于晨讯集团党委等具有典型示范效应的"两新"组织党组织的调研报告。健全舆情网络,构建信息沟通渠道。选择12家有规模、有影响的"两新"组织作为舆情直报点,全年共收到舆情信息40余篇,其中部分在市社工委《基层动态》和区委宣传部《舆情专报》刊载。倡导廉洁文化,推进纪检工作。开展"两新"组织反腐倡廉电子版面征集和评比工作,获奖作品被市社工委上传至上海市"两新"互动网。加强队伍建设,夯实党建工作基础。参与制定《关于进一步加强居民区工作人员和社区专职党群工作者等队伍建设的实施意见》,探索建立专职党群工作者队伍"社会化招聘、契约化管理、职业化发展"的运作机制和模式。举办"两新"组织《党的基础知识》培训班2期,采用以"两新"互动网"网上党校"为依托的业余网上自学为主、集中学习讨论为辅的培训方式,对区内180多名"两新"领域基本具备入党条件的发展对象进行培训。开展以"世博先锋行动"为主题的创先争优活动。印制发放7500多册《长宁区"两新"组织党员参加"世博先锋行动"志愿者活动记录册》,动员"两新"组织党员主动与居住地的居民区党组织建立联系,参加社区的世博志愿行动。组织发动1500多名"两新"组织党员群众学习世博知识、参加《世博知识和文明礼仪》考核,并获得区文明观博优秀组织奖。开展"两新"组织创先争优活动联系示范点"三级联创",产生46个基层党组织联系示范点。全区5037家"两新"组织、479个党组织、8000多名党员参与迎博办博活动;"两新"组织党员约有8217人次参与了"三五"行动(在每月的5日、15日、25日开展集中行动,5日为"窗口服务日"、15日为"环境清洁日"、25日为"公共秩序日"。),8287人次参与了安保志愿行动;在4次世博贡献奖和立功竞赛奖的评选中，“两新”组织和党员共获得市级奖项11个，区级奖项49个。加强对各街镇综合党委及园区党委的协调指导。完善书记月谈会制度、党建工作通报制度和走访联系制度。（夏 莉）

■ 召开“两新”组织新春座谈会

2月25日，区社会工作党委召开以“深化学实活动 推动发展 奉献世博”为主题的“两新”组织新春座谈会，30多家党建基础较好、在区域内较有影响力的“两新”组织代表参加会议，交流党建成果，共谋发展之策，表达全力以赴服务世博、奉献世博、办好世博的决心和信心。与会的24家优秀党组织向全区“两新”组织党组织和党员发出“为党旗添彩，做世博先锋”的倡议，区“两新”组织党建工作者联谊会会长、晟光日用五金进出口有限公司党总支书记孟晓廉代表与会党组织宣读倡议书，倡导全区“两新”组织党组织和共产党员积极行动起来，争做世博先锋，为举办一届成功、精彩、难忘的世博会作出自己最大的贡献。（夏 莉）

■ 举办区“两新”组织廉洁文化作品大赛

4月上旬，区社会工作党委和仙霞街道（社区）综合党委联手开展以“讲党性、重品行、作表率”为主题的反腐倡廉建设活动，在区“两新”组织党组织中以电子版面的形式征集廉洁文化作品。活动共收到作品87件，评选出一等奖1名，二等奖2名，三等奖5名，优秀奖20名和优秀组织奖3个。为展示活动成果，区社会工作党委于7月20日召开颁奖大会表彰获奖作品，区“两新”组织春秋国旅党委和置信集团党委在会上交流开展反腐倡廉工作的做法和成效。（夏 莉）

■ 召开区人力资源经理联谊会会员大会

6月8日，由区社会工作党委牵头成立的区人力资源经理联谊会召开会员大会，会议按照联谊会章程进行换届改选，产生新一届的理事会。长宁区人力资源经理联谊会是由区委组织部、区人社局、区社会工作党委支持发起，由区“两新”组织中从事人力资源管理工作并担任企业中层以上职务的人员按自愿原则结成的非营利性的群众性社会团体。联谊会本着“服务”、“交流”与“合作”的理念，旨在为长宁区“两新”组织人事人才工作提供一个交流实践经验、沟通专业信息、建立业界友谊，促进企业和政府联络，促进区内“两新”组织人才发展和合理配置的互动、交流、学习平台。成立于2008年的联谊会目前已经发展到第二届，共有会员单位51家，分布于电子信息、现代制造、房产开发、医疗制药、中介服务等不同行业。（夏 莉）

■ 召开“六个便利服务联盟”工作推进会

6月25日，召开长宁区“六个便利服务联盟”工作推进会。市、区有关领导、区委组织部、区社会工作党委等4家“六个便利服务联盟”牵头单位、6个联动组组长单位、10个参与单位及区十街镇综合党委、区域内重点企业、商务楼物业的代表等100余人参加会议。来自机关、社区和楼宇企业的代表分别就“白领午餐”、“法律维权”、“发展融资”、“学习培训”和“卫生保健”等5个方面便利联动服务内容作交流发言；作为“沟通交流便利”的一项重要内容，会议现场举行机关与“两新”组织党组织结对共建签约仪式，置信集团党委、晨讯公司党委、红坊国际文化艺术社区党支部等6家“两新”组织党组织与区科委机关支部、区委统战部机关支部和区税务局第九所机关支部进行了结对签约，成为党建共建单位。会议还安排区社区学院、区疾控中心、君悦律师事务所、东虹桥小贷公司及青友汇的工作人员在现场提供咨询服务。（夏 莉）

■ 举办第三届“龙之梦杯”楼宇、园区乒乓球邀请赛

6月27日，长宁区社工委举办第三届“龙之梦杯”楼宇、园区乒乓球邀请赛，市社会工作党委副书记王希俊在开赛仪式上致辞，并同中共长宁区委常委、组织部部长周文贤共同为比赛开球。来自长宁、静安、卢湾、徐汇、普陀、松江6区和市社会工作党委的24支队伍共168名商务楼宇、园区从业人员参加比赛，来自静安区的观止建筑设计队摘得“龙之梦杯”桂冠。（夏 莉）

■ 举办纪念建党89周年开放式组织生活会

6月24日，长宁区社工委举办“服务世博盛会 争当世博先锋”——长宁区庆祝建党89周年开放式组织生活会，“两新”组织党员以“和谐社区 平安世博”、“服务世博 奉献世博”、“精彩世博 有你有我”三个篇章，通过诗朗诵、小品等节目形式展现党员服务世博、奉献世博的精神风貌，表达对党的坚定信念和热爱之情。近300名来自各街道、镇

的"两新"组织党员代表参加活动。（夏 莉）

■ 举办"两新"组织党建调研培训会暨通讯员培训班

8月5日，区社会工作党委举办2010年"两新"组织党建调研培训会暨通讯员培训班，对有关单位的调研课题执笔人及通讯员开展培训。各街道（镇）综合党委、园区党委及相关条线党务干部约25人参加培训。（夏 莉）

■ 举办长宁区"两新"组织党务干部培训班

8月13日，长宁区委组织部、区社会工作党委和区委党校联合举办2010年长宁区"两新"组织党务干部培训班。培训班共有61名学员，由"两新"组织党组织书记、"两新"组织中具体从事党务工作的人员及兼任"两新"组织党组织书记的党群工作者三部分人员组成。培训内容为现阶段"两新"党建的重点工作、"两新"组织党务干部急需提升的相关能力、如何运用法律法规积极维护劳资双方合法权益、"两新"党建工作实务（案例分析）、"两新"组织党组织如何围绕企业文化和业务开展党建工作、白领心理健康疏导等，并安排学员赴青浦区五天创意产业园区实地考察学习，与园区管理方及党组织交流"两新"党建工作的心得和经验。（夏 莉）

■ 召开贯彻落实区人才工作会议精神暨人才政策解读会

9月29日，区社会工作党委召开贯彻落实区人才工作会议精神暨人才政策解读会，请有关领导和专家对新出台的《长宁区关于加快集聚高层次和优秀青年人才的若干意见（试行）》、《长宁区关于人才公寓的若干意见（试行）》等文件进行解读。各街道（镇）综合党委书记、园区党委分管领导及50余名"两新"组织业主、人力资源经理和党组织书记参加会议，听取报告并进行现场互动、交流。（夏 莉）

■ 举办社区综合党委书记培训班

11月1—5日，区社会工作党委举办社区综合党委书记培训班，培训班围绕区社会建设工作会议精神和《中共长宁区委、长宁区人民政府关于进一步加强社会建设的若干意见》，以拓宽工作视野、提升业务能力、探索"两新"组织和社会领域党建在完善区域化党建格局、服务区域经济发展、引领带动社会建设等方面发挥作用的工作方法和工作机制为目标，对各社区综合党委书记、专职副书记、园区党委及区有关部门分管领导进行培训。（夏 莉）

12月6日至10日，举办社区专职党群工作者培训班（区社工委供稿）

■ 长宁区"六个便利服务联盟"举行大型义务法律咨询

11月3日，区社工委与区虹桥办、司法局联合举办以"情系白领、法治先行"为主题的大型义务法律咨询活动。本次大型法律咨询活动是"六个便利服务联盟"之"法律维权便利"联动组通过组织法律维权资源和力量为园区白领开展面对面的咨询解答、法制宣讲，提供优质、便利、高效的维权服务。部分律师代表、党代表和区总工会、区人保局、区法律援助中心的专业人员参加法律咨询服务工作，活动当天共接待园区白领和周边群众百余名，发放宣传手册和资料300余份。（夏 莉）

■ 举办第四届"和谐·长安杯"商务楼宇从业人员法制文艺汇演

12月3日晚，由长宁、静安两区司法局、法宣办和社工委共同主办的第四届"和谐·长安杯"商务楼宇从业人员法制文艺汇演在长宁区工人文化宫隆重举行。整台晚会全部由长宁、静安两区商务楼宇白领自编自演，节目取材于上海世博会和生活实际，体现"两新"组织从业人员的法律素质和法治观念。（夏 莉）

■ 举办社区专职党群工作者培训班

12月6—10日，区社会工作党委、区社会建设工作办公室和区委党校联合举办2010年度社区专职党群工作者培训班，培训班为期一周，由辅导报

告、与区委领导面对面、对话工青妇组织、主题讨论和综合测试等内容组成。全区79名专职党群工者参加此次培训。（夏　莉）

（八）党校工作

概况

2010年，区委党校围绕“大规模培训干部，大幅度提升干部素质”的要求，认真贯彻落实《中国共产党党校工作条例》、《行政学院工作条例》及《2010-2020年干部教育培训改革纲要》精神，深入推进区委关于贯彻落实《中国共产党党校工作条例》的《实施办法》，遵循“拓展、深化、突破”的工作基调，根据为区委中心工作服务、为基层发展服务方针，坚持以教学为中心思想不动摇，不断拓展培训模式，提高培训质量，教学科研和培训工作都有新的突破。（冯统成）

开展各类培训工作

年内，党校共完成各类培训班次45期，学员累计达2812人次，同比上年分别增长了221%和100%（2010年培训班次14期，学员1400人次），比历史上最高的2007年分别增长了87.5%和50%（2007年培训班次24期，学员1900人次），创历年之最。其中，在党校（行政学院）举办32期，培训学员2104人次；在联合教学基地举办13期，培训学员718人次。举办主体班次共7期，分别为处级部门党（工）委书记专题培训班、青年干部轮训班、区居民区党组织书记培训班、公务员任职培训班、新录用公务员培训班、公务员项目管理专题培训班和公务员轮训班。（冯统成）

科研工作取得较好成绩

年内，党校（行政学院）围绕为区委服务、为基层服务方针，结合党校（行政学院）发展实际，不断夯实基础，转变科研思路，稳步推进科研工作。教师积极参与科研，取得良好的成绩，全年在各类刊物上公开发表论文33篇，同比增加50%（2009年为22篇）。申报的“城市资源整合型党建模式的深化与拓展”等3项市委党校课题成功立项，居全市党校系统前列。参与编写市委党校、市委组织部组织的“社区中的党员议事会”等3个案例。加强与区凝聚力工程学会合作，撰写学会年会论文12篇，共同完成科研成果3项，参与审定和编辑论文100余篇。结合区域化大党建工作，参与编撰的《党建文化与社会主义建设》的目录已基本完成。（冯统成）

建设联合教学基地

年内，党校（行政学院）不断探索教学新思路、新途径，逐步探索建立拓展办学规模、服务基层的“联合教学基地”新模式。联合教学基地本着为区委、区府各部门、为社区“跨前服务、全面服务、优质服务”的原则，启动一系列服务基层、送教上门的合作办学活动。制订《“联合教学基地”工作规范（试行）》，使联合教学基地建设走上规范化、制度化和常态化的路子。截至年底，党校（行政学院）与区属企业、大口、街道（镇）已经建立联合教学基地15个，合作办学的新模式有效地拓宽干部教育培训工作的渠道。此外，还与区域单位建立联合教学点，并送课上门，联合开展科研，使合作办学开始从区属单位向区域化延伸。（冯统成）

区委党校迁入新校区

10月18日，中共长宁区委党校、长宁区行政学院、长宁区社会主义学院、凝聚力工程学会新校区（江苏路888号）正式交付使用。区委书记卞百平、区长李耀新为一校二院一会揭牌，揭牌仪式由区委副书记、党校校长夏永泰主持，区委、区政府、区人大、区政协领导，区委、区政府有关部门负责人，各民主党派，“凝聚力工程”学会有关人员参加。新校区占地面积5200平方米，建筑面积4870平方米，新校区的硬件设备齐全完备，共有17间教室和讨论室，配备现代化的教学系统和视频会议系统，可以实现对600人同时培训。新校区规划建设高起点、高标准、高要求，硬件建设和软件应用水平均走在全市党校系统的前列。（冯统成）

启用情景模拟教室并进行情景模拟教学

11月30日，党校新建的情景模拟教室和媒体访谈教室启用，公务员轮训班正式采用情景模拟教学。此次情景模拟教学分突发事件应对、公推直选、新闻发布会、电视访谈4个专题进行，主讲老师利用场景进行引导，学员进行现场情景模拟和角色扮演。学员普遍认为情景模拟教学能较好地提高解决实际问题和现场处置公共危机事件的能力。（冯统成）

■ 举办公务员轮训班

11月29日,2010年长宁区公务员轮训班开班仪式在区行政学院举行,区行政学院常务副院长主持,区公务员管理局局长作开班动员,希望大家通过这次学习,在思想上有新提高,在作风上有新改进,在工作上有新突破,努力成为推动长宁区经济社会发展的重要力量。来自全区的80名在职公务员参加培训。 (冯统成)

■ 举办项目管理专题培训班

2010年11月3日,长宁区公务员项目管理专题培训班在区委党校举办。区长李耀新作《基于项目管理方法(PMM)的行政效能管理》的专题报告。开设项目管理专题培训班是长宁区积极推进经济社会发展、着眼大局、不断深化和细化"十二五"规划、促进项目管理工作的规范化和科学化、提升相关人员项目管理的水平和能力、为推进"四个走在前列"提供人才保证和智力支持的新举措,长宁区行政学院将努力使此项专题培训成为精品课程。 (冯统成)

(九)老干部工作

■ 概况

2010年,长宁区老干部工作按照全国老干部局处长会议和市老干部工作会议的要求,围绕区委中心工作,服务大局,以老干部纪念抗战胜利65周年系列活动和"老干部与世博同行"主题活动为抓手,进一步加强老干部的"二项建设"。办好老干部理论研修班,把老干部的思想和行动统一到中央的决策和部署上来。开设离休干部专用病区,进一步缓解老干部看病难、住院难的矛盾。不断拓展和探索新形势下离退休干部工作运作模式和管理服务方式,社区老干部工作有新举措、新亮点:仙霞新村街道完善了"一键通"信息系统支撑平台,新华路街道建立由老干部工作站与卫生服务中心、物业、家政等单位联手"1+3"工作机制。在全区开展老干部工作调研和征文评比活动,以调研推进各项工作,全区共有14篇调研论文上报市级媒体刊物,其中3篇论文入选市委老干部局调研论文集,2篇论文获中组部"新形势下老干部工作"征文活动评比三等奖。区关工委连续5次获全国关心下一代工作先进集体称号。区关工委还在江苏常熟市蒋巷村建立教育实践基地,开展纪念抗美援朝60周年主题活动,举行报告会、座谈会、走访抗美援朝老战士等活动,参加的青少年达4.14万余人次。全年结对关爱(帮教)特殊青少年495人。

2010年全区离休干部555人,局级退休干部18人,居住在长宁区的离休干部2704人。(徐裕洲)

■ 举办老干部纪念抗战胜利65周年系列活动

年内,围绕老干部纪念抗战胜利65周年活动,在全区老干部中开展"采访一名抗日老兵,采集一个抗战故事"活动,共采访抗战老干部50人,采集56个抗战故事。9月2日,召开长宁区老干部纪念抗战故事演讲会,由青年同志演讲老干部亲身经历的抗战故事,表达年轻一代对老同志的崇高敬意;在故事演讲会上为全区172名抗战老干部发放由区委书记卞百平作序的《抗战丰碑》纪念册。各街道(镇)组织老干部开展丰富多彩的纪念抗战胜利65周年活动,天山路街道组织老同志参观淞沪抗战纪念馆,北新泾街道组织专题生活会学习讨论,新华路街道举办抗战老干部知识竞赛。(徐裕洲)

■ 创办老干部党的理论研修班

3月,长宁区老干部党的理论研修班举行开班式。研修班以正确的政治方向为引领,以党的最新特色理论为内容,通过授课辅导、专题讨论、成果交流、学习互动等形式进行理论学习和探讨。研修班每两月安排一次授课,年内共举办4期。各街道也积极探索老干部思想政治建设的新载体,仙霞新村街道成立社区老干部党校,成为老干部就近学习、就近活动、就近发挥作用的新基地。 (徐裕洲)

■ 区中心医院和同仁医院开设离休干部专用病区

1月,在区委、区政府的重视下,区中心医院和同仁医院分别开设离休干部专用病区,设置124张离休干部病床。两所医院共投入293万元,区财政每年补贴100万元,缓解离休干部看病难、住院难的突出矛盾。3月11日,市委常委、组织部部长沈红光,副市长沈晓明,市委组织部副部长、老干部局局长于明黎,市卫生局局长徐建光等领导视察区中心医院,对长宁区方便离休干部就医工作给予充分肯定。此外,还建立健全社区卫生服务中心主任工作例会制度、社区离休干部医疗专管员工作例会制度、社区离休干部结对医师培训制度、离休干部医疗工作座谈会制度、离休干部重大或集体活动医疗保障制度、离休干部医疗咨询与健康指导制度等6项制度，为方便老干部就医提供机制保障。（徐裕洲）

■ **开展"老干部与世博同行"主题系列活动**

4月23日，区委老干部局组织全区老干部及工作人员近1000人参观世博园区试运行，对参观园区的老干部实行"一对一"服务，让老同志在第一时间感受到世博会的成功、精彩与难忘。10月份，联合老干部大学举办"颂祖国、赞世博"——长宁区老干部书画摄影展，共展出全区192位离退休老干部的300余幅书画摄影作品，还选拔其中的19幅作品参加市老干部活动中心"彰显都市文化、见证世博盛会"老干部摄影展。市老干部大学常务副校长王海兵、区委副书记夏永泰等领导出席书画摄影展开幕式。世博期间，各社区还组织老干部开展世博活动知识竞赛等活动。（徐裕洲）

4月23日，区机关离休一支部老同志参观世博会

（区委老干部局供稿）

■ **区关工委召开"五老"德育报告团成立20周年大会**

8月份，区关工委召开"五老"德育报告团成立20周年大会，区委书记卞百平，区委副书记、区关工委主任夏永泰，市委老干部局副局长、市关工委副主任魏挺等领导出席大会。会上表彰李仁杰等一批老同志获全国、上海市"关心下一代工作荣誉称号"和区"五老"德育报告员"风范奖"称号。区关工委还根据部分"五老"报告员的讲稿和经验体会，编辑出版《五老之声》报告集。（徐裕洲）

（十）档案、地方志工作

■ **概况**

2010年，区档案局围绕区委重点工作，深化档案管理和服务，抓好世博、民生档案业务指导，做好档案安全保护工作，推进区电子文件归档和电子档案工作，深化机关档案集中管理中心建设，出版历时4年编纂的《上海市长宁区志（1993-2005）》，制定档案、地方志工作"十二五"发展规划，推进长宁档案、方志事业发展。加强局机关作风建设，在2010年长宁区机关作风满意度测评三轮明察暗访中成绩名列前茅，其中第二轮明察暗访成绩得满分获第一名。在长宁区机关廉政文化创意大赛中获优秀组织奖，其中1幅作品获最佳创意奖，5幅作品获优秀创意奖。加强业务学习，提升业务水平，先后有5篇论文在中国档案学会、市社会科学界联合会、市档案局举办的征文活动中获优秀论文奖。

（高洁楠）

■ **推进区世博档案工作**

年内，区档案局完成迎世博文书档案230卷1.13万件，照片档案24卷1035张，光盘档案132张，实物荣誉档案10件，资料50册归档工作。制定下发区世博运行档案归档范围、保管期限表、管理办法，开展2次档案大检查，完成世博运行期间文书档案4276件、照片档案1056张、光盘档案31张、实物档案23件的收集、移交工作。设计完成配备与区政务平台端口衔接的区世博档案数据著录平台、"80项任务"和"600办简报"电子查询系统，协助做好区世博大事记编纂工作。（高洁楠）

■ **开展社区事务受理服务中心民生档案建档试点工作**

年内，区档案局针对社区事务受理服务中心人员变动大、库房小等问题，会同有关部门下发加强民生档案建档工作指导意见，加强沟通联系和培训力度，指导解决有关业务问题，设计完成区社区事务受理服务中心档案应用软件，并推广使用。

（高洁楠）

■ **加强档案教育培训**

年内，区档案局做好档案人员继续教育培训工作，111名学员通过培训取得结业证书。组织学员

观摩和参加市档案优秀学员知识竞赛，一名学员进入决赛取得优胜奖。完成市档案局下达的继续教育课程《以案说法——档案法制案例分析》和在闵行区档案系统授课任务。（高洁楠）

■ **加强档案基础业务建设**

年内，区档案馆、机关档案集中管理中心档案接待人数和调卷数量同比去年增长50%，共接待档案利用者4561人次，调阅档案7747卷、710件。接收机关各部门移交的文书档案459卷、2.03万件，专业档案1.10万卷，基建项目档案383卷，会计档案1693卷（册），照片档案40卷，光盘档案2张。对馆藏年满30年的馆藏档案1119卷进行开放鉴定，拟开放516卷。长宁机关档案集中管理模式受到国家和市档案局领导的肯定。（高洁楠）

■ **加强档案安全保护工作**

年内，区档案馆开展档案馆安全工作自查，接受市档案局对区档案安全行政执法检查。针对档案设备未更新、修复的特殊时期，加大人防力度，修订完善有关工作制度和预案，对可能出现的突发险情制定应对措施。做好局（馆）定期消防安全保密检查和库房检查，推进安全保密制度建设，加大应急管理、库房管理、档案安全管理和宣传教育力度。修复破损、粘连婚姻档案20卷。（高洁楠）

■ **推进档案信息化建设**

年内，区档案局召开区加强电子档案暨业务培训工作会议，下发《关于进一步加强机关电子文件归档管理工作的通知》，做好相关电子档案管理软件的调整改进工作，开发完成档案扫描专用软件平台，整理并导入电子档案数据9.63万条、26.85万页；完成馆藏传统照片档案的数字化工作，共扫描著录照片档案52卷1575件；完成馆藏民生档案共计90.65万页，5763卷/册（占磁盘空间共计261.4G）全文扫描工作。按照市档案局有关电子档案数据异地备份要求，做好每年两次的电子档案数据导出备份工作。（高洁楠）

■ **推进政府信息公开工作**

年内，区档案局继续推进政府信息公开阅览处日常管理工作。截至年底，区政府信息公开阅览处共接待公众查阅政府公开信息76人次，接收各部门报送的政府信息主动公开文件1826份。（高洁楠）

■ **出版发行《上海市长宁区志（1993—2005）》**

年内，《上海市长宁区志（1993—2005）》先后通过市地方志办组织的专家评审、验收。年底，由方志出版社出版发行。其间，编辑修改1万多处数据、史实、文字和行文不规范之处。该志稿历经8次大的修改，历时4年9个月的努力才付印出版。全书较系统地记述了1993—2005年长宁区自然、政治、经济、文化和社会发展状况，全书志首为彩色图、照、地图、序、凡例、总述、大事记，志中为38编分志，志末为专记、附录、前志勘误、前志补遗、索引、编后记和编审人员名录，38编分志按环境、政治、经济、文化、街道（镇）和人物顺序排列。该书获得市地方志办的肯定和好评，认为该志是一部符合国家《地方志书质量规定》的合格志书。（高洁楠）

■ **出版发行《长宁年鉴（2010）》**

11月，《长宁年鉴（2010）》出版发行。该年鉴是长宁区综合性地方年鉴的第十卷，记载时间为2009年1月1日至12月31日。全卷设28个栏目、181个分目、1275个条目，有照片107帧（彩照82帧，串文照25帧），字数84.5万字，并随书附赠《长宁年鉴（2010）》电子光盘一张。（高洁楠）

■ **编纂出版有关地情资料**

年内，区方志办编纂出版《海上遗韵——长宁人的故事》（张长根编著），全书27篇共13万字，记述涉及长宁区历史的人文故事，从不同角度反映解放前长宁人的生活与工作。（高洁楠）

■ **完成《汶川特大地震抗震救灾志·灾后重建志》（长宁区）资料长编**

年内，完成《汶川特大地震抗震救灾志·灾后重建志》（上海编）中长宁区概述的撰写和资料长编的收集、整理、上报。志书记述时限为2008年5月12日至2010年12月31日，区地方志办公室根据相关部门提供的资料和数据，按照一事一卡，分类分条目的要求，对长宁区抗震就灾援建工作的资料进行归类、汇总、整理和规范，分两批将长宁的灾后重建和对口援建材料提供给市地方志办公室。（查斐佳）

■ 《话说上海·长宁卷》出版发行

年内，由上海市地方志办公室和长宁区地方志办公室编纂的《话说上海·长宁卷》出版发行。《话说上海》为世博会丛书，每个区县一册，长宁卷计有文章38篇，图片200余张。全书利用长宁区地方志资源，挖掘、整理区内著名人文历史景观和优秀历史保护建筑，图文并茂地反映长宁区经济、社会及发展前景。（查斐佳）

（十一）党史工作

■ 概况

2010年，区委党史研究室贯彻落实中央和上海党史工作会议精神，围绕区委工作大局，研究制定长宁区党史工作（2011—2015年）五年规划。做好党史大事记等常规工作，“长宁党史”网站建成开通，《上海市长宁区抗战时期人口伤亡和财产损失》完成最终修改并付印。党史征集、编纂、研究和宣传等各方面工作取得较好成果。（李建平）

■ 完成长宁区“全国革命遗址普查”工作

1月份，根据中央党史研究室《关于进一步做好全国革命遗址普查工作的通知》和市委党史研究室制定的上海市《实施方案》，成立由区委分管领导负责的长宁区革命遗址普查工作领导小组，确定区《实施方案》，各相关单位、各街道（镇）纳入成员单位。区委党史研究室设普查工作办公室，具体组织实施全区革命遗址普查工作。全区构筑以街道（镇）、文化和规划等部门为基础的普查工作网络，组织一支革命遗址普查队伍。经动员、培训、调查、取证、论证、登记、复核和总结等各环节工作，至10月份，长宁区全国革命遗址普查工作全面完成。共调查各类遗址近200处，征集遗址照片333张。最终确认长宁区有革命遗址（中共党的组织工作地、重要党史人物活动处等）18处，其中新认定并登记的革命遗址2处；其他遗址（著名进步人士、民主人士以及民国政要活动地）19处，最终收录普查成果的遗址照片为143张。普查成果为整理研究和开发利用长宁区党史资源打下扎实基础。（李建平）

■ 开展中共长宁区组织史资料的收集、研究工作

年内，按照市委组织部和市委党史研究室的部署，长宁区开展中共长宁区组织史资料的收集、编纂工作，启动《中国共产党上海市组织史资料（1987—2010）》（中共长宁区委、区人大、区政府和区政协领导机构和干部任免）和《中国共产党长宁区组织史资料（1987—2010）》（含区委、区政府、地方军事、区政协、群众团体和部分区属区管企业6大系统）编纂工作。区委组织部和党史研究室组成领导小组和编纂工作组，全区共67个单位（包括各街道、镇）参与编纂，区档案馆、机关文件集管中心、区编制工作办公室等提供档案查阅利用服务。经过集中培训、查阅档案、走访调查、研究编纂等过程，已基本完成承编各单位的相关资料收集、机构沿革分述、干部任免核实等基础工作，为2011年出版该两部书创造条件。（李建平）

■ 继续开展口述党史资料的采访征集工作

年内，根据市委党史研究室口述党史资料征集五年规划，继续开展口述党史资料的采访编纂活动。以上海国防、航天事业发展为主题，采访上海市航天局为祖国国防事业作出开创性贡献的专家梁晋才、吴中英。还采访参与上海改革开放重大项目建设的区管老干部袁义和以及上海劳动工资和机构人事改革当事人王克。经过研究、采访、整理、修改和确认，形成一批生动具体，具有党史研究价值的口述资料（包括文字、录音和视频等材料）。

（李建平）

（十二）社会主义学院工作

■ 概况

2010年，区社会主义学院围绕中心，服务大局，明确定位，积极履职。从政治学院、联合党校、统战工作重要部门三大角色定位出发，扎实推进统战教育培训、宣传调研、自身建设各项工作，在人才培养基地、方针政策宣传基地建设中取得成效。着力于发挥统战教育培训基地作用，全年完成各类培训班次共12期，培训学员533人次。着力于发挥统战宣传阵地作用，围绕五项重点内容开展活动，全年举办大型讲座7期，编撰学习资料20期。注重增强与统战系统各部门间协同合作，全力配合完成区知联会、区海联会等各项任务。在社院自身建设上有新突破，完成院址搬迁工作，推进和完善教务教学与内部行政各项管理机制。（毕圣洁）

■ **区社院迁入江苏路888号办公（参见区委党校迁入新校区条目）**

■ **探索社区统战工作者培训机制**

年内，为提高新组建的社区统战工作者队伍统战意识与履职能力，社院围绕全区统战工作要求与社区统战工作目标任务探索统战社工培训机制。针对社区统战工作操作性强等特点拟定教学计划与培训课程，与统战部联合举办为期3天的区统战系统社工培训班。还针对社工队伍流动性强的特点，建立个别培训机制，对新上岗社工开设一对一的强化业务培训并探索建立长效培训机制。下半年起，在社工队伍中开展月度学习日活动。

（毕圣洁）

■ **召开区统战教育培训工作座谈会**

10月28日，举办长宁区统战教育培训工作座谈会，就如何做好社院培训教育工作展开研讨。区政协、区委统战部、区各民主党派、区侨联与区民族联负责人等约35人参与座谈并对社院新址进行实地考察。区委统战部副部长、区社院副院长就区社院近期工作情况进行总结回顾。区委常委、统战部部长、社院院长刘春景就长宁区统战教育培训工作提出三点希望：一是形成共识，充分发挥社院的组织作用，使社院成为教育培训主阵地；二是继续关心社院发展，为社院工作开展创造良好条件；三是社院要切实加强自身建设，做到在新校址有新面貌。（毕圣洁）

■ **组织开展世博征文摄影活动**

为进一步激发长宁社会各界人士关注世博、参与世博、服务世博的热情，4月下旬，社院与区委统战部、区政协办公室联合开展“我看世博”征文、摄影活动。面向区各民主党派、工商联等统一战线各团体，区政协各专门委员会，区政协之友社广泛征集作品。年末，组织召开“我看世博”征文、摄影作品评审会。在119篇征文、419件摄影作品中评选产生征文类获奖作品36篇，摄影类获奖作品30幅。民革区委、民进区委与区侨联获优秀组织奖。

（毕圣洁）

■ **组织开展读书荐书活动**

年内，为进一步推进和完善统战部机关学习型组织建设，提升干部自身修养，区社院在统战系统全体干部中组织开展“读书、荐书、赠书”活动，共收到统战干部推荐书籍205本，赠送读本113本。社院还开设“图书阅览之窗”将各类图书资料开架，供大家平日浏览借阅。（毕圣洁）

（十三）机关党工委工作

■ **概况**

2010年，区机关党工委以“走前头，作表率”为总要求，抓住“服务中心、建设队伍”两项核心任务，组织开展世博先锋行动，全力做好服务保障世博工作，进行世博知识宣传和文明观博培训，做好“地铁保畅通”、“地铁出入口查疑防控”、“安保应急”、“区情讲解员”和“园区服务”5支机关志愿者队伍的组建管理、关心慰问等工作，参加志愿服务达2228人，累计服务时间50989小时。坚持以理论联系实际、鼓励实践创新、重在推动工作为导向，组织第二批创建学习型机关自评申报、考核评估；对征集的35篇“学习创新工作案例”进行评选汇编。组织机关作风监督员对机关75个对外服务窗口进行“迎世博微笑服务”检查；区机关工作作风投诉中心共接待群众投诉136件，立案17件，办结17件；以11个典型案例编写《机关作风教育读本》，组织学习教育，引导机关党员干部举一反三，引以为戒。年内先后走访慰问“援外（地）干部”、“大病住院”等党员、干部、职工共170人次，发放慰问金6万余元。对区机关党委年度工作计划和总结、季度工作安排及党费管理使用等情况及时进行公开和通报，

区机关志愿者在中山公园地铁站出入口值守

（机关党工委供稿）

落实党员对党内事务的知情权。完成对区机关党组织书记、机关党支部委员、入党积极分子、工会主席、团支部书记等各类培训共10次350人。

（沈雪群）

■ 召开2010年区机关党的工作会议

2月8日，区机关党工委召开2010年区机关党的工作会议，表彰2个市学习型机关创建工作先进单位、10个区创建学习型机关先进单位、17个区创建学习型机关达标单位，总结部署区机关党的工作。区委常委、区纪委书记沈敏出席会议并讲话。

（沈雪群）

■ 开展服务世博系列活动

从4月1日起，866名机关党员干部职工在地铁2号线江苏路站、中山公园站和11号线江苏路站提供志愿服务，利用每天上班前一小时参与地铁保畅通志愿行动。4月20日开始，区机关党工委每天组织56名机关工作人员参加地铁2号线娄山关路站、中山公园站、江苏路站出入口查疑防控工作，该项工作延续至11月15日结束。7月6日，区机关党工委举办“践行宗旨、奉献世博”机关党员世博先锋行动事迹报告会，以“长宁精神”启示录和党员“世博先锋行动”风采录两个篇章，宣传世博先锋行动开展以来区机关党员和党组织涌现出来的先进人物和感人事迹，对机关开展世博先锋行动情况进行通报。区委常委、区纪委书记沈敏同志出席会议并讲话。（沈雪群）

■ 召开新党员座谈会

8月18日，区机关党工委在区革命文物陈列馆暨《布尔塞维克》编辑部旧址召开以“牢记党员称号，不忘对党承诺”为主题的2008年度入党党员座谈会，23名党员与区关工委、机关党工委领导一起参观《布尔塞维克》编辑部旧址，并围绕入党后思想、工作等情况以及参与世博先锋行动的体会进行座谈。（沈雪群）

■ 举办2010年机关党组织书记培训班

9月14—15日，区委组织部、区机关党工委、区委党校联合举办2010年机关党组织书记培训班。邀请市级机关党工委副书记黄冲作《以昂扬的精神状态，不断推进创先争优活动取得新成效》报告，邀请解放军南京政治学院教授周华作《切实履职尽责，争做合格的机关党支部书记》报告，区委组织部副部长以“机关党组织和党员要在创先争优活动中争当表率”为主题对机关开展创先争优活动提出要求。培训班还以案例教学的形式，围绕发展党员、公推直选、思想政治工作等机关党务实际工作中遇到的问题展开讨论。（沈雪群）

■ 召开纪念抗美援朝60周年座谈会

9月26日，区关工委、区机关团工委组织召开纪念抗美援朝60周年座谈会。上海市新四军历史研究会会长、原上海警备区副政委、2次入朝参战的阮武昌将军讲述了抗美援朝战争的由来、战争的简要情况、胜利的伟大意义以及抗美援朝的伟大精神，并对青年同志在和平时期建设祖国提出了殷切的希望。区关工委常务副主任李仁杰主持会议，参加抗美援朝作战的老战士代表、区关工委老同志、区机关团干部代表共70余人参加座谈会。

（沈雪群）

■ 召开长宁区廉政创意大赛总结颁奖会

10月20日，区纪委、区机关党工委召开“弘扬新风正气，共襄世博盛举”长宁区廉政创意大赛总结颁奖会，会议由区委副书记夏永泰主持。会议向优秀组织奖、最佳创意奖代表颁奖。区委书记卞百平、市纪委副书记唐周绍到会讲话，区委常委、区纪委书记沈敏作活动总结。此次活动收集到2136名机关干部创作的2509件作品，其中22名局级干部创作作品41件。34个单位获优秀组织奖，130人获最佳创意奖，300人获优秀创意奖。（沈雪群）

■ 慰问机关参加地铁出入口查疑防控工作人员

10月21日，区委常委、区纪委书记沈敏到地铁2号线江苏路站、中山公园站、娄山关路站慰问机关参加地铁出入口查疑防控志愿者。（沈雪群）

（栏目编辑　徐德生）

二、长宁区人民代表大会

CHANG NING QU REN MIN DAI BIAO DA HUI

CHANGNINGNIANJIAN

2011

（一）综述

2010年，区人大常委会坚持以邓小平理论和“三个代表”重要思想为指导，以纪念地方人大设立常委会30周年为契机，深入贯彻落实科学发展观，全面贯彻党的十七届五中全会、市委和区委会议精神，围绕全区工作大局，履行宪法和法律赋予的职责，加强对预算决算的法定监督，推进依法行政和公正司法，发挥人大代表主体作用，加强常委会及其机关建设，为确保世博会成功举办、区“十二五”规划科学编制、推进区经济社会全面协调可持续发展作出贡献。

围绕“平安世博”组织视察和专题审议。区人大常委会领导深入联系点，参与信访接待和化解矛盾工作。区人大机关在世博期间制定相应工作预案，发动全体干部积极投身“世博先锋行动”。选派干部到区世博办工作，组织党员前往“双结对”社区，参与城市平安志愿者活动。认真做好世博接待工作，并把它作为宣传上海、宣传长宁、交流人大工作的极好契机。世博会期间，共接待外省市人大代表团44批438人次，受到一致好评。

6月12日，区人大主任刘雅琴等慰问世博志愿者

（区人大供稿）

关注经济发展和经济转型。常委会把推进区域经济发展、加快经济发展方式转变放在重要议事日程，对人民币升值及房产新政对未来经济走势的影响、引进企业中注册资本到位情况和注册资本构成情况等予以关注。走访虹桥国际机场集团、上海生物制品研究所等企业，关心企业经济发展情况。发挥代表及其所在单位的资源优势和作用，发动他们全方位参与区域经济发展和社会建设。常委会组成人员和代表们建议区政府结合区“十二五”规划的编制、实施，把握虹桥商务区建设、上海国际贸易中心建设等机遇，进一步推进“大虹桥”建设。

加强财政预决算监督。按照《中华人民共和国各级人民代表大会常务委员会监督法》、《中华人民共和国预算法》要求，常委会组织部分组成人员和代表参加预算审查监督实务知识系列培训。加强对财政资金全过程的跟踪了解，常委会组织部分代表参加政府财政资金绩效评价会议，听取代表对街道社区建设项目绩效评价指标的意见建议，代表们在范围的确定、方法的选择、指标的细化等方面提出的意见建议被采纳。跟踪了解并推进新泾镇政府“乡财县管”工作的开展。

推进民生事业持续改善。常委会采取听取汇报、组织视察、开展调研等多种形式，结合对“关于推进社会事业优质均衡发展、提升城区软实力”的课题调研，组织部分常委会组成人员、人大代表实地视察有关学校、医院。常委会抓住《上海市实施〈中华人民共和国归侨侨眷权益保护法〉办法》修订的契机，继续推进“落政后代经租侨房”的清理工作。对旧区改造、住房保障、环境整治及群众就医等民生工作进行监督检查，推动解决群众“急、难、愁、盼”问题，及时提出意见建议。

促进依法行政和公正司法。常委会成立由一名人大常委会副主任任组长的执法检查领导小组和工作机构，对区政府开展为期3个月的“五五”普法执法检查工作。组织代表深入法院、检察院等部门听取工作汇报，组织新任命的法官和检察官集中宣誓，以增强其责任感和使命感，促进公正司法。人大常委会还对《中华人民共和国兵役法》执行情况进行抽查，对《上海市公共场所控制吸烟条例》等法律法规在本区贯彻实施情况进行检查。

加强市区人大工作联动。常委会各工作委员会重视加强与市人大工作联动，在认真调研和座谈讨论的基础上，完成有关专题报告，并对《中华人民共和国预算法》、《上海市终身教育促进条例》、《上海市社会治安综合治理条例》、《上海市物业管理规定》和《上海市区县和乡镇人民代表大会直接选举实施细则》等13部法律法规的修订草案提出修改意见。

发挥人大代表主体作用。常委会先后两次组织市、区两级代表320人次，集中联系社区、选区，共收集群众提出的意见260余条。120多人次的代表参加社区大会，广泛了解社区工作。100多个代表及单位参加"凝聚力工程"学会，更紧密地与社区建设融合共建。25人次的代表参加76场动迁听证会，发挥监督、疏导、维护公正的作用。此外近20位代表参与信访接待和信访终结听证，从新的角度更深入地了解民情。常委会修订《关于长宁区人大代表述职评议的有关规定》，对代表述职的内容、形式，述职工作的组织和服务等，进一步细化，从制度上规范代表接受选民监督的基本要求。全年参加述职的代表99人，本届代表述职达86.4%。

注重改进和加强自身建设。常委会组织开展由常委会委员、"一府两院"负责人及组成人员和区人大机关干部等参加的人大制度培训班。先后两次派员参加全国人大组织的法律制度培训班和全国十五城区人大工作研讨会。组织赴湖州、淮南市人大学习考察，学习借鉴外省市人大工作的经验。主任会议讨论通过《上海市长宁区人民代表大会会务工作规程》、《上海市长宁区人大常委会会务工作规程》、《上海市长宁区人大常委会关于人事任免工作规程》，从制度上保障工作的规范化、精细化。深化机关"凝聚力工程"建设，修订完善内部管理制度；开展廉政警示教育、统战知识讲座、机关年轻人人大实务知识学习成果汇报等活动；组织机关干部参加市人大系统的有关活动等；组织机关党员、干部开展与社区基层支部"双结对"、向灾区捐款献爱心等活动，增强机关党员、干部的社会责任感。 （黄敏杰）

（二）重要会议和决定

概况

2010年，共举行人代会、人大代表会议、常委会会议、主任会议25次，听取和审议"一府两院"专项工作报告和专题汇报40次。有效监督"一府两院"的相关工作，为推进区经济社会全面协调可持续发展发挥积极作用。 （黄敏杰）

表2-1 2010年长宁区人大常委会会议一览表

序号	会议时间	会议名称	主要内容
1	1月8日	区十四届人大常委会第二十六次会议	审议和通过区人大常委会代表资格审查委员会关于补选区十四届人大代表的代表资格审查的报告；讨论、决定关于召开区十四届人大七次会议的有关事项；审议和通过关于接受1人辞职请求的决定；听取区人大常委会代表资格审查委员会关于区人大代表变动情况的报告；审议和通过关于区人大常委会委员提出辞职的事项
2	2月26日	区十四届人大常委会第二十七次会议	听取区政府关于社会治安情况及世博安保工作的报告；审议和通过区人大常委会2010年工作要点；通报区十四届人大七次会议各代表团审议《人大常委会工作报告》的情况
3	4月28日	区十四届人大常委会第二十八次会议	审议和通过关于接受1人辞去职务请求的决定、区人大常委会代表资格审查委员会和各工作委员会组成人员任免事项；经常委会表决通过，任命50名公民为长宁区人民法院人民陪审员。会议听取区政府关于贯彻《上海市城市规划条例》及土地利用情况的报告。听取和审议区人大常委会办公室、区政府办公室关于代表书面意见办理情况的报告
4	6月23日	区十四届人大常委会第二十九次会议	审议和通过区人大常委会代表资格审查委员会关于终止区人大代表资格的报告、关于补选的区十四届人大代表资格审查的报告。经常委会表决通过，终止6人的区人大代表资格；确认2人区十四届人大代表资格有效。会议讨论并通过关于召开2010年长宁区人大代表会议的决定（草案），决定会议于2010年7月28日举行。会议举行前，还听取了区政府关于今年以来长宁区经济工作情况的通报
5	7月21日	区十四届人大常委会第三十次会议	审议和通过有关人事任免事项。经常委会表决通过，接受邹龙飞辞去上海市长宁区副区长职务的请求；决定任命张连城为上海市长宁区副区长。会议审议通过区人大常委会教工委及区人民检察院有关人员的免职事项。会议听取区人大常委会代表资格审查委员会关于终止区人大代表资格的报告，同意1人辞去区人大代表职务的请求，其代表资格终止

续表2-1-1

序号	会议时间	会议名称	主要内容
6	8月18日	区十四届人大常委会第三十一次会议	听取和审议区政府关于本级财政审计情况的报告、区政府关于2010年上半年预算执行情况的报告，审查和批准区政府2009年决算。审议和通过区人民法院、区人民检察院的有关人事任免事项
7	10月29日	区十四届人大常委会第三十二次会议	审议和通过区人大常委会、区人民政府和区人民法院的有关人事任免事项。听取和审议区政府“关于提升物业管理水平，促进和谐城区建设”议案实施情况的报告和区政府贯彻执行“五五普法”工作情况的报告
8	11月26日	区十四届人大常委会第三十三次会议	听取和审议区政府“关于抓住虹桥综合交通枢纽建设契机，推进大虹桥建设”议案实施情况的报告、关于长宁区2010年预算调整情况的报告，批准2010年预算调整方案。会议讨论、通过关于召开区十四届人大八次会议的决定，决定长宁区第十四届人民代表大会第八次会议于2011年1月10日举行。会议还讨论关于修改区人民代表大会议事规则的决定（草案）
9	12月27日	区十四届人大常委会第三十四次会议	审议和通过有关人事任免事项，经常委会表决通过，接受赵惠琴辞去上海市长宁区副区长职务的请求；决定任命沈晓初为上海市长宁区副区长。听取和审议区政府关于2010年预算执行情况和2011年预算草案的报告、区政府关于“十二五”规划纲要编制情况的报告、区政府关于审计整改情况的报告，讨论区人大常委会工作报告（草案）。审议和通过区人大常委会代表资格审查委员会关于补选区十四届人大代表的代表资格审查的报告；讨论、决定关于召开区十四届人大八次会议的有关事项；听取区人大常委会代表资格审查委员会关于区人大代表变动情况的报告；审议和通过关于区人大常委会委员提出辞职的事项

说明：资料由区人大办提供。

■ 召开区十四届人大七次会议

会议于1月19日开幕，区人大常委会主任刘雅琴主持会议。区长李耀新作政府工作报告；区财政局局长作关于区2009年预算执行情况和2010年预算草案的报告，区人大常委会主任刘雅琴作区人大常委会工作报告，区人民法院院长邹碧华作区人民法院工作报告，区人民检察院检察长戴国建作区人民检察院工作报告。1月22日，会议选举王瑾为区人大常委会副主任，4人当选为区人大常委会委员，严明华当选为区检察院检察长。会议通过上述报告后闭幕。 （黄敏杰）

■ 召开区纪念地方人大设立常委会30周年暨人大工作会议

会议于4月7日举行，区委书记卞百平、区人大常委会主任刘雅琴、区长李耀新分别讲话，区委副书记夏永泰同志作《中共长宁区委关于进一步加强人大工作的意见》的说明。区四套班子领导，区人民法院、检察院负责同志，历届区人大常委会老领导，部分市、区人大代表出席会议。（黄敏杰）

■ 召开2010年长宁区人大代表会议

会议于7月28日举行，区人大常委会主任刘雅琴主持会议并向区人大代表通报人大工作情况，区长李耀新作2010年上半年区政府工作报告。市人大常委会原副主任周慕尧、区委书记卞百平、区政协主席陈建兴、区人大常委会副主任范本上等在主席台就座。220名人大代表参加会议。区委、区政府、区法院、区检察院领导，区人大常委会办事机构、工作机构负责人，区政府有关部门负责人，由长宁区选举产生的市人大代表，区政协委员300多人列席本次会议。大会结束后，各街镇人大代表组组织分组讨论，对区政府上半年工作进行认真评议。 （黄敏杰）

■ 召开区“十二五”规划编制工作座谈会

11月3日，区人大常委会邀请全市10多位专家和部分人大代表座谈，为区政府“十二五”规划建言献策。与会专家、代表就经济转型、加强民生等内容提出建议。区委书记卞百平、区长李耀新到会并讲话，表示将对这些建议进行研究，谋划好区“十二五”

规划，推进长宁新一轮发展。会议由区人大常委会主任刘雅琴主持，常委会副主任范本上等及区人大常委会工作机构和办事机构负责人，区政府各职能部门的主要负责人40余人参加会议。（黄敏杰）

11月3日，区人大常委会专家和部分人大代表，为区政府“十二五”规划建言献策 （区人大供稿）

■ 召开2011年区人大工作会议

会议于11月30日举行，区委书记卞百平、区人大常委会主任刘雅琴、区人大常委会副主任范本上等及人大各室、工委负责人和机关干部出席会议。会议围绕区人大常委会2010年工作总结和2011年工作思路展开讨论，进行交流。刘雅琴主持会议并提出工作要求，卞百平对区人大2011年工作思路提出建议。（黄敏杰）

■ 长宁区和静安区共同承办上海市、区（县）人大常委会侨民宗工作第十一次例会

会议于3月15日召开，市人大常委会侨民宗委员会主任委员应蓓仪、副主任委员李邦俊等，各区（县）人大常委会领导和相关工委负责人出席会议。会议由长宁区人大常委会副主任鲁德喜主持。静安区人大常委会主任姜耀中致欢迎词、并简要介绍区情，静安区、长宁区人大常委会侨民宗工委作交流发言，市人大侨民宗委副主任委员李邦俊和委员董波作相关工作通报。（黄敏杰）

（三）讨论、决定重大事项

■ 概况

2010年，区人大常委会围绕区发展大局，依法讨论决定区重大事项。常委会会议听取区政府关于2010年上半年预算执行情况、2009年财政审计工作报告、食品安全工作情况、书面意见办理工作等专题报告，全年共作决定、决议3项。（黄敏杰）

■ 作出关于召开2010年长宁区人大代表会议的决定

6月23日，区十四届人大常委会二十九次会议讨论通过《关于召开2010年长宁区人大代表会议的决定》。该决定明确，2010年长宁区人大代表会议于2010年7月28日召开，会期1天。（黄敏杰）

■ 作出关于长宁区2009年决算的决议

8月18日，区十四届人大常委会第三十一次会议在听取区财政局代表区政府所作的《2009年决算的报告》后，表决通过关于长宁区2009年决算的决议（草案）。（黄敏杰）

■ 作出关于召开区十四届人大八次会议的决定

11月22日，区十四届人大常委会三十三次会议讨论通过《关于召开上海市长宁区第十四届人民代表大会第八次会议的决定》。该决定明确，上海市长宁区第十四届人民代表大会第八次会议于2011年1月10日召开，会期4天。（黄敏杰）

（四）监督工作

■ 概况

2010年，区人大常委会坚持围绕中心、突出重点，把推动转变经济发展方式、编制“十二五”规划、关注民生改善作为依法履职的重点内容，推进全年经济社会发展任务的顺利完成。（黄敏杰）

■ 听取和审议区经济运行情况的汇报

区人大常委会把推进区域经济发展、加快经济发展方式转变放在重要议事日程。主任会议听取区发改委关于经济运行情况的汇报，走访区税务局、区工商分局等部门，对人民币升值及房产新政对未来经济走势的影响、引进企业中注册资本到位情况和注册资本构成情况等予以关注；走访虹桥国际机场集团、上海生物制品研究所、上海世贸商城等企业，关心企业经济发展情况；积极发挥代表及其所在单位的资源优势和作用，发动他们全方位参与到区域经济发展和社会建设中来。（黄敏杰）

■ 推进"平安世博"工作开展

为推进"平安办博",区人大常委会领导深入联系点,积极参与信访接待和化解矛盾工作。跟踪督办政府相关部门落实《关于〈中华人民共和国食品安全法〉实施情况的报告》审议意见的情况,推进世博食品安全监管;结合贯彻《上海市消防条例》,对辖区内部分三星级以下的宾馆、旅馆进行视察,对住宿登记、消防安全进行检查,督促整改;到天主教息焉堂等宗教活动场所进行视察,保障世博期间宗教场所的安全有序。区人大常委会组织市、区人大代表对旧小区综合管理、市容绿化、外立面整治等项目的推进情况进行实地察看并形成《建立"后世博"城市管理长效机制》的调研报告。区人大常委会会议听取和审议区政府关于社会治安及世博安全工作情况的报告。主任会议听取区政府关于迎世博市容环境卫生长效管理情况、关于人防设施地下空间利用及安全管理情况、关于世博会接待酒店安全保障情况、关于宗教工作情况等的报告。 (黄敏杰)

3月18日,区人大常委对旅馆进行消防安全检查 (区人大供稿)

■ 加强对议案实施的跟踪督办

区人大常委会加强对《关于抓住虹桥综合交通枢纽建设契机,推进大虹桥建设的议案》和《关于积极提升物业管理水平,努力改善百姓居住条件,有力促进和谐社会构建的议案》实施情况的跟踪落实。组织常委会成员和部分区人大代表重点跟踪检查旧小区综合整治、成套率改造和物业管理等情况,并在10月份组织3次实地检查;组织常委会组成人员和部分区人大代表实地察看虹桥"井"字型地块、嘉顿广场、广电大厦(二期)、东银商务中心,督促检查议案办理情况;常委会还组织赴兄弟区进行专题学习和考察。年内,常委会会议听取和审议区政府关于议案办理情况的报告,并对区政府提出进一步落实议案办理的意见和建议。 (黄敏杰)

■ 加强对财政预算审查监督的跟踪问效

2010年,区人大常委会加强对财政预算的监督工作。听取和审议区政府关于对区2009年度预算执行情况和其他财政收支的审计工作报告,审查和批准区政府2009年决算;听取和审议区政府关于2010年上半年预算执行情况和预算调整情况报告,批准2010年预算调整方案;听取审计整改情况报告,初审2011年预算安排。组织部分常委会成员和代表参加预算审查监督实务知识系列培训;组织部分代表参加政府财政资金绩效评价会议,听取代表对街道社区建设项目绩效评价指标的意见建议,代表们在范围的确定、方法的选择、指标的细化等提出的意见建议被采纳;跟踪了解并推进新泾镇政府"乡财县管"工作的开展。 (黄敏杰)

■ 加强对民生问题的执法检查

区人大常委会主任会议先后听取区政府《关于文化事业发展规划项目落实情况》、《关于长宁区教育中长期改革和发展规划纲要》、《关于卫生设施布局情况》等专题报告和社会事业发展课题报告。以《上海市实施〈中华人民共和国归侨侨眷权益保护法〉办法》修订为契机,推进"落政后代经租侨房"清理工作。区人大常委会适时开展住房保障体系情况调研,了解市民关注的热点、难点问题,及时提出意见建议,主任会议还专题听取房产交易情况的报告。 (黄敏杰)

■ 加强公正司法和依法行政的执法检查

区人大常委会成立由1名人大常委会副主任任组长的执法检查领导小组和工作机构,从5月至8月,对区政府开展为期3个月的"五五"普法执法检查工作。在全区各委办局、街镇等50余家单位自查的基础上,采用座谈交流、实地考察等方式进行执法检查。常委会会议听取和审议区政府贯彻执行"五五"普法工作情况报告、执法检查小组的执法检查报告,会议形成"审议意见"交区政府办理。主任会议听取区政府关于贯彻《信访条例》情况的报告、“两院”关于司法建议和检察建议发出与反馈情况的专题报告。常委会组织代表深入法院、检察院等部门听取工作汇报，促进公正司法。对《中华人民共和国兵役法》执行情况进行抽查，对《上海市公共场所控制吸烟条例》等法律法规在本区贯彻实施情况进行检查。（黄敏杰）

■ 加强对任命的国家机关工作人员的监督

区人大常委会坚持党管干部与人大依法任免相结合的原则，加大对新任命人员的监督力度，举行被任命的“两院”干部和人民陪审员就职宣誓仪式，对被任命的政府组成人员开展任后谈话，要求递交就职报告并印发给代表，接受代表监督。（黄敏杰）

■ 加强代表书面意见和信访的督办工作

2010年，区人大常委会共受理人大代表、人民群众来信、来访、来电256件（次）。协助参与世博期间常委会领导包案化解信访突出矛盾及信访接待，完成市人大等上级机关交办的信访58件，尝试运作区人大代表参与人大信访工作，为代表履职提供平台。（黄敏杰）

（五）视察活动

■ 概况

2010年，区人大常委会围绕迎博办博工作、推动转变经济发展方式、编制“十二五”规划、关注民生改善等议题，组织人大代表开展视察活动。通过视察，使广大代表依法履行职责，推动区社会经济各项工作任务有序开展。（黄敏杰）

■ 视察区迎世博冲刺阶段项目建设推进情况

4月8日，区人大常委会主任刘雅琴率队对区迎世博冲刺阶段有关项目建设推进情况进行视察。实地查看一纺机、上钢十厂旧改、虹桥路沿线及10号线站点、虹桥机场专用通道等项目的周边环境整治和巴黎春天百货新宁店的窗口服务情况，听取相关负责人介绍。副区长杲云、部分区人大代表以及区人大办、区建交委、区绿化市容局、区世博办负责人参加视察。（黄敏杰）

■ 调研医院工作

4月20日，区人大常委会主任刘雅琴带领“推进社会事业优质均衡发展、提升城区软实力”课题调研组成员到同仁医院和光华中西医结合医院走访调研。听取医院工作情况及医院“十二五”发展思路汇报和有关意见建议，并视察卫生规划用地。（黄敏杰）

■ 视察公共场所控烟工作

5月31日，部分区人大代表、教工委委员对区内公共场所控烟工作落实情况进行视察，对医院、餐饮、机关、宾馆、银行等实地查看。从视察情况来看，区公共场所落实控烟措施情况基本良好，有控烟志愿者在岗开展控烟巡视和劝阻，会议室、诊疗室、工作室等相关场所均张贴明显的禁烟标识。（黄敏杰）

■ 赴淮南学习考察

7月21日至24日，区人大常委会主任刘雅琴率考察团一行24人赴淮南市、淮北市学习考察。考察团成员由部分区人大常委会委员、驻区6个市属、区属的企业界领导组成。考察团先后到淮沪煤电公司、淮南市新区规划展示馆、德普胶带公司、淮北高罗公司等处学习考察。与淮南市党政、人大领导进行座谈，听取淮南市市长介绍淮南的社会经济建设发展情况和淮南市人大常委会介绍淮南在“提高常委会审议质量、加强自身建设、发挥委员整体作用”等方面的工作和做法。（黄敏杰）

■ 视察“大虹桥”议案的部分项目

11月19日下午，区人大常委会部分委员和代表对“大虹桥”议案的部分项目进行视察。实地察看夏池国际会所、嘉顿商业广场、文广大厦二期、古北财富中心二期（高岛屋）、东银商务中心等项目，听取区虹桥办、古北集团有关领导的汇报并进行座谈讨论。区人大常委会副主任范本上等参加视察。（黄敏杰）

■ 视察区经济发展工作

12月15日，部分区人大常委会成员、区人大代表对长宁区经济发展工作进行专题视察，实地察看虹桥机场东广场规划、国际耀中学校、世贸商城（法国商品中心）、金虹桥国际中心，听取相关部门的介绍，并进行交流。区人大常委会主任刘雅琴、副主

任王瑾等参加视察。（黄敏杰）

■ 视察区社会事业和民生工作

12月15日，部分区人大常委会成员、区人大代表对长宁区社会事业和民生工作情况进行专题视察，实地察看祥福敬老院、“八五”医院大楼改造、“一平方米”改造项目，听取相关部门的介绍并进行交流。区人大常委会副主任鲁德喜等参加视察。（黄敏杰）

■ 视察区后世博城区管理和公共安全工作

12月15日，部分区人大常委会成员、区人大代表对长宁区后世博城区管理和公共安全工作情况进行专题视察，实地察看临空20#地块开放式自动化系统研发楼、仙霞高级中学加固工程、国家机关办公建筑和大型公共建筑能耗监测平台、延天绿地，听取相关部门的介绍，并进行交流。区人大常委会副主任范本上等参加视察。（黄敏杰）

（六）人事任免工作

■ 概况

年内，区人大常委会依法任免国家机关工作人员76人次，任命人民陪审员50名。其中，任免人大常委会工作机构人员22人次，任免政府组成人员19人次，任免法院和检察院工作人员35人次。（黄敏杰）

表2-2 2010年区人大常委会任命的正处级以上干部情况表

时 间	会 议	姓 名	任命职务
2010.4.28	区十四届人大常务委员会第二十八次会议	张永珍	上海市长宁区文化局局长
2010.4.28	区十四届人大常务委员会第二十八次会议	金其根	上海市长宁区财政局局长
2010.4.28	区十四届人大常务委员会第二十八次会议	邱军祺	上海市长宁区审计局局长
2010.7.21	区十四届人大常务委员会第三十次会议	张连城	上海市长宁区副区长
2010.10.29	区十四届人大常务委员会第三十二次会议	李世樑	上海市长宁区人大常委会办公室主任
2010.10.29	区十四届人大常务委员会第三十二次会议	张培莉	上海市长宁区人大常委会财政经济工作委员会主任、预算工作委员会主任
2010.10.29	区十四届人大常务委员会第三十二次会议	张 聆	上海市长宁区人口和计划生育委员会主任
2010.12.27	区十四届人大常务委员会第三十四次会议	张谢定	上海市长宁区司法局局长

说明：资料由区人大办提供。

（七）代表工作

■ 概况

2010年，区人大常委会积极发挥代表法定职能作用和代表的资源优势，着力提高代表履职水平，积极搭建代表履职平台，为成功迎博、办博，推进区域经济优化发展，改善民生，确保社会和谐稳定，作出有成效的努力。（黄敏杰）

■ 依法完成代表（增）补选工作

2010年，区人大常委会按照法定程序，接受7名区人大代表因工作调动等原因提出辞去代表职务的请求，在5个选区（增）补选产生5名区人大代表。（黄敏杰）

■ 组织人大代表履行职责

2010年，区人大常委会先后两次组织市、区两级代表320人次，集中联系社区、选区。人大代表们与居民群众进行广泛深入地交流，了解民情民意，共收集群众提出的意见260余条。120多人次的代表参加社区大会，广泛了解社区工作。100多个代表及单位参加“凝聚力工程”学会，与社区建设融合共建。25人次的代表参加76场动迁听证会，近20位代表参与信访接待和信访终结听证，发挥监督、疏导、维护公正的作用。此外，有效发挥代表及其单位的资源优势，提供就业岗位1000余个，帮助群众解决就业困难。（黄敏杰）

■ **推进代表述职评议工作**

2010年，区人大常委会修订《关于长宁区人大代表述职评议的有关规定》，对代表述职的内容、形式，述职工作的组织和服务等，进一步细化，要求代表任期内必须述职一次以上，述职报告要在互联网上公开，接受选民监督等。6月29日，区人大在仙霞街道召开区人大代表向社区选民视频述职现场会，200多名选民参加4个分会场的视频会议，数10家新闻媒体进行连续报道，引起社会各方关注，得到市人大的肯定。现场会推动全区代表述职工作的开展，全年参加述职的代表99人，此届代表述职达86.4%。（黄敏杰）

■ **加大对代表书面意见的督办力度**

2010年，代表共提出书面意见150件。其中，人代会期间129件，闭会期间21件；由人大常委会主任重点督办11件；已经解决采纳90件，占总数的60%。其中涉及民生的、在人大网“意见与回音”栏目中向市民公开的占三分之一，进一步增强人大监督的透明度。同时，认真做好全国人大信访件办理工作，完成市人大交办的全国信访件29件。（黄敏杰）

（八）调研工作

■ **概况**

2010年，按照区委要求，区人大党组牵头开展重点课题调研，形成《关于推进社会事业优质均衡发展、提升城区软实力》的调研报告。组织代表围绕长宁区发展大局、促进民生改善、群众关注热点等课题开展调查研究，共形成各类调研报告11篇，为长宁区经济和社会发展，积极建言，提出良策。（黄敏杰）

■ **完成区委重点调研课题**

区人大常委会认真开展“关于推进社会事业优质均衡发展、提升城区软实力”的课题调研。成立由区人大副主任孙荣初为组长，区人大教工委主任、区规土局局长为副组长，区人大办公室、财经工委、城建工委以及政府相关部门参与的课题调研组。围绕长宁区社会事业资源优化配置、社会事业服务能级提升、社会事业布局均衡发展等议题，通过召开座谈会、推进会、汇报会、意见征询会、实地视察、调研，走访、外出学习考察等形式，找准区新一轮社会事业发展突破口，进一步明确社会事业现阶段主要目标与任务，形成主课题报告及人口、用地、教育、卫生、文化等8个分专题报告，为区委、区人大常委会决策提供参考。该课题组被评为长宁区世博工作先进集体。（黄敏杰）

■ **组织代表开展专题调研，形成一批调研报告**

2010年，区人大常委会组织代表围绕长宁区发展大局、促进民生改善、群众关注热点等课题开展调查研究。各代表组完成《新华社区老洋房现状分析及保护的调研思考》、《关于发挥新社会阶层人士参与社会建设主观能动性的调研》、《关于推进居家养老的探索与思考》等10篇调研报告，为长宁区经济和社会发展，积极建言，提出良策。（黄敏杰）

（栏目编辑　郑兆永）

科学知识

专家研发柔性薄膜硅让阳光为手机充电

日前，力诺光伏集团联合上海交通大学、清华大学、中科院半导体研究所共同开发的“兆瓦级SPA器件结构柔性薄膜硅太阳能电池产业化关键技术”，已正式通过国家“863计划”专家评审，并获得国家专项资金支持。

该技术旨在研发一种高效柔性薄膜硅太阳能电池。与普通晶硅太阳电池组件相比，柔性薄膜硅太阳能电池用硅量将大幅减少，且柔性强，可像纸卷一样运输和安装、应用，可以附着于带有弧度的各类物体表面。研发成功后，该产品将颠覆光伏行业的传统应用范围，为笔记本电脑、手机、电动汽车等民用产品辅助充电。

有关方面表示，计划利用3年的时间实现薄膜硅太阳能电池的批量生产，推动太阳能产业进入全新时代。

三、长宁区人民政府

CHANG NING QU REN MIN ZHENG FU

CHANGNINGNIANJIAN

2011

(一)综述

2010年是"十一五"规划实施的最后一年,也是世博会举办之年。区政府认真贯彻落实市委、市政府和区委"五个确保"的工作要求,一手抓办博,一手抓发展,精心编制"十二五"规划,通过全区广大干部群众的共同努力,胜利完成年初确定的各项目标任务。

圆满完成世博服务保障各项任务。"文明和谐西大门"创建工作成效显著,迎世博600天行动计划102个重点项目全面完成,市政基础设施进一步完善,市容环境整洁靓丽,"虹桥大都市、苏河老印象、长宁新社区"的现代化国际城区形象焕然一新。"平安世博"专项整治行动深入开展,世博会期间加班合计出动警力13.2万人次,开展平安志愿服务241.8万余人次,实施9项重大活动的食品安全保障,出色完成安全保障任务。招募各类志愿者5.6万余名,建成志愿者服务站点70个,形式多样的志愿服务活动广泛开展。全区窗口服务水平明显提升,世博新闻宣传有声有色,文明指数测评连续四次名列全市前茅。发放"世博大礼包"22万份,组织8万余名居民文明观博。成功举办"社区重塑与城市发展"世博论坛。热情接待内外宾、港澳台侨及商务团组439个,合计1.1万余人次,深化拓展长宁区与海内外友好合作交流。

区域经济保持平稳较快发展。全区财政收入完成172.8亿元,比上年增长17.3%,其中区级财政收入完成72.08亿元,比上年增长14.5%。现代服务业完成税收63.96亿元,比上年增长27.4%。虹桥涉外商务区完成税收72.2亿元,比上年增长34.8%。全年共引进"有规模、有实力、有产业、有实效"企业344家,其中总部型企业6家。全区962家重点企业完成税收89.36亿元,比上年增长19.8%。经济楼宇竣工项目12个,总建筑面积46.9万平方米;新开工项目4个,总建筑面积43.2万平方米。完成国有中小企业"关、停、并、转"53家。新增市科技小巨人企业1家、市小巨人培育企业7家。

改善民生工作力度不断加大。安居工程成效显著,全年共拆除旧区建筑面积10万平方米,动迁居民1200户。区财政累计投入6亿元用于旧小区综合整治,整治面积345万平方米,受益居民7万户;完成配套商品房建设23万平方米;廉租住房覆盖面进一步扩大,新增受益家庭2505户。在新华路、北新泾街道开展物业管理示范小区试点。整合扩大优质义务教育资源,延安初中、江五小学、愚一小学分别增设新校区。社区卫生服务综合改革继续深化,中医特色预防保健服务体系不断完善,率先在全市推行"四医联动"基本医疗保障。缤谷文化休闲广场基本建成,延天绿地公共运动场竣工使用。"世博周周演"、"全民健身与世博同行"等群众文体活动蓬勃开展。全年新增就业岗位3.62万个,帮扶610名就业困难人员实现就业。实施社会救助46.19万人次,发放救助金1.07亿元。新增养老床位811张,新增居家养老服务对象1600人。完成第六次全国人口普查相关工作。贯彻落实市有关会议精神和要求,及时采取各项有力措施,在全区范围内开展安全隐患集中排查和整治,确保生产安全、消防安全始终处于平稳可控状态。加强市场秩序整顿和物价监管,保障主副食品供应充足和价格基本稳定,加大对低收入困难家庭临时价格补助。加强社会治安综合治理和矛盾化解,社会保持和谐稳定。

区法制和审改工作抓住程序规范这一关键环节,牢牢把握依法行政、文明执法的要求,确保世博会平安。举办政府信息公开培训班,配合做好动拆迁,参与建设项目群体性矛盾疏导化解,做好规范性文件清理和依法行政层级督导,为"平安世博"和市、区重大建设项目提供法律保障。推进并联审批,全年共并联审批841件项目,平均行政审批时限4.39个工作日,长宁区成为全市审批效率最高区县之一。

区信访工作围绕"平安世博"主线,紧扣"世博安保"总体要求,以"化存量、控增量、降总量、防变量"为工作目标,着力抓好责任落实、源头预防、事要解决、完善机制、提升能力等重点工作,加强对重点上访对象以及突出群体性矛盾的排查、化解和稳控,着力做到"两个确保"。围绕"平安世博"主线,做好对重点上访对象及突出群体矛盾排查,促进区社会和谐稳定。全年接待信访9754件,比上年下降6.6%。接待集访125批计2499人次,分别比上年下降1.6%和43.4%。

区外事办全年外事组团29批计172人次,外事参团31批计42人次,出访24个国家和地区;接外宾团99个计1562人次,接待世博会外国参展方活动32批计3937人次、使领馆人员近百人次;接待中央部委团队4批计98人次。

区民宗办发动区民族宗教界人士投入上海市文明宗教活动场所创建评选，组建区少数民族世博志愿者长宁服务队，开展世博期间区清真食品监督管理，促进民宗事业健康发展。

区侨办务实推进区侨务工作，创办《长宁之侨》季刊，举办侨法宣传日主题活动，开展侨务政策咨询，区侨办获市侨务系统服务奉献世博先进集体、市侨务系统信息工作先进单位和市侨务系统信访先进单位称号。

区台办全年接待台湾考察团10批计248人次，协调解决台资企业投诉21起。区台办获国台办2010年"两刊"对台宣传先进单位和市台办2010年上海与台湾网涉台宣传先进集体称号。

区政府机关后勤团队以规范管理为核心，积极履行机关后勤管理、保障、服务职能，重点做好非经营性行政资产管理、机关车队、会务、食堂等后勤服务保障和机关大楼节能减排，各项事务性工作步入科学、规范管理轨道。（彭燕晨　常　念）

（二）重要会议、重要政事

概况

2010年，长宁区政府共召开区政府全体会议4次，区政府经济运行分析会3次，区长办公会议39次。

2010年，长宁区政府始终坚持以科学发展观为统领，深入推进"四个走在前列"，积极应对国际金融危机等挑战，牢牢把握迎办世博会等重大发展契机，坚持以人为本、统筹兼顾，努力推动长宁经济社会又好又快发展。高质量完成"十二五"规划、《东虹桥重点区域规划深化方案》编制工作。制定并实施《关于进一步促进时尚产业发展的若干意见》、《关于加快集聚高层次和优秀青年人才的若干意见》和《关于人才公寓的若干意见》等一系列经济发展、民生保障等方面的政策措施。以"安居、就业、有保障"为重点，集中解决一批顺民意、解民忧、惠民生的实事。按照"稳住一块、改掉一块、重组一块、拓展一块"的原则，全面落实国资国企改革实施方案，出台《长宁区区属经营性国有资产委托监管试行办法》。进一步完善政府管理机制，完成政府投资项目监管系统二期建设。深化行政审批制度改革，对全区第一批9个部门19项行政审批事项落实告知承诺制。基本完成区机关和区属企事业单位公务用车制度改革。深化政府信息公开工作，全区所有部门和街道（镇）调整并完善政府信息公开事务专门机构，设立专门信息申请受理点20个，开辟长宁区政府信息公开查阅处、区图书馆信息查阅点、社区电子阅览室公共查阅点等。全年办理人大代表书面意见和政协提案299件，办复率达到100%。（彭燕晨）

表3-1　**2010年区长办公会议一览表**

1	1月14日	讨论人事任免、重点企业迎春招待会筹备工作、长宁区与上海工程技术大学签约
2	1月27日	讨论人事任免、门户网站管理实施意见、机关电子政务应用考核办法、2010年重点工作目标
3	2月1日	讨论金融服务业集聚发展扶持政策、商务楼政策补充、企业协会政社分开工作、2007—2009年全国劳模评选方案
4	2月8日	讨论公安经费保障工作、彻查2008年问题乳粉工作方案的情况
5	2月22日	讨论人事任免、安全生产排查整改、社会治安与世博安全、2010年"两会"意见提案
6	3月1日	讨论2010虹桥论坛、虹桥资募港功能和运作模式、2007—2009年市劳模评选方案
7	3月8日	讨论2010年白玉兰奖人选
8	3月15日	讨论世博期间城区运行保障工作、景观灯光设施管理办法、国有土地收购和出让、2010年融资计划
9	3月30日	讨论人事任免、环东华时尚创意产业集聚区合作、与河南省洛阳市合作交流、田度废弃物处置中心项目建设运行管理方式情况
10	4月6日	讨论人力资源和社会保障工作考核指标和考核统计、海派旗袍风采展、信息化项目绩效评估、机关引进社会化服务管理、周四爱国卫生义务劳动、申报世界银行全球环境基金二期项目及国家服务业综合改革试点
11	4月19日	讨论人事任免、教育服务业现状调研、产业发展引导基金、2007—2009年区先进集体和先进个人评选及全国、市劳模表彰大会、贯彻城市规划条例、办理两会意见和提案工作

续表3-1-1

12	4月26日	讨论世博会城市广场文化活动、协管员队伍管理工作
13	5月10日	讨论人事任免、校园安全防范
14	5月17日	讨论人事任免、虹桥开发区市容环境一体化管理、与加拿大旺市签署经贸意向书、公务员门户工作平台二期完善项目、迎接市教育现代化综合督政准备工作方案
15	5月24日	讨论“十二五”规划专项及分工情况
16	5月31日	讨论人事任免，传达贯彻市政府虹桥商务区建设专题会议精神
17	6月7日	讨论统筹管理和慰问世博志愿者
18	6月13日	讨论“十二五”社会事业规划、与安徽省池州市和淮南市缔结友好城区
19	6月23日	讨论市容环境沿街面大门责管理考核意见及沿街铺生活垃圾上门收集实施方案、市第十四届运动会组队情况，传达贯彻市世博主运行指挥部第九次会议精神
20	6月28日	讨论组建长宁现代职业教育集团及筹设华政东虹桥法律服务园情况
21	7月5日	讨论人事任免、组建区产业发展引导基金管理中心建设方案
22	7月14日	讨论政府工作报告、第三福利院追加财政投资情况
23	7月26日	讨论追加SN十路新建道路工程前期费、2010年政府投资项目储备库，传达市金融服务工作会议精神
24	8月2日	讨论人事任免、与交通银行、华夏银行签约工作、长宁区与市水资源保护基金签订低碳项目战略合作、调整威宁路北延伸段处街镇行政界限
25	8月9日	讨论人事任免、2009年度本级预算执行和其他财政收支审计工作报告、2009年决算报告、2010年上半年预算执行情况
26	8月23日	讨论2010年50万元以上政府投资项目预安排中期调整、“十一五”规划执行情况、虹桥国际艺术中心工作
27	8月30日	讨论人事任免、麻疹疫苗强化免疫工作、认定11家企业为2010年科技小巨人培训企业，传达国务院依法行政工作电视电话会议和市政府会议精神、市人才工作会议精神
28	9月6日	讨论旅游节、购物节活动暨虹桥文化之秋活动方案、落实街镇住房保障事务管理工作意见实施方案
29	9月13日	讨论户外广场（商业街）搭棚展示展销、政府投资项目管理制度修改、上海城建（集团）公司推进城区基础设施建设战略合作、推进人才工作发展实施意见和相关政策
30	9月20日	讨论人事任免、机关事业编制实施带薪年休假、征地劳动力事务中心历年征地养老费用使用及相关问题、征地人员一次性经济补偿标准、撤销新泾镇双泾村民委员会
31	9月27日	讨论对街道（镇）市容环境责任区指导员队伍管理和考核办法、贯彻执行“五五普法”工作
32	10月11日	讨论“提升物业管理水平、促进和谐城区建设”议案实施情况、四医联动基本医疗保障、时尚产业论坛和2010中国时尚同盟时尚发布开幕式活动方案、社区工作队伍建设
33	10月18日	讨论人事任免、加强城区综合管理意见、区实有人口服务和管理工作试行办法
34	11月1日	讨论人事任免、规范性文件清理，政府投资项目采用BT、BOT方式管理意见、2010年预算调整和财政预算信息公开、2010年机关退休人员补贴费
35	11月15日	讨论人事任免、世博奖励慰问费、中长期教育改革和发展规划纲要、“抓住虹桥综合交通枢纽建设契机，推进大虹桥建设”议案实施情况、融资性担保公司管理办法、近期农副产品价格情况
36	12月6日	讨论人事任免、打击非法集资工作、与上海银行签约、法律服务业发展若干意见、2010年民建浦江论坛、39街坊旧改、地铁二号线动迁威宁路酒店产证转移、2010年度立功竞赛评选
37	12月13日	讨论“十二五”规划纲要、2011年区政府投资项目、2010年预算执行情况和2011年预算草案、区行政和事业单位资产管理办法、中小企业改制上市培育工作意见和上市扶持办法、教育系统岗位设置、审计整改情况、人大代表书面意见和政协提案办理情况
38	12月20日	讨论人事任免、2010虹桥论坛、重点工作项目完成情况、政府实事完成情况、2011年政府实事安排、政府工作报告起草
39	12月27日	讨论人事任免、2011年区重点企业迎春招待会方案，传达贯彻市打击传销违法和犯罪活动联席会议精神

说明：资料由区政府办公室提供。

■ 召开区政府全体会议4次

1月29日，召开区政府第十次全体会议，下达区政府重点工作目标责任书，部署2010年主要工作，对抓好一季度开局工作提出要求。4月16日，召开区政府第十一次全体会议，总结一季度工作，部署二季度工作，对抓好世博冲刺提出要求。7月13日，召开区政府第十二次全体会议，总结上半年工作，部署下半年工作，要求放大世博盛会效应，深入思考世博后和后世博工作，并要积极谋划，高质量编制好“十二五”规划。10月18日，召开区政府第十三次全体会议，要求全力以赴抓好世博和全年各项重点工作的冲刺收尾，确保全面完成全年和“十一五”各项目标任务，为“十二五”开局打好扎实基础。（彭燕晨）

■ 召开区政府经济运行分析会3次

4月12日，召开2010年一季度经济运行分析会，对2010年开局以来的区域经济发展态势进行分析，对全年经济形势进行研判。7月8日，召开上半年经济运行分析会，肯定上半年全区经济社会各主要指标实现“时间过半、完成任务过半”的良好态势，会议要求各部门站在全区发展大局上，抢抓机遇，坚定信心，克难奋进，确保下半年经济工作针对性更强、举措更实、行动更快，全面完成各项既定目标任务。10月12日，召开三季度经济运行分析会，要求一手抓当前、一手抓长远，把握工作力度和节奏，咬定全年目标不放松，全力以赴抓好四季度重点工作，确保全面完成全年各项目标任务，并谋划2011年重点工作和“十二五”规划。（彭燕晨）

■ 加快建设虹桥涉外商务区

2010年，虹桥涉外商务区税收占全区税收比重进一步提高，经济楼宇建设稳步推进，24街坊地块完成收购，98街坊地块顺利出让。着力提升虹桥商贸商务功能，国家品牌中心等一批功能性项目和贸易服务平台落地。虹桥地区停车诱导指示系统建成使用，嘉顿商业广场等商业设施相继开业，“六个便利”服务不断深化。以长房国际、虹桥天都为重点的天山路商业街业态调整提升稳步推进。临空园区土地出让有序推进，神州数码等项目开工，弘基休闲广场开业运营，6街坊等商务商业配套设施基本完成布局。环中山公园地区环境综合整治规划设计方案不断深化。（彭燕晨）

■ 积极推进联动合作

2010年，加强区校合作，成立长宁区与高等院校、科研院所战略合作领导小组，1月与上海工程技术大学签订进一步提升区校战略合作框架协议、上海工程技术大学仙霞校区共建国家大学科技园区；与市经信委、东华大学签署合作框架协议，共同推进环东华时尚创意产业集聚区建设；东虹桥法律服务园实现挂牌运营。整合区职校资源，加快组建现代教育集团，促进教育服务业发展。区大力推动部市合作，8月与市水资源保护基金会等举行“低碳城市”合作签约仪式，积极推进世界银行全球环境基金低碳经济项目申报工作，承办上海民建浦江“十二五‘信息产业与发展’”论坛。（彭燕晨）

■ 着力加强城区建设和管理

2010年，区域市政基础设施进一步完善，对接虹桥综合交通枢纽建设，配合建成轨道交通2号线西延伸段、10号线和11号线长宁段、中环立交等市政配套工程；完成养护维修、改建道路49条（段），其中大型掘路施工31条（段）；完成虹桥路（水城路—宋园路）、（虹井东2372号—西2398号）、虹桥路1452号（玛瑙路）道路架空线入地工程；新建跨苏州河桥梁1座；完成养护、疏浚河道36条。市容景观建设成效显著，完成中小道路整治36条，打造景观灯光楼宇一批，建成苏州河沿线景观工程一期，建立门责制与网格化相结合的城区长效管理机制，乱设摊、乱搭建、乱张贴等市容顽症得到有效遏制。（彭燕晨）

■ 深入推进改革创新工作

2010年，区整合国有资源，完成中小企业“关、停、并、转”53家，发挥国资国企主力军作用，参与区域重点项目和社会事业建设。研究制定投融资体制创新实施方案，出台促进金融服务业集聚发展的扶持政策和实施细则，设立区产业引导基金，并制定相关运作办法，成功举办2010虹桥资募港高峰论坛，成立区金融联合会。建设领域政企分开、管养分离改革稳步推进。街道经济发展体制进一步优化完善，新华路、仙霞新村街道经营性资产清理整合试点工作有序推进。（彭燕晨）

■ 全力做好民生保障工作

2010年，积极推进以旧改为重点的安居工程。

充分发挥国企主力军作用，努力克服房源紧缺和动迁矛盾复杂等困难，落实"阳光动迁"新政策，全年完成旧区改造10万平方米，动迁居民1200户；完成旧小区综合整治345万平方米，受益居民7万户；完成配套商品房建设23万平方米；廉租住房覆盖面进一步扩大，新增受益家庭2505户。全年新增就业岗位3.62万个，帮扶610名就业困难人员实现就业。实施社会救助46.19万人次，发放救助金1.07亿元。新增养老床位811张，新增居家养老服务对象1600人，"老年友好型城区"创建工作扎实推进。完善《长宁区中长期教育改革和发展规划纲要》，接受市教委对区教育现代化综合督政；优质义务教育资源配置进一步优化，延安初中等增设新校区；全区中小学教室光环境改善和抗震加固改造工程加快推进。社区卫生服务综合改革继续深化，中医特色预防保健服务体系不断完善，新建一批"治未病"服务中心、服务站，率先在全市推行"四医联动"基本医疗保障。群众文化活动蓬勃开展，组织开展"长宁，历史的钩沉——百幢经典老房子油画展"等多场艺术展览，成功举办2010'虹桥文化之秋艺术节和上海旅游节、购物节长宁区活动，在世博期间呈演一台商旅文"三节合一"的缤纷大戏，展现一个有底蕴、有活力、有热情的国际性城区的独特风采。（彭燕晨）

（三）法制工作

概况

2010年区政府法制办工作紧紧抓住程序规范这一关键环节，牢牢把握依法行政、文明执法的要求确保世博会平安。举办政府信息公开工作培训班，以提高信息公开实务工作的能力。在政策许可的范围内调整动迁安置方案，配合做好动拆迁工作。积极参与建设项目中群体矛盾的疏导化解工作，为平安世博和市、区重大建设项目提供法律支持和保障。做好政府信息公开和规范性文件的审核、报备工作。根据《上海市人民政府办公厅关于做好本市规章、规范性文件清理工作的通知》（以下简称清理通知）的精神，做好规范性文件的清理工作。以行政复议为抓手，做好对行政机关依法行政的层级监督和指导工作。做好全区行政机关中部分行政执法人员执法证换证和申领新证工作，做好对全区行政机关《新法规》的征订和发放工作。

区审改办在2009年11月对企业设立进行网下并联审批试运行，2010年2月1日网上平台建成，网上网下开始同步运行。从2月1日到年底受理的企业设立项目，涉及工商、质监、税务的审批项目，从法定时限43个工作日到承诺时限25个工作日，并联审批后缩短到5个工作日内。涉及前置审批的项目，经过不断的探索和完善，逐步摸索出一条新流程，提高"一口收件"率，使有前置审批的项目，从串联审批变为并联审批后，平均缩短50%以上的时间。截止到12月底，共并联审批841件项目，其中不涉及前置审批的平均审批时限为4.39个工作日，涉及前置审批的项目审批时限平均为10.80个工作日。（倪彩娣　吴建中）

化解各类矛盾，保世博平安

2010年是世博年，保平安世博是工作的头等大事。区政府法制办配合区政府稳定大局，化解各类矛盾，处置各类纷繁复杂的法律事务，"程桥二村紧急避险"、"周桥街道古北路36套房屋保护性施工"、"协调蒲松北路租赁纠纷"、"协调金沙江支路拆违"、"四方花园拆违"、"上钢十厂整治"、"协调鸿凯湾会所拆违"以及"金垒食品厂与新泾镇政府行政诉讼案件"等，矛盾相对比较尖锐，极易引起一定的社会矛盾。法制办负责人多次亲临一线，召集相关方面协调，力争平稳解决问题。（吴建中）

举办政府信息公开工作培训班

6月2—3日，区政府法制办组织全区行政机关和行政执法单位的分管领导和法制干部举办了一期政府信息公开工作培训班。针对政府信息公开方面存在的一些问题，邀请市政府法制办行政复议处处长刘建平、长宁区法院行政庭庭长、区委宣传部副部长、区保密局局长讲课。他们运用相关法律、法规，从法理上阐明行政机关应当遵循的基本原则、基本程序、违法后果，用具体翔实的案例分析指出行政机关在信息公开工作中存在的问题和解决的途经，对信息公开实务工作具有较强的指导意义。（吴建中）

配合做好市政重大工程动拆迁工作

年内，区政府法制办共受理报请区政府强制执行案件92件（包含上钢十厂基地等共7个基地），完成谈话92件，约谈和上门访谈当事人165人次，审核书面材料101件，在5次区长专题会上共报送讨论案件91件，到基地张贴执行通知书案件85件，组织召开强制执行预备会议18场次，共讨论案件61件（含2009年12月的19件），由区政府法制办组织实施现场强制执行的案件 19场次共33件，做工作及现场化解的案件共24件，完成基地数6块。区政府法制办为提高动拆迁案件办理质量，积极做好调解工作，维护被拆迁人的合法权益，通过对被拆迁人宣传法规政策，在法规、规章和基地情况许可的范围内调整安置方案，积极做好调解工作。坚持上门调解、利用休息日及晚上时间多次调解，积极促成被拆迁人自行搬迁。（吴建中）

■ **做好规章和规范性文件清理工作**

根据《上海市人民政府办公厅关于做好本市规章、规范性文件清理工作的通知》的精神，区政府法制办于7月6日召开全区清理规章、规范性文件工作会议。全区各委办局行政负责人出席会议。会议加强对各委办局的指导力度，帮助参与清理的工作人员明确清理标准、范围，明确规范性文件的定义，正确界定规范性文件与其他各类文件的区别。会后，各部门单位进行了清理。区政府层面的规范性文件清理从2005年开始，由区政府向市法制办报备3件，其中1件废止，1件保留，1件需修改后重新发文；区各委办局向区政府法制办报备的规范性文件共18件，经清理，其中3件保留，1件废止，14件失效。区各委办局、新泾镇层面的规范性文件清理经过各部门单位认真工作，共对604件规章、规范性文件进行清理，其中保留303件，提出修改意见的24件，确认失效或废止的277件。（吴建中）

■ **做好区政府信息公开、文件审核及规范性文件审核和报备工作**

年内，区政府法制办协助区政府办公室审查并答复各类政府信息公开申请30件，指导区政府各部门处理相关依申请类信息公开答复案件26件。年内，区政府法制办共审核各类文件185件。其中区府文件72件，区府办文件44件；区政府各委办局各类征求意见、合同、协议、意向书、备忘录49件；市府及市委办局征求意见20件，内容涉及城乡规划、户籍制度、医疗监管、教育改革、动物防疫等各个领域。根据《上海市行政规范性文件制定和备案规定》，年内，区政府法制办共审核并向市政府报备规范性文件2件，分别是：《长宁区政府投资项目管理办法》和《上海市长宁区人民政府印发〈关于加快集聚高层次和优秀青年人才的若干意见（试行）〉和〈关于人才公寓的若干意见（试行）〉的通知》；审核并向区相关委办局发出准予备案的规范性文件通知14件。（吴建中）

■ **做好行政复议及行政诉讼工作**

年内，区政府收到行政复议申请（书面形式）共35件，依法受理20件，不予受理7件，以函复、函告以及依法视为放弃申请等方式处理8件。办结22件（含去年结转8件），其中作出维持决定15件，因申请人撤回而终止6件，撤销1件。案件涉及的行政管理部门主要有公安、房屋管理、劳动保障以及部分街镇，案件类型主要集中在行政许可、行政处罚、行政强制、行政确认等具体行政行为。年内区政府作为被申请人参加行政复议14件，其中12件被上级复议机关予以维持，2件被确认违法（政府信息公开答复案件）。以区政府为被告向法院提起的行政诉讼10件，9件法院均判决维持（其中有4件经市高院二审维持原判），1件尚在审理中。（吴建中）

■ **做好违法建筑拆除工作**

年内，经区法制办审核，以区政府名义发布的强制拆除违法建筑通告共5件，已执行完毕3件。配合区拆违办，参与研究、细化方案、实施拆除的各类违章搭建案件15件。在违法建筑的拆除过程中，处置不当极易造成激烈的社会矛盾，区政府法制办在审核区拆违办报送的拆违案件中，始终坚持既严肃执法，维持法律尊严，又注重社会矛盾的化解，妥善解决了违法建筑拆除中的矛盾。（吴建中）

■ **做好基本法培训组织和执法证换证、办新证工作**

年内，执法证办理由人工办理改为网上办理，区政府法制办组织区各部门，500多名执法人员进行基本法培训，为全区行政机关中约300多名行政执法人员办理执法证换证和申领新证。（吴建中）

■ **建设项目并联审批试点工作有序推进**

长宁区是全市建设项目并联审批改革工作的试点先行区。年内，按照市政府改革方案的要求，区建交委、区规土局等部门认真研究，积极实践，使长宁区的改革流程与市改革方案互相对接，网下操作运行顺畅。同时，还将建设项目并联审批建成网上数据交换平台，初步实现建设项目审批网上交换数据共享。年内，长宁区还开展了土地出让前期网上征询工作，9月份完成临空园区16-1地块土地出让前期网上征询13个部门的工作，规范区土地出让前期征询意见的工作，提高了土地出让前期征询工作的效率。（倪彩娣）

■ 清理和调整行政审批事项

年内，按市政府对全市的统一要求，开展长宁区行政审批项目清理工作。区审改办对区25个职能部门的321项行政审批项目开展认真细致的比对清理。经清理共取消审批事项26项，调整事项70项。在这次清理中，由于市条口部门和区县部门联动，还新增151项审批事项，新增的原因主要是：市权下放新增94项，占新增数62.2%；项目拆分合并11项，占7.3%；改革新增项目13项，占8.6%；其他33项，占21.9%。这次清理后的321项行政审批事项，每一事项都填写《行政审批事项基本情况梳理登记表》，将审批事项、设定依据、审批条件、申请材料、审批流程等19项要求进行详细填报。（倪彩娣）

■ 完善区行政审批网络建设和管理工作

年初，长宁区初步构建成较完整的行政审批网络平台，区政府门户网上设立行政审批大厅。网上行政审批大厅分为内资企业并联审批、外资企业并联审批（待建）、建设项目并联审批和173项行政审批网上办事栏。每一项内容均能达到四项功能：查询功能，每一项行政审批项目都能查询到该项审批的办事指南、办理机构、办理流程、表格下载、网上咨询、监督投诉、政策法规、便民问答等11项；网上申报功能，形成外网申报，内网办理的模式；状态查询功能，申请人能及时在网上了解申请内容的办理情况；结果反馈功能，审批内容办理完毕后，网上及时滚动通知，同时手机短信告知结果。（倪彩娣）

■ 推进行政审批告知承诺制

实行行政审批告知承诺制是改以批代管、严进宽出为轻批重管、宽进严出、注重事后监管的有效方法之一。3月份以来，区审改办在全区相关委、办、局作动员布置，要求按照市政府关于创新行政审批方法、实施告知承诺制的有关精神，认真梳理，对照市政府的要求和标准，做到凡是能实施告知承诺的行政审批项目，尽可能实行。经过努力，年底有9个委、办、局，共19项行政审批事项，作为长宁区第一批实行告知承诺制行政审批项目，向社会作了公告，并开始实施。（倪彩娣）

■ 开展治理和规范涉企收费工作

2010年7月，按市政府的要求，在区发改委牵头下，开展长宁区治理和规范涉企收费工作。经过组织动员、自查自纠、重点审批、整改总结四个阶段，取得初步的成效。截止到年底，共统计区行政部门和协会155家，其中涉企收费的行政部门和协会57家，占37%，无收费行为的行政部门和协会98家，占63%，其中涉及经营服务性收费的行政部门为15家，约占检查总数155家的10%。在开展治理和规范涉企收费工作中，长宁区坚持做到行政性收费能少收就少收，能不收就不收，坚决杜绝乱收费。（倪彩娣）

（四）信访工作

■ 概况

2010年，区信访工作围绕“平安世博”主线，紧扣“世博安保”总体要求，以“化存量、控增量、降总量、防变量”为工作目标，着力抓好责任落实、源头预防、事要解决、完善机制、提升能力等重点工作，加强对重点上访对象以及突出群体性矛盾的排查、化解和稳控，着力做到“两个确保”，努力实现市委市政府、区委区政府确定的信访工作目标任务，为促进区社会和谐稳定、实现经济平稳较快发展、世博会成功举办营造良好环境。年内，区信访办受理总量9754件，比上年下降6.6%。来信3166件，比上年下降11.7%；来访4737批8094人次，批次比上年上升0.4%，人次比上年上升1.1%；来电594件，比上年下降38%；电子邮件1077件，比上年上升8.8%。到区委区政府集体上访125批2499人次，批次比上年下降1.6%、人次比上年下降43.4%。（孙　猛）

■ 通过市信访工作责任考核

年底，区信访办通过2010年市信访责任考核，没有发生重大的信访群体性事件和恶性事件，没有发生重大的涉世博信访群体性事件和恶性事件。（孙　猛）

■ **领导包案推进突出信访矛盾化解**

年内,22名区领导包案化解82件信访突出矛盾,至年底已成功化解17件,化解率为21%;52件矛盾得以缓解,占包案总数63.4%。区委书记卞百平包案区去京上访数量最多、频率最高的屈家桥、周桥四号块,其中屈家桥动迁矛盾已化解23户中的20户;周桥四号块动迁矛盾采用先易后难的工作方式稳妥推进矛盾化解与稳控,已化解6户。

(孙 猛)

■ **加强矛盾纠纷排查工作**

制订实施《长宁区关于矛盾纠纷排查化解工作实施意见》,对全区突出信访矛盾和群体性事件进行每月滚动排查,按照矛盾纠纷的规模影响程度、潜在风险评估实施分类分档管理,及时跟踪督办、更新上报。按照矛盾影响程度和激烈程度进行评估,通过滚动排查,集中排查,涵盖本区存在的绝大多数突出矛盾和群体性事件,为区领导及时掌握情况、研判形势、作出决策提供重要依据。(孙 猛)

■ **引入律师参与信访矛盾化解工作**

2010年区特批资金,聘请君悦律师事务所参与突出信访矛盾化解工作中,对每个信访件都出具一份律师意见书。通过有公信力的第三方介入,全面、客观地对案件进行评审、核查,提高了信访件化解的有效性。同时,也为终结那些信访诉求畸高的上访对象做好材料准备。年内,区还首次探索在群体性矛盾化解稳定工作中引入律师参与,以化解马桥村撤村撤队集体资产处置矛盾为试点,争取工作经费,挑选信访群众信得过的律师事务所和名律师,开展矛盾核查工作,分阶段出具法律意见书,得到信访群众拥护,使该矛盾在世博期间得到有效缓解,避免了大批群众到市集访甚至去京上访。(孙 猛)

(五)人事人才工作

■ **概况**

年内,制定《关于进一步推进人才工作发展的实施意见》,出台集聚高层次人才和人才公寓建设两项政策。选拔产生新一轮领军、拔尖人才99人。硕博士创新实践基地推出实习岗位113个,引进博士后研发人员31人。改善人才发展环境,完成公务员、事业单位人员工资正常晋升。核定区义务教育学校绩效工资总量。提升公共人事服务水平,办理人才派遣、代理等1.58万人。畅通党政人才成长通道,录用公务员90人,具有工作经历的占70%以上,硕士及以上学位的占33%以上。(李海生)

■ **面向社会公开招考录用公务员**

2—8月,开展2010年度的公务员公开招考工作,全区面向社会推出105个公务员职位。其间,共有5850名考生报考,报考人数与招考岗位数比例接近56:1,比例最高的一个岗位接近220:1。通过网上报名、笔试、面试,招考工作于8月底基本结束,最后录用90人。(李海生)

■ **区机关硕士以上学位公务员有较大增长**

据3月份公布的干部年报统计,2009年区机关硕士以上学位公务员总数265人,比2007年增加近一倍,其中硕士生246人,博士生19人,女性硕士生116人,女性博士生3人,女性占硕士以上学位公务员总数达到45%。(李海生)

■ **召开长宁区人才工作协调小组会议**

4月6日,召开区人才工作协调小组会议。会议由副区长、区人才工作协调小组副组长邹龙飞主持,区人才工作协调小组成员及区人才办约20余人参加。会议讨论区第二届领军人才、第七轮专业技术拔尖人才候选人名单,对《长宁区2010年人才工作要点》进行讨论,并通报长宁区2009年人才工作总结、长宁区2009年人才发展资金使用情况。(李海生)

■ **组织编制"十二五"人才发展规划**

5—12月,按照区"十二五"规划办要求,组织编写长宁区"十二五"人才发展规划。成立规划工作领导小组,加强对规划编制工作的组织领导,由专业技能开发科、人才服务中心等落实专人会同区委组织部组成"十二五"人才发展规划起草小组,分工协作开展规划的撰写。多次组织系统内有关人员,区部分委、办、局和街道(镇),部分人大代表和政协委员对"十二五"人才发展规划开展讨论,听取不同意见并修改完善。至年末,基本完成规划初稿。

(李海生)

■ **完成区多媒体产业园博士后创新实践基地评估**

6月,根据市博士后管理工作办公室统一部署,区人力资源和社会保障局完成对区多媒体产业园博士后创新实践基地评估。经评估，该基地自2004年8月至2010年5月底，共有12家单位推出博士后研究项目46个，正式签约项目26个，其中国家863项目14人；先后引进博士后研发人员31人，其中有6人出站后分别留在上海未来宽带技术及应用工程研究中心有限公司、上海无线通信研究中心、上海瀚讯无线技术有限公司工作；先后发表专业学术论文21篇，申请专利18项，其中有6项获得授权。从总体情况看，长宁区引进博士后总数、留用博士后人员数、研究项目层次位居全市10个博士后基地前列。（李海生）

■ 完成云南红河州经济环保干部在沪培训工作

7月，根据区2010年对口支援西部地区人力资源开发项目计划安排，区人保局、区合作交流办委托上海经济管理干部学院对云南红河州选派的50名机关处、科级经济环保干部进行为期15天的专业理论知识培训。（李海生）

■ 召开区人才工作会议

9月21日，召开2010年长宁区人才工作会议暨领军、拔尖人才命名表彰会，区委、区政府、区人大、区政协主要领导，各部委办局、街道（镇）、区属国有企业（集团）党政主要领导，区新老领军人才和拔尖人才，区域企业、高校、科研院所等"四大资源"的人才代表共360人参加会议。会议回顾过去三年区人才工作，传达市人才工作会议精神，表彰区10位现代服务业领军人才、39位第二届领军人才、48位第七轮专业技术拔尖人才。会议同时下发《长宁区关于推进人才工作发展的实施意见》和《长宁区关于加快集聚高层次和优秀青年人才的若干意见（试行）》、《长宁区关于人才公寓若干意见（试行）》两个政策征求意见稿。区委副书记、区长李耀新在会上讲话，希望全区上下进一步形成关心人才、服务人才、用好人才的氛围，为长宁"十二五"发展打下扎实基础。（李海生）

■ 举办2010年新录用公务员培训班

10月，举办2010年新录用公务员培训班。培训内容包括文明机关行为规范、党风廉政、道德修养、长宁区经济发展概况等。其间，还赴金山区开展为期两天的拓展训练。举办培训班，旨在帮助新录用公务员尽快熟悉区情，了解机关工作特点、程序和要求，增强公仆意识、责任意识、廉政意识和团队意识。90名新录用公务员参加。（李海生）

■ 举办区公务员项目管理专题培训班

11月3—4日，举办区公务员项目管理专题培训班。培训内容主要为政府项目的前期与全程管理、财务运营和收支监督、建设管理、项目审计、廉政监督和信息管理等。培训班邀请区委副书记、区长李耀新作《基于项目管理方法的效能管理》专题报告。共170名学员参加。（李海生）

■ 区第一期公务员轮训班开班

11月29日，根据五年内将区机关公务员轮训一遍的培训计划，为期一周的区第一期公务员轮训班在区行政学院开班。培训班采取情景模拟、案例教学、学员论坛等多种教学形式，并邀请区领导作专题报告。共有80余名公务员参加第一期轮训。（李海生）

■ 推进人才公寓建设

年内，区人力资源和社会保障局推进人才公寓建设相关工作。确定2011年人才公寓开发目标为500套，将新长宁集团下属仙霞物业公司水仙楼、万宏集团的万华和假日之星、九华汇智商都作为区首批人才公寓开发对象。研究制定入住人才公寓的人才确认、入住流程等操作细则，确定区人才服务中心设置专人专窗负责人才公寓具体操作；扩大长宁区人才公寓社会宣传，并会同区科委、区商务委等部门，组织与审核符合条件的人才先行入住人才公寓，至年末，首批25名人才入住万华人才公寓。（李海生）

（六）外事工作

■ 概况

2010年，全区共接待外宾团组99个，1562人次；组织包括国家馆日在内的各类涉外活动32批，涉及群众3937人次和外国参展方、使领馆人员上百人次。其中，接待匈牙利总理欧尔班·维克多、欧盟副主席雷丁、海地前总理雅克·爱德华·阿列克西、波兰滨海省执委会主席米兹斯拉·沃斯特拉克、法国罗阿大区主席让·雅克·凯拉纳、爱尔兰科克市市长达拉·墨菲、西班牙共产党总书记何塞·路易斯·森特利亚、尼加拉瓜桑地诺民族解放阵线国际关系副书记卡洛斯·丰塞卡、塞内加尔达喀尔市长帕普·迪奥普、上海世博会塞内加尔政府总代表、商务部长萨卡荷·迪乌夫·塔奥黑、波兰外交部国务秘书让·博科夫斯基、日本大阪府知事桥下彻、加拿大安大略省前副省长乔治·史密瑟曼、美国商务部长骆家辉、南非贸易工业部副部长本吉·玛利亚·恩图丽、匈牙利国务秘书盖泽·斯佐克斯共16批部长级以上团组；接待国外友城及友好地区交流团涉及5个国家，共13批。另外，还接待中央外办、外交部、国港办、全国友协等领导代表团4批，共98人次。（莫晓倩）

■ 长宁区与日本大阪府枚方市开展交流

2010年是长宁区与日本大阪府枚方市缔结友好城区23周年。7月27日，日本大阪府枚方市议会议长池上公也、市长竹内脩先生率枚方市议会、枚方市政府代表团到长宁区进行为期4天的访问，此次是竹内脩市长自2008年当选后首次访问长宁区。代表团参观长宁区妇幼保健院、长宁规划展示厅、老洋房油画展、华阳社区文化活动中心和世博人家等长宁特色参观点，并与区四套班子领导就未来城市建设和友好交流进行深入探讨。7月28日，代表团一行与枚方市日中友好协会第38次访中团、长宁区新华街道50名居民代表一同参加世博园区内“大阪日纪念活动”，同跳盂兰盆舞。8月，长宁区与枚方市互赠少儿书画作品100幅，该批作品将参加2011年年初在上海举行的上海市——大阪市少儿书画作品展。11月下旬，应枚方市政府邀请，长宁区市民代表团一行6人对枚方市进行友好访问，了解该市老年社会福利体系建设的做法。（莫晓倩）

■ 长宁区与韩国首尔市江西区开展交流

2010年是长宁区与韩国首尔市江西区签署友好交流意向书3周年。4月23日，韩国首尔市江西区体育交流团一行34人到长宁区开展体育交流活动，分别在上海国际体操中心、上海市天山中学和西郊体育中心与长宁区居民进行羽毛球、足球和保龄球友谊赛。8月，经区外事办推荐，韩国首尔市江西区政府行政科主任承丙喆到沪参加韩国公务员上海研修班。8月29日，江西区区长卢显松率团到区进行为期4天的交流访问。代表团参观宋庆龄陵园、世博人家和新华路街道青年活动中心。在与区政府领导的座谈中，卢显松提议与长宁区建立正式友好城区关系。10月29日，江西区议会代表团访问长宁区，就议会行政和财务事宜与长宁区人大常委会进行交流。11月下旬，应江西区政府邀请，长宁区市民代表团一行6人赴韩进行友好访问，交流双方在社区环境品质和安保措施的做法。（莫晓倩）

8月29日，韩国江西区区长卢显松率团到区交流访问（区府外事办供稿）

■ 长宁区与波兰滨海省索波特市开展交流

2010年是长宁区与波兰滨海省索伯特市签署友好交流意向书5周年，恰逢波兰伟大的作曲家、钢琴家肖邦诞辰200周年。5月20日，波兰世博总代表麦伊曼和长宁区副区长张连城出席在中山公园的肖邦音乐长椅落成仪式。9月7日，波兰外交部国务秘书让·博科夫斯基先生一行5人来访长宁区，到中山公园向2007年落成的肖邦像献花，体验肖邦音乐长椅。9月10日，波兰驻沪总领事安杰伊·维夏克、波兰国家芭蕾舞团、波兰国家大剧院副院长在中山公园举行小型纪念肖邦活动，拜谒肖邦塑像并献花。9月17日，波兰滨海省代表团一行21人访问长宁，索伯特市市长加采克·卡诺伍斯基随团来访，代表团参观红坊文化创意园区、长宁老洋房油画展和长宁规划展示馆。9月至11月，长宁区开展“长宁的波兰之秋”系列活动。12月，经长宁区推荐，波兰前驻华大使兹·古拉尔赤克先生被评为2010年上海市白玉兰纪念奖获得者。（莫晓倩）

■ 长宁区与加拿大安大略省旺市开展交流

5月21日，加拿大安大略省旺市市长琳达·杰克逊一行10人到长宁区进行友好访问。在沪期间，区长李耀新和旺市市长琳达·杰克共同签署《中华人民共和国上海市长宁区和加拿大安大略省旺市关于开展经贸交流的合作意向书》，参观虹桥临空经济园区、华阳街道社区文化中心和长宁区城市规划展示馆。11月下旬，应旺市市政府邀请，长宁区政府代表团一行4人对旺市进行友好访问，就两地经贸合作的开展交换意见。（莫晓倩）

5月21日，加拿大安大略省旺市代表团与长宁区交流（区府外事办供稿）

长宁区与爱尔兰科克市开展交流

2010年是长宁区与爱尔兰科克市签署友好学校交流协议2周年。5月26日，科克市市长达拉·墨菲一行14人来访。代表团对长宁区在《科克市——上海友好姐妹城市协议》中的贡献表示肯定，对下一个五年的友城交流项目的方向提出建议，代表团还参观了长宁区建青实验学校。6月16日，区长李耀新应邀出席在浦东香格里拉大酒店举行的爱尔兰总统招待晚会。6月25日，爱尔兰国际青少年合唱团一行37人到长宁区建青实验学校进行交流演出。7月，长宁区外事办推荐业务骨干赴科克市参加“上海—科克公务员交流项目”。8月3日，科克市乌尔苏拉修道院学校一行8人访问开元学校，提出两校师生书信交往的建议。9月7日，科克市音乐家代表团一行20人分别在长宁区建青实验学校和开元学校进行3场交流演出。10月12日，爱尔兰皇家音乐学院室内乐团在天山中学与其管弦乐队进行交流演出。10月中旬，应科克市邀请，长宁区政府代表团一行6人赴科克访问，就加强两地的教育、文化、经贸和旅游进行深入讨论。10月27日，科克市中学校长代表团来访，参观西郊学校并与校领导进行座谈，希望与该校开展体育交流；代表团中的斯克约·穆海尔学校代表访问建青实验学校，就两校教师中长期交流项目进行探讨。（莫晓倩）

长宁区与法国罗纳—阿尔卑斯大区开展交流

罗阿大区是法国第二大区，与上海市建立友好关系已达23年。5月14日，罗阿大区与上海市政府对外文化交流项目——“东方乐队”室外艺术表演项目在中山公园举行。来自法国的三支室外艺术团队和中方的三支艺术团队共60人进行合作表演。法国罗纳—阿尔卑斯大区主席让·雅克·凯拉纳一行11人来访长宁，区长李耀新会见代表团并陪同观看演出。10月，长宁区国际体操中心承接罗阿大区议员兼两届残奥会游泳金牌得主、法籍游泳运动员DAVID SEMETANIN的训练接待任务。世博期间，经世博罗阿大区案例馆邀请，长宁区选派10名代表参加案例馆的创新周、环保建筑周、旅游周、运输周、水务周和“创意美城”壁画论坛共6场专题活动周，并组织区世博办30余人赴罗阿案例馆参观。（莫晓倩）

5月14日，法国罗阿大区“东方乐队”在中山公园表演（区府外事办供稿）

长宁区与匈牙利开展交流

8月，区长李耀新会见匈牙利国务秘书盖泽·斯佐克斯、驻华大使库绍伊·山多尔、驻沪总领事库提·拉斯洛一行10人。9月30日，匈牙利驻沪总领事库提·拉斯洛和文化领事李雅娟访问长宁区，就位于番禺路上的邬达克故居的修复和后续使用方案进行协商。11月1日，由区委书记卞百平陪同，匈牙利总理欧尔班·维克多阁下率匈牙利外交部长马尔托尼·亚诺什、国家发展部部长费莱基·陶马什、国务秘书戈特弗里埃德·彼得、驻华大使库绍伊·山多尔等一行40人，参观邬达克故居。11月下旬，经匈牙利驻沪总领事馆牵线，长宁区人大代表团访问匈牙利布达佩斯第三区，探讨开展友好交流活动措施。12月10日，匈牙利建筑师协会会长卡尔曼·埃尔诺博士访问长宁区，就邬达克故居修复工作与区教育局、区文化局进行商讨。（莫晓倩）

■ 长宁区与土耳其艺术团队开展交流

为答谢长宁区在组织“世博参展方进社区”活动以及参与土耳其国家馆日活动中的努力，世博土耳其政府总代表森卡·厄兹索伊特安排土耳其艺术团队到长宁演出3场，为长宁居民带来异域风情。9月7日，土耳其苏菲合唱团在长宁区文化艺术中心表演特色声乐。10月2日，诞生于1299年、被誉为“世界上最古老的军乐团”的土耳其军乐团到长宁区黄金城道步行街行进演奏。10月14日，土耳其名称寓意为“来自安娜托利亚的清新呼吸”的NEFES舞蹈团到长宁区演出，节目包括土耳其当代和传统的民间歌曲与舞蹈。（莫晓倩）

■ 长宁区参与结对参展方的馆日活动

世博期间，长宁区圆满完成组织10个街（镇）各方代表分别参加10个与长宁结对的世博参展方的馆日官方庆典活动，分别是：5月9日波黑国家馆日（新华路街道）、5月22日波兰国家馆日（江苏路街道）、6月20日土耳其国家馆日（华阳路街道）、7月8日加纳国家馆日（周家桥街道）、7月24日塞内加尔国家馆日（天山路街道）、8月13日玻利维亚国家馆日（仙霞新村街道）、8月29日密克罗尼西亚联邦国家馆日（虹桥街道）、9月6日朝鲜国家馆日（新泾镇）、9月16日墨西哥国家馆日（程家桥街道）和10月3日喀麦隆国家馆日（北新泾街道）。（莫晓倩）

■ 长宁区与世博参展方代表团互动

5月12日，来自波黑、伊拉克、斯洛文尼亚、土耳其、玻利维亚、斯里兰卡、东帝汶、克罗地亚、土库曼斯坦和联合国共10个世博国际参展方的27名代表走进长宁区，参加为期一天的社区体验活动。代表团到长宁区少年宫，参观国际少年儿童美术作品收藏展等各类儿童优秀作品展览展示活动，与少先队员互动游戏；在上海纺织服饰博物馆，了解中国纺织工艺的历史沿革，亲自体验中式纺纱机、织布机的使用；在红坊，参观上海城市雕塑艺术中心和民生当代美术馆，感受现代雕塑和绘画的独特魅力；在华阳社区文化活动中心，来自社区文化活动团队的舞龙舞狮表演和江南丝竹、皮影戏等中国民间传统文化瑰宝和长宁独有的民俗文化特色让来宾们赞叹不已。（莫晓倩）

■ 长宁区申报对外表彰评选

在2010年度上海市对外表彰评选中，经长宁区推荐，上海东方鳄鱼服饰有限公司董事长洪文展先生获白玉兰荣誉奖，波中友好协会会长兹·古拉尔赤克先生、米其林（中国）投资有限公司董事长夏逸夫先生和新华路街道外国志愿者殷苇婷女士获白玉兰纪念奖。（莫晓倩）

表3-2 2010年长宁区领导出国（境）访问情况表

序号	区领导姓名	出访任务	出访时间	出访国家	出访地区
1	赵惠琴	招商洽谈	7月	日本、新加坡	中国香港
2	杲　云	商品中心签约、友好交流	10月	意大利、爱尔兰	
3	邹碧华	专业培训	10月	日本	
4	陆继业	友城文化交流	10月	俄罗斯、波兰	
5	李耀新	友城交流、招商引资	11月	美国、加拿大	
6	刘雅琴	多媒体产业协作洽谈	12月	瑞士、匈牙利	
7	卞百平	友城交流、招商推介	12月	墨西哥、古巴	
8	范本上	体育交流	12月	南非、肯尼亚	
9	陈建兴	环保产业合作交流	12月	巴西、乌拉圭	

说明：资料由区府外事办提供。

（七）民族、宗教工作

概况

2010年，长宁区共有少数民族同胞10241人，涵盖回族、满族、壮族、朝鲜族等45个少数民族成份；宗教活动场所和固定宗教活动处所8处，天主教、基督教、佛教、道教信众共计1.1万余人。年内，在市民族宗教委的指导和区委、区政府的领导下，长宁区民族宗教工作着眼于世博大局，以确保民族团结、宗教和睦、社会和谐为目标，围绕世博保平安，依法管理抓落实，积极引导促和谐，紧密结合各项日常基础工作，对照世博各项重点工作抓推进、促落实、求实效，着力发挥民族宗教工作服务经济社会、服务世博会的积极作用，在全区民族宗教界营造携手共进的团结氛围。（陈世佳）

开展第三次上海市文明宗教活动场所创建评选活动

年内，区民宗办以开展第三次上海市文明宗教活动场所创建评选为抓手，指导区内宗教场所提高自我管理水平，提升教职人员素养，引导宗教人士与社会主义社会相适应，并在此基础上积极参加全国“和谐寺观教堂”的评选。区内各场所从“爱国爱教、知法守法”，“团结稳定、教风端正”，“活动有序、管理规范”，“安全整洁、服务社会”四方面对2008-2009年间的宗教场所管理工作进行总结和申报。经评审，天主教金家堂和息焉堂、基督教沪西堂和新泾堂以及佛教福缘禅院获上海市文明宗教活动场所称号。（莫晓倩）

开展纪念上海市天主教爱国会成立五十周年活动

4月12日，长宁区天主教爱国会主任、副主任、常委等20余位天主教信徒代表共同纪念上海市天主教爱国会成立五十周年暨自选自圣主教50周年。会上，区天主教爱国会教友们结合纪念主题，围绕“为什么没有中国天主教爱国会，就没有今天欣欣向荣的中国天主教”、“如何在涉及国家主权和民族利益重大原则上，保持清醒的头脑和坚定立场”、“如何在新时期，发挥爱国会的作用”等议题展开交流互动，旨在弘扬中国天主教界爱国主义精神，加强爱国会组织建设、思想建设以及爱国会的凝聚力，更好地协助党和政府贯彻落实宗教信仰自由政策，教育引导广大神长教友继续坚持走独立自主自办教会的道路。（陈世佳）

成立上海市少数民族世博志愿者长宁服务分队

4月13日，由12个民族成份、140位少数民族同胞组成的上海市少数民族世博志愿者长宁服务分队成立。少数民族世博志愿者坚持每天上岗，他们积极参与公交站点文明执勤宣传、小区平安世博巡逻、居委维稳值班、社区应急备勤、走访困难少数民族家庭、排摸和化解不稳定因素以及清真监督等各项社区公共服务。从5月1日至10月31日，累计上岗人数达到2.42万人次，平均上岗率93.9%；参与街道应急任务达11次，出动人数18人，出勤达198余人次，确保长宁区世博会期间未发生涉及少数民族的、影响世博平安与社会和谐的重大事件。（陈世佳）

召开世博期间清真食品监督管理联席单位工作协调会

5月17日，长宁区召开由区民宗委、区质量技术监督局、区工商分局、区食品药品监督分局分管领导和职能部门负责人参加的清真食品监督管理联席单位工作协调会，制定《长宁区世博期间清真食品监督管理工作序列表》，并分别在6月、8月、10月对9家清真副食品摊位、3家清真餐饮单位就清真“三食”的经营规范、经营资质、经营内容、计量器具、食品安全等开展监督检查，听取社区清真监督员和“三食”经营业主关于清真食品经营的现状，督促清真食品经营业主严格执行《中华人民共和国食品安全法》、《上海市清真食品管理条例》，为有食用清真食品习惯的少数民族和境内外到沪参观世博会的穆斯林提供优质的清真食品。（陈世佳）

依法设立沪西堂粤语（国际）专场礼拜

从6月6日起，每周周日下午12:30-16:30在沪西礼拜堂开设沪西堂粤语（国际）专场礼拜，每周约有500名左右外籍信众参加。9月12日下午，沪西堂粤语（国际）专场礼拜在沪西礼拜堂召开正式的开堂仪式。12月11日下午，（国际）粤语专场礼拜在沪西礼拜堂举行受洗仪式，12名外籍信徒通过浸洗仪式正式成为基督徒，当天约有200余名信徒一同到现场参加受洗活动。（陈世佳）

■ **举办夏季高温慰问暨来沪少数民族座谈会**

7月8日，区政协、区民宗办、区少数民族联合会联合举办2010年清真食品工作夏季高温慰问暨来沪少数民族座谈会。慰问座谈会邀请社区民族联志愿者、上海户籍和来沪少数民族代表以及部份清真餐饮店、清真副食品经营者、经营清真拉面店的来沪少数民族代表畅谈他们在社会生活、清真供应、民生保障、服务世博等方面的所思所感，代表们对上海各级政府部门对少数民族群众所给予的关心、帮助表示衷心感谢。区委统战部部长刘春景，区民宗办主任和区少数民族联合会会长等领导参加慰问座谈会。（陈世佳）

■ **举办长宁区优秀少数民族学生夏令营**

7月下旬，由区民宗办、区教育局、区少数民族联合组织的长宁区优秀少数民族学生夏令营开营。20名优秀少数民族学生经区属各中小学校推荐，赴苏州两日游活动。区民宗办领导和区少数民族联合会会长参加夏令营活动并和学生们开展互动。（陈世佳）

■ **召开长宁区天主教第五届代表会议**

11月20日，召开长宁区天主教第五届代表会议，选举产生新一届区天主教爱国会班子。市民族宗教委副主任王君力、长宁区民宗办主任、天主教上海教区神甫、市天主教爱国会负责人到会并致辞。大会审议区天主教爱国会第四届委员会工作报告，审议并通过区天主教爱国会章程修改，选出3位正副主任、11名常委，曹文当选区天主教爱国会主任。50名代表以及12名特邀代表参加大会。（陈世佳）

■ **长宁区民族宗教界做好服务世博工作**

世博期间，长宁区民族宗教界群众做好东道主，积极投身服务世博各项活动中。少数民族群众发挥各自特长做好社区信息员、矛盾调解员、清真监督员，活跃在宣传世博知识、突发事件应对、来沪少数民族联络、世博地铁值班等各类志愿者岗位上。宗教界群众通过改善宗教活动场所软硬件建设、维护宗教活动有序开展、开展“世博”主题的讲经讲道交流、学习涉外接待外语等途径，为世博会的顺利举行凝心聚力。为弘扬长宁区民族宗教界志愿者“参与世博、服务世博”的奉献精神，10月份区民宗办向市民宗委推荐10名民族代表界人士、1个宗教团体和1个宗教场所作为先进表彰，区民族联向市民族联推荐14名先进少数民族个人和2个先进集体进行世博贡献表彰，以此肯定他们在世博会期间所做出的突出贡献。（陈世佳）

（八）侨务、港澳事务

■ **概况**

2010年，区侨务办公室在区委、区政府的领导下，在市侨办的指导下，围绕区委、区政府中心工作和世博会各项任务目标，围绕广大归侨侨眷的利益诉求，以加强基础管理、提高行政效能、涵养侨务资源、拓展工作领域为重点，坚持以人为本工作原则，进一步凝聚侨心，汇集侨智，发挥侨力，维护侨益，以求真务实的作风推动侨务工作全面开展，为长宁的经济建设和社会事业发展作贡献。年内，区侨务办公室被评为上海市侨务系统服务世博奉献世博先进集体、2009年上海市侨务系统信息工作先进集体和上海市侨务信访先进集体。（潘颖藻）

3月4日，长宁区举办“共迎世博，同建和谐长宁”2010年侨法宣传月主题活动（区侨办供稿）

■ **开展“侨帮侨、献爱心”活动**

1月26日，区侨办与区侨联、周家桥街道联手举办“‘侨帮侨、献爱心’——共建和谐新长宁”活动，为侨界人士送温暖、送保险、送清洁、送文化、送健康。长宁海外联谊会名誉会长卢国富、卢许婉君夫妇捐赠5万元人民币，资助侨界困难人士100余人。上海雷鑫商务有限公司经理、新归侨王业琪先生向独居侨界人士上门送清洁服务。（潘颖藻）

■ 举行《中华人民共和国归侨侨眷权益保护法》宣传月系列活动

3月4日，区侨办与区侨联、新泾镇联合在西郊百联广场举办“‘共迎世博，同建和谐’——长宁区2010年侨法宣传月主题活动”。市侨办主任崔明华，中共长宁区委常委、统战部部长刘春景出席活动并讲话，近200名侨界人士参加活动。3月，还开展一系列侨法宣传“进机关、进院所、进园区”活动，与区司法局、区社会主义学院等有关单位合作，通过区机关局域网“每月一法”等平台在机关干部中普及侨法知识。3月30日，与驻区单位中国科学院上海硅酸盐研究所党委联合举办侨法宣讲活动，针对新侨和“海归”科研人员的特点，进行侨法宣传和现场答疑。与临空经济园区党委联手，以《临空家园》报为平台进行侨法宣传，以园区“白领午间课堂”为平台，上门为新侨和留学归国创业人员宣讲侨法知识。据统计，此次侨法宣传月全区共举办大型宣传服务活动10次，举行政策咨询、讲座、报告会等69次，发放宣传资料8.75万份，举行侨界志愿者活动73次，志愿者参与活动1673人次，出黑板报、板报、电子屏幕241块，拉横幅74条，出专版11块，受众面达8.98万人。（潘颖藻）

■ 创办《长宁之侨》季刊

2010年3月，由区侨办牵头，联合区侨联、区人大侨民宗委、区政协港澳台侨委和致公党长宁区委共同创办《长宁之侨》季刊。刊物分“侨界论坛”等9大板块，每年出版4期，是长宁区人大常委会侨民宗工委、长宁区人民政府侨务办公室、长宁区政协港澳台侨委员会、致公党长宁区委和长宁区归国华侨联合会对外宣传的一个窗口。（潘颖藻）

■ 组织“华侨华人回家看世博”活动

年内，区侨办组织和邀请海外华侨华人到上海参观2010年上海世博会并到长宁参观考察。自5月世博会开幕以来，接待美国知名律师莫虎、美国纽约大学国际政治系终身教授熊玠、香港南源永芳集团总经理肖克浪、俄罗斯苏俄造型馆馆长范建祥等海外华侨华人28批500多人（次）。还接待美国华侨进出口商会吕家骧、香港华侨华人总商会会长古宣辉、美国全美苏浙同乡总会会长朱元忠、南部非洲上海工商联谊总会会长姒海等侨领率领的海外社团6批100多人（次）。（潘颖藻）

■ 举行“放大世博效应、推动长宁发展”主题论坛暨长宁海外联谊会23周年年会

11月19日，长宁海外联谊会在虹桥喜来登太平洋大饭店举行23周年年会暨“放大世博效应，推动长宁发展”主题论坛。市委统战部副部长、上海海外联谊会会长丁志坚，市侨办主任崔明华，市侨联党组书记李葳萍，市侨联副主席杜宇平，长宁区委、区政府、区人大、区政协领导，长宁海外联谊会会长刘春景以及长宁海外联谊会海外名誉会长、顾问和理事，生活工作在长宁的侨资台资企业、留学生企业负责人等近200人参加活动。区委书记卞百平致欢迎辞，区长李耀新作主旨报告，丁志坚讲话。长宁海外联谊会海外名誉会长、华东师范大学副校长朱自强等4人在论坛上作交流发言。会上，长宁海外联谊会与澳大利亚上海同乡会和澳门苏浙沪同乡会等两家海外社团签订友好合作协议书；还成立长宁海外联谊会专家顾问团，全国侨联顾问何添发等6人被聘请为长宁海外联谊会专家顾问。（潘颖藻）

■ 举办华文夏令营

6—8月，区侨办主办、协办和指导了4期华文夏令营。与南部非洲上海工商联谊总会联手主办“手拉手、看世博——2010相聚上海长宁行华文夏令营”活动，来自南非、美国、加拿大、日本、以色列等国家和地区的19位华裔学生参加活动。协助市委统战部“东方海外之桥”网站举行为期一周的“东方海外之桥”优胜者华文夏令营，30位华裔青少年到长宁民俗文化中心等地参观学习。协助市侨办做好“寻根之旅——相约上海 欢聚世博”海外华裔青少年夏令营活动，来自美国东南康州中文学校和加拿大蒙特利尔佳华学校的46名华裔青少年参加夏令营。指导虹桥街道举办“畅想世博·融情音符”——长宁古北新区第九届华文夏令营活动。（潘颖藻）

■ 召开长宁区华文教育工作座谈会

9月9日，区侨办主持召开长宁区华文教育工作座谈会，区教育局、10个街道（镇）、区少年宫、长宁图书馆、长宁民俗文化中心、延安中学等有关单位代表参加会议，就如何进一步整合华文教育资源、提升华文教育工作内涵进行交流研讨。（潘颖藻）

■ **为早期归侨提供社区医疗服务**

年内，继续做好为早期归侨提供社区医疗服务，包括：为早期归侨建立健康档案；享受每年一次的免费体检；提供"优先入院、优先诊治、优先建立家庭病床"的"三优"服务；每名团队医生与1-2名早期归侨结对，为早期归侨进行健康指导；开展健康保健讲座，提供卫生宣传资料；为早期归侨开通助医热线；还根据早期归侨的特点设计个性化服务项目，如代配代购药品，开展心理辅导咨询和上门体检等。（潘颖藻）

（九）台湾事务

■ **概况**

2010年，区政府台湾事务办公室按照中央、市委对台工作的新任务、新要求，贯彻区委、区政府提出的工作目标和工作基调，以迎世博为抓手，保涉台稳定，促经济发展，促为台服务。巩固"学实"活动成果，在发展经贸、服务台胞，安商、助商、留商和确保社会稳定方面取得一定的成绩。共接待台湾考察团10批248人，初审赴台152批233人。接待台胞、台属来访87人次，收到台胞台属来信12封。协调台资企业投诉21起。走访台资企业40余次。安排79名台湾学生就读。宣讲台情5次，听讲人数1000人次。区台办被国务院台湾工作办公室宣传局评为2010年"两刊"对台宣传先进单位，被市政府台湾事务办公室评为2010年上海与台湾网涉台宣传先进单位。（黄 新）

■ **区委参访团访问台北市松山区**

3月10日，中共长宁区委书记卞百平率领区委参访团一行13人赴台湾访问台北市松山区国民党党部和松山区区公所。参访团分别与松山区党部主委、书记长、松山区民意代表、松山区区长、民间社会组织的负责人进行座谈和交流，并且在相互共同的认知下，建立两党区际组织双方长期交流互访平台，定期开展党务人员互访，利用政党交流平台推动两区经济、文化以及区政之间的交流与合作。（黄 新）

■ **台湾医务界人士访问长宁区**

5月16日，台北医院医长林水龙一行，参观长宁区中心医院，就医院的管理和服务进行交流。6月12日，台湾彰化基督教医院访问团一行6人，到长宁区中心医院进行交流，并邀请长宁区中心医院医生赴台湾交流。（黄 新）

■ **台湾教育界访问团访问长宁区**

6月17日，台湾桃园县复旦中学师生一行20多人到同根同源的上海市复旦中学访问，受到上海复旦中学师生们的热情接待。7月9日，台北市文化艺术创作交流协会组织的台北东门小学师生参访团一行144人到长宁区少年宫进行舞蹈、合唱、书画交流，两岸学生同台进行表演。7月15日，台湾两岸社区读书交流研讨活动代表团一行10人，在台湾社区教育理事长林振春的带领下到仙霞新村街道虹仙居民区参加社区座谈活动。（黄 新）

■ **台湾企业界人士访问长宁区**

7月15日，以台湾全国电子股份有限公司董事长林琦敏先生为团长的20名企业代表一行参观长宁虹桥临空经济园区、区规划展示厅，随后由区台办同志陪同参观上海世博会。8月10日，国民党中央委员海中天带领的台湾微风商业集团一行6人考察长宁区长房广场，并进行合作洽谈。（黄 新）

■ **市台盟座谈会在长宁区召开**

8月17日，市台盟在长宁区召开部分台资企业座谈会，就台资企业对两岸经济发展，尤其对两岸签定(ECFA)后台资企业的发展等问题听取部分台商的意见和建议。市台盟专职副主委高美琴、秘书长李碧影等领导参加会议。会后，对台商所提出的意见和建议进行汇总，同时开展有关课题调研。（黄 新）

■ **举办市台协长宁工委会中秋联欢会**

9月10日，举办市台协长宁工委会中秋联欢会。上海市台商协会会长李茂盛，区委常委、区政协副主席、统战部部长刘春景，副区长陆继业，市台协长工委主任和在长宁区工作、生活的近500位台商、台胞及家属欢聚一堂。联欢会上刘春景代表长宁区领导向与会台商介绍长宁区经济社会发展情况，并表达进一步服务好台商、台胞的诚意。（黄 新）

（十）机关事务管理

■ 概况

2010年，区机管局领导班子带领机关后勤团队，坚持服务理念，以规范管理为核心、以优质服务为基础、以做好保障为目标，切实履行机关后勤管理、保障、服务职能，着力提高工作效能，较好地完成年度各项任务，各项事务性工作逐步纳入科学化、规范化的管理轨道。

■ 圆满完成迎世博后勤保障工作

区机管局对世博工作高度重视，积极部署落实。召开迎世博安全保卫工作动员会；完善世博应急预案，提高人防、技防技能，以应对世博期间可能出现的突发事件；组织开展机关大院消防安全检查，消除安全隐患；落实世博三级安保制度，成立机关大院迎世博治安应急小分队。世博期间，区机管局组织安排会务、机关车队、食堂等职能部门为世博工作运行提供切实保障。（董玉童）

■ 做好区非经营性行政资产管理工作

年内，由区机管局牵头，完成北新泾派出所与北新泾街道及仙霞新村派出所与仙霞物业之间的房屋置换；安排江苏路派出所搬入愚园路1171号原长宁公安分局办公楼；为区委信访办扩大面积，解决长期以来信访办接待场地狭小、拥挤的问题。此外，根据区委、区政府要求，通过与中央审计署驻沪特派办协调，对中山商务楼进行收储，下一步与特派办进行房产置换。（董玉童）

■ 完成公务员住房解困工作和公务用车制度改革任务

年内，区机管局完成新进公务员和提职公务员住房解困审核工作，局解困办共办理公务员住房解困330人次，共计约1554万元。此外，区机管局配合区纪律检查委员会开展公务用车制度改革，区机管局领导担任区公务用车制度改革领导小组办公室主任，较好地完成区委、区政府交办的车改任务。区公车改革第一阶段为党政机关车改，于2010年年初结束，共涉及42个部、委、办、局，10个街道(镇)和7个参公单位，涉改处级干部337人、科级及以下干部1206人，涉改车辆223辆，涉改驾驶员163人。区公车改革第二阶段为企事业单位车改，于2010年12月开始，计划于2011年5月结束，按计划推进。（董玉童）

■ 做好机关的节能减排相关工作

年内，区机管局召开由行业主管部门、重点耗能单位参加的座谈会，吸纳基层一线的节能意见及建议。在深入调查、掌握现状的基础上，根据《长宁区节能减排工作实施方案》精神，制定下发长宁区《关于进一步加强公共机构节能降耗工作的通知》，明确党政机关节能降耗工作目标任务、部门责任。区机管局与区重点耗能单位签订节能目标责任书，按部门职能分解落实节能任务。为区机关大厦安装防热防辐射膜，降低大厦能耗。此外，区机管局还与市机管局对接，参与由市机管局主办的节能宣传及节能经验交流活动，并将区节能减排相关材料汇总后向市有关部门上报，并接受上级主管部门检查考核。（董玉童）

■ 推进区级机关后勤服务社会化

年内，区机管局有序推进机关后勤服务社会化进程，与区财政局，联合下发《长宁区区级机关引进社会服务管理暂行办法》，召开专题工作会议，向有关单位下发标准合同文本及引进社会化服务申请表（包括物业、餐饮项目的事前告知、事后备案及审批表），并就相关合同文本及填表注意事项进行解读，要求各单位按规范程序执行，截止到2010年12月，接到各单位上报备案项目20个，涉及金额1548万元。区机管局协调和落实机关车队、会务服务、机关食堂、总机等日常保障工作；落实社会化服务单位监管工作；推进后勤社会化进程，使机关后勤基础工作有序运行；落实和推进区委党校、区委信访办、区工商联、区老干部局、区安全分局办公楼等房屋的装修改造工作。（董玉童）

■ 推进管理工作规范化、科学化

年内，区机管局陆续出台《关于机关办公用房及附属固定设施的管理规定》、《长宁区区级机关引进社会服务管理暂行办法》、《区政府机关大院消防安全制度》、《长宁区机关固定资产管理办法》、《机关内部安全保卫工作规定》等规章制度，通过制定各项制度，加强监督检查及考核测评，提高工作效率和质量。（董玉童）

■ 抓好队伍建设

年内,机管局在原有组织结构基础上,调整、健全人员配置并加强对人员培训和考核。加大对年轻干部培养力度,营造良好成长氛围。加强与区委信访办、区应急办、区公安派出所等单位的联动,落实机关大院的维稳保障工作。（董玉童）

（十一）政府实事项目

■ 概况

2010年迎世博、办世博各项工作成为区政府工作主旋律。区政府聚焦"虹桥大都市、苏河老印象、长宁新社区",努力为长宁人民留下世博作品,共投入24亿元,用于改善民生,提升城区环境品质。以旧区改造和旧小区综合整治为代表的一批民生保障项目提升了市民生活水平,以苏州河景观绿化和延安路景观灯光建设为代表的一批城市建设项目进一步提升了城区形象。2010年区政府实事项目共有12件。（彭燕晨）

■ 10件实事项目顺利完成

年内,完成的10件实事项目是：1、推进中小道路市容整治,进一步合理设置市容设施,完成虹桥枢纽区域内11条中小道路市容整治,新建公共厕所4座,改建3座,改建垃圾房31座,改建倒粪站、小便池6座,完成小市政道路整治31条。2、新建街头绿地5万平方米,居住区绿化5万平方米。3、加强无障碍设施建设,完成轮椅坡道479米,无障碍厕位33个,落地扶手336米,墙上扶手126米,无障碍标志43个,无障碍进家庭306户。4、新增就业岗位人数完成市政府下达指标,城镇登记失业人员数量控制在市政府下达指标内,帮助成功创业人数完成市政府下达指标。5、继续推进幸福养老工程建设,新增居家养老服务对象1600人,新增养老床位800张。6、为1万名退休妇女免费安排妇科病、乳腺病筛查。7、全面推进中医治未病进社区,完成全区社区卫生服务站点达标工作,新建"治未病"服务中心2个,新建"治未病"服务分中心10个,新建"治未病"服务站10个,全年完成中医体质辨识及干预户籍人口数10%,改建或扩建社区卫生服务站5个。8、新建一个2000平方米社区公共运动场。9、建设两家标准化集贸（菜）市场。10、组织6.5万长宁人看世博。（彭燕晨）

■ 两件实事项目顺延至2011年

工作实事项目：1、70万平方米旧小区综合整治项目因"11·5"特别重大火灾事故,延期至2011年开工建设,338街坊保障性住房建设项目因该项目原定的规划设计方案须重新制定,顺延至2011年开工。2、21所抗震加固及修复项目完成19所,2所学校（延安初中、虹桥中学）因位于延安路景观道沿线,世博期间需要暂停施工,排入2011年实施计划。（彭燕晨）

（栏目编辑 徐德生 郑兆永）

科学知识

元素周期表再添"新丁"——超重元素114和116

元素周期表家族再添两名"新丁"：超重元素114和116，原子量分别为289和292。它们现在是元素周期表中最重的元素，取代了以前的"霸主"——原子量为285的第112号元素"鎶"和原子量为272的第111号元素"錀"。

这两种新元素的放射性极强，会在不到一秒的时间内衰减成更轻的原子，116号元素会快速衰减为114号元素，紧接着又会转变为更轻的元素鎶。

几年前，科学家就宣称发现了这两种元素，例如，1999年，俄罗斯物理学家用高能粒子钙-48冲击钚-244，产生了一个很快衰变的第114号元素的原子。第116号元素于2000年被科学家发现。经过长达10年的进一步研究以及长达3年的审查，国际纯粹化学和应用化学联合会(IUPAC)于6月1日正式将这两种新元素添加到元素周期表中。

目前这两种元素还没有正式的名称，此前有科学家建议将第114号元素命名为flerovium，以纪念苏联原子物理学家乔治·弗洛伊洛夫；将第116号元素命名为moscovium，以莫斯科为名。

四、政协长宁区委员会

ZHENG XIE CHANG NING
QU WEI YUAN HUI

CHANGNINGNIANJIAN
2011

（一）综述

2010年，区政协深入学习实践科学发展观，坚持“上接天线、下接地线”的工作思路，围绕中心，服务大局，认真履行职能，各项工作取得新进展。

认真组织学习培训，社会各界共识不断增进。学习贯彻胡锦涛同志在纪念人民政协成立60周年大会上的重要讲话和上海市政协工作会议精神。建立区委办、区人大办、区政府办和区政协办“四办”联合交办政协提案制度和“重要提案区领导阅批制度”，提升提案工作质量。

紧紧围绕发展大局，政治协商成效不断体现。坚持常委会会议区领导通报重要工作的制度，邀请区领导就长宁区迎办世博、社会稳定和党风廉政建设等工作进行通报。围绕区“十二五”规划开展常委会会议协商。组织近200人次的委员和专家参与规划制定的协商讨论，围绕“东虹桥地区规划”开展主席会议协商，召开部分委员与专家座谈会，与区工商联联合举办主题沙龙活动，组织委员参与规划部门召开的意见征求座谈会等。围绕区政府上半年工作开展区政协全会协商，委员们围绕放大世博效应、推动经济发展与转型、加强社会建设、编制“十二五”规划等方面积极建言献策。

深入推进调查研究，参政议政质量不断提升。开展“关于加强社会建设，夯实社区基层基础”等区委交办的重点课题调研。通过问卷调查、实地走访等形式，访谈10个街镇、100位居民区干部和1000位居民，形成《社区问卷调查分析报告》。调研报告提出5个方面37条意见建议，许多建议被吸纳到区委关于加强社会建设的文件中。与区委统战部联合召开“政协理论与实践研讨会”，形成30余篇文章。

积极发挥政协优势，世博效应不断放大。举办“长宁，历史的钩沉——百幢经典老房子油画展”。油画展先后在虹桥当代艺术馆、刘海粟美术馆和长宁图书馆展示近200天，吸引各级领导和各界人士近5万人次参观，有中央、市和区级10余家媒体予以报道。围绕世博运营开展监督，先后8次组织480人次的委员赴世博园区视察参观，委员们从世博园区安保、场馆和配套设施的运行等方面提出意见建议。其中《参展方的利益谁来保护》一文所提建议得到市政协领导和市世博局的重视。多途径调动社会各界参与世博，围绕世博志愿者工作、市容环境等反映情况和建议；与区委统战部、区社会主义学院联合，开展“我看世博”征文、摄影活动；开展“名人讲座”，邀请著名文化学者余秋雨作“文化与社会现象”讲座，北京师范大学教授于丹作“构建和谐心灵”讲座，邀请海派清口创始人周立波作“幽默推动和谐”讲座，服务委员和社会各界人士。接待云南昆明、宁夏石嘴山等地政协30余批世博考察团。

创新工作制度和方式，民主监督力度不断加大。创新提案交办和办理的有关制度，提升提案工作实效，区政协十二届四次会议以来，先后有14件党派团体、委员的提案得到区委书记、区长等9位区领导阅批。完善主席督办重点提案和专委会督办提案等多种形式、多方参与的督办机制，推动提案办理工作。加强反映社情民意工作，修订《政协

加强社会建设，夯实社区基层基础，区政协主席陈建兴慰问虹储居委会　（区政协供稿）

召开沿海开发地区政协工作研讨会　（区政协供稿）

上海市长宁区委员会反映社情民意工作的若干意见》。与闵行区政协联合举办沿海开发地区政协工作研讨会第19次会议，围绕反映社情民意工作进行探讨交流。围绕区域发展和群众关心的热点问题形成9份《社情民意专报》，有5份得到区委、区政府主要领导批示。就涉及全市性的问题形成《社情民意摘报》，报送市委办公厅和市政协办公厅，有30余份得到采纳和录用，区政协被市委办公厅评为2010年信息直报点工作先进单位。

坚持团结民主主题，不断汇聚各界智慧和力量。支持和保障党派团体参与政协工作；安排主席会议和主席集体下基层活动，加强情况通报和沟通交流；完善秘书长会议制度，听取党派团体负责人对政协工作的意见建议，做好工作的沟通衔接；扩大与社会各方的联系，举行长宁区各界人士中秋联谊活动，组织各界人士近400人参观世博园区和游览浦江两岸；坚持长宁、静安和徐汇三区社法委主任联席会议，交流工作经验；长宁、黄浦和普陀三区政协港澳台侨委，联合组织委员开展学习考察。发挥政协之友社统战性、老年性和联谊性的特点，开展学习、团结、联络、联谊等各项活动。支持政协书画室围绕世博主题开展书画活动，发挥老同志的积极作用。

加强自身建设，提高履行职能的能力和水平。完善常委会的运作机制，发挥常委会协商决定重要事项的作用；坚持常委联系界别委员、界别群众的述职制度，加强对常委履职、发挥带头作用的督促，征求到常委评议、意见、建议200余条；加强专委会建设，重视发挥专委会主任的带头作用，召开专委会主任会议，共商重要工作；走访部分专委会主任所在单位，为其开展政协工作提供支持。加强委员队伍建设，坚持主席接待日、主席走访委员和委员单位制度，开展主席与委员网上对话；做好全年委员履职情况统计、分析和反馈，促进委员更好履职；加强机关建设，签订机关工作目标任务分解表，定期开展检查落实；组织机关中心组学习参观世博城市最佳实践区；发挥好青年读书会的作用，加大干部挂职锻炼和使用力度，努力打造“新一代政协人”。 （陶玮婷）

（二）重要会议

概况

2010年，区政协深入学习实践科学发展观，弘扬团结民主主题，加强自身建设，履职能力和水平不断提高。年内，举办区政协十二届四次全体会议1次、年中全体委员会议1次、区政协常委会议6次、主席会议10次，工作务虚会1次、政协理论与实践研讨会1次。 （陶玮婷）

召开区政协十二届四次会议

2010年1月18—21日，区政协第十二届委员会第四次会议在区文化艺术中心会场举行。区委书记卞百平在开幕会议上讲话。区领导出席开幕和闭幕会议，听取大会发言。会议审议通过区政协主席陈建兴所作的工作报告、区政协副主席张连城所作的关于十二届三次会议以来提案工作情况的报告。大会通过了十二届四次会议决议。会议号召，全体政协委员要深入学习实践科学发展观，学习贯彻中共十七大和十七届四中全会精神，贯彻落实胡锦涛同志在纪念人民政协成立60周年大会上的重要讲话和上海市政协工作会议精神，汇聚力量、建言献策、服务大局，为确保世博会成功举办，确保“十一五”规划目标全面实现、高质量编制好“十二五”规划作出新的贡献。会议选举十二届区政协常务委员委员会常务委员2人。会议期间，共收到提案183件，经审查立案176件。 （陶玮婷）

召开区政协常务委员会会议

第十九次会议 2010年1月20日举行，区政协主席陈建兴主持。会议听取区委常委、区纪委书记沈敏通报2009年党风廉政建设情况，分组讨论区政府和区法院、区检察院工作报告，分组审议区政协常委会工作报告和常委会关于提案工作情况的报告；分组讨论选举办法（草案）情况汇报，通过选举办法（草案）；分组讨论区政协常委建议名单（草案）情况汇报，通过政协常委建议名单（草案），听取会议期间提案的有关情况汇报。

第二十次会议 2010年3月30日举行，区政协主席陈建兴主持。会议听取区委副书记夏永泰关于区迎办世博有关情况通报，听取各专委会工作计划和界别工作安排、区领导批阅重要提案，主席会议协商“东虹桥规划”、“长宁区老房子油画展”筹备工作等情况通报。会议讨论通过专委会副主任调整、增补名单，常委会组成人员联系委员名单以及界别活动召集人调整名单。

第二十一次会议 2010年5月26日举行,区政协主席陈建兴主持。会议听取区委常委、区政法委书记刘玉鹏关于区近期稳定工作的情况通报;讨论通过增补王惠宁和张晔为十二届区政协委员;听取关于提案办理工作、开展"十二五"规划编制课题协商、"加强社会建设,夯实社区基层基础"课题调研以及近期社情民意等情况通报。

5月26日,区政协听取"十二五"规划编制课题协商及近期社情民意等情况通报 (区政协供稿)

第二十二次会议 2010年8月4日举行,区政协主席陈建兴主持。会议听取2010年区政协全体委员会议各专委会讨论区政府上半年工作报告的情况汇报。讨论通过张连城辞去区政协副主席职务的请求及《政协上海市长宁区委员会反映社情民意工作的若干意见(修订)》。

第二十三次会议 2010年11月10日,区政协主席陈建兴主持。会议围绕长宁区"十二五"规划(纲要)进行政治协商。来自市区有关方面专家学者、市区政协常委和委员、区域单位负责人等23人先后作口头发言,16位区政协常委、委员作书面发言。与会者从对接国家、市"十二五"规划角度,站在上海全局发展高度,围绕区"十二五"发展方针、现代服务业发展、提升文化软实力、创新社会管理等方面畅所欲言,提出不少意见建议。

第二十四次会议 2010年12月27日,区政协主席陈建兴主持。区委常委、纪委书记沈敏出席并通报党风廉政建设情况。会议决定区政协十二届五次会议于2011年1月9日至12日举行,会期四天。会议讨论通过区政协十二届五次会议议程(草案)和会议日程(草案)、区政协常委会工作报告、提案工作报告及报告人名单,2010年度政协活动积极分子、优秀提案表彰名单,区政协十二届五次会议大会秘书处秘书长、副秘书长名单和机构设置及筹备工作进展等事项。会议讨论决定调整增补15人为十二届区政协委员。 (陶玮婷)

■ 区召开2010年年中全体委员会议

7月28日,区政协召开2010年全体委员会议。委员们列席区人大会议,区政协八个专门委员会进行分组讨论,就区政府工作提出意见和建议。区政协主席、副主席分别参加小组讨论。会议通过《政协上海市长宁区委员会反映社情民意工作的若干意见(修订)》,并将提交政协常委会审议;听取区委重点课题"加强社会建设,夯实社区基层基础"调研,以及专委会讨论"十二五"规划编制工作等情况通报。 (陶玮婷)

7月28日,区政协委员列席2010年区人大会议 (区政协供稿)

(三)重要活动

■ 概况

2010年,区政协注重发挥自身优势,放大世博效应,参与筹办长宁区老房子油画展、组织城建规划主题沙龙、开展政协委员集中视察、举办文化名人系列讲座等活动。 (陶玮婷)

■ 举办百幢经典老房子油画展

4月25日,"长宁,历史的钩沉——百幢经典老房子油画展"开幕式在上海虹桥当代艺术馆举行。此次油画展由长宁区人民政府主办,长宁区政协办公室、长宁区文化局等单位承办。市政协主席冯国勤出席并讲话。区委书记卞百平等有关领导参加。区委副书记、区长李耀新致开幕词。

（陶玮婷）

■ 举办上海长宁名人旧居老房子油画展

8月10日—10月31日，在上海世博园综艺大厅举办"上海长宁名人旧居老房子油画"展开幕式。画展由区政府主办、区政协协办、区文化局承办。区委书记卞百平宣布油画展开幕，区政协主席陈建兴、副区长张连城等出席并讲话。部分政协委员、参与创作的画家、区世博办等100余人参加开幕式并参观展览。画展共展出37幅名人旧居画作，旧居主要位于虹桥路、愚园路、新华路三大历史风貌保护区，曾经居住过钱学森、白杨等一大批知名人士。（陶玮婷）

■ 举行"东虹桥规划"沙龙活动

3月11日，区政协经济委与区工商联联合举办以"东虹桥规划"为主题的沙龙活动。区政协委员、区工商联会员中的民营企业家与区长李耀新面对面沟通交流，对编制中的东虹桥地区规划提出意见建议。民营企业家们在抓住虹桥商务区建设发展机遇、搭建贸易平台、打造高端商务环境、提升商务配套功能等方面提出建议。（陶玮婷）

■ 召开"东虹桥规划"主席会议协商会

3月24日下午，区政协召开十二届三十九次主席会议，就《东虹桥地区规划发展研究及重点地区规划深化纲要（征求意见稿）》与区政府进行协商。区政协主席、副主席以及部分政协委员参加并提出意见建议，区发改委、区社区办、区规土局、区商务委、区虹桥办、区临空办等有关单位负责人参加会议。

（陶玮婷）

■ 举行2010年长宁区各界人士中秋联谊活动

9月20日，区政协、区委统战部、区世博办在世博园区联合举行"翡翠明月夜，世博江上游"2010年长宁区各界人士中秋联谊活动。部分区领导、政协老领导、各民主党派、团体负责人等各界人士共300余人参加。参加活动的各方人士参观位于世博园区综艺大厅的"上海长宁名人旧居老房子油画展"，登上"翡翠公主号"游船进行浦江夜游活动，欣赏世博园区和浦江两岸夜景。（陶玮婷）

■ 召开区"十二五"规划协商会

11月10日，区政协召开十二届二十三次常委会会议，就区"十二五"规划（纲要）进行政治协商。区委书记卞百平、区长李耀新等参加并讲话。会议由区政协主席陈建兴主持，区政协副主席刘春景等出席。区发改委、区商务委、区建交委等14个部门和单位的负责同志参加。区发改委介绍"十二五"规划编制有关情况，来自市区有关方面专家学者、市区政协常委和委员、区域单位负责人23人先后作口头发言，16位区政协常委、委员作书面发言。与会者从对接国家、市"十二五"规划角度，站在上海全局发展高度，围绕长宁区"十二五"发展方针、现代服务业发展、提升文化软实力、创新社会管理等问题畅所欲言，提出意见建议。（陶玮婷）

■ 举办"政协理论与实践"研讨会

11月26日，区政协与区委统战部共同举办"政协理论与实践"研讨会。会议由区政协主席陈建兴主持，区委副书记夏永泰出席会议并讲话，区政协副主席刘春景等出席。会上，区政协原主席、政协之友社理事长齐允海等10人作交流发言，14人提交书面发言。（陶玮婷）

■ 组织区政协委员"两会"集中视察活动

12月16日，区政协组织开展六条线路的视察活动。区政协主席、副主席带队，副区长及区有关部门、街镇负责人陪同视察。近150位委员们围绕"虹桥核心功能区建设"、"智慧高地建设"、"虹桥机场一号航站楼"、"社会建设与民生"、"苏州河沿线创意景观带"、"大楼消防安全"等议题进行视察。（陶玮婷）

（四）主要工作

■ 概况

2010年，区政协紧紧依靠各民主党派、人民团体和广大政协委员，围绕区"十二五"规划，认真履行参政议政职能。常委会、主席会议、专委会层层发动，先后有200多人次的委员、专家参与"十二五"规划制定的协商讨论。区政协各专门委员会组织专题调查研究，开展咨询服务。（陶玮婷）

■ **开展专题调研活动**

年内,区政协各专门委员会开展专题调研活动。经济委员会组织全体委员参观考察虹桥机场二号航站楼,对虹桥机场扩容及虹桥综合交通枢纽建成后对长宁的影响进行调研。医药卫生委员会开展对老年护理养老院情况调研,了解社情民意,报送有关部门。社会和法制委员会持续关注大学生(青年)就业情况,在2009年课题调研基础上,组织委员视察区就业中心,召开街道(镇)就业援助员座谈会,督促有关部门落实就业政策。民族和宗教委员会开展小型专题调研,积极推动区域内涉外宗教场所合理设点布局,并形成《关于加强长宁区基督教专项工作管理的若干思考和建议》专题调研报告,为加强社区基层基础建设和和谐社区建设提出建议。（陶玮婷）

■ **开展特色咨询活动**

年内,区政协相关委员会开展特色咨询活动。科学技术委员会围绕"数字长宁"建设、支持中小科技企业发展、人才高地建设等问题,召开专题座谈会,对区"十二五"规划的编制提出意见建议。

教育、文化和体育委员会加强与相关部门及外区专委会沟通联系,联手杨浦区政协教育文化委员会召开"推进教育国际化"座谈交流会。打造教文体委"委员服务日"品牌,面向区政协委员和全区机关干部开展"升学咨询日"活动。

城市建设和资源环境委员会加强与区规划、市容、环保等建设系统部门的工作联系,围绕区规划委员会召开的建设规划评审会,区规划配置、交通组织优化、绿化景观设计等会议,组织委员有针对性地提出意见和建议。开展对长宁"十一五"期间的旧改工作评议,组织委员参与全区市容环境沿街面大门责管理考核工作。

医药卫生委员会在世博会前,组织委员开展食品卫生监督视察,参加世博食品药品监管工作会议等。

社会和法制委员会组织委员听取区公安分局关于全区安全保障工作介绍,视察长宁看守所,针对看守所硬件设施落后、日常经费使用困难、及医疗社会化问题等提出建议和意见。

港澳台侨委员会加强与外区专委会工作交流与合作,分春夏秋冬四季举行"三区"(黄浦、长宁、普陀)交流活动,增进委员之间互动交流;视察黄浦区新外滩建设;邀请委员们到长宁实地探访了解城区发展规划、台资企业发展情况;考察苏州河十八湾等。

民族和宗教委员会加强与区域内清真餐饮店业主的沟通交流,并会同区民宗办、民族联在7月召开2010年高温慰问暨来沪少数民族座谈会。联手区民宗办、区民族联举办"长宁区民族宗教人士迎世博宗教政策宣讲",组织委员、社区统战干部、区政协机关干部进行培训。（陶玮婷）

(五)重要建议和调研报告

■ **概况**

2010年,区政协共向区委、区政府提交主席会议建议案2件、常委会建议案1件、专题调研报告2件。其中,调研报告《关于加强社会建设,夯实社区基层基础》的许多建议被吸纳到长宁区委关于加强社会建设的文件中。（陶玮婷）

■ **形成《关于东虹桥地区规划发展研究》建议案**

3月24日,区政协召开十二届三十九次主席会议,形成《关于东虹桥地区规划发展研究》的主席会议建议案。建议:加强规划之间的统筹、衔接,强化东虹桥功能定位研究,强调发挥虹桥品牌效应,凸现国际化战略选择,突出具有标志性内容,增加宜居方面、开发强度、环境方面等量化指标描述,明确规划研究的时间范围。重点聚焦虹桥涉外贸易中心,提升临空园区品质。聚焦突出重点项目产业布局,加强区域产业发展的协调性;扬长避短规划产业发展;强化提升现代商业能级,促进商业商务融合发展;商榷房地产业的定位。加强对长宁文化底蕴的挖掘,充分发挥文化综合影响力;强化文化引领作用,塑造长宁独特文化品牌;注重从演出到展出,提升城市的文化品位。完善交通、公共配套等支撑体系,细化交通组织优化内容;强化公共配套设施的集约化研究。吸引高端人才集聚。加强边角料地块统筹管理。（陶玮婷）

■ **听取《关于加强社会建设、夯实社区基层基础》调研报告**

5月26日,区政协召开十二届二十一次常委会会议,听取"关于加强社会建设、夯实社区基层基础”的调研报告，该调研报告建议：深化和做实“三基”：做实基层组织、做实基础资源、做实基本队伍和基本工作方法。实现“五个重塑”：重塑宗旨意识，密切联系群众，主动服务社区单位；重塑工作方法，拓展居委会自治方式方法，构筑多方参与的社区共治平台；重塑人居环境，推进旧区改造和旧小区综合整治，建立健全社区物业管理长效机制，适度缓解居民区和社区单位静态交通设施的矛盾；重塑人际关系，适需推进社区成员之间交流互动，创新社区志愿者队伍的管理体系；重塑人文环境，提升社区文明程度，推进学习型社区建设，打造开放、包容的国际社区，培育和扶持社区文化特色项目和团队。（陶玮婷）

■ **形成区第十二个五年规划纲要建议案**

11月10日，区政协召开十二届二十三次常委会，形成关于《上海市长宁区国民经济和社会发展第十二个五年规划纲要》常委会会议建议案。建议：调整经济结构，加快发展现代服务业和战略性产业，坚持税收和配套服务两个产业导向，有针对性地发展与国际贸易中心建设相关的法律服务业；把“数字长宁”提高到新兴战略性产业的高度，坚持以高端商务、会展旅游为主，以贸易金融为主线发展金融服务业。强化重点区域建设，提升商业能级，虹桥国际贸易中心要在“品牌、品质、特色”下功夫；中山公园商圈重在提升环境；虹桥临空经济园区可定位为“虹桥临空商务中心”；虹桥商圈重在集聚人气；打造与文化产业、时尚产业、数字技术相结合的长宁商业特色名片。改革开放，创新驱动，突破服务业发展瓶颈，注重发挥重点企业的集聚作用；加强国资运作的“整体观”；突破传统国企改制的体制机制约束。提升社会管理水平，发展社会事业，建立“社会建设指导中心”；整合社会各方力量，强化社工专业组织；加强社会组织（社工机构）能力建设，提升社工职业素质和水平；加强整体规划，优化区域教育资源；注重发展区域教育特色，做好长宁品牌。加强文化建设，打造文化品牌，明确公共文化服务体系的建设和发展目标；继续挖掘和提升虹桥文化功能带内涵，打造长宁文化实力创新品牌；提升长宁“苏河老印象”的品牌。加强交通管理 完善基础设施建设，坚持“公交优先”，引导“低碳出行”；提高城市交通智能信息化管理水平；加强静态交通建设和管理。（陶玮婷）

■ **形成《关于对虹桥机场老航站楼进行改造与提升》调研报告**

由区政协党组牵头，组织开展“关于对虹桥机场老航站楼进行改造与提升”的调研，并形成调研报告，该调研报告建议：加强“对接”，市相关部门提出T2航站楼工作思路是“梳理、整合、改造、提升”，长宁要进一步在发展理念，综合目标、功能定位上与市里深度对接，以便统一思想，确定实施主体。协调“梳理”，T1航站楼有大约200多幢建筑，单位多、布局不合理，应确定责任主体，对入驻企业、产业进行梳理，准确排摸老航站楼不同部门的建筑形态、产权归属、建筑功能，梳理航空服务功能和商务功能。统一理念，进一步明确老航站楼的规划思路和功能定位，并与T2航站楼形成错位发展。明确定位，客观分析T1航站楼的现实挑战、核心资源、机遇变化和发展需求，将T1航站楼打造成虹桥商务区的重要功能圈，承担虹桥国际交往职能的重要城市窗口。正视利益，老航站楼的改造与提升，涉及众多的利益群体，要提升企业形象，确保公平合作，利益共享，良性互动，制定实施政策激励机制。（陶玮婷）

（六）提案工作

■ **概况**

年内，区政协共收到提案218件，经审查立案192件，全部办复。其中办理结果为采纳或解决的有142件，占73.9%。区政协认真贯彻《中共上海市委关于进一步加强人民政协工作的实施意见》的有关精神，在年初区委办、区人大办、区政府办、区政协办主任会议上，明确全会期间提案由“四办”联合交办。区政协在十二届四次会议期间的提案中，挑选了14件紧扣发展、事关全局的重要提案，经“四办”主任会议讨论通过，连同25件各民主党派、工商联、有关人民团体提案，提交区委、区政府领导阅批。促进承办单位的办理工作。加强提案办理情况“二次反馈”工作，对“计划采纳和解决”提案，明确承办单位办结提案的时间节点；对“留作参考”的提案，为承办单位创造条件，推进提案的解决。区政协积极探索提案督办的多方参与机制。除提案人外，邀请提案委员会委员、特邀监督员、提案议题相近的委员，包括当年和历年提案的提案人，以及界别群众参与。编写《如何写好政协提案》的小册子,向委员寄送《关于提案的说明》,提高委员的参与度。

一年来,提交提案的委员从上年92人上升到2010年155人。区政协注重提案转化工作,有8件提案转化成社情民意报送市区有关方面,十二届四次会议上12篇大会发言及时转化为提案。在立案并办复提案中,经济建设和科技发展方面提案58件,占总数的30.2%;城区建设和管理方面提案61件,占总数的31.8%;教卫文体方面提案27件,占总数的14%;社区建设、社会保障和民生方面的提案46件,占总数的24%。（陶玮婷）

■ 督办《重视海外人才的培育,促进新华侨华人企业和留学归国人员发展》提案

区政协根据"进一步完善市委办公厅、市人大办公厅、市政府办公厅、市政协办公厅联合交办政协提案的会议制度,提高提案办理质量"要求,认真督办区侨联《重视海外人才的培育,促进新华侨华人企业和留学归国人员发展》提案建议,督促区人保局开展多方面调研,制定出符合区实际情况的政策规定。（陶玮婷）

■ 落实《关于落实"十一五"规划,建立长宁区妇女儿童医学保健中心的建议》提案

区政协督办区妇联《关于落实"十一五"规划,建立长宁区妇女儿童医学保健中心的建议》提案,促成区新生儿先天性疾病免费筛查以及0~6岁儿童免费体检,作为2010年区政府实事项目,在全市率先实行。（陶玮婷）

■ 报送《关于建设长宁特色养老体系的若干建议》提案

区政协认真推进农工党长宁区委《关于建设长宁特色养老体系的若干建议》提案督办,与"老年护理院需求"调查相结合,邀请街道民政干部、养老院负责人、居民代表以及近两年来议题相近的提案人参与,听取各方人士在养老事业方面建议,使提案及时转化成社情民意报送市区有关方面。（陶玮婷）

■《关于确保世博会期间餐饮安全,建立饭店行业餐具消毒规范的建议》被市政协办公厅采纳

区政协2010年第111号提案《关于确保世博会期间餐饮安全,建立饭店行业餐具消毒规范的建议》,呼吁市区食品安全主管部门尽快出台一次性消毒餐具安全卫生行业标准,供本市餐饮业在世博期间自愿采用;建议尽快明确餐饮业餐具安全卫生责任和监管部门,提高检查效率,宣传采用安全卫生标准企业,曝光不采用安全卫生标准企业,有效控制世博期间公共卫生突发事件和传染病传播。被市政协办公厅采纳。（陶玮婷）

（栏目编辑　郑兆永）

科学知识

光可产生巨大磁效应　有望开发太阳能光电池

据报道,密歇根大学研究人员发现光也能产生巨大的磁效应,有望开发出存储太阳能的"光电池",替代传统的半导体太阳能电池。该研究发表在最近出版的《应用物理学》杂志上,校方正在为该方法申请专利保护。

这种制造"光电池"的方法可能推翻物理学的百年教条。光具有电性和磁性,但一直以来,科学家认为光的磁场效应非常弱,可以被忽略。

密歇根大学电工程与计算机科学、物理与应用物理系教授斯蒂芬·兰德和同事发现,当光以适当的强度通过一种绝缘材料时,光场所产生的磁效应比以前预期的要强一亿倍,在这种情况下,磁感应强度相当于很强的电效应。该方法的原理是此前未曾研究过的"光整流",传统光整流中,光只能通过其电场效应将一些特殊的对称晶体材料中正负电荷分开形成电压,而新研究发现,在适当的条件下,光在其他材料中能通过磁场效应产生"光整流"。传统太阳能电池中,光进入材料被吸收,产生热量分离电荷。在该方法中,光不是被吸收,而是将能量存储在磁矩中,这将带来一种不需要半导体的新型太阳能电池,热负荷很低。

强光也能产生很高的磁感应强度，最终提供一种类似电容供电器的光容式电源。

新技术将使太阳能发电更廉价。目前制造太阳能电池需要大量的半导体加工工序。而此项研究只需一些镜片来集聚阳光，一些纤维如玻璃或者陶瓷来传导，不需要复杂的工序。研究人员预计，使用改良材料可使太阳能转换效率达到10%，这相当于目前商业级的太阳能电池。他们将在实验室里利用激光研究，然后拓展到太阳光。

美研制廉价高质量纳米线太阳能电池的新技术

太阳能电池有望成为人类绝对清洁且取之不尽用之不竭的能源。然而，要想做到这一点，需要满足三个条件：一是便宜的制造元件；二是廉价且能耗低的制造方法；三是高转化效率。据美国物理学家组织网近日报道，现在，美国科学家研制出了一种廉价制造高质量的纳米线太阳能电池的新技术，相关研究发表于《自然·纳米技术》杂志上。

能源部下属的劳伦斯伯克利实验室材料科学分部的杨培东（音译）领导的科研团队首次利用以溶液为基础的阳离子交换化学技术，制造出了高质量的以半导体硫化镉为核、硫化铜为壳的核/壳纳米线太阳能电池。这种廉价且易制造的电池的开路电压和填充值（这两者共同决定太阳能电池能产生的最大能量）都高于传统的平板太阳能电池，而且其能源转化效率为5.4%，可与传统太阳能电池相媲美。

一、传统太阳能电池制造太复杂

现有的太阳能电池一般由超纯净的单晶硅圆制成，同时要求这种非常昂贵的材料的厚度约为100微米，以尽可能多地吸收太阳光，这就使制造硅基平板太阳能电池变成复杂、能耗大且昂贵的过程。

因此，科学家希望使用半导体纳米线（其宽度仅为人头发丝的千分之一，但长度可延伸至毫米级）替代硅晶圆来制造太阳能电池。与传统太阳能电池相比，纳米线太阳能电池拥有几大优势：分离、聚集电荷的能力更强；其可由储量丰富的材料而非需要经过严格处理的硅制成。然而，迄今为止，纳米线太阳能电池的转化效率较低，让其优势相形见绌，限制了其发展。

所有太阳能电池的核心是两层独立的材料：有丰富电子的一层充当负极；有丰富电子空穴的一层充当正极。当它们吸收太阳中的光子后，用光子的能量来制造电子—空穴对，随后，这些电子—空穴对会在P—N结（正负极之间的接口）分开，能量作为电力被收集起来。

一年前，杨培东团队研发出了一种非常廉价的方法，使用硅，用一个球形P—N结取代了传统太阳能电池的平面P—N结。在球形P—N结内，以P型硅纳米线为核，N型硅层在其周围形成了一个外壳。这种几何形状有效地将单个纳米线变为一个光伏电池，也大幅提升了硅基光伏薄膜的捕光能力。

二、新纳米线电池价廉质高

现在，他们采用这种方法，通过以溶液为基础的阳离子交换反应（由该实验室主任保罗·阿利维撒托斯研发，主要用于制造量子点和纳米棒），利用硫化镉和硫化铜制造出了核/壳纳米线。

杨培东解释道："科学家们以前使用物理气相传输法来合成硫化镉纳米线，然而，我们这次使用的湿法化学方法能让我们获得品质更高、长度更长的纳米线，新生成的单晶硫化镉纳米线的直径介于100纳米到400纳米之间，长达50毫米。"

科学家们接着将生成的硫化镉纳米线浸入氯化铜溶液中，在50摄氏度的温度下保留5秒到10秒，随后，阳离子交换反应将最外层的硫化镉转化为一个硫化铜的外壳。

杨培东表示："以前纳米线太阳能电池的开路电压和填充值远低于平板太阳能电池，造成其性能有欠缺的原因包括，进行高温掺杂处理时P—N结的表面复合问题以及很难对P—N结的质量进行控制。新方法为我们提供了一种简单廉价制造高质量纳米材料的方法。它也规避了气相制造过程所需的高温掺杂和沉积过程，使制造成本更低且再生性更好。"

科学家们认为，他们可通过增加硫化铜外壳材料的数量来改进这种太阳能电池纳米线的能源转化效率，如果想对这项技术进行商业化生产，至少需要将转化效率提高到10%。

五、中共长宁区纪律检查委员会

ZHONG GONG CHANG NING QU JI LV JIAN CHA WEI YUAN HUI

CHANGNINGNIANJIAN

2011

（一）综述

2010年，长宁区纪委、监察局和全区纪检监察组织，认真贯彻中央纪委、市纪委和区委全会精神，积极推进“廉洁办博”工作落实，为落实“廉洁办博”提供纪律、思想、作风、安全和维稳保障。着力在强化反腐倡廉教育监督和惩治腐败、深化推进试点成果运用和制度创新、优化政风行风和作风建设机制上下功夫，协助区委抓好党风廉政建设责任制的落实，为加快推进具有长宁特点的惩治和预防腐败体系提供有力保障。

推进政府投资项目监督管理。修订完善《长宁区政府投资项目管理办法》及相配套的15个子办法。进一步完善规范区处级部门“三重一大”集体决策制度执行及上报备案工作。严格对党员领导干部监督管理，进一步完善规范礼品上交登记和管理处置办法。全区共有403人次上交各类现金、礼品、有价证券、支付凭证共计48.86万元。在完成区党政机关公务用车制度改革的基础上，积极稳妥、分步推进区属事业单位公车改革。

推进《中国共产党领导干部廉洁从政若干准则》(以下简称《廉政准则》)学习宣讲活动。全区各部门开展专题教育共92场次，参加学习人数达1.2万余人次。组织开展区机关廉政文化创意大赛，全区2136名机关干部共创作廉政作品2509件(幅)，22名局级领导干部创作廉政文化作品41件。经市、区有关领导和专家评选，34家单位获优秀组织奖，130人获最佳创意奖，300人获优秀创意奖。

坚持“惩防结合”，做好办信查案工作。年内，全区纪检监察系统共受理信访件420件，其中区纪委受理信访件236件，办结376件，办结率为89.52%。全年共初核案件13件，立案10件，处理党员和监察对象8人。

组织开展政风行风网上测评。在全区发动1500名市民和有关企业单位参与测评，组织政风行风监督员开展对76个政风行风实例调查。推进纠风工作专项治理，对21所中小学的规范教育收费情况、24家医疗机构的医药购销和医疗服务情况进行专项检查，对区属14家物业公司的物业管理状况进行专项抽查。

注重加强自身建设。坚持区纪委监察局班子成员联系基层制度，深入基层调研。注重提升纪检监察干部专业化水平，组织全区纪检监察组织负责人27人参加中纪委培训班业务培训，增强纪检监察干部的理论素养和业务能力。 （杨 洁）

（二）重要会议及重大活动

概况

年内，区纪委召开重要会议6次，举办纪检系统专题培训班1期。重要会议内容涵盖教育、制度、监督、纠风等主要方面的工作，为有序推进全年纪检监察工作的开展奠定基础。 （杨 洁）

1月25日，召开中共长宁区第八届纪律检查委员会第六次全体会议 （区纪委供稿）

召开区纪委八届六次全会

1月25日，召开区纪委八届六次全体会议。区委书记卞百平出席会议并讲话。卞百平肯定了区纪委在区党风廉政建设和反腐败工作方面所取得的成绩，要求在认真查找存在问题、深入剖析原因的基础上，进一步采取有效措施，加强全区党风廉政建设和反腐败工作，切实抓好“廉洁办博”工作，进一步加强反腐倡廉制度建设，进一步加大查信办案工作力度，严格执行党风廉政建设责任制。区委副书记、区长李耀新传达胡锦涛同志重要讲话及中纪委十七届五次全会精神、俞正声同志重要讲话及市纪委九届五次全会精神。全会由区纪委常委会主持。会议审议通过区委常委、区纪委书记沈敏代表区纪委常委会所作的题为《加快推进惩治和预防腐败体系建设，为实现“四个走在前列”目标提供坚强有力的保证》的工作报告。区纪委委员出席会议。区人大常委会主任刘雅琴、区委副书记夏永泰等区领导，区法院、检察院以及各、部、委、办、

局、街道（镇）有关负责同志列席全会。（杨　洁）

■ 召开区政风行风建设工作会议

4月13日，召开2010年区政风行风建设工作会议。区委副书记、区长李耀新出席会议并讲话，要求各部门各行业认真贯彻中央和市有关会议精神，进一步统一思想，提高认识，在肯定成绩的同时，正视不足，认真查找和对待当前政风行风中存在的问题，明确目标，落实举措，切实提高政风行风建设水平。会议由区委常委、纪委书记沈敏主持。区委常委、副区长杲云传达国务院第三次廉政工作会议、全国纠风工作会议和市纠风工作会议精神。会议还总结2009年纠风工作并部署2010年主要任务。区税务局、区教育局、区绿化和市容管理局有关领导作交流发言。会议还播放政风行风明察暗访录像片。市纠风办领导袁旭升、区人大常委会副主任鲁德喜、区政协副主席张连城等领导出席会议。区政府各部门、各街道（镇）行政主要负责人、分管领导、职能科室负责人和列入市政风行风测评的部门党委（党组）主要领导、区政风行风监督员、部分特邀监督员代表、市民代表和企业代表参加了会议。（杨　洁）

■ 召开"三重一大"集体决策制度推进会

7月1日，召开长宁区落实"三重一大"集体决策制度推进会。区委书记卞百平出席并在会上肯定全区各级党政班子在落实"三重一大"集体决策制度的实践中所取得的成效，要求进一步明确落实"三重一大"的现实意义，切实做到敢于负责、敢于担当，科学地执行好"三重一大"集体决策制度；要进一步增强领导干部的责任意识，坚持创造性地执行制度，在进一步加大责任追究的同时，切实保护好干部做事的积极性，切实有效地落实"三重一大"集体决策制度，努力为长宁经济社会做出新成绩。会议由区委副书记、区长李耀新主持。区委常委、纪委书记沈敏对全区落实"三重一大"集体决策制度的工作推进情况作总结讲话。市纪委常委李红出席会议并讲话。区教育局党工委、卫生局党工委、新华路街道党工委、新泾镇党委在会上作交流发言。各部、委、办、局，街道（镇）和区属集团公司的党政主要负责人及"三重一大"集体决策事项备案制试点单位的纪委书记（纪检组长）参加会议。（杨　洁）

■ 召开区纪检监察工作推进会

7月21日，召开2010年区纪检监察系统工作推进会，区委常委、区纪委书记沈敏出席会议并讲话。她总结上半年区纪委机关和区纪检监察组织在推动工作落实中的有效做法，并对下半年工作任务作部署。她要求把握重点抓关键，坚持一手抓廉洁办博，一手抓重点工作推进，从廉洁办博、"制度加科技"、办信查案、专项治理监督检查、廉政教育等五方面入手，采取有力举措推动全年反腐倡廉目标任务落实。会议还传达了区委八届十四次全会和全市反腐倡廉创新工作推进会精神。（杨　洁）

■ 召开区政风行风建设情况通报会

7月21日，召开全区政风行风建设情况通报会，区委常委、纪委书记沈敏出席会议并讲话。她对上半年各部门围绕世博会推进政风行风工作所取得的成效给予肯定，强调要针对存在问题加强整改，切实加强组织领导，强化措施，落实责任，大力提升干部队伍的执行力、协调力、创新力和服务力，不断提高政风行风建设水平。会议通报了中介机构对各部门、街道（镇）窗口第一轮明察暗访情况和机关作风投诉中心上半年受理情况，并对政风行风网上测评工作进行布置。23个纳入市政风行风测评的政府部门和10个街道（镇）政风行风分管领导、联络员参加会议。（杨　洁）

■ 召开区机关廉政文化创意大赛总结颁奖会

10月20日，召开区"弘扬新风正气·共襄世博盛举"机关廉政文化创意大赛总结颁奖会。市纪委副书记唐周绍、区委书记卞百平出席会议并讲话。唐周绍肯定长宁区举办廉政文化创意大赛取得的成绩，指出长宁区工作有规模、有新意、有特色，形成具有长宁特点的推进廉政文化建设的模式，要求进一步提高认识，突出重点，改革创新，不断提升廉政文化建设水平。卞百平指出，廉政文化创意大赛参与面广，质量较高，组织严密，值得肯定，强调要围绕核心价值体系开展廉政文化建设，创新廉政制度机制，巩固廉政文化成果。要突出教育的基础作用，入耳入脑；要突出制度的保障作用，创新完善；要突出监督的关键作用，深化拓展。希望领导干部带头示范，营造廉政文化氛围。会议由区委副书记夏永泰主持，区委常委、纪委书记沈敏作总结讲话。市纪委常委黄建平、胡敏等领导出席。市纪委和市级机关《机关动态》杂志有关领导，区各部门、街道（镇）党组织、纪检监察组织、机关支部负责人以及创意大赛获奖作品作者代表参加会议。（杨　洁）

■ 举办区纪检系统专题培训班

年内，区纪委委托中央纪委杭州培训中心对长宁区基层纪检监察系统负责人进行集中脱产培训。区机关各部门、街道（镇）纪委（纪工委、纪检组）书记（组长），区纪委机关部分领导班子成员共27人参加培训。开设的主要业务课程有：当前反腐倡廉形势调研分析、领导干部的素质能力规范和心态、党风纠风工作、信访案件的办理和管理、查办案件工作、党纪政纪案件审理、权力监督制约研究和组织现场模拟教学等。通过系统的培训，帮助基层纪检监察干部开阔思路，拓展视野，全面提升业务能力和综合水平。（杨　洁）

（三）宣传教育及干部自律

■ 概况

年内，以贯彻落实《廉政准则》为抓手，组织开展学习宣讲活动，同时，不断健全完善“三重一大”集体决策制度，加强对党员领导干部的监督管理，切实督促党员领导干部严格自律、廉洁从政。（杨　洁）

■ 组织《廉政准则》学习宣讲活动

年内，区纪委会同区委宣传部组织局处两级中心组学习会，邀请市纪委领导为区领导及处级中心组联组成员作《廉政准则》辅导报告。区纪委领导深入区机关有关部门和基层宣讲《廉政准则》10场次；邀请市纪委宣讲团作辅导报告8场次。向全区处级干部赠送《廉政准则》单行本和图文手册。通过学习宣讲，党员领导干部的廉政意识和法纪观念不断得到增强。（杨　洁）

■ 深入开展告知性警示教育

年内，区纪委运用《贪欲之害》专题片、组织庭审观摩等形式，在党员领导干部中开展警示教育。利用节假日，向全区处级以上干部发送廉政短信1200余人次。注重教育的针对性和有效性，运用身边事教育身边人，针对查处的典型案例，在全区进行通报教育。会同区委组织部、区委党校开展对新任处级干部和军转干部进行专题辅导，开展廉政集体谈心教育，增强新任职处级干部的使命感和工作责任感。（杨　洁）

■ 健全完善“三重一大”集体决策制度

年内，区纪委指导全区28个试点处级部门有效落实“三重一大”集体事项上报备案工作，强化对领导班子的监督制约。深入8个试点部门开展制度执行情况专项调研，总结推广试点工作创新经验，修订完善进一步规范区处级部门“三重一大”集体决策制度执行及上报备案工作的意见。督促各部门严格落实规范的决策流程、执行方式、监督手段和考核评估机制，推进“三重一大”制度网上备案工作。（杨　洁）

■ 严格对党员领导干部监督管理

年内，区纪委会同区委组织部继续对本区处级部门领导干部个人有关事项报告情况进行抽查。修订完善长宁区礼品上交登记和管理处置办法，进一步规范公务员离职后有关从业行为，对落实厉行节约的有关规定和执行相关经费节俭工作开展监督检查。开展“小金库”专项治理，在3个部门开展“回头看”工作，建立完善防治“小金库”问题的长效机制。做好区党政机关公务用车制度改革的后续工作，督促各部门严格执行有关纪律和制度，开展车改效果评估，并稳妥、分步推进区属事业单位公车改革。（杨　洁）

（四）监督检查及查处工作

■ 概况

年内，区纪委积极推进政府投资项目监督管理，加强对世博有关工作的监督检查，坚持抓好预警和预防工作；认真开展办信查案，严肃查处违法违纪案件。（杨　洁）

■ 推进政府投资项目监督管理

年内，区纪委修订完善《长宁区政府投资项目管理办法》及相配套的15个子办法。按照“制度加科技”的要求，对政府投资项目监管系统进行二期升级，与区发改委、区财政局的业务系统进行软件对接，明确技术标准，实现数据自动采集，同时对监管系统中的流程和异常信息进行调整完善。对区近年来立项的50万元以上的19个固定资产投资项目进行集中检查，发现在建设程序、合同管理、财务管理方面还存在一些问题，及时对问题进行通报，要求项目单位认真整改，加强项目管理。加强对工程建设领域突出问题专项治理，对规模以上政府投资项目和使用国有资金项目进行全面排查，对长宁区104个工程项目进行全过程检查，针对存在问题，及时督促项目单位认真落实整改。

（杨　洁）

■ 加强对世博维稳情况的监督检查

年内，区纪委协同区信访办等5个部门组成世博期间信访稳定工作联合督查小组，先后2次对10个街道（镇）世博期间信访维稳工作进行专项督察。组织政风行风监督员对机关24个信访部门、18个地铁口世博安保值班情况进行2轮暗访督查，及时纠正存在的问题。加大对世博会赠票赠卡工作的监管力度，认真受理本区51起有关世博“大礼包”的政策咨询和投诉，办结市纠风办转办的相关投诉件9件，督促各部门公开透明做好审核发放工作。（杨　洁）

■ 做好办信查案工作

年内，区纪委认真做好信访举报查办工作，以维稳为重点，加大对市、区领导批示件的办理力度。积极参与突出信访矛盾的调查和处理工作，有效化解信访矛盾。严肃查办违纪违法案件，建立完善党员干部违纪违法和职务犯罪的预警预测机制，注重发挥区反腐败协调小组作用，加大案件预防工作力度。发挥信访谈话的监督作用，区纪委领导与被举报的领导干部开展信访谈话27人次，其中处级干部21人次。（杨　洁）

（五）行政监察及政风行风测评

■ 概况

年内，区纪委运用与基层组织联合立项的方式开展行政效能监察，通过在专项治理、政风行风建设、机关作风满意度测评等方面不断加大力度，创新举措，提升全区政风行风工作水平，提高群众对政风行风建设的认可度和满意度。（杨　洁）

■ 运用联合立项方式加强行政效能监察

年内，区纪委开展行政效能（执法）监察，采取与基层纪检监察组织联合立项的方式，加强对“廉洁办博”项目、政府投资建设项目、民生保障项目、企业设立并联审批试点等22个项目的落实推进情况进行监督检查，加强与基层纪检监察组织的沟通联系，协调解决问题，总结推广好的经验，推动各单位和部门进一步转变工作作风，提高工作效率，提升依法行政的能力和水平。（杨　洁）

■ 加大专项治理工作力度

年内，区纪委联合区食药监分局等4个部门，对长宁区11个涉及世博会签约的接待酒店、餐饮中心、药品企业等场所开展安全专项检查，督促涉博企业和单位健全监管机制，加强长效管理，确保食品药品安全。先后对21所中小学的规范教育收费情况进行专项检查，针对发现的问题，要求各学校及时整改。通过整改，这些学校在校务公开、师德师风建设、学校管理等方面得到学生和家长的普遍认可。对24家医疗机构的医药购销和医疗服务情况进行专项检查，针对发现的问题，要求被检查医院落实整改，认真加以解决。通过整改，被检查医院在医德医风、院务公开、服务管理等方面不断完善机制，取得较好的效果。对区属14家物业公司的物业管理状况进行专项抽查，针对发现的问题，要求各物业公司制定整改措施。通过整改，各物业公司在政务公开、清正廉洁、服务态度、服务质量、办事效率和便民利民为民等方面健全制度，整体服务水平有新的提升，解决了物业管理中“服务不到位、维修不及时、收费不规范”三大顽症。还对报考体育、艺术类特长生招考工作及初中生电脑派位工作进行现场督察，对相关庆典、表彰等活动进行规范摸底和清理。（杨　洁）

■ 深化政风行风建设

年内，区纪委对全区23个政府部门和12个行业开展网上测评，在全区发动1500名市民和有关企业单位参与测评，全区测评分为85.79，比全市平均分高1.59。及时做好市“纠风在线”诉求办理，受理办结投诉件7件，促进部门和行业转变作风，不断提升效能。落实区政府关于行政审批效率最高，经济领域诚信度最高，行政审批公开透明度最高和行政审批项目最少，行政收费最少的“三高两少”目标要求，统筹推进各部门和行业落实工作举措。对区民防办等5个纳入年度“重点评”的部门和行业开展“回头看”活动，及时开展通报讲评。对10个社区卫生服务中心和6个工商所开展民主评议活动，督促落实整改，提升服务质量和水平。

（杨 洁）

■ **推进机关作风满意度测评工作**

年内，推进机关干部作风建设满意度测评，拓展测评范围，基本实现部门的全覆盖。突出测评重点，围绕确保世博会成功举办这一中心任务，针对依法行政、服务态度、清正廉洁等内容开展测评。加大明察暗访力度，进一步健全例会、定期通报等制度，认真解决群众反映的突出问题，着力提高社区群众对机关干部工作的满意度。委托中介机构对21个部门和10个街镇服务窗口开展3轮明察暗访，窗口暗访调查结果显示，区级部门的暗访总体得分为92.38。对暗访中发现的主要问题如服务无三声、柜台无人无暂停牌等作了通报，督促有关部门规范行政，改进作风，提高效率。（杨 洁）

（栏目编辑 徐德生）

司法解读

《中华人民共和国国家赔偿法》解读

1994年5月12日第八届全国人民代表大会常务委员会第七次会议通过，2010年4月29日第十一届全国人民代表大会常务委员会第十四次会议通过《关于修改〈中华人民共和国国家赔偿法〉的决定》修正，自2010年12月1日起施行。

2010年4月29日，十一届全国人大常委会第十四次会议通过了共27条的关于修改国家赔偿法的决定。修改工作历时5年、经过4次审议。国家赔偿法的修改有以下几个主要方面。

一、赔偿程序更顺畅

修改后的国家赔偿法取消了刑事赔偿中的确认程序，规定赔偿请求人向赔偿义务机关提出赔偿请求，赔偿义务机关应当在两个月内作出赔偿决定。如果没有按照法定期限作出赔偿决定或者当事人对赔偿决定有异议，可以向上一级国家机关提出复议。如果对复议结果不服，还可以向人民法院的赔偿委员会提出赔偿请求，这样从程序上保障了赔偿请求人的救济权利。

二、赔偿范围更完善

修改后的国家赔偿法完善了国家赔偿的范围，主要有两个方面：一是完善了国家机关及其工作人员行使职权造成公民身体伤害或者死亡的国家赔偿；二是完善了采取刑事拘留、逮捕措施侵犯人身权的国家赔偿。

三、精神损害赔偿被明确

修改后的国家赔偿法规定，致人精神损害的，赔偿义务机关应当消除影响、恢复名誉、赔礼道歉；对造成严重后果的，应当支付相应的精神损害抚慰金。

精神损害的赔偿标准由最高人民法院根据审判实践中出现的具体问题，作出具体应用的解释。

四、赔偿费用支付有保障

修改后的国家赔偿法规定，国家赔偿的费用要列入各级财政预算，且明确规定了支付的环节。赔偿请求人可以拿着相应的法律文书，如赔偿决定书、调解书直接向赔偿义务机关申请支付赔偿金，赔偿义务机关一定要在七日内向财政部门提出支付的申请，财政部门要在十五日内支付赔偿金。

司法解读

《中华人民共和国审计法实施条例》解读

2010年2月2日经国务院第100次常务会议修订通过，温家宝总理签署第571号国务院令予以公布，自2010年5月1日起施行。

一、修订的必要性

修订审计法实施条例是正确贯彻实施修订后的审计法的需要，是适应财政管理体制改革的需要，是适应审计工作发展的需要。

二、修订遵循的原则

依据修订后的审计法的有关规定；体现推进依法行政要求；既坚持与时俱进又保持相对稳定。

三、修订的主要内容

修订后的审计法实施条例，在保持原审计法实施条例框架结构和基本内容不变的基础上，主要在健全审计监督机制、明确审计监督职责、规范审计职权行使、完善审计程序等四个方面进行了修订。

（一）健全审计监督机制、加强审计监督手段。

1、规定群众有权向审计机关举报。

2、赋予审计机关对违反审计法或者违反国家有关财务收支规定的被审计单位有关责任人员的处罚权。

3、赋予审计机关对逾期仍不执行审计决定的有关责任人员的处分建议权。实施条例第五十四条规定，"被审计单位被责令限期执行但逾期仍不执行审计决定的，审计机关可以建议有关主管机关、单位对直接负责的主管人员和其他直接责任人员给予处分。"

（二）明确审计监督职责、充分发挥审计监督作用。

1、明确对国有资本占控股地位或主导地位的企业、金融机构的审计监督职责。

2、明确内部审计自律组织的法律地位和审计机关指导监督内部审计工作的具体方式。实施条例第二十六条第二款规定"依法属于审计机关审计监督对象的单位，可以根据内部审计工作的需要，参加依法成立的内部审计自律组织。审计机关可以通过内部审计自律组织，加强对内部审计工作的业务指导和监督。"

（三）规范审计职权行使、维护被审计单位合法权益。

1、明确审计机关对被审计单位在金融机构的账户和私存的公款的查询程序和保密义务。

2、明确审计封存被审计单位资料、资产的程序和被审计单位的保管义务。实施条例第三十二条细化了审计封存的程序，规定了被审计单位的保管义务。

（四）完善审计程序、确保审计质量。

1、明确审计机关可以直接持审计通知书实施审计的特殊情况。

2、明确审计取证、审计记录等现场审计工作要求。

3、明确了专项审计调查中发现违法违规行为的处理程序。

六、民主党派　工商联

MIN ZHU DANG PAI GONG SHANG LIAN

CHANGNINGNIANJIAN

2011

（一）综述

2010年，区各民主党派、工商联以服务社会、奉献世博为契机，以树立和践行社会主义核心价值体系活动为载体，开展形式多样的"学践活动"，加强自身建设，积极参政议政，建言献策。民革长宁区委发动党员融入世博大局，服务社会，把"学践活动"贯穿全年工作；加大自身建设力度，提高整体履职能力和水平；年内，举办重大活动30个，参加党员上千人次。民盟长宁区委立足党派实际，推进树立和践行社会主义核心价值体系活动，参与贵州毕节"同心工程"建设并捐款；各支部开展多种形式的世博志愿者活动，为服务世博尽心出力，3人被评为区世博工作先进个人；履行参政议政职责，提交3篇组织提案。民建长宁区委召开4次区委全会和4次中心组学习会，举办区委和支部二个层面的学习交流和系列纪念活动；完成支部换届选举；年内，提交党派议案8件，占区民主党派议案总数23%；1人被评为民建中央全国优秀会员，3人被评为民建市委优秀会员。民进长宁区委以服务世博为契机，推进"学践活动"；建立社情民意采集点，提高会员社会服务能力和水平；年内，编发《民进长宁简报》25期；组织"我看世博"征文摄影活动，民进长宁区委获优秀组织奖。农工党长宁区委有序推进、顺利完成支部换届工作，策划组织纪念建党80周年系列活动；发动农工党员参与迎世博和办好世博会各项社会服务；以多种形式履行参政议政职责，提供咨询服务，完成2010年工作目标。致公党长宁区委开展"致力为世博"主题活动和上海致公爱心服务日活动；20名党员参加虹桥机场楼前道路排堵保畅社会服务；推进世博信息和社情民意建言献策；参与青海玉树抗震救灾募捐献爱心；推进基层组织建设，创新党内活动形式，受到致公党中央领导肯定。九三学社长宁区委年内召开3次主委会、6次区委扩大会、8次全体社员组织生活和专委会活动、15次支社组织生活，完成支社换届选举；以迎世博为抓手，深化与社区街道共建和帮困工作，专委会开展科普特色服务；年内，提交参政议案19篇、出版社讯6期、工作动态13期。区工商联在区民营企业中开展"参与世博、服务世博、奉献世博、展示民营企业家风采"系列活动，结合经济形势变化和民营企业的需求，推出"政策信息、融资贷款、商务合作、法律知识"行业特色服务，举办光彩事业和优秀基层商会和商会干部评优等。年内，区各民主党派、工商联围绕"奉献世博"和"学践活动"，开展各项社会服务，有序推进自身组织建设和思想建设。截止到年底，区各民主党派共发展新成员53人，转入19人，去世1人；区工商联发展新会员单位85家。（常　念）

（二）中国国民党革命委员会长宁区委员会

概况

2010年，中国国民党革命委员会上海市长宁区委员会（简称民革区委）下设9个工作委员会，2个工作小组，8个基层支部，有党员230人，其中在职党员114人。民革市委委员2人，区人大代表3人，其中区人大副主任1人。全国政协委员1人，区政协委员7人，其中区政协常委2人，另有卢湾区政协委员1人。现有区委委员11人，正副主委4人。全年发展新党员7人，平均年龄38.42岁，转入党员3人。民革区委坚持学习贯彻科学发展观，按照"把握一条主线（开展学习和践行社会主义核心价值体系学习教育活动）、依托二大载体（2010年上海世博会的召开、结合2010年支部换届）、围绕三个重点（围绕中共长宁区委的中心工作、围绕党派组织的履职尽责、围绕民革区委的自身建设）、做到四个结合（将学习马克思主义指导思想、树立中国特色社会主义共同理想与探索思想政治教育新途径相结合，将弘扬以爱国主义为核心的民族精神与学习民革党史、继承民革优良传统相结合，将践行以改革创新为核心的时代精神与民革区委的重点工作和主要任务相结合，将树立社会主义荣辱观与弘扬民革党员的先进思想和先进人物相结合）"的工作基调，进一步加大自身建设力度，不断提高整体履职的能力和水平。全年举行重大活动30个，参加党员上千人次。春节、高温走访慰问80岁以上老党员71人次。全年出版《长宁民革动态》12期。1人获民革全国优秀女党员称号。（陈玉屏）

学习践行社会主义核心价值体系

民革区委以学习践行社会主义核心价值体系活动（简称学践活动）为契机，把开展"学践活动"贯穿于全年工作，组织发动支部、专委会等各个层面，以多种形式开展工作。结合上海世博会，开展"我为世博助一臂"主题活动。结合"十二五"规划大讨论，策划启动“看世博、想长宁”专题活动，多次组织“参政议政大家谈”。与民革徐汇区委共同举办践行社会主义核心价值体系学习交流会暨结对共建签约会、学践交流之参政议政专题会议。围绕“学践活动”，《长宁民革动态》开设《学习践行、关注世博》栏目，开展专题征文。组织观看《民主之澜》、《黄炎培》，撰写观后感征文。“口述历史”工作取得阶段性成果，按期完成第二篇《历史的踪迹——杜重石忆述》，并举行首映式。（陈玉屏）

民革长宁、徐汇区委举办“践行社会主义核心价值体系学习交流暨结对共建签约”

（民革长宁区委供稿）

■ 汇集民智建言献策

在年初区两会上，民革区委共提交提案19件，其中组织提案4件。11人次委员发言被会议简报摘录。副主委傅海萍接受长宁有线台专访，建言“东虹桥”建设。组织提案《关于建立长宁区产业引导投资基金，促进长宁中小企业发展的建议》、委员个人提案《关于改善我区卫生系统‘数字长宁’应用的建议》获2009年度区政协优秀提案，2人被评为2009年度区政协活动积极分子。《关于在2009年旧区综合改造中将新华路393弄2—8号纳入‘一平方’计划统筹考虑的书面意见》被区人大常委会评为优秀代表书面意见。全年共收到61名党员撰写的187件社情民意，区政协采用73件，民革上海市委采用50件，民革中央、市政协及市委统战部采用23件，3件得到市委领导批示。民革区委获2009年度民革上海市委反映社情民意信息工作先进组织优秀奖，1人获反映社情民意信息工作优秀联络员及积极分子称号，2件信息被评为优秀信息、7件信息获表扬。向民革上海市委申报的《政府公共财政预算监督的现状及对策研究》课题中标，5月开题，10月结题，按计划完成该课题所有工作任务，按期上报民革上海市委。（陈玉屏）

■ 加强自身建设推进党内民主

4月，民革区委重组第七支部，并于上半年顺利完成下属8个支部换届选举工作。5月，启动民革区委委员述职测评工作。成立领导小组，先后召开3次会议，出台《关于推行“述职制度”的暂行意见》，通过“全覆盖、背靠背、面对面”环节层层递进，历时半年完成区委委员述职测评。7月，与区社会主义学院联合举办民革长宁区委2010年支部建设培训班，并开展特色支部创建活动。民革中央《团结》杂志以刊首语《党内民主从何入手》推介了《民主党派党内民主的有益尝试——上海市长宁区委会推行的述职制度》。编制完成《本届区委工作大事记》、《年度区委工作制度汇编》及《2010年媒体宣传报导剪贴汇编》。五支部被评为民革全国基层工作先进支部、民革上海市委2007—2009年度基层工作先进集体。六支部被评为民革上海市委2007-2009年度基层工作特色支部。（陈玉屏）

■ 服务社会、奉献世博

民革区委发动党员融入世博大局、服务社会。积极鼓励、支持党员参观世博会，向部分老同志赠送世博门票；参与全国少年儿童“践行世博精神，争当四好少年”世博知识大赛、“‘菲’一般的世博情”灾区儿童游世博等活动的组织工作；青工委、妇委会联合举办“亲子游世博”活动。年内1人获长宁区“世博贡献奖”先进个人（中期），2人获“长宁区世博工作先进个人”，1人获区委组织部“服务世博奉献世博”嘉奖，1人被评为市绿化市容系统迎世博2009年度先进个人，1人获市公务员世博先进个人嘉奖。在中共长宁区委统战部、区政协及区社会主义学院共同举办的“我看世博”征文、摄影活动中，民革区委共选送征文19篇，照片近500张。1人获征文二等奖，3人获三等奖，15人获征文参与奖；一人获摄影二等奖，2人获摄影三等奖，2人获摄影参与奖。在中共长宁区委统战部举办的“社区统战服务世博”案例征集活动中，民革区委获优秀组织奖，3人获案例三等奖。经济工作委组织50名民工子弟学生参加“动物园爱心日”；玉树地震后，号召党员捐款捐物，截至5月20日，民革区委党员108人次通过各种渠道捐款13.30万元；三支部组织为灾区儿童捐书等系列爱心活动。（陈玉屏）

（三）中国民主同盟长宁区委员会

概况

2010年，中国民主同盟上海市长宁区委员会（简称民盟区委）下设14个基层支部，8个工作委员会，全年共发展新盟员12人，年底，共有盟员374人。民盟市委委员1人，市人大代表1人，区人大代表3人，其中常委1人，区政协委员12人，其中常委4人。民盟区委向各基层支部颁发《关于开展树立和践行社会主义核心价值体系活动的通知》以及开展活动的实施方案，创新活动内容，把开展树立和践行社会主义核心价值体系活动与弘扬民盟优良传统结合起来，组织盟员学习盟史，观看电视剧《民主之澜》，邀请历任区委委员和现任区委委员一起召开区委扩大会议，就开展树立和践行社会主义核心价值体系活动，听取老领导意见和建议、交流学习体会，使盟员坚定理想信念，增强政治敏锐性和政治鉴别力，进一步巩固同中国共产党团结合作的思想政治基础。暑假期间，民盟区委联合民进区委与区社会主义学院一起联合举办骨干成员学习班。以骨干盟员先学先行，带动和激励广大盟员开展学习和践行社会主义核心价值体系活动。（倪　俊）

参政议政

2010年，在区政协十二届四次会议期间，民盟区委紧密围绕区的中心工作，召开座谈会，听取“两会”提案和书面意见准备情况，通过深入广泛的调研，共提交3篇组织提案。刘习赟委员代表盟区委作题为《关于完善和创新信访矛盾化解机制的建议》的大会发言，该提案被列为区政协专委会督办提案。《关于适应长宁国际城区定位，拓展长宁国际教育的几点思考和建议》被列为重点提案，由区政协主席陈建兴督办；《关于建立完善我区劳动争议基层调解组织的建议》被列为大会书面发言。（倪　俊）

服务社会

为响应中央统战部向全国各民主党派和工商联发起的参与贵州毕节试验区建设的“同心工程”的号召，12月，中共长宁区委统战部、民盟区委班子和教育工作委员会全体成员赴贵州毕节开展帮扶考察活动。在毕节六中，考察组代表全体长宁盟员，向由学校推荐的10名品学兼优但家境贫寒的高二年级学生捐赠了1万元助学款。同时，连续第五年在全体在职盟员中募集帮困款共计2000元，注入江苏路街道安置帮教帮困基金。（倪　俊）

区民盟参与民盟中央扶贫共建试点贵州上小河村项目（民盟长宁区委供稿）

奉献世博

为举办成功、精彩、难忘的上海世博会，民盟区委鼓励全体盟员积极投身到为世博服务的各项工作中去，当好东道主，展现上海盟员的精神风貌。4月底，在世博会试运行阶段，民盟区委组织部分盟员参观世博会，为正式开幕找问题、提建议。5月，由长宁民盟主办，在长宁区文化艺术中心举办民盟黄浦、浦东、长宁三区青委会联谊活动。5月~10月，

民盟长宁、黄浦、浦东新区青委会研讨活动（民盟长宁区委供稿）

盟区委结合区政协和区委统战部的要求，开展“我看世博”的征文、摄影活动，共收到征文10篇，摄影作品千余张。经区政协和统战部的评选，有5篇征文和两件摄影作品分别获得二、三等奖。各盟支部也结合工作实际，通过参加社区志愿服务队、发放文明观博读本、积极参加世博志愿者等各种形式多样的活动为世博服务尽心出力。有3位盟员被评为长宁区世博工作先进个人。（倪　俊）

（四）中国民主建国会长宁区委员会

概况

2010年，民建长宁区委开展树立和践行社会主义核心价值体系活动，召开四次区委全会和四次中心组学习会，举办区委和支部二个层面的学习交流和系列纪念活动。全年共发展新会员11人，转入会员12人，到年底会员人数为440人。年内，在中国民主建国会成立65周年之际，民建长宁区委有三位会员被民建中央评为全国优秀会员，三位会员被民建市委评为上海市优秀会员。（夏蓉慧）

民建长宁区委开展“树立和践行社会主义核心价值体系”活动，图为敬老节慰问老人（民建长宁区委供稿）

支部换届

年内，民建长宁区委完成在职支部改选工作。一季度对部分支部委员会进行届中调整，同时增补年富力强的优秀会员充实到支部委员会中，通过理顺干部结构，加强后备干部建设，着力于增强班子凝聚力和战斗力，提高班子成员的政治把握能力、参政议政能力、组织领导能力和合作共事的能力。通过在职支部的选举，调整充实一批中青年会员到支部委员和支部副主任的岗位上，使支部班子的平均年龄下降到45岁。（夏蓉慧）

履行参政议政职能

2010年，民建长宁区委在政协全会上共提交组织提案8件，提案数占区民主党派团体提案总数的22.86%；个人提案11件，提案数占区政协委员提案总数的7.75%。会员中的人大代表提交人大代表意见2件。人大代表意见和政协提案的内容涉及区经济、科技、城区建设和管理、文化等各方面。其中，《以世博为契机，推动长宁低碳战略的实施与建设的建议》的提案被区政协列为重点提案，该提案和《关于长宁融入大虹桥建设的若干建议》的提案被区政协评为优秀提案，两件提案的部分内容被写入区政府规划部门的“十二五”规划中。（夏蓉慧）

（五）中国民主促进会长宁区委员会

概况

2010年，民进长宁区委深入贯彻落实科学发展观，认真学习中共十七届五中全会精神，树立和践行社会主义核心价值体系，努力加强自身建设，认真履行参政议政职能。在区政协十二届四次全会上，提交组织提案3件。会员中的区人大代表、政协委员提交人大议案、政协提案、书面意见共15件。组织提案《整合区域教育服务业资源，提升现代服务业能级》、《利用“边角余地”和现有“绿地”建设公共体育设施》获区政协2010年度优秀提案奖。其中《整合区域教育服务业资源，提升现代服务业能级》提案，得到了区政府领导的高度重视，区政府分管领导积极组织相关部门和单位开展教育服务业研究，充分吸纳提案所提建议，初步形成研究报告。根据《利用“边角余地”和现有“绿地”，建设公共体育设施》的提案，区长李耀新指出体育设施要结合“十二五”规划，用好“边角料”，不遗余力地增加体育设施；区规划局也会同相关部门积极研究，对提案所提建议予以采纳并加以落实。2010年，民进长宁区委多次召开主委办公会议，专题研究参政议政、建言献策议题，正、副主委定期参加中共长宁区委召开的双月座谈会，列席区政府工作会议，为长宁区的规划和发展积极建言献策；和民盟长宁区委一起与中共长宁区教育局党工委就有关事项进行对口协商。2010年，民进长宁区委以服务世博为契机，推进树立和践行社会主义核心价值体系教育活动，提高会员服务社会的能力和水平。不少民进会员积极参与所居住地区或工作地区的平安志愿者活动，巡视在街头里弄、驻守在公交和轨交站点，为世博会的成功举办作出贡献。在中共长宁区委统战部、区政协和区社会主义学院联合举办的“我看世博”征文、摄影活动中，2名会员的征文获一等奖，1名会员的征文获二等奖，2名会员的征文获三等奖，民进长宁区委获优秀组织奖。年内编发《民进长宁简报》5期。年内，民进长宁区委共有基层支部17个；会员398人，其中新发展会员12人，外省市转入会员1人。（张　莉）

民进长宁区委贯彻科学发展观，履行参政议政职能，图为2010年度总结表彰大会

（民进长宁区委供稿）

■ 开展树立和践行社会主义核心价值体系教育活动

2010年，民进长宁区委按照民进中央和民进市委关于树立和践行社会主义核心价值体系、推进学习型参政党建设的意见要求，制定活动方案，广泛发动各基层组织和广大会员，紧紧围绕中共长宁区委、区政府的中心工作，开展系列活动。组织班子成员集体学习社会主义核心价值体系理论，认真研读《社会主义核心价值体系学习读本》、《六个“为什么”》等书目。7月，民进长宁区委以树立和践行社会主义核心价值体系为主题，与民盟长宁区委一起会同区社会主义学院举办2010年暑期骨干学习班。10月，与民建长宁区委、九三学社长宁区委、区社会主义学院联合举办《树立和践行社会主义核心价值体系》专题报告会；民进长宁区委各级班子成员及骨干会员积极参加民进市委和区社会主义学院举办的关于“树立和践行社会主义核心价值体系”辅导报告；民进长宁区委还积极组织会员参加民进中央开展的学习“六个‘为什么’”有奖知识竞答活动；发动会员观看《民主之澜》和《黄炎培》等，学习活动朝着形式多样化、生动活泼的方向展开。（张　莉）

■ 完成基层支部换届改选工作

按照民进会章规定，2010年基层支部换届改选。民进长宁区委按照民进市委通知要求，并结合树立和践行社会主义核心价值体系教育活动，制定了支部改选工作实施方案和计划，专门召开区委会和支部主委会议对支部改选工作进行动员和部署，明确换届工作的指导思想及方针，并将支部改选计划通报民进市委和中共长宁区委统战部及相关大口党委。在支部支委候选人民主推荐过程中，民进长宁区委与支部所在单位党组织及时沟通，征求意见，主动争取各方面的支持。民进长宁区委基层支部改选工作于8月份顺利圆满完成。基层支部由原来的18个整合、调整为17个，支部委员中新当选的中青年骨干占43%，继续当选的占57%，体现了以老带新、承上启下的比较合理的支部领导班子结构，为进一步加强基层支部组织建设和思想建设打好基础。（张　莉）

■ 建立社情民意采集点

2010年，分管副主委走访各街道（镇），就民进长宁区委各基层支部与所在社区居民点建立社情民意采集点工作与各街道（镇）进行协商与沟通，得到各街道社区的支持。民进长宁区委专门召开支部主委培训会议，对各支部与所在社区居民区筹建社情民意采集点工作进行专门培训。各支部主委还在分管副主委和秘书长的带领下分别走访了12个社区居委会，充分协商建立社情民意采集点的有关内容。12月，民进长宁区委举行建立社情民意采集点签约仪式。民进市三女中等12个基层支部主委分别与江苏街道等9个街道（镇）的12个居委会书记签订《关于在社区居委会建立社情民意采集点的协议书》。根据协议，双方共同组织不定期的社区座谈会，收集社区群众的社情民意，并通过相关渠道将群众最关心、最直接、最现实的问题报送有关部门。社情民意采集点的全覆盖为民进区委的社情民意采集工作步入新阶段拉开了序幕。（张　莉）

（六）中国农工民主党长宁区委员会

■ 概况

2010年，农工党长宁区委紧紧围绕中共长宁区委和区政府的工作目标要求，结合纪念农工党建党80周年和基层支部换届选举，认真履行参政党职能，积极参与迎世博和办好世博会的各项工作和活动，圆满完成了2010年的任务。年内，农工党长宁区委共有基层支部10个，党员276人，发展新党员3人，外省市转入党员3人。区政协十二届四次会议期间，农工党长宁区委提交题为《关于建设具有长宁特色的养老体系的若干建议》、《关于在我区中、小学课程教学中大力引进环保教育的建议》和《关于在旧区改造中规划建造社会公共停车场缓解停车难问题的建议》3件组织提案；提交《深化居家养老工作，加大幸福养老步伐》的大会书面发言；政协委员提交个人提案9件。农工党长宁区委《关于积极创建健康城区，着力提升城区品质、居民健康素质的建议》的提案被评为2009年度优秀提案，1人被评为2009年度区政协活动积极分子。区人大十四届七次会议期间，人大代表提交书面意见3件。（*顾珺珺*）

■ 完成支部换届选举工作

根据《中国农工民主党章程》和《农工党上海市委关于2010年市属支部委员会换届工作的意见》文件精神，2010年完成农工党长宁区委所属支部换届工作。各支部采用无记名投票、等额选举的办法选举出新的支部委员，上报区委。新一届支部委员名单经区委十一届29次会议审议通过。换届后的32名支部委员中，新任支部委员的有11人，占34.4%；在单位或部门担任责任人的有20人，占62.5%；具有高级职称的有16人，占50%。换届后区委即对新一届支部委员进行培训。11月，各支部主任还参加了由区委统战部、区社会主义学院共同举办的支部主任培训班。（*顾珺珺*）

农工党长宁区委所属支部完成换届工作，图为联合支部过组织生活（农工党长宁区委供稿）

■ 开展树立和践行社会主义核心价值体系教育活动

根据农工党中央下发的《树立和践行社会主义核心价值体系三年工作规划》以及农工党市委《关于开展树立和践行社会主义核心价值体系教育活动的意见》文件精神，农工党长宁区委制定了《开展“树立和践行社会主义核心价值体系教育活动”的计划》，认真部署、扎实推进教育活动。农工党长宁区委组织区委委员和骨干党员参加中共长宁区委统战部和长宁区社会主义学院举办的“学习践行社会主义核心价值体系”专题报告会。区委组织各支部党员参加农工党市委举办的“前进讲坛”，听取市委党校黄力之教授主讲关于树立和践行社会主义核心价值体系学习辅导报告。同时组织各支部开展广泛学习和互动交流，使广大党员准确把握社会主义核心价值体系的基本内容、现实目标、鲜明特征和实践要求，深刻领会社会主义核心价值体系的科学内涵和精神实质，提高实践水平。（*顾珺珺*）

■ 开展纪念建党80周年系列活动

农工党长宁区委将树立和践行社会主义核心价值体系教育活动与纪念农工党建党80周年活动结合起来，开展了系列活动。6月，根据农工党中央和市委关于《开展中国农工民主党建党80周年纪念活动》的通知精神和工作计划，组织60%以上的党员参与市委纪念建党80周年知识竞赛活动。农工党长宁区委获得农工党上海市委纪念建党80周年知识竞赛、纪念建党80周年征文两项优秀组织奖，2人获建党80周年知识竞赛个人奖，2人获建党80周年征文三等奖。8月，召开纪念中国农工民主党成立80周年座谈会暨征文交流会，交流农工党成立80周年以及改革开放30多年来，农工党与中国共产党风雨同舟，共同致力于中国特色社会主义事业的感想。会上，农工党长宁区委向与会者分发《纪念中国农工民主党建党80周年征文集》，该征文集收集了区委10个支部共12篇征文，展现了农工党党员积极向上的精神面貌，部分被《农工沪讯》刊登。8月，组织党员参加农工党上海市委纪念中国农工民主党建党80周年大会。10月，组织老同志和新一届支部委员参观农工党第一次全国干部会议会址，通过回顾历史，进一步激发农工党党员走中国特色社会主义政治道路的自觉性和坚定性。（顾珺珺）

服务社会

2010年，农工党长宁区委坚持开展各类社会服务活动。为支持建设广东惠州邓演达纪念园组织捐款活动；青海玉树地震发生后，农工党长宁区委通过区红十字会向青海玉树地震灾区捐款1000元。农工党长宁区委还积极鼓励各支部和党员以各种形式为社会作奉献。医卫联合支部主任被评为上海市食药监局世博保障工作的"监管之星"，医卫联合支部1人被评为长宁区世博先进个人。科技经贸支部主任获得上海市第六届全民学习周黄埔杯国画大赛一等奖。（顾珺珺）

（七）中国致公党长宁区委员会

概况

2010年，中国致公党上海市长宁区委员会（简称致公党长宁区委），下设4个支部和4个工作委员会，有党员99人（发展新党员3人），其中担任致公党上海市委委员1人，区人大代表2人，区政协常委2人，委员9人，担任特邀监督员6人。年内，致公党长宁区委在区政协十二届四次会议上，提出组织提案《关于融入世博，利用长宁优秀历史保护建筑，促进历史文化和旅游产业协同发展的建议》、《关于长宁区留学生企业发展的建议》、《关于整合资源加快东虹桥建设与发展的建议》和《关于以"易贸资讯"为核心建设长宁大宗商品交易中心的建议》。对《关于整合资源加快东虹桥建设与发展的建议》提案，副区长杲云专门批示，积极吸收提案中的建议；《关于以"易贸资讯"为核心建设长宁大宗商品交易中心的建议》，副区长杲云专门批示，被列为政协主席督办重点提案。经长宁区政协十二届十八次常委会会议讨论通过，致公党长宁区委2009年提出的《关于建立长宁创意新高地，使之成为长宁经济发展助推器的建议》的提案，被评为2009年度长宁区政协优秀提案。委员个人提出提案6件。1名委员获2009年度区政协活动积极分子。党员中的区人大代表在区十四届人大七次会议提出书面意见3件。"东虹桥地区规划"是2010年区政府与区政协确定的重要协商课题之一，致公党区委副主委钱雷在相关会议上发言，提出新的思考与建议。致公党长宁区委参加致公党市委主题为"弘扬世博精神，完善上海城市功能"的"十二五"规划大讨论。在2009年设立"社情民意和献计献策征集站"基础上，充分发挥党员的主渠道作用，共收集社情民意信息20余件，其中党员反映的虹桥路996弄停车难问题，经区政协《社情民意专报》报送区委、区政府主要领导后，得到高度重视，区长李耀新为此专门作出重要批示，有关问题得到整改解决。党员反映的社情民意《关于公交车的站台和公交车的车牌规范性问题》，经区政协整理后被中共市委办公厅录用。致公党长宁区委还与致公党市委联合开展"关于完善上海公共财政对老年教育经费保障的研究"专题调研和《关于上海市民休闲方式的研究》问卷调查。组织各支部主任参加中共长宁区委统战部、区社会主义学院举办的区民主党派基层支部（社）主委（任）培训班；组织新党员参加市委新党员学习班，并撰写学习体会；组织党员参加致公党市委在美罗城广场举办的上海致公党青年党员慈善义卖活动。

（张志勇）

开展和参与"致力为世博"主题活动

致公党长宁区委领导、党员骨干和积极分子以实际行动，弘扬"致力为公"优良传统，积极、主动参与本区、本单位、本地区的各项世博活动。主委参加区政府迎世博100天动员大会，布置落实相关工作。组织部分党员听取中共长宁区委常委、统战部部长作的《统战工作与世博》专题讲座，进一步学习和了解统战工作与世博知识。2月，致公党长宁区委青年工作委员会组织致公党20多位党员在虹桥机场候机楼前举行"维护秩序"一日行活动，受到机场交警和旅客的一致好评。3月，致公党长宁区委青年工作委员会再次来到虹桥交通枢纽，协助公安部门维护刚启用的虹桥交通枢纽的公共秩序。致公党长宁区委广大党员积极投身于世博会的接待、服务、保障工作，为世博会作贡献。1名青年党员获市委参与世博服务世博先进个人。在"五侨"参与世博、服务世博先进表彰活动中，有6位党员获侨界世博优秀志愿者个人。致公党长宁区委加强世博信息工作和社情民意反映，向中共区委统战部提供案例，建言献策，提出6条涉博社情民意。出版2期《长宁致公》致力为世博专刊。党员先后接待来自海内外亲友300多人次，区委参与接待湖南、浙江两个代表团30多人。（张志勇）

■ 积极参与青海玉树的抗震救灾募捐

致公党长宁区委积极参与青海玉树的抗震救灾募捐工作，向致公党市委“致公爱心”专项基金捐款8600元，致公党党员、上海快鹿集团有限公司董事局主席施建祥向青海玉树捐款50万元。

（张志勇）

■ 开展“上海致公爱心服务日”活动

致公党长宁区委响应致公党上海市委《关于举行上海致公爱心服务日活动的通知》，11月，与全市其他致公党基层组织共同举行社会服务日活动。在长宁区繁华地段的仙霞路的水霞公园绿地，挂出醒目“共建和谐——上海致公爱心服务日”横幅、30位致公党党员启动长宁区委的“啄木鸟行动，推广城市文明宣传”主题活动，活动内容有“啄木鸟”关注长宁区的城市语言使用规范情况和市民文明行为，现场环保、低碳宣传以及城市文明宣传，文明行为图片展，许多党员利用自己的照相机把不文明的行为和语言使用不规范的现象记录下来，并打印出来展示，共同参与评论，得到广大市民的肯定。

（张志勇）

11月，致公党长宁区委在水霞公园绿地启动“啄木鸟行动，推广城市文明宣传”主题活动

（致公党长宁区委供稿）

■ 开展践行社会主义核心价值体系主题教育活动

年内，致公党长宁区委制定和实施《关于开展基层组织建设年活动的实施方案》，组织收看中央统战部召开的“社会主义和谐价值体系学与行”报告会，组织致公党区委的领导与部分骨干参加由中共长宁区委统战部、区社会主义学院举办的《学习践行社会主义核心价值体系》专题报告会，参加致公党市委组织的上海市委党校副教授陈辉作的题为《提高领导能力的思考》的报告会，在《长宁致公》开辟建设年活动专栏。完成致公党中央在上海等地开展“关于社会主义核心价值体系的认识状况问卷调查”相关任务和40份问卷，完成市委《基层组织工作情况调查表》调研。在党内活动的形式上作新的探索。举行以青年为主的第四支部和老年专委会联合组织生活。这是一种以全新的组合形式，长宁区致公党党员中最年长的95岁的老党员和最年轻的30岁新党员一起座谈，致公党市委网站以《致公党区委组织活动出新招》作了报道。这种活动形式还得到了致公党中央领导的肯定。致公党长宁区委青年工作委员会获推进基层组织建设先进集体称号，2位党员获市委先进个人称号。（张志勇）

（八）九三学社长宁区委员会

■ 概况

年内，九三学社长宁区委召开3次主委会议、6次区委及扩大会议，组织8次全体社员参加的组织生活及专门工作委员会主题活动、15次支社组织生活。全年发展社员5人，转入3人，去世1人，至年底有社员336人。出版社讯6期、《工作动态简报》13期，九三学社长宁区委门户网站增设《树立和践行社会主义核心价值体系》活动专栏。在区政协十二届四次会议期间，共提交7篇组织提案、12篇委员个人提案。组织提案《关于迎难而上，加快推进虹桥“井”字型空间建设的建议》、《关于完善中山公园地区商业中心的若干建议》被区政协评为2010年度优秀提案。开展区“十二五”规划大讨论活动，对长宁转变发展方式、提升综合功能、实现“四个走在前列”提出建议。推荐1人参加九三学社市委中青年骨干培训班学习，组织40位社员参加中共长宁区委统战部、区社会主义学院联合举办的2010年区民主党派基层支部主任培训班。完善

社区委班子建设，增补 2 人为九三学社长宁区第六届委员会委员。与区建交委领导班子举行对口联系深化会议。继续开展青年社员与老年社员结对走访活动，年内走访 85 人次。做好信息工作，收集信息 17 件，上报信息 16 件，获得市级录用 15 件。九三学社区委被九三学社上海市委评为社务工作先进集体，2 人被九三学社中央评为优秀社员，3 人被九三学社上海市委评为优秀社员，3 人被区政协评为政协活动积极分子。（顾馥凝）

■ 开展树立和践行社会主义核心价值体系教育活动

年内，制定《九三学社上海市长宁区委员会关于树立和践行社会主义核心价值体系的实施方案》。明确活动的意义、目的、要求，并细化到年度。作为此项活动的学习宣传年，九三学社长宁区委成立树立和践行社会主义核心价值体系工作领导小组，编印有关学习资料，在门户网站设立活动专栏，邀请专家做专题学习辅导。（顾馥凝）

■ 庆祝九三学社建社 65 周年

9 月 2 日，九三学社长宁区委在上海影城隆重召开纪念九三学社建社 65 周年大会，会议由九三学社长宁区委主委主持，社区委近 200 位社员参加大会。主委代表九三学社区委致词，社市委副主委李定国，中共长宁区委副书记、区长李耀新，中共长宁区委常委、统战部部长刘春景到会讲话。大会还宣布社区委关于 2010 年支社换届工作的决定。表彰第一支社等 5 个社务工作先进集体、参政议政等 3 个专门工作委员会社务工作特色集体和 63 名优秀社员。（顾馥凝）

■ 完成支社换届工作

根据九三学社长宁区委《关于 2010 年支社换届工作的意见》，至 2010 年 8 月底社区委下属 10 个支社全部完成支社换届工作，本次换届共有 55 位社员当选为支社班子成员，有 8 位因年龄等原因离任，12 位首次当选，实现社区委制定的建设一个团结民主、相互支持、相互理解、社员信任、具有较强凝聚力的基层领导班子"的工作目标。（顾馥凝）

■ 参与世博、服务世博

宣传世博，网站增设世博专栏，向全体社员发出迎世博倡议书。组织形式多样的世博主题活动。

九三长宁区委组织青年社员感受水晶石公司用数字科技演绎动感清明上河图（九三长宁区委供稿）

为全体社员每人提供世博门票一张。结合重阳活动，开展老年社员为世博喝彩主题交流会。组织青年社员感受世博供应商——水晶石公司用数字科技演绎动感清明上河图带来的视觉盛宴。并收集社情民意，开展征文、摄影活动。慰问世博工作第一线社员。制作世博贺年卡。在长宁区迎、办世博中，有社员 20 余人次获市、区世博贡献奖先进个人、长宁区迎世博 600 天阶段贡献奖等。（顾馥凝）

■ 开展科普服务工作

作为 2010 年全国科普日长宁活动之一，九三学社长宁区委与区科委、科协，区机关党工委、区建交委共同邀请中国科学院院士、上海市政府参事褚君浩向 300 余位公务员宣讲"后世博上海低碳经济发展路径与思考"，加强与社市委社会服务部的联系工作，举办"九三讲坛"进长宁活动，120 人听取复旦大学经济学院教授、博士生导师干杏娣作题为《中国内需结构性失衡与经济增长方式转变》辅导报告。（顾馥凝）

■ 深化与周家桥社区共建和帮困工作

年内，九三学社长宁区委与周家桥街道联合举办学习交流会 2 次；联合举办志愿者服务主题活动"虎年理财面面观"、"'欢乐世博 你我共享'志愿者为民服务活动"、"送健康进楼宇活动"3 次；社区委派出专家 19 人次，提供专业服务，受惠社区居民和公司白领近 500 人次；并组织 45 名社员参与长宁区志愿者库报名建库工作；帮助周家桥街道的少数民族困难学生，开展帮困助学活动。

（顾馥凝）

(九)长宁区工商业联合会

概况

2010年,区工商联认真学习贯彻中共中央、国务院《关于加强和改进新形势下工商联工作的意见》和全国“加强和改进新形势下工商联工作电视电话会议”精神,围绕区委“五个确保”的要求,在全区民营企业中开展“参与世博、服务世博、奉献世博,展示民营企业家风采”系列教育活动。区政协会议期间,提交《关于鼓励支持我区中小企业上市的提案》、《全力支持民营企业积极参与世博建设与服务》等两个组织提案。提案受到区委、区政府和区政协领导的重视,区委书记卞百平、区长李耀新等领导都作了重要批示。其中《关于鼓励支持我区中小企业上市的提案》被列为区政协2010年一号提案和优秀提案。结合经济形势变化和民营企业的需求,开展一系列适合民营企业特点、贴近民营企业需求的政策信息服务,编印政府最新政策,发放给民营企业。会同区政协召开座谈会,与区长李耀新沟通交流对东虹桥建设和发展的认识与建议。邀请区工商分局等部门领导为民营企业进行政策解读;为企业提供多方面的服务:组织7次银企座谈会,全年共为企业解决融资贷款13752万元,实现贷款担保7600万元;商务合作服务:组织企业参加河南洛阳、江苏南京、河北张家口、山西运城、湖南湘潭等投资促进及项目合作推介会,参加英国伦敦、伊朗、比利时、葡萄牙、澳大利亚、圣马力诺、土耳其等国的投资洽谈会和经济推介会等20多次国内外商务交流活动;法律知识服务:举办区民营企业法律讲坛,举行《中华人民共和国劳动合同法》和《企业融资与风险控制》专题讲座;行业特色服务:餐饮业同业会组织民营企业参加世博会食品安全保障工作动员会、“绿色餐饮、源头减排”活动、区迎世博餐饮住宿接待单位挂牌等活动,进出口企业商会组织企业听取中国人民银行的金融讲座,与中国出口信用保险公司联合召开座谈会,帮助进出口企业了解出口信用保险公司的职能和产品,组织企业参加“中小企业国际市场开拓资金”新政解读会和市中小企业改制上市培训。继续加强各街道(镇)基层商会、餐饮业同业会、进出口企业商会和民营企业家沙龙、女企业家联谊会等会员组织建设。全年发展新会员单位85家。

(徐建俊)

加强非公经济代表人士队伍建设

区工商联组织非公经济代表人士深入学习贯彻党的十七大、十七届四中、五中全会精神,深入落实科学发展观,以饱满的精神和优异的成绩迎接世博会召开。与区人大、政协、工商、税务等12个部门加强联系,认真完成对174名代表人士综合分析评估工作,综合分析评估报告的内容、所涉及方面、有关数据和报告质量在往年的基础上得到了进一步提升,并在市委统战部和市工商联工作会议上作经验介绍。区工商联非公经济代表人士中现有全国政协委员1人、全国青联委员1人;市人大代表3人、市政协委员4人;区人大代表35人、区政协委员84人;市工商联副主席1人,市商会副会长1人,市工商联执常委15人。

区第三届优秀中国特色社会主义事业建设者表彰

(区工商联供稿)

参与世博、服务世博、奉献世博

在以“参与世博、服务世博、奉献世博”为主题的上海市光彩活动日上,区工商联会员企业中锐控股集团、长峰房地产公司、水晶石信息技术有限公司等企业积极参与。6月15日,区工商联主席、副主席等作为志愿者参加世博会服务。快鹿集团有限公司关心区残疾人事业,捐资5万元为残疾人士送上世博门票。携程计算机技术(上海)有限公司组织“百名玉树儿童游世博”活动。经区工商联推荐,水晶石信息技术有限公司等13家民营企业获长宁区世博贡献奖先进集体称号、22位民营企业家获奉献世博先进个人称号、1人获服务世博巾帼建功标兵称号。区工商联机关干部1人被评为世博先锋行动优秀共产党员,5人获世博工作先进个人。

(徐建俊)

■ 举行区非公经济代表人士新春团拜会

1月18日，区工商联组织举行非公经济代表人士新春团拜会。市工商联党组书记季晓东、区委书记卞百平、区人大常委会主任刘雅琴、区长李耀新、区政协主席陈建兴等与区非公经济中的人大代表、政协委员和部分代表人士200多人欢聚一堂，共迎新春。（徐建俊）

■ 开展调查研究工作

2010年，区工商联听取民营企业对国务院《关于鼓励和引导民间投资健康发展的若干意见》的反映，及时形成调查报告，受到市、区有关领导的重视，市委常委、市委统战部长杨晓渡作重要批示。与区政府政策研究室联合开展调研，形成题为《关于加快推进我区企业培育上市工作的建议》的调研报告；与区统计局联合开展长宁区非公经济发展情况的调研，形成题为《2009年长宁区非公有制经济现状分析》的调研报告，调研报告受到区领导的高度重视。区长李耀新对两个报告都作了专门批示。按照上级工商联要求开展上规模民营企业调研和全国第九次私营企业调查。2010年有3篇调研报告分获区委统战部调研成果二等奖、三等奖，并获调研工作组织奖。（徐建俊）

■ 弘扬光彩精神、积极回报社会

青海玉树地区遭受地震灾害后，区工商联主席、副主席、常委等带头捐款，会员企业共捐款2650万元，其中捐款100万以上的企业有4户。上海长峰房地产开发有限公司参加统一战线参与毕节实验区建设改善民生工程——援建赫章县小水窖项目，捐赠贵州毕节地区340万元。5月20日至26日的民营企业招聘活动周中，区工商联共组织135家企业参加招聘，提供岗位842个，录用105人。11月13日，组织中锐控股集团、携程网等11家企业参加上海百家知名民营企业世博会服务者专场招聘会，提供309个就业岗位。开展慰问世博园区“三化”部队、慰问地铁值勤的武警战士等形式多样的“双拥”活动。推荐中锐集团、君悦律师事务所等5家企业为长宁区“双拥”工作模范单位，恒硕企业发展有限公司为长宁区“双拥”工作先进单位，新欧隆强实业有限公司董事长为长宁区“双拥”工作先进个人。根据上海市《关于引导本市非公有制经济人士深入开展回报社会感恩行动的实施意见》的有关精神，制定百家民企助百老的“感恩行动”方案。9月20日，组织民营企业家开展回报社会感恩行动。区工商联主席、中锐控股（集团）有限公司董事长钱建蓉等企业家上门慰问老劳模，区委统战部部长刘春景参加此次活动。感恩行动中，工商联执常委、工商联民营企业家中的人大代表、政协委员带头，共有112位民营企业家参与，捐款178万元。（徐建俊）

■ 举办长宁区非公经济高级经营管理人才研修班

11月11日至14日，区工商联与区委组织部、区委统战部、区委党校、区社会主义学院联合举办2010长宁区非公经济高级经营管理人员研修班。70余位民营企业家参加这次研修班。区长李耀新作题为《长宁区经济社会发展概况与发展战略》的报告，就长宁未来的发展和十二五规划中的重点目标与企业家进行交流和互动。研修班还开展了学员论坛，民营企业家围绕“十二五”规划中企业的机遇与发展、中山公园地区的发展定位、民营养老事业的发展、物联网及三网联合的应用及政府能提供的支持等活题与副区长陆继业进行交流和讨论。研修班还组织企业家赴义乌考察，区委统战部部长刘春景与企业家考察了当地民营企业的发展状况。（徐建俊）

区民营企业参观义乌时小商品市场（区工商联供稿）

■ 推荐市优秀基层商会和商会干部

根据市工商联要求，区工商联积极开展第四次上海市工商联街道（镇）商会创优评比活动，制定工作计划，向各商会秘书长、专职干部布置工作，提出要求。党组领导率各职能科室对6家申报评优的商会和个人进行考评，推荐新泾镇、华阳商会为上海市优秀基层商会，天山商会会长、仙霞商会副秘书长为优秀商会干部。在纪念上海市工商联成立六十周年大会上被推荐的商会与个人均受到表彰。（徐建俊）

（栏目编辑　郑兆永）

政府规章

上海市人民政府关于加强养犬管理的通告

（2010年3月21日上海市人民政府令第28号公布）

为了确保2010年上海世博会的顺利举行，根据《上海市人民代表大会常务委员会关于本市促进和保障世博会筹备和举办工作的决定》，市政府决定，在2010年上海世博会筹备和举办期间对本市的养犬行为采取如下管理措施：

一、上海世博村区域内禁止养犬。

二、禁止携带犬进入下列特定区域和公共场所：

（一）上海世博会园区；

（二）人民广场地区、陆家嘴金融贸易区、外滩风景区、徐家汇广场地区、五角场地区、豫园商城地区、新天地地区等区域；

（三）体育场（馆）、展览馆、图书馆、宾馆、饭店、商场、轨道交通车站、候车（船）室以及公共娱乐场所等公共场所。

前款第（二）项所列区域的具体范围，由市公安局会同有关部门拟定，报市人民政府批准后公布。

三、携带犬外出，应当束以犬链（大型犬还应当佩戴嘴套），由成年人牵领，并主动避让老人、残疾人、孕妇和儿童。

四、携带犬外出，应当随身携带清洁工具，及时清除犬排泄的粪便。

五、养犬人应当为所养犬注射预防狂犬病疫苗，确保所养犬处于有效免疫状态。

六、对咬伤多人或者其他疑似患有狂犬病的犬，养犬人应当立即报告疾病预防控制机构，并将犬送往指定地点限期留验。

七、鼓励市民向公安、动物防疫、城市管理执法等部门举报违反本通告规定的养犬行为。

八、对下列违反本通告规定的行为，由公安部门、动物防疫部门、城市管理执法部门根据各自职责，分别实施处罚：

（一）违反第二条关于携带犬进入特定区域和公共场所规定的，由公安部门责令改正，并可处100元以上500元以下罚款。

（二）违反第三条关于携带犬外出采取防护措施规定的，由公安部门责令改正，并可处100元以上500元以下罚款。

（三）违反第四条关于清除犬粪规定的，由城市管理执法部门责令改正；拒不改正的，处50元以上200元以下罚款。

（四）违反第五条关于为犬免疫规定的，由动物防疫部门责令限期改正，对养犬人处200元以上2000元以下罚款，并将有关情况通报公安部门。

（五）违反第六条关于及时报告和留验规定的，由公安部门处500元以上2000元以下罚款。

九、饲养以及携带执行安保任务的犬、导盲犬等特殊用途犬进入特定区域和公共场所，不受本通告第一条、第二条、第三条规定的限制。

十、本通告自公布之日至2010年12月31日施行。

七、人民团体

REN MIN TIAN TI

CHANGNINGNIANJIAN

2011

（一）综述

2010年，长宁区各人民团体深入贯彻落实科学发展观，扎实做好迎办世博工作，把服务和保障世博作为首要任务。同时围绕区委中心工作积极发挥职能，组织开展具有各自特色的工作和活动。

服务世博，奉献世博。区总工会、团区委和区妇联积极发挥组织优势，在迎博办博期间组织各类世博岗位建功行动、世博立功竞赛活动、世博征文比赛；同时招募志愿者，开展各类世博专题志愿服务；按照世博安保要求，积极做好维稳和重点人群管控工作；聚焦世博进行宣传和接待，为服务世博作出贡献。区科协在世博园区举办2010年上海科技活动周长宁区活动开幕式。区侨联组织“华侨华人回家看世博”和“亲情中华世博行”等活动，并开展世博志愿者行动。

发挥职能，开展特色工作。加强各团体的组织建设，增强自身凝聚力，充分发挥组织和引导作用，组织广大团体成员努力为经济建设作贡献。区总工会加强基层建设，推进区域企业普遍建立工会组织并加强基层组织规范性建设；团区委以团代会换届为契机，推进区域青年人才工作；区妇联实施“强基固本”工程，加强妇联基层组织建设；区科协在积极筹备召开区科协第六次代表大会，进行换届选举；区侨联加强基层建设，进行街道（镇）侨联会换届，组织成员积极参政议政并开展为长宁经济社会发展献计献策活动。积极组织开展各类业务培训和学习活动，提升团体领导骨干和成员的专业工作能力，提升团体凝聚力。区总工会引导推广建设160家区级“职工书屋”，开展“上海职工科技周”活动，组织为农民工送文化行动，致力培育高素质的职工队伍；团区委先后举办青年干部轮训班、团干部培训班，并加强对青年社团和青年自治组织的培育和服务；区妇联举办妇女干部培训班，围绕基层组织建设、群众组织参与社会建设等内容进行工作实务培训。发挥组织优势，主动做好维权服务、促进就业和扶危济困等有效工作，为维护社会稳定作贡献。区总工会采取积极措施，维护职工合法权益，构建区域和谐稳定的劳资关系；不断健全职工援助体系，开展就业援助、职工互助和帮困工作。区妇联指导社区成立“开心家园”工作室，促进妇女维权与社会维稳；区侨联加强基层“侨之家”建设，开展“侨帮侨，献爱心”等帮困送温暖活动。（常　念）

（二）长宁区总工会

概况

2010年，区总工会辖有系统、集团（公司）工会18家，街道（镇、园区）工会11家，基层工会组织1827家，共覆盖企业9386家，有会员21.7万余人。区总工会围绕区委中心工作，推进岗位建功行动，激励职工服务世博、奉献世博。会同区世博办城市管理指挥部推进市容环境建设立功竞赛活动。开展虹桥商圈窗口单位“五比五赛”，33家企业1.5万余名职工投身到立功竞赛活动。在迎世博倒计时100天之际，举办长宁职工岗位建功誓师大会。在世博运营期间，组织5万余名职工开展“保平安、促运行、重服务、创一流”世博立功竞赛活动。在各街道（镇）开展特色街（区）“优质服务、优美环境、优良秩序”立功竞赛活动，共有1000余家单位参与。组织5万余名职工参加世博知识网上竞赛，合格人数为全市第一。举办“我和我的世博会”长宁职工征文比赛，共收到征文作品400余篇。夯实基层组织建设，推进区域企业普遍建立工会组织。开展“广普查、深组建、全覆盖”集中行动，以非公企业为主要对象，深入排摸、调查、组建，不断扩大工会组织的覆盖面。全年净增组织数201家，净增建会数2334家，净增会员数2.22万人。研究制定街道（镇、园区）组建工作目标，设立专人加强与虹桥开发区和临空园区的联系和指导，着力推进外资企业规范建会。转发《上海市总工会关于进一步推进基层工会主席直接选举工作的意见》，在条件成熟的企业内推行工会主席直选。加强对区总直属非公企业工会的工作指导，做到“五个一”（一次工作交流研讨，一次劳动法规业务培训，一次上门高温慰问，一次篮球联谊比赛，一次年度考评）。维护职工合法权益，构建和谐稳定的区域劳资关系。推进“普遍开展工资集体协商”，全区共签订集体合同5653份，工资集体协议998份。会同区人保局联合开展农民工工资支付情况专项检查，共责令21家用人单位补发677名劳动者工资586.53万元。充分发挥“三级网络”的预防调处作用，共接待咨询1189人次，成功化解劳动争议653件，提供法律援助60件。制定下发《2010年长宁区厂务公开民主管理工作要点》，开展第八次厂务公开民主管理调研检查。与区国资委联合转发《关于本市国有企业深入推行职工董事、职工监事制度的通知》,完善区属国有企业公司法人治理结构。走访慰问世博志愿者及公安、环卫、绿化等一线岗位的3000余名职工。全区各级工会走访企业704家,慰问职工2.84万人次,发放防暑降温用品近300万元。健全职工援助体系,落实各项“解民忧、纾民困”的民生实事工程。共对2607名困难职工发放慰问金178.41万元。开展“双月为老”服务,为退休职工提供多种形式的生活服务,受益金额达251万元。深入开展“双百”助学活动,全区172家单位共资助了828名困难职工家庭学生,金额达109.59万元。举办“心系职工情,和谐迎世博”就业援助日活动,提供千余个就业岗位,就业成功215人。协助解决22名困难职工家庭应届大学生得到实习或就业岗位。开展“技能培训促就业”行动,为910名协保、下岗人员及外来务工人员提供技能培训。发挥区总工会就业援助窗口和社区援助分中心的平台作用,成功帮助620人实现就业。弘扬劳模精神,推动职工队伍素质全面提升。开展全国劳动模范和上海市劳动模范等评选表彰工作。2人被评为2010年度全国先进工作者、15人获2007—2009年度上海市劳动模范和先进工作者称号,6个集体获上海市模范集体称号。举行长宁区劳模先进表彰大会,并通过多种渠道宣传劳模的先进事迹。组织劳模参观世博会和参加疗休养。广泛开展职工科技创新、技能登高行动,有关职工完成技术攻关20余项,提出合理化建议500余条。与区人保局联合开展2010年度职业技能竞赛,其中6个项目、250名职工晋级市级技能竞赛。在区工人文化宫开展免费外语沙龙活动,举办“舜元杯”长宁第一届农民工乒乓球锦标赛、第二届长三角职工斯诺克团体赛、第二十一届“三八”姐妹运动会排舞比赛、第六届“百川之音”长宁区新上海人歌唱比赛等活动。建立160家区级“职工书屋”。组织3万名农民工参加礼仪培训,在传统节日为千余名农民工放映电影。 （周　君）

3月14日,区总工会召开构建和谐劳动关系推进会
（区总工会供稿）

■ 举行长宁职工迎世博“冲刺一百”岗位建功誓师大会

2月1日,区总工会在区工人文化宫举行“世博有我更精彩”——长宁职工迎世博“冲刺一百”岗位建功誓师大会。区总工会、区迎世博600天行动领导小组办公室、区迎世博600天窗口服务指挥部办公室有关负责人出席会议。区委副书记夏永泰出席会议并讲话。区总工会党组书记作长宁职工迎世博500天工作回顾。金鹿公司、汇金百货虹桥店、百联西郊购物中心的代表作交流发言。职工代表宣读《迎世博“冲刺一百”倡议书》,劳模代表安君英、张红英为“三优”流动奖杯揭幕。大会为获市“五一劳动奖状”、市“工人先锋号”称号的代表颁奖。同时,长宁区10个街道(镇)迎世博特色街(区)“三优”立功竞赛活动正式启动。（周　君）

■ 召开庆祝“五一”国际劳动节暨劳模先进表彰大会

4月27日下午,长宁区召开“当好主力军,建功世博会,建功在长宁,展示新风采”——长宁区庆祝“五一”国际劳动节暨劳模先进表彰大会。区委书记卞百平出席会议并讲话,区委副书记、区长李耀新宣读对劳模先进的表彰决定。虹桥街道虹储居委会党总支书记、居委会主任朱国萍和江苏路第五小学校长邵春安获2010年全国先进工作者称号,长宁房地产交易中心审核部等6家单位获上海市模范集体称号,钱雪娃等15人分获上海市劳动模范和先进工作者称号。区人大常委会主任刘雅琴,区政协主席陈建兴,区委副书记夏永泰,区人大常委会副主任、总工会主席鲁德喜,副区长邹龙飞等出席会议并为获奖代表颁奖。长宁区历届劳动模范代表,部分区先进生产(工作)者、先进集体代表,区各部、委、办、局、街道(镇)负责人,各单位工会主席和部分基层单位职工代表共300余人参加大会。 （周　君）

■ 组织开展“三个文明”主题实践活动

年内,区总工会以“当好主力军,建功世博会,展示新风采”为主题,组织动员长宁职工深入开展“文明服务、文明观博、文明出行”主题实践活动。组织开展以“文明服务”为主要内容的窗口行业立功竞赛。包括“奋战100天、确保试运行”立功竞赛活动、“优质服务、优美环境、优良秩序”立功竞赛活动和“窗口顽症啄木鸟”行动等;组织劳模、职工、市民代表对区域内重点商圈、轨交机场、酒店宾馆、会务中心等窗口服务单位进行巡访。组织开展以“文明观博”为主要内容的素质教育培训。包括“我和我的世博会”主题征文活动、“文明观博”知识学习培训和测试、征集“文明观博”金点子等;通过发放《文明观博200问》、观看礼仪宣教片等形式提升农民工的文明礼仪与素质修养;成立“文明观博”职工志愿宣讲员队伍,在商场、公交等公共场所开展“十要十不要”宣传和承诺行动。组织开展以“文明出行”为主要内容的精神文明创建。包括开展长宁职工“文明出行”大讨论、开展“迎世博革除陋习,讲文明从我做起”大讨论等;动员组织职工在世博志愿服务站点、文明路口、文明路段、地铁车站、公交候车点等公共场所进行志愿服务。（周　君）

■ 举办文明观博培训推进会

4月9日,区总工会在区工人文化宫举办长宁职工文明观博培训推进会,区总工会党组书记、副主席作“文明观博”动员。会议下发“全国职工世博知识网上竞赛”操作流程。市“迎世博600天行动”培训激励组专职讲师、《文明观博200问》编写者时牧言老师作文明观博培训。全区各级工会的宣教干部、职工志愿者宣讲员共150余人参加会议。（周　君）

■ 举办“舜元杯”长宁区第一届农民工乒乓球锦标赛

8月8日,“舜元杯”长宁区第一届农民工乒乓球锦标赛在区工人文化宫举行。活动由长宁区总工会主办,区建交委工会、区建管所协办,区建筑业行业联合工会、区工人文化宫承办。全区共有15家单位、60余人次参加比赛。经过预赛与决赛的激烈角逐,北新泾代表队获男子团体第一名,舜元建设集团王润重、中成建设集团裘建美分获男子、女子单打第一名。（周　君）

■ 举办区第二十一届“三八”姐妹运动会

3月4日,在纪念“三八”国际妇女节一百周年之际,长宁区总工会于延安中学举办“精彩世博、风华巾帼”长宁区第二十一届“三八”姐妹运动会排舞比赛,来自长宁区各行业的16支代表队、共450余名女职工参加此次比赛。长宁区中心医院、长宁公安分局、中国医药集团生物制品研究所三支代表队获得一等奖。（周　君）

■ 组织开展世博志愿者服务活动

年内,长宁区总工会积极动员长宁职工主动参与迎博、办博的宣传工作,组织开展“窗口”行业文明志愿服务活动,重点推进“五项行动”。教育培训行动,完成职工教育培训5万余人;岗位建功行动,虹桥商圈33家企业1.5万余名职工开展以“五比五赛”(比服务环境,赛整洁优美;比服务设施,赛安全便捷;比服务品质,赛仪态仪表;比服务水平,赛技术技能;比服务管理,赛常态常效)为主题的岗位建功服务;集中服务行动,牵头组织公安、医务以及外籍人士等特色职工志愿者服务队伍,6440名志愿者参与城市志愿服务站点、地铁安保、文明宣传等各类志愿服务;践行诚信行动,以“诚信在我心,文明伴我行”职业道德为主题,打造诚信服务品牌,动员和发挥职工志愿者的监督作用;文明出行行动,发动劳模、优秀班组长志愿者带头承诺、示范和践行文明出行规范。（周　君）

■ 举办外资企业和教育工会职工篮球赛

10月16—24日,长宁区总工会直属外资企业工会和教育工会职工篮球赛在延安中学举行。联邦快递(中国)有限公司、联合利华(中国)公司、上海索迪斯服务有限公司、电装(中国)投资有限公司上海分公司、统一企业(中国)投资有限公司等11家区总直属外资企业工会和延安中学、复旦中学等5所学校,共16支球队参赛。延安中学篮球队获第一名,联合利华(服务)有限公司篮球队获第二名,沃盛(上海)有限公司和理光(中国)投资有限公司并列第三名。（周　君）

■ 深入开展“职工书屋”建设工作

年内,长宁区总工会贯彻落实《上海市总工会关于建设“职工书屋”的实施意见》,稳步推进“职工书屋”建设工作。将“职工书屋”建设纳入到构建学习型城区的工作体系中，规范组织架构、完善规章制度，健全全区“职工书屋”建设长效机制。在农民工集中的环卫企业筹建“职工书屋”示范点，同时向非公有企业、园区以及楼宇企业拓展。至年底，长宁区已自建书屋160家。重点培育上海市第一家“职工书屋”——长宁区工人文化宫“职工书屋”。现全区已有全国工会“职工书屋”建设优秀示范点1个、上海工会“职工书屋”建设优秀示范点1个、优秀自建点4个。（周　君）

11月19日，区医务工会举行卫生系统读书节闭幕式暨“职工书屋”书屋示范点授牌仪式

（总工会供稿）

深入开展帮困送温暖活动

2010年元旦春节期间，区总工会深入开展帮困送温暖活动，共走访慰问各类困难职工群众1290人次，帮扶金额达到172.7万元。在走访的同时开展困难职工子女毕业生就业情况调查，详细了解他们的就业意向、技能专长等相关信息，以便及早开展援助工作。还与10个社区职工援助服务分中心联动，为困难职工在医疗、就业、法律援助等方面进行帮助。（周　君）

各级工会切实做好防暑降温工作

7—8月，长宁各级工会组织开展“战高温、送关爱、保运行、创一流”专项行动，切实维护广大职工的安全和健康。区总工会共筹集慰问金18万元，走访慰问联合利华等规模型非公企业的一线操作员工、世博园区借调工作人员及家属、社区世博平安志愿者、世博服务外建站志愿者和世博保运行一线的公安、市容环卫、绿化等33家单位的3000余名职工，为他们送上防暑降温用品。全区各级基层工会组织同时行动，共走访企业和工地704家（处），慰问职工2.84万人次，发放防暑降温用品计295.48万元。全区各级工会组织还督促企业行政发放高温津贴共计864.25万元，保障高温季节各项津贴标准及相关待遇落实到位。同时开展劳动保护监督巡查活动388次，组织劳模先进及职工代表开展安全巡查活动270次，督促企业根据生产特点和具体情况，合理安排职工的作息时间。

（周　君）

构建“四级”网络，开展“双百”助学行动

长宁区各级工会在新学年开学之际，开展“百名企业帮助百名学生”助学行动。通过整合各类社会资源，引导社会力量，构建“四级”网络（企业资助—系统内帮—跨行互助—社会救助），为企业回报社会搭建平台，为困难学生求学提供帮助。全区170家单位共资助困难职工家庭学生769人，受助金额达101.8万元。（周　君）

深入开展“五五”普法工作

年内，区总工会以职工普法宣传教育为核心、以增强职工法治意识和依法维权为重点，深入开展职工普法宣传教育。制定并下发《关于在工会开展法制宣传教育第五个五年规划的通知》，召开专题工作会议，全面部署职工普法宣传教育工作。设立专项经费，确保普法工作扎实有效推进。通过“三三”整合（整合三支队伍，发挥法律专业人员、人民调解员及工会仲裁工作者等三支队伍力量，强化工会调解作用；整合三大资源，联系区职工援助服务中心、区劳动纠纷指导委员会、区联合调委等三大单位资源，强化工会维权作用；整合三项工作，开展以业务培训与宣传教育相结合的各类学习宣传活动），全面推动工会普法工作。年内培训干部、职工约5000多人次，组织发动1万多名职工参加各类劳动合同法知识竞赛活动。长宁区总工会被评为全国工会系统“五五”普法先进单位。

（周　君）

深化三项措施，构建和谐劳动关系

年内，区总工会将维护劳动关系稳定作为重要职责，发挥工会在化解群体性劳动纠纷中知情人、报告人、调解人的作用，以三级网络调解机制为重

要平台，自下而上、基层单位主动研判排查劳动纠纷隐患，做到及早介入、及时上报、稳妥处置。有效借力，着力搭建联动平台。加强与横向部门联系，完善资源共享制度，畅通信息沟通渠道，配合政府做好群体性劳动纠纷调解工作。全年通过劳动纠纷调处三级网络联动机制平台进行咨询的职工为1705人，工会参与调解纠纷653件，援助73件；引导职工申请劳动仲裁72件，申请诉讼260件；收到信访件12件，合理办结12件；上报区群体性劳动纠纷一周一报共20件，涉及职工约1195人。

（周　君）

■ 区建交委工会举办“建功世博、情耀长宁”风采展示活动

11月18日，长宁区建交委工会在虹桥宾馆举行“建功世博、情耀长宁”风采展示活动。区委书记卞百平、区长李耀新、区人大副主任孙荣初、区政协副主席王训国等出席活动。区长李耀新在讲话中充分肯定奋战在迎世博600天、保世博184天第一线的长宁建设人的贡献，提出建交系统要继续发挥带头模范作用，积极汲取世博先进理念，探索创新城区管理长效机制。区委常委、副区长赵惠琴宣布风采展示活动获奖名单。（周　君）

■ 北新泾社区总工会探索社区劳动争议调处新模式

年内，北新泾社区总工会整合社区各方资源，建立社区劳动争议调处指导委员会、社区劳动争议调处指导工作站和社区各居民区劳动争议调处工作点三级组织网络，依托法院法官、律所律师、基层人民调解员、社区法律志愿者，形成全覆盖的调解工作体系，从四个方面加强联动，开展工作。联动开展工作培训。社区总工会与司法所加强合作，选送社区调委会人员参加培训，取得劳动争议调解员证书。定期邀请专家开展劳动维权讲座，提高工作人员的业务水平。联动指导基层调解。发挥企业调解组织的作用，社区工作站加大对基层企业调解组织的支持力度，指导基层企业调解组织开展劳动纠纷调解工作。联动进行纠纷调处。社区工作站积极为企业和劳动者搭建互动平台，及时与相关执法部门、鉴定部门沟通，通过案件会商机制，形成化解合力，提高劳动纠纷化解的效率。联动落实调解协议。劳动纠纷双方自愿达成协议后，工作站主动开展案件回访制度，与相关企业及其管理部门联动，确保调解协议的落实。在联动过程中先后组织召开劳动纠纷调处研讨会和劳动纠纷案例分析会，探讨加强联动预警机制，对社区发生的劳动纠纷案例进行分析研判，做到及时发现，及时化解。全年受理咨询调处劳资纠纷120人次。（周　君）

（三）共青团长宁区委员会

■ 概况

长宁团区委辖有各街道（镇）团工委10家，青工系统大口级团组织13家，学校团委（团总支）33家，覆盖基层团支部718家，联系服务团员、青年28147人。

2010年，长宁团区委紧紧围绕党的联系覆盖全体青年要求和区委四项重点工作，以全力服务世博为重点，以推进团中央关于加强团的基层组织建设试点工作为主线，引导广大团员青年团结一心、全力以赴，充分发挥团组织在服务世博、服务长宁发展、服务区域化党建中的积极作用。引导团员青年参与世博志愿服务，培训调配282名园区高峰岗位志愿者和4701名城市志愿服务站点志愿者上岗服务，全区70个站点共提供信息咨询43.95万人次，文明宣传23.32万人次，语言翻译3.16万人次，应急救援120人次，圆满完成为期195天的世博园区和城市服务站点志愿服务专项任务。按照区委世博安保要求，做好青少年重点对象防控工作，制定《上海世博会期间长宁区社区闲散青少年社会面防控工作方案》，指导社工站对全区1322名社区青少年进行重点人群管控。聚焦世博宣传和接待，组织全区159家区属和区域窗口单位团组织参与优质服务立功竞赛。组织开展“我把长宁带回家”摄影比赛、“把美丽的长宁寄回家”明信片寄送、“名人也是志愿者”、“世博志愿者体验行”、“志愿者征文活动”等五大主题宣传月活动。组建机关青年区情讲解员队伍，组织白领青年双语服务和宣传报道、青年律师法律服务等专业化青年服务队参与世博。探索志愿服务长效机制，配合区委宣传部开发建设以“上海虹桥志愿服务网”为核心的长宁区志愿者信息管理和服务系统。

以团代会换届为契机，推进区域青年人才工作。召开青年干部座谈会共8批130人，举办青年干部轮训班，配合区委组织部实施青年干部公

开选拔工作。成立区首个专业青年人才社会组织——青年律师联合会。举办以团区委委员、大口团(工)委书记为核心的团干部培训班。加强对青年社团和青年自治组织的培育和服务。主动联系"心之火种"、"音速"等青年社团,开展青年社团参与社会建设现状调研,培育注册向阳花公益社、上海唯爱天使青年公益中心。

协助政府管理青少年事务。编制《长宁青少年发展"十二五"规划》,承接并完成市预防青少年违法犯罪核心指标体系试点工作。抓好青少年思想道德教育引导。深化未成年人思想道德建设,组织开展"五四"、"六一"主题集会、"青春世博,精彩共创"主题实践活动,启动"争当四好少年"系列行动,组建102支世博红领巾志愿服务队,为未成年人健康成长营造良好氛围。对接大党建大联动,建立区域共青团工作联系协调机制。成立由86家单位组成的区"凝聚力工程"学会青年工作委员会,先后开展"爱在东航、情系长宁"——与百名困难青少年爱心助学项目、委员单位走访慰问好八连、联合利华"做志愿者的志愿者"等团建联建项目。接待团中央试点组领导视察调研,组织召开专题研讨会,总结区域共青团工作协调机制、社区团建考核评价体系等试点工作经验。

夯实团的基层组织建设。指导虹桥和天山社区(街道)团工委开展"探索建立社区团工委统筹协调机制"和"拓展行政编制外副书记职数"两项团中央试点工作。完善团内考评体系,把基础团务和基本工作规范要求纳入考核内容,配备5.4万元基层重点团建项目专项经费,新组建规模以上"两新"组织共青团与青年组织7家。围绕"六个便利"要求,深化党团联动工作品牌,参与举办"多媒体之夜"、白领青年交友等活动。(戴鹏鸷)

■ 承接团中央4项城市社区共青团试点工作

年内,团区委承接团中央4项城市社区共青团试点工作。根据团中央《关于开展共青团、少先队基层组织建设和基层工作试点工作的通知》精神,指导并推进虹桥路社区(街道)团工委基层组织建设试点、天山路社区(街道)团工委共青团组织格局创新试点和现代职业技术学校加强共青团基层组织建设试点工作,有序开展团区委层面试点工作。(戴鹏鸷)

■ 开展"小手牵大手,清洁家园齐动手"世博志愿服务活动

1月3日,长宁区妇联、团区委、区少工委、区爱卫办在中山公园联合举行"小手牵大手,清洁家园齐动手"世博志愿服务活动启动仪式。区妇联、团区委、区少工委等部门领导出席,近200名少先队员与家长参加启动仪式,并在公园内开展志愿服务活动,征集近4000人次签名。"小手牵大手,清洁家园齐动手"世博志愿服务活动历时10个月,每月定期在各社区轮流开展,2010对少先队员与家长走出家庭,走进社区,服务世博,服务社会,共建和谐长宁。(戴鹏鸷)

■ 召开团区委十二届七次全体会议并举办2010年核心团干部培训班

1月14日,共青团长宁区第十二届委员会第七次全体会议在区工人文化宫召开,并举办2010年核心团干部培训班,团区委、区委组织部等有关部门负责人出席会议,团区委委员及各大口团(工)委书记等近50名核心团干部参加。会上审议通过《共青团长宁区第十二届委员会第七次全体会议关于团区委委员、候补委员卸职递补的确认案(草案)》,宣布团区委领导班子调整情况,传达区委八届十一次全会精神,并对2009年共青团工作进行总结、对2010年共青团工作要点进行说明,同时还部署团代表年会、世博志愿者等相关工作。在核心团干部培训中,播放北京市海淀区奥运志愿者工作情况短片,围绕"如何做好世博志愿者组织、管理、调配等工作进行讨论。(戴鹏鸷)

■ 举办长宁区青年律师联合会成立仪式暨2010年长宁青联迎新晚会

1月28日,长宁区青年联合会、上海市律师协会长宁区工作委员会联合举办"慧聚长宁,律动世博"长宁区青年律师联合会成立仪式暨2010年长宁青联迎新晚会。上海市司法局、团市委和长宁区委有关领导出席,区委组织部、区社工委、区600办、区科委、区商务委、区妇联等部门领导及来自长宁各界的优秀青年代表近150人参加活动。会上,成立全区首个专业化青年人才社会组织——青年律师联合会,组建长宁青年律师法律服务志愿团,并举行2009年度区青联荣誉奖项颁奖仪式。

(戴鹏鸷)

■ 东方航空公司与淞虹路小学爱心结对

1月22日，东方航空公司与淞虹路小学爱心结对暨“爱心共建基地”揭牌仪式在长宁区淞虹路小学举行。东航集团党组书记李军、长宁区副区长邹龙飞以及东航团委、东航工会、团区委、教育局、新泾镇有关领导、东航世博志愿者和淞虹路小学师生们一同参加结对仪式。结对后，东方航空公司与淞虹路小学将围绕“学雷锋”、“庆六一”、“话世博”、“迎圣诞”等主题开展系列共建活动。（戴鹏莺）

■ 召开2010年区共青团工作会议

3月3日，2010年区共青团工作会议在区工人文化宫召开。区委副书记夏永泰和区文明办、区社会工作党委、团区委等部门领导出席会议，来自全区各系统团组织的党政分管领导及团干部近300人参加会议。会上，区委副书记夏永泰作重要讲话，团区委副书记对2010年长宁共青团工作进行部署，并对2009年度长宁区共青团先进集体和先进个人进行表彰。（戴鹏莺）

■ 成立区“凝聚力工程”学会青年工作委员会

4月16日，长宁区“凝聚力工程学会”青年工作委员会成立大会预备会议在长宁区社区学院召开。区凝聚力工程学会副会长姜翠、区委组织部副部长、社工委书记、区“凝聚力工程”学会副秘书长等出席会议。“凝聚力工程学会”青年工作委员会吸纳区域内高校、科研院所、大型企业及区属街道（镇）、企业集团、重点单位的共青团和青年组织、青年社团共80余家单位参加。区“凝聚力工程学会”青年工作委员会将通过加强区域单位团组织和青年组织的信息互通、服务互动、资源互享、经验互鉴，促进与区域“四大资源”的联系沟通、交流合作和团建联建。4月28日，长宁区“凝聚力工程学会”青年工作委员会正式成立。（戴鹏莺）

■ 召开长宁区世博会志愿者誓师大会暨长宁各界青年纪念五四运动91周年大会

4月28日，长宁区世博会志愿者誓师大会暨长宁各界青年纪念五四运动91周年大会在区文化艺术中心举行。区委书记卞百平到会并讲话。区委、区政府、区人大、区政协和团中央有关领导以及区“凝聚力工程”学会、各委、办、局、街道（镇）党政领导应邀出席，区世博会志愿者，区属、区域单位团干部和团员青年代表近500人参加大会。会上，全区420名园区志愿者、6267名城市服务站点志愿者以及平安世博、文明巡访、洋居民、区情讲解等10支城市文明志愿者队伍进行岗前宣誓。（戴鹏莺）

■ 举行“童乐世博，精彩长宁”2010年长宁区“六一”主题集会暨少年宫改扩建启用仪式

5月31日下午，由区妇儿工委主办，区教育局、团区委、区妇联、区少工委联合承办的“童乐世博，精彩长宁”——2010年长宁区庆祝“六一”国际儿童节主题集会暨长宁区少年宫改扩建启用仪式在长宁区少年宫举行。区委书记卞百平，区委副书记、区长李耀新，区人大常委会主任刘雅琴，区政协主席陈建兴，区委副书记夏永泰，区委常委、宣传部部长朱国宏，副区长邹龙飞，共青团上海市委副书记钟晓敏，市妇联副主席朱鸣出席活动，区、街道（镇）妇儿工委领导，区少工委委员，部分委、办、局和街道（镇）分管领导，全区优秀少先队员及世博工作者子女代表共计700多人参加活动。（戴鹏莺）

■ 召开青年干部座谈会

6月4日—22日，区委组织部、团区委、区人社局、区委党校联合召开青年干部系列座谈会。座谈会围绕“青年人如何结合本职工作在长宁区经济社会建设中体现作为”、“工作以来的主要体会”、“共青团组织在青年的成长过程中应当发挥的作用”、“青年干部需要的成长环境”等4个议题进行，先后有来自区域内各部委办局、街道（镇）、企事业单位的青年干部约134人参加座谈。（戴鹏莺）

■ 举办2010年长宁区青年干部轮训班

7月5日—8月12日，区委组织部、团区委和区委党校联合举办2010年长宁区青年干部轮训班。区委书记卞百平和团市委、长宁区委、区政府有关领导出席轮训班并与青年干部交流互动。43名来自长宁区各部门、企事业单位、区域“两新”组织的优秀青年干部参加轮训。轮训班包括理论学习、区情教育和个人展示等3个环节，通过开展一次入学测试、一分钟自我介绍、四次专题辅导报告，一次主题演讲会、一次情景模拟、一篇调研报告、一次总结交流会等7项培训内容，锻炼提升学员综合素质。（戴鹏莺）

■ 开展“红领巾与世博同行”暑期特别行动

7月10日，“红领巾与世博同行”暑期特别行动在长宁区集中开展，来自华东政法大学附属中学、天山路第一小学等7所中小学的140余名少先队员和家长参加交通保障、城市美容、文明礼仪和志愿服务等4项活动。团市委副巡视员、上海市少先队总辅导员赵国强和团区委有关负责同志到活动现场看望正在开展“欢乐假期我来站”——世博会交通保障特别行动的少先队员。（戴鹏鸷）

■ 举行长宁区“爱心游世博”活动

7月18日，长宁区“爱心游世博”首发仪式在长宁区政府机关大厦举行，长宁区青年律师联合会的20名青年律师与新虹桥小学、虹桥机场小学的20名青少年结对共游世博。世博期间，长宁区青年律师联合会通过捐款形式共邀请300余名社区困难青少年畅游世博园区。（戴鹏鸷）

■ 开展“团徽在闪耀—青春世博行动”创先争优活动

年内，团区委组织全区团组织和团员青年广泛开展“团徽在闪耀——青春世博行动”创先争优活动。先后开展团建联建、“青春建功世博”青年优质服务立功竞赛、“迎世博”五四红旗团组织创建等活动，发动全区团员青年积极参与创先争优活动。（戴鹏鸷）

■ 组织4701名世博会城市志愿服务站点志愿者、282名园区志愿者提供志愿服务

年内，团区委招募1.6万余名长宁区世博会园区及城市志愿服务站点志愿者，组织4701名城市志愿服务站点志愿者在长宁区11个外建站、72个内设站共提供信息咨询与查询43.96万人次、文明宣传23.33万人次、语言翻译3.17万人次、应急救护120人次；组织三批次282名高峰岗位、特殊岗位以及长期管理岗位志愿者入园在浦东B片区主题馆部、浦西E片区城市最佳实践区提供志愿服务，服务总量达1.18万班次，每小时服务人次4000余人。（戴鹏鸷）

■ 召开长宁区世博会志愿者工作总结表彰大会

12月3日，长宁区世博会志愿者工作总结表彰大会在长宁区机关大厦召开。区委常委、宣传部部长朱国宏、副区长张连城、区人大常委会副主任王瑾出席并为长宁区世博会优秀志愿者个人和先进志愿者集体颁奖。来自世博会园区、城市志愿服务站点、城市文明及“洋居民”志愿服务队的130余名优秀志愿者及志愿者工作先进个人代表出席大会。（戴鹏鸷）

■ 召开共青团长宁区第十三次代表大会

1月26日，共青团长宁区第十三次代表大会在区机关大厦召开。区委书记卞百平、团市委书记潘敏等领导出席会议。团市委组织部、地区部领导，区各人民团体领导，区属各单位党政领导，区“凝聚力工程”学会青年工作委员会负责人，兄弟单位团组织领导，来自全区各条战线的200名团代会代表和48名列席代表参加大会。陈颖代表共青团长宁区第十二届委员会向大会作题为《建功立业谋发展，凝心聚力促和谐，团结带领全区团员青年为实现长宁“十二五”宏伟目标奉献青春》的工作报告。区委书记卞百平和团市委书记潘敏分别作重要讲话。会议选举产生共青团长宁区第十三届委员会委员、常委和书记、副书记，1人当选为书记，3人当选为副书记。（戴鹏鸷）

（四）长宁区妇女联合会

■ 概况

2010年，区妇联辖有社区（街道）妇联9个、镇妇联1个；居委妇代会177个，村妇代会3个；设区体育局、区工商分局私协、区工商分局个协、及统战系统各党派妇委会10个，区工商联妇女工作专委会1个；设区级工会女职工委员会团体会员1个，街镇工会女职工委员会团体会员10个；辖妇女发展促进会女性社团组织1个，人数461人；区、街道（镇）两级妇联执委239人，各级妇女代表13125人。

以隆重纪念“三八”节100周年为契机，学习领会党对妇女工作的新要求。学习贯彻胡锦涛总书记关于把妇联组织建设成为“坚强阵地”和“温暖之家”的工作要求，准确把握妇联组织的政治属性与群众属性，切实履行好组织妇女、引导妇女、服务妇女和维护妇女儿童合法权益的职责。宣传长宁各界妇女为经济社会发展作出的重要贡献，激励广大妇女干部继往开来、再接再厉，为长宁妇女事业铸就新的辉煌。

围绕中心服务大局，全力推进“上海巾帼世博建功行动”和“百万家庭世博志愿行动”。全区先后有57家单位（班组）申报创建“世博巾帼文明岗”，开展竞赛活动，创设特色服务。15名长宁女性被授予上海市服务世博、奉献世博立功竞赛二、三等功，159名长宁女性获得上海世博工作优秀个人称号。全区24万户家庭围绕平安世博开展“看家护院”行动，10994名妇女担任社区平安志愿者。组成1000余人的妇女维权维稳预警员队伍，对有未成年单亲子女、就业困难、因病致贫等383户重点家庭实行联系全覆盖。24名妇女平安志愿者因工作成效显著受区嘉奖。深入开展“百万家庭行礼仪、邻里互助一家亲”行动，组织包括外籍人士在内的家庭志愿者共4万余人次参加“清洁家园日”、文明行路礼仪宣传等活动。打造“世博人放心家园”，为1300余世博工作者家庭及其未成年子女送关怀。接待海地团结党代表团、英国利物浦妇女代表团以及长三角地区安徽、江苏等地妇女代表团到长宁，并就妇女维权、就业、政治参与等开展民间交流。

围绕社会管理创新，探索打造妇女工作“家”字品牌。建立区“开心家园”志愿服务工作室和10个街镇工作室，充分发挥信访接待、人民调解、法律援助、心理疏导“四位一体”维权工作机制和队伍作用，年内区、街道（镇）二级工作室共接待求助1006件次。推进社区家庭文明建设指导中心建设，以妇女民生需求为导向，加强专项资金支持，优化资源配置，探索服务家庭的新型社会工作模式，社区“祖辈家长课堂”、“蒲公英之家”等项目受到社区群众广泛认同。以实施《家庭教育与性别平等》国际项目为契机，形成较发达地区家庭教育指导模式。延伸和拓展“为孩子父母学校”品牌办学活动，吸引包括社区妇女、职业女性、残疾人家庭、外来务工人员家庭和离异家庭千余人次参加。

坚持强基固本，切实加强妇联组织自身建设。配强选优居民区妇代会主任人选，认真落实居民区妇代会的工作制度，加强基层妇联组织建设、妇女代表联系制建设。华阳路街道和天山街道纺大一村居民区分别被评为全国基层组织建设示范街道（居委）。全国妇联党组副书记、副主席、书记处书记陈秀榕带领全国妇联调研组一行到长宁视察妇女组织推动社区妇女参与基层群众自治实践的情况，并予以充分肯定。积极培育发展各类女性社团，开展居民区女书记对妇代主任的示范带教，促进女性文体团队沙龙交流合作，依托“女企业家沙龙”建立全区167名女性高级经营管理人才的信息库。根据《中共长宁区委关于进一步加强工会、共青团、妇联工作的若干意见》精神，配齐配强街道（镇）妇女干部，切实加强街道（镇）妇联和妇儿工委的组织和队伍建设。（王伟琴）

3月9日，召开长宁区各界妇女纪念三八妇女节100周年暨长宁妇女服务世博誓师大会。

（区妇联供稿）

■ **举行区各界妇女纪念“三八”国际劳动妇女节100周年暨长宁妇女服务世博誓师大会**

3月9日，区妇联在区文化艺术中心隆重举行“时代巾帼 添彩世博”——长宁区各界妇女纪念“三八”国际劳动妇女节100周年暨长宁妇女服务世博誓师大会。大会以短片、朗诵、沪剧和歌舞等形式，弘扬长宁优秀女性和女性群体创新进取、拼搏奉献的时代精神，体现各界妇女立足百年新起点，立志为世博添彩的信心和决心。市妇联主席张丽丽出席大会并致辞。区委书记卞百平在大会上作重要讲话。区领导李耀新、刘雅琴、陈建兴、夏永泰、赵惠琴、王瑾、邹龙飞出席大会。区各委、办、局、街道（镇）、区属企业集团、人民团体负责人，区妇联历届老领导以及来自全区各条战线的优秀女性代表，历届全国、市、区“三八红旗手”、“三八红旗集体”代表，区“十佳巾帼建功标兵”，巾帼文明岗和家庭志愿者近800人参加大会。会前，与会领导、嘉宾和各界妇女代表还参观“巾帼建功榜”——长宁优秀女性图片展。（王伟琴）

■ 举办女企业家联谊晚会

3月9日晚,区妇联和区工商联联合举办“绽放美丽,添彩世博——长宁区女企业家联谊晚会”。来自区域内经济、金融、科技界近70位女性高级经营管理人员参加晚会。市妇联主席张丽丽和区领导卞百平、李耀新、夏永泰、周文贤、刘春景、杲云等出席。区长李耀新在会上致辞。（王伟琴）

■ 举办长宁妇女“创先争优”服务世博推进会暨长宁区第二届邻里节、第十三届家庭文化节开幕式

9月16日,长宁妇女“创先争优”服务世博推进会暨长宁区第二届邻里节、第十三届家庭文化节开幕式在多媒体生活广场隆重举行。大会以演讲、诗朗诵、小品等形式生动再现长宁区各界妇女服务世博、奉献世博的真实场景。区妇联主席总结回顾全区妇女围绕“世博先锋行动”主题、推进“上海巾帼世博建功行动”和“百万家庭世博志愿行动”的总体情况。会上表彰一批在“上海巾帼世博建功行动”和“百万家庭世博志愿行动”中涌现出的优秀女性集体和个人,首批区“开心家园”志愿服务工作室负责人在会上受聘上岗。市妇联副主席朱鸣向受表彰的优秀女性个人、优秀集体和家庭表示祝贺。区委副书记夏永泰出席会议并讲话。区委常委、宣传部长朱国宏,区委常委、政法委书记刘玉鹏出席会议,区委组织部、区世博办、文明办、综治办、司法局、总工会、团委等有关部门领导,参与服务世博的居民区女书记、巾帼文明岗、妇女平安志愿者、家庭志愿者、礼仪志愿者、法律志愿者以及市立功竞赛优秀女性代表等约500余人参加大会。（王伟琴）

■ 召开区“家庭教育与性别平等”国际项目重点课题推进会

4月28日,区妇联召开“家庭教育与性别平等”国际项目重点课题推进会。该国际项目由全国妇联与联合国儿童基金会合作举办,区妇联自2006年至2010年在长宁开展相关调研。区妇联、区教育学院、区妇幼保健所、区托幼办及上海卡通派数码科技发展有限公司等课题承接单位代表与会,并分别就“长宁区中小学家长学校规范化建设的实践与研究”、“提高长宁区6个月内婴儿母乳喂养率的干预探讨”、“提高父亲在早期育儿(0—3岁)中参与性的实践研究”、“优化长宁区0—3岁社区婴幼儿家庭隔代教养的实验”及“快乐心心”5项重点课题汇报交流课题进展情况和中期成果,研究推进中存在的问题及需求,预计结题情况与预期成果等问题。“家庭教育与性别平等”项目专家、中国心理学会发展心理学专业委员会副主任、华东师范大学心理与认知科学学院副院长桑标教授,区家庭教育专家朱尚宗出席会议并作指导。（王伟琴）

■ 举办解读《全国家庭教育指导大纲》专题培训

6月17日,区妇联在区教育学院举行解读《全国家庭教育指导大纲》专题培训。上海社科院青少所所长、上海家庭教育研究中心主任杨雄应邀作“《全国家庭教育指导大纲》解读”专题讲座。区妇联和街道(镇)妇联全体工作人员,社区“家庭文明建设指导中心”负责人和全区中小学德育教导、政教主任共计80余人参加,并就家庭教育工作现实问题进行现场互动。（王伟琴）

■ 开展“世博人家”实训互访交流活动

7月27日,区妇联组织长宁区“世博人家”代表30人开展以学习中国传统文化为主题的接待实训互访交流活动。先后走访参观长宁规划展示厅、上海书画出版社、长宁民俗文化中心等处,观看国粹文化京剧艺术展和民间手工艺品展。家庭代表们还各自展示家庭文化及特色,交流学习接待礼仪等。区委副书记夏永泰慰问“世博人家”家庭代表并赠送慰问品。区妇联、区世博办领导参加活动。（王伟琴）

■ 举办上海旅游节长宁小主人老洋房寻访活动

10月23日,区妇联与区旅游局、新华社区共同举行上海旅游节长宁小主人老洋房寻访活动暨新华老洋房展示中心揭牌仪式。著名作家王小鹰为现场居民签名赠书。活动以“小手牵大手”的形式,组织长宁区百位五好家庭、学习型家庭代表参观上海最具特色的长宁区老洋房住宅群落,体验老弄堂九子游戏,参与者在复旦初级中学、新华路211弄等近代海派建筑中,感悟人文精神,增长社会见识。（王伟琴）

■ 举办“为孩子父母学校”特色办学活动

年内,区妇联以“关爱孩子,理解宽容,和谐相处,共创未来”为主题,共举办5期“为孩子父母学

校”特色办学活动,积极宣传家庭婚姻和谐以及对未成年子女的法律保护。5月18日,以预防未成年人犯罪为内容,联合区法院、区检察院在新光中学举办第46期办学活动。学生家长、学校青保老师、区关工委志愿者等近100人旁听了一起未成年人聚众斗殴案件的开庭审理。之后,检察官、法官分别以案说法,讲解有关未成年人保护的法律知识,并以“孩子也需要尊严”为题引导家长理解尊重孩子,关心他们健康成长。6月,举办以建立和谐婚姻和家庭关系为主要内容的第47期办学活动。7月,举办以关注残疾人家庭婚姻关系和优生优育为主要内容的第48期办学活动。8月,联合区机关党工委、区社工委、区总工会女职工委员会举办以关注职业女性婚姻家庭问题为主要内容的第49期办学活动;联合区法院举办以有未成年子女的离婚当事人为对象的第50期办学活动。 (王伟琴)

■ **赴奉贤、金山等地学习交流**

7月2日,区妇联组织10个街道(镇)分管领导和妇联主席一行近30人赴奉贤、金山等地学习交流。在奉贤“桂英人民调解工作室”,共同探讨调解工作技巧以及关爱女性、维护家庭稳定、促进社会和谐等热点问题。在金山参观市级金山(廊下)现代农业园区,到“世博农家”学打莲湘,学画金山农民画,学做农家菜,玩乡村游戏等,拓宽视野,学习世博农家的接待经验。 (王伟琴)

■ **举办“青年女性职业飞翔计划”讲座**

10月28日,区妇联举办“青年女性职业飞翔计划”讲座。邀请上海工汇房地产开发经营有限公司董事长、总经理、党支部书记、“上海市百名优秀创业女性”、上海市三八红旗手钱建华作主题为“在创业的路上懂得做人,学会做事”的讲座。钱建华结合自己的创业经历,与女性青年们分享创业经验并互动交流。200余名有创业意向的社区女性青年、在校大学生参加讲座。 (王伟琴)

■ **组织“开心家园”志愿服务工作室心理疏导实务培训**

11月25日,区妇联组织“开心家园”志愿服务工作室人员参加心理疏导实务培训首场讲座。“刘博士心理阳光工作室”刘素珍博士应邀作主题为“心理学与心理咨询——理论与实操”的讲座。刘博士以案例分析、上下互动、角色扮演等形式讲解心理学和心理咨询的基础知识,引导学员将心理学的理念贯穿于接待咨询的过程,以提升“开心家园”志愿服务工作室负责人运用心理知识调处家庭矛盾的能力。区、街两级“开心家园”工作室负责人及有关妇女干部等近40人参加培训。之后,区妇联又组织3次系列讲座和体验活动。 (王伟琴)

■ **举办区职业女性专场报告会**

8月12日,区妇联会同区机关党工委、社工委、总工会女职工委员会等联合举办职业女性专场报告会。著名作家、女性问题专家林华以“让我们的生命轻舞飞扬——漫谈现代女性的生活智慧”为主题,与大家分享女性对生命的理解、对生活的态度和应有的智慧。区内三八红旗手、女劳模、女企业家等优秀女性代表,区属企事业单位职业女性,区“两新”组织女性代表,居民区女书记联谊会成员和区机关部分女干部等近300人参加。(王伟琴)

■ **成立长宁区女法律人才联谊会**

12月17日,来自区域内法律界的100多位优秀女性人才欢聚虹桥万豪,举行长宁区女法律人才联谊会成立仪式。部分区女企业家联谊会成员到场祝贺。区委副书记、区长李耀新,区委副书记夏永泰,区委常委、政法委书记刘玉鹏,区凝聚力工程学会副会长姜翠和市妇联副主席朱鸣、华东政法大学副校长刘晓红出席活动并为区女法律人才联谊会成立揭牌。东虹桥法律服务园区项目负责人介绍东虹桥法律服务园区建设的有关情况。区妇联主席、区妇女发展促进会会长介绍联谊会的成立宗旨及理事会成员人选。经推选,刘晓红担任长宁区女法律人才联谊会会长,98名女性法律人才成为联谊会一期会员。市女法官协会、市女检察官协会、市女律师协会的领导出席会议。 (王伟琴)

■ **市、区妇女代表调研长宁妇女儿童工作**

8月26日,上海市妇女代表,长宁区部分人大女代表、政协女委员,区妇联执委等一行40余人前往区少年宫、区妇幼保健院、区图书馆、青聪泉儿童智能开发中心、携程旅行网国际机票预订部等地实地调研长宁妇女儿童工作情况。之后召开座谈会,妇女代表围绕当前妇女儿童“最关心、最直接、最现实”的利益问题积极建言献策,对科学编制妇女、儿童发展“十二五”规划提出建议。市妇联党组书记、主席、市妇儿委副主任张丽丽参加座谈会并讲话，会后张丽丽还视察区婚姻登记中心等地。

（王伟琴）

■ 全国妇联妇女研究所妇女地位调研组到长宁调研

9月17日，全国妇联妇女研究所妇女地位调研组一行6人到长宁区新泾镇，开展《第三次中国妇女社会地位调查》前期调研工作。调研组走访参观了绿谷别墅和满庭芳别墅，并与社区妇联干部、居民区妇代主任、社区物业管理人员进行座谈交流，探询在别墅社区开展入户调查的现实问题，为进一步完善入户调查工作方案，做好第三次中国妇女社会地位调查工作做好准备。11月中旬，周家桥、仙霞新村、天山路街道有8个居民区被抽样参与了第三次中国妇女社会地位调查入户访问及统计工作。

（王伟琴）

■ 召开区妇联十届六次执委（扩大）会议

1月29日，区妇联召开十届六次执委（扩大）会议，区妇联主席代表常委会向十届六次执委会作《服务大局，开拓奋进，团结引领长宁妇女为实现“五个确保”奉献智慧和力量》工作报告。区委副书记夏永泰出席会议并要求：一要组织动员广大妇女群众全力以赴投身上海世博会，争创巾帼文明岗，争当家庭志愿者；二要注重发挥优秀女性示范引领作用，切实抓好提升妇女素质的工作；三要在服务民生改善中体现妇联组织的独特优势，推进妇女创业就业和妇女儿童帮困助学行动；四要在加强自身建设中提高做群众工作的水平，努力扩大组织覆盖和工作覆盖，加强妇联干部队伍建设。区妇联第十届执委、系统妇委会负责人、各街道（镇）妇联工作分管领导、街道（镇）妇联主席、部分妇女代表以及区妇联机关干部等70余人出席会议。（王伟琴）

■ 举办2010年妇女干部培训班

12月10日，区妇联举办2010年妇女干部培训班。围绕基层组织建设和群众组织参与社会建设等内容，以工作实务培训和专家授课辅导为主要形式对妇女干部进行培训。市妇联组织部部长竺倩伟应邀作关于《妇联组织建设》的讲课；华东理工大学社会与公共管理学院党委书记朱眉华教授应邀作《社会工作与社会建设以及专业方法在家庭服务领域的运用》的辅导报告，并以“家庭社会工作案例工作坊”的案例与街道（镇）“开心家园”志愿服务工作室人员共同探讨接待群众中遇到的关于家庭矛盾、财产纠纷等方面的工作案例；华东师范大学心理与认知学院应用心理学系主任崔丽娟教授应邀作关于心理健康方面的讲座。共有200余名妇女干部参加培训。

（王伟琴）

■ 英国利物浦妇女代表团到长宁区访问交流

10月12日，以英国利物浦市政委员会议员、利物浦妇女国际企业发展中心主席弗洛·克鲁卡斯女士为团长的英国利物浦妇女代表团一行4人在市妇联副主席黎荣陪同下到长宁区访问，参观女性创业企业，走访上海卡通派数码科技发展有限公司，了解女性创办企业的发展历程。代表团一行还听取长宁区情介绍，并就妇女的教育、就业、政治参与等内容与区妇女代表进行座谈交流。区委常委、统战部部长刘春景，区妇联、区外事办公室负责人和上海卡通派数码科技发展有限公司总裁刘红等妇女代表参加座谈交流活动。

（王伟琴）

10月12日，区妇联接待英国利物浦妇女访问团

（区妇联供稿）

■ 海地团结党代表团到长宁区考察妇女工作

7月5日，海地团结党代表团一行到长宁华阳社区，就社区管理和妇女维权工作开展访问交流，听取长宁区情、华阳社区概况介绍并了解长宁区女性在政治权利、文化教育、劳动和社会保障、婚姻家庭权益等方面获得保障的实际情况，实地察看华阳社区家庭文明建设指导中心、图书馆、亲子俱乐部、

手工编织活动室等社区文化活动阵地，并与社区群众合影留念。代表团一行对长宁社区建设和女性维权发展十分赞赏。区委副书记夏永泰和区妇联、华阳社区党工委负责人等陪同考察。 （王伟琴）

■ 江苏省镇江市妇联到长宁交流访问

9月27日，镇江市妇联主席胡云霞一行20人到长宁区“世博人家”、社区家庭文明建设指导中心等地开展交流访问。参观新华社区活动中心、《新华老洋房》油画展览等，听取新华社区家庭文明建设指导中心的工作项目介绍。区妇联和新华街道综合党委领导陪同接待。 （王伟琴）

■ 贯彻落实《中共长宁区委关于进一步加强工会、共青团、妇联工作的若干意见》精神

10月15日，长宁区委常委会专题审议通过《中共长宁区委关于进一步加强工会、共青团、妇联工作的若干意见》（以下简称《意见》），明确要为工青妇工作创造良好条件，进一步健全和完善党对工青妇领导的工作制度，形成关心支持工青妇工作的社会合力。根据《意见》精神，全区各级妇联组织立足自身特点和优势，加强自身建设，主动适应社会建设和区域化大党建的新要求，进一步努力在服务区域经济发展、参与社会建设、服务区域化党建中发挥作用。区妇联还进一步落实社区（街道）、镇妇联主席按照公务员正科级领导职务配备，各街道（镇）妇儿委配备1名事业编制专职干部，切实加强妇联组织建设和队伍建设。 （王伟琴）

（五）长宁区科学技术协会

■ 概况

年内，长宁区科协组织开展“讲理想，比贡献”评比表彰申报工作，开展市科协继续教育示范项目申报工作。向区属13个学会、民办非企业机构转发《关于本市开展治理和规范涉企收费工作的通知》和开展“小金库”自查自纠工作有关文件，协助区社团局开展年检工作。走访兄弟区科协，为成立科技园区科协作准备。 （杨 砚）

■ 举办中科院长宁科学园未来科技之星培育工程（二期）首次活动

7月12日，由长宁区科委、科协、教育局和中科院上海硅酸盐所、中科院上海微系统所共同主办的“走近科学殿堂 体验创新魅力——中科院长宁科学园未来科技之星培育工程（二期）”在上海硅酸盐研究所启动。有关专家分别作《固体氧化物燃料电池的原理和运用》、《基因与行为》、《绿色能源技术简介》和《荧光聚合物痕量爆炸物检测技术在世博、公共交通、机场的应用》等4场科普报告。二期工程首次活动以科普讲座的形式，让科学家走进课堂。 （杨 砚）

（六）长宁区归国华侨联合会

■ 概况

2010年，长宁区侨联坚持以科学发展观为指导，履行侨联组织“参政议政、维护侨益、海外联谊、群众工作”四项基本职能，坚持为大局服务和为侨服务的统一，坚持国内、海外工作并重，老侨、新侨工作并重，以更新的工作思路，更高的工作目标，团结带领海内外华侨华人、归侨侨眷为长宁的经济社会发展做出积极贡献。虹桥街道、江苏路街道获上海市侨联系统先进基层组织称号，3人获上海市侨联系统先进个人称号，3人获上海市归侨侨眷先进个人称号；区侨联获上海市侨联颁发的“亲情中华世博行”优秀组织奖，40人获“亲情中华世博行”优秀志愿者称号；区侨联撰写的《整合“五侨”资源，加强互动合作，不断推进侨联工作上台阶》调研报告获市侨联一等奖。第五届侨联委员共46人，其中主席1人，副主席7人。全区10个街道（镇）均成立侨联会。 （唐惠萍）

■ 举行侨界志愿者在行动主题实践活动暨授旗仪式

1月4日，区侨联在华阳社区文化中心举办“满情激情迎世博，侨界志愿者在行动”主题实践活动暨授旗仪式，来自社区300名侨界志愿者参加。上海市侨联党组书记李葳萍，区委常委、统战部部长刘春景和市、区有关部门领导出席授旗仪式，并向10个街道（镇）、教育、卫生系统的12支志愿者队伍代表授旗。 （唐惠萍）

■ 举办侨界人士书画、摄影展

11月4日，区侨联在长宁区图书馆举行“歌颂祖国，赞美世博——侨界人士书画、摄影展”开幕

仪式。市侨联副主席杜宇平出席开幕仪式，区委常委、统战部部长刘春景在仪式上讲话。此次参展作品由全区10个街道（镇）侨联会广泛动员，精心选送，共展出书法、绘画作品90多幅、摄影作品120多幅，参展人数100余人，展出时间一周。

（唐惠萍）

■ 举行侨界人士“服务世博、奉献世博”表彰大会暨第四届艺术节

11月4日，区侨联在长宁区图书馆举办侨界人士“服务世博、奉献世博”表彰大会暨第四届艺术节活动。会上表彰12支世博先进志愿者队伍、87名世博优秀志愿者和72户世博和谐示范家庭。市侨联副主席杜宇平出席，区委常委、统战部部长刘春景致词。表彰会结束后，举行精彩的文艺演出，400多名归侨侨眷参加。（唐惠萍）

■ 发挥侨联界别参政议政作用

在长宁区“两会”召开之际，侨联界别委员们积极履行参政议政职能，提出13件意见和建议被区政协提案委员会列为提案。区侨联主席与区侨联副主席作为市人大代表，在市十三届人大三次会议期间提出代表书面意见6件。（唐惠萍）

■ 开展“我为长宁经济社会发展献一计”活动

年内，区侨联发挥广大归侨侨眷的智慧和力量，专题召开会议，对2009年积极参与“献一计”活动的34人进行表彰和激励；部署“我为后世博献一计”金点子征集工作。全年收到金点子共78条，其中，提交市侨联参政议政素材10件，作为区政协提案的有28件，作为社情民意的有39件。（唐惠萍）

■ 开展帮困送温暖活动

2010年春节前夕，区侨联在全区侨界人士中广泛开展“为侨办实事，真情送温暖”活动。区侨联和各街道（镇）侨联会对社区侨界中空巢、独居和有特殊困难群体上门进行走访，共走访慰问1060人，其中归侨170人。慰问总金额为20.68万元，其中，送慰问金达15.5万元。区侨联还在全区侨界人士中开展“‘侨帮侨、献爱心’——共建和谐新长宁”送温暖、送保险、送清洁、送文化、送健康五送活动。长宁侨商会会长卢国富、卢许君婉夫妇为100余位侨界困难对象资助5万元。（唐惠萍）

■ 完成10个街道（镇）侨联会换届工作

4月，区侨联召开10个街道（镇）侨联会秘书长专题工作会议，下发《关于各街道（镇）侨联会换届工作的意见》。年内，在各街道（镇）党工委的领导下，经过民主推荐和表决选举，各自选出年纪相对较轻、思想素质好、文化层次高、热爱侨联工作的归侨侨眷代表。此次换届共选出委员116人，其中主席10人，副主席30人。（唐惠萍）

■ 组织新一届街道（镇）侨联委员培训

为提高侨联新委员的侨务工作理论水平和侨联工作的业务水平，年内，区侨联对换届后的委员以讲座、交流等方式进行培训。邀请市侨联副主席杜宇平就侨联工作的职责、任务、方法等进行讲课；请基层侨联会主席、秘书长谈如何做好基层侨联工作的体会；区侨联就如何做好侨联会工作台账等进行培训。这次培训为新上任的侨联委员今后开展侨联会工作指明了方向。（唐惠萍）

■ 加强基层“侨之家”规范化建设

年内，区侨联全面推进10个街道（镇）“侨之家”规范化建设。先后接待市侨联领导率兄弟区侨联干部前来周家桥街道观摩“侨之家”活动阵地。将10个街道（镇）20篇特色“侨之家”活动案例汇编成册。7个街道“侨之家”先后被市侨联评为“特色侨之家”。（唐惠萍）

（栏目编辑　徐德生）

八、人民武装 民防

REN MIN WU ZHUANG MIN FANG

（一）综述

2010年，区人民武装部、区民防办围绕世博安保中心任务开展各项工作，完成区委、区政府和上级交办任务。

区人民武装部开展培育“当代军人核心价值观”主题教育、“全民国防教育日”宣传和学雷锋为民服务等活动，编制《长宁区国防动员“十二五”规划》；组织民兵参与社区平安志愿者活动、世博安保应急分队集训、民兵整组点验和地方干部过军事日活动，重点抓好全区民兵应急防化分队和信息员队伍建设，加强战备演训练、完善各类方案计划、遂行处突维稳抢险救灾任务，组织124名应急防化分队进驻杨行集中备勤；推进国防动员指挥系统建设，区国防动员和后备力量建设得到新的加强；党委班子领导区人武部科学发展的能力得到提高。区人武部等10个单位被评为世博先进单位，64人被评为世博先进个人或优秀世博志愿者。区人民武装部创连续47年无事故，被南京军区评为国防动员先进单位。

区民防办抓住迎博、办博机遇，落实世博安保各项服务。重点加强区内22座以平时用于仓储为主的地下空间安全监督管理，加快民防应急准备工程和救援队伍建设，完善民防指挥通讯信息体系；探索开展民众防护综合联动；召开“平安世博”暨“世博先锋行动”动员会、社区民防工作和地下空间安全推进会；组织区地下空间使用单位的100余名相关人员参加法制讲座，开展地下空间网格化管理监督检查员培训；向全区142所中小学、职校及幼儿园发放各配备有20件应急器材的校园安全应急箱，向全区1.3万户居民家庭发放家庭应急包；对全区重点地下空间目标开展安全隐患专项检查，开展地下空间联合安全检查和组织全区10个街道（镇）举办11场防灾减灾疏散实战演练，1.5万社区居民参加；深化民防依法行政，完成区民防“十二五”规划编制；推进区民防工程建设稳步发展，早期民防工程治理得到改善，区民防事业科学健康发展。（常 念）

（二）人民武装

概况

2010年，长宁人武部紧紧围绕世博安保中心任务开展各项工作，国防动员和后备力量建设成绩明显。区人武部被南京军区评为国防动员先进单位。

思想政治建设坚强有力。深入开展“培育当代革命军人核心价值观”、“学习何祥美，履行新使命，世博作贡献”主题教育和“拒腐防变当传人，奉献世博塑形象”专题教育；针对可能担负的世博安保任务，拟制下发《世博安保政治工作意见》、《在参与世博安保行动任务的专武干部和民兵中开展立功创模活动的意见》。组织区领导和区人大代表、区政协委员过“军事日”活动，增强各级领导干部的国防观念。组织驻区部队和民兵预备人员开展国防知识宣传、万人签名、发放书刊和《长宁时报》、兵役宣传、便民服务、鸣放防空警报等6项活动，提高全区人民群众的国防意识。

遂行多样化非军事任务能力明显增强。在全面编组整顿国防后备力量的基础上，重点抓好全区300人的民兵应急分队和20人的信息员队伍建设，各街道（镇）按时间节点抓好人员落实和前期整组训练。制订《长宁区民兵应急防化连紧急行动方案》、《长宁区民兵应急连世博安保备勤训练计划》等各类方案计划，组织民兵应急防化连干部骨干进行专业集训。组织民兵参与社区平安志愿者活动。区、街道（镇）两级武装部长分别担任区、街道（镇）世博安保指挥部副指挥长，坚持把民兵志愿者和民兵信息员纳入到社区安保队伍，负责轨交站点、公交站台、重要设施的安全保卫。

安全管理保持良好态势。严格按照军事机关的标准要求，依据条令条例加强对干部职工的教育管理。突出人、车、枪、弹、密等重点部位的管理；采取人防和技防相结合的办法，安装办公楼自动识别开门系统、应急警铃，购买防盗和监控设备，加装营区电子围栏；强化防火意识，完善消防设施，提高防火能力。严格落实各项安全管理制度，民兵武器库连续47年安全无事故。区人武部被上海警备区评为安全管理先进单位。

在双拥工作中桥梁纽带作用发挥明显。以争创“全国双拥模范城”为目标，扎实有效地开展各项工作。区人武部组织3次大型的国防教育集中宣传活动，开展医疗、咨询、理发、电器修理等便民服务。发动全区军民踊跃参加双拥创建活动，区主要领导带队，先后4次走访慰问世博安保部队；组织16家大型企业、“两新”组织与世博安保部队结对共建，为世博安保部队官兵提供好服务保障；向驻区部队基层连队赠送200多台电脑。做好军属优待和军转干部、随军家属的安置等工作，年内安置军转干部26人，安置随军家属34人，协调解决88名部队干部子女就高就近上学的问题。设立“菜篮子大篷车”，定期定时开进各干休所，为老干部买菜提供方便。投入1400多万元解决驻区部队营区积水、房顶漏水问题，改善营区环境。区人武部和驻区部队官兵积极开展拥政爱民活动，在迎世博活动和世博会期间，先后出动兵力13万人次、车辆1600多台次，帮助打扫清理卫生、维护社会秩序。在区双拥办的统一领导下，先后两次召开协调会，认真组织驻区部队双拥创建考评工作；扎实开展“军徽映夕阳”活动，驻区部队、民兵单位和10个街道（镇）、43家社区单位签约共建，实行驻区部队和养老机构、居家养老人员的全面覆盖，先后组织“关爱服务”、“科学普及”、“健康成长”等专项活动，军地反映良好。

国防动员和后备力量建设水平进一步提高。年初，市国动委综合检查组对长宁区“十一五”以来国防动员工作进行全面检查验收，评价比较高，在南京战区五年一次的先进评比中长宁区再次被表彰为国防动员工作先进单位，实现二连冠。区人武部组织对1万多名高一新生、2万多名大一新生开展军训。认真抓好兵役登记，进行调研摸底，思想发动，采取多种手段增加预征对象，严密组织体检、政审，完成2010年度187名男兵和7名女兵的冬季征兵任务。（马宗瑞）

■ 开展学雷锋为民服务活动

3月5日和世博会期间，区人武部分别组织驻区部队和民兵学雷锋小组在上海国际体操中心广场、中山公园米兰广场、中山公园地铁站等场所，开展学雷锋为民服务活动。提供医疗巡诊、法律咨询、理发、家电修理、修鞋等多项便民服务，开展雷锋精神、国防知识、兵役常识和“文明观博”等宣传，共发放宣传册6000余份，受到广大人民群众的好评。（马宗瑞）

■ 组织兵役执法检查

3月24日，区人武部召开2009年度兵役执法检查现场会，在周家桥街道组织试点，区武装部组织各基层武装部进行兵役登记培训。3月至6月，区征兵办公室对各级兵役部门依法服兵役工作，区域内公民、法人和其它组织依法履行兵役义务等情况开展执法检查，并采取划片设点的办法，对全区16062名适龄青年进行兵役登记，规范全区兵役执法的程序和方法。（马宗瑞）

■ 组织世博安保应急分队集训

6月17日—7月18日，区人武部组织124名应急防化分队民兵进驻杨行担任世博会集中备勤任务。部党委坚持科学组织、严格管理，以训练保备勤、以备勤促训练的思路，始终保持一级战备状态，随时准备承担世博园区可能出现的安保任务。面对高温、高客流的考验，参与备勤的干部民兵严格要求、严格训练、严守纪律，圆满完成为期1个月的集中备勤任务。备勤期间，上海警备区司令员彭水根、副司令员谢德志和长宁区政法委书记刘玉鹏、副区长张连城等领导分别视察指导，给备勤官兵极大鼓舞。（马宗瑞）

■ 组织召开民兵整组点验大会

4月7日，区人武部在东华大学集中组织了2010年度基干民兵整组点验大会。依托长宁区“大党建”优势，在8家规模较大的企业建立武装部，后备力量编组注重向“两新”组织拓展延伸，完成5794名民兵、预备役官兵编组任务。采取突出重点、区分层次的方法，在全面编组整顿国防后备力量的基础上，重点抓好全区300人的世博安保民兵应急防化分队和20人的信息员队伍建设，对整组编入应急分队的民兵进行点验，到点率100%。（马宗瑞）

■ 组织地方领导干部过“军事日”

7月30日，区人武部组织长宁区委、区政府、区人大、区政协领导到总参三部三处、海防一旅三营、上海边防总队1001舰过“军事日”。通过观看内部资料片、军事表演和参观军营环境等，让地方领导亲身体验士兵生活、接受国防教育。同时，组织召开区委常委议军会议，区人武部、区双拥办分别汇报武装工作和推进“双拥模范城”创建工作的情况，会议在“如何贯彻上级指示要求，高标准推进长宁区国防后备力量科学发展”方面形成共识。（马宗瑞）

■ 区国防教育办公室开展全民国防教育日宣传活动

9月18日，是第十个全民国防教育日，区国防教育办公室围绕“富国强军，共筑长城”主题，组织驻区部队和部分民兵在中山公园米兰广场，开展国防、双拥、世博知识集中宣传教育活动，展出国防、民防、双拥知识展板62块，发放资料6000余份，1500多人参加国防教育万人签名活动，为1800多人次提供医疗咨询、修理、理发等项目的服务。同时，各街道（镇）普遍开展各种形式的集中教育宣传活动，华阳路、江苏路、天山路、仙霞新村、新华路等街道在居民区、文化活动中心等场所的电子屏幕上，都增加了国防教育内容；虹桥街道举办以"强我国防，振兴中华"为主题的黑板报评比等活动。区国防教育办公室还联合区民防办进行防灾减灾警报试鸣，以增强全区人民的国防意识。（马宗瑞）

■ 加强国防动员指挥系统建设

年内，在警备区有关部门和区委区政府有关部门的关心帮助下，武装部和区国动委成员单位、研制单位经过三年共同努力，完成警备区下达的长宁区国防动员指挥信息系统软件开发研制试点任务。10月27日，接受市国动委有关部门及南京军区军事科技成果鉴定委员会组织的有关专家对该系统软件的鉴定，并接受市国动委综合检查组对长宁区"十一五"以来国防动员工作全面检查验收，得到充分认可。（马宗瑞）

■ 做好年度征兵工作

年内，区人武部紧紧围绕确保兵员质量这个核心，针对应征适龄青年数量相对往年大幅减少的情况，党委一班人多次深入街道（镇）和社区调研、召开征兵情况分析会，做到早摸底、早动员、早准备，并通过长宁电视台、长宁时报、国防教育、社区宣传栏等途径，加强国防教育和政策宣传的力度，坚持依法征兵、廉洁征兵，严把征兵操作环节，优先征集高学历青年入伍，保证征兵质量。全区共完成187名男兵、7名女兵的征兵任务，其中，研究生1人，本科生62人，大专生27人，三校生97人，较好地完成征兵任务。（马宗瑞）

■ 完成新老领导交接工作

8月25日，根据南京军区8月20日政干令【2010】134号命令，区人武部举行新老政委交接仪式，上海警备区政委朱争平、长宁区委书记卞百平出席交接仪式，人武部原政委王惠宁免职，原松江区人武部政委马发明接任长宁区人武部政委职务。12月23日，根据南京军区12月5日政干令【2010】200号命令，区人武部举行新老部长交接仪式，上海警备区司令员彭水根、长宁区委书记卞百平、长宁区委组织部部长周文贤出席交接仪式，人武部原部长洪俊才退休，原上海预备役高炮师副师长张平浔接任长宁区人武部部长职务。（马宗瑞）

（三）民防

■ 概况

2010年长宁区民防工作在区委、区政府领导下，在市民防办指导下，按照"坚持一个中心（科学发展），注重二大建设（队伍和项目），提升三项能力（执政为民、统筹发展、务实诚信）"的民防发展总体思路，自觉贯彻落实科学发展观，抓住迎博、办博的重大发展机遇，加快民防事业健康发展，全面落实各项工作目标和任务。围绕"世博先锋行动"，全力以赴完成好世博安保各项任务；对《地下空间突发公共事件应急处置预案》、《参加恐怖袭击事件应急处置预案》、《民防救援队伍参加相关灾种应急救援预案》、《突发事件组织民众疏散撤离和应急防护行动预案》、《应急通信和信息保障预案》和《民防指挥所应急开设（出动）预案》等六类预案进行修订完善；重点加强地下空间安全监督管理；加强救援队伍建设；完善指挥通信信息体系。加快人防应急准备工程建设。"219工程"推进顺利，完成两个街道（镇）A类指挥所建设工作和七个B类指挥所的选址工作。扎实开展民众防护综合联动工作。开展社区民防"双基"建设；推进政府实事工程；加强学校民防建设。进一步加强民防工程建设和管理。投入资金1000多万元，早期民防工程的治理得到改善。严格行政审批，共受理12个民防行政审批项目（其中1个减免项目，5个结建项目，6个缴纳民防工程建设费项目）；民防工程建设稳步发展。进一步深化依法行政工作。认真抓好"十二五"规划编制工作。（何贤文）

■ 开展地下空间联合检查

1月下旬至2月上旬，区地下空间管理联席会议办公室（区民防办公室）会同区消防支队、区安监局、区房管局等4家成员单位以及区民防工程管理所，对区内平时用于仓储为主的地下空间进行联合检查。检查发现：一些非民防地下空间存在灭火器配置数量不足，灭火器过期失效，地下空间内未设置应急照明设备，地下空间既作仓库又作宿舍、且住宿人员较多，内部环境状况较差等情况。区地下空间管理办公室向这些单位开具《地下空间安全隐患整改通知书》，要求就检查所发现的安全隐患限期整改。（何贤文）

■ 召开第一次全体联络员会议

3月1日，区地下空间管理联席会议召开2010年第一次全体联络员会议。区地下空间管理联席会议办公室组织地下空间安全执法检查培训；区法制办主任部署全区“关于组织开展学习、宣传、贯彻《上海市地下空间安全使用管理办法》”的实施方案；要求各成员单位认真学习、宣传、贯彻《上海市地下空间安全使用管理办法》，以正在进行的地下空间安全隐患排查整治、防台防汛等工作为契机，完善各类方案、细化工作措施、落实责任要求，做好“世博会”期间区地下空间安全管理的各项工作。

（何贤文）

■ 组织地下空间法制专题讲座

3月3日，区民防办组织区地下空间管理联席会议各成员单位、各街镇武装部、有关地下空间的使用（管理）单位以及区民防系统的相关人员共100余人参加法制培训，邀请市民防办法制处处长陈翰就3月1日起实施的《上海市地下空间安全使用管理办法》（以下简称《办法》）作专题讲座。通过培训讲座，使与会人员进一步领会《办法》的深刻内涵，提高地下空间执法检查、管理人员的专业水平。（何贤文）

■ 市民防办主任刘南山调研区民防工程管理工作

3月19日，市民防办主任刘南山一行视察虹桥路996弄14号等4个民防工程，并听取区民防办主任关于区地下空间安全管理、迎世博保安全群防群治、早期民防工程治理工作的汇报，市民防办领导对区上述工作给予肯定。刘南山要求：民防的世博安保工作，除了要加大力度、加强值班备勤、抓好指挥场所建设、做好民众防护的各项工作外，地下空间的安全监管是世博期间民防工作的重中之重。民防工程要确立“管养分开”的思想，区民防工程管理所要向民防监督管理中心的方向转型，并根据地下空间的具体情况来考虑人员的配备。（何贤文）

■ 区民防系统召开“平安世博”暨“世博先锋行动”动员会

4月1日，区民防系统召开“平安世博”暨“世博先锋行动”动员会，干部职工共50多人参加会议。民防办党政领导对“地下空间安全管理、处置突发事件组织指挥体系、系统内部安全稳定以及世博先锋行动”等相关工作进行动员和部署。参会的系统党员干部，围绕“平安世博”主题，构筑坚强的政治思想防线，积极主动奉献世博；以严明的纪律、过硬的作风、扎实的工作作风全程服务世博；构筑稳固、灵敏、高效的地下空间安全管理和应急处置突发事件防线，全力以赴保障世博。（何贤文）

■ 召开社区民防工作会议

4月8日，区民防办公室在新泾镇新泾家苑居委会召开社区民防工作会议。民防办领导、新泾镇领导、各街道（镇）民防干部、居委会代表共60余人出席会议。与会人员观摩民防机动指挥车、特种救援设备和化学救援设备，参观新泾家苑居委会居民应急避险场所和其他民防设施，听取两个居委会开展社区民防建设的交流发言。区民防办主任就社区民防在平安世博中的任务和要求作具体部署。

（何贤文）

■ 召开重点地下空间安保会议

4月21日，区地下空间管理联席会议办公室组织召开区重点地下空间安保会议，就世博期间全区重点地下空间安保具体工作，向区内社会管理的地下空间重点目标管理单位做动员和部署。介绍《上海市地下空间安全管理办法》、《关于加强地下空间安全管理的通告》等法律法规具体内容，并就组织平安志愿者开展重点地下空间巡防驻点守护工作作出安排。（何贤文）

■ 联合举行校园安全应急箱发放启动仪式

6月24日，区民防办、区教育局在新古北中学举行校园安全应急箱发放启动仪式。区民防办、区教育局主要领导，全区142所中小学、职校、幼儿园及托儿所的分管领导共150多人参加发放启动仪式。校园安全应急箱配备应急处置必须的呼吸、逃生、防化、警戒、防电和现场医疗救护等方面应急器材共20多件，为校园师生组织实施人员应急疏散及对化学事故、触电事故、供排水事故等先期应急

处理提供了器材保障。（何贤文）

■ 与世博局主题馆签订《共建联建协议》

6月29日，区民防办党委与世博局主题馆部党委签订以“园区提供平台、民防提供服务”为主要内容的《共建联建协议》，为基层党建工作推出新举措，为党员“岗位行动、家园行动、志愿行动”注入新内容，开辟党员“园区行动”新阵地。双方本着“共享资源、优势互补、共同提升”的原则，运用各自优势，在世博园区内开展各类防灾减灾、自救互救方面的宣传培训，组织互动实践活动，提升党组织凝聚力和党员队伍整体素质。（何贤文）

6月29日，区民防办党委与世博局主题馆部党委签订《共建联建协议》（区民防办供稿）

■ 抽查全区民防应急箱管理情况

7月份，区民防办对全区民防应急箱管理情况进行抽查，并根据部分应急箱内器材消耗、损坏、丢失等情况进行补充、维修和更新，确保箱内器材件数不少，使用完好，放置在位。（何贤文）

■ 加强区地下空间管理

4月9日，区民防办举办地下空间网格化管理监督检查员培训。结合前一阶段地下空间网格化管理试点工作中发现的情况和问题，对《地下空间网格化管理事件》有关规定逐一作详细介绍和解释，并当场回答有关问题。此次培训为下一阶段在区地下空间全面推行网格化管理创造有利条件。8月25—26日，区民防办召开长宁区社区民防工作暨地下空间安全管理推进会，各街道（镇）武装部（民防办）、综治办等相关部门人员参加会议。会议传达市、区有关社区民防工作和地下空间安全管理精神和工作要求，并结合“十二五”规划，进行分组讨论，提出合理化建议。（何贤文）

■ 市防办领导检查地下空间

8月31日，市民防办副主任孙晓波带领市地下空间管理联席会议办公室联合检查组，对长宁区中山公园地区的地下空间、世博会期间地下空间安保“回头看”和防汛措施落实情况等进行联合检查。检查组一行对长峰商城（龙之梦）、多媒体广场和新宁购物中心的地下空间进行综合检查。现场查阅台帐资料、实地核查防汛措施和安保措施等。检查组对检查中发现的防汛措施落实不到位，少数火灾报警系统不完善等问题现场进行讲评，并责令相关责任单位限期整改。市地下空间管理联席会议成员单位参加联合检查。（何贤文）

■ 贯彻落实区世博安保社会面防控工作会议精神

9月16日，区世博安保社会面防控工作会议召开后，区民防办立即行动，副主任向区民防办党政班子作专题汇报。为确保会议精神落到实处，圆满完成世博安保最后阶段任务，区民防办召开一次专题会议，进行再学习、再动员；制订一套实施方案，重点围绕“回头看”中存在问题，结合实际有针对性地制定整改方案，确保工作开展有的放矢；组织一次专项检查，以地下空间安全管理联席会议为平台，围绕中秋、国庆双节安保任务，组织街道（镇）、各有关单位对区世博安保重点地下空间目标开展安全隐患专项检查。（何贤文）

■ 开展地下空间联合检查

9月20—21日，区地下空间管理联席会议办公室（区民防办公室）会同区消防支队、区安监局等成员单位以及区民防工程管理所，在区联席会议办公室领导带领下，开展“中秋”、“国庆”前夕地下空间联合安全系列检查行动。区民防办对湘江大厦等物业单位的地下空间进行安全检查。检查发现：个别地下空间的安全管理工作有缺陷，存在消防卷帘门下堆放杂物；灭火器配置数量不足；工程内部堆放杂物较多、管理较混乱等安全问题。区地下空间管理办公室向相关单位开具《地下空间安全隐患整改通知书》，要求就检查所发现的安全问题进行限期整改，希望上述地下空间的管理单位

对地下空间的安全管理工作引起足够重视。 （何贤文）

■ **举行应急包发放启动仪式**

9月20日，长宁区家庭应急包发放和培训启动仪式在新泾镇虹康居委会举行。区委常委、副区长赵惠琴参加并致辞。随后，区领导、区民防办等部门向居民代表赠送家庭应急包，全区1.3万份家庭应急包发放工作正式启动。启动仪式上，区民防办、区妇联、区红十字会组织居民进行应急逃生培训并开展民防宣传和互动演练。各街道（镇）民防办、妇联和红十字会、居委会负责人、部分居民代表等200余人参加应急包发放和培训启动仪式。（何贤文）

■ **联合组织防灾减灾疏散演练**

9月17日—10月底，区民防办、区教育局、区妇联、区红十字会在10个街道（镇）和一所学校组织11场防灾减灾疏散演练，社区居民群众1.5万余人参加紧急疏散、救护包扎、消防灭火、知识问答等演练。通过这些活动，增强居民群众的国防观念和民防意识，激发居民群众热爱国防、参与民防建设的自觉性。 （何贤文）

■ **区民防办领导检查验收社区民防建设工作**

10月下旬至11月中旬，由区民防办领导带队分批对全区10个街道（镇）社区民防建设工作进行检查验收。验收采取自我评定与检查相结合的形式，通过听取汇报、现场走访、查看台帐等方式逐项评定社区民防建设各项工作开展情况。在检查的同时，听取社区居民对民防工作的意见和建议，推进民防政风行风建设，为民防部门2010年政风行风“回头看”工作奠定基础。 （何贤文）

（栏目编辑 徐德生 郑兆永）

科学知识

英国物理学家实现单电子在两点间往返运动

据报道，英国剑桥大学的研究人员找到了一种新方法，可使单个电子在两点间往返运动，如同打电子“乒乓球”一般。这一进展或可为量子信息的传输提供重要的技术支持，可能成为研发量子计算机的重要一步。

以参加派对为例，当你想要穿过拥挤的人群走到房间的另一端去和某个朋友说话时，你需要不停避开面前的人群，或是停下来，与几个朋友寒暄一番，待走到目的地时，怕是早已忘记了自己想说什么。如果有一条通道，可以让你越过喧闹的人群，直接到达目的地，岂不美哉？与上述情况类似，电线传导电流时单个电子在其中并不是直线往前移动，从一端直达另一端，而是在一大群电子中挤来碰去，沿着复杂蜿蜒的路径行进。这在电子运送信息时就成了问题，可能出现量子态缺失连贯性的情况，导致其携带的量子信息丢失。为了解决这一难题，剑桥大学卡文迪什实验室的研究人员在砷化镓材料中构建了两个量子点，并在两点之间建立起一个高能通道。电子在其间运动，就相当于越过了其他电子，从而实现了单个电子在两个量子点之间的快速传输。此外，传输的方向还可以反转，相当于像打乒乓球一样将这个电子“拍”回来。研究数据表明，可使同一个电子前后往复移动60余次而不出现差错，无失误移动的累积距离可达0.25毫米。这样，局限于量子点之间的通讯就可扩展到分散的量子信息处理部件和设备的集成，例如在量子计算机的处理器和存储器之间建立通讯线路，进行量子比特的传送等。研究主导人员克里斯·福特说，此项成果增加了量子计算机发展的技术可能性。虽然有关量子计算机的研究多如牛毛，但此前有关连接计算机内不同部件的成就却少之又少。

尽管新研究尚未显示电子是否可以记住自己的量子态，但这种设想十分有可能。同时，以此种方式运动的单个电子会较少受到干扰，有利于保持其所携带的量子信息，在量子计算机的设计中，可以用这种方式来构建处理器和存储器等部件之间的通信线路。而通过分离对于量子比特的操控和测量，并提供在电路内各部分传送电子的途径，能有效降低量子计算机的不连贯性和电路的复杂性。

九、公安

GONG AN

CHANGNINGNIANJIAN

2011

（一）综述

2010年，围绕“平安世博”工作主线，公安长宁分局民警恪尽职守，顽强拼搏，确保全区政治和治安持续稳定。重兵投入，确保警卫工作安全。公安长宁分局把住地、现场、线路等警卫工作作为世博安保的核心任务来抓，开展基础调研，制定警卫方案，落实管控措施。优化中央领导住地警卫工作机制，组建便衣警卫队、专业安检队、机动巡逻队、机动交保队，加强住地周边安全警卫和现场处突排险，确保万无一失。严密措施，确保社会政治稳定。强化情报信息搜集和研判力度，全年编报各类情报信息737份，被市公安局评为等级情报257份。做好不安定因素处置和群体性矛盾化解工作。打防结合，确保社会治安平稳。在“平安世博打击整治攻坚战”中，开展系列打击整治行动23次，组织两次打击破案攻坚战。侦破（年内）各类刑事案件1433起，命案破案率达100%。侦破各类经济犯罪案件161起，追缴赃款赃物价值844万余元，分别比上年减少10.6%和增加81.1%。共查处各类违法犯罪嫌疑人3673人。加大街面防控力度，抽调机关警力增援一线，在世博三级安保任务期间，每天街面巡逻警力保持在580人以上，遏制街面“两抢”（抢劫、抢夺）案件发生。全年立“两抢”案件51起，比上年减少49%。针对中山公园商圈治安和交通顽症，会同相关职能部门，采取设置护栏、联合防范、集中整治、重拳出击等措施，使该商圈周边道路通行能力明显提升，扒窃、拎包案件显著减少，非法运营、违法设摊现象基本杜绝。主动服务，确保公安行政管理能力提升。全年查处治安案件10816起，其中查处“黄、赌、毒”案件1015起。开展“制爆缉枪”专项行动，对7家刀具销售单位和172家涉枪、涉爆、涉毒单位反复进行检查，落实定点销售和购买实名登记制度。查缴管制刀具148把，土枪、气枪、仿真枪30支，子弹134发。持续开展交通整治。与属地街道和区城市管理执法总队联合行动12次，查处违法营运两轮摩托车、电动三轮车、残疾车7700余辆。全年发生交通事故（上报）27起，比上年减少18.2%；死亡13人，比上年减少23.5%。探索消防安全社区管理新模式，以街、镇为基本单元，建立社区消防工作站，提升消防安全基础管理水平。“11・15”火灾事故发生后，组织警力对2000余家单位开展消防安全大检查，发放30万份防火宣传卡片，督促整改消防隐患120余处。全年发生火灾事故93起，比上年减少44%，死亡1人，财物损失24万元，比上年减少37.7%。信息化建设稳步推进，完成350兆数字集群电台、移动警务终端PDA采购，为一线民警配备数字化新装备。完成世博一期图像监控系统，全区道路图像监控点已达1988个，车辆牌照监控系统建成135套，初步实现全区道路图像监控系统全覆盖。凝心聚力，确保队伍保持昂扬斗志。根据世博安保不同阶段特点开展思想教育。动员阶段，召开誓师大会，组织誓言征集、集体宣誓、“世博安保誓言墙”签名等活动，将民警工作热情调整到临战状态。实战阶段，通过专题网页、风采展示墙、LED电视屏等载体和开展各种纪念活动，展现民警无私奉献风采。后世博阶段，分局以召开总结大会、制作纪念画册、拍摄专题纪录片、定制安保纪念品的“四个一”工程，激励民警传承世博安保精神。制定“一周一案一奖”、“每月集中表彰”、“优秀民警优先晋升非领导职务”的战时奖励办法。“每月集中表彰”共进行3次，先后2人立一等功，5人立二等功，115人立三等功，599人获嘉奖，160人获市、区“世博贡献奖”。8名民警晋升为副处级，16名晋升为正科级，25名晋升为副科级。开展“全警家庭大走访”活动，了解民警家庭状况，帮助解决实际困难。组织375名民警子女参加分局举办的“金盾宝贝・世博一家亲”主题亲子活动，为民警子女营造浓厚的“六・一”节氛围。安排民警子女参加中、高考辅导班，组织全局民警参加健康体检，解决民警后顾之忧。（罗光华）

（二）案件侦查

概况

成立公安长宁分局“平安世博打击整治攻坚战”专项办，开展系列打击犯罪活动，以“破小案、破民生案”为出发点，围绕面广量大、涉及民生的侵财类案件开展重点攻坚，侦破“4・7”涉博假币案、“6・18”特大电讯诈骗案等一批重大案件，起到明显震慑效应。其中“6・29”涉日色诱敲诈勒索案、“5・22”网络赌球案分获上海治安系统综合评比“十大典型案件”之一、“十大优秀案件”之一。全年立各类刑事案件6568起，破获各类刑事案件1433起，查处各类违法犯罪嫌疑人3673人，命案破案率达到100%。其中，立八类主要刑事案件（放火、爆炸、劫持、杀人、伤害、强奸、绑架、抢劫)99起,比上年(163起)减少39.3%,立案数创13年新低。破案71起,破案率达71.7%。(罗光华)

■ 查处“6·29”涉外色诱敲诈勒索系列案

4月初,公安长宁分局接青浦分局移交1起敲诈勒索案:两个日本籍男子被人从虹桥宾馆门口骗至一茶室,诱使其接受性服务后,遭数名男子殴打,被抢11万元日币和2000元人民币。分局即组成专案组,在市公安局有关部门协助下,经侦查,于6月28日晚组织治安、特警等部门70名警力,抓获39名涉案人员,查获这一跨区域抢劫、敲诈勒索犯罪团伙,破获涉外抢劫案1起,敲诈勒索案9起,案值20万余元。经查,犯罪团伙“老大”张某与其情妇陈某负责策划,指挥潘某等7人在长宁区虹桥宾馆、徐汇区建国宾馆等地,专门诱骗日本籍游客至茶室。茶室老板徐某及其妻子薛某负责安排卖淫女和提供卖淫场所,同时电话告知赵某等打手赴茶室抢劫、敲诈。该案的查处工作在2010年度上海治安系统综合评比中被评为“十大典型案件”之一。(罗光华)

■ 查处“5·22”网络赌球案

4月下旬,程家桥派出所获悉涉嫌网络赌球线索。公安长宁分局专案组通过侦查,获取赌球代理账号,查清团伙成员基本情况。7月3日晚,分局会同市公安局有关部门,组成15个行动组,出动警力400余人,抓获周某等61名涉案人员(其中总代理4人,二级代理11人,三级代理10人),扣押涉案人民币300余万元、电脑26台、移动存储介质13只,查获仿真枪、非制式子弹、管制刀具、手铐及毒品等一批违禁物品。此后,又陆续抓获涉案人员34人。经查,周某等人在互联网上开设网络赌球平台非法牟利,其网上账号仅6月份投注金额就达5亿余元。该案的查处工作在2010年度上海治安系统综合评比中被评为“十大优秀案件”之一。

(罗光华)

(三)社会治安管理

■ 概况

公安长宁分局紧密围绕“平安世博”工作主线,重兵投入,全力确保各项世博安保警卫工作万无一失;严密各类稳控工作措施,做好不安定因素处置和群体性矛盾化解,确保全区社会政治稳定;打防结合,加大街面防控力度,开展防范宣传,组织治安检查,督促落实各类治安隐患整改,全力攻坚影响世博会顺利召开的重大治安案件,开展专项行动,确保全区社会治安平稳可控。全年受理治安案件13397起,查处10816起,分别比上年减少50.9%和43.3%。其中,查处赌博案件246起,比上年增加48.2%;查处毒品案件350起,比上年增加16.6%;查处卖淫嫖娼案件419起,比上年减少14.3%。(罗光华)

■ 完成世博会重要警卫任务

公安长宁分局组建警卫专业队伍,优化警卫工作机制,应对高规格、大批量要人警卫工作。世博会期间,投入警力90360人次,完成住地、线路、现场等警卫任务627批、6060批次(其中一级警卫任务92批、847批次),处置安全隐患5起。担任警卫工作的民警有多人被授奖,其中1人被授予上海市“服务世博,奉献世博”个人一等功,1人被市公安局授予“世博安保功臣”称号。(罗光华)

■ 实施群众举报奖励办法

5月6日,为提高地区群众对违法犯罪活动举报积极性,公安长宁分局制定《关于世博期间长宁区各类安保力量及群众举报违法犯罪线索奖励办法》。5月17日,延安中学校园一名保安人员发现一女子体貌特征与协查通报中的盗窃嫌疑人极为相似,当即拨打“110”报警。经查,该女子冒充学生家长混入学校,涉嫌盗窃学生财物15起,案值10万余元。该保安人员被评为上海市首届“世博安保先锋”。世博会期间,分局依据奖励办法,对16名提供犯罪线索、消除安全隐患的群众进行奖励。(罗光华)

■ 制止电信诈骗转账案件137起

公安长宁分局联合银行系统开展“警盾·银联”防范电信诈骗专项工作,将防范重心由“注重宣传”向“主动拦截”转变,筑牢私人转账业务防线,守住最后一道防骗关卡。全年制止电信诈骗案件137起,累计涉案金额达1000万元。在防范专项工作中,增加确认环节。在东华大学教授指导下,按照心理学原理制成《防电信诈骗告知书》,在银行网点推广使用。建立私人转账业务由银行网点大堂经理首席接待制度，客户须仔细阅读《防电信诈骗告知书》并签字确认后，银行方予以办理转账。落实"三问"程序。银行临柜员工在转账业务办理中，必须对客户进行"三问"（是否了解对方账户信息，是否接到电话、短信要求转账，是否知晓转账用途），予以提醒。实行系列培训。专门编写《银行员工防电信诈骗培训教材》，制成光盘，加强对银行临柜员工培训，提升防范意识和拦截本领。实施表彰奖励。推出对成功制止电信诈骗的银行转账人员和单位实施奖励办法，全年有114人受到奖励。（罗光华）

公安长宁分局联合银行系统开展防范电信诈骗专项工作，图为设摊咨询　（公安长宁分局供稿）

■ **确保世博大熊猫展览安全**

1月20日至6月28日，10只世博大熊猫入住上海动物园，吸引中外游客210万多人次前来观看。公安长宁分局制定安保工作方案及高峰时段人员分流预案，派遣警力维护园内治安。"五一"长假期间，程家桥派出所克服警力紧缺困难，加派10名警员率15名社保队员进驻动物园，协调30名城管队员、70名动物园职工、10名世博志愿者维护现场秩序，确保动物园治安秩序平稳有序。世博大熊猫展览期间，上海动物园未发生重大案件、事件，仅发生扒窃、拎包案件6起，比上年同期减少50%。

（罗光华）

■ **长宁区公民警校揭牌**

9月2日，公安长宁分局举行"长宁区公民警校"揭牌仪式暨首期培训班开班典礼，34名居民小区物业经理作为首批学员走进公民警校，接受培训。通过学习"警察职业发展概论"、"心理测试与行为训练"、"公安经典案例介绍"、"社区管理经验交流"、"警体防卫控制技能"等课程，走访上海警务航空队、长宁消防支队和应急联动指挥中心，提升学员治安防范技能，增进对公安工作的理解和认同。该公民警校成为警察公共关系建设新平台。（罗光华）

■ **建立看守所电子图书馆**

4月8日，长宁区图书馆驻长宁区看守所送书服务点揭牌。图书馆向在押人员赠送各类图书600余套、杂志200余册，赠送电脑5台，帮助看守所建立全市监管系统第一家监所电子图书馆，尝试利用社会资源对在押人员开展社会综合矫治工作。（罗光华）

（四）道路交通管理

■ **概况**

公安长宁分局加强交通安全管理，持续开展各类交通整治，积极与属地街道和区城市管理执法总队联合执法，持续打击区地铁沿线站点周边黑车非法营运行为，查处一批非法营运黑车；开展酒后驾车、土方车等专项整治，减少各类交通事故。年末，全区非机动车总量达379979辆，其中燃气助动车25043辆，自行车353187辆（脚踏238131辆，电动115056辆），人力车943辆，残疾人专用车806辆。强化交通组织科学化、精细化、人性化管理，开展道路交通排堵保畅工作，调动派出所巡逻警力参与早晚高峰排堵执勤，提升道路通行能力，确保全区道路交通畅通安全有序。（罗光华）

■ **道路图像监控系统全覆盖**

公安长宁分局全力夯实公安基础管理工作，着力推进信息化建设。年内，完成世博一期图像监控系统，全区道路图像监控点已达1988个，车辆牌照监控系统建成135套，初步实现全区道路图像监控系统全覆盖。（罗光华）

■ **查处交通违法行为**

公安长宁分局持续开展各类交通整治，年内，共查处各类交通违法行为28.2万余起，针对区地铁沿线站点周边机动车、非机动车非法营运现象，与属地街道和区城市管理执法总队开展联合行动

12次，共查处违法营运两轮摩托车5600起，电动三轮车731起，残疾车1369起。（罗光华）

■ **集中走访群众，解决突出问题**

11月11日起至年底，长宁分局以"慰问纳谏，释放善意；解决问题，实现共赢；宣传展示，提升形象"为主题，开展"长久安宁共参与"集中走访群众活动，实行"开门评警"。活动期间，共走访居（村）委会180个，企事业单位146家，征询意见建议150余条，梳理出群众反映的突出问题84个。分局各单位集思广益，已解决突出问题53个。交警支队针对市民反响较大的渣土车野蛮行驶等问题，开展专项治理，查处渣土车超载、洒落、闯信号灯等违法行为85起，暂扣渣土车2辆。

（罗光华）

（五）户政及出入境管理

■ **概况**

公安长宁分局以"提高登记，建立机制，创新方法，长效管理"为抓手，巩固和深化实有人口服务管理，完善实有人口信息采集，增强外来暂住人员办证意识，在街、镇支持下，把实有人口管理列入社区治安综合治理责任考核体系。全区实有人口为778919人，其中常住人口616187人，暂住人口162732人，实有人口密度为20337人（人/平方千米）。增强服务意识，全面做好户政管理工作。探索完善"网上派出所"建设，优化与居民互动渠道。加大对"三非"案件打击力度，破获一起组织他人偷越国（边）境团伙案件，该案被公安部定为挂牌督办案件。（罗光华）

■ **启用外语接警服务卡**

为更好地为前来参加世博会的境外人员提供优质服务，公安长宁分局制成外语接警服务卡，聘用专业人员翻译成英、日、韩、法、德、俄、阿拉伯、西班牙8国文字，于3月3日在分局所有窗口单位正式启用。窗口接待民警遇境外人员咨询、求助或报案，如语言无法沟通，则请境外人员选择相应语种的接警卡进行点单或填写，使民警了解其身份、到公安机关的事由等基本情况，以便尽快提供有效帮助或处置。该卡启用以来，受到基层民警和境外人员欢迎。（罗光华）

■ **查处外国人"三非"案件708起**

公安长宁分局加大查处外国人"三非"（非法居留、非法入境、非法就业）案件力度。分局出入境管理办公室会同派出所对近年来"三非"案件涉案外国人的国籍特点进行分析，运用实有人口数据库和派出所综合信息查询系统进行信息比对，梳理出高危人群聚居区及经常涉足的酒吧、餐饮、娱乐场所，组织警力开展夜间清查，增强查处工作针对性。出入境办窗口民警在受理外国人"F"、"L"签证延期时，加强询问甄别，从中发现"三非"线索，提高查处工作有效性。全年查处外国人"三非"案件708起，比上年增加30.1%，行政拘留61人次，罚款495人次，警告190人次。（罗光华）

■ **启动"绿色通道"**

11月，江苏路派出所启动"绿色通道"，为多名"11·15"火灾受灾群众补发户口簿、居民身份证，并将证件送到居民手中。（罗光华）

■ **开通新华路"网上派出所"**

1月8日，新华路网上派出所（http://sh.xinhuapolice.org）正式启用。网民通过首页上的"网上参观"、"辖区概况"、"地区地图"栏目，可直观了解新华地区基本情况和派出所发展历程。"网上派出所"还设置"图片新闻"、"预警晴雨表"、"阳光警察"、"勇敢的故事"、"所长博客"、"疑犯追踪"、"新华警视窗"和"论坛频道"等栏目，方便网民咨询法律法规政策，了解社区治安状况，监督社区警务工作。为增进互动，"网上派出所"专门链接人气网站宽带山（KDS）论坛的两个版块"华山论剑"、"900论坛"，网民可通过论坛发帖、回帖获取信息，咨询问题，向派出所提出工作意见和建议。该网站全年被网民累计点击近7万次。（罗光华）

（六）消防监督

■ **概况**

公安长宁分局推进消防安全建设，加强和改进消防管理。启动全区"防火墙"工程动员部署及建筑消防设施专项治理，分局消防支队成立区应急救援支队，落实世博消防安保各项措施；探索消防安保社区管理新模式，以警社联运协作为平台，建立社区消防工作站，提升消防安全基础管理水平；"11·15"

特大火灾事故发生后，在全区开展消防安全大检查，强化群众安全防范意识，督促整改消防隐患。

（罗光华）

■ 建立消防安全管理新模式

公安长宁分局探索消防安全社区管理新模式，以警社联动协作为平台，将消防安全“防火墙”工程与社区警务工作相结合，以街、镇为基本单元，建立社区消防工作站，作为基层消防安全工作实施平台进行实体运作，提升消防安全基础管理水平。

（罗光华）

■ 组织消防安全大检查

“11·15”火灾事故发生后，公安长宁分局组织警力对2000余家单位开展消防安全大检查，发放30万份防火宣传卡片，督促整改消防隐患120余处。全年发生火灾事故93起，比上年减少44%，财物损失24万元，比上年减少37.7%。（罗光华）

（栏目编辑 郑兆永）

司法解读

《中华人民共和国消防法》解读

1998年4月29日第九届全国人民代表大会常务委员会第二次会议通过，2008年10月28日第十一届全国人民代表大会常务委员会第五次会议修订，自2009年5月1日起施行。

一、消防工作责任主体

国务院公安部门对全国的消防工作实施监督管理。县级以上地方人民政府公安机关对本行政区域内的消防工作实施监督管理，并由本级人民政府公安机关消防机构负责实施。军事设施的消防工作，由其主管单位监督管理，公安机关消防机构协助；矿井地下部分、核电厂、海上石油天然气设施的消防工作，由其主管单位监督管理。

任何单位和个人都有维护消防安全、保护消防设施、预防火灾、报告火警的义务。任何单位和成年人都有参加有组织的灭火工作的义务。

二、消防组织

各级人民政府应当加强消防组织建设，根据经济和社会发展的需要，建立多种形式的消防组织，加强消防技术人才培养，增强火灾预防、扑救和应急救援的能力。县级以上地方人民政府应当按照国家规定建立公安消防队、专职消防队，并按照国家标准配备消防装备，承担火灾扑救工作。

乡镇人民政府应当根据当地经济发展和消防工作的需要，建立专职消防队、志愿消防队，承担火灾扑救工作。

三、灭火救援

任何人发现火灾都应当立即报警。任何单位、个人都应当无偿为报警提供便利，不得阻拦报警。严禁谎报火警。

火灾现场总指挥根据扑救火灾的需要，有权决定下列事项：（一）使用各种水源；（二）截断电力、可燃气体和可燃液体的输送，限制用火用电；（三）划定警戒区，实行局部交通管制；（四）利用临近建筑物和有关设施；（五）为了抢救人员和重要物资，防止火势蔓延，拆除或者破损毗邻火灾现场的建筑物、构筑物或者设施等；（六）调动供水、供电、供气、通信、医疗救护、交通运输、环境保护等有关单位协助灭火救援。根据扑救火灾的紧急需要，有关地方人民政府应当组织人员、调集所需物资支援灭火。

四、监督检查

公安机关消防机构应当对机关、团体、企业、事业等单位遵守消防法律、法规的情况依法进行监督检查。公安派出所可以负责日常消防监督检查、开展消防宣传教育，具体办法由国务院公安部门规定。公安机关消防机构、公安派出所的工作人员进行消防监督检查，应当出示证件。公安机关消防机构及其工作人员执行职务，应当自觉接受社会和公民的监督。

任何单位和个人都有权对公安机关消防机构及其工作人员在执法中的违法行为进行检举、控告。收到检举、控告的机关，应当按照职责及时查处。

《中华人民共和国侵权责任法》解读

《中华人民共和国侵权责任法》已由中华人民共和国第十一届全国人民代表大会常务委员会第十二次会议于2009年12月26日通过，自2010年7月1日起施行。

一、民事权益

侵害民事权益，应当依照本法承担侵权责任。本法所称民事权益，包括生命权、健康权、姓名权、名誉权、荣誉权、肖像权、隐私权、婚姻自主权、监护权、所有权、用益物权、担保物权、著作权、专利权、商标专用权、发现权、股权、继承权等人身、财产权益。

二、侵权责任承担优先

侵权人因同一行为应当承担行政责任或者刑事责任的，不影响依法承担侵权责任。因同一行为应当承担侵权责任和行政责任、刑事责任，侵权人的财产不足以支付的，先承担侵权责任。

三、责任构成

侵权责任可以分为过错责任和无过错责任。行为人因过错侵害他人民事权益，应当承担侵权责任；行为人损害他人民事权益，不论行为人有无过错，法律规定应当承担侵权责任的，依照其规定。

四、承担侵权责任的方式

承担侵权责任的方式主要有：停止侵害；排除妨碍；消除危险；返还财产；恢复原状；赔偿损失；赔礼道歉；消除影响、恢复名誉。

五、责任主体的特殊规定

（一）无民事行为能力人、限制民事行为能力人

无民事行为能力人、限制民事行为能力人造成他人损害的，由监护人承担侵权责任。有财产的无民事行为能力人、限制民事行为能力人造成他人损害的，从本人财产中支付赔偿费用。不足部分，由监护人赔偿。

（二）用人单位的工作人员和劳务人员

用人单位的工作人员因执行工作任务造成他人损害的，由用人单位承担侵权责任。劳务派遣期间，被派遣的工作人员因执行工作任务造成他人损害的，由接受劳务派遣的用工单位承担侵权责任。个人之间形成劳务关系，提供劳务一方因劳务造成他人损害的，由接受劳务一方承担侵权责任。提供劳务一方因劳务自己受到损害的，根据双方各自的过错承担相应的责任。

（三）网络用户、网络服务提供者

网络用户、网络服务提供者利用网络侵害他人民事权益的，应当承担侵权责任。网络用户利用网络服务实施侵权行为的，被侵权人有权通知网络服务提供者采取删除、屏蔽、断开链接等必要措施。网络服务提供者知道网络用户利用其网络服务侵害他人民事权益，未采取必要措施的，与该网络用户承担连带责任。

（四）宾馆、商场、银行、车站、娱乐场所等公共场所

宾馆、商场、银行、车站、娱乐场所等公共场所的管理人或者群众性活动的组织者，未尽到安全保障义务，造成他人损害的，应当承担侵权责任。

（五）幼儿园、学校或者其他教育机构

无民事行为能力人在幼儿园、学校或者其他教育机构学习、生活期间受到人身损害的，幼儿园、学校或者其他教育机构应当承担责任；限制民事行为能力人在学校或者其他教育机构学习、生活期间受到人身损害，学校或者其他教育机构未尽到教育、管理职责的，应当承担责任。

十、检察

JIAN CHA

CHANGNINGNIANJIAN

2011

(一)综述

2010年,区检察院深入推进社会矛盾化解、社会管理创新和公正廉洁执法,不断强化法律监督,强化自身监督,强化高素质检察队伍建设,为保障服务世博会、维护社会公平正义、促进长宁经济社会又好又快发展作出努力。

年内,受理公安机关提请批准逮捕犯罪嫌疑人680人,经审查,批准逮捕633人;受理公安机关移送审查起诉579件824人,经审查,向法院提起公诉570件785人,有罪判决率达100%。受理各类举报线索102件,其中属于区检察院管辖的举报线索81件。立案侦查贪污贿赂案件28件,比上年上升12%,涉案金额2580余万元;立案侦查国家机关工作人员渎职案件1件。开展刑事立案监督和侦查监督。建议行政执法单位移送涉嫌侵犯知识产权犯罪线索4件,公安机关均已立案;追捕到案22人,追诉到案16人;对侦查活动中存在的一类问题,向公安机关发出通报3次,均获回复。开展刑事、民事审判和行政诉讼监督。对651名被告人提出量刑建议,法院采纳率为98.6%;对刑事判决提出抗诉3件,上级检察院支持抗诉2件,法院改判2件;受理民事、行政申诉案件67件,比上年上升28.8%;提请抗诉2件,建议提请抗诉2件,上级检察院支持抗诉3件,法院改判2件;对不服法院正确裁判的48件民事、行政申诉案件,耐心做好当事人的教育疏导和服判息诉工作。开展类案研究,就维护当事人诉权等问题向法院制发《检察建议书》2份,均获回复。开展刑罚执行和监管活动监督。针对刑罚执行和监管活动中存在的问题,发出《纠正违法通知书》4份、《检察意见书》6份、《检察建议书》11份。其中,对4名监外罪犯建议收监执行原判刑罚,对1名监外罪犯建议减刑。

2010年,区检察院被评为上海市平安单位、上海市社区矫正工作先进集体、上海市未成年人保护工作先进集体,反贪局、政治部、侦监科和公诉科等部门分别被市检察院记集体三等功,1人被评为2009年度全国"扫黄打非"先进个人,1人被评为2007—2009年度上海市先进工作者,1人获上海市检察机关第五届未检办案能手称号,反贪局党支部和46人分别在"世博先锋行动"和"服务世博、奉献世博"立功竞赛中获先进基层党组织、"五带头(学习提高、服务群众、争创业绩、遵纪守法、弘扬正气)"共产党员、上海市优秀平安志愿者、个人三等功或嘉奖等荣誉。 (吴丽莉)

(二)刑事检察

概况

区检察院坚持把维护社会稳定作为保障服务世博会的首要任务,严厉打击涉世博犯罪,履行审查逮捕、审查起诉等职责,规范涉世博案件办理机制,推行捕诉联动等工作机制,依法打击各类刑事犯罪,妥善化解矛盾纠纷,参与社会治安综合治理,切实维护社会和谐稳定。 (吴丽莉)

参与平安长宁建设

年内,区检察院严厉打击严重、多发性犯罪,发挥适时介入、快捕快诉等工作机制的作用,保持对严重、多发性犯罪的高压态势,有力地震慑犯罪。加强与公安、法院的配合,适时开展专项打击活动,集中公诉暴力侵财、侵犯知识产权等案件,切实维护社会治安稳定。严厉打击涉世博犯罪和涉众型犯罪。针对涉世博、涉众型案件敏感性强、社会关注度高等特点,推行捕诉联动工作机制,充分运用案例研讨、联席会议等形式统一执法思想、提高办案效率。依法适用轻缓的刑事政策。对初犯、偶犯、未成年犯以及因民事纠纷引发的轻微刑事犯罪,慎用逮捕权和公诉权。对48人作出不批准逮捕决定,对10人作出不起诉决定。 (吴丽莉)

规范涉世博案件办理机制

年内,区检察院建立案件信息快速通报机制。与区公安分局、虹桥国际机场分局分别签订《关于信息快速通报的意见》、《关于办理涉世博案件实施办法》,规范案件信息报送工作职责,要求公安机关受理涉世博案件后24小时内通知检察院,对重大、复杂案件及时派员介入,引导侦查。建立涉世博案件专办机制。组建涉世博案件专办小组,将涉及世博会游客、场馆等6类刑事案件纳入专办范围。针对张某等20人敲诈勒索世博会游客案,专办小组主动深入公安机关掌握案情、引导取证,强化侦捕衔接工作,实现案件快侦快捕,切实维护世博期间的社会秩序。建立刑释护送联动机制。对世博期间刑满释放的无家可归、无在沪亲属、身无分文的12名未成年罪犯家庭情况进行排摸,与区法院、救助站和看守所等部门会签《"一路阳光"——"三无"未成年罪犯刑释护送专项活动协议》,就护送方式、经费保障和职责分配等作出明确规定,共同做好护送对象回归社会的帮教和衔接工作。（吴丽莉）

■ **推进矛盾纠纷化解**

年内,区检察院接待各类来访816人次,受理群众来信237件,其中由院领导亲自接待信访当事人95人次,通过听取诉求,研究处置方案,采取具体措施,有效防止矛盾激化和升级。健全涉检信访风险评估预警机制。强化风险预警意识,制定《涉检信访风险评估预警办法》,要求干警对案件提出处理意见时,同步分析和评估发生涉检信访的可能性,做到防患于未然。探索矛盾纠纷多元化处置路径。适时引入当事人的近亲属及其所在单位、社区基层组织等第三方力量参与矛盾化解,指派具有国家二级心理咨询师资质的干警全程接待,综合运用释法说理、心理疏导和经济救助等措施,成功化解2起信访积案。把解决法律问题、心理问题与解决民生问题结合起来,力争案结事了。（吴丽莉）

■ **参与社会治安综合管理**

年内,区检察院充分运用各类载体反映在履行法律监督职能中发现的涉及社会稳定和社会管理的新情况、新问题,为领导决策提供参考。向区委及市检察院报送的各类信息100余篇,区委和市检察院以上各级领导对有关信息作出批示15次。其中报送的《非沪籍缓刑人员渐成脱管漏管高发群体》,得到中共中央政治局常委、中央政法委书记周永康,高检院检察长曹建明等领导批示,有效促进相关部门加强对特殊人群的规范管理。（吴丽莉）

■ **强化未检一体化工作**

年内,区检察院联合华东政法大学等单位举办社会管理创新与检察机关预防未成年人犯罪理论研讨会,明确未检一体化改革方向。强化与区政法部门沟通,会签4项未检一体化建设方案及实施细则,确保未检一体化探索工作稳步开展。（吴丽莉）

■ **运用检察建议堵漏建制**

年内,区检察院针对办案中发现的问题,发出《检察建议书》49份,回复率为79.6%,取得较好的社会效果。针对车辆保险诈骗案和银行爱心募捐箱被盗案频发现象,建议相关单位健全管理制度和行业规范,均获采纳。（吴丽莉）

（三）查办和预防职务犯罪

■ **概况**

区检察院着力查办和预防职务犯罪,重点查办贪污贿赂大案要案,整合资源查办渎职侵权犯罪案件,标本兼治,有效提升职务犯罪预防水平,不断巩固反腐倡廉实效。（吴丽莉）

■ **查办贪污贿赂大案要案**

年内,区检察院查办的28件贪污贿赂案件,大案率为100%,其中处级干部要案4件。查案中坚持"一要坚决、二要慎重,务必搞准"的原则,主动争取案发单位党委、纪委配合支持。加强对举报线索的评估,依托线索初查进程动态跟踪机制,明确侦查方向,拓展侦查思路,扩大调查范围,有效提高举报线索成案率。突出对重点领域案件的查处,切实彰显打击锋芒和力度,在国际旅游行业查办挪用公款大案2件2人。针对国有资产管理和转让中的监管漏洞,全面梳理和评估相关案件线索,一举侦破发生在上海兰生（集团）有限公司的贪污贿赂串案4件4人。（吴丽莉）

■ **查处渎职侵权犯罪案件**

年内,区检察院畅通院内部门间的信息沟通渠道,加强与区内有关单位情况信息交流,关注区域重大安全事故及突发性公共事件,及时发现和掌握行政执法单位在办案中的失察、失位现象,从中挖掘有价值的案件线索。参与安全事故调查13次,初查案件线索5件,查办1件滥用职权案。（吴丽莉）

■ **提升职务犯罪预防水平**

年内,区检察院主动加强与东航集团等单位的沟通联系,稳步推进10项法律服务措施,努力探索职务犯罪预防工作长效机制。与辖区内享受国务院津贴的专家型人才和区领军人才、专业技术拔尖人才建立服务联系制度,依托网络平台了解21名专家型人才的需求,提供更加便捷、更有针对性的法律服务。扎实推进职务犯罪预测预警工作,明确预测预警信息收集的范围和内容,适时对预测预警信息员队伍开展业务培训。完成系统预防1件、个案预防5件、开展创"双优"工程专项预防7件,举行警示教育报告32场,受教育人数9800余人。（吴丽莉）

(四)民事行政、控告申诉检察

概况

区检察院民事行政工作围绕民行检察的法律监督属性,深入推进社会矛盾化解、加大监督力度,努力探索以抗诉为中心的多元化监督格局。控告申诉工作以确保实现平安世博为目标,全力化解突出信访矛盾,接待各类来访816人次,受理群众来信237件,均作妥善处理。与天山路街道20余名社区调解主任进行座谈与交流,从街道矛盾调解工作人员的层面,宣传检察机关的职能范围。深化检察长接待机制,开展信访矛盾排查,提升解决疑难涉检信访问题的工作水平。（吴丽莉）

探索民行检察和解制度

年内,区检察院切实加强基础工作建设,完善工作机制,开展对民行检察和解制度等工作探索,通过拓展监督范围和途径,改变监督结构和模式,努力化解社会矛盾,对案件审查阶段当事人有和解意愿且不损害国家、集体和他人利益的,引导、促成当事人和解,努力实现定纷止争、案结事了。促使当事人达成和解的案件3件,把民行检察监督职责与检察机关整体法律监督职责密切结合,最大限度地发挥民行检察监督的作用。（吴丽莉）

深化检察长接待机制

年内,区检察院落实领导接访制度,将接访领导由检察长扩大至所有党组成员,共接待群众来访44批89人。扩大下基层接待范围,将信访接待工作与下访巡访工作紧密结合,检察长等院领导定期深入街道社区,接受群众监督,现场解答信访问题。检察长亲自带队开展举报宣传周活动,为群众现场答疑,向群众发放检务公开等宣传资料530余份。（吴丽莉）

建立源头预防制度体系

年内,区检察院强化风险预警意识,制定《涉检信访风险评估预警办法》及《信访线索分流实施细则》,明确业务部门在规范办案及处理信访件的同时,对发生涉检信访的可能性进行同步分析、评估和预测,及时与有关部门沟通、协调,加强释法说理,防患于未然。对于一时难以化解的矛盾纠纷,制订处置预案,最大限度地减少和预防新的涉检信访矛盾产生。完善被害人救助机制,制定《刑事被害人救助工作实施办法》,在执法办案中加强协作配合,既重法律效果,又重社会效果。对确有实际生活困难的不起诉案件被害人及其家属,符合救助条件的,及时报请区有关部门协调解决,把解决法律问题与解决民生问题结合起来。完成本市首例对刑事不起诉案件被害人的救助工作,申请并拨付救助资金4万元。（吴丽莉）

(五)刑事诉讼监督

概况

区检察院全面强化法律监督和自身监督职能,拓宽法律监督思路,突出法律监督重点,不断强化对诉讼活动的监督、对自身执法活动的监督,有效维护司法公正、权威及社会公平正义。（吴丽莉）

发挥案件管理中心职能作用

年内,区检察院充分发挥案件管理中心职能作用,制定《案件统一归口管理工作实施细则》,对应当由检察机关办理的案件,由案件管理中心进行统一登记受理、统一结案移送,并对收案、结案、移送等主要诉讼过程实施集中管理和监督。加强对案件的预警控制,确保案件流转程序和案件质量监督体系的规范化。案件管理中心流转案件2695件。（吴丽莉）

开展案件评查活动

年内,区检察院以社会影响大、群众关注度高、对今后办理类似案件具有指导借鉴意义为标准,挑选7件不捕、不诉案件和8件自侦案件进行评查,并邀请人大代表、政协委员、特约检察员和法学专家全程参与,主动寻找执法办案中存在的不足以及易引发信访矛盾的环节和因素,不断提高检察机关的执法公信力。（吴丽莉）

完善案件质量督查机制

年内,区检察院对451件逮捕案件和590件公诉案件开展办案质量督查,形成督查报告和业务情况分析报告12份。围绕诉判不一、捕后不诉等案件开展专项督查,并适时召开疑难典型案件评析会、案件质量讲评会,有效提高干警的执法办案能力。

(吴丽莉)

■ **成立社区检察室**

8月,区检察院在市检察院统一部署下,在全市试点设立天山路街道社区检察室,主要承担对公安派出所刑事执法活动、监外刑罚执行活动的监督,同时受理群众举报、控告和申诉,参与综合治理及其他相关检察工作,将其作为延伸法律监督职能、参与基层治安防控、化解社会矛盾、维护群众合法权益的抓手,作为检察干警接触群众、了解群众、服务群众的有效载体。天山路街道社区检察室成立以来,已对4件刑事不立案案件进行监督,建立由22名矫正社工组成的社区矫正监督信息员队伍,走访天山路街道10余个居委会,发放检务公开宣传资料300余份。

(吴丽莉)

■ **拓展接受监督渠道**

年内,区检察院自觉接受人大、政协和社会各界监督。设立人大代表、政协委员联络室,走访辖区的12名市人大代表,向区人大常委会作3次专题工作汇报,并先后邀请人大代表、政协委员视察反渎职侵权工作、参与案件评查和公诉听庭评议活动,对2件区人大常委会的交办件、1件区政协委员的提案,实行专人承办和逐件督办,均已办结。检察长、资深检察官积极参加东方网等网络媒体访谈和公诉案件庭审直播节目,增强检察工作透明度,拓宽接受社会各界监督渠道。

(吴丽莉)

■ **举办检察开放日活动**

8月3日,区检察院举办主题为“开门迎监督,开放听民声”的检察开放日活动,邀请人大代表、政协委员、世博志愿者、中小学校的“小记者”以及居委会干部和居民代表共78人参加,通过检察官集体宣誓、检察长与“小记者”面对面访谈和参观展示等环节,提高检察工作的社会知晓度,展现检察队伍积极向上的精神风貌。

(吴丽莉)

8月3日,区检察院举办开门迎监督,开放听民声的检察开放日活动 (区检察院供稿)

(栏目编辑 郑兆永)

科学知识

研究人员利用电场效应使绝缘材料具有超导性

日前,日本科学技术振兴机构、东京大学和东北大学联合发布新闻公报表示,研究人员利用电场效应使绝缘材料具有超导性,这为今后研制更高临界温度的超导新材料奠定了基础。

公报说,研究人员选择了化学性质非常稳定、几乎不含任何杂质的钽酸钾作为绝缘材料,然后将固体绝缘材料放置在一种含离子的液体中,绝缘材料表面会自发形成双电层。在这种电场效应下,绝缘材料具有了超导性,在绝对温度0.05开(零下273.1摄氏度)的环境下实现了零电阻。

据悉,迄今研发超导材料主要采用两大类方法,一类是混合数种金属的冶金学方法;另一类是以绝缘体为主体材料混入不纯物的化学方法,最具代表性的是铜氧化物高温超导材料。本次利用电场效应的方法可谓研制超导材料的一种新手段,它能够使钽酸钾这样的原先人们认为不能成为超导材料的物质拥有超导性,为今后研制更高临界温度的新超导材料奠定了基础。相关论文发表在英国《自然纳米技术》杂志网络版上。

十一、审判

SHEN PAN

CHANGNINGNIANJIAN

2011

（一）综述

2010年，长宁法院共受理各类案件18000件，审结和执结17826件，比上年分别上升27.3%和25.3%，审判执行工作继续保持良好态势。世博会期间，长宁法院坚持审判工作“六个结合”，开展世博安保备勤工作，在强化法院安保、提升审判绩效、推进信访矛盾化解等方面取得较好成效。

审判工作与开展服务保障世博主题教育活动相结合。成立服务保障世博工作指挥室，强化安保备勤工作组织领导，全年共计3200人次放弃休息时间，节假日参与备勤68天，确保“五一”、“国庆”重要节点安全。

与推进审判绩效稳步提升相结合。通过开展立功竞赛、争先创优等活动，调动全体干警干事创业积极性，涌现出一批办案能手。参与世博备勤以来，长宁法院共审结案13165件，比上年上升22.5%；一审服判息诉案91.11%，比上年上升1.69%；平均审理天数35.17天，比上年下降8.17天。

与强化信访维稳工作相结合。强化稳定意识，注重运用调解手段化解矛盾，共调结案件9780件，调解撤诉率达78.95%。加强院庭领导包案、接访工作力度，培训心理咨询师法官参与信访接待，有效维护社会稳定。

与深入服务社区相结合。成立社区法律事务联络室，参与并推动“物业管理示范小区”建设活动，制作物业纠纷专题宣传板报深入各个社区进行巡展，推进社区管理创新；建立商事纠纷案件调解进园区工作机制，服务临空经济园区建设，为区域经济发展提供司法保障。

与强化法院安保工作相结合。强化机关安保意识，加强24小时法警值班，排查物防、技防设施，提升自身安保水平。制定针对性应急处置预案，加强内部联动，有效应对扬言施暴等突发紧急事件。

与强化教育培训工作相结合。利用节假日备勤时间，开展中层干部管理能力培训，就信访矛盾化解、突发事件处置、新闻媒体应对等开展针对性培训，提升中层干部服务保障世博的管理能力；开展法官沙龙、青年成才座谈会等法院文化活动，增强干警司法能力；切实推动司法与行政良性互动，处理好依法审判与促进依法行政的关系，优化行政审判环境，建立审判工作六项机制，取得较好效果：行政案件调撤率39.8%，其中行政案件40.5%，民行案件35.7%；建立信息沟通机制，积极向区政府发送“白皮书”，及时报送行政审判工作中发现的重大信息；及时与区法制办进行沟通，形成数据共享、案件协调、推进行政领导出庭等长效措施；建立咨询参议机制，组织精干力量参与涉及行政管理或机制创新的行政执法研讨会，先后派员参加工伤认定专题研讨会、拆违案件座谈会，了解和掌握行政机关执法中的难点和困难，提出建设性意见；建立执法培训机制，针对行政执法需要，多次安排法官赴行政机关开展专题培训，对区行政执法工作人员信息公开把握尺度进行专项培训，促进行政机关依法行政水平的提升；建立案例通报机制，精心挑选典型案例编写《行政执法法律风险要点提示书》供各行政机关参阅，提升行政机关风险防范意识；建立司法建议机制，在加强沟通基础上，对案件中发现的问题发送司法建议，件件得到回复，促进行政执法行为完善；建立司法协助机制，为区重大项目提供司法协助，促成行政机关作出重大决策前重视法律论证或提前采取某些法律方式。

（杨　楠）

（二）刑事案件审判

概况

2010年，长宁法院依法惩治刑事犯罪，共受理各类刑事案件762件，审结748件，比上年分别下降18.2%和17.3%，在生效案件中，被判处五年以上有期徒刑86人。依法从严、从快惩治抢劫、抢夺、盗窃等严重危害社会治安的犯罪案件，切实保护人民群众人身财产权益。依法严惩贪污、贿赂等国家机关工作人员职务犯罪，审结相关案件22件，其中涉及处级干部3人。贯彻执行宽严相济刑事政策，对犯罪情节较轻、社会危害性不大的249名被告人，依法适用缓刑、单处罚金或免于刑事处罚。推进量刑规范化工作，将量刑纳入法庭审理程序，促使裁判结果更趋客观公正。深化涉少综合审判改革，推动未成年人综合审判，审结各类涉少案件245件。依托“人民调解窗口”，加大涉少民事案件调解力度，减少诉讼对未成年人造成的不利影响。推进“合适成年人”参与刑事诉讼工作，建立参审预判及预备机制，依法保障未成年人诉讼权利。与区检察院等相关部门联合开展“一路阳光”专项活动，为涉罪未成年人回归社会提供良好环境。发挥

"青少年法制教育活动基地"作用，加强与区教育局、区妇联、社区联系沟通，开展各类青少年法制教育活动20余次，增强辖区青少年法制观念和安全防范意识。 （杨 楠）

■ 采取四项举措完善世博期间缓刑犯监管

长宁法院对世博期间尚在缓刑考验期的罪犯开展专项核查。核查过程中发现缓刑罪犯判决后，存在执行通知书回执未在规定时限返回长宁法院的情况，影响到缓刑罪犯监管的及时性和有效性。长宁法院采取四项措施加强与执行机关间的衔接，确保世博期间缓刑罪犯监管有效性。加强判前沟通：严格按照规定，在判决前充分征询社区矫正组织意见，做好判决前的协调工作；做好庭审衔接：罪犯居住地、户籍地在本市的，及时通知相关社区矫正组织派员参加公开宣判活动，尽可能做到当庭衔接；敦促罪犯服从监管：判决时告知缓刑期间各项须知内容，要求缓刑对象签署服从监管承诺书，增强罪犯主动接受监管的自觉性；延伸判后检查：判决后及时交付执行并跟踪监管情况，通过监管地公安机关了解没有及时返回执行通知书回执的原因，协调监管地检察机关、监管部门予以法律监督，向监管地执行机关发出查询公函或司法建议。 （杨 楠）

■ 开展未成年犯刑释护送专项活动

为营造平安世博和谐氛围，预防未成年人违法犯罪，创造流浪未成年人回归社会良好环境，长宁法院会同区检察院、区救助站、区看守所共同开展"一路阳光"专项活动，护送在沪无家可归、举目无亲、身无分文的"三无"刑满释放未成年人返回原籍。主要措施：将少年审判工作与社会职能部门管控相衔接，共同提供救助保护；协同职能部门衔接刑满释放未成年人家庭监护和回归安置工作，密切地区之间预防未成年人工作衔接。拓展和延伸少年审判感化、教育、挽救功能，在"三无"未成年犯刑满释放时，开展以法制、人生观、平安世博为主题的教育活动，给予其回归社会所必要的关怀；建立救助保护网络，及时向救助部门反馈"三无"刑满释放未成年人返回原籍情况；完善数据统计，互通执法办案和救助管理中的政策和信息；排摸"三无"刑满释放未成年人具体困难，协同区民政部门、区看守所为其提供必要帮助，护送其重返家庭，开展跟踪服务帮助其回归社会。 （杨 楠）

■ 外省市缓刑罪犯社区矫正衔接

妥善解决外省市缓刑罪犯的执行衔接难的问题。2009—2010年，被长宁法院判决缓刑并交外省市执行的41人中，执行回执在一个月内寄回的有14人，占34.1%；三个月内仍未收到的有8人，占19.5%；平均寄回天数为27.5天，是本地寄回天数的2.6倍。长宁法院采取五项措施积极应对。针对外省市人员户籍地和居住地分离，致使矫正单位不确定的普遍现象，长宁法院在给被告人送达起诉书时，要求其提供暂住证和居住证明，以此确定矫正单位。外地社区矫正对象通常在回到原籍地后便更换手机号码，致使法院无法跟踪联系。长宁法院要求此类被告人至少提供两名户籍地直系亲属电话，确保联系通畅。向执行单位寄出执行文书的同时附带书记员、被告人及其近亲属联系方式，避免执行单位在无法联系被执行人后将材料退回或搁置。判决后明确告知被告人，其逾期报到可能被收监执行的后果，提高其接受监管的自觉性。案件生效后的10日内，由书记员对执行情况及时核查，发现缓刑罪犯尚未被监管的，立即联系罪犯重申违反监管纪律的法律后果。对一个月内仍没有收到执行回执的，函告管辖派出所的区县公安分局查明原因。函告一个月内仍没有回复的，向该公安分局发出司法建议并抄送辖区检察机关监所部门。

（杨 楠）

■ 推进"合适成年人"参与少年刑事诉讼

为发挥"合适成年人"在少年刑事审判中的参审作用，保障涉罪未成年人诉讼权利，长宁法院制定5项机制推动"合适成年人"参与刑事诉讼。推进"合适成年人"参审预判机制，要求法官收案后及时掌握未成年被告的法定代理人在刑事侦查、审查起诉阶段到场情况，对法定代理人能否参与庭审进行预判；认为无法到庭的，在开庭3日前通知"合适成年人"参审，为"合适成年人"预留参审准备时间。推进"合适成年人"参审知情机制，书面告知"合适成年人"参审的各项诉讼权利和义务，介绍未成年被告人案件的具体情况，解答"合适成年人"对于参审案件的各项提问，做到信息公开对称。推进"合适成年人"合理使用机制，通过建立"合适成年人"数据库加强"合适成年人"管理，在选用过程中以行政属地化为原则,按序轮流选用,确保"合适成年人"选用的广泛性和平等性。推进"合适成年人"业务培训机制,组织"合适成年人"开展法律、心理学等业务培训,帮助其增强参审履职意识,提高参审业务水平和能力。推进"合适成年人"合理报酬机制,对"合适成年人"参审给予一定报酬,增强"合适成年人"参审工作积极性,维护未成年被告人合法权益。（杨 楠）

■ **加强涉少刑事案件特点分析与预防**

2010年,长宁法院共受理涉少刑事案件156件,涉案青少年205人。受理的涉少案件呈现以下特点。两抢一盗案件居多：受制于青少年犯罪能力较低及未成年人罪犯主要为失业、失学青年的特点,涉少刑事案件以盗、抢等自然犯罪为主,其中盗窃罪70件,抢劫及抢夺罪44件,两抢一盗案件占全部涉少刑事受案数73%。外地来沪青年居多：以往未成年犯中以来沪农民工子女居多,现在未成年犯中则新增大量新生代农民工,占57.1%；该部分人群有较强的职业愿景,但心理尚未成熟,务工期间易因遭受挫折或无法正确对待现实落差而产生犯罪。共同犯罪及惯犯居多：156件案件中共同犯罪占60.3%；青少年人易受外界因素影响,审理过程反映出,涉少刑事案件共同犯罪多为一人起意怂恿他人协同犯罪,案发以临时起意居多；在首次犯罪成功后,未成年犯则在利益驱动下持续犯罪直至被抓获,惯犯占10%。为有效防止青少年犯罪,长宁法院建议加大对社会闲散青少年教育和引导,使其形成正确价值观和交友观；借助社工、心理咨询师等社会力量加大对新生代农民工心理帮助,整合社会资源切实解决该人群现实困难；加强校园安全防范及周边地区社会治安综合治理。（杨 楠）

■ **推进少年刑事审判量刑规范化工作**

为规范刑法裁量权,贯彻落实宽严相济的刑事政策,维护司法公正,保障未成年人被告的合法权益,长宁法院推出四项举措。引入量刑程序：注重公诉机关的量刑建议,引导辩护人、指定辩护人发表量刑意见,在案件审理中,既体现司法公正,又形成控辩双方对未成年被告人寓教于审的法庭教育合力。探索量刑实体规范和程序设置：未成年人刑事案件具有较强的"刑法个别化"特点,在量刑时较一般刑事案件需要更多的考量社会调查报告、未成年人被告人犯罪心理特点、有关监护帮教措施等犯罪预防工作特别因素,长宁法院在涉少刑事案件中探索与之相适应的量刑规范和程序,体现少年审判特色。坚持贯彻宽严相济的刑事政策：对于一些未成年被告人犯罪主观恶性不深、案发后积极赔偿的轻微刑事案件,推进刑事和解工作,实现法律效果和社会效果的统一。加大非监禁型适用力度：对外来未成年被告人犯罪案件,引导诉讼参与人发挥量刑建议职能,结合量刑规范化工作的有关精神,对审查符合相关条件的,积极适用非监禁刑,改变非沪籍未成年被告人适用缓刑较少的现状,实现量刑均衡。（杨 楠）

（三）民事商事案件审判

■ **概况**

2010年,长宁法院妥善处理民商事纠纷,共受理各类民商事案件1.31万件,审结1.29万件,比上年分别上升31.6%和28.7%,涉案标的额达19.78亿元。妥善处理事关民生问题的各类纠纷,其中审结劳动争议案件826件,做到保障劳动者合法权益与促进企业持续发展并重；积极应对《中华人民共和国物权法》实施后大幅上升的物业纠纷,审结物业纠纷案件2700件；审理辖区产业结构调整中产生的各类诉讼,审结商事纠纷1933件,比上年上升37.4%；探索执行不能转破产程序的审理工作,通过规范企业法人退出机制,维护经济秩序,推动市场有序竞争；开展商事案件调解进园区工作,促进虹桥商务区建设,成功调解涉园区企业商事纠纷24件。（杨 楠）

■ **《法官智库丛书》之《民事证据规则应用》出版发行**

2009年,经市高院党组研究决定,由长宁法院院长邹碧华任《法官智库丛书》之《民事证据规则应用》课题负责人,牵头组织市高院、一中、二中、海事法院、长宁法院资深法官组成课题组参加编写工作。长宁法院在接受任务后,从确定编写目标、全书框架、编写方案、初稿编写、署名方式、工作进度等六个方面加以落实,书稿初稿完成后,多次组织专家论证。专家们认为,书稿紧密围绕上海法院审判实践,提出解决问题的思路、方法和技巧,是上海法官智慧的凝聚和经验的结晶,对解决审判实务中出现的新情况、新问题，提升法官应用民事证据规则等能力具有较强借鉴和帮助作用。市高院党组副书记、副院长沈志先对书稿送审稿给予高度评价，认为“出书认真，总体可以，质量较高，基本成熟”，书稿已由法律出版社出版发行。（杨 楠）

■ 区人大和区政协领导视察指导民商事工作

1月28日下午，区人大副主任邱华云、区政协副主席张连城等赴长宁法院视察，指导民商事审判工作，并在院长邹碧华陪同下观摩民商事案件庭审。区人大和政协领导对长宁法院民商事审判工作予以充分肯定，对合议庭审判人员的庭审驾驭能力表示赞赏，并对长宁法院审判工作及其他各项工作提出意见和建议。（杨 楠）

■ 针对劳动争议案件新趋势提出五项对策

长宁法院在审判实践中发现，劳动争议案件中存在部分当事人诉讼请求虚高、诉讼态度不务实、滥用诉权等情况，占用大量业已紧张的司法资源。长宁法院提出五点对策：扩大宣传、树立正确诉讼观，借助媒体对典型案例的剖析，扩大示范效应，促进劳动争议当事人树立正确诉讼观念，准确理解法律规定的要义，避免因认识偏差造成无谓的消耗。调判结合、合理运用调解，对于缠讼当事人，不无原则进行调解，贯彻自愿合法的调解原则，不一味迁就不合法请求，做到当判则判。突出释明、落实诉讼指导，对文化程度低、不熟悉法律规定的当事人，通过当庭释明，耐心、细致做好法律解释工作，引导其回归理性，确定合理、合法诉求，维护其正当权益。加强引导、维护司法秩序，对于代理人为博得当事人好感故意抬高诉讼标的，强化审内释明，如实告知当事人可能错失调解机会，增加诉讼成本等后果；对于律师滥用诉讼技巧误导当事人的，及时通报监管部门和行业协会。统筹协调、争取内外联动：对一些不属于劳动争议案件的历史遗留矛盾，与相关职能单位沟通，疏通纠纷解决通道，引导当事人通过正当途径解决纠纷，必要时与上级单位联系取得支持，协同做好维稳工作。（杨 楠）

■ 针对劳动争议执行案件难点提出对策

2009年，长宁法院执结涉劳动、仲裁案件256件，中止、终结执行案件15件，标的额占总中止、终结标的额97%。针对劳动争议执行案件存在的难点，如仲裁阶段缺乏执行预判：仲裁过程中被执行人一旦出现经营状况恶化等异常情况，劳动仲裁部门未及时提示劳动者进行财产保全，案件进入执行程序后常因已无财产可供执行而中止。企业资信状况监管缺位：部分企业股东当经营状况恶化时抽逃资金、转移财产，隐匿逃避司法机关侦查，造成劳动者工资失去保障，给执行造成难题。劳动者缺乏风险意识：中小企业容易受经济环境影响，大量案件在进入仲裁、执行之前被执行人已经处于无财产可供执行的状态，劳动者未及时掌控企业财产线索使执行陷入被动局面。长宁法院建议建立劳动仲裁案件执行先行会商制度，法院与劳动仲裁院互通信息，及时掌握当事人企业在仲裁期间情况，避免劳动者的执行风险扩大。完善中小企业欠薪保障基金机制，建议对聘用农民工较多且经营不稳定的企业强制要求缴纳企业欠薪保障基金，避免劳动者因企业停止经营等情况而无财产可供申请执行。加强劳动仲裁案件诉讼指导，在劳动争议进入诉讼或执行之前，告知可能存在诉讼风险，提示其申请财产保全，切实维护劳动者合法权益。（杨 楠）

■ 提高涉房产案件调解率

2010年，长宁法院涉房产案件调撤率达78%，比上年上升15个百分点。长宁法院采取“五个把握”调解涉房产案件。把握调解时机：对事实清楚、争议不大的房产纠纷，在调解时机上坚持快速原则；做到受理案件后第一时间就为当事人创造交换意见的机会。把握参与人选：注重利用案外因素破解调解僵局，邀请涉案当事人的家人、单位等利益主体一同参与案件调解，提高调解成功率。把握诉讼心理：调解过程中引入专业心理疏导，采用共情、适当释明、认知重建等心理学方法来减少当事人对法院的抵触情绪和双方之间的对立情绪。把握民本理念：消除既存矛盾的同时防止案结事不了滋生新的社会矛盾，在案件判决过后注重整合社会资源为当事人解决实际困难，将“判后解困”作为“案结事了”新方向。把握协作原则：在矛盾激化以及群体性案件处理过程中，寻求社会各界支持，联动化解矛盾；具体办案过程中根据个案特点，加强与相关基层自治组织、政府职能部门沟通联系，谨慎选择调解方向策略，引导当事人停止过激行为回归理性，在各方利益平衡的基础上形成优化的调解方案。（杨 楠）

■ 长宁法院"要件审判九步法"引起重视

11月20日,中国人民大学民商事法律科学研究中心、人民法院报、法律出版社主办,长宁法院协办的"民商事审判方法研讨会"在中国人民大学明德法学楼国际报告厅举行。来自学界、媒体、法院系统的50余位法律专家学者、法官及律师参加。长宁法院院长邹碧华作"要件审判方法在基层法院的探索"主题发言,就"要件审判九步法"提出的动因、"九步法"基本逻辑结构以及长宁法院推行"要件审判九步法"对各项审判质效指标产生的积极影响等作详细介绍,引起与会代表强烈反响。最高人民法院应用法学研究所所长、研究室副主任罗东川高度评价"要件审判九步法"司法理论和实践价值,并就"九步法"深入研究和推广提出意见,要求把"民商事审判方法"作为最高法院课题研究重要内容进行深入系统地研究,提高法官司法能力。 (杨 楠)

1月26日,邹碧华为长宁法院干警讲解其"要件审判九步法" (区法院供稿)

(四)行政案件审判

■ 概况

2010年,长宁法院依法审理行政案件,共受理行政案件87件,审结87件,比上年均上升14.5%。发挥行政审判支持和促进依法行政功能,判决维持行政机关具体行政行为21件,驳回原告起诉和诉请26件,撤销具体行政行为、确认行政行为违法各1件。推行行政案件协调和解制度,促使相对人和行政机关互相谅解,协调化解行政争议35件,占审结行政案件的40.2%。深化司法审查报告制度,连续三年向区政府发送行政审判"白皮书",规范行政执法行为。全面梳理易发生纠纷的行政执法环节,制作《行政执法法律风险要点提示书》,增强行政机关的法律风险防范意识。(杨 楠)

■ 落实市法院行政审判专题工作会议精神

年内,市高院召开全市法院行政审判专题工作会议,通报市"钓鱼执法"事件所涉非法营运类案件审理情况。长宁法院认真传达会议精神,制定四项措施予以落实。及时向区委、区人大专题汇报市高院行政审判专题工作会议精神,争取领导重视和关心,在上级机关支持和帮助下为全区行政机关开展一次专项培训,就区行政机关败诉案件、瑕疵案件进行讲评,提醒相关部门举一反三,汲取教训。贯彻落实最高院《关于依法保护行政诉讼当事人诉权的意见》及市高院《关于建立行政案件立案会商机制的若干意见》,起草并完成长宁法院会商机制工作意见,建立行政案件立案会商研讨机制,切实保护行政纠纷当事人的诉权。建立健全应对突发涉诉公共事件工作机制,对可能转化为公共事件的行政纠纷保持敏感性,建立应对纠纷的应急工作机制和工作预案,明确规定纠纷上报途径、应对方法、应急程序、步骤以及应对注意事项等。对于涉及国家重要政策或者可能导致矛盾激化和事态扩大的行政纠纷,以情况专报、大要案报告等信息报送方式向上级机关及时报送案件受理及审理情况;对政府决策和行政管理活动中出现的共性问题,以司法白皮书形式向区委、区人大反映情况。 (杨 楠)

■ 加强行政审判司法建议工作

春节前夕,长宁法院连续向三个行政机关发送三份司法建议,引起区政府主要领导及相关行政部门重视。区长李耀新对每份司法建议书均作出书面批示,要求有关行政机关切实转变执法理念,提高依法行政能力,适时安排与法院工作交流、对接;针对行政审判情况,查找行政审批、执法、行政行为等方面存在的问题,举一反三,加强培训;适时对全国、全市、本区行政机关败诉案件进行案例分析,进行重点培训。 (杨 楠)

■ 修改完善行政案件应诉通知书样式

年内,长宁法院结合行政审判实践对行政案件应诉通知书样式进行修改和完善,在原应诉通知书后附上相关法律条文和规定,便于行政机关应诉并准确履行诉讼权利和义务。新版应诉通知书突出五个特点:突出被告十天的举证和答辩期,列明《中华人民共和国行政诉讼法》第四十三条,明确被告应当在收到起诉状副本之日起十日内向法院提交答辩状和相关证据,敦促行政机关形成明确时间观念提高应诉效率。突出被告举证规范性要求,列明《最高人民法院关于行政诉讼证据若干问题的规定》第十九条规定,明确提交证据具体要求,增强被告提供证据材料的规范性和条理性,便于庭审高效公正。突出行政诉讼举证责任倒置规则以及不提交或逾期提交证据的法律后果,列明最高法院《关于中华人民共和国行政诉讼法若干问题解释》第二十六条,明确不提交或逾期提交证据应认定该具体行政行为没有证据、依据的规定,对被告按规定、按期提交证据予以警示。突出被告证据不足的法律后果,列明《中华人民共和国行政诉讼法》第五十四条第二款,告知被告提供证据不足将导致败诉后果,警示被告审慎对待证据提交工作。突出被告明确期间计算方式,列明《中华人民共和国民事诉讼法》第七十五条对期间的具体说明,减少被告对期间计算方式不必要误解,利于被告正确行使诉讼权利义务。（杨 楠）

■ 建立四项长效机制推动行政审判良性互动

2010年,长宁法院行政庭与区政府法制办联合召开"加强行政审判,促进依法行政"推进会。就行政与司法联动形成四项长效机制:建立统计数据共享互动机制,法院每季度将区行政案件受理、审结数据,群体性、矛盾激化类、敏感类、新类型案件数据抄送区法制办,使区法制办从宏观上掌握行政诉讼中涉及的行政执法问题、重大民生问题和矛盾激化案件,实现司法统计数据效用最大化,行政执法工作规范化和行政案件预防提前化。建立司法建议抄送反馈机制,法院以司法建议形式,就个案审理中发现的行政执法问题,向相关行政机关提出改进建议,将司法建议书抄送区法制办;区法制办以法院具体意见为基础,在反馈互动中督促相关机关落实整改,促进行政执法质量提高。建立协调化解案件合力机制,法院以情况专报、大要案报告制等方式,将涉及国家重要政策,或易导致矛盾激化和事态扩大的案件及时报送区委,抄报区法制办;区法制办与法院通过召开协调化解工作会议等形式化解矛盾,促进社会和谐。建立行政领导出庭应诉推进机制,法院每季度向区法制办抄报行政领导出庭应诉情况,包括出庭数量、比例、同比情况等;法制办加强对行政领导出庭应诉的推进工作,为及时解决行政争议,有效监督具体行政行为创造有利条件。（杨 楠）

■ 完成《2009年度上海法院行政案件司法审查情况报告》撰写

年内,长宁法院行政庭完成《2009年度上海法院行政案件司法审查情况报告》(白皮书)撰写工作,"白皮书"围绕2009年行政执法中存在的部分行政机关怠于履行法定职责、事实认定不清、证据不足、适用法律法规有偏差和执法程序欠规范等四方面问题提出三项建议。要求相关政府部门从本市发生的"钓鱼执法"事件中举一反三,强化程序正当性意识,发挥视听资料在固定证据中的作用,使行政权力运行符合程序公正标准;区府各职能部门要增强诉讼中自主化解和配合法院化解工作的主动性和积极性,共同促进和谐社会的构建和发展;要提高行政领导出庭应诉的实质参与度。（杨 楠）

■ 推进行政审判绩效考评体系建设

长宁法院以"四个坚持"为抓手,贯彻落实全国法院行政审判绩效考评视频会议精神。坚持考评工作服务大局,将社会发展大局对法官工作的要求体现在考评工作中,增加一审行政息诉率、行政案件协调化解率考评指标的权重,将法官的注意力和积极性引导到提高审判质量、效率和效果上来,树立服务大局的目标导向。坚持考评工作尊重审判规律,从法官个人和案件特点出发,确立符合审判规律目标导向机制,对现行目标考核中不合理部分进行梳理,根据行政庭岗位间差异,区别适用考评标准。坚持考评工作公平公正,对可以客观量化的审判业绩,通过数据形式纳入考核体系,将重点调研课题撰写、培训班授课等"周边绩效"纳入考评体系,体现个体差异和对法官劳动的尊重。坚持考评工作服务队伍建设,通过法官考评工作营造争先创优意识和氛围,突出法官的主体地位,促进法官自律自强,考评制度设置以激励为主,更多地设置奖励性指标,以法官考评带动法官绩效管理机制

的完善。（杨 楠）

（五）审判执行

概况

2010年，长宁法院加大审判执行力度，共受理执行案件4045件，执结4048件，分别比上年上升27.8%和27.7%，执结标的额达9.63亿元。根据最高院部署，开展委托执行案件专项清理活动，争创"无执行积案先进法院"，实际执行率、执行标的清偿率分别达到85.5%和95.4%。推进执行流程机制改革，在分权制约确保廉洁公正的同时兼顾效率。研发执行流程管理软件，以科技加制度为手段规范执行案件管理。关注民生，加大涉及当事人生活保障案件执行力度，执行标的额达3.72亿元，共对36人次实施司法拘留、限制出境等强制措施，开展集中执行、夜间执行、专项执行12次。与区人保局会商建立企业欠薪处置机制，探索企业欠薪保障金适用与追偿制度。（杨 楠）

贯彻落实2010年市法院执行工作会议精神

为贯彻落实2010年上海法院执行工作会议精神，长宁法院提出五项举措。统一思想，围绕化解社会矛盾、社会管理创新及公正廉洁执法三方面积极开展执行工作，争取办案效果与社会效果的统一。发挥职能，加大涉世博案件的执行力度，及时化解社会矛盾，做好世博保障工作。集中精力，构建完善的执行制度并保障严格贯彻落实到位，形成长效机制，在业务建设及监督管理等各方面打造规范透明、制约有效的执行管理流程，提升执行工作规范化水平。完善协助执行网络长效机制，形成人民法院和社会各方联动的执行链条，发挥社会执行网络作用，完善综合治理执行难工作格局，推动执行工作长远健康发展。建立健全执行人员系统业务培训长效机制，提高执行人员综合素质和业务能力，发挥廉政监察员作用，加强执行廉政建设，打造一支争先创优、勇于进取、能打硬仗、廉洁自律的优秀执行团队。（杨 楠）

五项举措维护世博会期间法院执行工作稳定

长宁法院为贯彻落实市高院《关于世博会期间执行事件防范及应急处置的工作预案》精神，制定五项举措确保世博会期间法院执行工作稳定。制订《世博会期间执行应急稳控工作方案》，明确分工、落实责任。成立现场处置组、后援工作组及信息报送组，分别负责现场处置、后续增援、信息报送等工作。制订《突发事件应急处置方案》，杜绝恶性突发事件发生。针对执行中现场拆迁、移转大宗物资、现场搜查、拘留等易发生突发事件的案件，根据事件紧急程度分为一般、较大、重大、特别重大四个等级，明确相应处置预案，并加强演练。建立世博会期间执行矛盾化解联动联调机制，运用协助执行网络力量、搭建各类平台，及时高效地化解执行突发事件。细致摸排执行案件，强化对因执行导致生活困难当事人的执行救助，探索争取区民政局、区残联等相关部门支持，搭建各类救助平台，强化对弱势群体利益保护。以"平安世博，司法护航"为主题，发挥媒体作用，宣传世博平安执行，做好网络舆情应对工作，引导正确舆论导向。（杨 楠）

采取三项执行举措加大欠薪案件执行力度

为确保企业员工在春节前如期如数拿到欠薪回家过年，长宁法院采取三项执行举措加大欠薪案件执行力度。查找可供执行财产，确保职工欠薪及时到位：一从事建筑行业、执行标的达1400余万元的申请执行人雇佣农民工数量庞大，因执行款不到位而拖欠劳动报酬，被欠薪农民工多次上访有关部门。长宁法院派员赴多个银行地毯式查询被执行人账户，发现被执行人除基本账户外还在民生银行设有4个账户，内有存款248万余元。长宁法院立即予以冻结扣划，将上述款项及时发还申请执行人用于发放欠薪妥善安置返乡农民工。寻求各方协助，合力解决欠薪难题。一被执行人企业已停止经营，无财产可供执行，百余名职工因被拖欠工资多次进京上访。经查，该企业有近1,800余万元资金因法人代表涉嫌犯罪被北京高院予以冻结，长宁法院遂先后三次派员赴京协调，北京高院最终将870万元资金扣划至长宁法院账户并用于解决职工欠薪问题。积极实施司法救助，切实保护弱势群体。对一些家庭困难、没有收入来源的劳动争议纠纷案件申请执行人，长宁法院启用执行救助金对其实施司法救助。2009年12月至2010年1月，长宁法院经甄别、研判，对符合执行救助条件的4起案件申请执行人实施司法救助，共计发放执行救助金6万余元，维护社会稳定，促进社会和谐。

（杨 楠）

开展凌晨集中执行成效显著

3月17日，长宁法院执行庭对长期不能执行到位的“老赖”案件进行一次凌晨集中执行，取得良好成效。执行前，缜密研判、细致排摸。针对世博前期案件特殊性和敏感性，对存案进行认真研判和排摸，对符合集中执行条件的案件上报院领导，由分管院长统一部署并最终确定列入集中执行的案件。详细安排、周密部署。就本次专项集中执行活动具体要求和时间节点进行详细安排和部署，制定突发事件应对方案，确保集中执行行动有的放矢、万无一失。执行中，分工明确、各司其职。根据各承办人反馈信息，做好行动计划，按照案件性质、警力配置、车辆安排等内容将本次集中执行分为四个执行小组，各司其职，避免混乱。内外联动，合理保障。形成集中执行内外联动，办公室、法警队等各部门合力保障。为争取社会各界对本次凌晨集中执行行动的关注，邀请区人大代表及多家新闻媒体记者参与本次行动。该项行动从凌晨5点开始至下午17点结束，历时12个小时。共动用执行人员24人次、法警6人次、车辆12辆次。执结案件29件，涉案标的额达到人民币79.5万元，执结标的额人民币38.3831万元。获得较好社会效果与执行效果。

（杨　楠）

（六）审判监督

概况

2010年，长宁法院加强审判质量监督管理，规范立审执各环节，形成以司法规范为先，审判管理互动，注重效能提高的质量监督管理模式。开展各类专项检查，编发《审委会通报》、审判质量情况等通报，将长宁法院推行的“九步法”审理思路和文书制作要求纳入通报范畴，增加对文书内在逻辑结构和审判思维内容的分析。实施审监工作提示制度，将庭室共性问题或者虽不承担案件差错责任但应予改进的问题作为切入点进行分析，提出解决建议，促进业务庭审判质量和效率的提高。加强调研成果转化，对案件检查过程中及再审案件审理中发现的问题进行研究总结，撰写调研文章，厘清类案审理思路。开拓庭室互动渠道，针对业务庭存在的突出问题，由审监庭协调开展互动交流，使相关庭室就具体司法实践问题达成共识。总结经验择优推荐，在专项检查过程中，注重挖掘有助于提高审判质量和效率的好做法，进行分析点评，并予公开推荐，起到以点带面，以检查促提高作用。与区检察院建立法检联席会议制度，针对区检察院对长宁法院存在问题所发出的建议开展反馈座谈，增进相互理解，提高长宁法院公正司法水准。（杨　楠）

最高法院领导莅临长宁法院调研指导

最高法院执行局副局长孙忠志等一行在市高院执行局局长余志强的陪同下莅临长宁法院调研指导执行工作。长宁法院副院长等就长宁法院执行流程改革背景、理念、具体举措以及取得的成效作简要汇报。孙忠志对长宁法院执行流程改革举措及工作成效予以充分肯定。指出：实施执行流程化管理是执行工作的大势所趋，对执行工作实施阶段化分权，打破一人包案的传统模式，有利于健全对执行权的监督制约，提高执行队伍的廉政水平，减少当事人信访，符合最高法院关于执行工作改革方向。孙忠志要求继续完善流程管理，从管理中要绩效，从管理上促廉政。优化完善各执行阶段衔接，发挥流程最大功效。

（杨　楠）

成立社区法律事务联络室

为加强与社区联系与沟通，回应社区法治建设需求，促进社区和谐稳定，长宁法院成立社区法律事务联络室。长宁法院配备专门力量，聘任退休审委会委员、资深庭长从事社区法律事务联络，加强法律事务联络和具体法律事务咨询、指导。拓展联络渠道，为社区法律事务联络室配备直线电话，对各街镇主要领导及司法所、综治办和人民调解组织以及居、村委会相关组织公开，接受电话咨询，加强即时联络。社区法律事务联络室通过每月定期巡回各街镇了解社情民意等形式，为社区管理提供法律服务和法律保障。明确联络职责，包括为社区法律事务提供法律咨询；为预防和化解重大突发事件和群体性矛盾纠纷提供决策参考；参与社区重大项目、重大工作社会稳定风险评估；为社区相关组织和单位开展法律培训和法治讲座；安排巡回审判、旁听庭审和专项法制宣传；总结社区管理常见纠纷类型，编制法律指引，定期总结提高。年终召开社区联络工作总结会，请各街镇代表对长宁法院社区联络工作发表意见和建议，及时总结，不断改进，发挥法院审判工作服务社区功能与作用。

（杨　楠）

■ 采取三项举措推进诉调对接工作

长宁法院采取三项措施推进诉调对接工作,取得一定成效。1月,长宁法院诉调对接中心调解结案486件,其中交通事故120件、离婚26件、财产赔偿23件。三项措施是:推进诉调对接的电子化、规范化管理,启用委托、立案调解管理系统,对诉调对接中心工作台账进行电脑化管理,落实专人每天将诉前、诉中调解案件输入电脑,通过院局域网与审判管理系统对接,使诉调对接工作实现电子化、无纸化。推行"各类民生案件先行调解制度",引导当事人自愿进入调解程序,使各类离婚、分家析产等纠纷案件先行进入调解程序,贯彻"调解优先,调判结合"工作原则,提高个案调解率,为审判业务庭减负,为百姓解忧。完善协作调解机制,对一些涉及百姓生活需求但不一定符合立案条件的民事纠纷,引导当事人至人民调解窗口及各街道、镇居委会人民调解窗口进行调解;与区劳动仲裁及行政部门建立长效沟通及矛盾激化预警机制,联合调处群体性劳资纠纷、物业等纠纷,将群体性涉稳纠纷化解在诉前。 (杨 楠)

■ 召开法律监督联席会议

长宁法院与区检察院加强法院审判监督和检察院民事行政监督沟通协调、提高法律监督工作实效。形成六项举措:探索法检相互沟通、配合、协调、制约的新举措,建立和完善加强民事行政法律监督的工作机制;建立息诉工作联动机制,法检及时通报本区的疑难、复杂及社会影响较大的民事行政案件和矛盾激化案件,互为对方查阅案卷材料和了解有关案件情况提供方便,形成化解社会矛盾的工作合力;建立多元化沟通协调机制,区检察院就抗诉案件及时与长宁法院进行沟通,长宁法院通过定期联席会议、抗诉前的沟通协调等形式,将内外部监督相结合;建立类案检察建议抄送督办及反馈机制,区检察院在审查申诉案件时,发现普遍问题时,通过检察建议书的形式提出改进意见和建议,由相关业务庭提出反馈和处理意见,审监庭负责汇总并及时函复;共同开展民事行政监督的探索性工作,在区法院的支持和配合下,区检察院适时开展对执行监督、调解监督和民事督促起诉工作的探索,并加强相互的沟通协调;建立调研工作互动机制,针对民事行政监督工作实践中呈现出来的各种新情况、新问题,以专题案件研讨、联合调研等多种形式进行互动,推进调研工作深入开展。 (杨 楠)

■ 延伸审判职能

年内,长宁法院紧密围绕"为大局服务、为人民司法"主题,通过"三个深入、三个结合"做法延伸审判职能,为社会提供便捷、规范、高效的司法服务。结合"为人民司法",深入基层开展普法讲座,组织"涉老房地产案件法制讲座"、"法律课堂进企业"等系列讲座,将专业、便利的司法服务送进社区、企业,促进社会诚信体系和社会矛盾预防机制的建立。结合"为大局服务",深入行业编发司法建议,针对因电力公司认定窃电行为的操作方式及事后处理流程不完善问题向上海市电力公司、国家电力监督管理委员会华东监管局分别发出司法建议,获得积极反馈。结合化解社会矛盾,深入社区推进"物业服务示范小区"建设活动,找准化解社会矛盾与推进社会管理创新工作的联接点,推进"物业服务示范小区"建设活动;根据相邻关系案件审理情况,以图片、板报方式,对此类案件起因、解决对策、物业公司与业主权利义务等内容开展法制宣传工作,收到良好社会效果。 (顾鸣香)

■ 举行长宁法院新一届陪审员任命仪式

2010年,长宁法院隆重举行新一届人民陪审员任命书颁发仪式。仪式由长宁法院党组成员、政治部主任主持,区人大常委会鲁德喜副主任,区人大内司委主任,长宁法院党组成员、副院长等出席。区人大内司委主任宣读任命通知,出席会议的领导向被任命的新一届50名人民陪审员颁发任命书。鲁德喜要求新任命的人民陪审员充分认识人民陪审员制度的重要意义,它不仅是一项制度,更是党的群众路线在司法领域的集中体现;要注意维护司法公正形象,展现新时代人民陪审员的风采;要加强学习,不断锻炼自己,提高司法能力;要树立法制宣传意识,加强法制宣传,为改善法治环境尽一份力。他还就加强陪审员培训等方面工作对长宁法院提出具体要求。 (杨 楠)

(七)其他工作

■ 概况

长宁法院贯彻落实全国政法工作会议精神,围绕科学发展主题和加快转变经济发展方式主线，结合长宁法院实际，提出具体实施意见。组织全院干警学习全国政法工作会议内容，统一思想，提高认识，将会议精神落实到具体工作中。坚持司法人民性教育，开展“发扬传统、坚定信念、执法为民”主题教育实践活动，弘扬“公正、廉洁、为民”司法核心价值观，提高干警思想政治素质。深入贯彻能动司法理念，树立服务大局意识，为经济平稳较快发展提供强有力司法保障。坚持“调解优先、调判结合”工作原则，把调解贯穿于执法办案各个环节，有效化解各类矛盾。依法审理涉及群众切身利益的各类诉讼，更好地服务于保障和改善民生大局。坚持抓好执法办案要务，始终把执法办案放在法院工作首要位置，加强审判管理，强化审限意识，加快立案、审理、执行速度，切实为人民群众提供高效司法服务。（杨 楠）

■ 制定《法官尊重律师十条意见》

1月18日，长宁法院在充分调研、讨论的基础上，制定《法官尊重律师十条意见》。明确规定：法官在审判活动中应遵循尊重、理解、友善原则，合法、合理、合情地处理好与律师关系，合力化解矛盾，促进社会和谐。法官应认真听取律师意见，对律师意见采纳与否，以适当方式表明。法官在庭审中应避免随意打断律师发言，确有必要打断的，应以平和语气提示律师发言简明扼要，避免不当言辞，或者主动归纳要点，再询问是否有补充，可视情休庭与双方律师进行交流，或请双方律师到审判台前予以适当提醒。法官在庭审中不得使用训斥、嘲讽等不尊重律师语气和语言，不当着当事人的面指责、批评律师，不得向当事人发表贬损律师言论。法官在庭审中如不同意律师观点，一般不当庭与律师争辩，必要时可引导双方当事人或律师进行辩论。对于律师提出调整庭期安排的申请，法官在审查核实有关情况后，对有正当理由的，应尽可能作出相应调整。为律师参与审判活动提供方便，在条件允许情况下，为律师参与审判活动提供停车、休息、阅卷、复印等方面便利。畅通与律师沟通渠道，为律师与法官正常沟通交流创造条件，包括提供联系信箱和电子邮箱等。注意保护律师在法院期间人身安全，在案件出现矛盾激化或可能激化情况时，法官应采取必要措施保护律师安全离院。定期听取律师对法院工作意见，对于律师反映法官在廉政、审判作风方面问题的，应认真核查并注意对反映问题律师身份信息予以保密，定期向律师协会通报律师在代理活动中的总体情况、好的做法和存在的不足。（杨 楠）

■ 率先挂牌成立基层法院信访办

1月29日下午，长宁法院率先挂牌成立基层法院信访办，市高院盛勇强副院长、长宁法院院长邹碧华出席揭牌仪式并讲话。揭牌仪式上，长宁法院院长感谢市高院对长宁法院工作的关心和支持，表示长宁法院将以信访办成立为契机，深化信访工作机制的完善和制度创新，加大信访工作力度，全力化解矛盾纠纷，为世博会期间社会稳定作出贡献。盛勇强在讲话中强调当前信访工作要着重推进信访长效机制建设，形成领导包案、领导干部接访、排查等六项工作制度，以“1+6”工作机制作为信访工作抓手推进长效机制建设。他指出，2010年恰逢世博会召开，信访维稳工作任务艰巨，要正视矛盾与困难，发挥信访工作职能作用，努力化解社会矛盾，落实领导责任制及矛盾排查化解制度，推进“五个确保”，为服务平安世博提供良好司法环境。（杨 楠）

5月27日，心理咨询师干警参与涉诉信访工作启动仪式（区法院供稿）

■ 召开2010年度反腐倡廉建设工作会议

2月26日上午，长宁法院召开2010年度反腐倡廉建设工作会议，全院干警参加会议。会上，民一庭、执行庭作交流发言，院党组书记、院长邹碧华与各党组成员、各党组成员与分管部门负责人签署《党风廉政建设责任书》。党组成员、纪检组长对2009年工作进行回顾，从加强党风廉政责任制、开展专项学习、加强廉政文化建设、廉政制度建设和纪检监察干部队伍自身建设等五个方面对2010年反腐倡廉工作进行部署。邹碧华结合长宁法院“厘清思路、强化责任”年度工作思路，就反腐倡廉工作提出具体要求，要从政治高度、法官职业和家庭责任三个层面充分认识反腐倡廉建设重要性。从政治层面来看，反腐倡廉建设事关我党的执政理念、执政基础；从法官职业来看，司法腐败的影响力和杀伤力远比其他职业要大得多；从家庭和个人层面来看，违反廉政纪律会给家庭和个人造成无法挽回的严重后果。反腐倡廉工作必须反复讲、讲反复，要从提升价值观、强化责任感的高度，克服“攀比心理”、“虚荣心理”、“侥幸心理”，不断增强自我心理调节能力，防止不法分子利用“认同心理”和“一致性心理”谋取非法利益，筑牢廉政自律的思想道德防线；要本着法院与干警共同成长的理念，加强廉政管理和监督，多“拍拍肩膀”、“拉拉袖子”，确保每一名干警不掉队。（杨　楠）

■ **优化诉讼事务中心司法为民服务措施**

为方便当事人诉讼，实现“三有三少”，即法官有人找、案件有人查、材料有人转，让上门群众少跑一次腿、少等一分钟、少费一点心，长宁法院制定《关于诉讼事务中心接待案件查询、约见法官及收转材料等工作的操作规范》。操作规范明确：诉讼事务中心在接待当事人来访或者来电查询案件进展时，应制作当事人来访（来电）查询案件进展台账，台账分为来访查询记录和来电查询记录。诉讼事务中心在办理当事人约见法官工作时，应做好约见法官情况台账，在约见法官过程中，将约见结果予以登记。诉讼事务中心在收取诉讼材料时，应填写《转接当事人材料情况表》，要求当事人填写《证据目录》，《证据目录》填写完毕后复印并交由当事人核对并签字。《证据目录》核对无误后，一份留底，一份随证据材料交庭室。证据材料交相关庭室时，请收取人予以核对并在《转接当事人材料情况表》上签字，留底《证据目录》每月装订成册，由承办人妥善保管。为细化流程，长宁法院制作《当事人来访查询案件进展台账》、《当事人来电查询案件进展台账》、《来电约见法官台账》、《来访约见法官台账》和《转接当事人材料台账》等台账样式并投入使用。（杨　楠）

■ **开发利用信访管理软件工作**

年内，长宁法院创新工作机制，自行研发集导入、移交、转办、承办、督办、反馈等功能于一体的信访信息管理系统。该系统作为办理信访新软件、新平台，经过一年运行，在提升信访件办理质量和效率、加强信访流程监控、促进法院科学管理等方面取得显著成效。区长李耀新在长宁法院工作报告上批示：长宁区法院开发利用信访管理软件的做法很好，值得推广，请区信访办、科委（信息委）组织上门学习取经，结合电子政务推进，拿出区信访信息系统开发建设方案。（杨　楠）

（栏目编辑　郑兆永）

司法解读

关于界定华侨、外籍华人、归侨侨眷身份规定的解读

本规定自2009年4月20日起施行，由国务院侨务办公室负责解释。本规定仅适用于华侨、外籍华人、归侨、侨眷身份的界定，有关他们在中国的政策待遇，应按有关规定执行。

为适应侨情变化和侨务工作发展的需要，根据《中华人民共和国归侨侨眷权益保护法》及其实施办法，国务院侨办对华侨、外籍华人、归侨、侨眷的身份做了新的界定。

一、华侨身份界定更加明晰

华侨是指定居在国外的中国公民。“定居”是指中国公民已取得住在国长期或者永久居留权，并已在住在国连续居留两年，两年内累计居留不少于18个月。中国公民虽未取得住在国长期或者永久居留权，但已取得住在国5年以上（含5年）合法居留资格，5年内在住在国累计居留不少于30个月，视为华侨。中国公民出国留学（包括公派和自费）在外学习期间，或因公务出国（包括外派劳务人员）在外工作期间，均不视为华侨。

原规定对华侨身份的界定只规定华侨指定居在国外的中国公民或者已取得住在国连续5年(含5年)以上合法居留资格的中国公民。新规定明确了“定居”的含义,以及“5年内在住在国累计居留不少于30个月”的期限。

二、外籍华人身份界定关键看国籍

外籍华人是指已加入外国国籍的原中国公民及其外国籍后裔;中国公民的外国后裔。

三、归侨身份界定无变化

归侨是指回国定居的华侨。“回国定居”是指华侨放弃原住在国长期、永久或合法居留权并依法办理回国落户手续。外籍华人经批准恢复或取得中国国籍并依法办理来中国落户手续的,视为华侨。

四、侨眷身份范围扩大

侨眷是指华侨、归侨在国内的眷属。侨眷包括:华侨、归侨的配偶,父母,子女及其配偶,兄弟姐妹,祖父母,外祖父母、孙子女、外孙子女,以及同华侨、归侨有长期扶养关系的其他亲属。外籍华人在中国境内的具有中国国籍的眷属视为侨眷,其范围比照华侨、归侨。

科学知识

美国研究制造出单晶体结构金属玻璃

一般来说,包括金属玻璃在内的玻璃态物质在内部结构上都处于无序状态,但据美国每日科学网报道,美国的一个研究小组日前通过高压对一个金属玻璃样本进行处理后,在其内部发现了一个呈高度有序状态的单晶体结构。该研究有助于人们加深对金属玻璃材料的认识,开创出一种新型金属玻璃的制备工艺。相关论文发表在《科学》杂志上。

虽然玻璃以及玻璃态物质的内部结构总体呈现出无序状态,但其相邻的原子间(一般不超过4个到5个原子间距)偶尔也会表现出一种暂时的有序性,这被称为“短程有序”,范围稍微大一点的被称为“中程有序”,再大一点类似于普通晶体的则被称为“长程有序”。目前绝大多数金属玻璃的结构都属于长程无序、短程有序,试图让金属玻璃接近于晶体,具有“长程有序”结构的实验也都以失败而告终。

美国卡内基地球物理实验室研究员毛河光及其同事的一项研究却有望改变这一现状,让制造出具有长程有序结构的金属玻璃成为可能。

实验中,研究人员将大多只有1厘米长、非常细的铈铝金属玻璃样本放在25千兆帕斯卡(标准大气压力的25万倍)的压力下进行处理。结果发现,所有的样本都在强大压力下发生了“脱玻化”,关闭了玻璃态并形成了面心立方晶体结构,而它们的原子就像乒乓球一样被塞入这个结构当中。样品被带回环境压力后,新结构仍然保持稳定。

毛河光表示,这一令人振奋的结果表明,对铈铝玻璃进行加压就可获得人们所需要的长程有序的“完美玻璃”,或许这种情况在其他金属玻璃中也存在。

即将加入毛河光小组的浙江大学研究人员曾桥石(音译)表示,高压技术或许提供了一种通过金属玻璃制造单晶材料的方法。此外,它还有效地将两种极端材料结合在了一起:高度有序的单晶和高度无序的玻璃。

金属玻璃也被称为非晶态合金,是一种具有特殊性能的新型材料。这种材料比玻璃坚硬、比金属有弹性,兼具两者的优点又克服了它们的弊病。其较高的强度、良好的磁学性能和抗腐蚀能力使其在电子、航空航天、机械、微电子等领域有着广泛的应用价值。用它制成的变压器铁芯具有显著的节能效果,在电子设备中使用这种材料还能起到减轻设备重量、增加有效载荷、增强抗干扰能力的作用。此外,它还能用来制造高尔夫球杆、感应式防盗标签等。

美国能源部能源前沿研究中心、中国国家自然科学基金会以及中国博士后科学基金会等单位为此项研究提供了资助。

十二、司法行政

SI FA XING ZHENG

CHANGNINGNIANJIAN

2011

（一）综述

2010年，长宁区司法行政工作贯彻落实上海市司法局工作会议及长宁区政法工作会议精神，紧扣“平安世博”工作主线，推进社会矛盾化解，强化人民调解、安置帮教等各项工作，为世博会成功举办营造和谐稳定的社会环境。在长宁区2010年机关作风满意度测评中，长宁区司法局在长宁区22个被列入市政风行风测评的部门中名列第三。完成世博安保任务。制定下发《长宁区司法局关于世博会运营期间指挥运行、力量部署、值班备勤等安保工作的实施方案》，成立局世博安保指挥部，落实世博安保志愿者队伍，召开世博安保值班备勤动员会和培训会，按照安保等级要求进入值班备勤状态。5月1日起在全区开展民间纠纷百日“三无”（无因民间纠纷激化引起的非正常死亡案件、伤害案件和群体性上访事件）竞赛活动，开展民间纠纷排摸、控制、化解和法制宣传，预防和减少民间矛盾纠纷的发生。做好社区矫正和安置帮教工作。加强与区公安分局、区检察院联动，召开区社区服刑人员和刑释解教人员社会面防控工作动员会，下发《2010年世博会期间长宁区社区服刑人员和刑释解教人员社会面防控工作方案》，与各司法所、派出所签署《世博安保责任书》，层层落实责任。年内，长宁区两类人员的“下落不明”率降低至1.7%，查到率达73%，位居全市前列。做好人民调解工作。2010年，共排查出群体性矛盾纠纷168件、易激化矛盾纠纷62件，并指定专人负责，落实预案进行控制和化解。化解各类来信、来访和领导交办的信访件650件，有效减少街镇的信访量，缓解了职能部门的信访压力。区司法局扎实开展“人民调解化解矛盾纠纷专项攻坚活动”，及时化解社会矛盾纠纷，年内，共受理各类民间纠纷1.36万件，比上年上升41.26%；经调解解决1.33万件，调解成功率达97.43%。其中民事纠纷委托调解8566件，占区法院民庭受理案件总数的65.87%，调解成功率为96.51%；轻伤害案件委托调解52件，成功率为100%；治安案件委托调解109件，成功率达100%；医患纠纷委托调解17件，成功率为100%，涉及赔偿金额266余万元；劳动争议653件，涉及赔偿金额141余万元；交通事故1118件，涉及赔偿金额2078余万元；调处群体性纠纷11起，防止其他民转刑6起；提供法律咨询1.70万人次；“110”公安、司法联动接处警4064件，比上年上升8.69%。制作各类人民调解协议书5453份，无当事人反悔或法院依法予以撤销。开展法律服务工作。以迎世博为契机，区司法局分别召开区法律服务业座谈会和律师工作年会，加大对律师业的扶持力度，引导律师事务所用好市、区两级政府关于推进现代服务业发展的政策，推动律师业新一轮发展。组建世博法律服务志愿团等专业服务团队，为世博会参展推介、场馆租赁与经营等提供优质高效的法律服务。与区法院和检察院签订框架协议，建立维稳工作沟通协商机制，对律师开展主题为“民事行政检察和律师代理制度”的培训，引导律师正确处理好与司法人员的关系，努力营造公正廉洁的执法环境。截至2010年底，长宁区共有律师事务所91家，律师人数990人。做好法制宣传教育工作。区司法局完成对全区“五五”普法工作的检查验收。召开区法宣领导小组会议和区法制宣传教育讲师团成员与街镇法宣干部培训会，开展“五五”普法总结和“六五”普法规划理论征文活动。开展“精彩世博、法治先行”等主题法制宣传活动，增强依法办事观念，自觉维护社会稳定，为世博会成功举办营造良好社会环境。完善法律援助工作。区司法局通过全区居（村）法律援助联络点，加大法律援助宣传，完善法律援助网络，扩大法律援助社会知晓率和法律援助工作社会覆盖面，着力提高“12348”法律咨询和法律援助案件质量。开展迎世博窗口服务活动。区司法局组建平安志愿者队伍，开展“世博先锋行动”，加强平安世博培训，开展迎世博“三五”活动和窗口服务迎世博“冲刺100天”活动。加强公证接待窗口以及街镇联络点的文明礼仪培训，开展优质服务示范活动，继续在“长宁公证之窗”网站开设英语版“迎世博公证服务网上窗口”专栏，发放爱心卡，增加便民服务措施。开展创先争优活动。区司法局组织各律师事务所党支部在边学边改基础上，在律师队伍中开展律师警示教育活动，对“学实”活动进行总结，建立律师事务所党建工作长效机制，实现“学实”活动成果转化，按期完成整改目标。开展以“世博先锋行动”为主题的创先争优活动，推动基层党组织和党员在奉献世博中建功立业。局系统27家基层党组织342名党员参与文明观博知识竞答、世博岗位立功竞赛等服务。以律师党建带动律师团建，会同区青联建立青年律师联合会，初步形成律师事务所团建新模式。2010年,区司法局团总支被评为上海市司法行政系统“五四”红旗团组织。加强司法行政队伍建设。区司法局坚持中心组学习制度、学习日制度、网上学习制度,建立局机关文化书架,开放阅览室和开设午间影院,增强机关干部学习自觉性,营造良好学习氛围。加强党风廉政建设,及时通报近年来上海市政法系统干警发生的违法违纪案件。严格贯彻《干部选拔任用工作条例》和中央选人用人四项监督制度,开展干部工作自查和组织工作满意度测评。组织参与社会公益活动。开展“新年暖流”、“一日捐”、组织西南抗旱、青海玉树地震、舟曲泥石流捐款,积极参与迎世博交通文明志愿者、环境整治志愿者等活动,增强党员群众的责任意识和服务意识,提高机关全体人员参与社会活动的积极性。（黄挽澜）

（二）人民调解

概况

区人民调解工作围绕服务、保障世博,深入推进各类社会矛盾纠纷的化解和调处,着力完善大调解工作体系,加强人民调解与司法调解、行政调解、仲裁调解的衔接配合,加强与区有关部门的协作,进一步扩大人民调解领域,积极介入社会难点热点纠纷调解。加强调解网络建设,将人民调解排摸网络由居(村)委进一步向楼组延伸。积极推进司法所规范化建设,加快推进人民调解信访代理工作,年内6个司法所已按照司法部的要求完成司法所标识的制作和悬挂。华阳司法所被评为全国模范司法所,华阳、新泾、仙霞司法所被评为上海市示范司法所。（黄挽澜）

召开人民调解信访代理工作推进会

2月4日,区司法局与区信访办联合召开长宁区人民调解信访代理工作推进会,会议系统总结人民调解信访代理工作五年来的工作成效,表彰一批优秀人民调解委员会和优秀人民调解员,并对进一步做好人民调解信访代理工作进行部署。5年来,在人民调解信访代理“合二为一”创新机制下,全区10家人民调解信访代理工作室共为群众提供法律咨询3.72万件;受理调处各类纠纷4.17万件(其中群体性纠纷70件,涉及群众5380户),经调解解决4.13万件,调解成功率99.04%;成功代理群众有关信访事项1282件,共收到群众感谢信、锦旗292(封)面。（黄挽澜）

市调研组考察李琴工作室

8月9日,市委办公厅副巡视员、市委办公厅总值班室主任裘怀中率市调研组到李琴人民调解信访代理工作室调研人民调解组织化解社区矛盾纠纷的情况。调研组详细了解李琴人民调解信访代理工作室的人员组成、运作模式、经费来源、调处纠纷数据及实践中遇到的疑难问题,并对李琴工作室近年来取得的成效给予较高的评价。（黄挽澜）

开展人民调解信访代理业务培训

8月12日,区司法局牵头、与区信访办、区妇联联合举办人民调解信访代理业务培训班,对全区基层人民调解专职干部、人民调解信访代理工作室人员、区联合人民调解委员会人民调解窗口调解员及区消保委调委会的调解员进行业务培训。年内,区各级人民调解组织共排查出各类纠纷244件(其中群体性纠纷64件),并对排摸出的30件易激化矛盾纠纷指定专人负责,落实预案进行控制和化解。（黄挽澜）

组织“我为平安世博作贡献”人民调解主题实践演讲比赛活动

10月18日,区司法局组织开展《中华人民共和国人民调解法》专题讲座暨“我为平安世博作贡献”人民调解主题实践演讲比赛活动,邀请上海海耀律师事务所资深律师举行专题讲座,从专业角度对《中华人民共和国人民调解法》进行解读和剖析。来自全区基层司法所和人民调解组织的10名演讲人参加演讲比赛,李琴人民调解信访代理工作室的李琴获演讲一等奖。（黄挽澜）

（三）公证

概况

长宁公证处积极开展迎世博“冲刺100天”活动,强化应急处置能力,重视投诉处理工作,推动文化建设和业务建设,进一步规范各项接待流程,不断提升公证作为对外窗口的服务水平。年内,共受理各类公证1.71万件,其中国内民事、经济类公证

9320件，涉外、涉港、澳、台公证7806件。

（黄挽澜）

■ 优化服务环境完善服务设施

长宁公证处不断优化服务环境，完善窗口服务设施，积极营造整洁、温馨、周到的办证条件。增加接待窗口，对接待窗口标牌进行中英文标注，为方便群众办事，还在接待区域敷设无线网络。为确保世博会举办期间公证工作安全有序，根据“平安世博”的要求，对《突发公共事件总体应急预案》进行修订，完善组织领导机构，明确机构人员的工作分工，细化安全事故、治安事件与公共卫生等方面的应急预案，并加强安全防范措施。（黄挽澜）

■ 强化服务意识保障世博运行

年初，世博园区中的西班牙馆进入紧张的内部装修阶段。因工程需要，承担该馆装修工程的公司急需办理资信证明的公证，并将在规定时间内向西班牙馆方提交。为保障西班牙馆按时开馆以及世博园区的顺利运营，长宁公证处公证员克服各种困难，急事急办，优先受理，优先核查，优先翻译，在保质保量的基础上高效及时地完成该项公证任务。

（黄挽澜）

■ 集中办证确保判决顺利执行

为确保法院一起股权分配案件判决文书的顺利执行，长宁公证处集中承办数百人的股权转移登记业务。10月6—7日，长宁公证处公证员放弃国庆节休假，为申办协议书和授权委托书公证的当事人专门开辟受理绿色通道，两天共办理200人次近400多件2000多份协议书和委托书的公证，确保平安世博目标的实现。事后，有关部门向长宁公证处赠送“公正公证 为民解难”锦旗。（黄挽澜）

■ 荣获上海世博会窗口服务先进集体称号

在迎世博600天和办世博184天期间，长宁公证处全体公证人员不断加强服务窗口的规范化建设，完善窗口服务人员的仪容仪表、语言措辞与服务能力，同时发挥党员的先进表率作用，树立长宁公证处的优质品牌形象。11月10日，上海世博会主运行指挥部举行上海世博会窗口服务工作总结表彰大会，长宁公证处获上海世博会窗口服务先进集体称号。（黄挽澜）

（四）律师

■ 概况

区律师业注重服务质量的提升，对接上海“四个中心”和区“国际贸易承载区”建设，不断完善发展模式，截至2010年底，全区律师事务所达到91家，律师人数突破900人，全年业务收入达到7个亿，人均创收继续保持上海前列。长宁区律师担任各类单位、个人法律顾问3239家，办理刑事诉讼辩护案件510件，民事诉讼代理案件6382件，行政诉讼代理案件64件，非诉讼法律事务3606件。

（黄挽澜）

■ 成立青年律师联合会

1月28日，长宁区青年联合会、上海市律师协会长宁区工作委员会联合举办“慧聚长宁、律动世博”长宁区青年律师联合会成立仪式暨2010年长宁青联迎新晚会。在成立仪式上，长宁区青年律师联合会第一届主席团组建了长宁青年律师法律服务志愿团，并向全区青年律师发起倡议，为世博法律志愿服务和“平安长宁”建设贡献力量。市司法局，团市委，区委等有关领导出席，区委组织部、区司法局、团区委、区社工委、区600办、区妇联等部门领导及包括广大青年律师在内的长宁各界的优秀青年代表近150人参加活动。（黄挽澜）

1月28日，区司法局与区青年联合会等联合举办区青年律师联合会成立仪式（区司法局供稿）

■ 召开法律服务业恳谈会

2月8日，中共长宁区委常委、副区长杲云主持召开法律服务业迎春恳谈会，邀请全区资深律师代表座谈并听取法律服务界的意见或建议，就进一步促进和扶持长宁区法律服务业的发展进行探讨和交流。杲云在讲话中强调法律服务业在区现代服务业中的重要地位，介绍了长宁现代服务业的整体发展情况和虹桥商务区建设规划，要求区有关职能部门加大对律师业的政策扶持，加大推行政府购买法律服务的力度，积极为法律服务的发展搭建平台。（黄挽澜）

■ 召开律师深入学习实践科学发展观活动总结大会

2月10日，区司法局组织召开全区律师事务所深入学习实践科学发展观活动总结大会，君悦律师事务所党支部和海华永泰律师事务所党支部分别作交流发言，长宁区律师党委对14家参与星级评定的律师事务所党支部进行了表彰。五个多月来，区司法局系统21家律师事务所党支部较好地完成学习调研、分析检查、整改落实及总结测评的各项任务，“学实”活动取得初步的成效。（黄挽澜）

■ 区司法局与区检察院共同推进化解社会矛盾机制

4月14日，区司法局与区检察院联合举行《长宁区人民检察院、长宁区司法局关于共同推进化解社会矛盾的框架协议》的签字仪式，以制度形式确立双方加强民事检察监督、沟通、协商，共同维护社会稳定的工作机制。全面推进政法工作“三项重点”工作，引导律师正确处理好与司法人员的关系，努力营造公正廉洁的执法环境。（黄挽澜）

■ 召开“法律维权”便利服务进楼宇推进会

5月28日，区司法局会同区委组织部、区社工委、区虹桥办共同召开“法律维权”便利服务进楼宇推进会。会议总结法律服务进社区和律师事务所、律师参与街镇、居委矛盾纠纷化解双结对等活动向园区与商务楼宇延伸的推进情况，并向社区（街镇）综合党委和园区党委赠送法律服务指南和法律维权书籍。街镇代表、商务楼宇白领代表、律师代表分别作交流发言。区有关职能部门、社区（街镇）综合党委领导和司法所、律师事务所及部分区党代表、楼宇白领、物业经理、企业代表参加会议。（黄挽澜）

■ 举行“关注孩子，服务世博”活动启动仪式

5月28日，区司法局会同区有关部门组织区保护未成年人权益律师志愿团举行志愿团成立五周年暨“关注孩子，服务世博”活动启动仪式。律师志愿团通过区教育局向区内各中小学、幼儿园转交《法律意见书》，总结归纳目前校园内最易侵害未成年人权益的十大安全隐患，有针对性地提出预防法律风险的对策性建议。年内，区保护未成年人权益律师志愿团共办理包括未成年人生活费、抚养费、生命健康权、抚养权及部分刑事犯罪案件等在内的各方面案件1468件。（黄挽澜）

■ 司法部政治部主任尹晋华到长宁区调研律师党建和创先争优工作

7月1日，中央创先争优领导小组成员、司法部政治部主任尹晋华一行到上海市君悦律师事务所调研律师党建工作和创先争优活动开展情况。尹晋华考察君悦律师事务所党建工作，参观该所创先争优宣传栏及党建展板，慰问该所律师和工作人员。市司法局局长吴军营、市司法局党委副书记李和平、市司法局副局长刘忠定等领导陪同调研。（黄挽澜）

■ 召开律师介入未成年人刑事案件侦查、逮捕机制研讨会

8月11日，区司法局和区检察院、区公安分局联合召开律师介入未成年人刑事案件侦查、逮捕机制研讨会并举行三方签约仪式。研讨会上，区公、检、司等职能部门对《关于在刑事侦查及审查批准逮捕阶段对未成年犯罪嫌疑人提供法律援助的实施意见（试行）》进行解读，演示了未成年人审前羁押风险评估系统。（黄挽澜）

■ 东虹桥法律服务园举行揭牌和签约仪式

12月1日，长宁区与华东政法大学区校合作共建的华东政法大学东虹桥法律服务园正式签约揭牌并对外运作。区长李耀新与华东政法大学副校长王立明签署《关于进一步推进区校战略合作的框架协议》，长宁区律师工作委员会和北京金杜上海分所、海华永泰等5家区属律师事务所分别与园区签订入驻意向书。东虹桥法律服务园是长宁区政府积极对接上海“四个中心”和虹桥商务区建设、着力在“十二五”期间加快以法律服务业为重点的

现代服务业发展而推出的一项战略举措。园区将依托华东政法大学法学教育研究载体，整合区内优质法律服务资源，加大公共服务平台、培训平台和投资孵化平台建设，打造法律人才培养、法律咨询与服务产业的高端品牌，为上海经济、金融、贸易、航运“四个中心”建设提供完善的法律服务。

（黄挽澜）

■ 区长李耀新主持区长办公会议研究法律服务业发展

12月6日，区长李耀新主持召开第147次区长办公会议，听取区司法局关于促进长宁区法律服务业发展若干意见的情况汇报。会议指出，法律服务业是专业服务业中的高端行业，是建设“精品虹桥、国际商都”的重要发力点，“十二五”期间长宁法律服务业将进入快速发展的时期，长宁区适时推出相关扶持政策很有必要。会议要求以东虹桥法律服务园区为起步，积极开发各类空间载体，吸引规模化、专业化、国际化律师事务所入驻长宁，并通过政策聚焦与叠加，将律师纳入区人才政策中给予优先考虑。（黄挽澜）

（五）法律援助

■ 概况

区法律援助中心提升为贫弱群众服务的能级和水平，紧密联系社区实际和贫弱群体的需求，保持工作思路的连续稳定、创新和可操作性，从完善工作机制、加强规范管理、提升工作水平入手，实现法律援助工作又好又快发展。2010年度共接待来访咨询2172件，比上年上升3%；“12348”专线咨询2780件，比去年下降37%；受理法律援助案件194件，比上年下降18%，其中刑事法律援助案件48件，民事法律援助案件146件。（黄挽澜）

■ 开展三八妇女维权周活动

3月1—8日，区妇联、区司法局、区法宣办、区人保局、区女职工委员会、区法律援助中心联合举办以“关注妇女民生，建设平安家庭，服务精彩世博”为主题的长宁区“三八”妇女维权周活动。维权活动周中，区法律援助中心安排专业律师坐堂为广大妇女提供法律咨询服务，激发广大妇女在“平安家庭”创建活动中的主体意识与参与意识，增强妇女自我保护、维护自身合法权益的法制理念。

（黄挽澜）

■ 举办纪念刑事案件辩护注意事项讲座

3月26日，区法律援助中心在华阳街道社区文化中心举办年度首次法律援助志愿律师培训讲座。培训的主题是“刑事案件辩护应注意的相关问题”，旨在提高法律援助律师的办案效率和办案质量。30余位法律援助志愿律师参加培训。（黄挽澜）

■ 举办纪念《法律援助条例》颁布七周年宣传活动

9月1日，区法律援助中心在《法律援助条例》颁布实施七周年纪念日之际，举办法律援助宣传咨询活动，邀请相关专业律师为来访者提供法律咨询，宣传活动中共发放《法律援助宣传手册》200份及《农民工法律宣传手册》100份。（黄挽澜）

（六）安置帮教及社区矫正

■ 概况

区安置帮教和社区矫正工作整合各方面力量参与社会管理，不断夯实基层基础工作，并加强对重点人员管控和帮教，确保在世博园区内和园区周边不发生社区服刑人员和刑释解教人员重新违法犯罪事件，不发生社区服刑人员和刑释解教人员参与上访、闹访和群体性事件，在世博会期间社会面不发生社区服刑人员和刑释解教人员重大恶性刑事案件，不发生社区服刑人员和刑释解教人员参与影响社会稳定的重大群体性事件。（黄挽澜）

■ 市司法局巡查世博安保工作

3月29日、6月1日、10月12日，上海市矫正办主任朱久伟、市众扶帮教协会理事长王元洪等率市司法局巡查组到长宁区巡查社区矫正和安置帮教世博安保工作。巡查组听取区司法局工作汇报，现场查看工作台账，详细了解长宁区落实世博安保方案的情况和下一步工作打算。巡查组对区司法局社区矫正和安置帮教世博安保工作给予肯定，并对进一步深化世博安保工作提出要求。（黄挽澜）

■ 召开社区服刑人员和刑释解教人员社会面防控工作动员大会

3月9日，区司法局和区公安分局、区检察院联合召开世博会期间长宁区社区服刑人员和刑释解教人员社会面防控工作动员大会，并签署《世博安保责任书》。会议下发《2010年世博会期间长宁区社区服刑人员和刑释解教人员社会面防控工作方案》、《关于进一步加强长宁区社区矫正和安置帮教工作的意见》。区公、检、司有关职能部门和各司法所所长及专职干部、各派出所分管副所长及联络员以及上海市新航社区服务总站长宁区工作站全体社工参加动员大会。（黄挽澜）

■ 召开加强社区服刑人员监管和刑释解教人员管控帮教工作联席会议

8月6日，区司法局牵头召开世博会期间加强社区服刑人员监管和刑释解教人员管控帮教工作联席会议，就进一步做好世博运行期间社区服刑和刑释解教人员稳控、加强涉及两类人员的矛盾化解工作进行探讨和交流。区综治办、区公安分局等联席会议成员单位及区众扶协会、新航长宁站等社会团体负责人参加会议。会议强调，联席会议各成员单位要在涉及刑释解教人员就业、住房、生活保障等民生工作方面，继续加大政策倾斜力度，完善政府托底政策，提高帮扶范围。（黄挽澜）

（七）法制宣传教育

■ 概况

区司法局法制宣传工作以围绕中心、服务大局、以人为本、服务群众为主线，积极开展各类培训和宣传工作，为世博会成功举办营造良好的社会环境。

（黄挽澜）

■ 开设职工书屋

1月13日，区司法局和区法宣办会同区总工会、江苏路社区在申亚金融广场27楼多功能厅举行“法律进楼宇、求知在书屋”——申亚佳都楼宇“职工书屋”和“职工法律书架”揭牌仪式，并向楼宇职工代表赠送法律书籍。年内，长宁区分别在世界500强企业——联合利华（上海）有限责任公司和农民工比较集中的长联环境卫生汽车运输服务有限公司设立“职工法律书架”，并组织志愿者开展法律咨询和法制讲座。（黄挽澜）

■ 召开法律进企业座谈会

8月27日，区司法局会同区人大常委会内司工委召开长宁区法律进企业座谈会。区人大代表及区有关部门领导出席，联合利华、金鹿建设等企业负责人参加座谈会。座谈会上，与会企业代表汇报了“五五”普法期间在依法治企、依法管理等方面的经验和成果。区社工委从“两新”组织法律机制建设、普法品牌推广等方面作总结交流。区人大常委会执法检查小组充分肯定“五五”普法以来法律进企业工作成果，表示要将会议反映出来的意见或建议作为规划“六五”普法工作参考。（黄挽澜）

8月27日，区司法局会同区人大内司工委召开“法律进企业”座谈会（区司法局供稿）

■ 举办第二十二届宪法宣传周系列活动

11月29日—12月5日，上海市举行第二十二届宪法宣传周活动，长宁区以“弘扬法治精神，营造法治氛围，促进稳定和谐”为主题举办系列宣传活动。12月3日，区法宣办和静安区法宣办联合举办第四届“和谐·长安杯”商务楼宇从业人员法制宣传文艺汇演。12月4日，区法宣办会同市教委法宣办共同举办大型广场法律咨询活动暨《中华人民共和国人民调解法》、《中华人民共和国消防法》主题宣传活动。同时，区法宣办还协调区有关委办局和街镇组织开展法制讲座、法律咨询、法制文艺表演等形式多样的法制宣传教育活动。（黄挽澜）

（栏目编辑　郑兆永）

十三、经济管理

JING JI GUAN LI

CHANGNINGNIANJIAN

2011

(一)综述

2010年,区经济管理部门围绕区委、区政府目标任务,对接国家和市工作要求,做好区域经济运行分析,创新经济行政管理,推进区域现代服务业和低碳城区建设健康发展。

区发改委围绕区域经济发展,完成国家服务综合改革示范区和低碳经济示范区申报及《上海市长宁区申报国家服务业综合改革试点方案》编制;建立产业引导基金和资募港,编制《关于建立长宁区产业发展引导基金管理办法(试点)》;完成区现代服务业发展概况、现代服务业税收占全区税收比重分析并提出相关建议;推进政府投资项目预算安排和投资项目中介评估机构政府采购工作;实施街镇行政区划调研、金融业对中小企业扶持、区校合作、“十二五”规划编制,为长宁低碳发展提供基本保障和基础。

区财政总收入172.76亿元,比上年增收25.49亿元,增幅17.30%,年财政收支基本平衡;加强政府采购监管和指导,年政府采购金额7.03亿元,资金节约率12.30%;深化非税收收缴分离改革、规范完善财政扶持政策、开展专项资金绩效评估;推进预算信息公开,制定《关于进一步做好长宁区财政信息公开工作的指导意见》,全区50%部门的预算细节化到具体项目并向人代会公开接受监督审议;推进乡财县管改革、小金库专项治理、优化资金绩效分析、提升资金监管水平。

区税务部门以组织税收为中心,强化征收管理,优化纳税服务,税源专业化管理试点取得阶段性成果;完成世博期间和年度税收任务,市、区两级税收指标完成情况位居中心城区前列;加大房屋出租、建筑安装业税收征监管力度,实施标准化办税服务、推进纳税评估、涉税审批、税源管理专业化;完成年度企业所得税汇算清缴、年所得12万元以上纳税人申报;落实党风责任制,提升政风行风建设水平。

区统计部门围绕区重点工作开展统计分析,完成区10多个专业4000多家单位统计年报和2500多家单位统计定报;开展区现代服务业发展情况分析及相关建议调研和非公经济年定报专项调查,提高工作满意度;组织实施区第六次全国人口普查指导员和普查员培训,完成人口普查工作任务。

区物价部门围绕控物价保民生,建立世博期间价格工作法,设立21家粮油禽蛋企业价格动态监测点,做好价格维稳;开展价格认证服务和民办中小学教育成本收费审核公示,接受社会监督;处置接待价格信访,组织价格检查,保障社会经济行政稳定。

区工商管理部门加强市场监管和消费者权益保护,维护辖区市场秩序;深化并联审批试点,提高行政审批效率,完成一口收件301户,试点工作走在全市前列;开展商标保护专项整治,打击非法使用世博会标志违法行为;推进流通领域食品安全监管,完善红盾维权网络,确保物价基本稳定,保护消费权益;加强干部队伍建设,强化权力运行监管。

区审计部门审计总金额254.5亿元,查出不规范资金3519万元,核减建设资金103万元,提出审计建议117条;财政预算执行审计总金额157亿元,查出管理不规范资金1609万元;重点深化迎世博600天建设项目经济责任专项资金审计、区土地储备收支、企业节能降耗专项资金审计等,提升专项资金使用效益。

区质监部门出动特种设备监察人员6668人次,检查特种设备使用单位7724家,设备3.9万台,指导服务区内企业制修订标准137项,消除安全隐患111处;开展冬季“五小企业”锅炉安全检查,消除安全隐患11处;组织机械停车设备、手机、计价器、游乐设施、儿童用品、涉博宾馆综合执法检查;开展3 15宣传咨询、计量为民服务、向世博人家赠送健康计量礼包等活动。

区安监部门强化安全宣传、教育、培训,层层落实安全生产责任书,开展系列安全执法整治,提升安全防控能力,着力构建安全生产长效机制,确保不突破市安委下达的安全生产控制指标。

区食药监部门完成市、区重大活动和供博食品安全保障任务9项,加强旅游团餐食品安全监管,发放《旅游团餐食品安全指南》,无食物中毒及其他食品安全事件;构建食品药品安全应急处置保障机制,开展“五一”、“世博食安五号”等食品安全检查专项执法15次、药品安全保障专项检查行动5次,区食品药品监督抽验合格率97.5%;完成加大对屠宰场监管检查力度,合格率创历史最好水平。

区国资委加强财务审计监管和法人治理建设,完成各项经济管理目标,区国资保值增值率114%;完成区国资系统招商引资34户、国资委隶属中小企业关停并转37家的目标;推进建交系统政企业分开、街道政企业分开与资产清理整合，完成国资企业"十二五"改革发展专项规划编制和区委重点课题调研，为区域经济综合协调发展贡献研究成果。（常　念）

（二）发展与改革

概况

2010年，围绕区委、区政府的主要目标和任务，区发改委在综合发展、重大规划、重大问题研究、现代服务业发展和低碳城区建设、投融资平台改革等方面进行一系列卓有成效的工作。积极参与谋划长宁未来的发展，做好"十二五"规划编制。围绕区域经济发展做好经济运行分析工作。创新思路积极探索新的发展路径，为长宁下一步的低碳发展提供基础和保障。积极对接国家和市的发展战略，使长宁区在争取国际机构贷款，低碳城区建设和国际贸易中心建设上取得突破。全年完成区增加值309.93亿元，比上年增长9.5%。全年完成固定资产投资59.85亿元，比上年增长8.2%。现代服务业全年累计完成税收63.96亿元，比上年增长27.4%。虹桥涉外商务区累计完成税收72.2亿元，比上年增长34.8%。（宣　骏）

做好国家服务业综合改革示范区和低碳经济示范区申报

年内，区发改委以国家发改委《关于开展服务业综合改革试点工作的通知》和《关于做好服务业综合改革试点区域申报确定有关工作的通知》为依据，认真做好国家服务业综合改革试点示范区申报工作，制定并完善申报方案，形成《上海市长宁区申报国家服务业综合改革试点方案》并上报。与市发改委、市财政局及区相关部门合作，完成长宁区100余幢楼宇的能源调查及调研报告，在此基础上按照国家财政部要求，完成《中国上海发展绿色能源建设低碳城区项目概念书》和《项目建议书》中的有关长宁区项目内容并上报。（宣　骏）

加快推进区校合作工作

年内，区发改委协调区政府各有关部门，积极推进区校合作工作，1月22日，正式签署《上海市长宁区人民政府与上海工程技术大学进一步推进区校战略合作的框架协议》。协助上海工程技术大学成功申报国家大学科技园。4月1日，与市经信委、东华大学签署《关于推进环东华时尚创意产业集聚区建设战略合作的框架协议》，共同推进环东华时尚创意产业集聚区项目。12月1日，与华东政法大学签署《上海市长宁区人民政府与华东政法大学关于进一步推进区校战略合作的框架协议》，共同建设华东政法大学东虹桥法律服务园。（宣　骏）

建立产业发展引导基金推进金融服务业发展

年内，编制《关于建立长宁区产业发展引导基金的试行意见》和《长宁区产业发展引导基金管理办法（试行）》报区政府通过。组建长宁区产业发展引导基金管理中心，并成功举办虹桥资募港论坛，宣传和推动长宁区金融服务业发展。（宣　骏）

组织编制"十二五"规划

年内，区发改委组织专人深入调研和全面开展"十二五"规划大讨论，加强对区域发展若干重大问题的研究思考，并对"十二五"期间重大建设项目进行预排，圆满完成《中共长宁区委关于制订长宁区国民经济和社会发展第十二个五年规划的建议》和《长宁区国民经济和社会发展第十二个五年规划纲要》的起草。同时，根据要求跟踪和指导各单位做好有关专项、专题规划初稿的编制工作。（宣　骏）

加强对中小企业金融扶持

年内，协调上海联合产权交易所融资服务长宁分中心与提出需求的10余家企业进行对接，其中1家已通过上海服务业发展引导专项资金的审核和公示，其他企业也均在与相关投资方进行接洽。积极推介融资服务，有效搭建沟通平台。区六个便利联盟（便利午餐、便利出行、便利保健、便利交友、便利融资、便利维权）"便利融资"联动组主动联合区相关部门、社团组织，分别举办"长宁区中小企业融资服务推介会"、"长宁区金融服务企业行"和"长宁区金融服务社区行"，进行理财产品、中小企业集合票据和小额贷款公司的推介和交流，受到企业欢迎。通过区有关小额贷款公司，有效缓解中小企业短期资金需求。到年底，长诚小额贷款公司和东虹桥小额贷款公司两家企业累计发放贷款385笔共计10.85亿元；实现税前利润2707.18万元，税后利润2055.78万元。（宣　骏）

■ 深化“三个更加注重”工作

年内,区发改委深化“三个更加注重”(在坚决惩治腐败的同时,更加注重治本,更加注重预防,更加注重制度建设)工作,根据区监察局要求对政府投资项目的管理办法作修改完善,并从年初开始对政府投资项目决策系统进行完善、优化。3月份,完成2010年政府投资项目预安排和政府投资项目中介评估机构的政府采购工作。7月底完成2011—2013年三年政府投资项目储备库工作。8月底,完成2010年政府投资项目预安排中期调整工作。9月初,启动2011年政府投资项目预安排工作,9月中旬开始积极筹措政府投资项目后评估启动工作。(宣 骏)

■ 开展街镇行政区划现状调研

年内,区发改委在完成《关于长宁区街镇行政区划状况的调研报告》基础上,牵头召集区委政研室、区社区办等相关部门对长宁区目前区划状况、存在问题、调整目标、遵循原则等作进一步细化。9月中旬提出基础方案、提升方案和理想方案3套方案,再次征询相关部门意见。(宣 骏)

(三)财政

■ 概况

2010年,长宁区坚持以科学发展观为统领,进一步加强财源建设、优化支出结构、规范预算管理、强化财政监督,经济社会平稳较快发展,预算执行总体情况良好。区财政总收入完成172.76亿元,比上年增收25.49亿元,增幅17.30%。其中区级收入72.08亿元,比上年增收9.13亿元,增幅14.50%;市级收入31.93亿元,比上年增收4.57亿元,增幅16.70%;中央级财政收入68.75亿元,比上年增收11.79亿元,增幅20.70%。区财政支出85.50亿元,增支11.19亿元,完成调整预算数的101.80%,比上年增长15.10%。其中区级财政支出81.22亿元,比上年增长7.94亿元,增幅10.80%;中央及市财政下拨专项支出4.28亿元。区级财政收入加上市财政补助收入等返还14.35亿元,调用预算稳定调解基金2.00亿元以及收回以前年度部门专项结余资金0.81亿元,区实际可使用资金89.24亿元,安排预算稳定调节基金3.40亿元,结余0.34亿元,财政收支基本平衡。(袁 乐)

■ 稳步推进“乡财县管”改革

年内,区财政局稳步推进“乡财县管”改革,对新泾镇政府及下属事业单位财务人员进行政策宣讲。制定《关于向新泾镇委派财务总监的暂行办法》,委派新泾镇财务总监,加强资金监管。建立季度沟通例会制度,分析探讨推进过程中出现的新问题、新情况。开展新泾镇政府及下属事业单位财政供养人员、资产、银行账户、票据、债权债务(出借资金)等五方面清理工作。推行财务信息集中管理,对镇财政资金进行全程控制,做好预算执行信息管理系统启动前各项准备工作,为2011年镇财政预算执行管理网络化打好基础。(袁 乐)

■ 深化非税收入收缴分离改革

年内,区财政局进一步推进非税收入收缴分离改革工作。继续扩大非税收入收缴范围,将土地出让金收入纳入非税收入收缴信息化管理系统。根据要求,自7月1日起将除部分教育收费以外的非税收入按预算外资金管理的行政事业性收费纳入预算管理,涉及8个部门28项收费项目,涉及资金2451.66万元。截至年底,已有35家执收单位84个二级收费项目运行纳入非税管理系统,约占全区行政性收入总量的38%。加强“收支两条线”检查力度,围绕票据使用的合理性和执收的规范性重点检查区内10家行政事业单位的部分行政事业性收费事项。(袁 乐)

■ 开展专项资金绩效评价工作

年内,为进一步加强预算支出绩效管理,区财政局选择有关试点项目开展绩效评价工作。完成2007—2008年度教育信息化项目资金绩效评价报告,全面考评教育信息化项目资金的筹措使用、支出绩效、存在不足等方面的问题。会同区各街道、区民政局、区社区办等相关部门,对2009年度的民政民生专项资金开展绩效评价,探讨评估中发现的问题,督促相关部门有针对性地整改。联合区社区办选择街道“为民服务实事项目”开展绩效评价,听取街道、区人大代表和相关部门的意见建议,制定《专项资金绩效评价方案》和评价指标体系。(袁 乐)

■ 加强政府采购监管

年内,区财政局根据上海市政府文件规定,加强对集中采购机构的指导和监管。区采管办与区政府采购中心实行“管采分离”后，建立联席会议制度，与区政府采购中心沟通政府采购事宜，促进政府采购管理工作。对采购中心开展2009年度工作考核，抽查集中采购项目档案资料。召开采购人、供应商代表座谈会，听取意见建议。新增“计算机通用软件”种类，协议采购涉及货物包括低端服务器、网络交换器、路由器等计12个品种，不断满足预算单位购买零星通用办公设备的需要。全年政府采购金额达7.03亿元，资金节约率为12.3%。（袁　乐）

■ **推进预算信息公开**

年内，区财政局稳步推进部门预算信息公开。年初，主动走访28家预算单位，召开专题准备会。全区50%的部门预算细化到具体项目，并向区人代会公开，接受人大代表、政协委员审议。12月，制定《关于进一步做好长宁区财政信息公开工作的指导意见》并逐步推行，内容涉及政府预决算信息、部门预算信息、财政专项资金信息等。（袁　乐）

■ **开展“小金库”专项治理工作**

年内，根据市财政局统一部署，区财政局联合区纪委、区监察局、区审计局等部门开展2010年“小金库”专项治理工作。专项治理范围由原先的党政机关和事业单位延伸到社会团体、国有及国有控股企业，其中社会团体125家、国有及国有控股企业242家。通过部门联动的方式，组织24个小组进行检查。针对检查过程中发现的问题，抓好整改落实。根据专项治理情况汇总，全区“小金库”治理工作自查面为100%，自纠率为100%，未发现存在“小金库”现象。（袁　乐）

■ **开展系列财政专项检查工作**

年内，区财政局稳步开展各项财政检查。选择有关旧小区改造和2所学校的抗震加固专项经费项目进行全程监管。选择区内10家预算单位开展部门预算执行情况检查。选择5家科技园区，对其专项资金使用的规范性、安全性以及账务处理的准确性开展检查。对11家会计信用等级评定A、D类单位进行年检复查，完成20户单位的会计信息质量检查。联合区纪委、区监察局选择20家预算单位开展政府采购执法检查。联合区建交委等相关部门开展区治理工程建设领域突出问题检查。（袁　乐）

■ **深入开展调查研究**

年内，区财政局积极开展调查研究，以理论指导工作实践。联合区国资委、区机管局等部门，对全区43个行政单位及下属事业单位的房屋资产情况进行调查，并归类汇总全区行政事业单位房屋资产使用情况，为今后加强行政事业资产管理打好基础。还结合实际工作，以课题小组为单位围绕财政中心工作对包括专项资金绩效分析、迎世博600天项目资金支付情况、乡镇财政管理、政府债务、会计监管等方面进行调研，共完成调研论文45篇。（袁　乐）

■ **开展创先争优活动**

6月，区财政局党组围绕“筑坚强堡垒、树先锋形象、促科学发展”主线，扎实开展创先争优活动。成立领导小组和办公室，落实专人，立足财政工作实际，制定专题活动方案。党支部和全体党员分别对照“五个好”（领导班子好、党员队伍好、工作机制好、工作业绩好、群众反映好）和“五带头”（带头学习提高、带头争创佳绩、带头服务群众、带头遵纪守法、带头弘扬正气）要求，提出参加创先争优活动的具体打算，制定承诺书并在财政网站上公示，接受群众监督。积极参加“世博先锋行动”，落实党组织主动联系社区制度，组织党员参加地铁早高峰执勤。认真开展科学发展观活动“回头看”工作，针对2009年度制定的整改事项全面开展自查，促进财政事业科学健康发展。（袁　乐）

（四）税务

■ **概况**

2010年，区税务分局纳税户管总数为20595户，其中内资企业12889户，外资企业4323户，个体工商户3383户。行业分布主要集中在现代服务业（含高新技术企业）、房地产业、商业贸易业、都市工业、建筑安装业等5个行业。年税收50万元以上重点税源企业2197户，占户管总数的10.67%，产出的税收占税收总收入的84.57%。其中，188户国税总局级重点户税源占55.77%，324户市局级重点户税源占10.23%，364户分局级重点户税源占10.74%，1321户税务所级重点户税源占7.83%。（李天池）

■ **实现税收总收入160亿元**

2010年，区税务分局累计实现税收总收入

160.0亿元，比上年增长20.12%。其中区级税收完成60.65亿元，比上年增长21.01%。各项收入指标位居九个中心城区前列，其中税收总收入的总量和增幅均位居第三，区级税收收入的总量位居第二位，增幅位居第三位。（李天池）

加强土地增值税征收

年内，区税务分局通过深入调研、有效实施，加强土地增值税征收，定期开展房产销售营业税与土地增值税预缴比对工作，结合预征率变动的实施，在调查统计与征收的基础上，建立土地增值税的预征与销售不动产营业税申报数据的比对机制，建立预警指标，及时开展评估核查，确保土地增值税及时足额预征。全年土地增值税预缴入库税收1.35亿元，清算入库税收4.43亿元。（李天池）

加强二手房税收征管

区税务分局成立二手房交易协调小组，加强与区有关部门合作，不定期召开工作例会，分析现状、论证案例、科学实施，统一政策执行口径和操作规范，有效减少争议。全年办理二手房交易征税事务7796件，税收达7.1亿元。（李天池）

企业所得税核定增收7700万元

2010年，区税务分局对部分餐饮业、娱乐业、居民服务业企业所得税实行核定征收，比上年同期增加56户，增幅达33%。对533户外国企业代表处调整核定征收方式，年内增加税收7700余万元。（李天池）

区税务分局举办企业所得税汇缴咨询

（区税务分局供稿）

加强企业所得税汇算清缴专项工作

年内，区税务分局着重开展汇算清缴专项工作布置、企业所得税基础数据分析和比对、各类企业所得税专项检查和评估以及梳理各项所得税政策等工作。全年参加企业所得税汇算清缴的企业共1.16万户，其中查账征收企业1.06万户，核定征收企业1041户，共计补缴税款11.59亿元，溢退税款6309.86万元。（李天池）

完成个人年所得12万元以上纳税人纳税申报

年内，区税务分局大力开展年所得12万元以上纳税人个人所得税自行申报相关政策的宣传和纳税申报服务工作，确认申报人数，加强信息比对。全年个人年所得12万元以上纳税人自行纳税申报21623人，比目标人数增长34.30%，共计补税404万元。（李天池）

联手做好私房出租税收征管

区税务分局加强与街道协税办的配合与对接，建立定期沟通机制，协同区相关部门，共同联手做好私房出租税款征收工作。全年实现私房出租税收6741.81万元，较上年增长20%，自2007年以来首次实现各协税办私房出租税收的全面增长。（李天池）

规范企业税务登记

区税务分局继续做好并联审批试点工作，规范企业税务登记、迁移注销和非正常户认定管理工作，优化歇业注销税务登记工作流程。全年新增纳税户管2028户，其中内资企业增加1118户，外资企业增加514户，个体工商户增加396户。减少纳税户管1168户，其中内资企业减少633户，外资企业减少304户，个体工商户减少231户。（李天池）

加强企业税收核查

区税务分局完成市局对盈利性教育机构、盈利性医疗行业、交通运输、建筑安装、药品经销、房地产、混凝土等行业以及发票管理、重点税源、黄金票案等税收检查。全年共完成495户次评估核查，查补税款合计4.76亿元。全年共受理涉税举报案件245件，查补税收67.91万元、滞纳金2.52万元、罚款15.90万元。（李天池）

■ **推动税收政策落地**

2010年,区税务分局加大企业走访调研力度,加强与区科委、区商务委的联系沟通,推进高新技术产业化、营业税差额征收等政策实施,促进企业发展和地区经济的转型增长。全年享受营业税差额征收的企业836户,抵扣税额近1.2亿元;享受再就业税收政策的企业35户,减免税145.90万元;研发费加计扣除企业64户,加计扣除额1.73亿元,研发费形成无形资产金额150.64万元。(李天池)

■ **建设标准化办税服务厅**

年内,区税务分局办税服务厅实现"分类通办"模式,将申报、抄税、认证、涉税受理、税务登记等合并为"综合受理窗口";将发票验旧、发售和发票事项受理等合并为"发票事项受理窗口";将印花税发售、个人完税证打印、车船税申报、代开发票、有奖发票兑奖等合并为"其他票证服务窗口"。规范办税服务制度,切实落实导税服务制度,深入开展预约服务、延时服务等举措。开设"纳税人课堂"、"12366"远程坐席、咨询维权服务区,实现及时采集纳税人呼声,解答纳税人疑惑,现场沟通互动等纳税服务功能。推行网上办税,对"新办企业所得税征收方式鉴定申请"和"网络纳税申报申请"两个项目正式开展网上办理。发展纳税自助服务方式,开放税收政策、法律法规、办税程序、通知公告等自助查询项目,便于纳税人自行查询有关办税程序和税收政策。(李天池)

■ **开展税源专业化管理试点工作**

2010年,区税务分局税源专业化管理试点工作初步搭建起以征管数据深化利用为支撑,税源分级分类管理、征管专业分工联动、人员合理优化配置的税源专业化管理的运作模式,取得初步成效,实现税源管理的科学分类、税收征管的专业分工、人力资源的合理配置、新模式的有序运行,税收征管质量和效率得到提高。(李天池)

■ **提高涉税审批效率**

区税务分局成立专业涉税审批所,前移和简化199项涉税审批事项,将审批要求和流程标准化,在提高审批质量和效率、加强风险控制、促进税源管理、实现两个减负、优化纳税服务方面收效明显。通过统计各涉税事项的工作量情况,前移权限至涉税审批所76项,管理所涉税审批业务工作量减少75%。优化涉税审批流程,减轻纳税人办税负担,企业办税时间大大缩短,提高了办税效率。(李天池)

■ **实施税源分类管理**

区税务分局按照行业、规模、地域、特殊类型相结合的原则对纳税人进行分类,全年在原部分行业集中管理的基础上对金融业、房产业等9大行业共2162户企业重新进行分类调整,在全局形成18个行业的集中管理。在管理方式上,按照"属地化与专业化相结合、管理与服务相结合、集体履职与个人分工相结合、统一与灵活相结合"的原则,通过试点管理所积极探索"行业到组、事项到岗、户管到人"的团组管税模式,为全局税源专业化管理积累有益经验。(李天池)

■ **推进纳税评估专业化**

区税务分局探索运用"案源选取与分析、疑点分析与论证、疑点释异及约谈"三位一体、分列实施的团队式纳税评估模式,科学分工,加强内控,成效显著。区税务分局以行业评估为突破口,通过评估所、管理所、数据处理所、业务科室等多部门联动,探索建立"广告、货代、房产中介"三大行业的税负评估指标,为加强一般税源的管理,减少税收流失起到积极作用。(李天池)

■ **加强涉税信息的应用管理**

区税务分局成立数据处理所集中处理信息数据,搭建枢纽式辅助工作平台,涵盖"快速查询、预警监控管理、集约化联动管理、重点税源数据处理集中网络化处理"等功能,对"税源管理、纳税服务、纳税评估、涉税审批"等专业化集成起到明显支撑作用,增强征管状况监控分析、纳税申报表比对、印花税预警等管理,减少重点税源的数据采集工作量。全年依托平台进行数据集中处理,查补印花税600余万元,发现营业税主表与附表应税收入不匹配问题纳税人50户。(李天池)

■ **提升政风行风建设水平**

区税务分局组织开展"人人讲服务、处处是窗口"主题竞赛活动,重点解决业务工作中"讲不清、讲不对、讲不全",影响纳税人办税的突出问题,努力营造"大窗口、大服务"的文化氛围。推进网上测评和服务窗口现场评议，巩固和提高纳税人满意度。走访聘请的特邀监督员，听取意见。加强廉洁从政教育，坚决制止损害纳税人利益的行为发生，严肃查处违反廉政规定的各种行为。组织召开企业座谈会、组织专人走访企业当面听取纳税人对分局纳税服务工作的评价。加强与市、区纠风办以及区政风行风实例调查组、监督检查组的联系与沟通，组织开展明查暗访活动。（李天池）

■ 加强干部队伍建设

区税务分局做好2010年人才选拔工作，完成科级、副科级领导干部选拔提任工作，全年副主任科员转任副科级领导6人、科员提任副科级领导3人；副主任科员提任主任科员4人、科员提任副主任科员8人；副科级领导提任正科级领导6人。配合税源专业化管理试点做好人力资源配置，修订岗位职责。全年共完成82人次工作调动和岗位轮换。完成年度培训计划，组织全局人员参加市局三项大规模考试，取得良好成绩。其中参加2010年全市税务系统科级干部业务考试共有45人，及格率100%；参加上海市税务系统2010年一般干部会计一级达标考试共有230人，及格率86.5%；参加2010年度上海市税务系统一般干部“三员”考试共有69人，及格率为97.1%。（李天池）

■ 做好世博服务工作

2010年5月1日至2010年10月31日，区税务分局根据市税务局接待工作的有关要求和标准，共接待黑龙江省、江苏省等税务系统来宾27批次，422人。开展以“服务精彩世博，共建和谐税收”为主题的“百字图片新闻”征集活动，共完成7期31版，合计展示图片251张；举办“永恒而美好的瞬间——我们的世博记忆”摄影比赛；配合市税务局做好世博试运行观展活动以及海南周活动。选派干部参加市委市政府、区委区政府组织的各种志愿者服务队，包括“小白菜”人数2人，“小蓝莓”人数3人，平安志愿者271人，累计服务次数865人次。参与世博地铁口执勤，执勤次数达到1260人次。世博期间，区税务分局被上海市公安局治安总队授予“先进保卫组织”，并荣获“长宁区世博工作先进集体”称号，先后有49人次获得市税务局三等功、嘉奖表彰，有22人次获得“区世博先进个人”、“优秀志愿者”等称号。（李天池）

（五）统计管理

■ 概况

2010年，区统计局围绕区委、区政府重点工作开展统计分析，完成《现代服务业发展情况分析及相关建议》等调研，为领导决策提供统计分析材料。根据国家统一部署，精心组织实施第六次全国人口普查，认真抓好普查机构、人员、场地、经费、责任“五落实”。对全区普查员和普查指导员分层进行多轮次的培训，经国家和市有关部门事后质量抽查，反馈情况良好。同时，做好全区10多个专业、4000多家单位的统计年报工作和2500多家单位的统计定报工作，严把质量审核，并准时上报。（宣 骏）

■ 组织开展第六次全国人口普查工作

第六次人口普查是2010年长宁区统计工作的重中之重。区统计局针对长宁区人口特点，适时就外籍人口、人户分离等专题开展相关调研；选择具有代表性的周家桥街道花城居委会开展普查综合试点。对各街镇人普办业务骨干及讲师团成员共计80余人进行培训；分街镇对800余名普查指导员进行培训，并于9月中下旬，对3500余名普查员培训进行跟踪和指导。至年底，已按时点要求进行全面登记和数据处理。（宣 骏）

■ 继续做好专业年报、定报和专项调查工作

年内，区统计局精心组织、周密部署，顺利完成组织工作满意度、非公有制经济状况、单位劳动用工等多项专项调查。在各专业年报工作中推行网上直报，并且加强三级技术培训指导，进一步提高单位直报率。还按上级有关要求圆满完成各项定报工作。（宣 骏）

（六）物价管理

■ 概况

2010年，区物价局全力以赴做好稳物价保世博工作，建立一系列世博期间价格工作办法、方案，并加以贯彻落实，较好地完成世博期间的区域价格保障工作。针对三、四季度全国物价指数上升的趋势，区物价局积极投入到控物价保民生的工作中，加强对涉及民生物资的价格监测，加大对哄抬物价、乱涨价等价格违法行为的打击，为保障区价格总体水

平的稳定作出贡献。（宣　骏）

■ 做好物价监测工作

年内，做好价格监测布点工作，选定21家企业作为区价格监测的定点单位。对粮食、食用油、肉禽蛋等民生价格开展动态监测。撰写10多篇市场价格监测调查巡视报告，对与世博会举办关系密切的旅馆住宿、餐饮等8个监测类别的商品和服务价格设置监测站点监管。（宣　骏）

■ 做好价格认证服务工作

年内，加强车损评估工作力量，建立健全涉案物品采价网络，规范鉴定价值依据，做好涉案物品价格鉴定。同时以调节价格矛盾、处理价格纠纷为中心，拓宽工作领域，服务司法、服务社会。全年累计完成涉案物品鉴定368件，车损评估837件。（宣　骏）

■ 做好价格信访和价格检查工作

年内，为确保长宁区域内正常的市场价格秩序，确保世博期间的社会和谐，认真做好价格检查工作。开展医疗服务收费、教育收费与世博相关的商品服务等专项检查，从加强重点商圈价格巡查辅导、规范世博园区内设铺的商家价格行为和建立价格举报快速处置预案三个方面细化价格工作。同时，快速妥善处理好有关价格问题的信访，全年累计完成信访112件。（宣　骏）

■ 做好价格审核工作

年内，对区内4所民办学校进行"民办中、小学教育培养成本"监审，真实反映民办中、小学校教育成本。做好教育收费公示，公布公办学校中、小、幼教育收费告知书，使收费更加规范、公开、透明，便于接受社会监督。（宣　骏）

（七）工商行政管理

■ 概况

2010年，工商长宁分局服务区域经济发展，加强市场监管和消费者权益保护工作，开展行政执法工作，维护辖区市场秩序。截至年底，长宁区共有各类企业（含分支机构，下同）18851户，其中内资企业3306户、私营企业11968户、外商投资企业3577户；全区实有企业注册资本总额754.27亿元，其中内资企业298.32亿元、私营企业297.71亿元、外商投资企业23.27亿美元（折合人民币158.24亿元）。全年共办结各类违法违章案件2391件，其中查处不正当竞争案件190件，无照经营类案件219件。查处各类违法广告案件121件（其中涉及世博案件25件）。全年共受理消费者申诉、举报件1240件，其中申诉件280件，举报件960件，为消费者挽回经济损失23万余元。全年共整治高危行业无照经营2户，重热点行业无照经营442户，一般行业无照经营611户。开展集中登记点无照疏导工作，共疏导登记399户。（周　贤）

■ 开展并联审批试点工作

年内，工商长宁分局积极探索"告知承诺"、"事后备案"等制度，内资企业设立并联审批共发放申请表格1621套，一口收件1095户（含46户涉及前置审批的企业），平均审批时间为2.8天；涉及前置审批的企业平均审批时间为10.4天。长宁区外资企业并联审批共计一口收件301户，平均审批时间为4.4天，提高行政审批效率。长宁区并联审批试点工作走在全市的前列。（周　贤）

■ 落实支持企业发展各项政策措施

年内，工商长宁分局推进股权出资、出质登记，为56户企业办理股权出质设立变更登记。开通创业绿色通道，推进大学生创业，办理大学生创业企业21户。推进外资企业发展，共核准9户外商投资公司放宽出资期限的变更登记，核准6户外商投资企业办理债权转股权登记。推进商标发展战略，区内共有全国驰名商标2件、上海市著名商标25件。（周　贤）

■ 开展企业走访活动

年内，工商长宁分局开展"走千家企业，促经济发展方式转变"活动，重点选取辖区内大型企业、重点项目企业、发展创新型企业实地走访，帮助企业解决实际困难。共走访企业94户，帮助企业解决实际困难和问题35个，开展企业年检、商标注册指导等上门办事15件。（周　贤）

■ 开展商标保护专项整治

年内，工商长宁分局以保护世博标志和涉外高知名度商标为重点，开展世博商标执法检查，严厉打击非法使用世博会标志、销售侵犯世博商标专用权商品和违法印制商标标识等行为。共查办商标违法案件193件(其中涉及世博标志案件26件),案值2998.85万元,没收、销毁涉嫌假冒高知名度商标商品2.49万件,移送涉嫌犯罪案件3件,涉及人员6人。 (周 贤)

■ 开展群防群治安全保卫工作

年内,工商长宁分局实施“双牵头”工作模式,牵头对旅馆、娱乐休闲服务场所(游艺机房)、互联网服务场所(网吧)、大型商场(经营场所)等六个重点行业开展不稳定因素专项排查,实现“重点人”稳控措施有力,“重点事”推进有序、“重点地”防控成效显著、“重点物”监管严密。 (周 贤)

■ 加强世博期间各类专项执法行动

世博期间,工商长宁分局加强对烟花爆竹销售、非法出版物、刀具销售管理等检查力度,开展针对“三贩”、娱乐休闲场所、房地产中介组织、劳务中介机构、“吊模斩客”等专项整治,开展打击侵犯知识产权和制售假冒伪劣商品专项行动等工作,确保辖区内市场经营秩序稳定有序。 (周 贤)

■ 加强流通领域食品安全监管工作

年内,工商长宁分局加大对流通领域食品安全检查力度,共检查各类食品经营者8644户(次),查处食品类违法案件168件,查获假冒伪劣食品55公斤,规范辖区内流通环节食品市场经营秩序。加强对供博食品商的驻点监管,对发往世博园区的食品实行“点对点”监管4次。开展流通领域食品抽样检测工作,对流通环节的肉制品、乳制品等53个品种910个批次的2752件食品进行质量抽检,确保流通领域食品安全。 (周 贤)

■ 加强消保维权工作

年内,工商长宁分局加强对流通领域商品质量监测,对服装、奶瓶等8类商品开展质量监测,实施抽样监测45件,查处商品质量不合格案件15件。完善红盾维权网络,创新探索“e”维权模式,结合视频远程维权系统,使维权工作实现“网上受理、网上处理、网上反馈”,提高维权效率。配合相关部门加强农副产品价格监管,对经销商销售冒充“无公害”、“绿色”、“有机”蔬菜、囤积居奇及菜农菜霸哄抬菜价、串谋涨价等扰乱市场经营秩序的违法行为加大打击力度,确保物价基本稳定。(周 贤)

■ 加强干部队伍建设

年内,工商长宁分局重新修订和完善《分局制度汇编》、《分局党风廉政建设工作责任制》、《经费报销管理细则》、《大额资金使用管理细则》等制度,强化对权力运行的监督制约。开展“世博年、讲文明、强作风”、“讲党性、重品行、作表率”等主题教育活动,严格落实“廉洁办博”责任制。组织参与系统“示范窗口”评选活动,做到以评促创,形成精神文明创建工作新亮点。 (周 贤)

工商长宁分局开展“世博年、讲文明、强作风”等主题教育活动 (工商长宁分局供稿)

(八)审计监督

■ 概况

2010年,区审计局按照“依法审计、服务大局、围绕中心、突出重点、求真务实”的二十字方针要求,围绕区委、区政府中心工作,认真履行审计监督服务职能,不断加强机关自身建设,努力提高审计工作质量和效率。共完成审计和审计调查项目30项,审计总金额254.5亿元,比2009年增长24.7%,审计查出各类管理不规范资金3519万元,核减建设资金103万元,提出审计建议117条,提交审计报告和信息89篇次,审计报告获区领导批示15篇次,向社会公开审计结果2篇。(吴俊义)

■ 加强财政预算执行审计

年内,区审计局以促进规范预算管理、提高财政资金效益为总体目标，将预算执行审计与经济责任审计、专项资金审计相结合，对2009年度区财政预算执行情况和区档案局、区旅游局、区计生委等8部门的预算执行情况实施审计，审计涉及金额157亿元，查出管理不规范资金1609万元。8月，受区政府委托向区人大十四届31次常委会作《2009年度本级预算执行及其他财政收支审计工作报告》。（吴俊义）

■ 抓好重点建设项目审计

年内，区审计局加大对政府投资建设项目的跟踪审计和竣工决算审计力度，先后完成区中小学校舍安全工程跟踪审计调查、旧住房综合改造跟踪审计、定西路幼儿园竣工决算审计、虹桥综合交通枢纽长宁动迁房基地（南块）公共绿地项目竣工决算审计等项目。重点围绕查清建设资金来源、工程造价和项目建设程序等方面的管理情况及有关政策执行情况开展审计，并针对存在的问题提出建议，促进有关方面加强管理，堵塞漏洞，提高投资效益。审计涉及金额1.9亿元，查出管理不规范资金103万元，核减建设资金103万元。（吴俊义）

■ 深化经济责任审计

年内，区审计局根据区委组织部的委托，完成对8名处级领导干部的任期经济责任审计，审计涉及金额22.6亿元，查出管理不规范资金715万元。在开展经济责任审计过程中，严格执行审前告知制度和《领导干部离任交接办法》，在全面反映被审单位财政财务收支、资产负债、专项资金管理使用等情况的基础上，强化对领导干部所在部门工作的特点和领导干部个人岗位履职业绩的评价，促进领导干部科学执政、廉洁从政。（吴俊义）

■ 强化专项资金审计

年内，区审计局加强对迎世博、民生、环保等专项资金的审计调查。对迎世博600天项目实施情况开展跟踪审计调查，摸清长宁区迎世博600天行动项目任务总量、资金的总体规模以及完成情况，促进资金拨付足额及时到位；完成对区土地储备收支情况审计调查，对国有土地使用权出让程序、资金使用等各方面开展调查；完成对区标准化菜场专项资金管理使用情况审计调查，全面掌握标准化菜场的资金管理使用情况、布局现状、市民满意度等；开展支持企业节能降耗专项资金审计调查。这些审计调查对项目实施情况及资金使用效果进行评价探索，摸清家底，找出运行过程中存在的弊端，并在宏观制度层面上提出可行性审计建议，为加强专项资金管理和提升专项资金效益起了积极促进作用。（吴俊义）

■ 加强内部审计指导

年内，区统计局结合工作安排，强化内部审计指导。构建信件、电子邮件、传真、短信等各种内部审计信息发布平台，及时向内审人员发布法规更新、资格考试、业务培训等有关信息和业务资料。11月组织全区70名内审人员开展后续教育培训并组织推荐一家内审先进单位和一名内审先进个人参加市审计局“双先”评比。此外，注重加强内审调研，完成题为《长宁区内部审计现状调查》的调研报告。（吴俊义）

（九）质量技术监督

■ 概况

2010年，区质监局以“世博安保”工作为主线，着重确保“四个安全”（特种设备、食品生产、产品质量和单位内部安全），达到“特种设备安全无责任事故、食品生产安全无违法违规、产品质量安全无制假制劣、单位内部安全和谐稳定”的目标要求。年内，共发放组织机构代码证1.1万张，服务接待3.2万人次；出动特种设备监察人员6668人次，检查特种设备使用单位7724家，设备3.9万台，消除安全隐患111个。办理特种设备使用和注册登记858台，特种设备安装改造维修开工告知693台，特种设备报停、报废等338台，网上特种设备监督检验审核7389台。拆除7台“土电梯”，完成125台老旧住宅电梯节能安全风险评估和11台燃油锅炉的热工测试；接受消费者申诉41件，受理举报10件，为消费者挽回经济损失27.5万元，立案18件，罚没款55.1万元；指导服务区内企业制修订137项标准；完成1.4万余台血压计的免费校准、小修服务；区内食品生产企业的产品抽检合格率达98.04%；推荐13家企业申报并获得上海市名牌产品称号。（凌　丽）

■ 开展冬季“五小企业”锅炉安全检查

2009年11月—2010年1月，区质监局组织对区内所有小浴室、小豆腐房等“五小企业”在用的各种锅炉、蒸发器，进行安全大检查。共检查锅炉使用单位137家、锅炉196台，蒸发器使用商户125家、蒸发器131台，对查到的问题责令使用单位立即整改，共消除安全隐患11处。组织31家新增和转让的浴室、会所、酒店、美发店、豆腐坊、洗衣店等企业负责人签订《锅炉使用安全承诺书》。（凌 丽）

■ **开展手机专项检查**

1月19日，区质监局对辖区内苏宁、国美等4家营业厅进行手机产品专项执法检查，涉及GSM、CDMA的近20个品牌60余种型号，检查情况总体良好，未发现无CCC标志和进网许可证的手机。（凌 丽）

■ **开展机械停车设备专项检查**

1月，区质监局执法人员对区内74家459台（套）机械停车设备进行专项检查。检查内容为机械式停车设备维修保养单位是否有许可证、作业人员是否持证上岗、现场维保人员劳动保护措施是否落实。检查中，发现博嘉物业管理的一套机械停车设备定期检验不合格、操作人员无证，监察人员当场开出监察指令书，责令停用并立即整改。（凌 丽）

■ **开展超市卖场综合执法检查**

2月5日，区质监局开展春节前超市卖场计量、特种设备综合执法检查。执法人员分别对乐购、家乐福超市销售的自包装海鲜、肉类商品和定量包装名贵药材、保健品、大米进行计量检查，两家均发现自包装部分商品计量不合格；在对超市卖场特种设备检查时，发现乐购超市涉嫌使用未经定期检验的液压升降平台，且操作人员未严格执行现场操作规程。执法人员责令超市主管人员立即改正经营活动中的计量不合格现象，保证春节市场商品计量准确。同时对涉嫌存在问题的液压升降平台，安排安全监察人员排查情况。（凌 丽）

■ **开展乳制品专项清查**

2月上旬，区质监局对区内17家、重点针对8家使用乳制品为原料的食品生产企业，进行分类式的滚动性检查，共出动60余人次。以检查企业仓库和核对记录台账为重点，检查乳制品原料7.74吨，详细记录企业使用乳制品的进货验收、索证索票及出入库登记情况。检查中未发现2008年9月14日前生产的乳制品原料，企业均能较好落实“三查一报告”制度（查进货验收情况，提供原始记录备查；查生产过程，特别是添加物质管理使用情况；查成品出厂检验报告和销售记录，提供产品检验证明；所有使用乳制品为原料的生产企业在自查基础上，必须向监管部门提交书面报告）。（凌 丽）

■ **“12365质量申诉举报分中心”开展便民咨询活动**

3月4日，区质监局“12365质量申诉举报分中心”（1月18日正式运行）在长宁区剑程集贸市场开展便民咨询活动。活动现场，中心工作人员对“12365”申诉举报工作进行宣传。同时，设专点受理市民的产品质量咨询、申诉和举报。共发放宣传资料100余件，受理相关咨询50余件。（凌 丽）

■ **开展计量惠民迎世博“窗口”服务系列活动**

3月5日，在迎世博“窗口”服务日期间，区质监局组织开展计量惠民，迎世博“窗口”服务系列活动。组织开展血压计、眼镜等计量器具的免费检测、清洁、小修便民服务220人次，向居民宣传计量器具的使用知识，发放宣传资料5000余份。开展市场卖场与加油站的计量监督检查，向市场赠送“迎世博诚信计量、公平交易”宣传公益广告3600余份。向市场与集贸市场的摊主赠电子秤校秤砝码3200个，方便摊主自我校准与日常检查。（凌 丽）

■ **开展“3·15”宣传咨询活动**

3月15日，区质监局会同区消保委、工商、旅游、房地产等部门，在长房国际广场开展“3·15”大型宣传咨询活动。通过展板展示、宣传资料发放、现场答疑等方式，向市民宣传产品质量知识和法律法规，为市民提供各类产品的咨询服务。活动现场，共接到现场投诉、咨询10余起，分发宣传资料百余份。（凌 丽）

■ **开展迎世博质量计量咨询双语服务活动**

3月20日，区质监局和上海市12365质量热线联合举办“迎世博，12365质量热线进国际社区”

活动。区质监局党组书记、局长亲自向中外居民发放刻印有"诚信计量,和谐长宁"的校秤砝码,并向他们演示如何使用。区质监局的10余名执法人员、上海市12365英语话务员和国家金银制品、服装、皮革质量检验中心等机构专家共45人现场设摊服务。免费服务内容包括金银珠宝辨别清洗、眼镜血压计检验小修、发放校秤砝码和产品质量投诉等。共接受咨询156例,发放校秤砝码200个和中英文对照的各种质量手册1000余本。(凌 丽)

■ 开展出租车计价器专项检查

3月19—31日,为确保出租车计价器计量性能稳定,维护出租车驾驶员和乘客利益,区质监局出动监督人员18人次,对上海三湘大厦出租车队、上海荣茂汽车服务有限公司等6家区内出租车公司的207台出租车计价器进行检查,总体情况良好。(凌 丽)

■ 开展世博特许产品专项检查

4月,区质监局组织执法人员对辖区内的伊藤忠纤维贸易(中国)有限公司、上海乐飞工艺品有限公司等九家世博特许产品生产企业进行专项检查。查验企业的世博特许产品许可证、特许合同等资料,详细询问世博特许产品委托加工、原料把关、生产条件、产品检验等情况,要求企业认真落实产品质量主体责任,完善产品质量保证体系,明确告知禁止使用镉及镉合金材料生产饰品。在检查过程中,执法人员解答了企业关于产品标签标识的疑问并帮助企业完善产品质量信息档案。(凌 丽)

■ 开展涉博宾馆综合执法检查

4月20日,为确保世博期间长宁区涉博宾馆的经营安全,营造良好的服务环境,由区质监局、区旅游委、区食药监局等部门代表12人组成的联合检查组,对航友宾馆、扬子江万丽大酒店等酒店宾馆的工程部、餐饮部和客房部涉及的经营场所开展综合执法检查。对宾馆使用的电视机、沐浴护肤产品等列入国家强制性认证产品目录的相关产品和实施生产许可证管理的相关产品,特种设备、计量器具和公共图形标志等开展专项检查。(凌 丽)

■ 开展大型游乐设施安全检查

5月31日—6月1日,为确保"六一"儿童节期间大型游乐设施安全运营,区质监局对区内游乐设施运营单位进行安全大检查,重点对中山公园、上海动物园等游乐场所的17台(套)大型游乐设施进行专项检查。检查从管理制度、设备情况、防护措施等方面入手,要求使用单位增加安全检查和维护保养频次,做好日常安全管理工作,确保节日期间大型游乐设施安全运营。(凌 丽)

■ 开展"六一"期间儿童产品检查

"六一"期间,为了给儿童营造安全、文明、放心的节日市场环境,确保儿童健康成长,区质监局执法人员对辖区内儿童产品销售网点进行检查。以中山公园商业圈内多家儿童玩具专卖店和大卖场为重点,对其销售的儿童玩具和服装饰品是否具有3C强制性认证标志,标识是否符合法定要求,质量是否合格等方面进行检查。(凌 丽)

■ 向"世博人家"赠送健康计量礼包

6月2日,区质监局正式启动向"世博人家"赠送健康计量礼包活动。计量礼包内有电子血压计、人体脂肪秤等和老百姓的健康生活密切相关的计量产品及有关计量常识宣传资料。通过这些健康计量产品的发放,进一步提升"世博人家"的服务水平,保障中外游客的身体健康,为游客提供健康、舒适、优质的服务。(凌 丽)

■ 召开区质量发展"十二五"规划编制工作会议

7月7日,区质量兴区暨质量发展"十二五"规划编制工作会议召开,区质量工作领导小组成员单位的领导和联络员约40人参加会议。会议由区质监局牵头召开,共议质量兴区和规划编制工作。长宁区质量工作领导小组副组长、副区长周正出席会议并作重要讲话,长宁区质量工作领导小组办公室主任、区质监局长主持会议。(凌 丽)

■ 开展清真"三食"联合监督检查

8月17日,由区民族宗教事务办公室牵头,区质监局会同区工商分局和区食药监分局对区内清真"三食"(饮食、副食、肉食)供应单位进行联合监督检查。此次检查共计出动44人次,对区内2家大卖场、2家清真餐馆和1家提供清真"三食"的集贸市场进行检查,重点检查清真食品的安全卫生状况及计量器具的准确度,检查情况良好。(凌 丽)

9月，区质监局结合质量月工作，开展“质检邀您看企业，食品安全大家行”活动　（区质监局供稿）

■ 开展质量月系列活动

9月，区质监局结合长宁区质量月工作，开展系列大型活动，先后组织“深入开展质量月活动，质监惠民服务到万家”和“质检邀您看企业，食品安全大家行”活动。对部分社区居民的血压计、眼镜等日常生活用品免费清洗、维修、校准和保养。邀请区人大代表、区政协委员、区质监局政风行风监督员和新闻工作者等20多人赴上海启航水业有限公司现场查看产品生产和验收流程，由企业负责人答疑释惑。（凌　丽）

■ 市食品安全整顿督查组检查长宁工作

10月13日，由市食药监局、市质监局等部门代表组成的市食品安全整顿工作督查组到长宁区检查食品安全整顿工作开展情况。督查组一行检查了上海启航水业有限公司、上海虹西农副产品市场经营管理公司、上海虹桥唐宫海鲜舫有限公司、上海复新屠宰场等食品生产、流通、餐饮服务以及生猪屠宰各环节的食品安全情况，对长宁区两年来食品安全整顿工作给予肯定。（凌　丽）

■ 召开创建“虹桥商贸服务名牌和标准化”示范区研讨会

11月16日，按照区委、区政府“加快转变经济发展方式，提升重点区域形态功能”的部署，区质监局在临空经济园区组织召开创建“虹桥商贸服务名牌和标准化”示范区研讨会。研讨探索进一步加大名牌和标准化引领战略推进力度，实现长宁区商贸服务“十二五”发展的精品化、精细化和标准化等问题。（凌　丽）

区质监局检查临空园区　（区质监局供稿）

■ 开展“双打”系列行动

12月，根据市质监局提出的“双打”（打击侵犯知识产权和制售假冒伪劣产品专项行动）要求，区质监局开展系列专项执法行动，分别对辖区内化妆品生产企业、电动自行车生产企业以及特种设备用机电类产品展开执法检查。检查发现，上海维娅化妆品厂委托加工未备案，上海禾通涌源停车设备有限公司聘用三名无证人员从事立体车库安装活动，执法人员分别对其作出相应处罚。（凌　丽）

（十）安全生产监督

■ 概况

2010年，区安全生产工作在区委、区政府领导和市安监局指导下，紧扣“世博年”主线，以安全发展推动科学发展，狠抓隐患整治，强化行政执法，提升监管能力，着力构建安全生产长效机制。围绕一个核心，即世博安保核心工作；实现两个确保，即

长宁区全面开展冬季安全隐患排查治理

（区安监局供稿）

确保不发生有严重社会影响的较大事故，确保不突破市安委办下达的2010年安全生产控制指标数；开展三项行动，即执法行动、治理行动、宣传教育行动。突出四个抓手，即抓职能部门的统筹协调、综合联动，确保重大节日、重点时段、重要活动的生产安全；抓安全生产应急响应能力，确保突发情况及时有效处置；抓市安委办挂牌督办的重大事故隐患的整治；抓宣传培训活动，营造良好安全生产氛围，提升安全防控能力。年内，长宁区共发生工矿商贸死亡事故6起，死亡6人，占市安委会下达的年度考核控制指标的66.66%。（李劲茜）

■ **层层签订安全生产责任书**

3月2日，长宁区召开2010年安全生产委员会全体会议，区安委会主任、区长李耀新与25家签约单位的第一责任人签订本年度安全生产责任书，就强化安全生产工作提出具体要求。随后，通过街镇与居委会（包括辖区内相关企业）签约、部门单位内部签约、集团公司与下属公司层层签约的方式，将安全生产工作责任层层落实到人、到位、到岗。

（李劲茜）

■ **开展安全生产隐患集中排查整治专项行动**

3月2日，长宁区召开2010年安全生产委员会全体会议暨隐患集中排查整治专项行动部署会，制定并印发《关于全区开展安全生产隐患集中排查整治专项行动的通知》。区安监局根据文件要求兵分两路抓重点：一路围绕确保危险化学品不发生事故、不丢失或被盗的目标要求，重点对8家剧毒品使用单位和22家易制爆化学品使用单位开展全面检查，对21家加油（气）站，特别是7家正在施工检修的加油（气）站，联合街道（镇），实施跟踪检查，确保安全受控；另一路重点对小建筑（装潢）展开随机检查和联合检查，严防触电、高坠、物体打击等易发事故发生。全区共出动人员7129余人（次）、检查各类生产经营单位1.48家（次），排查隐患5267条（处），整改率100%；责令停止施工、停业整治、局部暂停施工21起。（李劲茜）

世博会期间，区安监局开展“整治事故隐患，保障世博安全”专项活动（区安监局供稿）

■ **开展“整治事故隐患，保障世博安全”专项活动**

世博会期间，区安监局加强对危险化学品、小建筑小装潢等相关行业的安全监管，集中开展“整治事故隐患，保障世博安全”专项活动。开展以加油（气）站为重点的易燃易爆危险场所检修作业安全专项整治和防范有毒有害危险作业场所中毒事故安全专项整治。对木质家具制造企业、粉尘和高毒物品危害企业开展排查摸底和登记备案工作，加大职业危害治理，改善生产作业环境和条件。共检查各类企业3700余家（次），其中，危化品从业单位1148家（次），其他生产经营单位2500余家（次），发现事故隐患85条，发出《监察指令书》46份、《复查意见书》32份；事前处罚1起，罚款2万元。

（李劲茜）

■ **开展安全防范大检查**

贯彻落实区世博安保、宣传指挥部办公室通知要求，开展安全防范大检查。中秋、国庆前后，区安监局联合相关街道（镇）安办对5家小建筑、小装潢工地进行重点检查；为确保“畅想世博，炫彩长宁”旅游节、购物节长宁区活动暨虹桥文化之秋艺术活动开幕式舞台搭建施工安全，区安监局严格把好安全审查关，加强安全监督检查，对现场进行不间断的安全生产检查，确保施工作业中不发生安全生产事故；2次对古北财富中心基坑爆破工地进行跟踪督查，确保不发生生产安全事故；联合区民防办对地下空间安全生产进行联合检查；联合区建交委对2010年曾发生事故的3处建筑工地进行安全生产检查，通过系列安全生产大检查专项行动，发现并消除37条生产安全事故隐患。（李劲茜）

■ **开展安全生产“打非治违”专项行动**

贯彻落实区安委办《关于集中开展严厉打击非

法违法生产经营建设行为专项行动的通知》的精神，区安监局及时制订《开展严厉打击非法生产经营建设行为和“四防”专项行动的通知》，开展“打非治违”专项行动，及时查处危化品违法违规行为。世博期间，查处哈密路一加油站未按要求办理罐装零售汽油备案手续的违规行为，责令该加油站做出书面检查和承诺并对相关责任人进行批评教育，在全区范围内进行通报；对某单位在古北路某大楼中非法存储大量危险化学品及从事危险化学品操作人员未持证上岗的行为进行查处，当场发出安全生产监察指令书进行有效处置，由相关部门对其作出相应的行政处罚。区安监局联合行业主管部门加大对“六无”工程的查处力度，上半年共发现“六无”（无报建、无报监、无施工许可证、无设计、无承包合同、无资质或超资质）工程32个，全部责令停止施工，对35家责任单位进行行政处罚，共计罚款16.87万元；6月23日至7月5日开展建设工程经营行为和劳务用工综合检查，检查工程项目15个，签发整改通知单8份，发现涉嫌违法、违规行为的项目3个。（李劲茜）

■ 做好市安委办挂牌督办重大事故隐患的整治

在区安办统筹安排下，区安监局参与天山茶城中山西路北端门面装饰屋檐坍塌事故隐患的治理。根据上海市房屋建筑设计院房屋质量检测站出具的《天山茶城屋面挑檐安全复检和外墙装饰阳台安全检测报告》对整改项目积极开展隐患整改。于3月25日，将安全隐患彻底消除。参与金沙江支路200号的8幢违法建筑拆除整治工作。区安监局积极配合相关职能部门，做好深入细致的化解工作，并在强制拆除期间对拆除现场的安全管理进行严格把关，杜绝次生事故的发生，至8月12日上午，平稳拆除全部8幢违法建筑，没有引发影响较大的社会矛盾。（李劲茜）

■ 深入开展“安全生产月”活动

年内，区安监局等六部门联合制定下发《关于开展2010年长宁区“安全生产月”活动的通知》。通过区25家责任书签约单位所覆盖的安全生产管理网络，深入到全区各工地、社区和企业，组织各建设工地、生产经营单位在作业现场悬挂“安全生产月”活动横幅，张贴“安全生产月”宣传画、宣传标语，学习相关法律法规。安全月期间，全区各企事业单位共在作业现场悬挂“安全生产月”活动横幅250余条，张贴安全生产宣传画5110余幅、张贴安全生产宣传标语4870余条，购买各类安全生产书籍1980本，购买安全生产宣传资料金额近15万元，组织安全生产巡展版面到各单位进行安全宣传，参观人数近万人次。通过安全生产宣传资料的发放、巡展，使“安全生产月”宣传活动渗透到全区方方面面、各个角落，使“安全发展、预防为主”深入人心。（李劲茜）

■ 加强安全防范能力培训

年内，区安监局组织生产经营单位主要负责人、安全管理人员培训。加大企业特种作业人员持证上岗检查力度，督促中介组织对高空作业、电工焊工等特种作业人员进行有针对性的专业培训，注重培训内容和效果，做到持证上岗，消除无证作业。对各街镇新进监管人员和居委会安全生产信息员开展培训，使区安全生产监督员队伍建设实现三个“百分之百”，即覆盖率100%，培训率100%，持证率100%。开展农民工安全生产培训，提高农民工素质，全年共培训1408人。在培训内容上，除安全生产知识以外，还将世博礼仪知识穿插其中，促使农民工接受世博礼仪教育，并会同区交警支队宣教科将交通安全知识穿插其中，督促农民工遵守交通法规。通过安全教育培训，促进农民工树立“安全第一”的安全理念。（李劲茜）

（十一）食品药品监督管理

■ 概况

2010年，食品药品监管长宁分局，围绕市区重点工作，持续、有力开展创建“平安世博”的各项工作，全面确保区域世博食品药品安全，始终坚守“保一方饮食用药安全，不发生重大食品安全事故和药害事件”的工作底线，着力突出监管重点，强化监管举措，有效推进区政府一级工作目标和部门目标的实施，完成全年各项工作任务。截至12月底，区域内共有餐饮服务单位3355户、零售药店1112家、医疗器械经营企业361家。全年完成食品卫生许可证新证受理467户，变更受理173户，注销受理78户，延续申请1295户，受理开业前申请416户；发放新证313户，发放临证136户，变更发证188户，注销77户；开业前审核497户，新证审核560户，变更审核243户。核发药品经营许可证13

张、变更49家、换证18家，注销37家；核发医疗器械经营许可证39家、变更157家、换证60家、注销15家。查处食品违法案件182件，罚款金额120.09万元；药品立案30起，结案26起，没收违法所得28.83万元，罚款33.18万元，没收物品价值16.30万元。（张轶萌）

食品药品监管长宁分局，创建“平安世博”，确保区域世博食品药品安全，图为行政相对人送锦旗

（食品药品监管长宁分局供稿）

■ **力保供博中心厨房食品安全**

年内，食药监长宁分局配合市局完成5户供博中心厨房的许可、评估工作，通过开展人员培训和全面检查等工作方法，指导企业熟练使用溯源平台；及时向企业下发、落实读卡器、RFID标签、“塑料铅封条”等保障物资的安装使用。在4月20日—4月26日世博试运转期间对中心厨房实行跟班督察，正式运转后实施分类监管，确保中心厨房的正常、安全供应。累计出动监督人员270人次，开展现场快速检测997件；抽检185件食品样品送定点实验室检测，合格率100%；加工配送307车次，计20.69万公斤食品原料和半成品入世博园区。

（张轶萌）

■ **加强涉博重点单位的食品安全监管**

4月下旬开始，食药监长宁分局对23家各类涉博酒店和餐厅实施每2周开展一次巡查，每月进行一次抽检；对236户示范街餐饮单位、28户星级宾馆、100余户大型餐饮单位实施每月开展一次巡查。经查，总体检查情况良好。年内，累计出动监督人员5462人次，检查各类重点单位2581户次，综合评价良好2183户次（占84.5%）、一般331户次（占12.8%）、较差67户次（占2.7%）；抽检各类食品867件，合格768件，合格率达88.5%。（张轶萌）

■ **确保重大活动的食品安全**

年内，食药监长宁分局完成市、区级各项重大活动保障任务9项，其中Ⅰ级全程保障任务4项，Ⅱ级巡回保障5项。累计出动监督人员52人次，保障餐次23次，保障就餐人数3186人次，实施现场快速检测568件次，其中15件环节ATP检测不合格。各保障点未发生食物中毒及其他食品安全事件。（张轶萌）

■ **有效完成食品药品监督抽检工作**

世博期间，累计抽检各类食品和餐饮具1668件，合格1464件，合格率87.7%；开展快速检测5600件，合格5461件，合格率97.5%。同时，查处食品违法案件119起，罚款66万元。累计完成药品计划抽样796件，收到检验报告737件，不合格21件，不合格率3%；查处药品违法案件17起，罚没款44万元。

（张轶萌）

■ **构建和完成食品药品应急安全处置机制**

世博试运行期间，食药监长宁分局会同区应急办、区卫生局等27个部门，举办突发性食物中毒应急联动演练。有效提高各相关部门在突发事件发生后接受统一指挥和应急保障能力，强化相互间协作和工作程序上的衔接，为全面保障世博期间区域食品安全起到积极的作用。同时，根据世博安保的各项要求，对药品应急预案进行补充、完善和修订，建立以应急指挥部、控制组、技术组、宣传组为架构的应急处置机制，做到权责清晰、分工明确、责任到人，以应对可能出现的药品安全突发事件。通过食品药品应急演练，进一步完善现有的食品药品应急处置方案和机制。（张轶萌）

■ **全面完成药品安全保障工作**

世博期间，食药监长宁分局累计出动监督人员1048人次对零售药店、医疗器械经营企业进行日常监管，检查单位524家次；出动监督人员65人次对上海生物制品研究所开展驻厂检查；出动监督人员38人次，对19家医疗机构药剂科进行管理规范执行情况检查；做好人用狂犬、喜炎平注射液

等7项假冒药械的排查工作；先后10次协助外省市做好人血白蛋白等协查工作。 （张轶萌）

■ 确保屠宰场生猪屠宰和肉品安全

世博期间，食药监长宁分局不断加大对屠宰场的监管力度。累计出动监督人员156人次，监督检查屠宰场36户次；开展快速检测2318件肉品，抽检肉品及内脏68件，合格率达到100%，创历史最好水平。做到每月对屠宰场开展6次夜间监督检查，确保肉品瘦肉精快速检测频次和监督抽检力度不断加强。 （张轶萌）

■ 有效开展食品药品安全专项整治工作

食药监长宁分局先后开展了“五一”、“世博食安五号”、“世博食安六号”、调味品专项抽检、乳粉清查、旅游团餐、老年助餐点、白领午餐、地沟油专项、秋季学生集体用餐、一次性塑料餐盒专项整治、十一黄金周、保化突击3号行动等15次食品安全专项执法行动，累计出动监督人员4929人次，监督各类餐饮服务单位2341户次。开展疫苗质量、野山人参等药品专项检查行动6次，累计出动监督人员430人次，检查相关企业和单位321家次。

（张轶萌）

■ 加强旅游团餐的食品安全监管工作

世博期间，食药监长宁分局对区域内旅游团队用餐单位开展全面排摸和梳理，及时掌握团餐供应信息的动态变化情况，制订和调整监管方案。针对到沪旅游住宿人流量增大的特点，开展旅游团队用餐单位专项检查，累计出动监督人员678人次、检查单位265户次，全面确保加大世博期间旅游团餐供应的监管频次和指导力度；针对性地开展餐饮具抽检，累计抽检564件次，合格451件次，合格率79.96%；发放《旅游团餐食品安全指南》，加强食品安全宣传力度，未发生旅游团队食物中毒事故。

（张轶萌）

食品药品监管长宁分局宣传“平脸、笑脸和哭脸”标识 （食品药品监管长宁分局供稿）

（十二）国有资产管理

■ 概况

2010年，区国资委贯彻落实科学发展观，认真落实区政府下达的重点工作目标，一手抓迎办世博，一手抓国资国企改革发展，积极谋划“十二五”发展，真抓实干、攻坚克难。区国资委隶属集团积极转变经济增长方式，提升国企经营绩效，全面完成年度各项经济目标：年主营收入62.95亿元，净利润4.28亿元，净资产收益率110.6%，国资保值增值率114%。 （张 晓）

■ 推进区建交系统政企分开

年内，区国资委全面推进区建交系统政企分开，联合区相关部门形成区建交系统政企分开总体方案，着力从出资监管、委托监管、关停并转三个层面推进区建交系统政企分开、管办分离，完成区建交委、区绿容局下属共20家企业的出资监管和委托监管工作。 （张 晓）

■ 推进街道政企分开与资产清理整合

年内，区国资委以新华路、仙霞新村街道为试点单位，推进街道政企分开和资产整合。制定工作推进方案，走访街道、职能部门，完成资产清查方案、资产清查布置、分类管理建议等阶段性工作。将全部经营性国有资产企业统一纳入区国资监管体系，非经营性国有资产统一纳入区财政局监管。

（张 晓）

■ 加强财务审计等监管工作

区国资委加强财务审计监管工作，建立“月快报、月分析、年总评”的动态经济运行情况报告、分析体系。实施企业内部审计工作定期报告制度，发挥内部审计工作在企业风险防范中的作用。按要求在区国资公司、临空公司推行在出资监管集团中已实施的财务监管制度。加强企业法人治理建设，在区国资系统逐步完善董事会决策机制、经理层执行机制和监事会监督机制，完善法人治理决策与管理程序，制定董事会议事规则、董监事会工作细则和总经理工作细则等管理制度。（张 晓）

■ **推进中小企业“关停并转”和对外投资清理**

年内，区国资委压缩企业管理层级，推进中小企业“关停并转”，区政府条线部门所属企业“关停并转”目标全面完成。共完成50家中小企业“关停并转”，超额完成国资委隶属集团中小企业“关停并转”37家目标。借助社会中介力量，开展对外投资专项审计，摸清企业家底，为下一阶段国资退出、归类、整合打下基础。完成长宁地铁股权交易及临空公司鑫达股权退出工作，完成区工商联隶属企业移交后相关管理工作。（张 晓）

■ **实施希晨餐饮公司改制工作**

年内，区国资委全面实施希晨餐饮公司改制工作，年初进入实质性操作。依次经资产网点清理、职代会通过职工安置方案与改革方案、审计评估、新公司（希成公司）注册成立、选择资产投入希成公司、希成公司审计评估等关键环节后，进入联交所挂牌交易，积极深化新改制方案。（张 晓）

■ **推进新锦华引进战略投资者**

年内，区国资委积极推进新锦华引进战略投资者，市供销社、18个中心城区供销社和上海废旧物资回收行业协会有意向投资入股新锦华组建多元公司，就框架方案可行性与券商沟通商讨，提出《新锦华引进战略投资组建多元投资有限公司方案框架一览表》，在对多组方案进行比对基础上优化细化方案。与公募、私募基金开展战略合作，直接吸引社会资金，加快实施新锦华改革。（张 晓）

■ **推进利用资本市场与资产证券化工作**

年内，区国资委全力推进利用资本市场与资产证券化工作，新长宁集团10亿元企业债发行顺利。区国资委加快推进现代中医药公司上市培育，制定股份制改造方案，按股权转让、增资扩股、提升业绩三个步骤分阶段推进该企业上市；新长宁集团受让上海中医大所持有的现代中医药公司16.66%股权已完成，增资扩股正积极推进并按计划完成。（张 晓）

■ **完成国资系统招商引资工作**

年内，区国资委在发展区域经济同时，积极推进国资系统招商引资工作，推动国企解决社会就业。2010年，区招商引资目标34户，其中有实力企业招商目标14户。实际完成招商引资企业37户，其中有实力企业招商实际完成20户，包括上海安正投资发展有限公司等有实力企业。超额完成招商引资任务。（张 晓）

■ **参与区域经济社会发展**

年内，区国资委参与区域经济社会发展，推动与华东政法大学、东华大学和工程技术大学的意向合作，有的已进入前期操作。落实华阳创意园区项目的整治改造工作，完成环境整治并进入业态调整协商阶段。加强对中山商圈、临空园区建设融入，参与多块旧区改造项目和区公共建设项目。（张 晓）

■ **完成区域经济发展课题调研**

年内，区国资委完成《关于进一步转变经济发展方式，提升城区综合竞争力》子课题及《关于提升城区环境品质，完善城区长效管理机制》、《关于推进社会事业优质均衡发展、提升城区软实力》调研课题报告分内容，为区域经济综合协调发展贡献研究成果。完成《长宁区国资国企改革发展第十二个五年专项规划》编制工作，根据区政府要求，结合区国资国企改革发展进行远景定位，调研探讨区“十二五”期间区国资国企创新发展；组织区国资系统领导干部开展“十二五”国资国企专题大讨论，广泛征求意见，集思广益，科学编制富有远瞻性、具有引领性的区国资国企“十二五”改革发展专项规划。完成区两会提案、议案办理；完成区机关公车改革工作；按节点完成区国资系统企业上缴税收统计工作及区行政事业单位固定资产核销工作；按要求完成区国有企业小金库专项检查与治理工作。（张 晓）

（栏目编辑 徐德生 郑兆永）

十四、外经贸 招商引资 对口援助

WAI JING MAO ZHAO SHANG
YING ZI DUI KOU
YUAN ZHU

CHANGNINGNIANJIAN
2011

（一）综述

2010年，全区引进外资（包括港、澳、台资）企业305家，比上年增长65.76%；投资总额8.8亿美元，比上年减少6.67%；注册资本6.16亿美元，比上年增长15.44%；引进合同外资5.84亿美元，比上年增长10.12%。外贸进出口总额46.16亿美元，比上年增长71.97%，其中，进口额为33.53亿美元，比上年增长157.92%，出口总额为12.63亿美元，比上年下降8.77%，从进出口国别、地区来看，主要以美国、日本和欧洲市场为主；从进出口商品来看，除了航空器材进出口以外，商品主要以机电、纺织原料及纺织制品、塑料及其制品、橡胶及其制品、化学工业及其相关制品、光学、医疗仪器等产品进出口为主。

全年引进符合“有规模、有实力、有产业、有实效”标准的企业334家，由各街道（镇）、部门负责服务推进的962家重点企业总体发展良好。完成楼宇重点企业工商转化24家，税务转化13家，税收落地率为49.09%。

年内，区财政共投入对口援助云南、新疆、西藏各类帮扶资金1406万元，向对口地市捐赠教育培训建设资金130万元，各对口援建项目均按时间节点完成。（张亦易 常 念）

（二）对外经济贸易

概况

2010年，服务贸易企业成为长宁区引进大头。全年吸引商业企业204家，合同外资数14730.79万美元，其中包括哈雷戴维森（上海）商贸有限公司、利郎（上海）有限公司等行业知名企业。依托长宁服务外包示范区的优势，外商投资长宁的重点集中在现代服务业和服务外包领域，其中2010年新引进帝人（中国）投资有限公司、贝朗（中国）投资有限公司等6家企业，形成长宁总部集聚效应。区内地区总部增资活跃。全年审批增资项目189户，增加合同外资3.38亿美元。区内投资性公司都在进行结构整合，一批重点企业或行业知名企业增加资本金投入。全区增资项目的比重高于新批项目。是年，长宁的进出口总额列上海中心城区第一，但由于出口产品的结构问题，主要出口产品单位价值较低，受国外需求影响较大，产品和市场尚在调整过程中等原因，全年出口比上年下降8.77%。而由于内需市场进一步健全和完善，进口产品已从原来的车辆、航空器材、机电产品为主，逐步向日常生活用品拓展，全年进口增幅明显提高，比上年增长157.92%。（张亦易）

德国贝朗在区成立投资公司

3月，德国贝朗集团在长宁区成立一家注册资金为3000万美元的投资性公司，全面负责集团在华投资业务。德国贝朗集团是全球知名的跨国性医疗集团，拥有160多年历史，向全球100多个国家提供产品，全球员工超过3.8万人。此前贝朗集团在中国各地已经投资建立4家公司，投资额超过2700万美元，员工总数超过1000人。（张亦易）

科莱恩化工（中国）有限公司落户长宁

瑞士科莱恩化工集团是全球领先的特种化学品生产商，是上海世博会瑞士馆的白银赞助商，在全球拥有100多家子公司，2009年的销售业绩达到66亿瑞士法郎。该集团旗下科莱恩化工（中国）有限公司原在外区经营，根据企业发展的需要，搬迁至长宁，选址临空经济园区，经营模式由生产转变为销售，增强研发功能。（张亦易）

“上海大虹桥服装服饰出口创新基地”在区揭牌

“上海大虹桥服装服饰出口创新基地”在长宁举办授牌仪式，基地以本市纺织服装出口龙头企业为载体，发挥上海在服装服饰领域的人才集聚优势和产业优势，以开拓国际市场为目标，通过打造公共服务平台，鼓励基地内企业建立设计中心、打样中心、展示中心和检测中心等，提高上海服装服饰产业在品牌建设、研发、设计、快速打样、检测、展示等方面的能力，增强上海服装服饰出口的国际竞争力和创新能力，加快推进上海国际贸易中心建设。基地首批由15家企业组成，其中长宁区有4家企业，分别是上海新联纺进出口有限公司、上海纺织装饰有限公司、上海服装集团进出口有限公司和上海东隆羽绒制品有限公司。（张亦易）

召开外贸企业工作会议

9月28日，区商务委召开“长宁区外贸企业工作会议”，邀请市商务委、中信保上海分公司等相关部门和单位为区外贸企业进行政策宣讲，有100余家外贸企业参加，会上，市商务委贸促处介绍贸易便利化规程、当前人民币跨境结算工作的推进情况以及其他一些国家和上海市促进外贸增长的最新政策；市商务委财经处分析2010年中小企业国际市场开拓资金的申报政策；中信保上海分公司介绍中国信用保险业务的信息。（张亦易）

■ 长宁区与江森自控（中国）投资有限公司等3家企业签订项目意向书

区商务委抓住世博契机，组织世博招商推介活动促成外资项目落地。在10月14日召开的市政府世博招商外资项目集中签约仪式上，有20位外商企业代表参加签约仪式，其中江森自控（中国）投资有限公司、汤美希绯格中国商业项目、英联食品（中国）投资有限公司与长宁区签订项目意向书，江森自控（中国）投资有限公司作为外商投资代表进行交流发言。（张亦易）

■ 接待知名企业观博团组23个3192次

区商务委结合“看世博、游长宁、谋发展”成立专门工作小组落实企业家“看世博”接待工作，世博期间，共接待世界500强企业、跨国公司总部及知名企业参观世博团组29个，319人次，接待的主要企业有美国福陆工程公司、日本丰田汽车等，借世博之机，宣传推介长宁，吸引外来投资拉动长宁经济。（张亦易）

■ 引进地区总部6家

2010年，区商务委引进地区总部6家：德国贝朗投资性地区总部（注册资本3000万美元），香港宝龙管理性地区总部（注册资本1500万元人民币），日本霓达地区总部（注册资本200万美元）、日本帝人投资总部（注册资本3000万美元）、日本利富高管理性地区总部（注册资本200万美元）、日本住友电工管理性投资总部（注册资本200万美元）。（张亦易）

表14-1　**2010年长宁区引进外资（包括港、澳、台资）项目情况表**

序号	企业名称	性质	国别（地区）	序号	企业名称	性质	国别（地区）
1	意大利船级社（中国）有限公司	独资	意大利	21	捷帕企业管理咨询（上海）有限公司	独资	西班牙
2	上海正丰国际货运代理有限公司	独资	日本	22	友迪图纹涉及（上海）有限公司	独资	日本
3	上海法木兰商贸有限公司	独资	日本	23	上海阿格莱斯餐饮管理有限公司	独资	西班牙
4	大神（上海）房地产经纪有限公司	独资	中国香港	24	偲清尘投资管理咨询（上海）有限公司	独资	中国香港
5	亘懋（上海）机械贸易有限公司	独资	毛里求斯	25	上海格誉机械贸易有限公司	独资	中国香港
6	晶彩居房地产经纪（上海）有限公司	合资	中国台湾	26	哈雷戴维森（上海）商贸有限公司	独资	中国香港香港
7	裕铭国际货运代理（上海）有限公司	独资	中国香港	27	沪港机场（集团）有限公司	合资	中国香港
8	蔚特（上海）贸易有限公司	独资	新加坡	28	佐芙（上海）商贸有限公司	独资	日本
9	上海卡丝不锈钢制品有限公司	独资	韩国	29	上海询展贸易有限公司	独资	中国台湾
10	远誉广告（上海）有限公司	独资	中国香港	30	蒙泰费洛（上海）贸易有限公司	独资	卢森堡
11	泰雄国际货运代理（上海）有限公司	独资	韩国	31	科群计算机科技（上海）有限公司	合资	中国台湾
12	睿舒柯贸易（上海）有限公司	独资	阿根廷	32	三兴（上海）企业管理咨询有限公司	独资	中国台湾
13	北花（上海）网络科技有限公司	独资	英国	33	代糕扣利酷（上海）商贸有限公司	独资	日本
14	马势得商贸（上海）有限公司	独资	中国香港	34	工场网贸易（上海）有限公司	独资	中国香港
15	凌鸿（上海）商贸有限公司	独资	毛里求斯	35	北狄（上海）贸易有限公司	独资	英属维尔群岛
16	汇桥国际贸易（上海）有限公司	独资	美国	36	迅励医疗器械贸易（上海）有限公司	独资	中国香港
17	上海群祐贸易有限公司	独资	中国香港	37	上海金熊企业管理咨询有限公司	独资	中国香港
18	太格（上海）贸易有限公司	独资	中国香港	38	三彩越唐企业形象策划（上海）有限公司	合资	意大利
19	蓝梅商贸（上海）有限公司	独资	美国	39	嘉玫尔（上海）企业管理咨询有限公司	独资	日本
20	长煜（上海）美发美容用品贸易有限公司	独资	日本	40	韩胜（上海）商贸有限公司	独资	韩国

续表 14-1-1

序号	企业名称	性质	国别（地区）	序号	企业名称	性质	国别（地区）
41	利郎（上海）有限公司	独资	中国香港	80	阿力克希商贸上海有限公司	独资	中国香港
42	泛北贸易（上海）有限公司	独资	百慕大	81	上海联永贸易有限公司	独资	中国台湾
43	上海佶川贸易有限公司	独资	日本	82	上海欣光多媒体有限公司	独资	新西兰
44	上海上谊贸易有限公司	独资	中国香港	83	罗伯特温商贸（上海）有限公司	独资	中国香港
45	上海挪华威认真有限公司（从北京迁入）	独资	挪威	84	霓达（上海）企业管理有限公司	独资	日本
46	广盈（上海）国际货运代理有限公司	独资	中国台湾	85	欧西爱司物流（上海）有限公司	合资	中国香港
47	台捷国际货运代理（上海）有限公司	独资	中国台湾	86	庭丰国际货运代理（上海）有限公司	独资	中国香港
48	健流国际货运代理（上海）有限公司	独资	中国香港	87	上海弘诺投资咨询有限公司	独资	阿根廷
49	意特丽（上海）贸易有限公司	独资	中国香港	88	上海斯滋起物流设备有限公司	独资	日本
50	司必迪（上海）信息科技有限公司	独资	中国香港	89	功宇贸易（上海）有限公司	独资	中国台湾
51	极施贸易（上海）有限公司	独资	澳大利亚	90	上海新梦商贸有限公司	独资	中国香港
52	明芝贸易（上海）有限公司	独资	美国	91	上海炉边投资咨询有限公司	独资	中国香港
53	普士腾贸易信息咨询（上海）有限公司	独资	中国台湾	92	永桔企业管理咨询（上海）有限公司	独资	英属维尔京群岛
54	历洋（上海）化妆品贸易有限公司	独资	中国台湾	93	诺勒系统贸易（上海）有限公司	独资	德国
55	铠马仕智能科技（上海）有限公司	独资	英国	94	普思埃商业（上海）有限公司	独资	中国香港
56	盛班机械贸易（上海）有限公司	独资	新加坡	95	三希柏丽投资管理咨询（上海）有限公司	独资	印度尼西亚
57	利楼可信（上海）企业管理咨询有限公司	独资	日本	96	普达杰贸易（上海）有限公司	独资	丹麦
58	上海贝琏商贸有限公司	独资	美国	97	比可蒙多图文设计（上海）有限公司	独资	中国香港
59	上海开得兴贸易有限公司	独资	日本	98	万希尔酒业贸易（上海）有限公司	独资	德国
60	上海汉瑞祥贸易有限公司	独资	中国香港	99	理其曼（上海）商贸有限公司	独资	塞舌尔
61	锦崇物业经营管理（上海）有限公司	独资	中国香港	100	锅清（上海）贸易有限公司	独资	日本
62	上海奈克艾斯信息技术有限公司	独资	日本	101	善准仪表商贸（上海）有限公司	独资	中国台湾
63	鍇利（上海）贸易有限公司	合资	中国香港	102	上海精幸电子贸易有限公司	独资	日本
64	统一（上海）保健品商贸有限公司	独资	中国香港	103	禄氏贸易（上海）有限公司	独资	中国香港
65	上海爱曲餐饮管理有限公司	独资	美国	104	爱尔博（上海）医疗器械有限公司	独资	德国
66	思环贸易（上海）有限公司	独资	中国香港	105	上海祥府投资咨询有限公司	独资	中国香港
67	柯蓝运企业管理咨询（上海）有限公司	合资	日本	106	种贰（上海）食品销售有限公司	独资	中国香港
68	普澜特（上海）贸易有限公司	独资	美国	107	功宇贸易（上海）有限公司	独资	中国台湾
69	毅业（上海）投资管理咨询有限公司	独资	中国香港	108	上海弘诺投资咨询有限公司	独资	阿根廷
70	科多尼克（上海）贸易有限公司	独资	美国	109	凯姿（上海）商贸有限公司	独资	日本
71	上海菁美贸易有限公司	独资	中国香港	110	敏群商贸（上海）有限公司	独资	中国香港
72	五极贸易（上海）有限公司	独资	伊朗	111	好礼贸易（上海）有限公司	独资	中国香港
73	爱科秀（上海）信息技术有限公司	独资	日本	112	上海美雪国际贸易有限公司	独资	日本
74	上海鹰野商贸有限公司	独资	日本	113	楚禹精机（上海）有限公司	独资	中国香港
75	上海福冈物流信息咨询有限公司	独资	日本	114	岚世商贸（上海）有限公司	独资	日本
76	飞儿网络科技（上海）有限公司	独资	中国香港	115	卫资贸易（上海）有限公司	独资	日本
77	宝沣贸易（上海）有限公司	独资	中国香港	116	上海亚云服装贸易有限公司	独资	日本
78	上海维马西服饰有限公司	独资	韩国	117	万寿投资咨询（上海）有限公司	独资	日本
79	乐为贸易（上海）有限公司	独资	中国香港	118	房角石国际贸易（上海）有限公司	独资	中国台湾

续表 14-1-2

序号	企业名称	性质	国别（地区）	序号	企业名称	性质	国别（地区）
119	友欣贸易（上海）有限公司	独资	开曼	159	种壹（上海）咖啡馆有限公司	独资	中国香港
120	通洋贸易（上海）有限公司	独资	中国香港	160	亚碧（上海）商贸有限公司	独资	日本
121	上海耀盛投资咨询有限公司	独资	中国香港	161	敦赫电子技术（上海）有限公司	独资	新西兰
122	昕岳贸易（上海）有限公司	独资	中国台湾	162	上海风铃餐饮有限公司	独资	日本
123	达胜营销策划（上海）有限公司	独资	中国台湾	163	商业贸易（上海）有限公司独资	独资	美国
124	泷定名古屋商贸（上海）有限公司	合资	日本	164	富诗贸易（上海）有限公司	独资	日本
125	弥拉库（上海）建材贸易有限公司	独资	日本	165	东和林（上海）环保技术有限公司	独资	中国香港
126	美莉体育运动咨询（上海）有限公司	独资	日本	166	美佳尼自动化科技（上海）有限公司	独资	日本
127	上海汉磊电子贸易有限公司	独资	萨摩亚	167	富多芭（上海）商贸有限公司	独资	日本
128	利郎（上海）有限公司	独资	中国香港	168	三星精密化工贸易（上海）有限公司	独资	韩国
129	必极耐斯（上海）会展有限公司	独资	日本	169	凯斯纳（上海）贸易有限公司	独资	中国香港
130	贝朗（中国）投资有限公司	独资	中国香港	170	伊涛机械技术（上海）有限公司	独资	日本
131	奥煌机电科技（上海）有限公司	独资	奥地利	171	金吉达（上海）企业管理咨询有限公司	独资	中国香港
132	福翁（上海）贸易有限公司	独资	毛里求斯	172	麦康软件科技（上海）有限公司	独资	中国香港
133	阔奕贸易（上海）有限公司	独资	德国	173	艾玛包装材料（上海）有限公司	独资	中国香港
134	上海井发复核材料有限公司	合资	日本	174	和趣（上海）贸易有限公司	独资	日本
135	艾赛思（上海）企业管理咨询有限公司	独资	美国	175	育呈贸易（上海）有限公司	独资	中国台湾
136	瑷特艺雅贸易（上海）有限公司	独资	英属维尔京群岛	176	快洛克（上海）贸易有限公司	独资	日本
137	蚁巢信息科技（上海）有限公司	独资	中国香港	177	爱港超（上海）信息科技有限公司	独资	中国香港
138	兆莹（上海）管理顾问有限公司	独资	中国香港	178	大阪西川（上海）商贸有限公司	独资	日本
139	惠伯环境技术咨询（上海）有限公司	独资	美国	179	峰丽堂（上海）商贸有限公司	独资	日本
140	瑷拓邑诗商贸（上海）有限公司	独资	中国香港	180	上海意荷乐餐饮管理有限公司	独资	中国香港
141	丝睿纳（上海）纺织品贸易有限公司	独资	法国	181	统幸食品贸易（上海）有限公司	独资	日本
142	捷古斯（上海）婴幼儿用品有限公司	独资	日本	182	艾特维斯（上海）贸易有限公司	独资	中国香港
143	上海中條贸易有限公司	独资	日本	183	茉莨服饰商贸（上海）有限公司	独资	新加坡
144	上海威喜欧贸易有限公司	独资	塞舌尔	184	卡安培贸易（上海）有限公司	独资	加拿大
145	集安集营销策划（上海）有限公司	独资	意大利	185	岛崎（上海）商贸有限公司	独资	日本
146	上海红门服装商贸有限公司	独资	马来西亚	186	上海欧获卡眼镜贸易有限公司	独资	美国
147	纽波听力设备贸易（上海）有限公司	独资	挪威	187	惠森佳环境技术咨询（上海）有限公司	独资	中国香港
148	上海小马餐饮有限公司	独资	中国香港	188	宏宝投资管理咨询（上海）有限公司	独资	中国台湾
149	上海瑞琴贸易有限公司	独资	日本	189	大照（上海）商贸有限公司	独资	塞舌尔
150	渡盛商贸（上海）有限公司	合资	日本	190	上海蓝涛投资咨询有限公司	独资	中国台湾
151	明光堂（上海）商贸有限公司	独资	日本	191	可琳莱服饰贸易（上海）有限公司	独资	中国香港
152	仕壁空间工程设计咨询（上海）有限公司	独资	日本	193	上海臻境环保科技有限公司	独资	中国香港
153	璞润贸易（上海）有限公司	独资	中国香港	194	飒菲研进出口（上海）有限公司	独资	新加坡
154	哆乐市服装销售（上海）有限公司	独资	美国	195	上海中硝商贸有限公司	独资	日本
155	达侑生物科技（上海）有限公司	独资	中国台湾	196	上海影擎广告有限公司	合资	德国
156	东和制作（上海）商贸有限公司	独资	日本	197	上海世曦房产经纪有限公司	独资	毛里求斯
157	蜂置（上海）企业管理咨询有限公司	独资	中国香港	198	吉东国际货运代理（上海）有限公司	独资	中国香港
158	上海长宁唐宫海鲜舫有限公司	独资	中国香港	199	艾扩泰贸易（上海）有限公司	独资	日本

续表 14-1-3

序号	企业名称	性质	国别（地区）	序号	企业名称	性质	国别（地区）
200	埃莫运动控制技术（上海）有限公司	独资	以色列	238	乐唤贸易（上海）有限公司	独资	韩国
201	瓦爱新（上海）国际贸易有限公司	独资	日本	239	艾磨特贸易（上海）有限公司	独资	日本
202	艾利尚德曼（上海）企业管理有限公司	独资	中国香港	240	上海清常贸易有限公司	独资	韩国
203	高宏贸易（上海）有限公司	独资	印度	241	大久保齿车贸易（上海）有限公司	独资	日本
204	天甜（上海）餐饮观看里有限公司	独资	中国香港	242	上海昂统快泰商贸有限公司	独资	日本
205	上海全科海底工程技术有限公司	独资	中国香港	243	烆瑞贸易（上海）有限公司	独资	中国香港
206	巴比龙（上海）商贸有限公司	独资	中国香港	244	蔻美贸易（上海）有限公司	独资	意大利
207	华翎（上海）投资咨询有限公司	独资	中国台湾	245	同翔镁业（上海）有限公司	合资	美国
208	上海莺歌申扬贸易有限公司	独资	中国台湾	246	诗朗依贸易（上海）有限公司	独资	中国香港
209	帝戈丽（上海）装饰饰品有限公司	独资	中国香港	247	尹泰（上海）贸易有限公司	独资	澳大利亚
210	澳典（上海）家纺有限公司	独资	中国香港	248	正仪兴阳电子科技（上海）有限公司	独资	美国
211	上海名研贸易有限公司	独资	日本	249	明筌克商贸（上海）有限公司	独资	日本
212	威名贸易（上海（有限公司	独资	德国	250	蒙卓投资咨询（上海）有限公司	独资	西班牙
213	巴比龙（上海）商贸有限公司	独资	中国香港	251	尊爵物流咨询（上海）有限公司	独资	中国香港
214	隆港（上海）企业管理咨询有限公司	独资	中国香港	252	珑清（上海）贸易有限公司	独资	日本
215	京群信息技术（上海）有限公司	独资	英属维尔京群岛	253	台实贸易（上海）有限公司	独资	美国
216	吉河电机贸易（上海）有限公司	独资	日本	254	上海明天叶餐饮管理有限公司	独资	日本
217	科颐得环境技术咨询（上海）有限公司	独资	新加坡	255	上海卓汇商用机械设备有限公司	合资	新加坡
218	冈崎日用品贸易（上海）有限公司	独资	日本	256	上海花盏馔餐饮有限公司	独资	美国
219	蓓麟贸易（上海）有限公司	独资	美国	257	上海环杰贸易有限公司	独资	新加坡
220	佳里多（上海）贸易有限公司	独资	日本	258	开溪爱（上海）贸易有限公司	独资	日本
221	协化（上海）贸易有限公司	独资	中国香港	259	明森餐饮管理（上海）有限公司	独资	中国香港
222	暮黎企业管理咨询（上海）有限公司	独资	中国香港	260	富滤润（上海）贸易有限公司	独资	英属维尔京群岛
223	上海奥茉贸易有限公司	独资	中国台湾	261	港亮物业管理（上海）有限公司	独资	中国香港
224	三星重工业贸易（上海）有限公司	独资	韩国	262	安帛（上海）贸易有限公司	独资	萨摩亚
225	瑰泰贸易（上海）有限公司	独资	德国	263	上海月亮莲企业管理咨询有限公司	独资	日本
226	伸幸贸易（上海）有限公司	独资	日本	264	划劳通文化艺术咨询（上海）有限公司	独资	日本
227	津济（上海）财务咨询有限公司	独资	日本	265	卡乐咪教育信息咨询（上海）有限公司	合资	中国香港
228	点亮童心（上海）儿童用心有限公司	独资	中国香港	266	辛克莱工程咨询（上海）有限公司	独资	中国香港
229	上海合采电机科技有限公司	独资	中国香港	267	赫蒙贸易（上海）有限公司	独资	中国香港
230	珈葆时贸易（上海）有限公司	独资	中国香港	268	油研（上海）商贸有限公司	独资	日本
231	集立安（上海）服饰贸易有限公司	独资	塞舌尔	269	杜福睿（上海）商业有限公司	独资	瑞士
232	意考飞（上海）信息科技有限公司	独资	日本	270	钛铒科国际贸易（上海）有限公司	独资	芬兰
233	华腾会展（上海）有限公司	独资	中国台湾	271	上海尊堡音响贸易有限公司	独资	丹麦
234	精本管理咨询（上海）有限公司	独资	美国	272	高原建筑咨询（上海）有限公司	独资	日本
235	阡侑商贸（上海）有限公司	独资	中国台湾	273	家迎知（上海）商贸有限公司	独资	日本
236	三星石油化学（上海）有限公司	独资	韩国	274	上海莉琨贸易有限公司	独资	韩国
237	艾阜得（上海）贸易有限公司	独资	中国台湾	275	蜜丝罗兰（上海）贸易有限公司	独资	中国台湾

续表 14-1-4

序号	企业名称	性质	国别（地区）	序号	企业名称	性质	国别（地区）
276	亘兆环保科技（上海）有限公司	独资	中国香港	291	上海添依安营销咨询有限公司	独资	澳大利亚
277	日世（上海）商贸有限公司	独资	日本	292	上海胶媚商贸有限公司	独资	中国台湾
278	东和制作（上海）商贸有限公司	独资	日本	293	倪鸿贸易（上海）有限公司	独资	日本
279	上海锦基投资咨询有限公司	独资	中国香港	294	普缘芯半导体（上海）有限公司	独资	美国
280	高懋电子贸易（上海）有限公司	合资	中国台湾	295	天阁雅（上海）商贸有限公司	独资	日本
281	阿基捷（上海）软件开发有限公司	独资	日本	296	君华投资咨询（上海）有限公司	独资	英属维尔京群岛
282	缘寻商贸（上海）有限公司	独资	日本	297	旭灿纳克机械贸易（上海）有限公司	独资	日本
283	坚道投资咨询（上海）有限公司	独资	中国香港	298	上海恒升企业集团	合资	中国香港
284	上海大东纺织贸易有限公司	独资	日本	299	谦礼国际贸易（上海）有限公司	独资	中国台湾
285	天贝贸易（上海）有限公司	独资	中国香港	300	网曦信息科技（上海）有限公司	独资	日本
286	日冷企业管理咨询（上海）有限公司	独资	日本	301	爱姆希（上海）网络科技有限公司	合资	日本
287	上海程熙贸易有限责任公司	独资	新西兰	302	艺特图文技术（上海）有限公司	独资	中国香港
288	欧亚帕其沃克（上海）纺织品贸易有限责任公司	独资	比利时	303	舒衡（上海）商贸有限公司	独资	日本
289	贸鸿信息技术（上海）有限公司	独资	中国香港	304	住江织物商贸（上海）有限公司	独资	日本
290	捷希艾（上海）贸易有限公司	独资	日本	305	喜捷翼国际货运代理（上海）有限公司	独资	韩国

说明：1. 资料由区商务委办公室提供，2. 根据上海市商务委外商投资企业的统计规定，港、澳、台、侨企业与外资企业一并纳入统计。

（三）招商引资工作

概况

2010年，区商务委发挥合力，一手抓世博，一手抓发展，积极放大世博盛会效应，推进全区招商引资工作，有力促进产业结构优化，推动区域经济又好又快发展。全年共引进符合“有规模、有实力、有产业、有实效”标准的“四有”企业334家，其中有203家产税，产税率达61%，2010年引进的企业当年共完成税收2.36亿元。（张亦易）

提升企业服务水平

年内，区商务委科学合理分解目标，完善全区企业服务机制，提高部门、街道（镇）企业服务工作的主动性和配合性，增强全区服务企业合力，各街道（镇）、部门负责服务推进的962家重点企业总体发展良好。（张亦易

推进楼宇企业转化工作

区商务委与各街道（镇）紧密配合，充分发挥区工商、税务、规土、房管等相关职能部门作用，通过分析研究、跟踪服务、协调矛盾、解决问题和督促检查等方式，合力推进楼宇经济工作深入开展。2010年，楼宇重点企业工商转化完成24家，税务转化完成13家，税收落地率为49.09%。

（张亦易）

推动商务楼宇租税联动工作

年内，区商务委对全区符合条件的存量商务楼宇逐步分批实施租税联动政策，已实施租税联动的商务楼宇达到21幢，其中存量商务楼宇18幢，新建商务楼宇3幢。通过加大楼宇招商政策扶持力度进一步提高楼宇业主的积极性，从而提高商务楼宇税收落地率。（张亦易）

表 14-2 **2010 年长宁区引进有规模、有实力、有产业、有实效企业一览表**

序号	企业名称	注册资金万元		企业性质	序号	企业名称	注册资金万元		企业性质
		人民币	美元				人民币	美元	
1	上海锦丽斯投资有限公司	3000		内资	37	上海艾宝广告有限公司	100		内资
2	上海百仕达西郊房地产发展有限公司	19000		内资	38	中之杰高技术投资发展有限公司	1000		内资
3	横河电机（中国）有限公司	5300		内资	39	上海长颈鹿投资有限公司	1000		内资
4	因科（上海）信息技术有限公司		15	外资	40	西阁玛软件系统（上海）有限公司		15	外资
5	钜汇信息技术（上海）有限公司		14	外资	41	上海壹线文化传播有限公司	100		内资
6	上海欧陆投资有限公司	100		内资	42	上海东进国际贸易有限公司	1000		内资
7	上海昊威通讯科技有限公司	100		内资	43	上海上鼎餐饮有限公司		300	外资
8	上海杰邮网络科技发展有限公司		51	外资	44	上海半岛驰舟船舶科技有限公司	700		内资
9	上海通琅信息技术有限公司	1000		内资	45	上海康柏苑酒店管理有限公司	100		内资
10	大新投资（上海）有限公司	1000		内资	46	上海利盛物流有限公司	100		内资
11	上海百腾文化传播有限公司	100		内资	47	日本船级社（中国）有限公司	5000		内资
12	上海恒艺多媒体制作有限公司	100		内资	48	上海坚昊国际货物运输代理有限公司	600		内资
13	上海长浩会计师事务所	30		内资	49	上海致同信息技术有限公司	500		内资
14	上海元通信息科技有限公司	200		内资	50	上海缘景缘文化传播有限公司	100		内资
15	王子制纸管理（上海）有限公司		200	外资	51	上海裕丰典当有限公司	1000		内资
16	上海禾美时代医疗科技发展有限公司	5000		内资	52	上海丝色文化传播有限公司	100		内资
17	上海威莨纸业贸易有限公司	1000		内资	53	上海中汐物流有限公司	1000		内资
18	碧瑷喜创业投资管理（上海）有限公司		100	外资	54	首路欣信息科技（上海）有限公司		50	外资
19	亨氏联合有限公司上海分公司			外资	55	上海海外网络信息服务有限公司	100		内资
20	上海万丰文化传播有限公司	1200		内资	56	上海禾知先软件开发有限公司	100		内资
21	上海久洲国际货运代理有限公司	500		内资	57	挪威船级社（中国）有限公司	5000		内资
22	上海华楚文化艺术发展有限公司	100		内资	58	上海绝秀文化传播有限公司	500		内资
23	上海格银信息技术有限公司	100		内资	59	上海安子光电科技有限公司	100		内资
24	赫兹汽车租赁（上海）有限公司		400	外资	60	上海众美广告有限公司	100		内资
25	瑞速信息科技（上海）有限公司	100		内资	61	新扬创业投资管理（上海）有限公司		30	外资
26	上海君汉实业有限公司	1000		内资	62	上海华元典当有限公司	1000		内资
27	上海喜越信息技术有限公司	100		内资	63	思科系统（中国）网络技术有限公司上海长宁分公司			外资
28	埃梯梯（上海）贸易有限公司		75	外资	64	上海金娜莱投资管理有限公司	100		内资
29	乐天可芮滋（上海）餐饮管理有限公司		220	外资	65	上海旗建实业有限公司	2500		内资
30	上海杰诗图文设计有限公司	100		内资	66	宜维生物科技（上海）有限公司		14	外资
31	易分祺（上海）商务服务有限公司	100		内资	67	岛津技迩（上海）商贸有限公司		170	外资
32	斯必克（中国）投资有限公司		3070	外资	68	上海中华药业有限公司	4000		内资
33	上海银河信大宗商品电子交易有限公司	1500		内资	69	伊顿（中国）投资有限公司		3910	外资
34	上海蓝光文化传播有限公司	150		内资	70	上海环谊广告有限公司	100		内资
35	上海芯康电子科技有限公司	2000		内资	71	艾府杰（上海）管理有限公司		200	外资
36	比荷卢国际货运代理（上海）有限公司		100	外资	72	上海波菲特投资有限公司	800		内资

续表 14-2-1

序号	企业名称	注册资金万元		企业性质	序号	企业名称	注册资金万元		企业性质
		人民币	美元				人民币	美元	
73	上海鑫抚源国际贸易有限公司	5000		内资	109	意大利杜卡迪摩托控股有限公司上海代表处			外资
74	上海银俊投资发展有限公司	100		内资	110	上海哎和文化传播有限公司	100		内资
75	百加(上海)广告有限公司	100		内资	111	上海浩客广告传媒有限公司	100		内资
76	爱思匹希欧(上海)设备工程有限公司		20	外资	112	上海永望资产管理有限公司	100		内资
77	上海艾乐弗信息技术有限公司		300	外资	113	上海埃米柯信息系统有限公司		14	外资
78	上海东萃会计师事务所(普通合伙)	10		内资	114	上海史比特文化传播有限公司	100		内资
79	上海尚界投资有限公司	1000		内资	115	上海骅美投资管理有限公司	100		内资
80	上海通冠市政设备科技有限公司	1000		内资	116	倍耐力轮胎有限公司上海分公司			外资
81	上海新发现投资股份有限公司	500		内资	117	上海汉哲实业有限公司	1000		内资
82	日野汽车(中国)有限公司上海分公司			外资	118	上海诺日士摄影服务有限公司	1000		内资
83	炉盛(上海)商贸有限公司		100	外资	119	上海晟之域信息科技股份有限公司	1000		内资
84	上海可可西里航空服务有限公司	100		内资	120	上海俱杨文化传播有限公司	100		内资
85	上海友卡文化传播有限公司	150		内资	121	上海富捷投资管理有限公司	180		内资
86	星银投资管理咨询(上海)有限公司		500	外资	122	上海相虎软件科技有限公司	100		内资
87	上亭(上海)营销策划有限公司	100		内资	123	格罗茨贝克(上海)贸易有限公司	500		内资
88	上海童元素投资管理有限公司	100		内资	124	上海九衢投资管理有限公司	100		内资
89	上海定向广告传播有限公司	50		内资	125	意美酷认证(上海)有限公司	300		内资
90	上海品趣信息科技有限公司	100		内资	126	瑞商投资(上海)有限公司	1000		内资
91	上海魄力广告传媒有限公司	1000		内资	127	上海瑞琪致达广告有限公司	100		内资
92	上海沄山天际投资有限公司	1800		内资	128	上海杰沪投资管理有限公司	100		内资
93	上海众策投资管理有限公司	500		内资	129	上海奥沙利娱乐有限公司	100		内资
94	上海宁以远信息技术有限公司	100		内资	130	天津雅高酒店管理有限公司上海宜雅酒店管理分公司			外资
95	倍耐力科技咨询(上海)有限公司		20	外资	131	上海金奥塘汽车配件有限公司		16	外资
96	上海印名堂广告有限公司	100		内资	132	上海路豪电气控制工程有限公司	500		内资
97	韩国乐天百货株式会社上海代表处			外资	133	亨斯迈纺织染化(青岛)有限公司上海分公司			外资
98	贝依餐饮管理(上海)有限公司		100	外资	134	上海德辉物流有限公司	100		内资
99	凯来广告(上海)有限公司	100		内资	135	上海乐禾国际贸易有限公司	1000		内资
100	上海衡力电力工程有限公司	100		内资	136	上海懋顺置业有限公司	1000		内资
101	卓行(上海)网络科技有限公司	100		内资	137	上海华算信息科技有限公司	100		内资
102	聘睿营销策划(上海)有限公司	100		内资	138	上海正丰国际货运代理有限公司	500		内资
103	上海万裕娱乐有限公司	700		内资	139	上海东洋钢钣商贸有限公司		150	外资
104	中国国际航空有限公司上海分公司			内资	140	上海敏创股权投资管理有限公司	1000		内资
105	上海帝世国际物流有限公司	500		内资	141	日东电工(中国)投资有限公司		3062	外资
106	上海美兆门诊部有限公司		325	外资	142	上海爱牧文化传播有限公司	100		内资
107	上海瑞汇投资管理有限公司	100		内资	143	露琪(上海)电子科技有限公司		24	外资
108	霍尼韦尔(天津)有限公司上海分公司			外资	144	上海海汇润和投资有限公司		20	外资

续表 14-2-2

序号	企业名称	注册资金万元		企业性质	序号	企业名称	注册资金万元		企业性质
		人民币	美元				人民币	美元	
145	上海鑫方迅通信科技有限公司	500		内资	180	上海服装集团品牌发展有限公司	5258.2		内资
146	上海懿凡实业发展有限公司	1000		内资	181	上海控佳信息技术有限公司	100		内资
147	上海罗宸信息技术有限公司	100		内资	182	上海漫游者信息技术有限公司	100		内资
148	上海嘉麒物业管理有限公司	1000		内资	183	上海航心信息技术有限公司	100		内资
149	上海波顿企业发展有限公司	1300		内资	184	上海仲煊文化传播有限公司	100		内资
150	上海银富网络科技有限公司	100		内资	185	上海丽巴利投资管理有限公司	100		内资
151	上海弘辉信息科技有限公司	500		内资	186	上海松屋餐饮管理有限公司		210	外资
152	上海水木航空服务有限公司	150		内资	187	上海万世其昌文化传播有限公司	100		内资
153	上海信基房地产经纪有限公司	100		内资	188	上海佳宇货运仓储有限公司	1000		内资
154	上海嘉祖投资管理有限公司	100		内资	189	上海红地毯文化传播有限公司	1000		内资
155	上海宇强投资管理有限公司	100		内资	190	上海泰来国兴文化发展有限公司	100		内资
156	昇联物流(上海)有限公司	500		内资	191	上海衍美广告有限公司	100		内资
157	上海九欣智能识别系统技术有限公司	100		内资	192	上海慧德文化传播有限公司	100		内资
158	上海瓯江圣雄企业发展有限公司(汇金百货虹桥店)			外资	193	上海明兴食品有限公司	1000		内资
159	南中(上海)文化传播有限公司	100		内资	194	上海健成国际物流有限公司	300		内资
160	上海达汀贸易发展有限公司	5000		内资	195	上海生涯文化传播有限公司	100		内资
161	上海鼎太电子科技有限公司	100		内资	196	康麦司信息技术(上海)有限公司	1000		内资
162	闽创(上海)投资有限公司	5000		内资	197	上海弥行软件技术有限公司	1000		内资
163	上海携程商务有限公司	1000		内资	198	上海哈克信息科技有限公司	1000		内资
164	上海金迪货运代理有限公司	100		内资	199	上海国悠数码科技有限公司	100		内资
165	上海中渊投资有限公司	10000		内资	200	英格索兰(上海)贸易有限公司		500	外资
166	北京开元信德会计师事务所有限公司上海分所			内资	201	鼎晟国际货运代理(上海)有限公司	500		内资
167	联验电子科技(上海)有限公司	100		内资	202	上海奕鸿投资管理有限公司	100		内资
168	上海亿富亿汽车销售有限公司	1000		内资	203	上海米欧投资管理有限公司	100		内资
169	上海雅途文化传播有限公司	100		内资	204	上海新亮点文化传播有限公司	100		内资
170	上海古雅文化传播有限公司	200		内资	205	上海求步申亚信息系统有限公司	200		内资
171	上海金谷地投资管理有限公司	100		内资	206	克莱斯勒(中国)销售有限公司上海分公司			外资
172	上海前程航空服务有限公司	100		内资	207	泷定大阪商贸(上海)有限公司		100	外资
173	安防销售(中国)有限公司上海分公司			内资	208	上海丰渊文化传播有限公司	100		内资
174	上海建发国际旅行社有限公司	300		内资	209	辉瑞苏州动物保健品有限公司上海分公司			外资
175	上海谷禾投资管理有限公司	100		内资	210	喜哈(上海)网络技术有限公司	100		内资
176	稷源投资管理(上海)有限公司	100		内资	211	霍尼韦尔安防(中国)有限公司上海分公司			外资
177	上海顺健通讯科技有限公司	500		内资	212	上海影译数码科技有限公司	500		内资
178	上海知语文化传播有限公司	100		内资	213	上海融铭企业发展有限公司	3000		内资
179	上海飞田娱乐有限公司	100		内资	214	上海享云信息技术有限公司	1000		内资

续表 14-2-3 （续表）

序号	企业名称	注册资金万元		企业性质	序号	企业名称	注册资金万元		企业性质
		人民币	美元				人民币	美元	
215	上海宝焜堂网路科技有限公司	100		内资	251	上海九置商业投资有限公司	100		内资
216	上海承道文化传播有限公司	100		内资	252	三星道达尔化工贸易（上海）有限公司		50	外资
217	正官庄六年根商业（上海）有限公司		150	外资	253	上海葡京发型健美中心有限公司		100	外资
218	上海火铃网络发展有限公司	1000		内资	254	上海海莱特文化传媒有限公司	100		内资
219	渤海证券股份有限公司上海分公司			内资	255	成盛媒体技术（上海）有限公司		300	外资
220	上海环友文化传播有限公司	100		内资	256	上海盛荟文化传播有限公司	100		内资
221	上海青栀子展览展示有限公司	100		内资	257	上海陈李林洪周律师事务所	30		内资
222	上海新朗馨文化传播有限公司	100		内资	258	美壁（上海）展示设计有限公司		20	外资
223	德影多媒体技术（上海）有限公司		20	外资	259	上海仙豹网络科技有限公司	100		内资
224	上海万翔房地产开发有限公司	3000		内资	260	上海帝云投资管理有限公司	100		内资
225	上海迈思强医疗器械有限公司		100	外资	261	上海悦皇文化传播有限公司	100		内资
226	上海米安斯迪信息科技有限公司	5000		内资	262	裕铭国际货运代理（上海）有限公司	750		内资
227	易狮营销咨询（上海）有限公司		37.5	外资	263	上海夫善文化传媒有限公司	1000		内资
228	上海东承文化传播有限公司	100		内资	264	江苏省金陵建工集团有限公司上海分公司			内资
229	上海照武文化传播有限公司	100		内资	265	锦湖石油化学贸易（上海）有限公司		30	外资
230	上海嘉昌文化传播有限公司	200		内资	266	上海慧成餐饮有限公司	30		内资
231	上海中达国际旅行社有限公司	100		内资	267	仓纺贸易（上海）有限公司		200	外资
232	上海元安辉电子科技有限公司	500		内资	268	英格索兰（中国）投资有限公司		3065	外资
233	上海旭创置业有限公司	2000		内资	269	司必迪（上海）信息科技有限公司		1000	外资
234	上海城峰置业有限公司	5000		内资	270	北花（上海）网络科技有限公司		15	外资
235	上海时尚园艺术设计有限公司	5000		内资	271	上海日久信息科技有限公司	100		内资
236	上海晟才投资管理有限公司	100		内资	272	上海泓迅物流有限公司	500		内资
237	上海会博投资有限公司	200		内资	273	上海冠易软件有限公司	100		内资
238	POLYCOM通讯系统（北京）有限公司上海分公司			外资	274	上海盖讯信息技术有限公司	200		内资
239	上海上谊贸易有限公司	3000		内资	275	上海佰灵投资管理有限公司	100		内资
240	上海炫伍数字科技有限公司	100		内资	276	上海朗馨信息技术有限公司	100		内资
241	上海新嘉华会计师事务所	100		内资	277	上海鑫永投资管理有限公司	100		内资
242	展德物业经营管理（上海）有限公司		50	外资	278	上海格睐墨广告传媒有限公司	100		内资
243	上海远橙信息技术有限公司	100		内资	279	上海荣币通实业有限公司	5000		内资
244	博览达软件科技（上海）有限公司		48	外资	280	上海玮沃投资管理有限公司	300		内资
245	上海海臻投资有限公司	1000		内资	281	上海维罗希迪软件科技有限公司	100		内资
246	上海艾舜杰信息科技有限公司	200		内资	282	上海瑞翼物流有限公司	100		内资
247	上海锡鑫投资管理有限公司	1328		内资	283	上海耕作者文化艺术有限公司	100		内资
248	恒豪国际货运代理（上海）有限公司		75	外资	284	上海网是科技贸易有限公司	4000		内资
249	上海位势文化传播有限公司	100		内资	285	上海泓盛娱乐有限公司	150		内资
250	上海微欣文化艺术传播有限公司	100		内资	286	乐金时装贸易（上海）有限公司		400	外资

续表 14-2-4 （续表）

序号	企业名称	注册资金万元		企业性质	序号	企业名称	注册资金万元		企业性质
		人民币	美元				人民币	美元	
287	上海亿臣信息科技发展有限公司	100		内资	311	西本连合食品商贸（上海）有限公司		50	外资
288	上海尔拉灯绘画艺术有限公司		20	外资	312	中审国际会计师事务所有限公司上海长宁分所			内资
289	上海港华信息科技有限公司	100		内资	313	上海伊美尔港华企业管理有限公司	100		内资
290	上海泓智信息科技有限公司	500		内资	314	上海松雷文化传播有限公司	1000		内资
291	上海华清同仁智能科技有限公司	500		内资	315	上海长宁小南国餐饮有限公司	50		内资
292	上海衡怡智能科技有限公司	100		内资	316	上海华峰餐饮有限公司	10		内资
293	上海申虹广告有限公司	200		内资	317	上海创意产品开发中心	10		内资
294	上海豪英广告有限公司	100		内资	318	上海英忆企业管理咨询有限公司	100		内资
295	上海蔓丝帝投资管理有限公司	100		内资	319	意大利船级社（中国）有限公司	5000		内资
296	上海泰宙经贸有限公司			外资	320	上海四通摩天信息科技有限公司	100		内资
297	上海欣光多媒体有限公司	3500		内资	321	日铁物流（广州）有限公司上海分公司			外资
298	上海司麦脱出租汽车有限公司	400		内资	322	大福自动化物流设备（上海）有限公司		50	外资
299	友盈（上海）信息技术有限公司		150	外资	323	上海仙怡资产管理有限公司	100		内资
300	上海美居虹拓酒店有限公司	100		内资	324	科群计算机科技（上海）有限公司	100		内资
301	上海京沙投资管理有限公司	200		内资	325	上海一州文化传播有限公司	100		内资
302	上海仲泰投资有限公司	100		内资	326	阿海那贸易信息咨询（上海）限公司		14	外资
303	上海宝数信息技术有限公司	100		内资	327	丹纳赫西特传感工业控制（天津）有限公司上海分公司			外资
304	上海高远投资有限公司	10000		内资	328	上海乐孺儿童用品有限公司	500		内资
305	上海洲际国际旅行社有限公司	100		内资	329	泛北贸易（上海）有限公司		250	外资
306	上海长宁国有资产经营投资有限公司	50000		内资	330	观取（上海）信息科技有限公司		15	外资
307	招商证券股份有限公司上海娄山关路证券营业部			内资	331	龙缤（上海）贸易有限公司			外资
308	上海弘华投资管理有限公司	100		内资	332	上海捷加经贸有限公司			外资
309	上海立乐慧酒店管理有限公司	500		内资	333	上海翔森国际贸易有限公司			外资
310	上海赤诚文化传播有限公司	500		内资	334	上海索雅时装有限公司			外资

说明：1. 资料由区商务委办公室提供，2. 分公司不统计注册资金，3. 有实效企业只统计税收，不统计注册资金。

区商务委参加广交会招商推介活动

（区商务委供稿）

（四）对口援助

概况

根据市对口支援工作的总体部署，2010 年区财政投入对口帮扶云南、新疆、西藏资金 626 万元。此外，结合区对口帮扶地区的实际情况，援助云南省红河州金平、元阳两县帮扶资金 780 万元，用于援建 14 个整村推进重点村和 3 个产业培植项目，年内全部完成，切实改善了受援地困难群众基本生活、生产、教育、卫生状况。 （刘　旻）

■ **对口支援都江堰市援建项目按时间节点完成**

根据市对口援建“三年任务，两年完成”工作要求，市对口援建项目于2010年9月全部完成。区对口援建都江堰市崇义镇各援建项目均按时间节点完成。两年来，援建都江堰市崇义镇项目资金总额达776.85万元，分为恢复生产生活、开发人力资源、落实民生工作与推动合作交流四大类共27个项目。以软项目建设为主，重心下移，有效为结对乡镇解决灾区群众最需要、最迫切的民生问题。

（刘　旻）

■ **表彰对口援助都江堰市工作先进集体与个人**

根据市评选表彰对口支援都江堰市先进工作要求，区合作交流办牵头，会同区委组织部、公务员局，推选并上报10人为对口支援都江堰市突出贡献个人，区卫生局卫生监督所、区教育系统支教团队为对口支援都江堰市突出贡献集体。（刘　旻）

■ **区领导带队赴对口支援地区慰问考察**

8月19—22日，区人大常委会主任刘雅琴，区委常委、副区长赵惠琴率领长宁区慰问考察团赴阿克苏市学习交流，慰问区援疆干部，并向阿克苏市捐赠50万元项目建设资金。12月13日，区委常委、区委政法委书记刘玉鹏带队的慰问考察团一行赴红河州考察区帮扶项目，慰问援滇干部，同时向金平、元阳县捐赠帮扶项目资金30万元。（刘　旻）

■ **开展对口支援地区人力资源培训**

区合作交流办与区委组织部、区卫生局、区教育局共同研究制定培训计划，预定实施人力资源开发项目7个（红河州新型工业化建设培训班、崇义镇卫生人员进修培训、西藏卫生理论技术示范培训、红河州巡回医疗、云南和新疆中小学骨干教师培训、红河州干部到沪挂职），共安排培训资金50万元，共计培训人数400余人次。（刘　旻）

（栏目编辑　郑兆永）

科学知识

“神奇材料”石墨烯可广泛应用在新型芯片中

据报道，大多数铅笔芯都是由石墨做成，因此人们对于石墨并不陌生。但从石墨中提取的物质—石墨烯，却始终有着神秘的一面。英国大臣乔治—奥斯本（George Osborne）近日投资5000万英镑来对石墨烯进行探索研究，从而发现了一种特殊的石墨烯物质，即密封在氮化硼内的石墨烯。它虽薄且轻，但却有着强大的承载力，甚至能够承载一头大象的重量，除此之外还具有很高的导电性，可应用于未来的新型晶体管中。

据了解，这种超薄石墨烯物质具有很高的导电性能，其中在具有柔韧性能的屏幕、如壁纸一样薄厚的瞬态抑制二极管（TVs），及超快网络连接的研究上都具有广泛的应用。而近日，研究小组将这种特殊石墨烯物质应用于研发超轻且高功率的电脑上。研究表明，如果在芯片中应用该石墨烯物质，那么就会实现芯片内部的高效导电。最为重要的是，在导电的过程中不会对周围的环境产生干扰，具有一定的稳定性。但在此研究以前，由于石墨烯具有很大的不稳定性，因此无法成功完成导电工作，科学家也因此曾称石墨烯为石墨烯电子产品的一朵“黑云”。与此同时，这种特殊石墨烯的多层结构特性可以帮助它们不受周围环境的负面干扰，从而可以控制曾经并不稳定的导电性能。

研究小组预测，未来有很大可能会利用这种石墨烯来开发一种新型的晶体管。除此之外，这种石墨烯物质还具有很大的开发潜能。由于它具有很高的导电性能且较薄，因此完全可以按照逐层堆放的方式被应用在“3D”芯片的制作中，这样硅芯片在未来就完全有可能被替换。同时，“3D”芯片中的石墨烯，也足够可以说明被密封在氮化硼内部的石墨烯完全可以自主工作，对周围环境不造成任何干扰。氮化硼的密封为日后石墨烯电子产品的研究提供了一个很好的发挥平台，因为它可以帮助解决石墨烯的稳定性等性能方面的相关问题。

据研究小组表示，虽然目前他们做的石墨烯试验规模较小，但仅仅用了数月就成功研制出了密封的石墨烯晶体管，这对于他们来说是个很大的鼓舞，而且从该试验也很好的看出了石墨烯在未来的广泛应用及巨大的潜在发展空间。相信石墨烯在未来定会成为芯片开发的首选。

十五、三大经济组团

SAN DA JING JI ZHU TUAN

(一)综述

2010年,区政府加大对虹桥涉外贸易中心、中山公园商业中心和虹桥临空经济园区三大经济组团的服务力度,服务企业机制不断完善,设立产业发展引导基金,组建中小企业融资服务中心长宁区分中心,“虹桥资募港”等服务平台有效运作,区域投资发展环境不断优化。全面推进重大项目建设,不断完善环境配套设施,努力克服国际金融危机波及影响,经济效益迅速提升。以三大经济组团为核心的虹桥涉外商务区加快集聚发展,全年实现税收72.2亿元,占全区税收比重达到45.2%。

虹桥涉外贸易中心建成广播大厦(二期)等2幢商务楼宇,黄金城道、天山路商业街建成并全面开业;金虹桥国际中心、尚嘉中心、古北财富二期等在建项目稳步推进;新虹桥商圈能级进一步提升,全球品牌展示交易中心、嘉顿商业广场开张营业,黄金城道国际休闲步行街建成,天山路商业街业态调整;虹桥涉外贸易中心实现税收39.92亿元,占全区税收23.1%。虹桥经济技术开发区经济增长效果显著,区内注册企业全年实现销售收入96.1亿元,实现利润12.3亿元。上海古北(集团)有限公司实现主营收入12.9亿元,净利润4.6亿元。

中山公园商业中心业态调整成效明显,愚园路历史风貌街改造竣工,创意园“第一坊”外环境整治竣工,“数字化、休闲式”特征进一步凸显,商圈辐射力不断扩大;中山公园商业中心实现税收18.71亿元,占全区税收10.8%。

虹桥临空经济园区形成“南北一体、东西联动”建设新格局,园区配套服务设施日趋完善,重要配套项目9-1街坊临空宏基生活广场建成并投入运营,总部经济功能不断增强。“招留增”工作成效显著,实现税收21.8亿元,比上年增长22.3%。(常 念)

(二)虹桥涉外贸易中心

概况

2010年,虹桥涉外贸易中心克服国际金融危机波及影响,全面推进重大项目建设,继续完善环境配套设施,提升政府服务效能,企业经济效益迅速回升,“十一五”目标任务圆满完成。实现税收由2006年的18.39亿元增长到39.92亿元,年均增长20.27%;金虹桥国际中心、古北财富中心(二期)和尚嘉中心在建项目按时间节点目标顺利推进;98号街坊土地招投标竞拍成功,进入设计阶段;虹开发31号地块搬迁清场取得突破,古北5-2地块租赁清退遗留案实现司法终结,两地块2011年有望进入建设期;区域内虹开发娄山关路公交站开通运营,引入11条公交线路;区域内停车诱导系统建成使用,6个路口安装双语万向指示牌;“六个便利服务联盟”(便利午餐、便利保健、便利出行、便利交友、便利维权、便利融资等)活动深入开展;商业业态调整出现重大转折;黄金城道招商工作取得重大进展;商旅文活动持续开展。完成《虹桥国际贸易中心“十二五”规划》的起草。虹桥经济技术开发区经济增长效果显著,区内注册企业全年实现销售收入96.1亿元,实现利润12.3亿元,上缴税金9.0亿元。年内,开发区新批准外商直接投资企业46家,总投资额8118万美元,合同外资7831万美元,实到外资7768万美元。开发区通过ISO 14000国际环境体系换证审核;虹桥经济技术开发区联合发展有限公司连续第三年被评为上海市文明单位,并通过上海市AAA企业信用资质等级。上海古北(集团)有限公司实现主营收入12.9亿元,净利润4.6亿元,净资产收益率23%,资产负债率控制在70.3%。全年完成销售面积1.85万平方米,累计销售金额11.4亿元,回笼资金16.3亿元,缴纳税金1.4亿元。

(姚志康 周乐昇 钱佩敏)

“十一五”期间经济楼宇项目竣工情况

“十一五”期间,虹桥涉外贸易中心范围内竣工项目面积达65.10万平方米,占2010年区经济楼宇总量的24.34%。其中广播大厦二期、虹开发商业项目为2010年竣工项目。(姚志康)

表15-1 “十一五”期间虹桥涉外贸易中心经济楼宇竣工项目一览表

单位:平方米

项目名称	项目地址	项目功能	建筑面积	竣工年份	备注
盛高国际大厦	仙霞路137号	办公	42940	2006	中心区

续表 15-1-1

项目名称	项目地址	项目功能	建筑面积	竣工年份	备注
现代广场	仙霞路369号	办公、酒店	69615	2006	延伸区
新世纪广场配套	新世纪广场东侧	商业	927	2006	核心区
泓鑫时尚广场	天山路762号	商业	43628	2007	延伸区
虹桥天都	天山路1111号	商业、办公	60145	2007	中心区
汇金虹桥店	天山路900号	商业	40301	2008	延伸区
长房国际广场	娄山关路555号	商业、办公	72716	2007	中心区
东银中心	红宝石路500号	办公、商业	83780	2008	延伸区
东方维京大厦	仙霞路333号	办公、商业	48392	2008	延伸区
古北财富中心	虹桥路1452号	办公、商业	39246	2008	延伸区
洲际假日酒店	中山西路910号	酒店	17289	2008	中心区
WTO咨询中心楼	古北路620	办公	9504	2008	延伸区
黄金城道商铺	黄金城道步行街	商业	65290	2007	延伸区
嘉顿商业广场	延安西路2022号	休闲娱乐	8370	2009	延伸区
广播大厦（二期）	虹桥路1380号	办公	45000	2010	延伸区
虹开发商业项目	仙霞路200号	商业	3890	2010	核心区
总　计			651033		

说明：资料由区虹桥办提供。

■ “十一五”期间虹桥涉外贸易中心凸显经济规模优势

2010年，虹桥涉外贸易中心纳税企业2817家，占虹桥涉外商务区纳税企业的58.03%，实现税收由2006年的18.39亿元增长到2010年的39.92亿元，年均增长20.27%。其中现代服务业税收19.75亿元，占虹桥涉外贸易中心税收的49.48%，超过45%的既定目标。2010年税收总量占虹桥涉外商务区税收总量的55.28%，占全区总量的23.10%，规模优势明显。（姚志康）

■ 制定虹桥国际贸易中心“十二五”专项规划

根据《长宁区国民经济和社会发展第十二个五年规划纲要》的要求，虹桥办制定虹桥国际贸易中心（原虹桥涉外贸易中心）“十二五”专项规划。规划目标：未来五年把虹桥国际贸易中心建设成为以国际商贸功能为主导、商业繁荣繁华、文化特质鲜明、形态景观一流的新虹桥高端时尚商业中心，虹桥国际商贸集聚区，大虹桥地区宜商宜居重要标志区，上海国际贸易中心的重要承载区。该规划还就“发展原则”、“发展任务”和“发展措施”作了科学详尽的阐述。（姚志康）

■ 广播大厦（二期）项目竣工落成

12月，位于虹桥路1380号的广播大厦（二期）项目竣工落成。该项目由上海文化广播影视集团开发建设。项目建筑总面积4.5万平方米，其中地上24层建筑面积3.32万平方米，地下2层建筑面积1.17万平方米。地上1—4层裙房为商业配套设施，5—24层为办公用房，共20个楼面，约2.68万平方米。（姚志康）

■ 98#街坊土地使用权挂牌竞拍交易成功

2月10日，经上海房地产交易中心挂牌拍卖土地使用权的长宁98#街坊土地，最终以15亿元人民币的价格，由绿城房地产集团有限公司和华龙置业有限公司合股拍得。98#街坊位于遵义路以东、天山路以南、天山路1761弄小区以西、紫云路以北范围内；地块面积：2.56万平方米；用地性质：商业办公综合。（姚志康）

■ 虹桥经济技术开发区加强区内建设

年内，开发区继续实施深度开发战略，加快改建、新建项目以及公共设施项目的推进步伐，不断完善区域功能。仙霞路200号3810平方米商业项目规划、消防等都已验收通过。开发区31号地块动拆迁工作取得实质性进展,截至年底,31号地块仅剩警备区一幢小楼和中石化加油站约1000平方米土地尚待动迁。1月23日延安西路娄山关路公交车站建成,4月11日开发区内轨道交通十号线伊犁路站试运行,有效缓解了区内交通难的问题。（周乐昇）

■ 虹桥经济技术开发区区外项目有新进展

年内,开发区建设的安亭高尔夫别墅二期52幢住宅已实现结构封顶。开发区在奉贤区金汇镇建设的配套房项目已于年底前正式开工,该项目占地面积32公顷,总建筑面积约57万平方米,项目将在20个月内建成,届时可以为低收入人群提供5000多套经济住房。（周乐昇）

■ 虹桥经济技术开发区精神文明建设有成效

年内,开发区积极投入迎世博各项活动,被长宁区委授予世博先锋行动党建联建优秀单位以及世博工作先进单位称号,并获得创建文明和谐西大门杰出贡献奖。（周乐昇）

■ 上海古北(集团)有限公司工程项目建设稳步推进

年内,上海古北(集团)有限公司在建项目共有5个,施工面积约52万平方米,总投资约19.6亿元。太湖古北雅苑二期项目完成竣工备案;年初招拍挂获取的朱家角建设用地顺利开工;古北香堤岭项目达到竣工交付使用标准;古北财富中心和古北御庭项目完成地下室施工,已进行结构施工。(钱佩敏)

■ 虹桥地区停车诱导系统建成使用

5月,由虹桥办规划,区建交委负责实施的虹桥地区停车诱导系统正式投入运营。该系统总投资339万元,由56块诱导屏及长宁区公共停车服务平台二期(虹桥地区公共停车服务平台)组成。整个系统涉及虹桥地区36家对外开放停车的商厦或场所。56块电子显示屏分别由5块显示路网信息的一级屏,13块显示所在位置若干个停车点信息的二级屏和38块显示具体停车点信息的三级屏组成。投入运营后,驾车者从外围进入虹桥地区,就能在诱导系统的指示下顺利到达具体停车点。（姚志康）

■ 虹桥开发区娄山关路公交站开通运营

1月23日零点,区域内商务楼白领呼吁多年的虹开发娄山关路公交站开通运营,公交站位于世贸商城南大门处。此项实事工程由区虹桥办牵头,得到市城交局、市交警总队、区建交委、区市政署、区园林处等10个市、区职能部门的支持。公交站开通后,延安西路沿线57、328、709、748、806、911、925、925B、936、938、945路等11条公交线路全部引入世贸商城门前的站点。不仅为区域内白领上班增添了交通出行选择,也为去世贸商城观展的市民提供了方便。（姚志康）

■ 首批11家白领定点餐厅(食堂)授牌

1月7日,由区虹桥办、区商务委、区临空办主办,相关街道综合党委参与的"白领'便利午餐'定点餐饮企业(食堂)授牌仪式暨服务白领党建活动点签约仪式"在东银中心白领餐厅举行。首批挂牌的11家餐饮企业(食堂)分别是东银中心都市餐厅、世贸商城花博餐厅、东方世纪大厦白领食堂、慧谷白猫科技园白领食堂、联通大厦白领食堂、多媒体产业园白领食堂、长房国际广场白领食堂和虹桥临空园区生活广场映巷餐厅等。（姚志康）

■ 新虹桥中心花园举行"中国当代瓷雕大展"

4月22日,由上海艺博会组委会主办,虹联公司和区虹桥办协办的"中国当代瓷雕大展"在新虹桥中心花园开幕。本次瓷雕展的主题为"艺博与世博同行,艺术让生活更美好"。120多尊由当代工艺美术大师和陶艺新秀创作的瓷雕作品免费供市民游客观赏,展期7天。该展览是上海有史以来第一次为瓷雕艺术搭建专业化的交流交易平台,也是迄今为止,上海艺术展事中首次尝试在户外开放式空间中搭建艺术展厅的展览。（姚志康）

■ 夏池国际商务俱乐部开业

6月26日,由上海夏池国际商务俱乐部有限公司租赁经营的夏池国际商务俱乐部开业。该俱乐部位于遵义路紫云西路口的虹桥公园配套房A幢楼内,租赁面积1628平方米。俱乐部主营酒吧、咖啡、饮品和简餐,并配置商务聚会的会务设施。(姚志康)

■ 浙江主题旅游示范点展示在长房国际广场启动

4月17日,"迎世博——2010浙江主题旅游示范点展示暨十佳体验之旅评选推广活动"在长房国际广场启动。此次活动由浙江省旅游协会主办，区旅游局、区虹桥办协办。该省余杭、富阳、诸暨、海宁、义乌、遂昌等10个市县旅游局向上海市民展示当地的旅游线路和景点。在活动现场，主办方还举行具有浙江民俗风情的表演和工艺品展示，开展土特产品品尝等活动。（姚志康）

■ 黄金城道成为外国表演团队世博园区外展演点

上海世博会期间，黄金城道作为外国参展表演团队在世博会园区外展演点之一，共接待了土耳其、俄罗斯、美国、保加利亚、奥地利等8个参展国的艺术表演团队。这些表演团队带来了各自民族的艺术风情表演，观看表演的市民达8000余人。（姚志康）

■ 举办“In爱而秀”艺术生活用品慈善义拍会

1月29日，由区虹桥办、区慈善基金会支持，上海维丽娅职业技术培训中心和上海虹桥友谊商城有限公司主办的“‘In爱而秀’艺术生活用品慈善义拍会”在虹桥友谊商城举行。义拍的50余件作品，全部是该校学生创作的教学作品，分别是创意饰品、家居软装和油画。现场拍卖所得1.56万元善款全部捐赠自闭症儿童康复机构。（姚志康）

■ 奥巴马俱乐部等休闲餐饮业开业

6月初，由上海亚和投资管理有限公司投资开发的嘉顿商业广场（延安西路2022号）开业，经营的主体项目冠名“奥巴马俱乐部”，内容有大型DISCO舞厅、KTV包房和商务会所，经营面积3872平方米，占营业总面积的62%。其余38%的营业面积开设美式西餐、港式茶餐厅和酒吧。（姚志康）

■ 黄金城道举行第二届国际儿童街头绘画友谊赛

5月29日，由区虹桥办、区文化局主办的“印象·世博——第二届上海古北‘黄金城道杯’国际儿童街头绘画友谊赛”在古北新区黄金城道步行街举行。绘画赛体现环保理念，采用废弃的矿泉水瓶，装上经稀释的水性颜料后以瓶当笔，在白色化纤布上作画。来自全市140名中外儿童用色彩涂抹心中的世博印象。其中外籍儿童占参赛总人数的31%。（姚志康）

（三）中山公园商业中心

■ 概况

2010年，中山公园商业中心继续完善环境配套设施，提升政府服务效能，企业经济效益迅速回升，“十一五”目标任务圆满完成。实现税收由2006年的5.20亿元增长到18.71亿元，年均增幅达34.50%。其中，现代服务业和商业对中山公园商业中心的税收贡献最大，两大产业税收之和占比达66.83%。2010年龙之梦购物中心等9家重点零售企业实现销售44.12亿元。主要商业企业的业态调整持续进行，娱乐业进入商圈，家电专卖业进一步集聚，节庆促销活动蓬勃开展。凯旋路公交港湾式枢纽站建成使用，交通环境进一步改善优化。“六个便利服务联盟”（便利午餐、便利保健、便利出行、便利交友、便利维权、便利融资等）活动深入开展，并完成《中山公园商业中心“十二五”规划》的起草。（姚志康）

■ “十一五”期间中山公园商业中心实现经济快增长

中山公园商业中心实现税收从2006年的5.20亿元增长到2010年的18.71亿元，年均增幅达34.50%，超过虹桥涉外商务区总体税收年均增幅（24.67%）9.83个百分点。2006—2010年，中山公园商业中心占虹桥涉外商务区税收总额的比重从2006年的18.65%升至2010年的25.91%。其中，现代服务业和商业的贡献度最大，至“十一五”末，两大产业税收之和占商圈税收总量比重达66.83%。（姚志康）

■ “十一五”期间经济楼宇项目竣工面积达45.89万平方米

“十一五”期间，中山公园商业中心经济楼宇竣工项目面积达45.89万平方米，占现有经济楼宇总量78.09万平方米的58.76%。（姚志康）

表15-2 “十一五”期间中山公园商业中心竣工投用经济楼宇一览表

单位：平方米

项目名称	项目地址	项目功能	建筑面积	竣工年份
多媒体生活广场	长宁路1027号	商业	41000	2006
龙之梦购物中心	长宁路1018号	综合	320000	2006

续表 15-2-1

项目名称	项目地址	项目功能	建筑面积	竣工年份
绿地商厦	愚园路1258号	商办	27356	2006
百思买	愚园路1398号	商业	5527	2008
华宁国际广场	宣化路300号	商办	65000	2008
总 计			458883	

说明：资料由区虹桥办提供。

■ 制定中山公园商业中心“十二五”专项规划

年内，根据《长宁区国民经济和社会发展第十二个五年规划纲要》的要求，区虹桥办制定中山公园商业中心“十二五”专项规划。规划提出中山公园商业中心未来五年重点发展大型现代商业和休闲娱乐业，优化商业结构，完善商业功能，加强开发商务功能，均衡商业商务配比，培育商务消费群体，推动商业进一步发展，建成规模集聚、特色鲜明、商业功能完善、商务内涵多元的上海中心城区生态休闲型商业中心。（姚志康）

■ 东方海外“东华大学长宁分校地块”项目易主

1月18日，凯德置地（中国）投资有限公司宣布：已与东方海外（国际）有限公司签署收购协议，以22亿美元（约合150亿元人民币）收购其全资子公司东方海外发展（中国）有限公司100%股权。其中，搁置3年未动工的东方海外“东华大学长宁分校地块”项目成为凯德置地的开发项目。（姚志康）

■ 易里酒店式公寓改造工程竣工

1月25日，由上海沪泰房地产发展有限公司投资经营的易里酒店式公寓（长宁路889号）改造工程竣工。该公寓1996年建成，经营12年后设施出现老化，此番改造包括建筑内外装修及设备设施更新，投入资金5000余万元。改造后的建筑外观采用新型涂装材料氟碳漆，内装修标准定为精品酒店公寓，风格为新古典主义。（姚志康）

■ 兆丰嘉园（二期）住宅楼竣工

12月，位于长宁路888弄的兆丰嘉园（二期）住宅楼竣工，该项目由新长宁集团属下的上海宝宁房地产发展有限公司开发建设。项目由两幢分别为33层和32层的精装修住宅楼构成。项目占地面积1.52万平方米，总建筑面积5.17万平方米。计有两房两厅、三房两厅和四房两厅住房260套。（姚志康）

■ 国美电器在中山商圈开出第二家连锁店

4月24日，国美电器在中山商圈内开出第二家连锁店，新店名为国美联通大厦店（长宁路1033号），与老店国美长宁店隔路相望。新店营业面积为3000平方米，新店以3G产品为主，采用“先体验后购买”的新型营销模式。国美电器新店开业后，其在中山商圈内的营业总面积达到6000平方米。（姚志康）

■ 举办第八届全国中山公园联谊会2010上海年会

6月8日，由全国中山公园联谊会指导、长宁绿化管理署主办、上海中山公园承办的“第八届全国中山公园联谊会2010年会”在长宁区举行。本届年会主题为：发展历史文化名园，发掘本土公园特色。到会会员单位27家。区长李耀新、副区长赵惠琴等领导出席开幕式。年会举行主题报告会，并在中山公园露天音乐广场举行交响音乐会。（姚志康）

■ 凯旋路公交港湾式枢纽站建成使用

6月15日，位于长宁路凯旋路西南侧的凯旋路公交枢纽站建成使用。枢纽站紧邻轨交3号、4号线高架站厅，占地2000平方米，内设96路、73路和776路公交线终点站。该枢纽站的建成使用方便中山公园地区市民在公交与轨交之间的换乘，有效疏散该地区密集的客流。（姚志康）

■ 新一轮“六个便利服务联盟”活动兴起

6月25日，由区委组织部、区社工委和区虹桥办联合主办的“‘六个便利服务联盟’（便利午餐、便利保健、便利出行、便利交友、便利维权、便利融资等）工作推进会”在多媒体广场举行，区委常委、组织部部长周文贤出席会议并讲话。仙霞新村街道、区司法局、区疾控中心、有关企业代表和白领代表作交流发言。区委统战部、区科委、区税务局等机关党支部与红坊国际文化艺术社区、置信集团、晨讯公司等“两新”组织签订《沟通交流便利服务结对协议》。新一轮“六个便利”活动将“法律维权”、“企业融资”等便利服务项目也纳入其中，成为一项全区性的软环境建设工作。（姚志康）

■ “好乐迪”、“小南国”入驻多媒体生活广场

多媒体生活广场四层的金悦大酒店撤出后，多媒体生活广场进行了新的招商，将5700平方米的四层商业面积分割成两部分。其中3000平方米引进知名KTV歌厅“好乐迪”。另外2700平方米面积引进上海著名餐饮企业“小南国大酒店”。两家企业分别于8月、10月开张营业。（姚志康）

■ “春秋”发行“新虹桥一卡通”电子消费卡

10月，由春秋航空全资子公司上海商旅通商务服务有限公司发行，具有储值、支付功能的集商业、旅游、文化消费于一身的“新虹桥一卡通”开通使用。该卡可在带有商银通标识的2000余家特约商户使用，持卡人在长宁区内受理商户使用时享有优惠增值，并可通过网站www.skychina-sss.com缴纳上海市水电煤等公用事业费。（姚志康）

（四）虹桥临空经济园区

■ 概况

2010年，虹桥临空经济园区坚持“商居办”融合发展方针，深入推进园区开发建设，完成4幅土地共计18.33公顷土地源头招商及出让；形成总面积约4.2万平方米的三大配套服务组团，交通网络得以完善，体育设施不断丰富；推动神州数码科技园区改扩建工程、虹桥民营经济城改扩建工程、旭辉虹桥国际广场、建滔商业广场等4个项目共计23.6万平方米开工建设；统一集团总部大楼、文洋科技研发及测试楼、新长宁产业楼、谊盛化工研发大楼等4个项目竣工，共计12.15万平方米。全年完成税收21.8亿元，比上年增长22.3%。截至2010年底，园区共有上海市企业技术中心1家、上海市高新技术企业33家、上海市软件企业28家；园区企业获高新技术成果转化项目67项，申报国家专利600余项；有关企业30余项科技创新项目先后获得国家、市创新基金资助，有3家企业4次获得市科技进步二、三等奖。（马骏骥）

■ 完成四幅土地出让

8月13日，虹桥临空经济园区10-1号和10-15号地块完成出让。10-1号地块占地2.47万平方米，由香港建滔化工集团以4.76亿元价格拍得；10-15号地块占地21.54万平方米，由SOHO中国以15.62亿元拍得。10月14日，9-1A号地块通过招标形式完成出让，由华东送变电工程公司以3亿元价格竞得，该地块占地2.13万平方米；12月13日，8-1号地块通过招标形式完成出让，由上海融真资产管理有限公司以7.28亿元价格竞得，该地块占地5.12万平方米。（马骏骥）

■ 建滔商业广场奠基

11月25日，建滔商业广场在虹桥临空经济园区举行奠基典礼，区委书记卞百平、副区长赵惠琴及香港商界、金融界和文化艺术界共200余人参加典礼。建滔商业广场位于临空经济园区13号地块，项目占地面积约4.9万平方米，总建筑面积约30万平方米。项目将引入4万平方米时尚名品城和3万平方米公寓式酒店。该项目由香港建滔化工集团开发建设，该集团是全球最大的高端覆铜面板生产商。（马骏骥）

■ 举行“虹桥SOHO”设计方案新闻发布会

11月11日，SOHO中国在上海外滩3号举行“虹桥SOHO”设计方案新闻发布会。“虹桥SOHO”方案由英国扎哈·哈迪德事务所设计，项目位于虹桥临空经济园区15#地块，近北翟路协和路，总建筑面积约30万平方米，未来将建成集办公、娱乐、文化、生活于一体的新型城市综合体，并将配置一座约5000平方米的IMAX影院。（马骏骥）

11月11日，SOHO中国举行“虹桥SOHO”设计方案新闻发布会（临空经济园区供稿）

■ **举行神州数码广场奠基典礼**

12 月 23 日,神州数码广场奠基典礼在虹桥临空经济园区举行。项目总规划面积 5.1 万平方米,计划 2013 年竣工,建成后将成为神州数码在中国地区的第二个总部大楼。（马骏骥）

■ **统一企业集团大陆总部办公楼落成启用**

7 月 29 日,统一企业集团举行大陆总部办公楼暨社史馆启用典礼。副市长唐登杰、区委书记卞百平、副区长赵惠琴等出席典礼。统一企业集团大陆总部办公楼位于临空经济园区 10 号地块,近协和路临虹路,占地约 1 万平方米,建筑面积约 1.6 万平方米。（马骏骥）

■ **举行科莱恩大中华区总部大楼落成典礼**

10 月 20 日,科莱恩化工（中国）有限公司举行总部落成典礼。区长李耀新、科莱恩全球总裁郭海力博士等参加典礼。科莱恩是全球领先的化工产品公司,总部设在瑞士。科莱恩大中华区总部大楼位于临空经济园区 6 号地块,近协和路临虹路,大楼总共 6 层,总面积约 1 万平方米,将有 400 名管理和研发人员在此办公。（马骏骥）

■ **临空经济园区企业申报专利 198 项**

2010 年,虹桥临空经济园区 28 家企业通过园区知识产权服务平台申报专利 198 项。其中,发明专利 130 项,实用新型专利 43 项,外观专利 5 项,软件著作权 20 项。（马骏骥）

■ **虹桥临空经济园区公共自行车租赁系统启用**

3 月,虹桥临空经济园区公共自行车租赁系统启用,在园区内设立 6 个自行车租赁点,投放自行车 100 余辆。该系统由上海虹桥临空经济园区发展有限公司投资和管理,采用智能化停车器系统实现对车辆借出和停放的自动化管理,具有高效、安全、科学等特点。（马骏骥）

■ **"临空 1 路"公交车开通运营**

7 月 1 日,"临空 1 路"公交车正式开通运营。"临空 1 路"公交车全程约 6.95 公里,全线配置运营车辆 3 辆,运营时间为 7:30—20:30（双休日、国定假日除外）,共设立站点 14 个,可基本覆盖虹桥临空经济园区所有地块,并与地铁 2 号线对接换乘。（马骏骥）

■ **公交 846 路、安虹线、876 路 3 条公交线路进驻园区**

8—9 月,公交 846 路、安虹线、876 路先后进驻虹桥临空经济园区,将终点站设置于 20 号地块的淞虹路交通枢纽（福泉路金钟路）。846 路原线路为普陀区管弄新村至新泾七村,安虹线原线路为嘉定区安亭老街至新渔路淞虹路,876 路原线路为凉城新村至云岭西路。3 条线路延伸至园区内,方便园区人员出行。（马骏骥）

■ **虹桥临空经济园区举行首届网球大师赛**

10 月 18 日,由虹桥临空经济园区主办的首届"SOHO"中国杯网球大师赛开幕,共有 10 家企业单位、16 支代表队参赛。经过近半个月角逐,新长宁二队获得冠军,新长宁一队和区规土局队分获亚、季军。（马骏骥）

■ **虹桥临空经济园区弘基休闲广场开业**

12 月 24 日,位于虹桥临空经济园区的"虹桥临空弘基休闲广场"开业。广场由上海虹桥临空经济园区发展有限公司投资和管理,总面积 5800 平方米,由 2 幢两层独立建筑和 1 幢两层"L"型建筑组成,配有 10 片标准羽毛球场,并设有近 4000 平方米的集中餐饮区,已有临空壹号、盖交云集、莉莲蛋挞、震川阁奥灶面等店家入驻。（马骏骥）

■ **携程旅行网入选福布斯 2010 亚洲中小型企业 200 强**

2010 年,虹桥临空经济园区区内企业携程旅行网入选《福布斯》杂志 2010 亚洲中小型企业 200 强,是国内唯一一家入选的在线旅行服务公司。（马骏骥）

■ **虹桥临空经济园区物业管理有限公司 47 名保安进入世博会服务**

4 月,经过层层筛选,虹桥临空经济园区物业管理有限公司 47 名保安人员被上海世博局选入世博园阿联酋馆执行安保服务工作,成为长宁区唯一入选受邀进入世博园服务的专业物业公司。（马骏骥）

■ **虹桥临空经济园区接待世博参观者 1000 余人次**

2010 年,虹桥临空经济园区共完成世博会接待 43 次,接待国内外参观者 1000 余人次。（马骏骥）

（栏目编辑 徐德生）

科学知识

电子设备或干扰飞机仪器 极可能导致坠机事故

安全专家怀疑电子干扰与某些航空事故有关，虽然该推测很难得到证明。由于不确定性，航空公司陷入两难境地，他们要在满足乘客使用电子设备需求的同时确保飞行安全。

专家表示市场上的便携式电子设备越来越多，而乘客对电子设备可能对客机仪器构成潜在威胁却漠不关心。乘坐飞机时很多乘客会携带各种电子设备，如笔记本和阅读器。在起飞前他们可能忘记关闭这些设备。绝大多数私人设备在传输信号时都会发出电磁波，从理论上说这些电磁波会对飞机的电子仪器产生干扰。此外旧型号飞机可能并未获得理想的保护免遭干扰。

电子工程师和航空安全调查员道格·休斯表示："无线装置和便携式电子设备技术进步突飞猛进，但飞机技术的进步却需要20年。"电子设备虽然会干扰飞机仪器，但不能简单地认为乘客将电子设备带上飞机便会威胁飞行安全。波音工程师大卫·卡尔森表示："这是一件令人头疼的问题，电子设备并不会在所有情况下带来威胁，这是一个好消息。坏消息是一些人认为电子设备永远不会构成威胁。"

私人设备技术快速进步的同时，飞机的电子仪器却逐渐老化

对于乘客无视禁用电子设备规定的普遍程度，最近并未进行任何调查，7年前，当时卡内基梅隆大学博士生比尔·施特劳斯曾对飞行途中手机发出的信号进行监测，结果发现信号非常频繁。施特劳斯表示飞机的老化及电子设备的进步或老化是不可测因素，从没有得到乘客的重视。他说："飞机在设计上符合特定规格，但没有人审视一下飞机设计是否有足够的抗干扰能力。"此外手机遗忘在飞机上或者滥用及电池输出功率超出预计也是一个影响因素。由于密封垫圈失灵，航空电子设备更易受干扰影响。施特劳斯说："电子设备的干扰将引发'完美风暴'导致飞行事故。"

安全专家怀疑电子干扰与某些航空事故有关，虽然该推测很难得到证明。2003年一架航班在新西兰克赖斯特彻奇失事，手机干扰被视为导致悲剧的一个可能因素。当时这架航班坠毁，共造成8人死亡。据调查在飞机失事前3分钟，飞行员曾用手机给家里打电话。新西兰交通事故调查委员会在最终调查报告中指出："飞行员的手机可能向导航设备发出错误指示。"

很多乘客并不认为自己的设备会对飞机造成影响

自2000年以来，美国飞行员至少向美国宇航局掌管的航空安全自愿报告系统递交了10份报告。2007年一名飞行员报告称自己驾驶的波音737客机的导航设备在起飞后失灵。在乘务员要求一名乘客关闭便携式GPS设备后，导航设备随即恢复正常。此外飞行高度也是一个因素，当时所在高度易受电磁干扰。

美国联邦航空管理局禁止乘客在1万英尺（约3048米）以下高度使用电子设备，因为飞行高度越低，留给飞行员处理问题的时间越少。是否禁止乘客在更高飞行高度使用电子设备，完全由航空公司自行决定。联邦航空管理局发言人莱斯·多尔说："没有足够证据促使我们做出改变。"

很多航空公司进行实验以决定是否允许乘客在起飞前使用手机，同时确定手机是否对系统产生干扰。美国航空公司让参与者在停靠在几家机场的客机上使用手机。美国航空发言人蒂姆·史密斯表示："并未发现任何型号的飞机仪器受到干扰。"与其他绝大多数航空公司一样，美国航空允许乘客在客机起飞前或者降落后在舱门处使用手机。随着相关设备数量不断增多，乘客对航空公司越发信任，得以在满足乘客需求和确保安全之间实现一种平衡。

十六、工业

GONG YE

CHANGNINGNIANJIAN

2011

（一）综述

2010年，长宁区工业经济稳步发展，全区实现工业总产值86.04亿元，比上年增长12.1%；工业销售产值83亿元，比上年增长25.7%。工业出口保持良好增势，出口交货值比上年增长39.4%。全区工业销售收入和利润均实现两位数增长。全区非公经济工业销售产值占销售总量的74.8%，比上年提高8个百分点。工业产品销售率达到104.3%，比上年上升7.4个百分点。都市工业实现税收7.52亿，比上年增长30.2%，占全区税收的4.7%。电气机械及器材制造业、交通运输设备制造业、医药制造业、食品制造业、黑色金属冶炼及压延加工业、通信设备计算机及其他电子设备、纺织服装鞋帽制造业等7个行业实现销售产值66.6亿元，占全区工业销售产值的80.3%；其中，电气机械及器材制造业占19.2%。全区高新技术销售产值占27.1%。创意园区建设取得一定成效，时尚园、新十钢·红坊被评为上海市首批示范创意产业集聚区。

是年，区国资委隶属的上海万宏工业投资（集团）有限公司主营业务收入考核指标为25300万元，实际完成主营业务收入28323.4万元，比上年26264.6万元增长7.6%，为年度考核指标25300万元的112.0%。上海服装（集团）有限公司加大对接长宁发展力度，积极融入区域经济，全面完成2010年度各项经济指标，当年主营业务收入2.21亿元，创历史最好水平，再次获中国人民银行上海总部“2010年度上海市千户企业景气调查评比一等奖”。 （张亦易 常 念）

（二）工业管理

■ 概况

2010年，区商务委指导区内企业做好节能减排工作，完成节能空调核查工作；完成市里下达的45万只节能照明产品推广任务；指导促进中小企业发展，制定出台《长宁区推进中小企业改制上市扶持办法》等扶持政策，鼓励和支持区中小企业进入资本市场，推动区中小企业健康、持续和创新发展；加强行业管理，世博期间加强剧毒化学品使用管理工作，严格控制加油站成品油灌装零售工作。

（张亦易）

■ 做好节能减排工作

2010年，为确保世博期间区域保持良好环境，区累计投入节能减排工作资金1940.1万元，对锅炉实施停炉和达标改造，将年排放量控制在100吨以内。区商务委梳理2009年区重点企业能耗情况，分析能耗变动原因，做好能耗情况分析、预测等工作。完成节能空调核查工作，对全区范围内享受中央空调财政补贴政策的422家用户是否足额享受国家财政补贴等有关情况进行核查，按时间节点完成该项工作。启动重点企业电平衡工作，落实资金保障。开展2010年度高效照明产品推广工作，向居民推广节能灯45万只。 （张亦易）

■ 做好中小企业服务工作

区商务委制定出台《关于实施长宁区推进中小企业改制上市培育工作的意见》、《长宁区推进中小企业改制上市扶持办法》，探索区中小企业发展服务新机制，营造良好投资氛围，拟定区中小企业服务机构组建计划，制定中小企业上市培育方案，促进区中小企业发展和壮大。加强政府、企业联动，组织企业参与“品牌企业”、“品牌产品”推荐活动，共上报3家企业的4个项目参与“品牌产品”推荐评选活动，完成2007—2009年上报的5个项目的复审工作。（张亦易）

■ 加强剧毒化学品使用管理工作

区商务委对区血液中心、疾控中心等8家使用剧毒化学品的单位进行调查和梳理，建立联系机制，要求各使用单位在世博期间每周按规定时间向区商务委上报剧毒化学品使用情况，并向市经信委转报。

（张亦易）

■ 严格控制加油站成品油灌装零售工作

区商务委下发区《关于加强柴油、煤油灌装零售工作的通知》，建立购买灌装柴油、煤油由街道（镇）初审、商务委复审的工作机制；与各加油站签订承诺书，要求各加油站严格控制世博期间灌装零售工作，确保世博期间煤、柴油灌装零售工作安全、有序开展。 （张亦易）

（三）行业、产品和技术创新

■ 概况

2010年，区商务委举办首届中国时尚产业论坛，通过中国时尚同盟时尚发布，进一步扩大影响，促进服装服饰业发展；引导区中小企业申报国家和市扶持政策，指导和帮助工业企业建立技术创新机制，推动技术进步和高新技术产业化、工业信息化。（张亦易）

区商务委与市经信委、东华大学推进“环东华时尚创意产业集聚区”签约（区商务委供稿）

■ 首届中国时尚产业论坛在长宁区举行

10月18日下午，由中国时尚同盟与长宁区人民政府联合主办的首届中国时尚产业论坛在长宁区举办。中国纺织工业协会副秘书长夏令敏，中国流行色协会常务副会长兼中国时尚同盟组委会副主任梁勇，市经济和信息化委员会副主任邵志清，区委常委、副区长杲云出席论坛并致词。作为中国时尚同盟和长宁区人民政府的战略合作内容之一，这场主题为中国时尚产业未来之路的论坛吸引海内外数百位时尚界知名人士参与。国际流行色委员会主席欧娜拉比歌娜尼、路威酩轩LVMH集团中国区总监吴越等时尚界知名人士以专业视角、独到见解，阐述了意大利时尚产业之成功模式、中国时尚演变等主题。论坛嘉宾还就如何实现由以往的制造优势向设计优势提升、上海如何建设时尚之都等进行了对话。（张亦易）

■ 中国时尚同盟时尚发布在长宁区开幕

10月18日，由中国时尚产业论坛、中国时尚同盟先锋设计发布等系列活动构成的中国时尚同盟时尚发布在长宁区世贸商城拉开帷幕。此次发布活动是中国时尚同盟与长宁区人民政府达成的战略合作成果，双方在中国纺织工业协会和市经济和信息化委员会的指导下，结合上海时尚之都建设规划，将中国时尚同盟时尚发布打造成中国时尚领域的代表性活动，切实推进中国时尚的提升。（张亦易）

■ 推进企业技术进步和科技创新

区商务委编制区工业投资三年滚动计划，其中，计划项目37个，涉及新能源汽车、生物医药、软件和信息服务等重点行业，投资总额达21.3亿元；经对三年滚动计划进一步筛选，向市经信委上报2010年储备项目7个，投资额共计1.83亿元。组织企业做好国家重点技改项目、国家中小企业项目申报工作，有12家企业获得国家和上海市企业技术创新扶持项目，其中：国家中小企业专项1家，上海地方技改1家，高新技术产业化3家，国家技改1家，上海市中小企业专项4家，总集成总承包2家。（张亦易）

■ 13家企业获品牌企业、品牌产品和品牌服务称号

2010年，上海服装（集团）有限公司、上海泰禾（集团）有限公司、上海智联易才人力资源顾问有限公司获品牌企业称号；长宁橡胶厂、上海服装（集团）有限公司、上海高罗输送装备有限公司、上海泰禾（集团）有限公司获品牌产品称号；上海古北物业管理有限公司、上海国际展览中心有限公司、上海跨国采购中心有限公司、上海易果电子商务有限公司、上海银联电子支付服务有限公司、上海智联易才人力资源顾问有限公司获品牌服务称号。（张亦易）

■ 区高新技术企业持续新增

2010年，长宁区新增市级高新技术企业15家；认定高新技术成果转化项目10项；新认定技术合同455项，金额15.5亿元；专利申请达1805件；1家企业被认定为上海市科技小巨人企业，7家企业被认定为上海市小巨人培育企业，11家企业被认定为区级科技小巨人企业。区新能源、输送装备、设备故障检测、环境监测仪器、工程橡胶、新能源动力电池行业的多家工业小企业至今仍然保有国内和国际领先的专利技术，如上海瑞华（集团）有限公司的纯电动汽车动力系统总成，属于国际领先并拥有21项专利。（张亦易）

（四）创意产业园区

概况

2010年，区商务委加强创意园区的规范运作管理，推进华阳创业创意天地等重点项目建设，对创意园区进行"调整、转型、提升"。至年底形成以服装设计为主要特色的上海时尚园、以信息多媒体为主要特色的慧谷白猫软件园、易园等；以文化艺术为主要特色的新十钢·红坊、映巷创意工场、原弓艺术创库等；以广告设计为主要特色的周家桥、法华525创意产业园等。园区的配套设施趋于完善，具有良好的企业经营环境，较高的产业集聚度。（张亦易）

优化调整创意园区和都市工业园

区商务委对区33个创意园、都市工业园进行梳理和分类，其中重点扶持5个；业态调整、提升功能11个；转型12个；保留历史建筑物、进行市政动迁等5个。推进环东华时尚创意产业集聚区项目，确定从东华大学周边着手实质性启动。推进华阳创业创意天地项目业态调整。（张亦易）

区时尚园等企业获市首批示范创意产业集聚区

在市经信委公布的上海市首批示范创意产业集聚区的评选结果中，全市共计15家创意产业集聚区入选，区时尚园、新十钢·红坊榜上有名，占总数的13.3%。上海时尚园位于长宁区天山路1718号，占地面积7000平方米，建筑面积1.2万平方米，聚集国内服装业、时尚界具有一定的知名度和影响力的3家专业行业机构和21家品牌企业，园内服装产业集聚度达到80%左右，从业人员500余人，税收逐年提高。新十钢·红坊创意产业集聚区位于淮海西路570号，占地面积约5.3万平方米，总建筑面积约5.2万平方米，室外公共展示空间约占1.0万平方米。这里汇集上海城市雕塑艺术中心、民生现代美术馆等众多文化艺术元素，吸引80多家有影响力的国内外创意企业入驻，其中70%为外资文化企业。2010年度，集聚区及入驻企业总营业收入达到5.1亿元。新十钢·红坊创意产业集聚区已成为国内外具有影响力的工业遗产再利用示范园区和文化产业示范区。（张亦易）

（五）上海万宏工业投资（集团）有限公司

概况

上海万宏工业投资（集团）有限公司（以下简称万宏集团）隶属上海市长宁区国有资产管理委员会，是一家以先进制造业为主的都市型工业集团，总资产13.2亿元，年工业产值6亿元。主体产品涉及矿用输送装备、隧道工程防水橡胶、大型工程橡胶、机械电器、电子仪器工程、印刷包装、服装服饰诸多行业，以及新能源动力、LED灯源、轨道交通装备等新兴产业。万宏集团地处上海西区门户，产业分布在市多个区域，是上海都市型工业经济的典型代表。

2010年，万宏集团下属企业中有上海市高新技术企业4家、知识产权示范企业一家、知识密集型技术密集型企业2家；拥有产品专利技术300余项；多次参与国家863计划等重大项目。是年，万宏集团下属企业分别通过ISO9001质量管理体系、ISO14000环境管理体系和ISO/TS6949技术标准等认证。按国资委98户企业财务预算口径，2010年，万宏集团主营业务收入考核指标为25300.0万元，年内累计完成主营业收入28323.4万元，比上年增长7.8%，增长额为2058.8万元。完成考核指标25300万元的112.0%。（邹一平）

表16-1　**2010年万宏集团公司主要经济指标完成情况表**　单位：万元

序号	名　称	2010年	2009年	增减率%	年计划目标	完成率%
1	主营业务收入	28323.4	26264.6	7.8	25300.0	112.0
	其中：工业主营业务收入	23738.8	22932.1	3.5	—	—
2	净利润（合并报表）	717.2	621.0	15.5	700.0	102.4
	其中：（国资）净利润	141.3	390.2	-63.8	—	—
	（集资）净利润	575.9	230.8	149.5	—	—
3	净资产收益率（%）	2.8	2.7	3.7	2.7	103.7
4	国资保值增值率（%）	100.39	103.95	-3.4	100.05	780.0

说明：资料由上海万宏工业投资（集团）有限公司办公室提供。

■ 企业技术改造凸显规模发展效应

2010年,万宏集团企业实现较大规模的技术改造。其中,橡胶基地进行新一轮技术改造,在半年内一举突破自炼成品胶新工艺,实现由原材料到成品全部实现自动化生产流程,降低了材料和人工成本,增加了利润空间,标志着企业技术能力达到新水平。高罗公司年内增加2台大吨位冲床设备,提高劳动生产率,增加了高强度、大规模产品系列。印刷基地在2010年添置两套多功能全自动印刷制袋机,提高了产能和产品质量,降低了纸张损耗和劳动力成本;同时,成功采用"电离子烧灼工艺",节约设备款50万元,提高原有产品的粘结强度,受到国内外客户赞誉。 (邹一平)

■ 新产品项目完成情况实现突破

2010年,万宏集团新产品项目年初计划73项,年内完成73项,完成计划数100%,比上年65项增长12.3%;实现当年销售产值5011.3万元,完成年度计划4600万元的108.9%,比上年4760.3万元增长5.3%。 (邹一平)

表16-2 **2010年万宏集团各企业新产品项目完成情况表**

序号	企业名称		2010年项目计划数	2010年完成数	2010年销售产值万元	2009年销售产值万元	同比±%
1	华阳检测		3	3	30	0	—
2	高罗	高罗公司	15	15	618	536.3	15.2
3	高罗	长江约顿	3	4	247	0	—
4	橡胶基地	长宁橡胶	3	3	1010.5	990	2.1
5	橡胶基地	大裕橡胶	2	3	315	231	36.4
6	橡胶基地	大明橡胶	2	3	463	434.5	6.6
7	橡胶基地	科艺仪器	3	2	69	105.6	-47.9
8	达吉斯		10	10	1160	1068	8.6
9	万宏印刷		7	7	105.5	—	—
10	小机电联合体	浦江电机	3	3	0	0	—
11	小机电联合体	长泰实业	1	1	0	8.5	—
12	小机电联合体	自力阀	1	1	5.3	0	—
13	万宏动力		4	4	111.0	16.5	573
14	人造毛皮		4	4	210	64.9	224
15	纪本公司		1	1	160	85	88.2
16	英华纺织		10	8	500	220	127
17	达华五金		1	1	7	0	—
合 计			73	73	5011.3	4760.3	5.3

说明:资料由上海万宏工业投资(集团)有限公司办公室提供。

■ 申报成功科技项目17项

2010年,万宏集团6家企业共完成22项科技项目申报工作,完成年度计划8项的275%,比上年13项增加9项,年内申报成功17项。高罗公司和长宁橡胶厂成功获"上海市科技小巨人培育企业"称号,获扶持资金共340万元;长宁橡胶厂和华阳检测公司获国家创新基金和上海市种子基金资助资金共160万元;长宁橡胶厂的技改项目和万宏动力的纳米项目(与纳米中心、微系统所共同申报)分别获150万元资助。是年,万宏集团科技项目合计获831.6万元扶持资金,比上年671万元大幅提升。 (邹一平)

（六）上海服装（集团）有限公司

概况

上海服装（集团）有限公司（以下简称上服集团）是经上海市人民政府批准、按现代企业制度规范设立的有限责任公司，以设计生产各类服装、服饰产品及进出口贸易为核心业务。2010年，上服集团年产服装761.69万件（套）、工艺帽33.23万顶、服装机械13866台。上服集团在岗职工3323人，其中专业技术人员466人，占全部在岗职工14.02%。

是年，上服集团在市、区的产业政策导向下，加大对接长宁发展的力度，积极融入区域经济，努力推动科技化、时尚化、品牌化进程。实现由调整向发展的历史性转变，伴随着长宁快速发展的步伐，初步实现三年滚动发展。2010年，上服集团全面完成各项经济指标，主营业务收入2.21亿元，创历史最好水平。上服集团以较好的发展态势，再次获中国人民银行上海总部2010年度上海市千户企业景气调查评比一等奖。（王子云）

上服集团位列全国服装出口企业第50名

2010年，上服集团拥有国有、集体企业65家，其中：国有及国有控股企业41家、集体及集体控股企业17家、参股企业7家。另外，有中外（沪港）合资企业14家。集团下属企业分布于上海市13个区县和江浙等地，主要制造各类服装和领带、工艺帽等服饰，以及服装机械。在中国服装出口企业排名中，位列第50名。截至2010年，集团下属企业有13家通过ISO 9000 :2001质量管理体系认证、OHSAS :18001职业健康安全管理体系及GJB 9001A-2001军用标准认证。（王子云）

表16-3　**2010年上服集团主要经济指标完成情况表**

固定资产原值 万元	总产值 万元	销售总额 万元	净利润 万元	净资产收益率	国资保值增值率	年利税 万元	自营出口创汇 万美元
64123	41125.3	220772	2277	8.65%	105.01%	8931	19957

说明：数据由上海服装（集团）有限公司提供。

主要品牌与产品连续多年获国家免验和市名牌产品

2010年，上服集团主要品牌有大地休闲男装、天嘉爱（T & A）职业女装、双羽高级羽绒制品、圣人梦西服、蝶矢衬衫、敦煌领带、凯固服装机械等。其中，双羽羽绒服获得国家免验产品荣誉；集团研制的某军工产品与“APEC唐装设计制作技术及产品开发”，荣获中国纺织工业协会科学进步二等奖；“阻燃隔热、防水透气材料的深度研发与应用（消防员灭火防护服用）”被上海市人民政府授予上海市科学技术二等奖；双羽牌羽绒服、大地牌风衣夹克连续16年获市名牌产品称号；“天嘉爱”和集团分别蝉联上海市中小企业“品牌产品”、“品牌企业”三连冠。（王子云）

集团辅助产业发展态势强劲

2010年，上服集团辅业发展态势强劲，涉及房地产业、咨询业、汽车出租业、住宿业、对外劳务、商业、服装设计、模特经纪等现代服务业。上服集团房地产业先后建成的商品房有：位于徐汇区的圣骊家园、长宁区的圣骊大厦、普陀区的圣骊澳门苑、杨浦区的圣骊河滨苑，总竣工面积39.29万平方米。上服集团住宿业有经济型宾馆9家，客房总数近2000套，其中有5家是“上服假日”品牌连锁店，由上服集团实业有限公司管辖。此外，上海司麦脱实业有限公司管辖的司麦脱宾馆，上海服装集团置业有限公司管辖的置业大旅社、永嘉商务宾馆、上服之星旅馆，均为集团经济型旅店。至2010年，上服集团对外劳务中介业共输出劳务人员累计4423人，成为上海市从事境外劳务工作重点单位之一，并获国家经贸部劳务工作优胜单位、上海市外经工作先进单位称号。是年，位于长宁区茅台路567号一至三楼的上服商厦，几经扩建，建筑面积达5148平方米。主要经营上服集团所属品牌服装、饰品、外贸产品，并代理国外品牌。（王子云）

建成7个经济园区

截至2010年，上服集团共建成7个经济园区。分别是位于中山西路1291号的虹桥都市工业大厦、位于虹口区丰镇路806号的大地都市型工业园区、位于虹口区丰镇路788号的虹口商委经济园区、位于长宁区虹桥路996弄164号的圣骊虹桥创意园区、位于闸北区中山北路470号的中山北路创意园区等。（王子云）

■ 开发自主创新品牌

2010年，上服集团联合服饰公司外发加工量达到业务总量的85%，为进一步扩大利润空间，该公司从企业自身发展需要出发，决定策划集团自主品牌"T&A（中文：天嘉爱）"，开发职业女装，实施"以设计领先"的品牌战略。2010年8月，成功举行"2010年秋冬T&A品牌女装筹划发布会"；9月份，以"品牌、自然"为主题的T&A新品在集团品牌专卖河南中路店正式亮相，成为上服集团首家自主品牌专卖店。五大系列80多款毛呢、裘皮、针织、羊绒、羽绒等产品，引起消费者关注，经营一个月就实现盈利，三个月实现销售50万元。（王子云）

■ 引进新一代CAD系统

上服集团飞达羽绒总厂继实施生产梯度转移后，2010年加大力度，将一些业务外包到生产基地，经营成本降低10%至12%。总部主要职能是对基地进行管理及技术的可控性指导。该厂借鉴日本管理模式，接单后设定品质控制和交货期的时间目标，做到同样的价格，质量最优、服务最好。为进一步提高技术管理和服务水平，是年8月末，又引进新一代CAD（服装设计排版专用设备）系统，全面完成技术中心CAD技术改造。（王子云）

上服集团下属飞达羽绒服装总厂，全面完成技术中心CAD技术改造（上服集团供稿）

■ 应用专利技术竞标世博园环卫工人夏装

2010年世博会期间，上服集团品牌公司应用一项专利技术，为新型环保服装的竞标胜出助一臂之力，世博园区环卫工人的夏装应用了该项专利技术，实现销售500万元。公司还参与中国石化（上海）公司、上海轮渡公司、上海科技馆等职业服的招投标，在与众多服装行业上市公司竞标中胜出。（王子云）

■ 五洲服装厂自主研发争得军工产品订单

2010年，上服集团五洲服装厂成立由5名职工组成的新产品开发小组，自主研发检测装置等设备，并获得专利权。该厂凭借此专利技术优势争取到军工产品订单，在已经承接8000片网的基础上，又接到1200多片87网的定单，成为业内生产特色产品的盈利企业。（王子云）

■ 集团品牌公司业绩比上年明显提升

2010年，上服集团"上服会展"进入上海最具影响力的场馆，如展览中心、光大、市工人文化宫、龙之梦、东亚展馆等，全年办会13次，面积累计达3.5万平方米，实现销售3400万元，广告投入250万元，会展业成为品牌公司业绩最好的板块。上服集团实业公司客房入住率创历史最好水平，南京东路酒店全年实现营业收入565万元，客房平均单价365元/天，平均客房率99.57%，全年有359天出租率实现100%，达到历史上最好水平，其他酒店各项指标与上年同期相比均有提高。上服集团咨询中介服务取得新业绩，众泉投资管理公司立足长宁，辐射各区，主动出击，拓展区域产权经纪和其他咨询服务业，参与有关重点项目的策划及前期调研，成为长宁区科委指定的为区域科技企业提供中介服务的机构之一。2010年，完成产权交易24宗，其他咨询中介服务6宗，各类佣金收入130万元，利润比上年增加50%。上服集团楼宇改扩建有成效，2010年开工11个项目，当年竣工8个项目。项目总投资4500万元，新增建筑面积14331平方米。（王子云）

（栏目编辑　郑兆永）

十七、建筑业

JIAN ZHU YE

CHANGNINGNIANJIAN

2011

（一）综述

2010年，区建设和交通委员会牢牢把握确保世博会成功举办，确保经济发展方式转变取得新进展，确保民生持续改善，确保社会和谐稳定等“六个确保”的要求，在特殊时期以特殊的精神状态，“一手抓世博，一手抓发展”。加强建设工程及系统内企业的安全生产管理，开展安全生产隐患集中排查整治行动，进行生产安全大检查，对全区的建筑工地开展地毯式防火专项检查，及时整改火灾隐患，确保安全生产处于受控状态。加强建筑市场的管理，规范建筑市场秩序，进行现场用工、施工许可检查；加强企业资质监管，严格按照受理标准办理企业资质。强化建筑市场和招投标管理，深化招投标监管力度，加大对无正规立项、无可行性研究报告、无正规设计单位、无正规施工单位、无工程监理、无工程质量检查验收等“六无”工程的查处力度。完善建设项目矛盾协调工作联席会议制度，积极处理好建筑工地和周边居民矛盾，做好建筑企业工程款和农民工工资的清欠防欠工作，促进建筑业健康发展，推进建设工程和社会稳定协调发展。年内，建筑企业完成施工产值181.42亿元；施工面积1912.8万平方米，比上年增长39.6%；竣工面积381.2万平方米，比上年增长18.1%。建筑企业按施工产值计算的全员劳动生产率达到人均23.7万元。 （常　念）

仙霞西路桥改建 （郑兆永拍摄）

（二）建筑业综合管理

概况

年内，区建交委加强企业资质动态管理，做好建筑企业工程款和农民工工资的清欠防欠工作，落实维护农民工合法权益；继续做好建筑企业税收留区工作；加强对区域内建筑工地文明施工、扬尘控制、建筑节能等专项工作检查；规范建筑市场各参与方的经营行为，强化开标前开工踏勘和施工前施工许可现场踏勘，从源头上制止建设工程不依法建设、不按程序办理手续等行为。 （陈　颖）

规范建设工程市场

年内，区建交委采取措施，规范建设现场用工及现场企业承发包行为，规范招投标及施工许可管理，实行公正度评价，公开招标和邀请招标率均达到100%；开展打非治违专项行动，规范各级施工单位的经营行为，查处无正规立项、无可行性研究报告、无正规设计单位、无正规施工单位、无工程监理、无工程质量检查验收等“六无”工程41项，对44家责任单位实施了行政处罚，共计罚款22.77万元；完成新进农民工安全教育培训153期，培训总人数5033人。 （陈　颖）

强化企业资质监管

年内，严格按照受理标准办理企业资质，进一步细化新办、升级、增项企业受理标准；定期开展企业走访活动，主动提供资质指导，帮助企业提升资质水平；发挥区建筑业协会桥梁作用，开办建造师、建筑三类人员（建筑施工企业主要负责人、项目负责人、专职安全生产管理人员）培训班。全年受理并核准企业增项2家，受理审核相符率100%；同时，完成区属企业注册资金、法人代表变更，项目经理调动等有关工作。 （陈　颖）

加强施工监管

年内，制定世博会期间建筑工地文明施工工作方案和农民工群体性上访事件应急预案，完善建筑工地安全生产事故应急预案；顺利拆除金沙江支路200号违法建筑，协调处理好金虹桥国际中心、尚嘉中心、逸仙第三敬老院、华新苑等项目的矛盾；协调解决拖欠工程款和农民工工资事件40批次，涉及农民工300人，涉及金额300万元。拖欠

工资事件化解率为100%。（陈 颖）

■ 做好建筑节能工作

年内，配合做好低碳示范区申报准备工作，推进既有建筑节能改造4.63万平方米，组织4个项目申报市建筑节能示范项目；推进复旦中学图书馆等9个代建项目的实施。（陈 颖）

（三）建设工程管理

■ 概况

年内，区建交委加强区域安全生产领域监管，以工程建设领域突出问题专项治理工作为抓手，着力解决工程建设领域存在的违法违规问题。注重工程开工前施工许可环节监管，建立新开工程巡查机制，坚决杜绝不履行建设程序的项目进入建设市场。严格合同履约过程监管，严把合同备案关，将竣工结算书纳入竣工备案环节，严把资金到位关，防止新欠工程款。共受理报建项目87项，投资8.2亿元；报监项目140项；发放建设工程施工许可证101份；受理竣工验收备案项目94项，涉及工作量8.48亿元；完成建设工程合同登记备案项目424项，合同总金额28.61亿元。（陈 颖）

■ 开展安全生产管理

年内，认真开展安全生产隐患集中排查整治行动，开展防火安全、安全生产大检查，开展安全生产年和生产月活动。分别于6月、9月组织开展以"安全发展，预防为主"为主题的安全生产月活动和以"抓质量水平提升，促发展方式转变"为主题的质量月活动，确保安全生产处于受控状态。先后组织四次季度讲评会，加强质量安全责任意识教育。制定《防火安全隐患排查治理方案》，组织开展自查自纠与专项检查相结合的治理活动，全面排查工地火灾隐患；分三个检查组对全区的建筑工地开展地毯式防火专项检查，及时整改火灾隐患；与区消防支队、市建设工程质量安全监督总站联合组织开展建筑工地火灾隐患检查，提升工地冬季防火安全管理水平。（陈 颖）

■ 开展工程建设领域突出问题专项治理

年内，对符合条件的139个建设项目组织自查，对104个项目进行抽查。在此次专项治理过程中，共发现问题项目5项，其中串标事件项目2项、未经施工许可项目2项、其他问题项目1项，对这些问题及时责令进行处理和整改。（陈 颖）

■ 加大招投标监管力度

全年，完成招投标管理项目96项，发包价6.9亿元。其中公开招标45项，发包价4.6亿元；邀请招标9项，发包价1.3亿元；直接发包42项，发包价0.98亿元。公开和邀请招标按要求达到100%，全部实行公正度评价；增补工程项目7项、涉及工作量4.78亿元。（陈 颖）

■ 加强工程监督管理

年内，全区在监土建工程（含轨道交通土建）249个，工作量56.54亿元，总计建筑面积198.18万平方米；在监装饰工程（含轨道交通装饰）110个，工作量5.57亿元。新增土建工程（含轨道交通工程）89个，工作量14.48亿元，总计建筑面积44.45万平方米；新增装饰工程（含轨道交通装饰）178个，工作量5.26亿元。竣工土建工程（含轨道交通工程）56个，工作量10.4亿元，总计建筑面积约41.18万平方米；竣工装饰工程123个，工作量10.81亿元。（陈 颖）

（四）建筑施工企业

■ 概况

2010年，区域内共有区管三级资质建筑施工企业141家，在建工地58个。为确保世博期间建设工地现场安全稳定，区招投标办（建管所）组织各在建项目施工企业、建设单位签订《加强管理，平安世博承诺书》，做好现场用工管理、建设工程安全生产及文明施工和企业维稳工作。年内，区招投标办（建管所）共出动检查人数930人次，对每个建筑工地抽巡查频率达每月2次以上；开展专项检查8次，审查建筑工地外来务工人员综合保险完成证明和工程款拖欠支付证明覆盖率100%。每月每季按时向区建委上报有关统计数据及资料，正确及时率100%。共对18家建筑施工企业进行不同类型的行政处罚，共处罚金28.2万元，违法处罚率达到100%。开展建筑施工企业诚信手册网上自检，重点对非注册人员（工程技术人员为主）进行复核、登记，共有132家施工企业列入自检名单，经自检完成并达标的企业97家，未达标施工企业总数35家。通过诚信手册自检，掌握区内建筑施工企业的信息，为企业资质管理工作打下基础。年内，根据市建筑行业改革和整顿要求，区域内的上海金鹿建设（集团）有限公司、上海新长宁集团建筑装饰实业有限公司等一级、二级资质施工企业划归市管。

（韩　燕）

■ 上海金鹿建设（集团）有限公司高质量完成市、区重大工程和实事项目建设

年内，公司积极参与市、区重大工程和实事项目建设，完工和承建的代表性工程有：长宁区“迎世博600天”综合整治工程（总工作量约7.25亿元，标志性项目是长宁路苏州河沿线景观改造工程）、扬子江大酒店补建办公楼工程（总建筑面积7734平方米，钢结构6层，合同总价约3249万元）、好世马陆工程（总建筑面积8.25万平方米，框剪24层、地下1层，合同总价约1.44亿元）、保利叶城二期与三期工程（总建筑面积20.46万平方米，高33层、地下1层，合同总价约3.34亿元）等。由于公司坚持“以标化树形象，以质量求信誉，以管理出效益”的施工指导方针，强化施工质量管理和施工现场标准化管理，实现竣工项目一次验收合格率100%。（汪林根）

■ 上海新长宁集团建筑装饰实业有限公司积极为迎世博作贡献

年内，上海新长宁集团建筑装饰实业有限公司承接的主要工程有：愚园路沿线整容整治工程（江苏路—定西路）、上海银行（祁连支行、奉贤环城东路支行、仙霞支行、顾村支行）装饰工程、虹桥临空经济园区9-1地块配套休闲广场总承包等。在“迎世博600天”行动中，共完成迎世博旧小区综合整治改造工程126万平方米，合格率100%，被评为上海市住宅建设实事立功竞赛先进公司、2010年长宁区迎世博600天“世博贡献奖”先进集体、2010年上海市“迎世博建筑整治先进集体”。由于企业的贡献，公司获2010年长宁区经济发展贡献奖。

（顾冬星）

表17-1　　2010年长宁区建筑施工企业一览表

企业名称	地　址
上海万圣建筑工程有限公司	威宁路280号
上海教苑建筑装璜工程有限公司	茅台路427号
上海市长宁区新泾建筑工程队	仙霞西路777弄49号
上海复陆建筑工程有限公司	可乐路99号
上海新汇坤建筑装饰工程有限公司	古北路373弄9号202室
上海兆丰建筑装璜工程有限公司	长宁路476弄58号
上海莲森建筑装饰有限公司	新渔东路458号
上海创宏建筑工程有限公司	定西路650号8楼
上海山信建筑工程有限公司	茅台路270弄7号
上海伦明建设有限公司	中山西路933号2401室
上海康宇实业有限公司	天山路789号2号楼2104室
上海金鹿城市建设工程合作公司	哈密路396号2楼205室
上海电信实业(集团)有限公司	江苏路500号
上海申都基础工程有限公司	长宁路428号103室
上海凌翌建设工程有限责任公司	法华镇路555号B座12楼
上海长建基础工程有限公司	茅台路868号
上海锦仑市政基础工程有限公司	龙吴路518号
上海振宁环卫废弃物处理有限公司	外环泾力西路佃大18号
上海置信机械施工工程有限公司	绥宁路388号

续表 17-1-1

企业名称	地 址
上海住乐机械施工有限公司	北翟路571弄1号
上海君旭运输发展有限公司	北翟路1245号
上海三久建筑装饰有限公司	双流路15号3号楼511室
上海东湖工程公司	天山路789号2号楼1903室
上海滨晟建筑装饰工程有限公司	张扬路707号银峰大厦1502室
上海博群建筑装修装饰工程部	武夷路555弄4号601室
上海兴宁建筑装饰有限公司	愚园路1280弄23号
上海中澳建筑装饰有限公司	漕溪路251弄4号403室
上海利国建筑装饰工程有限公司	民星路162号甲
上海君和建筑装饰工程有限公司	斜土路2200弄29号1808室
上海高格建筑装潢有限公司	吴中路2165弄38号
上海正华装饰工程合作公司	定西路1241号4楼
上海万士能建筑装饰有限公司	东方路989号28楼M座
上海文诚建筑装饰工程有限公司	西康路1407弄6号202室
上海隆茂建筑装潢有限公司	华阳路92号三楼
上海长达建筑装饰有限公司	法华镇路235号
上海华杰置业有限公司	仙霞路620弄34号1007室
上海澳华装潢工程有限公司	天山路585弄15号
上海翠隆经贸有限公司	延安西路1399号2楼
上海新剑建筑装饰工程有限公司	哈密路1100弄1号底楼
上海仙夏房屋维修有限公司	芙蓉江路100弄3号
上海弘升建筑装饰有限公司	延平路83号2001室
上海鑫丽建筑装饰工程有限公司	定西路1279号1601室
上海奕海新技术合作公司	仙霞路700弄12号2楼
上海建拓建筑装饰工程有限公司	浦东东园四村436号1604室
上海金时建筑装饰有限公司	新华路569弄77号1号楼101室
上海旭生建筑装饰工程有限公司	嘉新公路988号
上海上凯建筑工程有限公司	新华路345号4号楼
上海神鹿建筑装璜工程有限公司	可乐路201弄10号
上海楚翔建筑装饰合作公司	曹阳路540号中联大厦2405室
上海新长宁集团华阳物业有限公司	武夷路321弄3号
上海浦翔建筑装潢有限公司	虹桥路2550号
上海凯隆建筑装潢工程有限公司	曹杨路2251号
上海诺顺建筑装饰工程有限公司	梅岭支路66号4号楼3楼A座303室
上海日浮建筑装饰有限公司	武宁南路318号四楼
上海联丰万豪建筑工程有限公司	银都路388号1号楼2楼
上海瑞谊德安装工程有限公司	白杨路199弄11号402室
上海亿塞装饰设计工程有限公司	复兴中路1号1804室

续表 17-1-2

企业名称	地 址
上海圣博建筑装潢工程有限公司	愚园路699号
上海路远装饰服务有限公司	天山路789号西楼2002室
上海增真道装璜有限公司	芙蓉江路100弄3号
上海捷柯建筑装饰工程有限公司	吴中东路500弄5号101、102室
上海圣地雅歌装潢工程有限公司	仙霞路322号鑫达大厦1701室
上海元昌建筑装饰工程有限公司	茅台路270弄7号201室
上海舒灵建筑装饰有限公司	长顺路103号101室
上海高耸建设工程有限公司	黄兴路1999弄2号楼23D座
上海万贝空间结构实业有限公司	愚园路1293弄4号
上海和众钢结构有限公司	青浦重固开发区新丹路518号
上海沪公报警设备公司	绥宁路889号1号楼底座
上海申宁消防工程技术有限公司	中山西路2368号1504室
上海长信防水工程有限公司	新华路294弄7号
上海立澄建筑防水工程有限公司	打浦路258弄6号802室
上海金属腐蚀与防护技术工程公司	怒江北路449弄8号7号楼4楼
上海三富装饰装璜实业公司	老北翟路4058号5栋
上海云峰建筑装饰工程有限公司	长寿路295弄8号11楼A座
上海长盛塑钢门窗有限公司	吴翟路585弄16幢
上海浦江缆索工程有限公司	中山北路2318号2404室
上海市长宁区人民防空工程公司	长宁路691号
上海鑫电电气设备安装有限公司	绥宁路630号
上海净防建筑安装有限公司	龙吴路410弄79号3楼
上海排水实业有限公司	万航渡路475号
上海风神空调设备工程有限公司	昭化路357号A幢西3楼
上海东洲电力建设工程有限公司	可乐路147号
上海新沪施电力工程有限责任公司	定西路1235弄7号二楼
上海斗文计算机系统集成工程有限公司	中山西路1265弄18号14D座
上海腾天信息技术有限公司	长宁路1027号2106—2107室
上海康盛信息技术有限公司	恒通路360号一天下14楼B04
上海红日智能系统有限公司	长宁路1027号兆丰广场2801室
民航上海华东通信网络发展公司	虹桥路2550号空管局办公楼二楼
民航华东航管设备安装工程处	虹桥路2550号通信导航总站楼
上海华盛技术开发有限公司	西藏北路489号综合楼3楼B座
上海置信电气工程安装有限公司	绥宁路388号
上海创宏建筑劳务有限公司	定西路650号802室
上海世晨建筑工程管理有限公司	可乐路99号
上海金炎建筑工程有限公司	武夷路727弄17号底楼
上海太华建筑工程管理有限公司	中山西路1420弄12号

续表 17-1-3

企业名称	地　址
上海鼎盈建筑工程管理有限公司	东园四村436号1604室
上海新沪施电力工程有限责任公司	定西路1235弄7号二楼
上海华希电器安装科技服务中心	天山五村44号
上海富勤安装装璜工程合作公司	真华路36弄2号602室
上海亿成装饰工程有限公司	兴义路8号1608室
上海民芳设计装潢工程有限公司	延安西路1573弄20号一单元
上海胜前企业发展有限公司	航塘路4999号（A30奉城出口）
上海得伟消防工程有限公司	天山支路168号708室
上海精慧机电设备安装工程有限公司	春申路2329号D座
上海弘标建筑装饰有限公司	定西路1033号
上海巨水克建筑材料有限公司	中山西路669弄3号205室
上海绘通建筑劳务有限公司	东诸安浜路231弄503E室
上海华山信息技术有限公司	长宁路855号12楼B-C座
上海众通建筑装饰工程有限公司	恒丰路610号2号楼2楼
上海长龙市政工程有限公司	武定西路1409号
上海东淮建筑装饰工程有限公司	天山路600弄3号楼13D（思创大厦）
上海富标建筑劳务有限公司	东诸安浜路231号502B室
上海浩建建筑工程有限公司	宛平南路788弄1号8E室
上海长宁房屋维修应急中心有限公司	玉屏南路88号
上海瑞虹混凝土有限公司	泾力西路391号
上海协丰电力工程有限公司	新塘路10号
上海君翰建筑装璜有限公司	延安西路728号1楼
上海鸿氿建筑装潢工程有限公司	长宁路641号3楼
上海悦浩建筑工程有限公司	武夷路772号2室
上海裕宁建筑装饰有限公司	娄山关路764弄9号
上海高雅消防工程有限公司	武宁路600号
上海新晶瑜钢结构建筑装饰有限公司	鲁班路600号江南造船大厦1601室
上海傲今信息科技有限公司	长宁路1027号2708室
上海丰立装饰工程设计有限公司	天山西路1980号
上海振宁建筑装饰有限公司	愚园路749弄15号（甲）
上海长啸建筑劳务有限公司	武夷路179号
上海琪鹿建筑劳务有限公司	仙霞西路501弄10号102室
上海康宁建筑装饰有限公司	法华镇路235号
上海晨瑞建筑装饰工程有限公司	零陵路631号爱乐大厦13FC座
上海飞灵建筑工程管理有限公司	延安西路719号407室
上海万圣建筑劳务有限公司	威宁路278号
上海鑫牛广告装潢有限公司	中山西路669弄1号404室
港法装饰设计工程（上海）有限公司	华山路1336号20楼C室

续表 17-1-4

企业名称	地　址
上海宝骏市政工程有限公司	芙蓉江路276弄1号205室
上海致龙建筑施工有限公司	鲁班路600号江南造船大厦1601室
上海羿富建筑工程服务有限公司	桃林路18号A座1402室
上海常乐消防工程有限公司	天山支路106号
上海十力建筑工程有限公司	鲁班路600号
上海晓宇电力建设工程有限公司	沪太路909弄1号501室
上海科太计算机系统集成有限公司	华山路1076号
上海欧堡建筑装饰有限公司	天山路201号2楼
上海长润信息技术有限公司	长宁路855号11楼
远翔信息技术（上海）有限公司	仙霞路319号3112室
上海志升机电安装有限公司	原平路528弄13号902室
上海莲森建筑劳务服务有限公司	江场二路19号
三机建筑工程（上海）有限公司	娄山关路83号新虹桥中心大厦3204室
上海寄乐建筑施工有限公司	白莲泾毛家宅50号
创真（上海）建筑装潢有限公司	愚园路1258号C幢9层909-912室
上海明宁装饰工程有限公司	中山北路2701弄3号1006室
上海广隆石材工艺厂	可乐路180号
上海快达建筑安装有限公司	南京西路1266号
上海南淮建筑装饰工程有限公司	长宁路1277号9号楼901室
上海伍诚建设工程有限公司	中山西路750号1号楼433-E室
上海龙乐建筑装饰工程有限公司	可乐路201弄188号
上海复旦网络信息工程有限公司	国泰路127号1号楼3楼
美华环境工程（上海）有限公司	遵义路100号虹桥上海城B座2095室
国誉装饰技术（上海）有限公司	淮海中路300号
上海海扬室内装饰有限公司	天山路600弄3号楼8A（思创大厦）
上海亚辰建筑工程有限公司	剑河路592号201室
亚士涂装（上海）有限公司	青浦工业园区新涛路28号
上海申源电子工程技术设备有限公司	延安西路2168号305室
上海鑫枫建筑劳务有限公司	天山西路799号2号楼
上海隆德房屋建设有限公司	天山路600弄2号16B室
上海共联通信信息发展有限公司	兰溪路3号
上海古北电子技术工程有限公司	水城南路51弄6号102室
上海贯申建设工程有限公司	宜山路705号B座704室
上海盛恒建筑装饰工程有限公司	哈密路1799号203室
上海华虹计通智能卡系统有限公司	中山西路1291号
上海谊富司马装璜装饰工程有限公司	可乐路368号乙
上海超寅市政工程有限公司	茅台路455弄18号

说明：资料由区建交委提供。

（五）设计企业

概况

2010年，在长宁区并进行经营活动的建筑设计企业共21家。其中，外资企业3家，中外合资企业1家，国有企业1家，私人企业3家。其余均为股份制企业。

（陈　颖）

表17-2　　2010年长宁区建筑设计企业一览表

企业名称	经济类型	办公地址
柏克德（中国）工程有限公司	外资企业	长宁路1033号联通大厦10-11层
德泊亭（上海）工程设计有限公司	有限责任公司（外国法人独资）	金钟路767弄1号3层
福陆（中国）工程建设有限公司	外资企业	仙霞路319号远东国际广场A栋601室
上海宝钢建筑工程设计研究院	国有企业	长宁区昭化路505号南楼
上海玻机幕墙工程有限公司	有限责任公司	徐虹中路20号2号楼5楼
上海陈董机电设计事务所	合伙企业	石门二路333弄3号19D
上海创盟国际建筑设计有限公司	有限责任公司	
上海大华装饰工程有限公司	有限责任公司（中外合资）	钦州北路1089号52号楼5楼
上海东江建筑勘察设计工程有限公司	有限责任公司（国内合资）	北翟路790号西
上海光华勘测设计院有限公司	有限责任公司	茅台路868号
上海浩德科技股份有限公司	股份有限公司	延安西路728号7楼G-J座
上海浩思建筑设计事务所	其它企业	余姚路339号2楼
上海三益建筑设计有限公司	有限责任公司（法人独资）	愚园路1107号2号楼
上海盛捷土木工程结构设计事务所	私营企业	宜山路508号15楼
上海市建工设计研究员有限公司	有限责任公司（法人独资）	武夷路150号1号楼
上海腾达科技有限公司	有限责任公司	长宁路1027号29楼
上海万贝空间结构实业有限公司	有限责任公司	愚园路1293弄4号
上海意格环境设计有限公司	有限责任公司	天山西路789号239室
上海中电电子系统工程有限公司	有限责任公司	延安西路728号华敏世纪广场15层F10室
上海中福建筑设计院有限公司	有限责任公司	中山西路1279弄6号
上海欧坊装饰设计有限公司	有限责任公司	天山路641号1号楼402室

说明：资料由区建交委提供。

上海光华勘测设计院积极为长宁城市建设服务

年内，上海光华勘测设计院发挥企业自身优势，积极为长宁区城市建设服务，先后承揽长宁区有关单位3个工程项目的设计工作，均获得业主的好评。

（陈　颖）

表17-3　　2010年上海光华勘测设计院为长宁区设计项目情况表

工程名称	工程性质	工程地址	建设单位	建筑面积（平方米）
上海城三期综合楼	土建	遵义路100号	上海华天房地产发展有限公司	57000
北新泾泵闸管理房改扩建工程	土建	哈密路375号	上海市长宁区河道管理所	905.4
金钟路390号装修改造工程	装饰	金钟路390号	北新泾街道办事处	1480

说明：资料由区建交委提供。

■ **上海欧坊装饰设计有限公司积极参与长宁教育卫生场所设计施工**

上海欧坊装饰设计有限公司是以家庭装潢设计为主要特色的企业，有较强的技术力量，拥有国家注册设计师和建造师30多人。年内，欧坊公司发挥技术优势，在长宁区共承接7个设计装修项目，其中6个为学校、医院等教育、卫生场所工程。

（陈 颖）

表 17-4　　**2010年上海欧坊装饰设计有限公司承接长宁区项目情况表**

工程名称	工程性质	工程地址	建设单位	建筑面积（平方米）
长宁区中心医院病房大楼5个病区设计装修工程	设计、装修	仙霞路1111号	长宁区中心医院	6200
宽带中心网管中心设计装饰工程	设计、装修	虹古路150号	上海未来宽带技术及应用工程研究中心有限公司	520
仙霞高级中学装修工程	设计、装修	水城路450弄	仙霞高级中学	9600
延安高级中学多功能厅改造工程	设计、装修	茅台路1111号	延安高级中学	550
北四幼儿园大修工程	设计、装修	新渔路280弄5号	长宁区教育局基建站	1800
泸定中学暑期修缮工程	设计、装修	中山西路911弄1号	长宁区教育局基建站	2300
新泾中学暑期修缮工程	设计、装修	淞虹路475号	长宁区教育局基建站	660

说明：资料由区建交委提供。

（栏目编辑　徐德生）

司法解读

《中华人民共和国保守国家秘密法》解读

1988年9月5日第七届全国人民代表大会常务委员会第三次会议通过，2010年4月29日第十一届全国人民代表大会常务委员会第十四次会议修订，自2010年10月1日起施行。

一、什么是国家秘密

国家秘密是关系国家安全和利益，依照法定程序确定，在一定时间内只限一定范围的人员知悉的事项。

二、哪些属于国家秘密

下列涉及国家安全和利益的事项，泄露后可能损害国家在政治、经济、国防、外交等领域的安全和利益的，应当确定为国家秘密：（一）国家事务重大决策中的秘密事项；（二）国防建设和武装力量活动中的秘密事项；（三）外交和外事活动中的秘密事项以及对外承担保密义务的秘密事项；（四）国民经济和社会发展中的秘密事项；（五）科学技术中的秘密事项；（六）维护国家安全活动和追查刑事犯罪中的秘密事项；（七）经国家保密行政管理部门确定的其他秘密事项。政党的秘密事项中符合前款规定的，属于国家秘密。

三、国家秘密分哪几个密级

国家秘密的密级分为绝密、机密、秘密三级。

绝密级国家秘密是最重要的国家秘密，泄露会使国家安全和利益遭受特别严重的损害；机密级国家秘密是重要的国家秘密，泄露会使国家安全和利益遭受严重的损害；秘密级国家秘密是一般的国家秘密，泄露会使国家安全和利益遭受损害。

四、国家秘密的保密期限是多长

国家秘密的保密期限，应当根据事项的性质和特点，按照维护国家安全和利益的需要，限定在必要的期限内；不能确定期限的，应当确定解密的条件。

国家秘密的保密期限，除另有规定外，绝密级不超过三十年，机密级不超过二十年，秘密级不超过十年。

机关、单位应当根据工作需要，确定具体的保密期限、解密时间或者解密条件。

机关、单位对在决定和处理有关事项工作过程中确定需要保密的事项，根据工作需要决定公开的，正式公布时即视为解密。

五、哪些人具有保守国家秘密的义务

国家秘密受法律保护。一切国家机关、武装力量、政党、社会团体、企业事业单位和公民都有保守国家秘密的义务。

任何危害国家秘密安全的行为，都必须受到法律追究。

六、公共传媒在保守国家秘密中应该做些什么

报刊、图书、音像制品、电子出版物的编辑、出版、印制、发行，广播节目、电视节目、电影的制作和播放，互联网、移动通信网等公共信息网络及其他传媒的信息编辑、发布，应当遵守有关保密规定。

互联网及其他公共信息网络运营商、服务商应当配合公安机关、国家安全机关、检察机关对泄密案件进行调查；发现利用互联网及其他公共信息网络发布的信息涉及泄露国家秘密的，应当立即停止传输，保存有关记录，向公安机关、国家安全机关或者保密行政管理部门报告；应当根据公安机关、国家安全机关或者保密行政管理部门的要求，删除涉及泄露国家秘密的信息。

《上海市城乡规划条例》解读

2010年11月11日经上海市第十三届人大常委会第22次会议通过，自2011年1月1日起施行。

（一）关于本市规划体系

《条例》取消了本市规划体系中原有的产业园区规划层次，也不再设置按行政建制编制的乡镇规划层次。

（二）关于城乡规划的编制和审批权限

《条例》规定，除城市总体规划和村庄规划的组织编制和审批权限完全依照《城乡规划法》规定外，其余规划均由市政府审批。

（三）关于强化人大审议的必经程序

本市城市总体规划应当提请市人大常委会审议；郊区区县总体规划，新城、新市镇总体规划应当提请区县人大常委会审议。

（四）关于城市设计

《条例》规定，重要地区的城市设计由规划行政管理部门组织编制，并纳入控制性详细规划。

（五）关于专项规划的编制和审批

《条例》明确，涉及城市空间布局的基础设施和公共服务设施等专项规划，由有关专业管理部门会同市规划行政管理部门组织编制。

（六）关于市区两级的规划许可分工

《条例》进一步将海岸、长江口等区域内的建设项目下放到区县审批，市规划行政管理部门只保留重点地区、跨区域和特殊项目的审批。

（七）关于规划许可的规范

规划许可的审批条件为控制性详细规划、村庄规划及相关规划管理技术规定。

（八）关于严格规范城乡规划的修改程序

《条例》规定了实施情况评估制度，修改前的报告审批制度，修改必要性论证制度。

（九）关于公众参与制度

《条例》对公众参与方式、公示时间、意见反馈等作具体规定。

（十）关于改变建筑物使用性质

《条例》明确建筑物的使用性质应当与建设工程规划许可证、乡村建设规划许可证或者房地产权证书载明的用途相符。

（十一）关于对规划工作的监督机制

监督机制包括人大监督、行政监督和社会监督。

十八、房地产业

FANG DI CHAN YE

(一)综述

2010年,区房地产业二、三级市场累计成交建筑面积112.3万平方米,成交套数1.13万套,成交金额296.6亿元。累计施工面积131.9万平方米(其中住宅面积116万平方米);新开工面积19.3万平方米;住宅竣工57幢,建筑面积35.3万平方米;通过"四高"(高起点规划、高水平设计、高质量施工、高标准管理)优秀小区验收1个;中小学和幼儿园施工6所,建筑面积1.51万平方米,191街坊幼儿园、淞虹十街坊幼儿园竣工。稳步推进旧小区综合整治、旧区改造工作,全年共拆除旧区建筑面积10万平方米,动迁居民1200余户。开展廉租房工作,加强廉租住房管理。继续进行单位使用权变更为产权房和有限产权接轨等相关房改工作和房改政策指导、咨询及监督工作。

2010年,区规土局完成用地预审13件,土地面积18.18万平方米;农转用征地项目报批4件,土地面积7.31万平方米;区批建设用地6件,土地面积20.56万平方米;划拨用地5件,土地面积2.45万平方米;土地储备3件,土地面积5.39万平方米;调整建设用地1件,土地面积1.13万平方米;核发建设用地批准书7件,土地面积17.82万平方米;土地核验21件,土地面积41.19万平方米;土地修测22件,土地面积49.02万平方米;市征询项目9件,土地面积8.93万平方米。

2010年,上海新长宁(集团)有限公司实现经营收入27.5亿元,为年指标的110%;实现净利润3亿元,为年指标的109.10%;净资产收益率11.53%,为年指标的115.30%;实现国资保值增值率116.5%,为年指标的101.30%。实现招商引资指标13个,完成年指标数100%。(沈 凡 常 念)

(二)房产管理

■ 概况

2010年,区房管局加强廉租住房管理,新增受理廉租租金配租家庭656户,完成有限产权接轨224套,继续协调权籍历史遗留问题及落政代经。

(沈 凡)

■ 加强廉租住房管理

年内,新增受理廉租租金配租家庭656户,发放租金2150多万元。完成实物配租家庭46户。

(沈 凡)

■ 做好住房制度改革工作

年内,完成有限产权接轨224套、未确权房屋代售户67套;单位使用权房转产权28套、开具外省市房改证明58份。(沈 凡)

■ 权籍工作

协调处理权籍历史遗留问题,处理番禺路222弄产证遗留问题。预告登记10件,免予资金监管12件。(沈 凡)

■ 落政代经工作

解决普通落政代经(落实私房政策中发还产权,暂由房管部门代为经租管理房屋的工作)户(承租户)3户,建筑面积55平方米,补贴资金198.7万元;处理代管产1户,建筑面积403平方米,补贴金额98.5万元。处理历史遗留问题4户,建筑面积314平方米,补贴金额479.6万元。

(沈 凡)

(三)土地使用与管理

■ 概况

2010年,区规土局编制《长宁区土地储备规划(2010—2012)》,编制《2010年长宁区土地出让计划》,完成土地一级市场出让工作。(张瑛桦)

■ 编制《长宁区土地储备规划(2010—2012)》

年内,根据市规土局相关要求,制定《长宁区土地储备规划(2010—2012)》,编制土地储备规划图则。计划三年储备总量为130.46公顷,共49幅。其中2010年为55.92公顷(新列),计15幅;2011—2012年74.54公顷(预备),计34幅。

(张瑛桦)

■ 编制《2010年长宁区土地出让计划》

年内,制定《2010年长宁区土地出让计划》。以虹桥临空经济园区土地供应为主,按照土地储备的完成情况,同时兼顾旧改地块,共列出11幅土地,共计土地面积24.85公顷,总建筑面积61.88万平方米。(张瑛桦)

■ 完成土地一级市场出让工作

年内，土地出让一级市场共完成虹桥98街坊、临空10-1号、临空15号、临空9-1A号、临空8-1、8-2号、24街坊等6幅地块的土地公开出让，还协议出让了古北教育用地1幅。合计土地出让面积22.36公顷，合同金额48.74亿元。（张瑛桦）

■ 完成土地出让金收缴工作

年内，签订国有土地使用权出让合同29份，合计有偿使用土地面积32.41公顷，土地价款51.48亿元；签订补充合同26份，土地价款2.17亿元。（张瑛桦）

■ 完成土地收购储备工作

年内，区房管局完成临空1号、南北园地块、24街坊、古北5-2地块4幅地块的收购储备。（沈　凡）

（四）物业管理

■ 概况

世博会前，共计完成旧居住小区综合整治345万平方米，其中年内完成35万平方米；对区域主要景观道路沿线两侧691万平方米建筑外墙实施整洁改造，其中年内完成104万平方米；对区域范围内180万平方米，1996年以前高层实施整容整治改造，其中年内完成39.44万平方米。完成二次供水设施改造139.8万平方米，成套改造和“一平方米”（非成套房屋厨房、卫生间等公用部位的局部分割改造）改造稳步推进。（沈　凡）

■ 开展旧居住小区房屋综合整治

世博会前，完成旧小区综合整治345万平方米，约7万户居民从中受益。结合迎世博600天工作计划，对区域主要景观道路沿线两侧691万平方米建筑外墙实施整洁改造，为原定计划量的121%；对区域范围内180万平方米1996年以前高层实施整容整治改造，受益居民约3万户。（沈　凡）

■ 开展房屋成套率改造工作

年内，对天山二村121、122号等合计面积为5626平方米的小区进行常规成套改造。“一平方米”改造方面，新华路393弄（建筑面积3948平方米，居民136户）已全部完工。（沈　凡）

世博会前，区房管局完成旧小区综合整治345万平方米，7万户居民受益（区房管局供稿）

■ 发挥“962121”物业呼叫平台服务作用

年内，共受理急修1393件、维修233件、投诉757件，合计2383件，解决市民群众在物业管理尤其是维修方面的“急、难、愁”问题，切实发挥“962121”物业呼叫热线为民解难、为民解忧的作用。（沈　凡）

■ 整治违法搭建

年内，拆除违法建筑4939.95平方米，对28处附有违法建筑房屋和7处损坏承重结构房屋作出了产权限制转移，有效遏制违法建筑的蔓延。（沈　凡）

■ 整治拆迁基地和修缮保护历史风貌建筑

年内，完成4处拆迁基地整治，分别是凯桥绿地、东浜、江苏路48号地块、赵沈巷基地。同时完成湖丝栈（万航渡路1424弄12号）历史风貌建筑

修缮工作。（沈 凡）

（五）房地产开发、经纪企业

概况

严格按照法律法规审核商品房预售许可证和销售方案备案工作；做好开发企业资质管理和中介企业级经纪人备案；着力整治“群租”，加强房屋租赁行政管理，及时遏制“群租”现象蔓延趋势。

（沈 凡）

规范对房地产开发、经纪企业的市场行政管理

年内，发放预售、预租许可 10 张，涉及 6 个基地，建筑面积 24.4 万平方米；发放商品房销售方案备案证明 22 个；新申请暂定级企业 6 家，三级企业 1 家，二级企业 2 家；房产中介经纪机构备案 97 家，年检 179 家，注销 51 家。（沈 凡）

规范整治房屋租赁行为

年内，收到群租投诉信 91 件，解决 87 件。开展了天山怡景苑小区“群租”联合整治行动，在小区内开展了租赁情况排摸调查；对“群租”房屋业主等相关人员，开展谈话教育，发放《自行整改通知书》，要求业主限期自行整改；对已入住的“群租”房屋承租人，在相关房屋门口显著位置张贴“自行整改告知书”，要求尽快搬离；组织了相关中介公司的告诫谈话等一系列工作。并于 6 月 3 日开展联合整治行动，联合整治工作共拆除了 2 户“群租”房屋内的分割。（沈 凡）

（六）房产交易

概况

年内，区房屋总成交套数、面积分别为 1.13 万套，112.3 万平方米，实现房地产市场交易金额 296.6 亿元。从 2010 年长宁区房屋交易总体情况看，房屋总成交套数、面积、金额分别较上年同期总成交套数 2 万套、面积 186.7 万平方米、成交金额 411.9 亿元下降 43%、40%、28%。（沈 凡）

住宅类商品房成交同比量减价升

2010 年 1—12 月住宅类商品房成交套数、面积、金额与 2009 年同期相比大幅缩减，分别下降 70%，65%、57%，成交均价则仍有 23% 的增幅。

（沈 凡）

非住宅类商品房成交同比量升价跌

1—12 月非住宅类商品房同比量升而价跌，成交面积、金额同比增长 110%、54%，成交均价则比上年同期低 9798.06 元 / 平方米。（沈 凡）

（七）住宅建设

概况

年内，加大住宅建设力度，同时积极进行四高优秀小区创建工作，中小幼配套建设稳步推进。

（沈 凡）

加大住宅建设推进力度

年内，区新开工住宅项目 4 项，新开工面积 19.3 万平方米，完成年度计划的 12%。竣工住宅 57 幢，面积 35.3 万平方米，完成年度计划的 141%。累计施工 131.9 万平方米（其中住宅面积 116 万平方米），完成年度计划的 106%。（沈 凡）

完成居住区绿化地 10.12 万平方米

年内，完成居住区绿地 10.12 万平方米，其中集中绿地 5.3 万平方米，完成年度计划的 106%，道路绿地 1.7 万平方米，宅前屋后绿地 3.12 万平方米。

（沈 凡）

建成“四高”优秀小区 1 个

年内，创建“四高”优秀小区天山怡景园全部竣工验收，并已完成“四高”验收工作。（沈 凡）

完成 6 所中小学和幼儿园施工计划

年内，已施工 6 所，面积 2.60 万平方米，其中淞虹十街坊幼儿园、191 街坊幼儿园竣工。（沈 凡）

（八）上海新长宁（集团）有限公司

概况

2010 年，临空经济园区（北块）积极对接虹桥发展战略，加快高档商务楼和产业楼宇的建设，招商项目一期 10.8 万平方米产业楼全面交付使用；多媒体产业园以创建国家级现代服务业综合实验

区为契机，落实扶持政策，启动孵化器平台；参与区域旧区改造任务，完成上年结转动迁基地二块和新启动基地三块；关注民生，完成90万平方米房屋综合整治工作和启动天山地区成套率改造任务等。上海新长宁（集团）有限公司获2009年中国房地产开发企业百强；获中国地源热泵技术应用优秀房地产企业称号；获"上海市重点工程实事立功竞赛优秀公司"17连冠；获上海市"守法经营示范企业"、第二届上海市场诚信经营先进单位和诚信承诺先进单位；2010年上海市房管行业世博运行保障先进单位；获长宁区人民政府颁发的2009年度经济发展贡献奖奖牌。（邬慧敏）

■ 圣为纸业总部大楼正式启用

1月19日，位于临空经济园区5号地块的圣为纸业新总部大楼举行开幕启用典礼，圣为纸业董事长张周芳、圣为纸业合作伙伴代表、虹桥国际科技产业公司领导等参加，新长宁（集团）有限公司总经理助理致词。圣为纸业是虹桥临空经济园区国际商务花园引进的国内民营500强企业之一。新总部大楼占地3300平方米，地上四层总建筑面积约4000平方米，地下总建筑面积约2000平方米。（邬慧敏）

■ 虹桥国际商务花园召开招商答谢会

1月22日，虹桥国际科技产业公司在上海万豪虹桥大酒店举办2009年度国际商务花园招商答谢会。上海新长宁（集团）有限公司总经理助理、虹桥国际科技产业公司董事长，总经理等出席。答谢会邀请包括DTZ、JLL、Colliers等众多长期关注和参与IBP招商工作的知名中介公司参加。答谢会旨在进一步探讨IBP项目多元化的发展与灵活多样的合作形式。（邬慧敏）

■ 市商委认定上海多媒体产业园为上海市服务外包专业园区

1月20日，市商务委员会对上海市服务外包示范城市建设和重点服务外包企业发展单位举行授牌仪式，上海多媒体产业园发展有限公司被授予"上海市长宁数字媒体服务外包专业园区"铜牌。（邬慧敏）

■ 上海新长宁（集团）有限公司注册商标获批

2010年2月，由上海新长宁（集团）有限公司申请上报国家工商行政管理总局商标局的公司注册商标，获得审核通过，该注册商标有效期为10年，从商标局核准之日起计算。（邬慧敏）

■ 新长宁建材公司下属钟宏公司模卡砌块获"世博用材参与奖"

年内，新长宁建材公司下属单位上海钟宏科技发展有限公司获上海市建筑材料行业协会颁发的"世博用材参与奖"。上海世博会城市最佳实践区"沪上·生态家"项目是代表上海市参加2010年世博会的唯一实物展示案例。上海钟宏科技发展有限公司生产的模卡砌块凭借在墙体材料领域的雄厚研发和技术引领能力，提供的技术、产品和服务符合"沪上·生态家"的建设理念和展示效果需求，使钟宏公司成为"沪上·生态家"项目的指定赞助商并获"世博用材参与奖"。（邬慧敏）

■ 虹桥国际商务花园邻里空间正式投入运营

5月10日，虹桥国际商务花园邻里空间正式投入运营。邻里空间位于虹桥国际商务花园6#地块（临虹路168弄）1、2号楼下沉式广场，其主要功能是为入驻企业员工提供配套服务。目前引进的商户包括索迪斯员工餐厅（Sodexho）、顶尚咖啡复合式餐厅（GOOD CAFE）和谷仔时尚茶餐厅（GUZZ）、全家便利超市等。（邬慧敏）

■ 上海新长宁（集团）有限公司董事长带队赴安徽考察

10月13—15日，由上海新长宁（集团）有限公司董事长带队，有关部门参加，赴安徽省池州市考察现代服务园区和中药材种植基地项目。在池州市经济技术开发区管委会主任汪和平与池州市发改委主任王连旺的陪同下，考察了池州规划产业集聚区两块规划用地及当地中药材种植集中的乡镇。其间，双方畅谈了合作意向和合作需求，并就研究产业定位、功能和模式等问题进行交流。（邬慧敏）

（栏目编辑 徐德生 郑兆永）

十九、商业

SHANG YE

CHANGNINGNIANJIAN

2011

(一)综述

2010年,长宁区商业消费市场在世博效应拉动下表现活跃,主要经济指标完成全年计划目标。全区实现消费品零售总额209.53亿元,比上年增长12.8%,其中吃的商品零售额58.46亿元,占27.9%;穿的商品零售额34.89亿元,占16.65%;用的商品零售额108.96亿元,占52%;烧的商品零售额7.23亿元,占3.45%。按行业分,批发零售业商品销售额167.63亿元,住宿餐饮业商品销售额41.90亿元。实现商业销售总额2591.26亿元。

区商务委做好世博窗口服务工作。深入开展“迎世博,诚信经商在长宁”主题活动,推进虹桥友谊商城等20家重点商业企业建立商业诚信规范管理制度;组织企业参加新一轮“申城万店无假货”示范店创建活动;组织推荐唐宫海鲜舫等11家大型餐饮企业参加市“文明餐厅”创建活动,提升区域窗口商业服务形象。举办四期“服务世博,畅享长宁——虹桥美食月月赏”活动,塑造长宁美食品牌,树立长宁区宾馆餐饮整体形象,打造长宁区旅游新风貌。加强条块联动,发挥行业指导作用,优化窗口服务水平,区在2010年市第六次、第七次、第八次文明指数测评中名列前茅。总结世博期间城区管理、运行保障等方面的经验,建立长效机制,不断提升管理水平和文明程度。

是年,区国资委隶属的九华商业(集团)公司以市场为导向,坚持实体经营与资本运营同步发展,2010年实现主营业收入11.43亿元,税收1亿余元,净利润1423万元。 (张亦易 常 念)

(二)商业行业管理

概况

区商务委发挥行业管理作用,做好区域商业企业的跟踪、指导和服务工作;世博期间组织企业员工开展培训,提高窗口从业人员素质技能,指导企业提升窗口服务水平;完成世博商品特许经营工作;建章立制,提升菜市场管理水平。 (张亦易)

组织商业企业向困难群众奉献新春爱心

1月,区商务委联合上海市食品协会、上海天键展览展示有限公司在上海国际体操中心举办“美味上海·食全食美”迎新年活动。在为广大市民献上休闲食品、南北货土特产等各大类丰盛年货大餐的同时,精心准备100份价值100元的年货大礼包,上门赠送给周边社区孤寡老人、特殊群体,使周边困难群众感受到新春的温暖。 (张亦易)

推进“刷卡无障碍”工作

年内,区商务委发动企业积极参与上海市窗口服务行业“迎世博银行卡刷卡无障碍立功竞赛活动”,推荐企业争创“刷卡无障碍示范商户”,扩大长宁商业企业银行卡受理范围,提升服务水平,营造良好的消费环境。中山公园商圈名列全市10个“刷卡无障碍示范商业街区”之一,龙之梦购物中心、百联西郊购物中心等9家企业被评为上海市“刷卡无障碍示范商户”。 (张亦易)

以迎办世博为契机,提升窗口服务水平

世博期间,区商务委深入开展“迎世博,诚信经商在长宁”主题活动,推进虹桥友谊商城等20家重点商业企业建立商业诚信规范管理制度;组织企业参加新一轮“申城万店无假货”示范店创建活动;组织推荐唐宫海鲜坊等11家大型餐饮企业参加市“文明餐厅”创建活动,提升区域商业窗口服务形象。 (张亦易)

加强培训,提高窗口从业人员素质技能

年内,区商务委制定《迎世博,长宁区窗口服务业商业从业人员培训方案》,对中山、虹桥重点区域内大型商业企业及虹桥路沿线宾馆、餐饮等重点企业进行“世博知识”、“礼仪服务规范”、“商务礼仪英语”、“交往礼仪手语”和“普通话”五个专题培训,世博期间共培训职工4.37万人,其中重点大型企业2.47万人,社区商业1.90万人;对115家重点企业经理或服务部经理进行集中培训。(张亦易)

认真做好家电以旧换新工作

区商务委认真做好家电以旧换新工作,在按照要求严格审核的同时,尽力加快审核进度,同时,根据市商务委要求,开展自查和专项检查,先后起草下发《长宁区家电以旧换新补贴材料送审要求》、《关于加强长宁区家电以旧换新工作的通知》、《关于规范长宁区家电以旧换新销售工作的通知》等文件,规范家电以旧换新的相关操作。2010年,区共实现家电以旧换新销售28.5万件,销售额11.97

亿元,2010年共拨付家电以旧换新补贴资金2.66亿元。（张亦易）

■ 完成世博商品特许经营工作

区商务委编制《长宁区世博特许商品经营工作实施方案》,制定旗舰店、形象店、专卖店和专柜的四级零售网点布局方案,在对区内企业广泛走访和发动的基础上,积极推介特许零售商、生产商与区内企业对接,数十次召开世博特许商品经营工作推进会,实现世博特许产品经营销售额4.73亿元,完成原定目标2.75亿元的172%。（张亦易）

■ 提升菜市场长效管理水平

区商务委健全各菜市场管理制度,通过推动制度执行,确保各项管理落实到位;建立考核制度,制定《长宁区菜市场规范管理考核办法》,从规范管理、食品安全、环境卫生、计量管理、宣传教育等五方面明确具体要求,对做得好的市场予以奖励,对工作不到位的市场予以通报批评,逐步改变菜市场"重效益、轻管理"的习惯,规范全区菜市场的运行管理。（张亦易）

（三）商业业态

■ 概况

2010年,全区实现消费品零售总额209.53亿元,比上年增长12.8%;现代(业态)商业税收33.52亿元,占全区税收比重21%。区商务委加强重点商圈业态调整,促进商业繁荣繁华。做好重要区域和主要商业街的商业业态布局及调整,推进愚园路业态调整和北渔路民俗文化特色街建设;推进华宁国际广场等新增商业项目招商开业;推进天山路商业街、中山公园商圈存量商业项目调整优化。（张亦易）

■ 推进重点商业项目建设

区商务委推进虹桥、中山重点区域上海尚嘉中心、金虹桥国际中心、高岛屋百货、长峰房产三泾北宅地块等商业项目建设,做好上海城三期、临空经济园区商业步行街10-2地块等4个地块商业项目功能定位与业态布局方案;与98街坊地块(上海绿城广场置业有限公司)、东华大学地块(凯德置地中国投资有限公司)、福缘禅庵迁建项目(区统战部)等3个项目沟通,做好规划商业项目功能定位与业态布局初步设计方案;协助临空经济园区做好地块招拍挂工作,提出出让项目商业设施的配置比例,完善临空经济园区商业步行街布局规划。（张亦易）

■ 调整愚园路业态

区商务委联合弘基公司、新长宁集团、江苏路街道和华阳路街道等共同推进愚园路(定西路至江苏路段)布局调整,制定《愚园路历史风貌保护街区商业业态调整及老洋房综合利用实施推进方案》。会同弘基公司,选择愚园路1249弄为老洋房整体置换调整、保护性开发的试点,制定试点项目具体调整方案,探索通过市场化方式进行调整与开发。初步形成愚园路1249弄试点项目调整方案初稿,并进一步修改、完善。（张亦易）

■ 建设北渔路民俗文化特色街

区商务委与区文化局、北新泾民俗文化中心就如何引进民俗文化品牌等问题进行专题磋商,多次踏看现场并走访北新泾街道、九华集团、新程物业、北新泾商贸公司,推进北渔路民俗文化特色街业态调整工作。针对北渔路民俗文化特色街业态调整中出现的新问题,按照"政府规划引导、国有企业带头、民企市场化运作"的推进模式,提出2010年北渔路商业业态应调整10家。至年底,北渔路已调整业态11家,其中九华集团调整4家,民俗文化中心5家,新程物业1家,北新泾街道1家。（张亦易）

■ 推进新增商业项目招商开业

区商务委跟踪推进华宁国际广场商场转让;推进仙霞路200号项目的业态定位与招商,建议统一出租,并提出国际中高端品牌旗舰店等招商方向,跟踪项目工程建设进度,推动项目按时竣工。（张亦易）

■ 推进存量商业项目调整优化

区商务委跟踪推进天山路商业企业的调整、提升,重点推进长房国际广场的整体调整。做大、做强中山公园商圈家电、数码特色,引导国美、苏宁等企业调整、优化,形成错位发展。引导、筹备巴黎春天中山公园店进行硬件与内涵的全面改造提升,打造"时尚、生活、新个性"的商场形象。牵头区规土局等部门召开关于《家乐福古北店停车道路及外立面灯光改造工程方案》评审会,形成专题会议纪要,引导家乐福古北店修改、完善整体改造方案。

推动龙之梦业态调整升级,在硬件改造的同时,加强一楼原特卖区的调整优化,引进中高端国际化妆品、珠宝品牌,提升品牌能级与商场品质。(张亦易)

(四)商务活动

概况

2010年,区商务委抓住世博契机,围绕元旦、春节、五一、国庆等传统节庆,统一策划、统一协调、统一宣传,开展商圈整体营销活动,有效带动区内消费。其中,元旦期间组织“盛世虹桥周年庆 满200元喜赢金条”活动;春节期间在《长宁时报》上刊登2010长宁商业迎春活动的专版,并夹报送出刊登营销活动详细内容的彩页;4—5月开展为期一个半月的“欢乐世博 缘聚长宁”庆世博长宁区营销活动;9月16日—10月8日举办上海购物节长宁区系列活动,包括中山家电节、虹桥消费节和仙霞美食文化节三大板块活动,有效拉动百货、零售、餐饮等相关行业消费。(张亦易)

举办“欢乐世博 缘聚长宁”庆世博长宁区营销活动

4月10日—5月30日,区商务委联合区内商业企业,共同推出“欢乐世博 缘聚长宁”庆世博长宁区营销活动,通过更密集、更具文化内涵的活动把握世博商机。据抽样统计,区18家重点商业企业4月共实现销售额6.15亿元,同比增长38.09%;5月共实现销售额6.23亿元,同比增长16.72%,4月30日—5月4日“五一”黄金周期间,区内18家重点商业企业销售达到2.22亿元,6天平均增幅高达53.05%。(张亦易)

举办“欢乐世博、缘聚长宁”——’2010上海购物节长宁区活动

9月16日—10月8日,区商务委联合虹桥、中山公园商圈主要商业企业以及仙霞路各家餐饮企业举办“欢乐世博、缘聚长宁”——’2010上海购物节长宁区活动。活动内容分为中山家电节、虹桥消费节和仙霞美食文化节3个板块;首次推出“新虹桥一卡通”、“美好长宁城市消费网”,内容涵盖长宁区域内商业、旅游、宾馆、文化等方面消费信息,融吃、玩、购、娱为一体,集中展现长宁区商、旅、文融合发展的风采。“十一”黄金周全区商业共实现销售2.15亿元,比上年增长42.6%。区商务委、区商联会组织的“’2010中山家电节”获“银联杯”’2010上海购物节营销大赛“银算盘”最佳销售奖。《解放日报》、《新民晚报》等10多家媒体对活动进行报道。(张亦易)

2010中山家电节开幕 (区商务委供稿)

(五)社区商业

概况

2010年,区商务委以便民利民宗旨,完善社区商业布局,推进社区商业建设。提升古北国际社区和新泾社区等全国示范社区商业中心能级;推进天山西路社区商业中心申报上海市社区商业示范社区工作。(张亦易)

推进社区商业中心建设

区商务委推进古北国际社区和新泾社区等全国示范社区商业中心能级的提升,体现长宁国际城区特色。同时,与街道(镇)联手,以卜蜂莲花天山店为核心,打造天山西路社区商业中心。经市商务委考察和验收,天山西路社区商业中心被评为上海市社区商业示范社区。(张亦易)

组织街道(镇)志愿者检查社区商业

区商务委召开“街道(镇)志愿者巡访”专题会议,组织120名志愿者对1543家社区商业的服务环境、服务设施、服务礼仪、服务用语等方面内容进行专项检查,对社区商业跨门营业、自行车乱停放、小餐饮卫生等问题进行重点巡查,配合街道及区相关部门做好督促整改工作。(张亦易)

(六)餐饮业

概况

2010年,长宁区餐饮业实现税收2.69亿元,占全区税收比重1.7%。区商务委以世博为契机,指导餐饮企业加强培训,提升服务水平,推动餐饮业发展。举办'2010仙霞美食文化节,扩大影响,提升餐饮企业知名度;开展"树文明餐饮新风"主题活动,组织推荐餐饮企业参加市"文明餐厅"创建活动,虹桥顺风餐饮有限公司等9家餐饮企业获市"文明餐厅"称号。 (张亦易)

举行'2010仙霞美食文化节

由长宁区世博主运行指挥部经济运行和窗口服务组、区商务委和仙霞新村街道联手举办的'2010仙霞美食文化节"美食无国界'世博冷盘菜系'厨艺大比武"在丰收日宁波海鲜大酒店古北店大堂举行。来自丰收日等12家知名餐饮企业的专业厨师围绕"城市,让生活更美好"的世博主题,开展"世博菜"厨艺技术大比武,进行冷菜点心布台展示、刀工比赛、面点现场制作比赛等各方面绝技的现场比拼。经过角逐,丰收日宁波海鲜大酒店荣获集体特等奖,上海美林阁仙霞酒家有限公司和上海杏花楼食品餐饮股份有限公司分获刀工比赛和面点比赛一等奖。 (张亦易)

虹桥顺风餐饮有限公司等9家餐饮企业荣获市"文明餐厅"称号

在由市文明办、市商务委、市爱卫会、市餐饮行业协会举行"上海市第二届文明餐厅授牌仪式"上,长宁区虹桥顺风餐饮有限公司、唐宫海鲜舫有限公司、王朝大酒店长宁店、虹桥迎宾馆餐饮部、杏花楼大酒店长宁店、东亚潮州酒楼有限公司、虹桥人家餐饮有限公司、东骏饮食有限公司、鲜墙坊虹桥店等9家餐饮企业荣获市"文明餐厅"称号。(张亦易)

(七)上海九华商业(集团)有限公司

概况

上海九华商业(集团)有限公司(简称九华集团)隶属于长宁区国有资产监督管理委员会。主营国内贸易、广告装潢、房地产开发、物业管理、实业投资,系统内资产经营管理,烟酒专卖、食品、副食品经营、废旧物资收购等。2010年集团公司实现主营业务收入11.43亿元,税收1亿余元,净利润1423万元。集团公司拥有7家子公司,2家参股公司,企业总数55户,总资产10.94亿元,净资产2.34亿元,商业网点面积22万余平方米,在编职工近3000人。集团公司以市场为导向,坚持实体经营与资本运营同步发展,整合企业资源,运用科学的精细化管理做强核心主业,提高盈利水平,提升企业核心竞争力。积极拓展特色业务,创新培育新兴业务,形成发展亮点,使集团成为经营管理高效灵活、经营结构日趋合理、效益稳步增长,拥有较高知名度和竞争优势的国有商业企业,为长宁区经济发展作出新的贡献。(黄融咏)

打造茅台路名酒特色街

九华集团上海美天商业有限公司在探索企业发展的道路上找准切入点,积极打造茅台路名酒特色街。继2010年9月19日泸州老窖上海美天专卖店隆重开业,年内,美天公司已在茅台路上开设和引进茅台酒专卖店、五粮液旗舰店、古越龙山专卖店、华致酒行等,茅台路名酒特色街初现雏形。

(黄融咏)

收废到您家,请找新锦华

九华集团新锦华"在线收废"自2003年7月18日在全国首创开通后,经过不断探索完善,实现全市联网,设立18个分中心,统一管理交投站208个,挂牌服务收废人员2000余人。形成"一个区域一个分中心"、"一个街道一个交投站"、"一个收废人员一张IC卡"、"一个城市一个收废热线"的"四个一"特色,方便于市民、服务于市民,在市民心目中树立了"收废到您家,请找新锦华"良好企业的形象。 (黄融咏)

把办好12家菜场当作大事来抓

2010年,九华集团上海美天副食品有限公司共有8家标准化菜市场和4家菜店。公司始终坚持"群众利益无小事,办好菜场是大事"的宗旨,经营六大类副食品、熟食、半成制品、粮油及制品、乳制品、南北货等。美天菜市场标准化管理制度已取得国家ISO9000质量管理体系认证。美天菜市场在解决居民买菜难,买到放心菜,不断作出积极努力和新贡献。 (黄融咏)

(栏目编辑 郑兆永)

二十、现代服务业

XIAN DAI FU WU YE

CHANGNINGNIANJIAN

2011

（一）综述

2010年，长宁区全面贯彻落实中央和市委、市政府促进经济发展的相关政策，全力以赴保增长、调结构、促转型，产业结构调整取得明显成效，以服务经济为主的产业结构进一步优化，全年现代服务业实现税收63.96亿元，比上年增长27.4%。

年内，凭借世博会举办的优势，会展旅游业快速增长，区内69家旅行社、52家宾馆共接待境内外游客545.43万人次；上海农展馆、世贸商城、国际展览中心等场馆共举办展会项目148个；会展旅游业实现税收5.43亿元，比上年增长24.8%。区政府不断加强信息服务业发展的硬环境和软环境建设，区域信息服务业形成较大规模，保持较高的增长速度，行业的规模和效益位居全市前列，全区信息服务业实现税收12.71亿元，比上年增长14.0%。区有关部门加大对专业服务业企业整合，律师业、广告业、经济咨询业、外国企业代表处和其他专业服务业细分行业组成，形成集聚效应。全年专业服务业实现税收21.09亿元，比上年增长36.1%。区域现代物流业快速发展，各类物流企业达到562家，实现税收12.0亿元，比上年增长46.1%。各有关部门加大服务、支持、引导力度，推进区域社会（文化）服务业改革发展。体育场馆、社会文化场所等努力向产业化方向发展，经济效益增长明显，区社会（文化）服务业实现税收3.87亿元，比上年增长16.6%。全年有工商银行、农业银行、中国银行、交通银行、建设银行、浦发银行、上海银行等各银行在区内布点营业；共有中国人寿财产保险、太平洋保险等保险公司营业点30多个；有申银万国、海通证券、国泰君安等证券公司营业网点47个。全年金融业实现税收9.07亿元，比上年增长15.04%。（常　念）

（二）会展业

■ 概况

2010年，长宁区多措并举促进会展业发展，建立国际来展项目审核备案机制和区有关部门协调服务的联动机制，继续对符合政策规定的品牌展、重点会展企业给予扶持，确保各类展会安全运行，促进会展业稳定发展。

年内，上海国际展览中心、上海农业展览馆、上海世贸商城等在长宁区域内举办的各类国际、国内展览会项目共148个，占全市项目总量642个的23%；区会展业总展出面积100.62万平方米，占全市总展出面积的12.56%；区会展业7家规模以上重点企业实现税收1.14亿元，比上年增长1.29%，占全区会展旅游业399家企业同期税收总量的21%，占全区现代服务业同期税收总量的1.78%，占全区同期财政税收总量的0.71%。

（张亦易　常　念）

■ 在上海国际展览中心举办展览会48场、主办、承办展览会9场

2010年，在上海国际展览中心举办48场国际、国内展览会，出租总面积达35.58万平方米，全年场地出租率为41.3%。上海国际展览中心有限公司主办展览会6场：中国（上海）国际乐器展览会、上海国际专业灯光音响展览会、中国国际轨道交通展览会、中国国际隧道与地下工程技术展览会、中国国际老年人和残疾人康复护理技术及辅助器具展览会、中国国际润滑油、脂及调合技术设备展览会。公司还承办玩具展、质量控制展和造纸展。（刘之欣）

■ 主办中国国际老年人和残疾人康复护理技术及辅助器具展览会

5月17—19日，第五届中国国际老年人和残疾人康复护理技术及辅助器具展览会在上海国际展览中心举行。展出面积6000平方米，110家行业内有影响力的知名企业参展，其中海外参展商的参展面积占总展览面积的52%。为期三天的展览会共接待来自19个国家和地区的7378名专业观众。展会同期举办“残疾人辅具发展、无障碍生活及残疾人事业”主题研讨会、民政福利机构院长论坛、国际康复工程与辅助技术大会（i-CREATe大会）推广介绍等活动，还特别设立“科技助老展示区”，使参观者通过多媒体互动方式表达对未来科技优化老年生活的美好构想。（刘之欣）

■ 主办中国国际轨道交通展览会、中国国际隧道与地下工程技术展览会

5月19—21日，2010中国国际轨道交通展览会和2010中国国际隧道与地下工程技术展览会在上海新国际博览中心同期举行。展览会展出面积达到1.8万平方米，汇聚来自中国、德国、英国等22

个国家和地区共计270家知名企业参展，观众数为6912人。市人大常委会副主任周禹鹏，中国土木工程学会理事长、原建设部副部长谭庆琏，京沪高速铁路股份有限公司董事长、原铁道部副部长蔡庆华，国家发改委基础产业司副司长李国勇，以及上海申通地铁集团有限公司董事长应名洪等嘉宾出席展览会开幕式并共同为展会剪彩。（刘之欣）

■ 主办2010中国（上海）国际乐器展览会

10月12—15日，2010中国（上海）国际乐器展览会在上海新国际博览中心举行。展览会共吸引27个国家和地区的1274家企业参展，展览会面积达7万平方米。为期4天的展会共吸引96个国家和地区的48047名观众参观。展会期间举行了国际乐器行业高层研讨会、NAMM大学课程、CMIA琴行论坛、首届华乐国际论坛、全国中小学管乐指挥培训班、数字音乐生活体验秀和现场演奏会等活动。（刘之欣）

■ 主办2010上海国际专业灯光音响展览会

10月12—15日，2010上海国际专业灯光音响展览会在上海新国际博览中心举行。展览会共吸引19个国家和地区的403家企业参展，展览会展出面积达2.3万平方米。为期4天的展会共吸引来自79个国家和地区的1.52万名观众参观。展会期间举办第二届全国艺术院团院长论坛、第五届全国音视频技术论坛暨音视频工程商大会、电视演播技术论坛、上海演出行业协会舞美技术与设备信息交流会、耳机试听会、线阵巡礼等活动。（刘之欣）

■ 主办第十一届中国国际润滑油、脂及调合技术设备展览会

11月22—24日，第十一届中国国际润滑油、脂及调合技术设备展览会在上海国际展览中心举行。展览会展出面积达6000平方米，来自美国、英国等11个国家以及中国香港和台湾地区的120家企业参展，共有6667名海内外观众参观。展会期间举办润滑油品行业发展与展望专题访谈、添加剂在润滑油应用中的新技术和新发展、汽车维修技师培训会等同期活动。（刘之欣）

■ 上海农业展览馆举办展览25场

2010年，上海农业展览馆共举办各类展览25场，包括山东、江苏、吉林、新疆、四川、云南省、安徽省黄山市等省市的优质农副产品参展。其中政府展12场，社会展9场，自办展4场。（徐弘婧）

■ 举办2010新春农副产品大联展

1月29日—2月1日，由上海市农业委员会主办、上海农业展览馆承办的"2010新春农副产品大联展"在上海农业展览馆举行，展会面积7600平方米。每年一届的"新春农副产品大联展"，是上海服务全国"三农"的品牌交易会，已连续举办9届，吸引全国各地60多个地级市和800多个企业前来参展。（徐弘婧）

■ 举办2010年上海盛夏农副产品大联展暨金山优质农产品展

7月30日—8月2日，由上海市农业委员会与金山区人民政府联合主办的"2010年上海盛夏农副产品大联展暨金山优质农产品展"在上海农业展览馆举办。本届"盛夏大联展"共有来自市8个区县及瓜果行业协会的118家企业参展，共计148个展位，展览面积5400平方米。其中金山区的展位达到91个，参展单位61家，参展农产品及农业旅游产品达到200多种，金山的优质稻米、绿色蔬菜、名优瓜果、特色养殖等优质名品集体亮相，深受广大市民好评。（徐弘婧）

■ 举办四川省优质特色农产品上海展示展销会

9月3—5日，由四川省农村工作委员会主办的"第三届四川省优质特色农产品上海展示展销会"在上海农业展览馆举办，展出总面积5400平方米。有17个地级市、3个民族自治州，352家企业、协会和合作社带来25个类别586种品质优良、特色鲜明的优质农副产品到沪参展。本届"四川展"吸引大批采购商前来采购签订合约，同时引起一些外国商务人士关注。（徐弘婧）

■ 举办2010第五届上海国际休闲水族展览会

10月15—17日，由上海市农业委员会水产办公室、上海水产行业协会主办，上海农业展览馆、上海海洋大学承办的"2010第五届上海国际休闲水族展览会"在上海农业展览馆举行。本届展会展览面积7600平方米，标准展位84个，特装展位18个，共有106家企业参展，其中观赏鱼养殖企业61

家，水族用品及设备制造企业18家，休闲渔业企业14家，水产科研单位5家，水族专业媒体8家。展区分为以观赏鱼为主的活体类展区、配套养护设备展区及互动活动区。展会期间还举办一系列现场活动，满足各类观赏鱼爱好者。（徐弘婧）

■ 在上海世贸商城举办79场展览

2010年，79场国际、国内展会及经济技术交流活动在上海世贸商城共举办，展览总面积为46.6万平方米，展览面积出租量为244.4万平方米/天，其中国际展占展览面积出租量的53%。（吴一帆）

■ 举办第十七届中国（上海）国际婚纱摄影器材展览会暨国际儿童摄影、主题摄影展览会

1月20—23日，由中国国际贸易促进委员会上海市分会、中国人像摄影学会和上海市摄影家协会主办，上海国际展览服务公司承办的“第十七届中国上海国际婚纱摄影器材展览会暨国际儿童摄影、主题摄影展览会”在三馆（上海世贸商城、上海国际展览中心、上海光大会展中心）联动展出，共计7万平方米展出面积。累计参观人次逾13万人次，500多家展商参展。同期举行以“儿童摄影规模化、标准化的进程论坛”等为主题的一系列专题讲座也受到业内人士肯定。（吴一帆）

■ 举办NOVO（上海）国际品牌服装展览会

3月3—5日，由上海世界贸易商城有限公司主办的NOVO（上海）国际品牌服装展览会在上海世贸商城举行，展会面积1.34万平方米。主要展品类别超过100个国际时尚品牌的各种服装、配饰、及时尚相关产品，分别在四楼NOVO MANIA时尚地带的Denim牛仔时尚区、Fashion & Chic流行时尚区、Street & Sport动感街头区三大展区内展出。盛大的时装展览会吸引来自各国和中国各地的参与单位，包括中国各大连锁百货公司和购物中心，极具潜力的买家、经销商、代理商和其他商家，以及知名杂志、电视、报纸和网站等媒体。（吴一帆）

■ 举办中国国际教育巡回展

3月20—21日，由中华人民共和国教育部批准、中国（教育部）留学服务中心主办、海富国际展览服务有限公司承办的中国国际教育巡回展在上海世贸商城举行，展览面积5000平方米。来自32个国家和地区，破纪录的502所院校和机构参展。主办单位、使馆、各国政府教育机构及参展院校举办近100场论坛和讲座。200余家媒体在全国范围报道第十五届中国国际教育巡回展。2000余家中国网站将本届展会作为其主要报道内容。（吴一帆）

■ 举办国际能源技术设备展览会暨太阳能光伏工程展览会

3月30日—4月1日，由全国工商联新能源商会主办、上海艾展展览服务有限公司承办、中国贸易促进委员会上海浦东分会等众多国内外机构协办的国际能源技术设备展览会暨AsiaSolar亚洲太阳能光伏工业展在上海世贸商城举行，展览面积2.5万平方米。展会邀请到来自德国、西班牙等20多个国家和中国台湾地区的300多家参展商。同时吸引来自41个国家和地区的采购商，国外采购商数量达到3100人次。本届展会专业观众数量达到2.14万人次，96%的采购商表示出将再次到场参观采购的意愿。展会经贸效果显著，65%的展商现场签到数量可观的订单，79%的展商和87%的观众给展会作出优秀及良好的评价。（吴一帆）

■ 举办2010中国（上海）国际奖励旅游及大会博览会

4月8—9日，在上海世贸商城举行，展览面积3.5万平方米。300多名国内外买家出席本次大会，其中国内买家包括来自中国13个城市的部分公司、旅行社和协会的代表。参展商总人数达到近250家企业和机构，比上年增加19个百分点。杭州作为“特约协办城市”首次亮相。大会提供一系列新颖的商务洽谈、社交活动和学习机会，吸引近2000位代表。（吴一帆）

■ 举办2010上海春季艺术沙龙

5月12—16日，由上海油画雕塑院、上海中国画院主办、上海春季艺术沙龙有限公司承办的2010上海春季艺术沙龙在上海世贸商城举行，展览面积8200平方米。在上海世博会期间举办艺术沙龙，依托地域优势，吸引众多海内外优秀画廊。展会共有来自法国、美国、澳大利亚、日本、韩国、拉丁美洲及国内150余家参展机构参加。法国展团带来的“毕加索X光展”受到观众极大关注。巴黎大皇宫独立艺术家沙龙带来的各个流派作品受到藏家欢迎。

由澳大利亚米奥艺术投资公司带来的“土著艺术”系列，在本届春季艺术沙龙上试水成功，将边缘化的艺术品引进大众视线。本届沙龙共接待各界观众近3万人次。（吴一帆）

■ 举办2010上海台北文化创意产业博览会

6月16—20日，由上海东方文化艺术基金会、台北市文化局和台北市文化基金会共同主办的2010上海台北双城文化创意产业博览会在上海世贸商城举行，展览面积1.34万平方米，是2010上海世博会“台北文化周”系列活动重要组成部分，获得上海、台北两地政府各级领导及相关部门大力支持，是上海台北两座城市文化创意产业形象的集中展示。台北市领导出席展览开幕式。本届文博会台北部分的展示内容广涵文化创意产业的各个特色领域，呈现台北文化创意产业的多元面貌。与之相对应的上海展示部分涵盖上海文化创意产业各领域，集中展示上海文化创意产业的突出成就和优秀成果。（吴一帆）

■ 举办2010上海国际礼品家居品跨国采购交易会

8月5—8日，中华全国工商联礼品业商会和上海世界贸易商城有限公司联合主办的2010国际礼品家居品跨国采购交易会在上海世贸商城举行，展览面积2万平方米。1000个展位为中国百强礼品企业、国际高档礼品企业提供绝佳的展示、交易平台。60家平面媒体、5家电台、10个电视频道通过多元渠道、强势推广。（吴一帆）

■ 2010（第十四届）上海艺术博览会在上海世贸商城举行

9月8—12日由上海艺术博览会文化艺术发展有限公司主办的2010上海艺术博览会在上海世贸商城举行，展览面积2万平方米。是中国上海国际艺术节的特别品牌活动。该届展会设不同规格的展位150个，再度成为亚洲规模最大的艺术品交易盛会。展览布局上共设四大展馆，一馆、二馆为中外画廊专区；三馆为“中国陶瓷艺术馆”；四馆则为“上海艺博会青年艺术家推介展”。“中国书画作品展”、“城市雕塑作品主题展”、“艺术法兰西”、“群星璀璨”、“拉美艺术专区”等缤纷专题展也精彩亮相。来自中国、德国等14个国家的126家画廊前来参展。海外优秀画廊卷土重来使海外画廊参展比例有大幅度提高，从上年的30%上升到今年的40%。首次推出的“城市雕塑作品主题展”、“中国陶瓷艺术馆”整齐亮相，“青年艺术家推介展”再次成军、花开五度。（吴一帆）

■ 2010中国（上海）国际跨国采购大会在上海世贸商城举行

9月16—18日，由国家商务部、上海市人民政府主办，上海跨国采购中心有限公司承办的2010中国（上海）国际跨国采购大会在上海世贸商城举行，展览面积1.84万平方米。该届大会吸引来自32个国家及地区310家跨国采购商设展，采购商品17个大类1700个品种，采购总金额260亿美元，吸引6000多家国内外供应商前来洽谈，为跨国采购服务写下新的一页。境外国际采购商设展规模扩大，占到设展企业总数的55%。专业化水平进一步提高，汽车零部件分会场吸引美国通用42家中外著名汽车巨头设摊采购。另外，在线跨采平台和优化配对洽谈模式等措施大大提高跨采大会专业化水平。（吴一帆）

■ 全球零售自有品牌产品亚洲展·2010上海

12月8—10日，由自有品牌制造商协会(PLMA)与上海跨国采购中心有限公司（ISPC）联合主办的2010全球零售自有品牌产品亚洲展在上海世贸商城举行，展览面积4000平方米。展会共聚集食品饮料、家居日用百货、个人护理及化妆品等行业共189家供应商企业，现场设摊244个。全球零售自有品牌展深受零售业热捧。共迎来12个国家近2000位买家通过在线登记系统注册参观。2010年PLF受到国内30多家主流媒体的广泛关注。（吴一帆）

（三）信息服务业

■ 概况

年内，区科委等部门加强对信息服务业扶持和引导力度，区域信息服务业产业门类齐全，特色明显，软件、数字内容、电信增值、IT供应链等都具有一定的规模，形成集聚效应。全区信息服务业企业达997家，实现税收12.71亿元。其中，税收100万元以上的重点企业达118家，这些企业的税收占信息服务业总税收的91.24%。（杨　砚）

■ 长宁区信息服务业产业发展布局基本形成

年内，区域信息服务业产业布局初步形成。通过产业基地建设，形成企业在东、中、西部三大科技园区集聚。东部，上海多媒体产业园，依托与中心城区连接和商业、商务中心的便利，形成数字内容产业高度集聚，并带动凯旋路多媒体走廊的产业拓展，园区数字内容企业有400多家。园区被授予“国家数字媒体技术产业化基地”和“国家文化产业示范基地”称号。中部，长宁信息园，形成应用软件开发、系统集成、软件外包服务等中小软件企业集聚，园区共有软件企业150多家。西部，虹桥临空经济园是市级科技园区和国际科技园协会（IASP）会员单位，园区内有信息服务业企业186家。依托长宁为长三角地区门户的区位优势，形成IT供应链、电子商务、通信软件开发产业为主的企业总部和企业研发总部的集聚地。（杨　砚）

■ 上海多媒体产业园不断完善产业发展的软环境建设

年内，区科委在有关部门支持下不断完善和加强信息服务业发展的软环境建设。上海多媒体产业园成立产业园发展有限公司，继续拓展产业基地并且加强管理服务。支持上海市多媒体行业协会入驻园区，提供行业发展和指导。组建多媒体产业孵化器，支持相关中小企业在园区创业发展。与市有关部门联合建立上海多媒体技术公共服务平台，为中小企业提供技术服务和降低企业商务成本。园区还组织CG大奖赛、中外多媒体论坛，以扩大国际交流，推动企业技术进步。设立多媒体博士后工作站，加强人才高地建设。至此，园区已形成数字内容产业的高度集聚。（杨　砚）

■ 长宁区信息服务业企业为上海世博会提供技术支撑

年内，长宁区多家软件和信息服务业企业发挥智能化技术、信息网络技术优势，为2010年上海世博会提供技术服务，赋予这届世博会深厚的科技内涵。

水晶石上海分公司运用多媒体技术以宋代张择端的《清明上河图》为创作依据，用12台电影级的投影仪拼接融合，创作出一幅高6.5米、长128米的动态《清明上河图》画卷，整个活动画面以4分钟为一个周期，展现宋代城市的昼夜风景，其中白天出现人物691人，夜晚出现人物377人，是原图尺寸的近30倍，以神奇的动态活灵活现地再现宋代城市昼夜风貌的一幅百米长卷，令中外观众观后赞叹不已。上海华虹（集团）有限公司作为上海世博会门票芯片高级赞助商，设计与生产带有RFID芯片的电子门票，包括门票的制票和初始化发行与管理系统的建设，入园检票系统的设计开发与工程实施，以及涉及门票处理的销售读写器、验票机、检票闸机等设备。联想（上海）有限公司作为上海世博会信息系统的总集成商，为世博会提供信息系统平台包括运营管理、展示应用、基础设施、办博业务管理、支撑平台和综合保障6大信息化项目群，涵盖安保管理、交通管理、网上世博、票务管理、物流管理等44个信息化项目。上海农业信息有限公司为上海世博会搭建蔬菜生产管理系统、世博蔬菜追溯平台，保障世博期间食用蔬菜的安全卫生，在蔬菜的生产管理、运输配送、零售等环节进行信息跟踪，实现供应链上各企业和监管部门之间的信息交互。（杨　砚）

（四）专业服务业

■ 概况

2010年，区商务委按照国务院和上海市加快发展服务业的具体要求，结合长宁实际，进一步明确专业服务业产业结构，对专业服务业及其他产业中的企业进行调整整合，区专业服务业发展取得显著成绩。通过加强企业和行业、地域集聚度，形成集聚效应。区专业服务业主要由律师业、广告业、经济咨询业、外国企业代表处和其他专业服务等细分行业组成。（王晓峰）

■ 区3775家专业服务业企业形成行业集聚度

截至到2010年底，区共有专业服务业企业3775家，占全区纳税企业的20.18％；2010年度区专业服务业企业共完成税收21.09亿元，占全区总税收的13.18％，占全区现代服务业税收的32.94％。专业服务业形成一定行业集聚度。在地域上，结合三大经济组团建设，专业服务业的地域集聚效应得到加强，虹桥涉外贸易中心、中山公园商业中心、虹桥临空经济园区集聚了大量的专业服务业企业。（王晓峰）

■ 区专业服务业招商引资工作得到加强

“十一五”期间，区进一步完善招商引资机制，先后制定一系列促进专业服务业发展的政策，加大引进“四有”企业力度，强化重点企业服务，尤其近两年，专业服务业引进“四有”工作成效显著。抓住外商投资准入领域扩大和CEPA进一步开放香港现代服务业的机遇，加强区现代服务业建设、完善现代服务业发展环境，推进长宁全方位、多层次、宽领域对外开放，专业服务业成为企业引进的工作重点，招商引资的视线投向世界500强企业和专业服务业龙头企业。“十一五”期间，引进管理型地区总部（拉法基、曼宁家、王子纸业等）、专业检测（司达信产品检测、德铧材料检测）、船级社（日本船级社、挪威船级社）、融资租赁（仲利国际租赁、日本兴银租赁等）等一批专业服务业企业。

（王晓峰）

■ 区经济咨询公司发展较快

长宁区良好投资环境和快速的经济发展，吸引众多投资者，为投资者提供咨询服务的专业公司应运而生。此外，随着社会分工细化和社会资源共享，不少外资企业按照国际惯例将部分非核心业务分包给专业咨询公司承担。专业服务业载体建设力度加大。围绕三大经济组团建设，加大商务办公楼等经济楼宇建设力度，为大力推进专业服务业发展提供有力支撑。专业的服务为企业节省管理成本、提高管理效力，为长宁投资环境的提升、税收结构调整作出积极贡献。

（王晓峰）

（五）现代物流业

■ 概况

2010年，长宁区现代物流业发展快速增长，对区域经济的贡献度不断提高。截至到年底，区共有上海海烟物流发展有限公司、联邦快递等各类物流企业562家。年内，区重点航运服务企业扬子江快运航空有限公司开通“上海—天津—布拉格—卢森堡—上海”货运航线，填补了上海没有直飞东欧货运航班的空白，再加上金鹿、国航、春秋航空等公务机和航空服务企业，形成长宁区域内货运、客运及公务机租赁的航空服务全覆盖。

（张亦易）

■ 联邦快递和TNT（中国）在长宁区建立华东区营运总部

长宁借助其优越的地理位置和与贸易相关的政府部门、服务机构相对集聚的优势，吸引了一大批外资物流企业的进驻，使长宁的物流业得到了显著的发展，企业总数、经济效益以及对区域经济的贡献度持续增加和提高。从企业层面来看，全球四大物流快递企业之一的联邦快递和TNT（中国）在长宁区建立华东区营运总部；全球十大货运企业之一的劲达国际以及全球50强的航空货运企业之一的鸿霖国际在长宁建立中国营运总部；包括东航、海航、上航等知名的国内航空物流营运企业也先后入驻长宁。

（张亦易）

■ 2010年长宁区现代物流业企业达562家

2010年，长宁区各类物流企业达到562家，比“十五”期末增加32%，占全区纳税企业数比重为3%；共实现税收12亿元，比上年增长46.10%，占全区税收比重为7.5%，占全区现代服务业税收的比重为8.75%。

（张亦易）

■ 制定长宁区物流业发展“十二五”专项规划

2010年，区商务委制定长宁区物流业发展“十二五”专项规划，提出要加快培育和发展具有现代化、国际化、一流技术和水平的高端物流企业。采取大力推广第四方物流平台，鼓励临空物流总部集聚区的建设，加强物流人才的引进和培养等措施，进一步推动长宁物流业持续发展。

（张亦易）

■ 海烟物流公司打造上海特色的中国烟草物联网平台

2010年，区域内上海海烟物流发展有限公司全年税收4.02亿元，占全区现代物流业企业税收33.5%。该公司投资2.9亿元对物流运行系统进行项目改造以提升核心竞争力，通过建立统一完整的现代物流管理模式，根据物联网“全面感知，互联互通，智能处理”三大特征，打造具有上海特色的中国烟草物联网平台。

（张亦易）

■ 区域内航空服务业呈现集聚态势

年内，区重点航运服务企业扬子江快运航空有限公司开通的“上海—天津—布拉格—卢森堡—上海”货运航线成功首航。扬子江快运自落户长宁以来，开通国内、国际航线共计40余条，每周航班达200余个。此次新航线的成功开通，填补了以往上海没有直飞东欧货运航班的空白。除扬子江快运外,长宁区域内还有金鹿公务机公司以及国航上海分公司两家拥有众多机型的大型航空服务企业,再加上春秋航空,依托邻近虹桥交通枢纽的先发优势,形成长宁区域内货运、客运及公务机租赁的航空服务全覆盖,初步显现区域内航空服务业的集聚效应。（张亦易）

（六）社会服务业

概况

2010年,长宁区多措并举推进区社会服务业发展,有序推进区属经营性文化事业单位转企改制,完成上海天山电影院转企改制为上海天山电影院有限公司,实现当年改制,当年企业职工收益与企业营业总收入双赢。区属上海国际体操中心积极探索社会服务新形式,在坚持每月免费开放社会专场及春节免费开放专场基础上,成功举办文化名人周立波海派清口专场、迪斯尼冰上芭蕾舞等大型文艺演出,公益场馆设施全年共接待市民健身人数150万人次。上海仙霞网球场等市属社会文体服务单位关心支持长宁区社会服务业和区争创全国文明城区相关工作,成功举办多项国际和全国网球赛事,获上海市世博会窗口服务先进集体。（常　念）

上海天山电影院2010年转企改制

根据上海市委宣传部《关于推进本市区县所属经营性文化事业单位转企改制工作的通知》,上海天山电影院确定为转企改制单位,于2010年进行了转企改制工作。上海天山电影院转企改制为上海天山电影院有限公司后,按照《中华人民共和国公司法》有关规定,建立公司法人治理结构,建立决策、执行、监督机构。实行全员竞聘上岗制度,与员工签订劳动合同,确立劳动关系,建立能进能出的机制,薪酬分配制度形成能增能减机制,职工的收入与企业效益和职工的实际贡献挂钩。2010年,天山电影院营业总收入达到1353.22万元,其中,票房总收入达到990.7万元,利润100.88万元。

（宋文君）

2010年天山电影院总资产18403.20万元

上海天山电影院成立于1979年,于1979年10月1日正式开业,建造投资额104万元,影院通过30年不断的经营发展,至2010年拥有1个大厅、6个小厅,总座位数1639座。地上建筑有四层,占地面积共4674平方米,建筑面积6630平方米。注册资金187.9万元。经中铭国际资产评估(北京)有限责任公司评估确认,截至到2010年7月31日,天山电影院总资产18403.20万元。（宋文君）

天山电影院蝉联2010年上海国际电影节分会场冠军

上海天山电影院是历届上海国际电影节的指定展映影院,2010年6月12日,第十三届上海国际电影节隆重开幕。电影节期间,在区政府、区文化局的支持下,天山电影院全院上下齐心努力,团结拼搏,克服经营环境所带来的困难,出色完成任务,并不断创新票款收入。票款收入达到60.26万元。观众人次达到15159人,上座率达到56.87%。比上届电影节同比增长5.3%,蝉联国际电影节分会场的冠军。（宋文君）

上海国际体操中心拓展提高场馆社会服务水平

2010年,区属上海国际体操中心积极探索拓宽场馆社会服务领域,提升场馆社会服务水平。在成功举办全国啦啦队选拔赛、市第十四届运动会健美操及体操、艺术体操比赛,长宁区残疾人群众性体育比赛、市公安系统羽毛球比赛基础上,承办周立波海派清口专场、迪斯尼冰上芭蕾舞等大型文艺演出,深受市民好评,成为展示长宁社会服务新形象的重要平台和窗口。（夏莉莉）

上海国际体操中心全年接待市民健身人数150万人次

区属上海国际体操中心作为公益体育场馆,大力开展全民健身活动,定期开办老年人羽毛球专场、暑期青少年活动专场,坚持每月免费开放社会服务专场和春节免费开放专场,全年共接待全民健身市民人数150万人次。（夏莉莉）

上海市仙霞网球中心成功举办三项全国和国际网球赛事

上海市仙霞网球中心连续5年成功举办过雪佛兰业余网球大赛上海站、“大众交通”杯华东地区青少年网球冠军邀请赛、“大众交通”杯上海市青少年网球冠军赛、“城开”杯东亚城市元老网球锦标赛、ATP、WTA职业巡回赛事。2010年,仙霞网球中心成功举办三项全国和国际性网球赛事：2010华东地区老年网球邀请赛、2010-ITF国际网联男子巡回赛上海站、2010 "NJT" 全国网球青少年（U16）排名赛上海站。（项慧敏）

■ **上海市仙霞网球中心荣获上海市世博会窗口服务先进集体**

上海市仙霞网球中心连续多年被评为"上海市体育局文明单位"，并被授予"上海市爱国卫生先进单位"的荣誉称号。2010年度，荣获"上海市世博会窗口服务先进集体"、"上海市体育场馆世博服务先进集体"等荣誉称号。仙霞网球中心积极支持长宁区争创全国文明城区的相关工作，是"长宁区卫生信得过单位"、"长宁区卫生先进单位"。（项慧敏）

（七）金融业

■ **概况**

2010年，长宁区境内主要有中国工商银行股份有限公司上海市长宁支行、中国农业银行股份有限公司上海市长宁支行，中国银行股份有限公司上海市长宁支行、交通银行股份有限公司上海长宁支行、中国建设银行股份有限公司上海长宁支行、上海浦东发展银行长宁支行、上海银行股份有限公司长宁支行7家银行。主要经营人民币、外币存款，发放短、中、长期贷款，中小企业贷款，办理结算、票据贴现、同业拆借、企业现金管理、信用证服务和担保、国内应收帐款保理、外汇汇款、外汇兑换、国际结算、外汇担保、双币种信用卡业务、离岸金融业务、基金托管业务、个人抵押贷款、个人住房按揭贷款、个人消费贷款业务、代发代扣业务、代收公用事业费、国际国内保理业务及银监会批准的其他业务。各支行秉承"追求卓越"的核心价值观和"以客户为中心，以市场为导向"的经营理念，围绕"调结构、控规模、防风险、上水平"的工作主线，积极融入区域经济发展，参与长宁区对接"两个中心"建设，各项业务稳步发展。2010年，工商银行长宁支行本外币各项贷款余额超过250亿元，本外币各项存款余额超过428亿元，税前利润超过9.8亿元，比上年同期增长5.8%，其中中间业务收入首次突破3亿元，各项指标区域占比均名列前茅。农业银行长宁支行本外币各项存款余额超过170亿元，本外币各项贷款余额超过76亿元，实现拨备前利润2.7亿元，实现中间业务收入近亿元。中国银行长宁支行各项本外币存款200.85亿元，贷款余额73.52亿元。交通银行长宁支行各项存款金额153亿元，贷款金额90亿元。建设银行长宁支行全口径本外币存款余额198.37亿元，贷款余额70.02亿元，比上年增长11.2%。浦发银行长宁支行截至12月底，各项人民币存款余额118.99亿元，各项贷款余额46.69亿元。（常　念）

2010年长宁区部分银行基本情况

表20-1　　单位：万元

银行		工商银行长宁支行	中国银行长宁支行	交通银行长宁支行	浦发银行长宁支行
本外币资产总额	数值	4455700	2151326.47	2438644	1087118
	当年新增	563800	142178.25	533770	77800
各项存款金额	数值	4300400	2008533.41	1531931	1189916
	当年新增	-115100	86781.12	376195	83340
各项贷款金额	数值	2540900	735198.71	906713	466852
	当年新增	234900	-21085.63	157575	21962
个人消费贷款余额	数值	23300	324803	191745	115
	当年新增	8000	-29622	24568	-21
住房按揭贷款余额	数值	307000	305763	191675	204515
	当年新增	70900	-28589	24623	54164

说明：资料由相关银行提供。

工商银行长宁支行完成世博金融服务任务

2010年，工商银行长宁支行以“追求卓越服务，彰显工行风采”为行动纲领，以“感恩行动、大堂制胜”为世博服务理念，召开世博服务动员大会，层层签订“世博服务工作责任书”，制订《关于长宁支行在世博会期间的服务应急预案》等，进一步完善《长宁支行服务工作管理办法》，健全制度，加强教育，更新技能，提高意识，确保自助机具98%以上可用率，增加服务力量，坚持投诉不过二，圆满完成世博服务任务。（龚子敏）

工商银行长宁支行参加海峡两岸连锁业2010新春联谊会

3月，工商银行长宁支行与上海市分行各级领导、业务骨干组成行商团队参加海峡两岸连锁业2010新春联谊餐会，为两岸超过250家连锁企业送上涵盖现金管理、电子银行、小企业贷款、个人金融业务介绍的“工行大礼包”，并作出一站式服务承诺。（龚子敏）

工商银行长宁支行为中小企业提供金融服务

2010年，工商银行长宁支行积极创新金融服务模式，主动进楼宇、进街道、进社区，参与各级政府招商引资活动，同时加强与担保公司、小额贷款公司的合作沟通，创新担保方式、进驻专业市场，举办各类推荐会，推出“网贷通”、“结贷通”等新型融资方式，为中小企业提供更便捷、更全面的金融服务。（龚子敏）

表20-2 2010年中国工商银行股份有限公司上海市长宁支行营业网点一览表

序号	网点名称	地址	网点电话
1	仙霞路支行	仙霞路369号	62739227
2	定西路支行	定西路1560号	52371105
3	遵义路支行	长宁路1417号	52739790
4	江苏北路支行	江苏北路85号	52387997
5	中山公园支行	长宁路1018号B1	52385527
6	香花桥路支行	新华路441号	62819099
7	淮海西路支行	华山路1576号	62814210
8	安顺路支行	中山西路999号	32515021
9	武夷路支行	武夷路436号	62513122
10	丁香花园支行	华山路896号	52372289

续表20-2-1

序号	网点名称	地址	网点电话
11	娄山关路支行	玉屏南路500号	62410894
12	茅台路支行	茅台路236号	52069916
13	虹桥路支行	虹桥路1100号	62754048
14	天山路第二支行	天山路1718号	62748050
15	北渔路支行	北渔路112号	52163359
16	芙蓉江路支行	仙霞路428号	62751015
17	剑河路支行	剑河路527号	52199231
18	空港分理处	机场空港一路99号	51151571
19	天山西路支行	天山西路393号	52173324
20	福泉路支行	甘溪路400号	62399723
21	程家桥支行	虹井路880号	62698629
22	新华路支行	新华路506号	52308797
23	愚园路支行	愚园路1300号	62511646
24	虹桥机场支行	虹桥机场虹达楼	62687688
25	天山路支行	天山路600弄1号	61457351
26	延安西路支行	延安西路895号	62526353
27	番禺路支行	淮海西路432号	62830949
28	安龙路支行	仙霞路858号	62627907
29	临空支行	天山西路799号	52189896
30	淮阴路支行	剑河路606号	52139131

说明：资料由工行长宁支行提供。

农业银行长宁华阳路支行开业

8月26日，农业银行长宁华阳路支行开业。该支行是长宁支行第13家网点，位于长宁路546号，地处长宁闹市区，毗邻区政府，为企业和个人提供投资产品、存款、贷款、汇款以及外币兑换业务等服务，并有专业理财师提供个人理财等服务。（谈志明）

农业银行长宁支行对公理财产品销售取得新突破

2010年，农业银行长宁支行面对辖区内机构类客户资金存量大，金融服务需求多，同业竞争激烈等特点，将每个客户的资金量、需求、盈利目标、风险承受能力、财务人员的风险偏好等特点逐一列出，再对银行的各类产品进行研究，找出产品特点，根据客户的资金运作规律，为其出具详细理财方案，赢得一批企业认购，对公理财产品销售量比上年增加308.64%，市场份额明显提升。（谈志明）

■ **农业银行长宁支行加强网点个人业务销售竞争力建设**

2010年,农业银行长宁支行在网点文明标准服务导入的基础上,全力加强网点个人业务销售竞争力建设。定西路支行作为上海分行首批8家样板网点之一,参加"网点个人业务销售竞争力提升项目"营销导入试点工作,从客户分层管理、网点分区、营业厅氛围、绩效考核、岗位分工、销售流程、日常管理等方面,加强网点个人业务的销售竞争力,标志着长宁支行系统性的转型已经开始。(谈志明)

表20-3 **2010年中国农业银行股份有限公司上海市长宁支行营业网点一览表**

序号	网点名称	地址	网点电话
1	天山支行	天山路310号	62912354
2	北新泾支行	天山西路209号	62397759
3	程桥支行	虹桥路2301号	62427293
4	古北新区支行	荣华东道118号	62789040
5	江苏路支行	江苏路369号	52400451
6	虹桥支行	仙霞路299号	62350092
7	定西路支行	定西路998号(乙)	62111672
8	天山储蓄所	遵义路404-406号	62744247
9	茅台路储蓄所	茅台路596号	62903625
10	北虹路储蓄所	仙霞路1243号	62909463
11	中山公园支行	汇川路93-1号	52735044
12	临空支行	北翟路1178号	62389706
13	华阳路支行	长宁路546号	32556121

说明:资料由农行长宁支行提供。

■ **中国银行长宁支行各项业务稳步增长**

2010年,中国银行长宁支行根据市场环境变化和区域经济特色,明确重点业务和工作目标,加大渠道营销力度,提升网点服务特色和员工营销意识,推进客户结构、业务结构、收入结构调整,各项业务显著增长,实现营业利润和人均经营利润比上年增长20%以上。(程 琼)

■ **中国银行长宁支行推进世博金融服务**

2010年,中国银行长宁支行推进世博金融服务,提升服务品质,优化窗口服务,整顿营业场所环境、完善服务设施管理、合理规划服务时间、优化客户分流流程;加强投诉处理,建立投诉处理绿色通道,认真落实客户提出的各类建议,提高客户满意度;开展"百日劳动竞赛"、"服务质量月"等服务竞赛活动,树立典型,发挥网点示范岗明星效应;抓好员工技能培训,提高服务效率。全行服务品质全面提升。(程 琼)

■ **中国银行长宁支行加强员工职业操守教育**

2010年,中国银行长宁支行围绕创建"平安世博"总体目标,严格防控内部风险,5月,开展名为"人生道路自珍重"员工职业操守教育系列活动:举办学习讲座,在全辖机构中开展对《职业操守指引》等文件的学习,开展重点岗位自查自纠,组织营销人员专题讨论会等,树立员工诚实守信、依法合规的职业观念。(程 琼)

■ **中国银行长宁支行参与公众活动履行社会责任**

2010年,中国银行长宁支行参与各项公益活动:4月,组织部分干部员工参与"4·15"虹桥绿地"喜迎世博、清洁家园"活动,自觉清扫公园,创建文明城市;12月,部署4家网点及部分党员开展1个月的公众教育宣传,在公众中普及金融知识。中国银行长宁支行在玉树地震后,开展全行抗震救灾捐助活动,募集善款3万余元,以实际行动履行社会责任。(程 琼)

表20-4 **2010年中国银行股份有限公司上海市长宁支行营业网点一览表**

序号	网点名称	地址	网点电话
1	长宁路支行	长宁路1170号,近凯旋路	52413175
2	长宁支行营业部	延安西路2067号,近仙霞路	62785055
3	番禺路支行	番禺路56号,近延安西路	62829337
4	古北新区支行	黄金城道927号,近水城路	62091304
5	古北支行	红宝石路500号A座1楼,近古北路	32098103
6	国贸中心支行	延安西路2201号,近娄山关路	62753783
7	虹桥机场支行	迎宾一路368号,近虹桥机场	62688866
8	虹桥开发区支行	仙霞路319号,近古北路	62350137
9	黄金城道支行	黄金城道555弄1号,近伊犁南路	62956816

续表 20-4-1

序号	网点名称	地址	网点电话
10	娄山关路支行	娄山关路 890 号,近云雾山路	62414819
11	天山路支行	天山路 350 号,近威宁路	62907102
12	仙霞路支行	仙霞路 703 号,近威宁路	62906022
13	仙霞西路支行	仙霞西路 299 号 139—140 室,近平塘路	62392757
14	新华路支行	新华路 434 号,近定西路	62828556
15	延安西路支行	延安西路 1988 号,近新华路	62093788
16	愚园路支行	愚园路 1118 号,近江苏路	62130837
17	镇宁路支行	镇宁路 231 号,近东诸安浜路	62404503

说明:资料由中行长宁支行提供。

■ 交通银行长宁支行参与长宁区对接“二个中心”建设

年内,交通银行长宁支行配合长宁区政府对接上海进行国际金融中心和航运中心建设,拓展上海国际贸易中心虹桥主承载区建设。在中小企业融资、国资改革、政府融资平台重建筹储方面定制最优金融配套方案,并与长宁区政府签订全面战略合作备忘录。（施 磊）

■ 交通银行长宁支行加强世博安保工作

2010 年,交通银行长宁支行强化员工安全教育培训,提高全员安全防范意识和能力,组织包括防火、反抢劫等演练,强化安全隐患排查,对离行式自助机具夜间巡逻,实现“安全无事故”的世博服务目标,被市公安局治安总队及企事业单位治安保卫协会授予 2010 世博安保先进保卫组织称号。

（施 磊）

■ 交通银行长宁支行积极参与社区活动

2010 年,交通银行长宁支行通过联合江苏社区,为社区居委干部、“两新”组织、白领及社区居民举行多场专题理财讲座,约 500 余人通过活动得到金融知识的指导。世博会召开前夕,支行党员还主动捐款购买 32 张世博门票捐赠给社区贫困家庭、优秀学生及社区工作者。支行还与社区内困难企业互帮结对,每年资助 5000 元给上海宽紧带厂 2 名困难家庭子女,直至他们完成大学学业。每年资助 3500 元给江苏社区 7 户贫困家庭,以实际行动促进企业与社区的共同发展。（施 磊）

10 月,交通银行上海市分行与长宁区政府举行全面合作备忘录签约议式

（交通银行长宁支行供稿）

表 20-5 2010 年交通银行股份有限公司上海市长宁支行营业网点一览表

序号	网点名称	地址	网点电话
1	本部营业部	江苏路508号	62528771
2	娄山关路支行	娄山关路555号	62414910
3	番禺路支行	番禺路279号	62817808
4	古北新区支行	水城南路42-46号	62789133
5	威宁路支行	威宁路410号	33536694
6	虹康支行	剑河路577号	52184042
7	顺义路支行	顺义路62号	52363884
8	黄金城道支行	伊犁南路435号	61512673
9	虹桥支行	仙霞路18号1-2楼	62096623

说明:资料由交行长宁支行提供。

■ 建设银行长宁支行产品有特色

建设银行长宁支行依托功能齐全的营业网点和多元化、多渠道的金融产品及服务体系,充分发挥在清算网络、房地产金融、银行卡、个人消费信贷、个人电子汇款、个人理财、网上银行、手机银行等产品和服务上的特色和优势,大力发展“乐得家”、“乐当家”、“E 路通”、“速汇通”、“存贷通”、“百易安”、“龙鼎金”、“汇得盈”、“利得盈”等知

名品牌业务，满足客户金融服务需求。（颜　才）

■ 建设银行长宁支行做好世博服务工作

2010年，建设银行长宁支行做好世博服务保障工作。发挥党团组织的战斗堡垒作用，精心组织世博金融服务培训和宣传工作，全面提升员工服务水平和业务技能；完善运营保障和应急处理机制，认真做好世博期间信访稳定工作，确保各项业务运营正常；落实世博安保要求，开展各类突发事件应急演练和安全检查工作，防范各类安全事故。世博期间，支行成功堵截电讯诈骗32起，合计堵截金额114万元。（颜　才）

■ 建设银行长宁支行携手部队医院结对共建促共赢

2010年，建设银行长宁支行加强与中国人民解放军八五医院和四五五医院的联系，共建基层组织，共建党员队伍，共抓主题活动，共赢科学发展。支行通过组织慰问医院"5·12"抗震救灾和参加世博安保任务官兵，邀请医院官兵参加建行上海市分行"七一表彰"大会及"抗震救灾"英模事迹宣讲报告会等，加强干部员工的爱国主义教育，提升奉献意识。发挥业务优势，为部队医院住院部、门诊收费处、高端体检中心安装ATM机和POS机自助设备，为部队和官兵家属提供各类金融服务，在共建中实现互利共赢。（颜　才）

表20-6　2010年中国建设银行股份有限公司上海市长宁支行营业网点一览表

序号	网点名称	地　址	网点电话	附　注
1	长宁支行营业室	仙霞路8号4楼	62788555	有24小时自助取款机
2	愚园路支行	定西路1285号	62114305	设有24小时自助银行
3	水城路支行	水城路555号	62413078	设有24小时自助银行
4	北新泾支行	剑河路270号	34290856	设有24小时自助银行
5	遵义路支行	长宁路1553号	52736141	设有24小时自助银行
6	番禺路支行	番禺路396号	62817816	设有24小时自助银行
7	天山支行	天山路765号	62295935	设有24小时自助银行
8	程家桥支行	剑河路2323号	62427613	有24小时自助取款机
9	江苏路支行	江苏路123号	62106512	有24小时自助取款机
10	虹桥路支行	虹桥路1088号	62192632	有24小时自助取款机
11	古北支行	水城南路38号	62789163	设有24小时自助银行
12	机场支行	虹桥路2550号	51151239	
13	安顺路支行	中山西路999号	32503646	有24小时自助取款机
14	紫竹支行	东川路555号	34290855	有24小时自助取款机

说明：资料由建行长宁支行提供。

■ 浦发银行长宁支行推进中小企业贷款

2010年，浦发银行长宁支行通过"深挖现有大客户上下游企业"、"加快中小业务的渠道拓展"、"突出产品重点，向专业化分工转变"等三项措施，推进中小企业贷款的渠道建设，落实中小企业客户储备，并取得中小企业贷款业务的快速发展。

（吴跃龙）

■ 浦发银行长宁支行加强与长宁区政府合作关系

2010年，浦发银行长宁支行推进与长宁区政府金融办、金融联合会的合作，构建业务拓展平台。在长宁区金融联合会指导下，以"政府搭台、银行唱戏、企业得实惠"为宗旨，开展区内金融企业横向联合和交流、金融创新产品的发布、企业融资需求的对接等金融服务工作。（吴跃龙）

表 20-7　　2010 年上海浦东发展银行上海市长宁支行营业网点一览表

序号	网点名称	地　址	网点电话	附　注
1	长宁支行营业部	长宁路855号	62401568	设有24小时自助银行
2	万都中心大厦支行	兴义路8号万都大厦	52080419	设有24小时自助银行
3	水务大厦支行	江苏路389号	52398313	设有24小时自助银行
4	天山路支行	天山路894号	62595649	
5	虹桥机场支行	虹桥路2550号	62681750	设有24小时自助银行
6	古北支行	黄金城道881号	62087683	设有24小时自助银行
7	仙霞路支行	仙霞路475号	62748293	设有24小时自助银行
8	虹桥河滨支行	长宁路1786号	52720011	设有24小时自助银行
9	东方国际大厦支行	娄山关路85号	62786578	

说明：资料由浦发银行长宁支行提供。

■ 上海银行长宁支行拓展与区内企业沟通渠道

2010 年初，上海银行长宁支行参与协办长宁区工商联非公经济人士春节团拜年会的筹备和服务活动。8 月 16 日，组织召开工商联银企座谈会。通过加强与工商联等部门的沟通和联系，发挥信息资源共享优势，拓展与长宁区企业沟通渠道，为区内企业提供整合信息资源、金融资源等，度身定制金融服务方案，为企业做大做强提供方便。（金雯婷）

■ 上海银行长宁支行全面提升服务能级

2010 年，上海银行长宁支行以开展世博金融服务系列活动为抓手，开展争先创优活动，全面提升服务能级。通过开展形式多样的服务践行活动，加强对一线柜面员工礼仪和服务技巧培训，组织开展“迎世博巾帼文明岗”评选活动，“我为世博献计策”的合理化建议活动，双语竞赛（英语和手语），“迎世博、树形象、满意服务在金融”员工服务知识与技能竞赛以及“践行世博——最佳实践者”主题竞赛等活动，引导员工在践行世博中展现现代文明，弘扬爱岗敬业奉献精神，发掘支行内部优秀员工资源，树榜样、立新功，比服务、比奉献，树立争当世博服务先锋的光荣感。支行鼓励全体员工参与以“职工志愿者，让窗口服务更温馨”为主题的“员工文明志愿集中服务日”活动，在业务高峰日，组织二线员工到网点去，共同维护营业秩序，提供优质服务。将服务检查工作纳入到常规检查工作中，并把服务工作考核纳入到日常考核体系中，避免无责投诉，杜绝有责投诉，加大对有责投诉惩罚力度，同时做好客户投诉处理，妥善处理各类纠纷，建立服务工作长效机制。（金雯婷）

表 20-8　　2010 年上海银行股份有限公司长宁支行营业网点一览表

序号	网点名称	地址	网点电话
1	长宁支行营业部	仙霞路320号	62095115
2	愚园路支行	愚园路999号	62405506
3	天山支行	天山路765 号	62416087
4	临空经济园区支行	天山西路568号	62381485
5	凯旋支行	虹桥路953弄2号	62953023
6	曹家渡支行	长宁路388号	62119987
7	江苏路支行	延安西路1066号	32200897
8	古北路支行	虹桥路1452号	62741473
9	武夷路支行	武夷路729号	62741941
10	新泾支行	仙霞西路642号	62397012
11	番禺路支行	定西路738号	62825826
12	中山支行	长宁路999号	62406272
13	仙霞路支行（停业装修）	仙霞路476号	62784667
14	威宁路支行	天山路324号	62901365

说明：资料由上海银行长宁支行提供。

■ 太平洋产险长宁支公司为社区居民提供社区综合保险

2010 年，由中国太平洋财产保险股份有限公司上海长宁支公司承保长宁区社区综合保险，为辖区内 10 个街道（镇）22.33 万户居民提供财产安全

和生活风险保障，为创建和谐文明社区提供保险服务，通过优质服务，发挥保险经济"助推器"和社会"稳定器"的作用。（张丽菊）

■ **太平洋产险长宁支公司为长宁区行政事业单位提供公务车辆定点保险业务**

2010年9月1日起，中国太平洋财产保险股份有限公司上海长宁支公司承保长宁区行政事业单位公务车辆定点保险业务，共为150余家行政事业单位、1000余辆车提供专业、主动、迅速、准确、合理的车辆保险服务。（张丽菊）

■ **中国人民财产保险有限公司上海市长宁支公司为区域内医疗、旅游提供保险**

中国人民财产保险有限公司上海市长宁支公司是人保财险上海市分公司的分支机构，位于长宁区定西路1207号，设综合部、业务管理部、营业一部、营业二部、营业三部、中介业务部等部门。主要经营范围：企业财产保险、家庭财产保险、机动车辆保险、货物运输保险、建筑安装工程保险、责任保险、信用保险、意外伤害保险等。人保财险是2010年上海世博会保险的全球合作伙伴。2010年，中国人民财产保险有限公司上海市长宁支公司为区域内医院提供医疗责任保险，有效缓解医疗纠纷；为区域内旅行社提供旅行社责任保险，解除旅行社的后顾之忧。公司以构建"和谐社会、和谐长宁"为己任，到社区及有关单位开展形式多样的人保财险咨询活动，增强社会公众的保险意识，提高保险的渗透度和对社会的贡献度。（丁建荣）

表20-9 **2010年长宁区内保险公司情况表**

序号	企业名称	企业地址
1	北京中达信保险公估有限公司上海分公司	上海市长宁区中山西路930号1801室
2	长城保险经纪有限公司华东分公司	上海市长宁区定西路1100号807、808室
3	大众保险股份有限公司上海市长宁支公司	上海市长宁区延安西路1088号907-908室
4	华安财产保险股份有限公司上海市长宁支公司	上海市长宁区哈密路196号1层
5	华泰财产保险股份有限公司上海市长宁支公司	上海市长宁区定西路988号(银统大厦)12楼C座
6	昆仑健康保险股份有限公司上海分公司	上海市长宁区法华镇路457弄3号101室A
7	美国友邦保险有限公司上海分公司长宁延安西路营销服务部	上海市长宁区延安西路789号长裕大厦1-12、17、19、20楼
8	美国友邦保险有限公司上海分公司寿险营业员延安路管理处	上海市长宁区延安西路889号太平洋企业中心15-17楼
9	美信保险经纪(上海)有限公司	上海市长宁区长宁路1027号1305室
10	上海长江保险经纪有限公司	上海市长宁区新华路315号102室
11	上海东大保险代理有限公司	上海市长宁区新华路539号1楼C室
12	上海东大保险经纪有限责任公司	上海市长宁区新华路539号2幢2楼
13	上海东太保险公估有限公司	上海市长宁区淮海西路442弄87号2604室
14	上海泛鑫保险代理有限公司江苏路营业部	上海市长宁区江苏路369号26B室
15	上海根宁瀚大通保险技术服务有限公司	上海市长宁区芙蓉江路100弄1号407室
16	上海共立保险经纪有限公司	上海市长宁区延安西路2201号511室
17	上海锦正保险公估有限公司	上海市长宁区哈密路431号4幢101室
18	上海立康保险代理有限公司长宁营业部	上海市长宁区江苏路121号12楼D座
19	上海仁信保险经纪有限公司直属营业部	上海市长宁区延安西路1228弄2号20C座
20	上海威明保险代理有限公司	上海市长宁区茅台路868号727室
21	上海泽安保险代理有限公司长宁营业部	上海市长宁区武夷路155号300室
22	太平财产保险有限公司上海市长宁支公司	上海市长宁区天山路600弄1号2602室

续表 20-9-1

序号	企业名称	企业地址
23	太平洋安泰人寿保险有限公司长宁江苏路营销服务部	上海市长宁区江苏路 40 号
24	中国大地财产保险股份有限公司上海市长宁支公司	上海市长宁区双流路 31 号 502、504 室
25	中国人民财产保险股份有限公司上海市分公司长宁定西路营销服务部	上海市长宁区定西路 1207 号 202 室
26	中国人民人寿保险股份有限公司上海市分公司长宁天山路营销服务部	上海市长宁区天山路 600 弄 3 号 18 楼 C 楼
27	中国人寿保险股份有限公司上海市市西支公司定西路营业部	上海市长宁区芙蓉江路 110 号
28	中国人寿财产保险股份有限公司上海市长宁支公司	上海市长宁区天山路 310 号 8 楼 G、H 座
29	中国太平洋人寿保险股份有限公司上海分公司长宁中山西路营销服务部	上海市长宁区中山西路 1279 弄 6、8 号 10 楼
30	中华联合财产保险股份有限公司上海市长宁支公司	上海市长宁区定西路 1016 号 1203-1204 室

说明：资料由工商长宁分局提供。

表 20-10 **2010 年长宁区内证券公司情况表**

序号	名称	地址	电话
1	国泰君安证券股份有限公司江苏路证券交易营业部	江苏路369号	52401355
2	国泰君安证券股份有限公司天山路证券交易营业部	天山路340号一楼	33538811
3	申银万国证券股份有限公司玉屏南路证券营业部	玉屏南路373号	62414652
4	申银万国证券股份有限公司哈密路证券营业部	龙茗路1847号	54789007
5	申银万国证券股份有限公司双流路证券营业部	双流路15号	33608648
6	海通证券有限公司愚园路证券营业部	宣化路300号华敏国际广场7楼	32528502 32528503
7	海通证券有限公司延安西路证券营业部	种德桥路2号	62823044
8	东方证券有限责任公司长宁路证券营业部	长宁路546号	61740222
9	东方证券有限责任公司遵义路证券营业部	遵义路567号	62288899-100
10	上海国际信托投资公司定西路证券营业部	定西路1118号	62128028
11	华鑫证券有限责任公司上海茅台路证券营业部	茅台路594号	62903301
12	东海证券有限责任公司上海长顺路证券营业部	长顺路11号205室	62951988
13	中信证券股份有限公司古北路证券营业部	古北路1078号	62093128
14	长城证券有限责任公司宣化路证券营业部	宣化路290号	62122071
15	长江证券有限责任公司番禺路证券营业部	番禺路1号盛源大厦	52375618
16	广发华福证券公司遵义路证券营业部	遵义路835号	52721138
17	西南证券有限责任公司定西路证券营业部	延安西路1289弄10号	62255193
18	渤海证券有限责任公司定西路证券营业部	定西路710弄18号	62800127
19	国金证券有限责任公司上海遵义路证券营业部	遵义路107号3楼	61136622
20	东莞证券有限责任公司	古北路678号同诠大厦6楼	51187327 62709393
21	财富证券责任有限公司仙霞路证券营业部	仙霞路320号	62959080
22	中山证券责任有限公司上海长宁路证券营业部	长宁路515号	62116071
23	大通证券有限责任公司幸福路证券营业部	幸福路42号	62829809

续表 20-10-1

序号	名称	地址	电话
24	广发证券中山西路营业部	中山西路829号2楼	62199750
25	安徽省国元证券公司虹桥路营业部	虹桥路1720弄9号	62706918
26	开封市信托投资公司新时代营业部	天山路310号	62917071 62917072
27	辽宁省国际信托投资公司中天证券营业部	武夷路155号世星大楼3楼	62102981
28	阳泉市信托投资公司山西证券营业部	虹桥路2288号	62626011
29	光大证券股份有限公司上海仙霞路证券营业部	仙霞路333号108、301室	32522211
30	常州证券有限责任公司水城南路证券营业部	水城南路29号	62704632
31	江海证券公司万航渡路证券营业部	万航渡路529号	62491600
32	中国建银投资证券有限责任公司法华镇路证券营业部	法华镇路196号	52540866
33	中国银河证券有限责任公司江苏北路证券营业部	江苏北路30号	62511178
34	方正证券有限责任公司延安西路证券营业部	延安西路719号	62120099
35	海通证券责任有限公司天山西路证券营业部	天山西路165号4楼	52197211
36	齐鲁证券上海仙霞西路证券营业部	仙霞西路299弄1号301室	51746633
37	联讯证券长宁路证券营业部	长宁路1200号	52418801
38	上海证券公司天山路营业部	天山路919号虹桥天都4楼	62298020
39	华泰证券股份有限公司上海威宁路证券营业部	威宁路333号3楼	62915379
40	华龙证券有限责任公司上海长宁路证券营业部	长宁路1661弄1号	52421780
41	万联证券有限责任公司上海富贵东路证券营业部	富贵东路9、19号	32098557
42	招商证券股份有限公司上海江苏路证券营业部	江苏路398号7楼	32505888
43	招商证券股份有限公司上海娄山关路证券营业部	娄山关路55号13楼	62758529
44	中国银河证券股份有限公司上海延安西路证券营业部	延安西路899号5楼	52402939
45	中银国际证券有限公司上海新华路证券营业部	新华路660号万宝国际商务大厦1楼	62836883 32260107

说明：资料由工商长宁分局提供。

（八）旅游业

概况

2010年是“十一五”规划实施最后一年，也是世博会举办之年。长宁区旅游局认真贯彻落实市委、市政府和区委旅游工作要求，一手抓办博，一手抓发展，多措并举促进区旅游业发展。

年内，区旅游局整体加强区旅游宣传，规范旅游设施标识、制作长宁世博旅游地铁磁卡、编制《炫感长宁——世博旅游》宣传册等，树立长宁良好旅游形象；推进世博旅游安保工作，优化长宁旅游环境；在全区69家旅行社和52家宾馆全面推进旅游从业人员服务技能培训和社会旅馆达标、星级旅游饭店、绿色饭店创建评比和政风行风建设，提升旅游服务接待质量；举办2010年上海旅游节长宁区活动、中山公园旅游集市和“常州美食”走进长宁等特色旅游活动等，吸引大批国内外游客。

是年，区内旅行社、旅游饭店和旅游景区共接待境内外旅游者545.43万人次，当年实现旅游收入94.39亿元。

（王瑞英）

召开旅游行业服务技能展示暨服务世博工作推进会

1月21日在银星皇冠假日酒店举行。来自喜来登太平洋大饭店、虹桥宾馆等十几家旅游企业单位的服务员围绕上海世博会"城市,让生活更美好"主题,展示交流区旅游行业中式、西式铺台和调酒服务技能,展示了区酒店业迎世博培训成果。虹桥美爵大酒店、龙之梦万丽大酒店等十三家宾馆(酒店)获"迎世博"长宁区旅游行业服务技能展示风采奖。通过服务技能展示交流,使区旅游行业树立爱岗敬业、乐于奉献、主动服务的理念,以饱满的姿态,过硬的服务技能迎接上海世博盛会。

(王瑞英)

■ 参加国内旅游交易会

4月23—25日,2010年中国国内旅游交易会在重庆举办。长宁区春秋旅行社联合体及华东部组团参与,交易会期间,区旅游局与春秋旅行社共同推介长宁旅游资源和旅游产品,并向全国旅游同行发放宣传促销资料上万份。 (王瑞英)

■ 举行庆祝世界地球日暨"世博大熊猫、长宁好邻居"活动

4月24日在上海动物园隆重举行。市妇联主席张丽丽、区委副书记夏永泰、副区长陆继业、美国驻沪领事馆领事 Jake Jacanin 等参加活动。此次活动既是为庆祝第41个世界地球日,也是长宁区"世博大熊猫、长宁好邻居"系列活动之一,体现城市人与动物,动物和城市环境的充分融合,印证世博会"城市,让生活更美好"和世界地球日活动"人与地球的和谐境界"的主题。 (王瑞英)

■ 启动"千名老人看世博"首发仪式

5月27日,在上海国际体操中心广场拉开序幕。副区长、区老龄委副主任陆继业致词宣布活动开始,市民政局老龄工作处处长袁俊良,区政府、区政协等领导出席启动仪式。参加此次活动大部分对象为独居困难老年人,为保证活动的安全性,区旅游局等部门制定缜密的实施方案。来自全区1000多名老年人在世博志愿者陪同下观光世博园。

(王瑞英)

■ 接待都江堰崇义镇学生到沪参加世博会系列活动

6月3—6日,都江堰崇义镇20名学生,4名教师来到上海长宁区,参加世博爱心系列活动。活动内容有:"情系都江堰,希望在未来"长宁干休所老干部与都江堰师生共进晚餐并举办欢迎晚会;"世界爱心日,情系都江堰"长宁区幸福小学、崇义镇小学两地师生升旗仪式并共游世博园;"心连心,情系都江堰;手拉手,相伴成长路"长宁新世纪小学、崇义镇小学相聚宋庆龄陵园联欢活动;"特殊人群看世博,共庆世界爱心日"游览上海动物园活动。

(王瑞英)

■ 参加2010中国国际旅游商品博览会

6月24日在浙江省义乌市举行。来自31个国家和地区及全国31个省区市的旅游商品企业参加博览会。由长宁区旅游局推荐,裕神礼品公司设计制作的特制手表被选为代表上海地区参赛的旅游商品,并获铜奖。 (王瑞英)

■ 举办2010年上海旅游节长宁区活动

9月16日—10月16日,区旅游局举办2010年上海旅游节长宁区活动。9月16日,以"欢乐世博、缘聚长宁"为主题的活动开幕式在新虹桥广场举行,标志着'2010上海旅游节、购物节长宁区活动暨虹桥文化之秋艺术节活动正式启动。活动以凸显世博为主题,以百姓需求为导向,整合旅游、商业、文化资源,举办百余项具体活动。9月15—24日上海德国啤酒节在扬子江万丽大酒店举办。9月15日,从绿色到红色——长宁假日山东行首发团活动在上海新客站举行。在旅游节期间,活动主办方共组织3批300人次参加假日山东行。9月17日,以"弘扬美食文化、服务世博盛会"为主题的虹桥美食月月赏"韶山宾馆毛家菜美食周"活动在三湘大厦举行。9月11—18日,金山旅游长宁社区巡演巡展活动在长宁西郊百联广场举行。10月16日,"与世博同行,深度看城市"小主人老洋房寻访活动在新华社区文化活动中心举行,30户家庭参与。

(王瑞英)

■ 举办中山公园旅游集市

11月13—14日,第四届中山公园旅游集市在中山公园米兰广场举行。主题是"献礼上海市民,慰问世博功臣",为在世博期间作出巨大贡献的世博工作者们,送上真诚的感谢慰问。本届旅游集市首次尝试应用立体实景模拟展示,主打产品是上航假期结合时令需求和地方特色精心打造的"温泉+

美食”休闲养生游系列，为奉献世博的工作者们、服务世博的广大市民游客们提供丰富的路线选择和优厚的让利幅度；“整点限量特卖”版块尤其吸引参加集市的市民。（王瑞英）

■ 整体加强旅游宣传

2010年，区旅游局通过《旅游时报》《长宁时报》特辑宣传长宁旅游精彩内容，利用长宁十大新景观评选成果，生动地展现上海西大门的新形象，特别是依据长宁的区域功能定位及改革开放三十年来长宁形成的优势，深度挖掘，连续报道，突出长宁宜商宜居的新城区模式。为对接好世博盛会，推进长宁旅游产业起到较好的推动作用。通过携程网开辟长宁世博旅游专属页面和专题栏目，全面介绍长宁在吃、住、行、游、购、娱等方面的特色。利用区商务委“美好长宁城市消费网”平台，宣传长宁旅游。根据长宁“十大新景观”美好城市形象，制作长宁世博旅游地铁磁卡一套。编制《炫感长宁——世博旅游》宣传册，从四个角度（听觉、视觉、触觉、味觉）汇集长宁区宜商宜居的国际化城区环境及虹桥、中山、天山商圈的商业、文化、餐饮等方面的信息。

（王瑞英）

■ “常州美食”走进长宁，走进世博

2010年，为增强长宁的美食优势，丰富长宁的特色餐饮，区旅游局和常州市旅游局合作签约，双方积极创造条件，参与世博，推动交流合作。引进的常州美食与区新苑宾馆对接，常州二大著名餐饮集团参与合作，并在6月、7月二次举办常州菜美食周活动，受到长宁市民的欢迎。（王瑞英）

■ 规范旅游设施道路指示标志

2010年，区旅游局配合市旅游局、市交警总队对区内旅游景区道路沿线交通指引标识进行整改，共新设置标志18块。通过道路交通指示标志在长宁区旅游景区（点）的规范设置，对宣传长宁，树立长宁良好的旅游形象起到推动作用，也为世博盛会广纳天下客带来便捷。（王瑞英）

■ 全面推进旅游行业培训工作

2010年，区旅游局以“世博，让我们做得更好”为主题，以提高全行业从业人员职业道德、服务技能、服务礼仪和外语水平为重点，以宾馆（饭店）、旅馆（招待所）、旅行社一线员工为主要对象，全面推进全行业培训工作，实现员工培训全覆盖。年内，直接培训达6234余人次，企业培训达10.4万余人次。培训内容涉及《旅行社条例》、《旅馆管理办法》、《旅行社条例实施细则》等法律法规，世博知识、服务规范、食品卫生等与旅游行业相关的众多领域。（王瑞英）

■ 继续开展社会旅馆达标工作

2010年，区旅游局在全区旅馆业开展“规范服务，优质服务达标”活动，要求全行业以“一流的环境、一流的设施、一流的服务”做好世博接待工作，并取得成效。锦江之星哈密路店、莫泰168天山路店等4店被评为“优质服务达标”旅馆；华宫酒店、东方世纪宾馆等7店被评为“规范服务达标”旅馆。是年，长宁区有“优质服务达标”旅馆17家；“规范服务达标”旅馆32家。（王瑞英）

■ 做好绿色饭店创建和旅游星级饭店复核

2010年，区旅游局为创建资源节约型、环境友好型绿色旅游饭店，为顾客提供舒适、安全、有利于人体健康要求的绿色客房和绿色餐饮，减少和避免浪费，实现资源利用最大化，继续开展对《绿色旅游饭店标准》的培训和绿色旅游饭店的评审。龙柏饭店、扬子江大酒店等4店被评为金叶级绿色旅游饭店；绿洲大厦、三湘大厦被评为银叶级绿色旅游饭店。同期，区旅游局根据市旅游局《关于组织开展2010年度星级饭店复核工作的通知》精神，对区内二、三星级旅游星级饭店进行复核，12家星级旅游饭店通过复核。（王瑞英）

（栏目编辑 徐德生 汤翠萍 郑兆永）

二十一、城市建设与管理

CHENG SHI JIAN SHE YU GUAN LI

CHANGNINGNIANJIAN

2011

（一）综述

2010年，长宁区以迎世博、办世博为抓手，科学规划，推进建设，加强管理，市政基础设施进一步完善，城区环境品质和管理水平全面提升。开展有关重点区域深化细化规划，加大对有关历史建筑和历史风貌区的保护利用研究，对涉及虹桥商务区有关新开发区域进行功能定位研究，使城市规划布局更趋合理。对接虹桥综合交通枢纽建设，配合建成轨道交通2号线西延伸段、10号线和11号线长宁段、北翟路中环立交等市政配套工程。积极推进以SN十路、天山西路、仙霞西路延伸建设为代表的主次干路网建设。完成外环立交等道路辟建；完成虹桥路等10条道路整治。完成中山公园地区、虹桥地区停车诱导系统建设，安装停车诱导牌67块，完善龙之梦交通设施（一期）工程。田度废弃物综合处置中心建成投入使用。完成北翟路架空线入地工程；配合市有关部门推进万航渡路环卫码头防汛墙的拆除和改建。以“整洁、有序、美观、平稳”为总体目标，市容景观建设成效显著。建立门责制与网格化相结合的城区长效管理机制，乱设摊、乱搭建、乱张贴等市容顽症得到有效遏制；完成虹桥综合交通枢纽区域市容环境专项整治和愚园路、北渔路特色景观街道市容环境综合整治建设；完成延安西路景观、虹桥路沿线绿化景观灯光改造，提升夜间灯光景观效果；加大街头绿化景观建设，提升市区绿化景观水平。制定《长宁区迎世博环保整治工作实施意见》，开展扬尘污染、河道脏乱等环保整治行动，大气环境、水环境专项治理取得阶段性成果，城区综合环境质量继续名列中心城区前茅。全年完成旧小区综合整治345万平方米，完成拆迁基地12幅，动迁居民1294户。

年内，区域内有关市属单位为迎、办世博积极发挥职能，努力为长宁区城市建设和管理助力。虹桥机场2号航站楼建成启用，年完成旅客吞吐量3129.52万人次，比上年增加24.79%。东方航空公司全力以赴为世博运输服务保障，航班正点率居国内三大航空公司之首。中国电信上海公司建成虹桥综合交通枢纽通信网络，并与长宁区签署《长宁区十二五信息化基础设施建设合作协议》，为推进区域信息化助力。邮政系统努力为世博会和长宁区市民服务，市西邮政局获上海邮政世博工作先进集体称号。上海自来水市南有限公司、上海市区电力照明有限公司和上海煤气设备安装工程有限公司积极在长宁区进行管网改造，不断改善区域供水、供电、供气状况，为世博会和居民生活提供保障。

（常　念）

（二）规划

概况

年内，区规土局完成《东虹桥发展战略深化研究》等规划编制10项；核发建设项目选址意见书8件，用地面积13.75万平方米；核发建设用地规划许可证14件，用地面积40.97万平方米；核发建设项目工程规划许可证38件，建筑面积52.95万平方米；批复规划设计方案14件，建筑面积57.86万平方米。组织建设工程并联审批11件次。开工验线36件，建筑面积127.73万平方米；竣工验收37件，建筑面积14.04万平方米。拆除违章建筑5122平方米。核发建设工程竣工档案合格证25件，接收竣工档案归档入库34项726卷。办理主动信息公开212件次，依申请信息公开29件。（张瑛桦）

完成“长宁区历史建筑及历史风貌区保护与利用研究”专题调研

年内，区规土局对长宁区历史建筑及历史文化风貌区保护利用开展专题调研，完成《长宁区历史建筑及历史风貌区保护与利用研究》课题。该课题通过对长宁区历史建筑基本情况和建筑类型的梳理，指出长宁区历史建筑存在物理性破坏突出、功能开发利用缺乏引导、整体环境欠佳、缺乏管理、缺乏经费保障和产权关系复杂等问题，并借鉴国外的经验做法，提出搭建一个政府、企业、社会共同参与的平台等举措，并针对历史建筑保留现有功能和保护性开发利用等问题提出相应的建议。

（张瑛桦）

完成《东虹桥地区规划发展研究及重点地区规划深化纲要》

年内，区规土局委托上海市城市规划设计研究院编制的《东虹桥地区规划发展研究及重点地区规划深化纲要》（以下简称《规划纲要》）已完成。该《规划纲要》具有一定的特殊性，不属于常规规划体系中自上而下的传统的区域规划，而是根据区域面临的新环境，审视区域条件，在原有众多规划成果上整合、提炼、提升的战略性、纲要性规划。《规划纲要》主要内容是研究在保障虹桥商务区发展，处理好东虹桥地区与虹桥商务区的协调发展关系的前提下，如何完善东虹桥地区交通和基础设施的衔接，推进城区的功能和环境品质的提升，形成与虹桥商务区联动发展的东虹桥地区规划。还提出了解决城区定位与发展方向的提升和转变、突破土地资源限制、舒缓交通压力及拟定政策支撑等问题。（张瑛桦）

■ **开展东虹桥国际方案征集工作**

年内，区规土局委托日本日建设计株式会社、亚图建筑设计咨询（上海）有限公司参照《虹桥商务区拓展区结构规划》的具体要求、《东虹桥地区规划发展研究及重点地区规划深化纲要》的设想，在现有研究成果基础上开展东虹桥地区国际方案征集工作。该方案主要包括地区功能发展研究分析、地区规划评价分析、地区发展评估与策略、重点发展区域城市设计等方面内容。（张瑛桦）

■ **完成《中山公园整体规划设计方案》**

年内，区规土局和区绿化市容局共同委托华东师范大学环境艺术研究所编制的《中山公园整体规划设计方案》已完成。该规划以《中山公园改造景观设计》为基础，对中山公园及周边环境进行整体城市设计。主要设计内容包括主入口广场改造、三号门广场扩建和结合开发地块对公园用地边界进行合理调整，进行整体设计。包括对中山公园内部环境进行深化设计、露天音乐台、塑胶跑道工程、围墙透绿工程等的设计。（张瑛桦）

■ **完成《虹桥商务区东片区功能定位研究》**

年内，区规土局与虹桥商务区管委会共同组织编制的《虹桥商务区东片（机场东广场和西临空）功能定位研究》已完成。该研究目的在于优化虹桥商务区东片区发展，推进长宁区西部地区的产业发展和功能提升，实现东、西临空园区和机场东广场的联动整合，形成长宁面向西部、对接长三角的新增长极。（张瑛桦）

■ **完成《上钢十厂地区城市设计》**

4月，启动东虹桥地区国际方案征集，将上钢十厂地区作为重点地区进行规划研究，上钢十厂地区旧区改造及周边地区整体开发是长宁区重点推进的功能性项目，区规土局针对该地区进行了多轮设计研究工作。2009年，区规土局分别邀请同济大学建筑设计研究院、美国Gensler（晋思设计公司）进行城市设计，将旧改地块与新十钢雕塑艺术中心地块、上海文广集团地块一并纳入研究范围。此次方案征集邀请美国RTKL设计公司进行方案设计，同时邀请上海营邑规划设计公司对该地区进行日照评估，并对三方案进行了汇总。（张瑛桦）

■ **完成《上海虹桥临空经济园区景观方案设计》**

年内，区规土局会同临空办委托上海合乐工程咨询有限公司编制的《上海虹桥临空经济园区景观方案设计》已完成。该规划通过对园区景观环境的设计，提升景观水平，开发园区人气，树立品牌形象，打造具有“总部经济、虹桥门户”特色的高科技、总部型、园林式园区景观风貌。整体景观上，拟将通过对园区LOGO符号、风貌相近的景观植被及城市家具（垃圾箱、指示牌、灯具及公交车站）等景观要素小品进行整合统一，并在同一形式指导下，针对各区域采用不同的材质，既保证园区整体风貌的相对统一，又使各区域景观具有一定的差异性，以避免园区景观太过单一。在园区内部利用总部经济等产业和绿地景观尤其是大型公园，依托地块内部运营中的企业、工厂等开展参观、游览、体验、购物等活动实现产业旅游。（张瑛桦）

■ **完成《长宁区愚园路风貌景观道路规划设计、愚园路沿线老洋房整治利用规划》**

年内，区规土局会同区虹桥办委托上海弘基商业经营管理有限公司编制的《长宁区愚园路风貌景观道路规划设计、愚园路沿线老洋房整治利用规划》已完成。该规划在对愚园路历史建筑和风貌考证的基础上，以20世纪30年代愚园路反映的建筑和文脉特征为本次保护和规划的思想主轴与改造蓝本，还愚园路应有的街道历史地位和赋予时代特征的街区历史风貌。在世博会期间重点对沿线建筑立面进行改造整治，体现愚园路历史上的色彩风貌。还改造提升沿线绿化，在绿地大厦和少年宫门前广场上增设绿化休闲小品，为市民活动提供场所。对沿线商业业态提出调整优化的方案，利用独有的历史人文景观及建筑肌理，创造融合欧式古典风格的丰富的活力的开放的时尚消费核心聚集区并彰显城市历史风貌街区的商业特色。

（张瑛桦）

■ 完成《北渔路民俗文化特色街规划方案》

年内，区规土局会同区文化局委托美国威尔考特设计事务所、上海山源工程设计院编制的《北渔路民俗文化特色街改造项目》已完成。该规划从社区实际出发，通过功能组织、形态控制、节庆策划、业态调整等手段，增强人与文化环境的互动，将北渔路打造成为集主题旅游、休闲娱乐、文化服务、表演展示、民俗购物于一体的民俗文化街区。沿线店铺前以屏风、铭牌、历史物件陈设等提示每一处历史重现节点的位置，并以统一的VI设计形成连续感。区域LOGO、街区指示系统、周边产品（如环保袋、明信片等）的提示，使人们无形之中受到传统民俗文化的熏陶。同时，将长宁区民俗文化中心从内敛型转为开放型，使之成为形成整体文化氛围的有力触媒，面向沪西地区提供特色化、人文化的社区服务，打造具区域影响力的人文社区和世博文化主题实践区，从而传播和弘扬地域民俗文化，使北渔路民俗文化特色街成为长宁区特色服务业的重要展示窗口。

（张瑛桦）

■ 出版《西区记事——长宁地名寻踪》

年内，由区地名委员会与区规土局主编、同济大学出版社出版的《西区记事——长宁地名寻踪》一书出版。该书由区委书记卞百平、区长李耀新担任顾问，以1979年、1991年、2008年上海市进行的重大地名普查所建立的长宁地名档案为基础，以“河镇古貌、区片沧桑、道路溯源、建筑风情、名物衍变”为观察视角，用独立文章配以370多幅新老照片、地图、插画，从地名文化角度凸显长宁建设发展轨迹，为更有效地保护、激活和利用这些“历史活化石”提供资料。

（张瑛桦）

表21-1 2010年长宁区地名命名、更名一览表

序号	名称	地理位置	申请单位	批准日期	批准文号	备注
1	平安公寓	东诸安浜路78—126号	上海上盛房地产开发有限公司 上海长宁房地产经营有限公司	5.21	沪长名（2010）第001号	原明园广场更名
2	景庭	林泉路东、淮阴路北	上海中友房产开发有限公司	7.28	沪长名（2010）第002号	
3	新虹桥商厦	仙霞路南、娄山关路西	上海虹桥经济技术开发区联合发展有限公司	9.21	沪长名（2010）第003号	
4	久隆国际大厦	番禺路东、法华镇路南	上海申创置业有限公司	9.30	沪长名（2010）第004号	原鑫隆国际大厦

说明：资料由区规土局提供。

（三）动拆迁工作

■ 概况

2010年，长宁区着力把办世博与惠民生紧密结合，将旧小区综合整治、旧区改造和保障性住房建设列入政府实事工程。区房管局稳步推进旧小区综合整治、旧区改造工作，全年共拆除旧区建筑面积10万平方米，动迁居民1200余户。（沈 凡）

■ 完成拆迁基地11幅、终结1幅

2010年，旧区改造在拆基地26幅，年内完成南北园、唐家宅等基地11幅、终结1幅。其中：完成结转基地张家宅（北块）、唐家宅、南北园等结转基地9幅；完成新开基地上钢十厂地块旧区改造、宋庆龄事迹陈列馆等2幅。累计共完成旧区改造总建筑面积10.02万平方米，其中二级以下旧里8.3万平方米。

（沈 凡）

■ 在拆单位96家、年内完成46家

年内，区房管局共审理核发杨宅路旧改基地、郁家宅基地、上钢十厂旧改基地、祝家巷基地、蒲松北路基地等房屋拆迁许可证6幅。继续深化长宁区205街坊杨宅路旧改基地二次征询试点工作，按时完成试点。及时总结征询工作中的经验和教训，为接下来二次征询拆迁积累经验。（沈 凡）

■ 规范拆迁行为

区房管局落实“十项公开”制度，健全基地巡

查制度，对动迁基地实行全程管理。强化裁决和听政力度，做到依法行政，提高行政裁决质量。做到认定事实清楚、裁决程序合法，依法裁决，确保行政诉讼败诉率为零。在强迁前按照规定充分赋予当事人听证的权利，充分听取双方意见，确实保障当事人合法权益。（沈　凡）

（四）市政设施

概况

年内，加强对重点路段和关键区域设施的养护和巡防，配合供水、供电、供气等市属单位做好防范工作；强化行业管理标准制定，实行差别化管理，加强网格化管理，优化城管执法格局；注重科学投入与社会动员，确保设施维护和作业的投入强度与世博期间要求一致。对虹桥路、北翟路、绥宁路等41处有关路段进行掘挖整修拓宽，涉及包括敷设电缆、水管等掘路整修养护工程共148处。基本建成布局合理、功能优化齐全、设施完好的区域路网体系。进一步完善市政设施管理体制和机制，推进小市政道路整治工程开工，注重完善小市政道路整修后的长效管理机制。完成粪便预处理厂、通沟污泥处理厂、垃圾中转站等强化配套设施建设6处。对区域36条河道进行疏通养护。（陈　颖）

保障世博运行

年内，在区世博办的统一指挥下，保质保量完成迎世博的各项任务：牵头完成SN十路综合整治，会同新泾镇确保贵宾通道的安全、整洁；努力打造北渔路、愚园路等特色街区；主动配合各街镇推进“拾遗补缺”工作，完成项目93个。世博期间，确保城区管理到位、区域安全稳定。坚持周一至周五科级干部、周六至周日处级干部值班制度，加强对城区市容市貌的检查和整改，完成整改102项；按照世博安保社会面防控的要求，对全区范围内的桥梁、隧道、河道、建筑工地等重要部位开展巡查，全面梳理轨道交通建设和建筑工地引发的15项矛盾，有针对性地制定化解方案，确保各类矛盾可控。世博后，为加强后世博城区建设和管理，巩固长效机制，制定《关于进一步加强城区综合管理的实施意见》，从保持保洁水平、强化“顽症”治理力度、深化市容有序管理、巩固景观环境质量、夯实行业管理基础等五个方面共计18项工作入手，在区内形成由长宁区城区综合管理领导小组统一领导、10个街（镇）建立对应架构的“1+10”工作体系；按照“统一领导、分级负责、条块协作、以块为主”的格局，注重发挥街道（镇）的综合管理和牵头协调作用，形成条块联动的长效机制。（陈　颖）

加强市政道路建设

年内，配合做好轨道交通2号线西延伸段、轨道交通10号线、11号线建设涉及前期动迁和社会稳定等相关工作；联合区相关部门做好程桥二村居民房屋受损补偿、恢复性结构大修等事宜；做好涉及宋园路站等建设矛盾的处置工作。建设中环线、上海动物园、三泾北宅等公交换乘枢纽站，积极推进以SN十路、天山西路、仙霞西路西延伸建设为代表的主次干路网建设，完成北翟路中环立交、外环线立交等相关道路辟建。完成虹桥路等10条道路整治。办理威宁路（天山路—中环线）、凯旋路（区界—安化路）等5条道路的前期手续，推进虹桥交通枢纽外围区域支路南北联通，缓解内外环线之间的交通需求，形成分布合理的区域道路网络体系。（陈　颖）

强化配套设施建设

年内，完成苏州河长宁市政码头搬迁工程质量验收、规划验收；完成粪便预处理厂、通沟污泥处理厂、垃圾中转站的设备验收；全面完成北翟路架空线入地工程、虹桥路（凯旋路—外环线）架空线入地工程；配合市苏州河综合整治办公室推进万航渡路环卫码头防汛墙的拆除和改建。（陈　颖）

推进区域河道建设

年内，根据动迁进度积极推进周家浜拓宽工程（外环以西段）建设；完成许渔河水系沟通工程一期工程（仙霞西路以北），准备实施二期工程（仙霞西路—南渔浦支流）；许渔河水系沟通工程泵闸配电正在进行供电方案调整；南午潮港、南渔浦支流等河道综合整治（一期）已完成初设批复，正在进行施工招投标；苏州河三期防汛墙改造涉及华东政法大学居民动迁，已完成85%动迁量。（陈　颖）

加强防汛防台工作

年内，完成长宁区防汛防台总体预案及专项预案，共启动防汛防台预警响应25次，其中，二级（橙色）预警响应3次，三级（黄色）预警响应17次，四级（蓝色）预警响应5次，确保安全度汛。

（陈　颖）

■ 长宁区河道管理所获上海水务（海洋）系统世博服务保障工作优秀集体称号

长宁区河道管理所获上海市水务局和上海市海洋局授予的上海水务（海洋）系统世博服务保障工作优秀集体称号。（陈　颖）

■ 提升城区网格化管理水平

年内，针对城区管理存在的重点难点和薄弱环节，提出应对措施和专项治理方案，截至10月底，区城市网格化管理信息系统共立案15.37万件，日平均立案505件；结案15.35万件，日平均结案505件，处置结案率为99.91%。（陈　颖）

（五）市容绿化

■ 概况

2010年，区绿化和市容管理工作以迎世博、保世博为中心，全力抓迎世博冲刺项目建设，完成虹桥枢纽区域及北渔路、愚园路特色街市容环境整治建设，完成景观灯光提升建设，完成绿化景观提升和景点打造；制定《长宁区世博期间户外景观灯光管理暂行办法》，加强各类景观设施管理。世博开幕后，以“整洁、有序、美观、平稳”为总体目标，积极推进市容环境“大门责管理”制度、养护作业标准化制度、重点区域市容环境差别化管理等一系列常态长效机制的建设，并加强道路清扫保洁、建筑渣土运输管理、违法建筑拆除等工作力度，圆满完成世博会市容环境保障任务。年内，完成长宁区废弃物综合处置中心、延天绿地等重大项目建设；完成新增公共绿地13.3万平方米目标，其中公共绿地近8万平方米、居住区集中绿地5.3万平方米；完成新建公共厕所4座、小型生活垃圾压缩站2座，改建公共厕所3座、小型生活垃圾压缩站2座、垃圾箱房35座、倒粪站4座、道班房3座。在上海市容环境社会公众满意度测评中，列第三位。

（陈方平）

■ 完成虹桥交通枢纽区域市容环境专项整治

年内，区绿化市容局完成虹桥交通枢纽区域内仙霞西路、天山西路等11条（段）道路及北翟路交通枢纽周边市容环境整治和建设工作，共拆除户外广告19块，整修围墙1.19万米，规范店招店牌196处，整治小区门头19处，改造、整治绿地3.84公顷，新增废物箱95只，整治违法建筑1362平方米。

（陈方平）

■ 完成特色景观街道市容环境综合整治建设

年内，区绿化市容局完成北渔路民俗文化街和愚园路历史风貌保护街建设。北渔路民俗文化街南起新渔路，北至天山西路，以明清仿古建筑风格、配以景观灯光、城市家具和绿化点缀，形成特色商业街区。愚园路历史风貌保护街，始于江苏路，延至定西路，以该路段原有历史文化建筑为基础，修旧如旧，辅以绿化配饰，烘托整体景观效果。（陈方平）

9月21日，北渔路民俗文化街雕塑小品

（区市容局供稿）

■ 提升夜间灯光景观效果

年内，区绿化市容局完成延安西路景观灯光带（三期）建设，新建20幢楼宇景观灯光；完成虹桥路（古北路—沪青平公路）沿线绿化景观灯光改造；完成遵义路、天山路等8处绿地灯光建设。全区景观灯光楼宇达到342幢，绿化、小品景观灯光烘托点缀，延安西路高架、苏州河南岸、内环线高架、中山公园地区等重点道路（区域）实现景观灯光全覆盖。世博期间，全区景观灯光每日开启，亮灯率达到98%以上。（陈方平）

■ 提升城市绿化景观效果

年内，加大街头绿化景观打造，共完成改建屋顶绿化7855平方米、移动绿墙842米、檐口绿化1020米、阳台绿化290米；新增组合花卉100组、立体绿化500平方米、容器花卉187组；恢复轨道交通10号线、11号线沿线7处站点外公共绿地共2.01万平方米。世博期间，在"三区、七路、九点"布置街景花卉，共分四季，用花总量约600万盆。"三区"为中山公园地区、虹桥古北开发区和虹桥交通枢纽地区；"七路"包括延安西路、虹桥路、天山路商业街、新华路文化功能带、长宁路苏州河景观带、江苏路（含华山路）；"九点"分别为迎宾之景"上海欢迎您"（虹桥机场入口）、"城市星空"（长宁路定西路愚园路）、"世博魔方"（延安西路江苏路）、"亲如一家"（虹桥路程家桥路）、"和谐之景"（延安西路虹桥路）、"玉兰飘香"（虹桥路虹许路）、"城市韵律"（延安西路虹许路）、"迎客狮"（延安西路古北路）及延安西路中山西路花境等9处大型主题园艺景点。（陈方平）

■ 加大环境卫生清洁力度

世博期间，按照道路保洁"六定"标准（定等级、定数量、定标准、定人员、定经费、定考核），保洁形式上采用"组团式作业法"，方法上采用"夜间作业，白天养护"和巡回拣扫采用"飞行保洁法"。全面加强保障力度，重点景观区域（道路）实行24小时保洁，达到各类废弃物停留时间控制在20分钟以内，冲洗率达到100%；其他区域（道路）实行18小时保洁，做到废弃物停留时间少于30分钟，冲洗率达90%以上；在中环线内实行综合保洁，推行道路、绿化、市政等公共设施的全覆盖综合保洁模式；建立条口和街镇联动的保洁机制，落实街巷、无名通道、市政护栏、路名牌、交通标识、指示牌等的保洁责任主体，发现问题，及时整改，消除盲区。（陈方平）

■ 加大违法建筑拆除力度

年内，按照《长宁区拆除违法建筑工作实施意见》，坚持"统一指挥、归口查证、快速拆除"原则，由区拆违办牵头，规划土地、房屋管理、城管执法部门为实施主体，对新增违法搭建326处，拆除312处，拆除率达到95.71%；拆除已搭建违法建筑434处，合1.37万平方米，全区违法搭建行为得到有效遏制。（陈方平）

■ 加强建筑垃圾和工程渣土处置管理

年内，区绿化市容局继续会同区建交委、公安长宁分局、区环保局等部门，加强建筑垃圾运输管理。强化源头管理，以工地文明施工管理为抓手，规范工地源头的建筑渣土处置行为，督促建设单位落实市政府关于委托专营企业、设置监管账户和执行建筑渣土运输处置政府指导价的要求；加强途中监管，严格实施建筑渣土申报制度（共受理建筑渣土申报243.39万吨），制订明确的运输路线和时间计划，并以处置场所出具的结算凭证为依据，核发运输费用，强化对运输车辆的监管；加强巡查监督，在每日例行巡查的基础上，对建筑渣土偷乱倒易发路段设置24小时监督岗亭和监视摄像头进行实时监控，并开展联合执法行动126次，查处违规工地6处，违规车辆597辆次。（陈方平）

■ 推进落实市容环境"大门责管理"制度

年内，区市容联席办全力推进管理体系的建立，逐步形成区市容联席会议、街镇市容联席会议、社会自律小组相结合的"三级管理平台"。社会自律小组平台作为管理工作的关键点，积极引导商家（单位）自我约束、自我管理，从源头上保障日常行为的规范、有序；街镇市容联席会议作为日常管理事务的主要实施部门，对久拖不决的问题及时移转相关职能部门并督促整改，对涉及多部门的综合问题牵头组织综合整治、整改；区市容联席会议在全区性管理上发挥牵头、协调、指挥、指导作用，把握总体推进情况，制定管理规范，及时解决重大疑难问题，形成部门间有效合力。为推动"大门责管理"

年内，长宁区实施市容环境"大门责管理"（新华路街景）（区市容局供稿）

机制有效落实，区绿化市容局在全区约 8500 户商家实行垃圾上门收集，区市容联席办牵头制订《长宁区市容环境沿街面大门责管理考核意见》、《长宁区市容环境责任区指导员队伍办理办法》等配套制度。（陈方平）

■ 完善绿化养护和环卫作业标准化、规范化管理机制

年内，区绿化市容局制订《长宁区道路保洁“六定”实施方案》，依照“定等级、定数量、定标准、定人员、定经费、定考核”要求，划定道路等级，细化作业规范、质量标准，落实人员、装备到具体路段，进行量化考核，达到“五无五净”标准（道路无垃圾、无杂物、无积泥、无积水、无污迹；路面干净，绿化隔离带和树圈干净，边角侧石干净，雨水井沟眼畅通干净，废物箱等环卫设施干净）。修订《长宁区公共绿地、行道树养护管理办法》，逐步推进绿化养护“五定”规范建设，根据定人、定岗、定量、定责、定作业标准的目标，细化和明确养护作业标准，实现日常管理全覆盖和定期考核，达到“三无”标准（无绿地空秃、无盖板缺失、无枯株缺株）。完善道路、绿地一体化保洁机制，提升道路和绿地的整体洁净度。（陈方平）

■ 实施重点区域市容环境差别化管理

为有效提升城区环境质量，树立地标区域，区市容联席办牵头，在重点景观区域实施市容环境差别化管理机制，将市容、市政、绿化、环卫、交通等作业养护和秩序管理纳入政府一体化管理范围。执行最高管理标准，形成“管理有序、执法有力、监督有效、常态优良”的长效机制，年内，在古北开发区开展市容环境差别化管理试点工作。（陈方平）

■ 长宁区废弃物综合处置中心试运行

长宁区废弃物综合处置中心地处长宁区西北角，占地总面积 4.65 公顷，建设规模居国内同类之前列；项目由市、区两级政府共同投资兴建，总投资额约 3.3 亿元人民币，设计日处理生活垃圾 800 吨、粪便垃圾 550 吨、通沟淤泥 80 吨、餐厨垃圾 60 吨、大件垃圾 70 吨。4 月，长宁区废弃物综合处置中心基本完成土建工程并开始试运行，原万航渡路环卫码头、粪码头（近凯旋路）同时停止使用，所有中转运输功能转入长宁区废弃物综合处置中心。（陈方平）

4 月 1 日起，由市、区两级政府共同投资兴建、总投资额约 3.3 亿元的长宁区废弃物综合处置中心投入试运行（设计效果图）（区绿化和市容管理局供稿）

■ 继续提升城区生态环境水平

年内，北翟路 25 米绿化带、丝绸厂公共绿地、中新泾公共绿地、外环 400 米生态林带等公共绿化建设项目有序推进。根据市遥感解译数据，截至 12 月 31 日，长宁区绿化覆盖率达到 27.11%，居各区县首位，高于全市平均水平约 7.5%。（陈方平）

■ 举办世博会系列主题游园活动

为展现“城市，让生活更美好”的世博主题，弘扬展示中国传统民俗文化，相继组织开展“唱响世博，全国中山公园联谊会”、“欢聚世博，印象江南民俗风”、“欢乐世博，长宁绿地志愿者系列活动”等主题游园活动。6 月 7 — 9 日，“唱响世博，全国中山公园联谊会”活动在长宁区召开，活动以“保护历史文化名园、发掘本土公园特色”为主题，全国 48 所中山公园代表齐聚长宁，共同探索兴园之策和公园建设发展之路。9 月 26 — 27 日，“欢聚世博，印象江南民俗风”活动在中山公园大草坪举行，活动分为江南茶文化、江南纺织技艺和江南民间绝技戏曲专场等 3 场主题演出，展示江南地区民俗风貌和非物质文化遗产内涵，受到游客好评。10 月 27 日，“欢乐世博，长宁绿地志愿者系列活动”在中山公园 1.6 万平方米广场举行，10 个街道（镇）绿化志愿者进行以“爱绿护绿”为主题的文体表演；并在现场进行花艺展示和专题社会宣传活动。（陈方平）

■ 延天绿地向社会开放

延天绿地位于中山西路、天山路、延安西路所围城的三角区域内，在原 SW 匝道绿地基础上拓展、延伸改建而成，总面积为 3.1 万平方米，总体绿

化率达到73%。绿地以满足市民便捷、健身休闲的功能为主，营造生态、惬意的人文景观，由植物造景和休闲活动场所组合。延天绿地地下建有环卫专用车库，可容纳环卫机动车72辆、中型车4辆、手推车30辆，是长宁区东部区域环卫作业机械的主要集中停放点。延天绿地作为延安西路生态走廊的重要组成部分，列入长宁区第四轮环境保护和建设3年行动计划之中。（陈方平）

（六）环境保护

概况

2010年，区环保局制订《长宁区迎世博环保整治工作实施意见》，开展以整治扬尘污染、机动车冒黑烟、机动车鸣号噪声、河道脏乱、核与辐射等为主要内容的10大环保整治行动。整治后区域河道水环境达标率64.3%，比上年改善51.7%，空气质量优良率超过90.4%，区域环境降尘7.6吨/平方公里·月，放射道路降尘11吨/平方公里·月，比上年改善40.9%。第四轮环保3年行动计划中，工程建设项目启动37项，开工35项，完成30项，竣工率86.3%，管理项目100%启动。制订《2010年长宁区打击违法排污企业、保障群众健康环保专项行动方案》，设置专项整治三方面内容12个专项。审批各类项目500项，竣工验收434项，新批建项目环境影响评价审批率、审批准确率、三同时竣工验收率均实现100%。监管环境风险源3000余户次。开展绿色护考检查90余人次。环境信访投诉378件，比上年减少25件。改造6吨18蒸吨燃煤锅炉，实现全年减排二氧化硫35吨的目标。对5个居民小区实施居民区污水两级生化处理设施整治。完成餐饮污染企业整治171家、噪声污染企业整治12家，行政处罚10件。创建环保绿色学校示范单位、环保绿色示范小区、环保绿色示范单位、资源节约型家庭48个。通过市级安静居住小区考核验收2个。“6·5”世界环境日举办循环经济论坛。年内，长宁区城市环境综合整治定量考核名列全市第一，获第一次全国污染源普查全国先进区称号。华阳路街道凯欣豪园小区、北新泾街道天山花苑小区均通过市级安静居住小区现场考核验收。（张　婧）

开展核技术利用单位督导检查

年内，区环保局会同市环保局辐射环境监督站对辖区内兰卫临床检验有限公司、上海市血液中心等放射性同位素使用单位进行专项检查。经检查，大部分单位管理规范，有专门部门进行放射源的管理，落实专人专职管理，具有较为完备的制度、台账、仪器设备、人防技防措施。对存在安全隐患及违法企业，检查组发出整改通知，要求该单位在1个月内整改完毕，并择日复查。（张　婧）

开展“百万市民学环保”活动

年内，长宁区开展“百万市民学环保”活动，通过社区报纸、小区电子屏、学校宣传栏等载体开展环保知识宣传，通过面授培训、网上考核、主题活动、参观学习、观摩影片等措施宣传绿色世博理念，普及环保知识、节能技巧。（张　婧）

开展三同时执行专项执法检查

5月10日，区环保局监督管理科、监察支队联合进行建设项目环境影响评价执行情况和污染防治措施三同时执行情况专项执法检查。对违法企业发出约见谈话通知书，同时根据环保法律法规进行立案处罚。对检查中发现环保设施维护保养不当、没有落实保证设备正常运行制度的企业，当场作出责令整改要求。（注：“三同时”是指建设项目需要配套建设的环境保护设施，必须与主体工程同时设计、同时施工、同时投产使用。）（张　婧）

举办循环经济论坛

6月4日，区环保局会同区发改委、区商务委举办“绿色世博、低碳生活”循环经济论坛活动，活动

6月4日，区环保局举办循环经济论坛

（区环保局供稿）

由主题大会和专家论坛两部分组成。市环保局局长张全，区委副书记、区长李耀新，区委常委、副区长赵惠琴等市、区领导出席，全市各区县环保局，长宁区相关委、办、局、各街道（镇）等领导、新锦华商业有限公司、新金桥环保有限公司代表参加大会。（张 婧）

■ 召开绿色饭店创建工作推进会

7月29日，区环保局、区旅游局、区发改委召开区宾馆、饭店环保培训暨绿色饭店创建工作推进会，有76家宾馆饭店，80余人参加。对兴国宾馆、西郊宾馆、虹桥迎宾馆、银星皇冠假日酒店、虹桥宾馆、银河宾馆、龙柏饭店等被评为金叶级、银叶级绿色旅游饭店进行命名表彰，龙柏饭店向与会的同行介绍创建绿色旅游饭店经验。（张 婧）

■ 启动辐射安全许可证发放工作

8月，长宁区启动辐射安全许可证核发工作，确保核与辐射安全规范作业。根据《放射性同位素与射线装置安全和防护条例》、《上海市放射性污染防治若干规定》等相关规定，制订行政许可申请材料回执、受理决定书、文书送达回证等文书材料，规定受理、审查、决定程序，在"一门式"受理窗口统一受理材料，并严格审核单位所必备的人员培训、仪器设备、管理制度、防护及应急措施等，在受理后20日内依法作出行政许可决定。至年底，共核发许可证3张。（张 婧）

■ 开展对企事业单位法人代表环保法律法规知识培训

8月，区环保局分阶段开展2010年企业法人代表环保培训，列入培训的对象共500名，分别为大型宾馆饭店、辐射源和医疗卫生单位、机场地区污染企业法人代表，培训实行分批组织、分别实施，培训内容为《中华人民共和国水污染防治法》、《中华人民共和国大气污染防治法》、《上海市环境保护条例》、《上海市医疗废弃物管理条例》、《中华人民共和国固体废物污染环境防治法》等相关法律法规。（张 婧）

■ 开展夏季高温燃煤锅炉环境与安全管理检查

8月，区环保局联合区质监局开展燃煤锅炉规范使用专项执法检查。重点对复新屠宰场、红双喜股份有限公司、虹港大酒店等单位燃煤锅炉安全性能、脱硫除尘设施运转情况、锅炉运行台账、污染源排放等进行抽查。检查中发现因天气炎热，锅炉房管理较松散，人员存在缺位，运行台账不够齐全，存在安全隐患，检查组当场提出加强规范管理的整改要求。（张 婧）

■ 联合国开发计划署等专家考察上海环境友好型城市动议示范项目

9月19日，联合国开发计划署、中国国际经济技术交流中心、上海市环保局等12位专家到长宁区金菊小区考察上海环境友好型城市动议示范项目。该项目由上海市环保局与联合国开发计划署、联合国环境规划署和中国国际经济技术交流中心共同合作，利用联合国相关组织的资源及经验，提升上海市环境保护综合决策和执行能力。金菊小区现场、中心花园和环保展史馆展示居民亲手编制的竹篮、废纸箱、彩珠水果盘等手工艺品，居民现场展示用废旧衣物制成的环保袋。（张 婧）

Ⅲ（七）城管监察

■ 概述

2010年，区城管执法部门以"迎世博、保世博"为工作主线，完成迎世博600天"综合治理乱设摊"与"有效整治违法建筑"两大任务。世博期间，全区街面乱设摊（跨门经营）总量得到平稳控制；有效应对仙霞地区夜间街面市容季节性严重问题、扼制新疆维吾尔族人员占道设摊高发现象，确保全区世博市容保障大局不受影响；全力完成支援卢湾、浦东等世博核心区域的城管执法任务。全年查办案件2822件，依法作出行政处罚7.9万元。由区城管部门为实施主体，依法拆除新增违法建筑163处，计3879.9平方米，拆除率99%；依法拆除存量违法建筑13处，计4844.3平方米；拆除各类违法户外广告设施1200处（计1860块），其中高立柱大型户外广告设施34块。（陈方平）

■ 综合治理乱设摊

年内，通过"疏堵结合"综合治理，全区街面乱设摊（跨门经营）总量明显下降，从"迎世博600天行动"启动之初的500余处下降到350处以内，并保持稳定控制。其中，新华路街道、江苏路街道、周家桥街道、天山路街道、仙霞新村街道、虹桥街道、程家桥街道、北新泾街道和新泾镇达到设摊管理"严控区域"的标准,华阳路街道中山公园商圈街面市容得到根本改观,面上治理成效明显。开展乱设摊顽症"520项目",以逐一化解全区300处固定占道设摊难点和220处跨门营业难点为目标,解决街面固定占道设摊难点和跨门营业难点231处,全区主要道路、景观区域及影响面上市容的街面执法难点得到彻底解决。通过弄内疏导,将安化路88弄、延安西路1289弄、延安西路1573弄、万航渡路1384弄与北翟路163弄等5处弄内设摊集聚区域转建为设摊"管控点",转建天山西路160号(东)、"太阳市场"等2处为设摊"疏导点",区城管部门通过集中疏导,统一管控,并建立专门管控机制和管理队伍,基本实现"两头缩进、中间畅通、结构打乱、有序控制"管理目标。

(陈方平)

■ 开展夏季"夜排档"乱设摊专项整治

年内,针对夏令时节沿街面"夜排档"乱设摊多发于夜间城管执法力量薄弱时段、市场需求旺盛导致易产生集聚现象、管理对象抵抗执法事件多发的特点,区城管部门牵头,以仙霞地区为重点,全力整治"夜排档"乱设摊行为,确保居民拥有良好的生活环境。区政府分管领导专门部署,街镇、城管、公安等部门联合行动,形成整治合力,加大整治力度,整治取得良好实效。区城管部门集中全区骨干人员,并调整市容协管、门责指导员等队伍加入夜间整治小组,形成整治常规力量。紧紧依托街道,通过街道市容联席会议平台,整合区城管部门、公安长宁分局、工商长宁分局和食药监长宁分局等职能部门,集聚资源,综合联动,重拳出击,形成联合整治强大声势和整治重力。实施持续整治,7—10月,持续开展整治行动,每天整治时段根据街面动态情况作出灵活调整,坚守延续到次日凌晨3点结束。

(陈方平)

■ 妥善处置涉少数民族人员违法案件

"夏令热线"期间,区城管部门在街面管理中处置少数民族人员占道设摊事件30余起,较往年增幅明显。面对案件中反映出的身份敏感、沟通困难及不便对所涉物品采取强制措施等执法难点,区城管部门依照"严管、慎处"原则,妥善处置,达到街面有序与治安稳定的双重效果,并形成有效做法。充分准备,及时报告。城管队员发现或接报相关案件时即报所在分队,由分队组织若干执法人员集体办理该案件,并通过街道(镇)平台协调公安参与,在直接发生接触前,落实必要保障措施。规范程序,全程取证。执法人员对整个执法过程做到全程摄影、照相留证,并严格依照执法程序办案,确保执法程序的严密性。教育为主。对管理对象进行认真细致的宣传教育,以劝离为主;一时难以劝离的,在现场与其进行耐心教育。主动协助,处理到位。对管理对象以物品太多无法搬离等理由不肯离开的,由城管分队主动联系商业货运车协助转运,减少暂扣生鲜类物品后保管成本较高的难题。

(陈方平)

■ 探索旧小区设摊疏导和自治管理新途径

年内,为有效化解旧小区内乱设摊难以根除的管理顽症,区城管部门在天山路街道区域内首先作出尝试,以调动居民自治管理积极性为主,细化小区管理职责和城管行政执法权限,形成居委、物业、业委会综合协作共同维护小区环境,居民小区管理实现有序、设摊对象谋生经营得以保障、小区居民生活得到便利、城管分队执法管理创出新路的管理"多赢"局面。着眼疏导,引导民意。区城管部门与居委、物业公司、小区业委会等居住区管理者达成共识,将小区设摊对象限定为居住于本小区内的小部分困难居民和部分租住在本小区的以设摊维生的外来人员,确定"制约"、"限制"、"规范"的基本原则,解除小区居民对环境影响的顾虑和担忧,赢得居民的理解。界定辖权,规范管理。树立"小区是我家,管理靠大家"的共建理念,居委、物业和业委会行使法定权利,划定设摊场地、制订管理规则、规范管理秩序;区城管部门提供执法保障,对不配合、不服从小区管理的设摊对象开展整治,依法惩处,并依据相关法律法规规范小区设摊的场地、时间和品种范围,督促设摊者落实保洁责任,鼓励设摊者参与小区公益性活动,回报居民。综合协作,形成合力。通过初步试点和推广,天山路街道区域内包括遵义路780弄、天义小区、联建新村、天山四村、天支小区等已逐步实现"居委会综合管理、物业企业主体管理、业委会监督管理、志愿者协助管理、设摊人员配合管理与城管分队执法管理"的小区设摊管理新格局。经疏导后,这些旧小区共容

纳摊位150余处，居民针对乱设摊方面的投诉减少90%。（陈方平）

■ 巩固街面市容管控长效机制

世博会后，区城管部门积极研究固化世博保障经验和成果，借助现有管理机制及实践探索形成的管理新模式，进一步分解明晰面上管理责任，推进构建城管执法长效机制的基本架构。进一步提高对跨门营业行为的管理力度，依托市容环境“大门责管理”机制，坚持管理在先、执法保障原则，按照门责指导、动态管理、执法跟进等程序开展工作。继续推进弄内集聚性设摊与区域疏导性设摊的社会化管理模式，对因日常管理人力、物力限制难以管理到位的弄内集聚性乱设摊及街面以设摊为生的本地人占道摊点，运用政府购买社会服务的新管理模式，建立“管控点”或“疏导点”，推进社会化管理。循序解决街面固定占道难点，差别化管控街面流动设摊。坚持“一户、一表、一方案”的个案研究解决方式，不断削减街面固定占道难点存量。按照差别化管理要求，对街面流动设摊，坚持严控总量、杜绝增量、稳控全局，不断减少街面乱设摊总量。（陈方平）

（八）道路交通运输

■ 概况

年内，系统编制区域交通设施建设行动规划，编制静态交通规划建设方案。认真解决商圈和商务楼宇范围规范停车问题，积极探索社区、街坊道路与商务楼停车资源共享机制。（陈 颖）

■ 推进停车诱导系统建设

年内，完成中山公园地区、虹桥地区停车诱导系统建设，共安装停车诱导牌67块，完善“龙之梦”交通设施改建（一期）工程，以优质、高效、整合的交通体系提供“畅达、安全、舒适、清洁”的交通服务。（陈 颖）

■ 开展2010年道路排堵保畅工作

年内，为服务世博，办好世博，根据市交警总队的计划和市建设交通系统的安排，区建交委积极实施2010年道路交通排堵保畅系列工作。配合交通建设和管理，推进以SN十路、天山西路、仙霞西路西延伸路段为代表的主次干路网建设，完成虹桥路等10条道路整治，形成分布合理的区域道路网络体系，缓解道路交通需求。努力完善道路指示系统，改善道路运行条件。实行“条块联动、以块为主”排堵措施，组织130名世博平安志愿者开展交通执勤，确保交通畅行。（陈 颖）

（九）虹桥机场

■ 概况

2010年，虹桥机场共完成航班起降21.9万架次，比上年增加15.81%，完成旅客吞吐量3129.52万人次，比上年增加24.79%，完成货邮吞吐量48.00万吨，比上年增加9.31%。虹桥机场经营业绩实现大幅增长，圆满完成世博保障工作，安全运行态势持续平稳，服务质量明显提升，虹桥机场的扩建工作顺利投入运行，上海航空枢纽建设持续推进。（周 春）

■ 虹桥机场第二跑道试飞成功

1月15日，一架东方航空公司的空客A330—300世博志愿者号大型客机在虹桥机场第二跑道成功试飞，标志着历时近3年建设的虹桥机场第二跑道工程已全面具备飞行营运条件。上海也由此成为国内第一个拥有2个机场5条跑道的城市。

（周 春）

■ 虹桥机场扩建西货运站工程通过竣工验收

1月27日，虹桥机场扩建西货运站及配套设施工程通过竣工验收，并于3月与虹桥机场西航站楼和西跑道等扩建工程同时投入使用。（周 春）

■ 国内首个公务机基地在虹桥机场建成

2月4日，上海虹桥国际机场公务机基地工程通过竣工验收，于上海世博会前夕正式通航启用，这标志着国内第一个真正意义上提供全方位公务机服务的专用基地正式建成。（周 春）

■ 虹桥机场2号航站楼正式启用

3月16日，虹桥机场2号航站楼正式投入运营，标志着上海机场进入新的发展阶段。虹桥机场形成了2座航站楼、2条跑道同时运行的新格局，浦东机场拥有2座航站楼、3条跑道，上海世界级枢

组机场运行规模基本形成，为上海世博会的召开提供高品质的空港服务。 （周 春）

3 月 16 日，虹桥机场 2 号航站楼投入使用

（机场集团供稿）

■ 上海虹桥——台北松山成功直航

6 月 14 日，台湾中华航空 CI201 航班从台北松山机场飞抵上海虹桥机场，标志着“虹桥——松山”航线正式开通。 （周 春）

■ 虹桥机场开通至香港定期航班

随着近年来上海和香港两地间经贸文化交流的日益频繁，中国民用航空局决定增加虹桥国际机场作为内地与香港定期通航点，于 9 月正式开通上海虹桥至香港的往返航班。 （周 春）

（十）东方航空

■ 概况

2010 年，东航上下团结一心，奋勇拼搏，打基础，抓改革，保世博，促发展，各方面都取得了令人瞩目的成绩。世博保障期间，公司近 6 万名干部员工全力以赴，圆满完成世博运输服务保障任务，航班正点率居三大航空公司之首，全面兑现世博服务承诺，公司品牌形象得到充分展示。东航上航重组后，通过快速推进、有效整合，新东航在上海核心市场的份额近 50%，市场控制能力明显增强；全年安全飞行小时，起降架次明显增长；事故征候万时率低于全民航平均水平。完成攻坚七场硬仗任务：圆满完成东上重组、全力服务世博提升品牌形象、全力以赴力争扭亏、枢纽建设取得明显进展、推进 SMS 建设提升安全水平、稳步推进改革改制、加快提升信息化能力。全年运输总周转量、旅客运输量、货邮运输量增长两位数以上，实现盈利额是东航以前盈利最好年份的 6 倍，改变了历史上主营很难盈利的被动局面。

年内。东航获 2010 年减碳先锋企业、企业未来之星、中国企业社会责任榜杰出企业奖，东航世博工作领导小组被中共中央、国务院授予上海世博会先进集体称号，刘绍勇获中央企业社会责任榜杰出人物奖。 （秦亚洁）

■ 东航和江苏省共同签定合营增资协议

1 月 12 日，东航和江苏省共同签定《中国东方航空江苏有限公司合营增资协议》。协议明确，双方将以东航江苏公司为平台，通过实行增资扩股，进一步加强战略合作，共谋未来发展。 （秦亚洁）

■ 中货航喜迎首架 B777 货机

2 月 28 日，国际上最新最现代全货机波音 777-200LRF/B-2076 号飞机飞抵上海浦东国际机场，标志着东航旗下的中国货运航空有限公司正式拥有该机型飞机。该架波音 777 货机将发挥其在远程航线上的优势，进一步增强中货航在欧美航线上的运输能力，成为上海世博会货运服务保障的生力军。 （秦亚洁）

■ 东航与华航在上海签署战略合作框架协议

4 月 6 日 ，东航与台湾华航在上海签署战略合作框架协议。东航与华航将在地面代理服务、客舱服务、维修服务等客、货运项目上展开。两家航空公司将携手打造优质服务品牌，提升国际竞争力，为两岸民众带来更优质更高效的服务，同时进一步推动两岸民航业的蓬勃发展。

（秦亚洁）

■ 东航与天合联盟在上海签订入盟意向书

4 月 16 日 ，东航与天合联盟（是航空公司所形成的国际航空服务网络。2000 年由法国航空公司、达美航空公司、墨西哥国际航空公司和大韩航空公司联合成立“天合联盟”。）在上海签订入盟意向书，入盟脚步全面提速。国务院国资委副主任黄淑和、上海市副市长沈骏等领导出席并见证了签约仪式。

（秦亚洁）

东航推出“移动 e”手机订票产品

4月22日,东航召开新闻发布会,正式推出“移动 e”手机订票产品。作为国内民航业首家推出的手机订票产品,东航“移动 e”依托卓越的用户体验及高效安全的移动应用平台,帮助用户在1分钟内轻松完成预订、支付、出票及退改签等诸多购票功能。东航“移动 e”支持流行的联通 Iphone、诺基亚、摩托罗拉、三星、多普达等各种主流机型,并将陆续提供对于其他机型和手机平台的支持。（秦亚洁）

中国东方航空股份有限公司四川分公司成立

4月26日,中国东方航空股份有限公司四川分公司在成都成立。至此,东航旗下共有13家分(子)公司。公司计划重点加强四川运行保障工作,建立飞机维修系统、地面服务保障系统、运行控制系统、飞行系统和客舱服务系统等。公司已经开通成都至九寨、昆明、丽江、拉萨、林芝、三亚、温州、康定等航线,并计划依托成都双流国际机场改扩建工程,逐步增大运力投入,至2015年,在成都投入的飞机数量将达到30架。（秦亚洁）

中国首票电子货运货物在中货航测试成功

4月29日,中国首票电子货运货物在中货航测试成功。由中货航经营的天津至台北 FM 803 航班所承运的4票电子货运货物,在台北顺利清关并交付收货人,标志着中国首票符合国际航空运输协会标准的“电子货运”货物测试成功。（秦亚洁）

东航与北京银行签署《银企战略合作协议和集团客户服务协议》

5月19日,东航与北京银行在沪签署《银企战略合作协议和集团客户服务协议》,北京银行为东航提供200亿人民币的授信额度支持,东航为北京银行提供集团客户服务。（秦亚洁）

东航 ST 摘帽,上航作为东航股份公司的全资子公司挂牌运营

5月28日,经上海证券交易所核准同意,东航正式ST摘帽,自此由“ST东航”变更为“东方航空”,股票日涨跌幅限制由5%恢复为10%。上海航空有限公司在完成预登记核准、工商注册和 CCAR-121部运行合格审定工作后,作为东航股份公司的全资子公司挂牌运营。（秦亚洁）

东航与上海机场(集团)有限公司签署战略合作框架协议

9月28日,中国东方航空集团公司与上海机场(集团)有限公司在上海签署《战略合作框架协议》,共同推进上海航空枢纽建设。双方通过密切战略合作,深化合作内涵,积极落实和推进上海“两个中心”建设对上海航空枢纽的要求,力争2015年实现上海两个机场旅客吞吐量达到亿人次,基本建成亚太地区核心枢纽。（秦亚洁）

(十一)水、电、气

概况

2010年,区域内由上海自来水市南有限公司管线管理所等专业施工单位组织实施的供水管网改造项目共13项,总长103米;由上海电力电缆工程有限公司、上海市区电力照明有限公司等专业施工单位组织实施17个供电管网改造项目,总长12.21千米;由上海煤气第一管线工程有限公司一分公司、上海煤气设备安装工程有限公司等专业施工单位组织实施10个供气管网改造项目,总长0.71千米。（陈　颖）

组织大型供电管网改造

年内,进行大型供电管网改造项目共17项,分别为剑河路(平溪路—虹桥路)、长宁路(汇川路—小马路)、北翟路(外环线、协和路以东、北虹路)、虹桥路(虹井东2372号—西2398号)架空线入地、可乐路(福泉路—淞虹路)[含福泉路(可乐路—中泾路)]、可乐路(协和路以东)、虹桥路(伊犁路以东)、仙霞路(安龙路以东)、华山路(淮海路—泰安路)、淮海西路(华山路—法华镇路)、平溪路(哈密路—剑河路)、番禺路(新华路—淮海西路)、华山路(淮海西路以东)、天山路(芙蓉江路—双流路)、武夷路(中山西路以东)、仙霞路(林泉路以东))、仙霞路(古北路以东)、虹古路(北虹路以西)、愚园路1136弄等。（陈　颖）

实施大型供气管网改造

年内,实施大型供气管网改造项目共2项,分别为宋园路(虹桥—黄金城道)、绥宁路(仙霞西路以东)。（陈　颖）

表 21-2　　2010 年长宁区供水、供电、供气管网改造数据统计表

掘路单位：项，长度单位：米（m）

供水管网改造		小型掘路	13	总长	103
		大型掘路	0	总长	0
		项目总计	13	长度总计	103
供电管网改造	电　力	小型掘路	17	总长	1340
		大型掘路	15	总长	4493
	电　信	小型掘路	6	总长	6023
		大型掘路	2	总长	356
		项目总计	40	长度总计	12212
供气管网改造		小型掘路	8	总长	140
		大型掘路	2	总长	570
		项目总计	10	长度总计	710

说明：资料来源于区建交委。

（十二）邮政

概况

长宁区境内邮政业务归属上海市邮政公司市西邮政局、市西邮政投递局、市西邮政速递物流分公司、闵行区邮政局。区域内邮政网点主要经营（代理）业务有：国际国内邮件、国际国内特快专递、同城即时业务、快递包裹、国际包裹、代收货款、电子商务速递E邮宝、报刊邮件投递、邮政储蓄、电子汇兑、报刊订阅零售、集邮、邮票个性化业务、邮购、礼仪、直递、邮政专用信箱、邮送广告、商业信函、企业邮资封片、收件人总付邮费、特约商户服务、代理保险、代收公用事业费、代售电信磁卡、一体化物流等。11 月 24 日，市西邮政局通过中国方圆认证集团公司 ISO 9001:2008 标准质量管理体系复审。2010 年，市西邮政局被上海世博会事务协调局授予中国 2010 年上海世博会特许零售商最佳销售奖，上海文明和谐西大门创建领导小组授予市西邮政局"上海文明和谐西大门创建同创共建奖"。市西邮政投递局获 2010 年度上海市文明单位，上海市厂务公开民主管理工作先进单位，上海邮政世博工作先进集体等称号。闵行区邮政局仙霞支局投递组被上海市邮政公司评为世博先进集体。

（丁英群　唐登发）

表 21-3　　2010 年长宁区境内市西邮政局营业网点情况表

名称	地址	邮编
长宁邮政支局、投递支局	宣化路 1 号	200050

续表 21-3-1

名称	地址	邮编
昭化路邮政所	武夷路 416 弄 1 号 103 室	200050
长宁邮政速递物流揽投部	愚园路 1018 号	200050
天山路邮政支局、投递支局	天山路 1730 号	200051
中山西路邮政所	长宁路 1245 号	200051
安顺路邮政所	安顺路 229 号	200051
纺织大学邮政所	延安西路 1876 号	200051
天山邮政物流揽投部	天山路 1730 号	200051
新华路邮政支局、投递支局、速递物流揽投部	新华路 212 号	200052
延安西路邮政所	延安西路 1172 号	200052
新华路邮政所	新华路 427 号	200052

说明：资料由市西邮政局办公室提供。

市西邮政局参与世博系列活动

1 月 21 日，市西邮政局参加《上海世博园》邮票首发式暨上海市青少年迎世博书信文化展、上海世博会倒计时 100 天"邮政与世博同行"誓师会，长宁邮政支局、天山路邮政支局、新华路邮政支局在中山公园及邮局内设摊开展志愿者服务。世博期间，市西邮政局为长宁区政府机关、公安长宁分局、交警等部门制作世博个性化肖像邮票等世博邮品。

（丁英群）

市西邮政局优化便民服务举措

2010 年，市西邮政局优化便民服务举措，设立

红缎带导邮员,指导用户正确用邮;设立服务专线,受理用户电话投诉;在各营业窗口放置并发放"邮政服务意见反馈卡"和"上海邮政用户意见征询单",受理用户的意见和投诉;放置"便民服务箱";开展电子指路服务;聘请社会监督员,接受社会监督。（丁英群）

■ 仙霞和北新泾邮政支局完成经营目标任务

2010年,仙霞和北新泾邮政支局分别完成经营业务2306万元和1615万元,为年度目标任务的100.8%和101.1%,实现年初上级下达的经营目标。年内,2个邮政支局和11个邮政所共收寄函件447万件,包件7万件,办理汇票6.5万张,合计完成业务收入3922.34万元。（唐登发）

■ 北新泾邮政支局开办邮政储蓄业务

6月18日,北新泾邮政支局对外开办邮政储蓄业务。长宁区新泾镇人大领导前往上海市邮政公司,代表新泾镇党委、人大、人民政府及当地居民向上海市邮政公司赠送"开办淞虹路邮政储蓄网点,体察民情服务百姓办实事"的锦旗,感谢市邮政公司、闵行区邮政局和北新泾邮政支局开办淞虹路邮政储蓄网点,方便居民储蓄,得到周边居民特别是离退休老人的好评。（唐登发）

■ 北新泾邮政支局投递员何学强岗位练兵竞赛取得好成绩

在上海市邮政公司2010年投递工种岗位练兵竞赛活动中,北新泾邮政支局投递员何学强取得乙队个人全能第一名,乙队个人单项第二名,数报套报第二名,盖戳排信第一名的好成绩。（唐登发）

■ 服务世博增加设备和设施

年内,仙霞和北新泾邮政支局为配合世博服务、世博安全和窗口文明创建等工作,新增通信服务设备和技防、物防设备,新装监控摄像11只、红外监控13只、数字监控录像主机2台;增加"110"主机1台、震感报警器7只、加装"110"按钮6只,增配声光报警器7只。安装世博门票销售机13台、义务指路电话系统3台、世博商业卡POS机1台、网上银行自助终端1台。（唐登发）

表21-4 2010年长宁区境内闵行区邮政局营业网点情况表

名称	地址	邮编
北新泾邮政支局	淞虹路	200335
机场邮政所	机场一路	200335
新泾三村邮政所	新泾三村87号	200335
平塘路邮政所	甘溪路206号	200335
蒲淞北路邮政所	蒲淞北路66号	200335
仙霞邮政支局	仙霞路787号	200336
中山西路邮政所	中山西路1520号	200336
程家桥邮政所	虹桥路2312号	200336
仙霞新村邮政所	仙霞路420号	200336
天山五村邮政所	天山五村16号甲	200336
国际贸易中心邮政所	延安西路2201号	200336
东方大厦邮政所	娄山关路85号	200336
新虹桥邮政所	娄山关路83号	200336

说明:资料由闵行区邮政局办公室提供。

（十三）电信

■ 概况

中国电信上海公司深入推进企业转型,积极践行"聚焦客户的信息化创新"战略和"激情、创新、合作、诚信"的精神,实现品牌和转型双突破,保持上海地区通信的领先地位。上海公司拥有中国电信集团内最大的本地网,为用户提供全方位的综合信息服务,承担全国50%以上的国际电话汇接;互联网国际出口带宽超过112G,占中国电信总出口带宽40%以上,使上海成为国内拥有固定电话、宽带和IPTV用户数量最多、内地国际通信出口流量最大的城市。2010年,中国电信上海公司完成世博通信保障任务,实现了"信息世博,触手可及";加快推动"城市光网"建设,全面提升网络能级;积极开展创先争优活动,巩固和拓展学习实践科学发展观活动成果。年内,中国电信上海公司被中共中央、国务院授予中国2010年上海世博会先进集体称号,上海公司及所属单位获全国工人先锋号、上海五一劳动奖状、上海市模范集体、上海市首批企业文化示范基地、通信行业绿色节能先进单位等多项荣誉。（王 勇）

■ **完成世博通信保障，实现“信息世博，触手可及”**

以先进网络助力世博成功。中国电信上海公司历时5年，投入6.16亿元，通过119个专项工程，融合XPON、NGN等最前沿的科技和CDMA、EVDO等最先进的网络，打造世博信息通信网络。网络承载46个世博专用信息化系统，其中协同办公系统确保世博局近3000名员工都能全面、高效、同步推进工作；6084台800M终端累计呼叫高达480万次，确保指令上传下达及时通畅；视频传输系统确保3500余个视频探头的图像实时传送，全天候守护世博安全；要客访问、志愿者培训、财务管理等系统都高速、准确运营。以创新科技打造世博精彩。精心打造8大科技亮点，集中推出综合信息亭、E云手机、随行通等18项世博新产品，全面展现信息通信技术在城市发展、企业升级、民生改善上所发挥的重大作用，为世博科技盛会增添一抹亮色。随行通平台累计发送短信3124万条，及时疏导观博；CDN内容分发系统让网上世博会、世博官网的传播速度成倍增长，让全球客户同速感受世博，累计为8234万人提供服务高达8.7亿次。上海公司以全面满足客户需求为己任，累计开通电话13837门、宽带1600线，提供裸光纤689条、电视传送27.8万分钟，4个园区服务点共接待游客7万余人，提供各类业务咨询和受理3.6万次。在上海市精神文明办等联合组织的7次“上海市600天城市及服务文明指数”测评中，连续6次获通信行业服务文明满意度第一的好成绩。倾力奉献践行世博主题。上海公司以服务世博为契机，投资245亿元，用于国际海光缆、城市光网、无线城市建设和宽带提速等。IP城域网率先实现双平面架构，3G信号率先实现全覆盖，互联网国际出口带宽从2006年30G增加到280G，宽带用户家庭普及率达50.6%。 （王　勇）

■ **助力虹桥交通枢纽通信网络建设**

虹桥综合交通枢纽集航空、高铁、城铁、高速公路、磁浮、地铁、公交等“轨、路、空”多种交通方式于一体，电信配套建设也具备集约化、全覆盖和便捷畅通的特点，集约化工程共由5个部分组成，分别是虹桥新航站楼、虹桥枢纽东交通枢纽、虹桥枢纽磁悬浮、虹桥枢纽西交通枢纽、虹桥枢纽高速铁路。3月16日，随着新虹桥近4万平方米的T2航站楼投入使用，“天翼”信号实现虹桥新航站楼的全覆盖。同时，虹桥东交通中心和磁浮站部分区域的天翼和集群无线系统也完成开通工作，并完全达到验收及技术指标要求。6月24日，上海市无线电管理局、虹桥枢纽指挥部对高铁虹桥站无线室内覆盖系统进行现场检查，认为高铁虹桥站无线室内覆盖建设工程在工程质量、分布系统性能、网络覆盖性能和电磁辐射等4个方面符合设计验收要求，标志着中国电信上海公司牵头建设的高铁虹桥站无线室内覆盖集约化系统通过专家组验收，也标志着上海公司的C网和800兆数字集群系统在高铁虹桥站开通试运行。 （王　勇）

■ **打造“智慧医院”**

7月，中国电信上海公司西区电信局与同仁医院、金仕达卫宁公司签署“智慧医院”共建协议。作为长宁区卫生系统“十二五”规划的重点项目，三方共建将以打造“智慧医院”为目标，以移动医生工作站、移动护士工作站、医疗业务协同平台及医疗质量、安全警示系统为建设起点，共同推进同仁医院的医疗信息化建设。西区电信局将依托三方共建的平台，逐步实现“智慧医院”建设目标，为同仁医院提供基于宽带互联网、手机智能应用的整体信息化应用解决方案，天翼对讲、魔屏、IPTV在同仁医院的应用实施也将为“无线数字医疗”拓展更为广阔的发展空间。三方共建使同仁医院这家“百年医院”步入“智慧医院”新时代。 （王　勇）

■ **助力长宁区“十二五”信息化基础设施建设**

12月7日，中国电信上海公司西区电信局与长宁区政府签署《长宁区十二五信息化基础设施建设合作协议》。双方在“十二五”期间共同推进的城市光网、无线城市、三网融合、智慧城市、两化融合、云计算数据中心建设等6大板块的重点项目工程，已被列为长宁区实事项目，项目将直接服务于“大虹桥”信息化高地，进一步提升“数字长宁”的品质。西区电信局将发挥属地局的服务和技术优势，聚焦信息化，完善“一体两翼”发展格局，以互联网和物联网为支撑的服务模式，着力将长宁区打造成为上海“智慧城市”建设示范区。 （王　勇）

■ **城市光网提升网络能级**

4月8日，中国电信上海公司向公众推出“城市光网"业务，包括光速"e家10套餐"、"光速e家30套餐"、"光速e家50套餐"等。至年底，共完成城市光网覆盖用户200万余线，发展城市光网用户45万余线，其中FTTH用户24万余线。通过城市光网建设和用户迁移，实现宽带用户平均带宽的迅速提升，从年初平均带宽1.8兆提升至年底的4兆，实现带宽翻番的目标。在城市光网的建设中，上海公司对新建小区优先采用FTTH接入，对已建小区优先采用FTTH改造方式，已建有入户五类线的采用PON+LAN改造方式；对于商务楼，完成光分到楼，并完成光缆到楼层；对于园区，优先考虑FTTO网络覆盖。 （王　勇）

■ **推出"魔屏"和"翼支付·手机刷卡"**

1月6日，中国电信上海公司举行"家庭信息第四屏——魔屏mTouch"新产品发布仪式。"魔屏mTouch"作为上海公司"世博年"推出的第一款产品，集电视、电脑、手机三屏优势为一体，提供的业务包括通信、世博、娱乐、资讯、生活五大频道，内容涵盖可视电话、电影、电视剧、号百订餐、网络电台、天气预报等32项应用。 （王　勇）

■ **上海电信博物馆开馆**

上海是中国电信业的起源地之一，上海电信自1871年开办电报业务起，已穿过一个多世纪的风云。6月23日，上海电信博物馆开馆，全国人大常委会委员长吴邦国为上海电信博物馆题字。上海电信博物馆立足还原历史原貌，展示内容由电报通信、市内电话通信、无线通信、长途电话通信、综合荟萃5个部分组成，以珍贵的史图，丰富的实物结合多媒体技术简明地透视出上海电信从起步到壮大的发展轨迹，是上海电信的百年缩影。展馆一期面积约1300平方米，设于1921年丹麦大北电报公司在外滩建造的电报大厦（今延安东路34号），和展陈内容浑然一体，不失为一处完整的文化遗存。上海电信博物馆历经5年建成，内有珍贵的通信老设备、老器材和历史图片，还有融知识性、趣味性为一体的可让观众参与的科普项目。 （王　勇）

（栏目编辑　汤翠萍　徐德生　郑兆永）

司法解读

《国有土地上房屋征收和补偿条例》解读

2011年1月19日国务院第141次常务会议通过，自公布之日（2011年1月21日）起施行。

与此前的《城市房屋拆迁管理条例》相比，该条例具有以下特点：

一、公共利益征收与商业开发征收彻底分开

《条例》第二条规定："为了公共利益的需要，征收国有土地上单位、个人的房屋，应当对被征收房屋所有权人给予公平补偿。"同时第八条以列举的方式将"公共利益的需要"界定为六种具体情况，这标志着公共利益征收与商业开发征收混为一谈的拆迁模式已成为历史。

二、政府是唯一补偿主体

《条例》第四条规定："市、县级人民政府负责本行政区域的房屋征收与补偿工作。市、县级人民政府确定的房屋征收部门组织实施本行政区域的房屋征收与补偿工作。市、县级人民政府有关部门应当依照本条例的规定和本级人民政府规定的职责分工，互相配合，保障房屋征收与补偿工作的顺利进行。"这意味着公益性征收、补偿的主体只能是政府，而不再包括开发商。

三、政府具有公告、听证的义务

一是市、县级人民政府应当组织有关部门对征收补偿方案进行论证并予以公布，征求公众意见；二是因旧城区改建需要征收房屋，多数被征收人认为征收补偿方案不符合本条例规定的，市、县级人民政府应当组织由被征收人和公众代表参加的听证会，并根据听证会情况修改方案；三是市、县级人民政府作出房屋征收决定后应当及时公告。

四、征收争执可以提交司法裁决

《条例》第十四条规定："被征收人对市、县级人民政府作出的房屋征收决定不服的，可以依法申请行政复议，也可以依法提起行政诉讼。”从而突破了以往只能对补偿、安置提起复议或诉讼的局限。

五、明确了征收补偿的范围

（一）被征收房屋价值的补偿；（二）因征收房屋造成的搬迁、临时安置的补偿；（三）因征收房屋造成的停产停业损失的补偿。对被征收房屋价值的补偿，不得低于房屋征收决定公告之日被征收房屋类似房地产的市场价格。

六、强调评估机构的中立

被征收房屋的价值，由具有相应资质的房地产价格评估机构按照房屋征收评估办法评估确定。房地产价格评估机构由被征收人协商选定；协商不成的，通过多数决定、随机选定等方式确定。

七、被征收人具有补偿选择权

《条例》第二十一条规定：“被征收人可以选择货币补偿，也可以选择房屋产权调换。”

八、协议不成政府有权决定

房屋征收部门与被征收人在征收补偿方案确定的签约期限内达不成补偿协议，或者被征收房屋所有权人不明确的，由房屋征收部门报请作出房屋征收决定的市、县级人民政府依照本条例的规定，按照征收补偿方案作出补偿决定，并在房屋征收范围内予以公告。

九、违法建筑不予补偿

《条例》第二十四条第二款规定：“市、县级人民政府作出房屋征收决定前，应当组织有关部门依法对征收范围内未经登记的建筑进行调查、认定和处理。对认定为合法建筑和未超过批准期限的临时建筑的，应当给予补偿；对认定为违法建筑和超过批准期限的临时建筑的，不予补偿。”从而终结了一直以来补与不补的争议。

十、野蛮拆迁可能被追究刑责

在房屋征收和补偿过程中，有滥用职权、玩忽职守、徇私舞弊的；有采取暴力、威胁或者违反规定中断供水、供热、供气、供电和道路通行等非法方式迫使被征收人搬迁的；有采取暴力、威胁等方法阻碍依法进行的房屋征收与补偿工作，将有可能被追究刑事责任。

科学知识

新西兰推出“飞行背包”

近日，新西兰的马丁飞行器制造公司（New Zealand Martin Aircraft Company）研制成功了一款新型单人飞行器——马丁单人喷射背包（Martin Jetpack），成为实现人类“简单飞行”梦想的首个设备，而且该设备的造价非常低廉，零售价仅为9万美元（仅和一款跑车的价位相仿）。

据报道，科研人员主要使用了高强度的轻质碳纤维制作喷射背包的主要构件，在原材料中还添加了少量的纤维B（一种复合纤维组织，使被添加物更牢固）。具初步测算，马丁喷射背包可产生大约600磅的推进力。而且因为飞行器的重心点低于“推力中心点”，该背包的稳定性大大增强，在空中的悬浮能力大大增强。在燃料方面，该设备使用常规汽油动力，每小时的耗油量为10加仑，燃料箱的总体积可以加入五加仑的汽油，喷射背包在空中可飞行半个小时的航程。

此外，消费者在购买马丁喷射背包时，不需要获得专业的飞行执照，也不需要进行大量的专业训练，马丁公司会对消费者进行强制性的飞行训练和安全培训。而在安全方面，马丁喷射背包中带有类似汽车安全气囊的降落伞设置，如果引擎突然停止运作，降落伞会起到保护作用。所以唯一需要担心的问题就是不要和物体相撞。

马丁公司预计，2011年将可以对外正式进行商业出售计划，并且购买者可以分期付款，预付总价格的10%之后就可以拥有它。

二十二、科学技术

KE XUE JI SHU

CHANGNINGNIANJIAN

2011

（一）综述

2010年，长宁区科技工作以夯实创新基础、拓展创新平台、优化创新环境为目标，不断增强区域科技创新能力和综合竞争力，加快推进信息技术向经济社会渗透，加强科普工作，提高市民科学素养，为推进区域经济社会又好又快发展提供有力的科技和信息化支撑。

拓展创新载体建设。根据市府有关张江高科技园区扩容建设的有关要求，长宁争取并纳入上海张江高新技术产业开发区的功能区域体系。支持上海工程技术大学科技园区成功申报为国家级大学科技园。制定《长宁区推进上海市高新技术产业化（软件和信息服务业）产业基地工作方案（2010—2012年）》。营造科技创新的氛围。在全市率先编制《长宁区创建全国科技进步先进区行动计划（2010—2012）》和《长宁区创建全国科技进步先进区行动计划任务分解表》，加快长宁创新型城区建设。完成《技术创新成果在本区产业化项目匹配政策》、《长宁区高新技术企业数据统计实施办法》等政策制定和修订。加强对软件和信息服务业的统计及年审。切实加强知识产权工作，推行"美国专利应用试点"。深化科技园区建设。修订多媒体产业园孵化器政策，起草《关于区域内产业楼宇纳入科技园区管理参照执行的扶持政策》；对各科技园区科技专项扶持资金拨付总额2807.5万元；构建孵化器平台、多媒体公共服务平台、高端人才培训平台、会展平台、技术创新支撑平台五大功能平台。推进新兴产业发展。推进电子商务公共服务平台建设，推广电子支付服务；推动物联网产业在长宁发展。落实科技人才政策。28名科技系统优秀人才获选长宁区第二届领军人才和第七轮专业技术拔尖人才；积极推进名校博士生、国际化人才、硕博士创新实践基地建设。推进"智慧城区"建设，加快信息化应用向服务化、智能化发展。不断完善和推广公务员统一门户和机关办公系统（OA）、地理信息平台、实有人口综合服务与管理信息系统。推进网上行政审批大厅建设，企业设立网上并联审批。同时，加强信息化项目管理。年内出台《长宁区信息化项目绩效评估管理办法》。扎实开展科普工作。区域内市级科普示范街道（社区）覆盖率扩大到80%；科普场馆人均占有率居全市第二；实施市区联动科普示范项目"长宁社区数字科普惠民平台"建设。广泛开展主题科普活动，举行2010年上海科技活动周长宁区活动、长宁区第三届科普艺术展演、名家科普讲坛和"5·12"防震减灾系列宣传等活动。开展"十二五"规划编制工作。完成长宁区"十二五"专题、专项规划的《长宁区电子商务发展"十二五"规划》、《长宁区软件及信息服务业发展"十二五"规划》、《长宁区高新技术产业发展"十二五"规划》、《长宁区信息化基础设施建设"十二五"规划》、《长宁区科普"十二五"规划》、《长宁区防震减灾"十二五"规划》等6大专项规划。年内，区域内的国家级科研院所发挥科技创新引领示范作用。中科院上海微系统与信息技术研究所在研项目296项。其中，不少是国家重大专项项目、国家重点基础研究发展计划（973）项目、中国高技术研究发展计划（863）项目、国家自然科学基金重点项目和知识创新工程重大项目。还承担有关国际合作项目和国家科技支撑计划项目。研发的"三层立体防入侵传感网系统"等5项科技创新成果广泛应用世博园区，为世博会服务。此外，在物联网（传感网）、宽带无线通信、微小卫星、抗辐射SOI材料的研发和应用方面都处于国际国内领先地位。中科院上海硅酸盐所共有国家重点基础研究发展计划（973）项目、中国高技术研究发展计划（863）项目、国家科技支撑计划项目、国家自然科学基金重点项目、中科院知识创新工程重大项目等在研项目268项。申请专利186件，其中发明专利175件，实用新型专利11件。获得批准专利53件，其中发明专利39件。发表SCI收录的论文523篇，EI收录的论文数为558篇，影响因子大于3的论文126篇。取得科研成果57项，其中，获得省部

10月17日，举行长宁区第四届科普形象大使评选

（区科委供稿）

级科技奖励3项。上海生物制品研究所以“打造中国生物制药领军企业,参与国际市场竞争”为目标,科研和生产都取得较好成效：共有国家级和上海市级在研课题28项；被批准设立博士后科研工作站；超额完成国家下达的甲流疫苗、麻疹疫苗等生产任务,全年营业收入超过10亿元。(常　念)

（二）科技管理与服务

■ 概况

年内,区科委制定和修改完善有关科技政策,加强科技政策服务站建设,召开系列政策宣讲会、银企座谈会,积极为科技企业服务。认定市科技小巨人企业1家、市小巨人培育企业7家,认定区级科技小巨人企业11家；认定技术合同279项,金额126474.52万元；组织7家企业申报2010年上海市科学技术奖(科技进步奖)；完成23家企业78项技术研发费鉴定工作；落实科技三项经费16项,26481.18万元；中介补贴3项,2万元；完成2009年度高新技术企业以及技术先进型服务企业年报工作,统计完成率均达100%；完成2009年高新技术成果转化项目动态跟踪,项目跟踪率达97.7%；完成2010年度上半年高新技术成果转化项目动态跟踪,项目跟踪率达98.2%。完成执行期内15家市级科技小巨人和科技小巨人培育企业项目跟踪,跟踪率达100%；落实科技企业购买服务专项补贴3项,共计2万元；组织申报2009—2010年区节能减排项目2项。(杨　砚)

■ 召开科技政策服务站工作会

1月29日,区科委召开2009年科技政策服务站工作总结会。向22个科技政策服务站通报2009年科技工作和招商工作,详细介绍上海市自主创新产品认定等三项最新政策并与各服务站建立联络员机制,各服务站的站长和具体工作人员参加会议。(杨　砚)

■ 认真做好软件企业年审工作

年内,区科委认真做好软件企业年审工作,提出“跨前一步服务企业”的工作理念,力争做到经区科委认定的软件企业一家不漏,避免企业因不按时参加年审而造成不能享受相关扶持政策的损失。为此,区科委利用各种渠道如市科委的信息服务通道、区政府短消息平台和发挂号信、主动上门等方式通知企业。结果,应参加年审的126企业家中有114家参加年审。未参加年审的12家企业中,5家企业已迁外区,7家企业因经营方式变化不再参加年审。(杨　砚)

■ 开展网上行政审批事项清理工作

年内,区科委(信息委)主管的网上办事系统围绕区第四批行政审批事项清理开展以下工作：调整行政审批事项,做到内网业务系统与门户网站同步。配合企业设立并联审批系统定制数据交换接口,统一两个系统之间的事项名称及传输标准,接收由企业设立单向传递的数据,并发布到门户网站的公告栏上。完成审批事项更改后台系统调研。建立审批超时每日备案机制,由专人管理。执行面向各审批单位的故障排除与系统日常维护。进行办事服务功能集成可行性研究。更新外网导航栏,为政府投资项目监管系统预留了入口。(杨　砚)

■ 组织银企座谈会

1月27日,区科委、区知识产权局为解决中小企业融资难问题,邀请区内2家产品技术水平领先、拥有核心自主知识产权的企业——上海贝奥路生物材料有限公司和上海经达实业发展有限公司与区内2家金融机构——上海长宁国有资产经营投资有限公司和上海快鹿投资集团对接,以便相互了解,加强合作。年内,这2家金融机构已开始对企业作全面评估。(杨　砚)

■ 召开政策宣讲会

4月21日,区税务局、区科委、区知识产权局、临空经济园区管理办联合在区政府召开2010年上半年政策宣讲会。约100家各类科技企业数百人参加会议,会上相关部门业务负责人对世博知识产权保护、企业研发费税前加计扣除、科技成果转化等近期操作政策进行宣传和讲解,为企业解答实际操作过程中遇到的政策问题,并将最新政策向企业通报。(杨　砚)

■ 召开科技企业金融服务对接会

10月28日,区科委联合有关金融机构召开科技企业金融服务对接会。为使对接会取得实效,区科委于9月份向区域内400余家重点科技企业发出《长宁区科技金融服务需求调查问卷》,广泛征集项目需求并深入企业调研。会上,区科委分别与中信银行、中信证券、虹桥资募港签署战略合作协议。中信银行、中信证券与虹桥资募港分别介绍科技金融服务组合产品和有关政策。（杨　砚）

■ 组织科技创新政策咨询进园区活动

4月27日,区科委、多媒体产业园管委办公室和多媒体产业园党委邀请市高新技术成果转化服务中心政策服务部领导一行5人到多媒体产业园设立咨询服务台,从上海市高新技术成果转化项目认定政策、企业研发费加计扣除政策、人才政策、成果转化项目享受财政扶持政策、投融资服务、技术转移服务等6个方面,为园区各企业提供现场政策咨询服务。戴尔电脑、腾达科技、航晶新材料、比莱文化、奥森半导体等20多个单位的领导及相关人员前来咨询并领取《上海科技创新政策》和《上海市科技创新政策申报服务指南》等资料。（杨　砚）

■ 召开长宁区2010年度防震减灾联席会议

6月2日,区地震办组织召开长宁区2010年度防震减灾联席会议，区防震减灾联席会议全体成员单位主要领导和分管领导约40人参加会议。长宁区十分重视防震减灾工作：明确区地震办的机构编制、地震办的工作经费和专项经费纳入财政年度预算计划。建立和完善区地震应急体系,制定应急措施,编制《长宁区地震突发灾害处置应急手册》,在10个街道(镇)建立地震应急志愿者队伍。在防震减灾特色学校——天山中学,建成地震烈度观测点。开展区房屋抗震设防状况分析统计。借助联席会议平台,构建地震宏观信息及灾情速报网。结合区情开展防震减灾宣传教育,举办中学生防震减灾知识竞赛,举办各类防震减灾知识讲座及专题报告会,编制《珍爱生命,防灾避险》宣传手册。制作防震减灾宣传版面并先后在各街道(镇)巡展3次,还在区机关、学校展示。（杨　砚）

■ 启动全国科技进步先进区行动计划

9月3日,长宁区召开科技进步贯标行动推进大会。区委常委、副区长杲云出席会议并讲话,区科技进步工作领导小组成员,相关委、办、局、街道(镇)、科技园区分管领导,大专院校和科研院所科技处分管领导,国家863重点项目组和重点企业代表参加会议。会议传达国家技术创新工程上海市试点工作推进会精神,部署长宁区创建全国科技进步先进区行动,解读八届区委常委会119次会议讨论通过的《长宁区创建全国科技进步先进区行动计划(2010—2012)》。杲云在会上要求认真贯彻落实《长宁区创建全国科技进步先进区行动计划》,促进科技进步工作常态化、规范化、制度化。要按照行动计划和任务分解表扎实推进科技进步工作,各部门要细化方案,落实措施,明确人员,层层抓落实。要以实施《创建行动计划》为契机,加快长宁创新型城区建设。（杨　砚）

(三)知识产权保护

■ 概况

年内,推行“美国专利应用试点”工作,硅酸盐研究所积极参与并已取得专利应用光盘。开展“专利实施应用情况调查”工作,共对174份专利进行实施情况调查。与闸北区知识产权局联合开展专利专项执法检查,共检查8户商家。完成长宁区首批“真牌真品”承诺单位验收并开展2011年申报工作。落实专利专项资助,共资助培育、试点企业2家2件,10家企业50件专利,46位个人132件专利,合计发放资助金额22.8万元。开展2010年发明专利奖申报工作,收集7家企业11个项目的申报材料。结合世博会知识产权保护和科技政策宣讲,开展“4·26世界知识产权日”重点宣传活动。在临空经济园区开展多次知识产权讲座,并组织20多家企业赴青岛参观学习海尔经验。（杨　砚）

■ 长宁少科站和建青实验学校被命名为上海市知识产权示范学校

根据上海市教育委员会下发的《关于命名2009年度上海市知识产权示范学校和试点学校的通知》,长宁区少科站和上海市建青实验学校被命名为上海市知识产权示范学校。（杨　砚）

(四)科技产业

■ 概况

软件和信息服务业是长宁区现代服务业的重要产业。2009年长宁区被认定并命名为“上海市高新技术产业化(软件和信息服务业)产业基地”。

2010年长宁区根据市政府《关于加快推进上海高新技术产业化的实施意见》,进一步聚焦产业基地、聚焦重点项目、聚焦政策措施,制定《长宁区推进上海市高新技术产业化(软件和信息服务业)产业基地工作方案(2010—2012年)》,明确长宁推进软件和信息服务业领域高新技术产业化的总体思路、主要目标和主要措施;编制《长宁区促进科技创新和高新技术产业化配套政策》,起草《长宁区软件和信息服务业专项资金管理办法》。好耶信息技术(上海)有限公司、上海威士顿信息技术有限公司、上海水晶石信息技术有限公司等12家企业被认定为2010年度长宁区科技小巨人培育企业。

(杨 砚)

■ **利用上海虹桥科技电子之窗宣传科技产业**

年内,区科委联合分众传媒、长润信息技术公司以建立在慧谷白猫科技园的上海虹桥科技电子画廊(LED全彩户外电子显示屏)为传播载体,在宣传区政府中心工作和普及科普知识的同时又提供区域内高新技术企业、小巨人企业、软件企业的产品介绍。包括信息、生物医药、新材料、环保节能等领域的创新产品。具有商业楼宇信息化联播系统运作资质的上海分众德峰广告传播有限公司承担对“上海虹桥科技电子之窗”信息播放的制作。每天播放时段为:8:00—14:00、17:00—19:00。播放轮次和播放时段由“上海虹桥科技电子之窗”自身系统的定时装置控制。 (杨 砚)

■ **宣传低碳环保理念支持节能减排产品运用**

年内,区科委以低碳环保为理念,推进一批节能低碳技术与产品研发项目。做好科技企业节能减排专项扶持项目的跟踪推广工作。推广上海瑞华(集团)有限公司的“环保型纯电动汽车总成(电电混合)”项目运用于上海世博会园区短驳交通用车。推广上海纽孚尔能源技术有限公司的“乳化柴油剂研发项目”,促进企业与上海交运沪北物流发展公司签订使用协议。挖掘节能减排储备项目推进节能技术项目研发。将上海博闻汽车配件有限公司、上海卡登精细化工有限公司、上海乐普能源科技发展有限公司等项目列入重点跟踪项目。推进上海博闻汽车配件有限公司“节能产品——城市客车LED车厢顶灯的开发、推广、运用”项目研发。推荐上海纽孚尔能源技术有限公司“第二代乳化柴油的应用”项目申报2009—2010年度区节能减排专项扶持项目。结合科普主题宣传日活动开展节能低碳宣传。在上海动物园举行“2010庆祝世界地球日暨世博大熊猫、长宁好邻居”活动,突出“节约能源资源、保护生态环境、保障安全健康”主题。安排“启思带你畅游世博,科技点亮美好生活”展览在长宁区巡展,重点介绍科技世博中的“绿色科技”。围绕“节约能源资源、保护生态环境、保障安全健康”特定主题,举办《名家科普讲坛》进社区、进园区、进机关活动,探讨“后世博上海低碳经济发展路径与选择”等热门话题。 (杨 砚)

(五)科技创新与成果转化

■ **概况**

年内,长宁区努力扩大科技政策覆盖面,鼓励自主创新。全年认定高新技术企业15家;认定市高新技术成果转化项目12项;推荐25家企业申报市级创新资金项目,其中市级创新基金项目19个,区级创新基金项目8个,有10个项目被认定为国家级创新基金项目;组织10家企业申报上海市自主创新产品38项;认定市重点新产品6项;完成并通过创新中心负责组织实施的2009年一期项目验收工作及2010年二期项目的申报工作。

(杨 砚)

■ **推进三网融合,建设“智慧城市”**

11月26日,基于三网融合的创新互动平台——IPTV空中商城(TVMALL)正式上线,长宁区IPTV用户足不出户,手握遥控器在沙发上就能24小时轻松“逛街”,同时还可享受正品保障、实惠价格与便捷的服务。这是长宁区率先推进“智慧城市”建设、加快电子商务发展的又一力举。这个全新空中购物平台的诞生,将使IPTV用户可以实现从“看电视”到“用电视”的转变,体验“三网融合”互动数字技术给生活带来的实惠。长宁区已完成现代数据集通信网络的部署建设,并启动3T-NET技术为支撑的有线电视数字化整体转化及三网融合建设。

(杨 砚)

■ **区9家企业获“2010年度上海市创新型企业”称号**

根据市委办公厅与市府办公厅公布2010年度

上海市创新型企业名单，长宁区内的上海未来宽带技术应用工程研究中心有限公司、希姆通信息技术（上海）有限公司等9家企业获得“2010年度上海市创新型企业”称号。 （杨 矾）

表22-1 2010年度长宁区被认定的上海市高新技术企业一览表

企业名称	主营业务	领域
上海梅花信息有限公司	计算机软件 信息专业领域内的八技服务	电子信息技术
上海风神环境设备工程有限公司	机电设备安装工程专业承包贰级，建筑装修装饰工程专业承包叁级，建筑智能化工程专业承包叁级	资源与环境技术
汉海信息技术（上海）有限公司	多媒体信息技术、数据通讯、无线电工程、电子产品的设计	电子信息技术
上海柯慧网络科技有限公司	设计、制作计算机软件，销售自产产品	电子信息技术
上海贝奥路生物材料有限公司	生产生物医学材料 医疗器械及用具	新材料技术
上海树脂厂有限公司	制造、销售有机硅产品，离子交换树脂，环氧树脂	新材料技术
上海派博软件有限公司	计算机软、硬件及网络系统领域内的“四技”服务	电子信息技术
芯讯通无线科技（上海）有限公司	设计、研制、开发无线电通信产品和相关软件	电子信息技术
上海协赢软件有限公司	计算机网络、系统集成、信息技术领域内“四技”服务	电子信息技术
上海腾天节能技术有限公司	建筑节能工程、自动化控制系统工程设计；建筑节能领域内“四技”服务	新能源及节能技术
上海索辰信息科技有限公司	信息、电子、通信、网络领域内的“四技”服务	电子信息技术
上海展宝信息技术有限公司	商务信息咨询，会展服务，礼仪服务；计算机网络工程、计算机软硬件、通信技术领域内“四技”服务	电子信息技术
上海美申环境设施设备有限公司	环卫、环保领域内的“四技”服务	资源与环境技术
上海联谊汽车拖拉机工贸有限公司	汽车配件、摩托车配件产销	高新技术改造传统产业
上海飞来飞去多媒体创意有限公司	多媒体技术、计算机软硬件领域内的“四技”服务	高技术服务业

说明：资料由区科委提供。

表22-2 2010年度长宁区被认定的上海市高新技术成果转化项目一览表

序号	企业名称	项目名称	领域	认定证书号
1	上海腾达科技有限公司	腾达IBMS-智能建筑集成管理开发软件V2.0	电子与信息	201001022
2	上海腾达科技有限公司	腾达IBMS-智能建筑集成管理中心管理服务软件V2.0	电子与信息	201005242
3	上海通用卫星导航有限公司	GSN-208BS嵌入式计算机系统	电子与信息	201004215
4	上海经达实业发展有限公司	行人闯红灯自动监控报警系统	电子与信息	201003199
5	上海水晶石信息技术有限公司	多屏幕异形投影展示系统V1.3	电子与信息	201005239
6	上海树脂厂有限公司	二苯基硅橡胶	新材料	201008350
7	上海三洲迅驰数字技术有限责任公司	三洲迅驰数字电视条件接收软件V4.0	电子与信息	201101016
8	上海精益电器厂有限公司	HA60-1600万能式断路器	先进制造	201010477
9	上海市干细胞技术有限公司	脐带保存和技术服务	现代服务业	201010466
10	上海新联纺进出口有限公司	芳砜纶色织面料	新材料	201012564
11	上海长宁橡胶制品厂	C型复合橡胶止水带	新材料	201011517
12	上海亿盟电气自动化技术有限公司	Ymdw45智能控制器	先进制造	201013621

说明：资料由区科委提供。

（六）科技园区

概况

年内，积极深化科技园区建设，完善园区的服务功能，吸引众多数字媒体企业在园区集群发展，构建孵化器平台、多媒体公共服务平台、高端人才培训平台、会展平台、技术创新支撑平台等五大功能平台，形成较为完善的科技园区服务体系。修订多媒体产业园孵化器政策，起草《市软件和集成电路产业发展专项资金长宁区配套资金管理办法》、《关于加快我区数字文化产业发展的几点建议稿》和《关于区域内产业楼宇纳入科技园区管理参照执行的扶持政策（征求意见稿）》；协调无线通信研究中心2010年房租补贴工作。（杨　砚）

临空经济园区提前实现无线全覆盖

年内，区科委在临空经济园区的支持下，联合上海电信依托EVDO技术，提前在临空经济园区实现3G网络的全覆盖，在临空经济园区的企业除了可以实现3G通信外，还可以通过计算机终端实现宽带上网。（杨　砚）

（七）信息化建设

概况

年内，长宁区积极推进“智慧城区”建设，加快信息化应用向服务化、智能化发展，重点开展以下几方面的工作：公务员统一门户和机关办公系统（OA）二期完善项目。在原OA一期的基础上增加数字签名签章功能和开发区领导阅批界面，方便快捷地实现文件、会议、简报、专报、请销假等功能模块上的签批和查阅。地理信息平台建设。完成第三方评测机构对GIS系统功能、性能等的测试。实有人口综合服务与管理信息系统推广应用与完善。协助区人口办开展一系列调研工作。网上行政审批大厅建设取得新进展。配合区门户网站完成新界面改版设计与维护工作，对接企业设立并联审批系统，并对网上资料的完整及时性、在线办理及时性和咨询答复等内容开展考核。实现企业设立网上并联审批。基本实现与网下流程的无缝磨合。截至9月底，通过系统共录入595个并联审批办件，涉及前置审批办件31件，7—9月无前置部门（工商、质监、税务）联合办理时间分别为3.53、3.38、4.45工作日，累计平均3.84工作日。电子监察系统的应用与完善。核心功能基本开发完毕，即将进入验收测试阶段。加强信息化项目管理。出台《长宁区信息化项目绩效评估管理办法》，对全区信息化项目的全过程管理形成一套较为完整的体系。维护机关网络和电子政务平台。负责协调长宁区世博期间信息安全工作，召开全区信息安全员工作会议，开展信息安全员业务工作培训，对全区重点单位、重要信息系统进行检查并反馈整改建议书，应区世博办要求，派驻专人服务保障信息设备。（杨　砚）

积极为区“两会”提供信息技术支撑

区“两会”期间，区信息中心认真做好区“两会”信息化保障工作，为“两会”提供网络与通讯资源、网络设备、计算机设备、系统保障等，并积极做好“两会”期间网络与信息安全的预防和处置工作。根据区政协会议要求，敷设区文化中心连接区政府的光纤网络和内部局域网络，并安装调试40余台联网电脑，会议期间政协代表的提案稿70%是通过互联网（无纸化）提交至区政协系统，使得会议信息的传输更加快捷便利准确；区信息中心还为区人大会议相关工作组（议案意见组、宣传组、秘书组、文印组等）提供全程信息化服务，保障区“两会”的顺利召开。（杨　砚）

做好世博信息安全工作

年内，围绕“世博”信息安全，区科委做好有关工作：结合“世博”信息安全，对长宁区机关网络系统、长宁区电子政务基础平台、长宁区门户网站等重要信息系统进行严格的安全测评，从而发现问题，及时整改，提高系统的安全性。制定全区信息安全应急预案，对可能发生问题的重要信息系统制定应急专项预案并进行实战模拟演练。在敏感时期、关键时段加强信息安全专项值班。聘请信息安全专业公司，组建专家组，落实信息安全专项维护队伍。进行全区部门信息安全专职人员专项培训。（杨　砚）

初步形成信息化项目全过程管理体系

4月，长宁区政府向全区各部门、街道（镇）转发区科委（信息委）制定的《长宁区信息化绩效评估管理办法》（以下简称《绩效评估办法》），以制度保障对信息化项目建设的监管。同时，对原有信息化项目管理信息系统进行升级。升级后系统成为集信息化资产管理、信息化项目申报、审批及项目建设监管为一体的综合管理系统。还在项目管理中尝试外包服务，引入有项目运作和管理经验的专业人员协助区科委（信息委）对全区新建信息化项目进程进行跟踪管理。（杨 砚）

社保卡中心以优质服务迎世博

年内，区社保卡中心根据全区受理网点的地理位置、硬件环境、人员情况、基础管理等因素统筹考虑，在相关部门和街道（镇）的支持下，通过充分调研，确定在北新泾街道社保卡（居住证）受理网点增设补换卡功能。自5月1日起北新泾街道社保卡（居住证）受理网点已开展社保卡、儿童卡、学籍卡、敬老卡等的补换业务。自此，长宁区已有2个（另一个为天山路街道）社保卡补换卡受理窗口。此外，结合上海市社会保障卡服务中心有关补换卡业务规范和服务优化的要求，区社保卡中心将有关补换卡所需的证件、材料以及办理地点等信息印制成便民小告示，告知市民，避免市民办理补换卡时因携带材料不全而多次往返，做到改善服务细节、优化服务流程，以优质服务迎世博。（杨 砚）

进行全区办公无纸化培训

12月23日，区科委（信息委）会同区委办和区府办对全区各部门办公室主任和文件管理员进行办公无纸化培训，本次培训共有55个部门93名人员参加。培训的主要内容是公文、会议、简报和请销假结合数字签名（签章）的网上操作流程，着重培训这些业务流程中的领导签批功能。（杨 砚）

推进银行卡应用普及

年内，区科委联合区商务委积极营造银行卡支付环境，促进银行卡应用普及。召开“银行卡刷卡无障碍立功竞赛”创建及评选工作会议，中山公园商圈被评为“刷卡无障碍示范商业街区”，新宁购物中心等为“刷卡无障碍示范商户”。不断完善中山、虹桥商贸圈等银行卡支付环境，做到自由使用各类银行卡，POS机支付普及各个商户，刷卡金额不断增加，基本实现银行卡特约商户全覆盖。目前，银行卡特约商户总数已达1000多家，放置ATM机50余台，银行卡收银员受训率达100%。（杨 砚）

（八）中国科学院上海微系统与信息技术研究所

概况

中国科学院上海微系统与信息技术研究所（简称中科院上海微系统所）是国务院学位委员会批准的首批博士、硕士学位授予单位之一，设有通信与信息系统、微电子学与固体电子学、材料物理化学3个二级学科博士研究生培养点和3个二级学科硕士研究生培养点，有电子科学与技术、材料科学与工程2个一级学科博士后流动站，现有在学研究生365人（其中硕士生159人、博士生206人），在站博士后26人。中科院上海微系统所以国家需求为导向，确定电子科学与技术、信息与通信工程两大学科领域和微小卫星、无线传感网络、未来移动通信、微系统技术、信息功能材料与器件5个学科方向，形成系统为牵引、系统带器件、器件带材料的创新价值链。是中国微小卫星的重要研制基地；引领物联网核心技术研究，推升为国家战略性新兴产业；自主研发具有自主知识产权的宽带无线通信系统，在抗震救灾、维稳、公共安全等方面发挥不可替代的作用；SOI材料实现产业化，填补国内空白。面向“十二五”，中科院上海微系统所确定解决“感知中国”的战略高技术问题，突破物联网、MEMS核心器件、高端硅基SOI材料关键技术和产业化，成为无线传感网、宽带无线通信、微系统及相关材料与器件领域不可替代、“四个一流”研究所的战略目标。

中科院上海微系统所现有传感技术联合国家重点实验室微系统技术重点实验室、信息功能材料国家重点实验室，有中科院微小卫星重点实验室、中科院太赫兹固态技术重点实验室、中科院无线传感网与通信重点实验室，在南京、杭州、无锡、嘉兴与地方合作共建7个分支机构，与德国亥姆霍兹国家研究中心于利希中心共建超导与生物电子学联合实验室，与中国铁路通信信号集团公司共建轨道交通传感与传输联合实验室。上海微系统所是国家传感网标准化工作组的组长单位，是全国纳米技术标准化技术委员会微纳加工工作组代管理单位，是上海传感技术学会的挂靠单位，承办科技期刊《功能材料与器件学报》。

2010年，中科院上海微系统所有职工803人，其中一线科技和管理人员607人，包括中国科学院院士2人、中国工程院院士1人、美国国家科学院外籍院士1人，研究员及正高级工程技术人员69人，全所进入创新岗位人员402人。有中国科学院“百人计划”入选者18人（新增3人）、国家杰出青年科学基金获得者4人、国家“千人计划”（国家海外高层次人才引进计划）入选者2人（新增2人）、国家“百千万人才工程”入选者6人、上海市科技领军人才8人次。2010年，中科院上海微系统所在研项目296项（包括新增项目67项）。其中，主持国家重大专项项目5项（新增1项）、参加课题36项（新增6项），主持国家重点基础研究发展计划（973）项目4项（新增1项）、参加课题15项（新增2项），主持中国高技术研究发展计划（863）项目16项、参加课题25项，主持国家自然科学基金重点项目1项、面上项目27项（新增5项），主持知识创新工程重大项目1项、重要方向项目24项（新增13项），承担国际合作项目4项（新增2项），承担仪器研制项目1项，承担院地合作项目7项（新增7项），承担国家科技支撑计划项目3项、“杰出青年基金”项目1项。在微小卫星、抗辐射SOI材料、石油勘探加速度传感器芯片、PCROM相变材料、THz波音频通信、超导技术等前瞻性领域取得重要研发进展。全年获授权专利81项，发表论文446篇（其中SCI收录123篇），国内外会议论文107篇。

（孔朝晖　孙东旭）

科技创新服务世博

世博会期间，中科院上海微系统所建成环上海世博园10.5公里的“三层立体防入侵传感网系统”，有效监控各种低空抛物、攀爬、挖掘行为；为世博会安保指挥部建设“专用无线宽带多业务通信系统”，成为世博会安防工作重要通信手段之一；荧光化学传感式痕量炸药探测仪、痕量毒气和爆炸物快速检测传感器应用于世博园区和轨交世博线路主要地铁站的安全检查；微波交通信息检测雷达系统布设在上海外环线，形成世博道路信息平台。研究所获科技部、上海市政府等九部委授予的“世博科技先进单位”，研究员王营冠、程建功获“世博科技先进个人”。

（孔朝晖　孙东旭）

推动物联网应用和发展

2010年，中科院上海微系统所参与设立上海物联网创业投资基金，参与制订物联网（传感网）国际标准，研发的中国传感网领域首个国际标准传感器网络信息处理服务和接口规范（ISO/IECJTC 1N 9940）提案在JTC1成员国会议通过。牵头制订物联网（传感网）国家标准，发布VW 628和WSNS 1-SCBR两款有自主知识产权的传感器网络SoC芯片，标志着中国传感网领域关键技术和核心芯片取得重要突破。完成浦东机场防入侵系统三期建设，系统性能明显提高。

（孔朝晖　孙东旭）

宽带无线通信系统再立新功

青海玉树地震后，中科院上海微系统所宽带无线通信救援队第一时间赶赴结古镇重灾区，为抗震救灾指挥部、中国国际救援队、公安部玉树指挥中心、中外媒体等提供通信服务，继汶川抗震救灾后，宽带无线通信系统再次为国家重大突发事件的应急处置发挥重要作用。该系统还为广州亚运会安保工作提供通信手段，为各主要场馆提供宽带音视频实时信息传输。与通号集团合作，在沪杭高铁成功实现时速350公里条件下的车地无线传输测试，为中国高速铁路通信技术的发展提供重要技术支持。

（孔朝晖　孙东旭）

新增2项国际合作项目

2010年，中科院上海微系统所新增2项国际合作项目，总经费1105万元，在未来移动通信泛在业务与应用、基于超导量子干涉器件（SQUID）极低场磁共振成像等领域与国际一流科研院所或企业开展合作研究。并成功举办第十届中红外光电子学材料与器件国际会议、第二届上海微系统所与德国于利希研究中心双边合作研讨会、2010年（北京）IEEE 802标准全会、第四届微米纳米技术创新与产业化国际研讨会、首届“中美双边先进传感器与仿生技术”研讨会等国际会议。

（孔朝晖　孙东旭）

（九）中国医药集团总公司上海生物制品研究所

概况

中国医药集团总公司上海生物制品研究所（简称上生所）的生产厂房、科研基地、管理办公区域共有三块：总部位于长宁区延安西路；虹桥分部位于长宁区安顺路；除以上两地外，经中国医药集团总公司和中国生物技术集团公司批准，还有正在规划于奉贤经济开发区内建设的生物医药产业化基地，共计32公顷。2010年，上生所营业收入10.37

亿元,比上年增加1.02亿元,增幅10.88%;主营业务收入(不含税)10.09亿元(含税10.99亿元),比上年增加9924万元;销售回款率101.18%;实现利润总额3.77亿元,比上年增加114.46万元;实现资产总额17.55亿元,比上年增加3.24亿元;净资产收益率达到22.89%,比上年实际减少8.14%;资产负债率为13.54%,比上年降低5.07%。保质保量,超额完成生产销售任务。2010年,上生所做好完成中国医药集团总公司下达的2000万剂麻疹疫苗生产要求,集中出库余4000万剂,超额完成中国医药集团总公司下达的计划任务。超额完成国家下达的甲流疫苗生产指标,获"中央企业红旗班组标杆"称号。上生所还承担甲流疫苗出口的捐赠任务,成为中国唯一一家甲流疫苗走出国门的企业。2010年,上生所规划科研发展,加强国际合作,申请基金1848万元,在研课题28项,共有国家级课题项目7项、上海市级课题项目11项;新开立课题6项,归并调整历史课题10项。各类专业期刊杂志刊登中文论文及综述16篇。注册项目132项,其中新药申请4项;已有国家标准申请2项;补充申请50项;药品生产文号再注册76项。获国家及上海局批件92个。《甲型流感疫苗临床研究》等4项课题获高额专项经费奖励,《抗破伤风类毒素单克隆抗体及其相关的可变区基因序列》等3项新课题已提交申请专利,MMR疫苗被认定为上海市及国家重点新产品,并获上海市重点新产品证书。获国家人力资源和社会保障部全国博士后管理委员会正式批准,设立博士后科研工作站。2010年,组织和参加各类会议、论坛、学术交流12次。Hib结合疫苗技术引进项目的疫苗生产、检定方法验证及申报资料撰写均在加紧开展,并与荷兰NVI、韩国Glovax公司保持联系。在巴基斯坦和斯里兰卡完成静丙的补充注册,出口菲律宾的流感疫苗注册也接近完成。正在启动的产品注册包括麻风腮三联疫苗、麻疹疫苗、白破二联疫苗、人血白蛋白等产品,出口市场包括东南亚、中亚以及俄罗斯等国。2010年,上海世博会期间,上生所与荷兰南荷兰省合作举办"荷兰生命科学周"活动,包括南荷兰省政府和企业家代表团的来访参观、中外基因治疗技术交流研讨会和"疫苗和传染病"主题研讨会。确保产品质量,提升企业品牌形象。2010年,上生所共签发生物制品757批(1220亚批):合格673批(1102亚批)。产品放行交库673批(1102亚批),成品合格率(按历年来统计方法)为99.19%,产品(含半成品和成品)合格率为90.3%。全年累计送国家批签发600批,收到批签发合格报告633批,批签发合格率为100%。2010年,上生所获AAA级信用企业证书,2009年中国医药企业社会责任孺子牛奖。加强企业管理,保持全面协调发展。年内,对《内部控制制度自我评价实施办法》、《合同管理办法(试行)》等10余项规章制度进行修订与完善;制订《建设工程施工合同》、《设备买卖合同》等6份合同示范文本及《采浆公司财务管理制度》(试行)等多项规章制度。首次尝试"员工补充医疗保险",在现有条件下适度提高员工医疗保障水平,增加补贴标准,进一步构建和完善员工的健康福利体系。制订《建设学习型党组织和创先争优活动的实施意见》,拟订《党委创先争优承诺书》,明确党委将为全所改革发展和职工利益所做的实事,并进行公示。在国资委、国药集团和中生集团的部署下,开展"小金库"的专项治理工作。 (许以文)

4月,上海生物制品研究所获中国医药企业社会责任孺子牛奖 (上海生物制品研究所供稿)

■ 奉贤生物医药产业化基地开发项目立项报告和整体规划可行性研究报告获批准

年内,国药集团董事会批准奉贤生物医药产业化基地开发项目立项报告和整体规划可行性研究报告,标志着集团内投资最多、规模最大的项目正式启动。 (许以文)

■ 完成甲型H1N1流感病毒裂解疫苗援外任务

1月,上生所接外交部、商务部、工信部、卫生部和国家药监局等部委通知,中国政府将向发展中国家捐赠甲型H1N1流感疫苗，全部捐赠疫苗由上生所独家提供。至5月底，51万剂捐赠疫苗空运至巴基斯坦和马里两国投入使用，对防控当地甲流疫情起到了重要作用。（许以文）

■ 配合国家药监局通过WHO疫苗国家监管能力（NRA）的疑似预防接种异常反应（AEFI）监测评估

疫苗国家监管能力（NRA）评估，是世界卫生组织（WHO）对国家监管机构疫苗监管职能的综合考评体系，通过NRA评估是中国疫苗进入WHO采购目录的前提条件。在NRA评估的7个方面中，针对“上市后监管活动包括AEFI监测”又是一项重要的评估内容。上生所为配合国家通过AEFI评估，在所长晏子厚的主持下，组织质保部、研发部、营销中心相关人员成立工作组，与国家和上海市的药监、疾控部门联系，对照评估指标，收集材料，完善文件，准备汇报材料，12月15日，上生所作为中国两家指定的疫苗生产企业之一，接受WHO专家AEFI监测的现场评估。12月17日，从国家药监局安监司传来信息：“WHO反馈AEFI板块评估，中国医药集团总公司上海生物制品研究所顺利通过检查”。（许以文）

■ 麻疹腮腺炎风疹联合减毒活疫苗获上海市重点新产品证书

年内，上生所麻疹腮腺炎风疹联合减毒活疫苗经研发部与疫苗二室联合申报，获上海市重点新产品证书，并可获上海市科委20万元的专项资助以及长宁区科委按1∶1比例进行配套的20万元，共计40万元的政府经费奖励。（许以文）

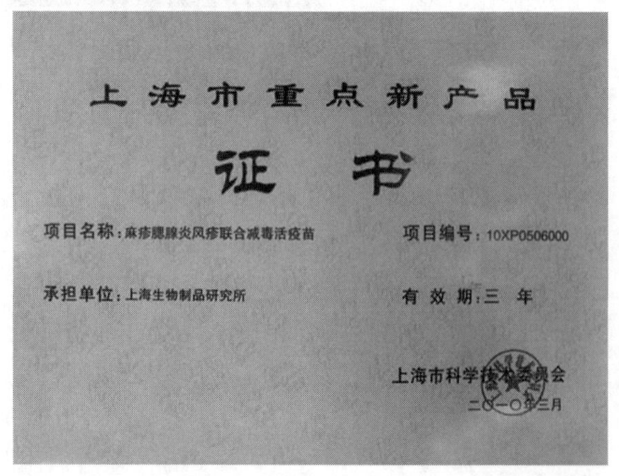
上海市重点新产品

证书

项目名称：麻疹腮腺炎风疹联合减毒活疫苗　项目编号：10XP0506000

承担单位：上海生物制品研究所　有效期：三年

上海市科学技术委员会

二〇一〇年三月

3月，上海生物制品研究所麻疹腮腺炎风疹联合减毒活疫苗获上海市重点新产品证书

（上海生物制品研究所供稿）

■ 为卫生部在全国开展的麻疹疫苗强化免疫工作提供麻疹减毒活疫苗

卫生部决定2010年9月11—20日在全国开展以8月龄—14周岁儿童为主要接种对象的全国麻疹疫苗强化免疫工作，上生所被指定为提供疫苗单位。（许以文）

■ 血液制剂车间通过GMP检查

上生所血液制剂车间历经1年GMP改造，于2010年11月完成3批试投浆，12月9日，比计划提前一周提交车间认证资料。在血液车间GMP项目改造期间，上生所对车间空调净化系统、水处理系统、压缩空气系统、灌装线、病毒灭活等工艺设备及生产工艺进行细致、严格的验证，以保证改造后的车间制品生产的质量。（许以文）

■ 南荷兰省省长率团到研究所进行访问

6月14日，荷兰南荷兰省省长Jan Franssen到上生所考察，上生所领导与荷方展开深入的交流。Franssen希望借2010年上海世博会的东风，加强南荷兰省企业和上生所在生命科学领域的联系，拓展中荷友好关系。代表团还参观上生所新近改建的Hib疫苗项目生产车间，南荷兰省企业界和学术界的人士也表达和上生所在生物制品生产和研发领域进行合作的意愿。（许以文）

■ 日本阪大微生物病研究所代表团到上生所进行交流

11月10—13日，日本阪大微生物病研究所代表团到上生所进行交流，来访人员包括合田英雄理事长，镰田良男经理，磯野英亲部长等。日方此次来访受到以所长晏子厚为首的上生所新的领导班子热情接待，双方会谈气氛热烈，共话友谊并就疫苗生产技术展开交流。（许以文）

■ 研究所获博士后科研工作站资格认定

2010年9月，经人力资源和社会保障部全国博士后管理委员会审核评定，批准上生所设立博士后科研工作站。（许以文）

（十）中国科学院上海硅酸盐研究所

概况

中科院上海硅酸盐研究所（以下简称中科院硅酸盐所）是一个以基础性研究为先导，以高技术创新和应用发展研究为主体的无机非金属材料综合性研究机构。主要研究领域涵盖人工晶体、高性能结构与功能陶瓷、特种玻璃、无机涂层、生物环境材料、能源材料、复合材料及先进无机材料性能检测与表征等，是该领域科学研究单位中门类最为齐全的研究所。中科院上海硅酸盐所设有高性能陶瓷与超微结构国家重点实验室、中国科学院能量转换材料重点实验室、中国科学院透明光功能无机材料重点实验室（人工晶体研究中心）、中国科学院特种无机涂层重点实验室（特种无机涂层研究中心）、上海无机能源材料与电源工程技术研究中心（能源材料研究中心）、古陶瓷与工业陶瓷工程研究中心（古陶瓷科学研究国家文物局重点科研基地）、信息功能材料与器件研究中心、生物材料与组织工程研究中心等科研部门；还设有通过国家认证的无机材料分析测试中心、以中试生产为主要任务的中试基地以及信息情报中心等技术支撑部门。此外，中科院上海硅酸盐所与索尼公司共建有上海硅酸盐所—索尼联合实验室。2010 年，中科院上海硅酸盐所共有在职职工 691 人。其中科技人员 515 人、科技支撑人员 146 人，包括中国科学院院士 2 人、中国工程院院士 2 人、第三世界科学院院士 2 人、研究员及正高级工程技术人员 71 人、副研究员及高级工程技术人员 145 人，中国科学院“百人计划”入选者 26 人、国家杰出青年科学基金获得者 7 人，“引进国外杰出人才”入选者 23 人、国家海外高层次人才培养计划（“千人计划”）1 人；全所进入创新岗位人员共有 413 人。中科院上海硅酸盐所设有材料科学与工程 1 个一级学科博士和硕士研究生培养点，材料物理与化学、材料学和物理化学（含化学物理）3 个博士研究生培养点和材料物理与化学、材料学、物理化学（含化学物理）、材料工程 4 个硕士研究生培养点，并设有材料科学与工程学科博士后流动站，共有在读研究生 382 人（其中博士研究生 176 人、硕士研究生 206 人）、在站博士后 20 人。

2010 年，中科院上海硅酸盐所共有在研项目 268 项。其中国家重点基础研究发展计划（973）项目（课题）12 项，中国高技术研究发展计划（863）项目（课题）14 项，国家科技支撑计划项目 4 项；国家自然科学基金重点项目 11 项，“杰出青年基金”项目 1 项；中国科学院知识创新工程重大项目 1 项、重要方向项目 18 项，国际合作项目 11 项；与地方政府合作项目 99 项。研究所新增项目 72 项。其中国家自然科学基金重点项目 1 项，中国科学院知识创新工程重要方向项目 2 项，国际合作项目 8 项；与地方政府合作项目 20 项。申请专利 186 件，其中发明专利 175 件，实用新型专利 11 件。获批准专利 53 件，其中发明专利 39 件。中科院上海硅酸盐所共发表 SCI 收录的论文 523 篇，EI 收录的论文 558 篇，影响因子大于 3 的论文 126 篇。据中国科学技术信息研究所发布的 2010 年度中国科技论文统计结果，中科院上海硅酸盐所 SCI、EI 科技论文在国内研究机构中继续保持前 10 名。2010 年度，中科院上海硅酸盐所取得科技成果 57 项，科研成果获省部级科技奖励 3 项。有 6 家投资公司总产值为 32 亿元。

2010 年，中科院上海硅酸盐所举办和承办第 29 届国际热电材料会议、第一届陶瓷材料在能源和环境中的应用、中韩精细陶瓷产业技术发展研讨会，先进无机材料应用研究与展望、第一届无铅压电材料国际研讨会、SIC- 圣戈班双边学术研讨会等国际会议。执行 15 项政府间和院级重要合作项目。2010 年，在原有合作基础上，扩大与国际知名研究所、大学合作与交流，先后签订新合作协议 10 项。

（张爱琼）

研究员徐军、张文清入选“新世纪百千万人才工程”

2009 年 12 月 29 日，由国家人力资源和社会保障部、科学技术部、教育部等 7 部门联合评选的 2009 年“新世纪百千万人才工程”国家级人选结果揭晓，中国科学院上海硅酸盐所研究员徐军、张文清入选。“新世纪百千万人才工程”是国家设立的一项中青年高层次人才培养工程，选拔对象是年龄在 45 周岁以下的优秀中青年人才，旨在表彰在教学和科研工作中作出突出贡献、取得较大成绩、具有较大发展潜力的中青年专业技术人才。（张爱琼）

张玲霞获中国科学院卢嘉锡青年人才奖

1 月 1 日，中国科学院卢嘉锡青年人才奖揭晓，中国科学院共有 50 人获该项奖励，中国科学院上海硅酸盐所张玲霞名列其中。卢嘉锡青年人才奖的设置,是为了奖励具有良好潜质和较强创新能力、在科技创新和产业化工作中取得突出成绩的青年科技人员。 (张爱琼)

■ 承办第29届国际热电会议(ICT2010)

5月30日—6月3日,由中科院上海硅酸盐所、武汉理工大学和浙江大学共同承办的第29届国际热电会议在上海召开。中科院上海硅酸盐研究所副所长、ICT2010组织委员会执行主席陈东立研究员主持开幕式。来自31个国家和地区的近500名专家学者出席。设有新化合物、复合材料、材料理论计算和物理研究、器件设计与应用系统等多个议题,共有152名专家和学者发言,280余个海报展出。国际热电学会的专业理事会在会议期间更新了部分国际热电学会理事会成员,中科院上海硅酸盐所张文清当选为新的理事会理事,任期3年。中科院上海硅酸盐所史迅在会上获青年学术奖。

(张爱琼)

■ 举办陶瓷材料在能源和环境中的应用国际研讨会

7月4—6日,第一届陶瓷材料在能源和环境中的应用国际研讨会在中科院上海硅酸盐所召开。来自美国、日本、德国、法国、意大利、韩国及上海硅酸盐所的20余位专家、学者及研究人员出席研讨会。 (张爱琼)

■ 与上海电气集团公司、上海市电力公司签署钠硫电池产业化合作意向书

7月25日,上海市人民政府与国家电网公司在沪签署《智能电网建设战略合作协议》,中科院上海硅酸盐所与上海电气集团公司、上海市电力公司共同签署《关于推进钠硫电池产业化的合作意向书》。大容量钠硫电池产业化合作协议的签署是落实中科院与上海市政府、国家电网公司合作的具体举措。智能电网的建设涉及领域广泛,需要材料、器件、信息、通讯、控制和管理等多学科的参与和支持,大容量储能技术是智能电网建设的瓶颈技术。中科院上海硅酸盐所和上海市电力公司合作开展的大容量钠硫储能电池项目,已贯通了2兆瓦中试线,100千瓦/800千瓦时的储能系统已成功示范运行。 (张爱琼)

■ 承办全国第八届X射线荧光光谱学术报告会

9月15—17日,由中国地质学会、中国光学会和中国硅酸盐学会主办,中科院上海硅酸盐所和上海市硅酸盐学会承办的全国第八届X射线荧光光谱学术报告会在上海召开。会议邀请国内著名X射线荧光光谱专家做专题报告,日本京都大学教授Kawai、日本大阪市立大学教授Tsuji等国际知名学者参加会议并作报告。近百名从事X射线荧光光谱分析工作者参加报告会,并就X射线荧光光谱在钢铁、水泥、薄膜、新材料、古陶瓷、生物、环境、微束荧光、同步辐射等领域的应用开展交流和讨论。 (张爱琼)

■ 高濂获2010年度何梁何利基金科学与技术进步奖

10月20日,2010年度何梁何利基金奖在北京钓鱼台国宾馆颁奖,全国51名科技人员获奖。中科院上海硅酸盐所研究员高濂获2010年度“何梁何利基金科学与技术进步奖”,成为继严东生院士(1996年度)、殷之文院士(1998年度)、郭景坤院士(2004年度)后中科院上海硅酸盐所第4位获此殊荣的科技工作者。 (张爱琼)

■ 主办无铅高性能压电材料国际研讨会(IWLFFM-2010)

10月28—30日,由中科院上海硅酸盐所主办,上海红外与遥感学会和上海硅酸盐学会协办的无铅高性能压电材料国际研讨会(The International Workshop on Lead-Free Ferroelectric Materials, IWLFFM-2010)在中科院上海硅酸盐所举行,来自8个国家和地区的126名代表参加会议,与会代表就无铅铁电压电材料(包括单晶、陶瓷、薄膜、复合材料)的制备、结构、性能及器件应用等主题进行交流。 (张爱琼)

■ 3个项目获奖

年内,中科院上海硅酸盐所“Ln/Ca-alpha-sialon材料的相关系、形成规律和微观结构调控”项目获2010年上海市自然科学二等奖,大尺寸高纯二氧化碲单晶及两次生长制备技术项目获2010年上海市技术发明二等奖,参与的纳米流体优化制备、强化传热性能及能量输运机制项目获2010年上海市自然科学三等奖。 (张爱琼)

（十一）科学普及

概况

2010年，经中国科协对上海市各区县科普工作条件、工作绩效测评，长宁区名列上海18个区县前三位。获上海市科委首次对18个区县科普工作考核第一名。接受市公民科学素质工作领导小组（市科普工作联席会议）联合组的现场督察，获得高度评价。区域内市级科普示范街道（社区）覆盖率达到80%；科普场馆人均占有率居全市第二。组织2010年上海科技活动周长宁区活动，全区共举办34项区级重点科普活动（项目），吸引约10余万人次的参与和投入；区未成年人科学素质科学教育推广试点学校从25所扩增到33所；组织上海市第25届青少年科技创新大赛奖项和“明日科技之星”、“科技希望之星”申报；召开2010年长宁区青少年科技创新表彰会；组织征集、申报“2010年度区未成年人思想道德建设实事项目”。（杨 砚）

3月26日，区科委举行金点子创意设计大赛

（区科委供稿）

推进老年数字活动中心建设

1月15日，e养老数字科普活动中心在上海金福养老院开通，市、区有关领导以及金福养老院的50多名老人代表出席揭牌仪式，这是高性能宽带技术第一次运用到社区养老机构。区科委在多次考察后，决定在金福养老院设立e养老数字科普活动中心，使该院老人足不出户就能通过30M带宽的网络免费享受到5000部高清科普影片的点播收看，可以实现网上购物、游戏等功能，家属与老人还能够“面对面”地实时聊天对话、亲情互动。（杨 砚）

举办第三届科普艺术展演活动

3月26日，由区科委、区科协、区文化局共同主办的“走进世博——第三届长宁区科普艺术展演活动”在虹桥市民演艺中心剧场举行。200多名社区居民、学生和企业员工围绕2010年上海科技活动周主题以及科技世博相关主题，展演20个科普原创作品。这些作品展示了科技企业员工、城区居民和青少年学生的想象力和创造力，反映科普在生活中的作用和公众对科技世博的支持和参与。

（杨 砚）

召开2010年科普工作联席会议

4月21日，长宁区召开2010年科普工作联席会议、公民科学素质工作领导小组联会。区委组织部、宣传部等20多家成员单位、各街道（镇）的负责同志及近40家科技企业、科普教育基地负责人出席。会议传达了上海市科普工作联席会议精神，就长宁区“十二五”科普专项规划编制情况作了汇报，并对2010年全区科技活动周重点活动、开幕式筹备以及“相约名人堂——与院士一起看世博”长宁区专场活动进行部署。（杨 砚）

上海科技活动周长宁区活动开幕式在世博园举行

5月14日，2010年上海科技活动周长宁区活动开幕式暨“相约名人堂——与院士一起看世博”长宁专场活动在世博园公众参与馆内开幕。活动围绕“城市、创新、世博——让生活更美好”主题，组织34项科普活动，以“数字科普”为引领，突出多媒体数字科技的表现力；以“产业科普”为源动力，为城区百姓演绎与市民衣、食、住、行息息相关的产业成果；以“企业科普”为依附，把科普资源整合在互动娱乐中，将科普的魅力渗透到老百姓的日常生活。（杨 砚）

召开全国科普日长宁区活动暨第四届科普多媒体作品大赛工作交流会

8月11日，长宁区科委科协组织相关委办局、10个街道（镇）以及3个科技园区、30家科技企业、20个科普教育基地，召开2010年全国科普日长宁区活动暨第四届科普多媒体作品大赛工作交流会。与会代表围绕“节约能源资源、保护生态环境、保障安全健康”主题，热议“低碳、节能、绿化、垃圾分

类”等话题，为建设长宁“东虹桥”宜商宜居低碳城区出谋划策。（杨 砚）

■ 举行2010“公众科学日”活动暨长宁科学园“未来科技之星”颁奖仪式

5月15日，长宁区举行2010“公众科学日”活动暨长宁科学园“未来科技之星”颁奖仪式。中国科学院院士匡定波、上海硅酸盐所党委书记王龙根、副所长刘岩和长宁区科委、区教育局领导及有关专家出席。区域内中学科普辅导员代表、科研院所科研人员、科普志愿者和离退休的老科协代表约170人参加此次活动。此前，长宁区科委、区科协、区教育局以及中科院上海微系统与信息技术研究所、中科院上海硅酸盐研究所共同发起并组织开展“走近科学殿堂，体验科技创新——中科院长宁科学园‘未来科技之星’”活动。仙霞高级中学邹灵同学在3位专家老师的指导下，完成课题《压电陶瓷——将震动和噪声转换成电能》并因此获上海市第八届“明日科技之星”称号。（杨 砚）

■ 举办第四届科普形象大使评选活动

10月17日，长宁区第四届科普形象大使评选活动决赛在上海世博园公众参与馆举行。本次评选活动由区科委、区教育局、团区委联合主办，区少科站承办，上海科技报社协办，以“科技世博，节约资源；低碳生活，美好未来”为主题，旨在通过科普形象大使的宣传发动和投票海选，培养青少年的公民意识。大赛分初赛、半决赛、决赛三个阶段，历时一个月。半决赛共向29所学校发放近6000张选票，通过公开投票海选以及现场科技作品展示、才艺表演、即兴问答等形式，从31名半决赛选手中选出10名选手进入决赛。决赛中，选手通过“出场秀——青春少年齐亮相”、“作品秀——奇思妙想秀创意”、“才艺秀——多才多艺展风采”、“动手秀——动脑动手比才干”四个环节向观众展现自己的整体形象和综合素质。最后，有1人获得科普形象大使称号，2人获科普宣传大使称号，3人获科普亲善大使称号。同时还产生优秀辅导教师奖、优秀组织奖和若干名优胜奖。（杨 砚）

■ 加强消防科普知识宣传

静安区“11·15”特大火灾后，长宁区科委及时编印逃生科普宣传折页。其中《提高防范能力 掌握逃生技巧 消防科普知识专辑》20000折，《火灾自救逃生的方法及要诀》5000折，发放至85所学校、10个街道（镇）以及政府机关、科技园区。还制作重视预防提高四个能力 掌握高楼火灾逃生技巧展板1套10块在区政府和3个科技园区间巡展。（杨 砚）

■ 开展“5·12防震减灾日”系列宣传教育活动

5月12日是第二个“防震减灾日”，区科委在各相关部门配合下，组织开展系列活动：举办“5·12防震减灾日”专题讲座，邀请市地震局专家做防震减灾专题讲座；发放防震减灾宣传光盘、挂图及资料，在各街道（镇）文化中心播放防震减灾宣传光盘，在宣传橱窗张贴宣传挂图；组织防震减灾宣传版面在各街道（镇）社区巡展，普及宣传防震减灾知识。（杨 砚）

（栏目编辑 徐德生 汤翠萍）

科学知识

澳首次研制出太空啤酒 无重力下也能惬意饮用

如果宇航员能在太空也可以喝啤酒了，这对于爱喝啤酒的宇航员来说是很欣喜的事情。澳大利亚一家啤酒公司首次研制出太空啤酒，对啤酒产业来说是重要的飞跃，令宇航员们在太空中也能尝到啤酒的清爽。

据国外媒体报道，太空啤酒要实现起来其实很难，因为在零重力条件下，饮用任何碳酸饮料都会让人产生“打湿嗝(wet burp)”现象。众所周知，在地球上喝下一口啤酒它会通过喉咙流到胃里，当二氧化碳气泡扩大上升时，你会打一个响亮的嗝，并且心情也会随着打嗝而愉快。“打湿嗝”是指在没有重力来保证液体都在你的胃部，如果你在这时打嗝，那么二氧化碳和啤酒会伴随着你的鼻涕和胃液都从你的嘴里飞出来。这种太空啤酒解决这一问题的方法就是在保持口感度的情况下，大幅减少啤酒中的二氧化碳含量。

目前，该啤酒已通过微生物检验和动物实验，并经公司员工试饮过后确认了安全性，据说味道与一般啤酒无异。

二十三、教育

JIAO YU

CHANGNINGNIANJIAN

2011

(一)综述

2010年,长宁区教育系统共有机构104所,其中:中学26所、小学25所、幼儿园35所、职业学校1所、特殊教育学校4所、校外教育机构2所,社区学院1所、区教育学院1所,其他机构9个。在校学生55346人、教职工6211人、离退休职工7001人。

长宁区教育局研制教育事业发展规划。修改、完善《长宁区教育改革和发展中长期规划纲要(2010—2020年)》,通过《长宁时报》公开征求意见,以"凝聚智慧,完善规划,共同绘制长宁教育改革和发展蓝图"为主题举行"长宁教育网议日"活动,在线征求意见建议。组织开展《长宁区教育事业发展"十二五"规划(2011—2015年)》研究编制工作。

加强基础设施建设。实施中小学校舍安全工程,完成抗震加固校舍9万余平方米,西延安中学、长宁实验小学等19所学校完成加固投入使用。继续实施中小学教室光环境改善工程,完成2100余间普通和专用教室照明改造。哈密路小学总体改造项目完成并投入使用,新建复旦中学图书馆等工程按计划推进实施。

继续扩大优质教育资源。推进托幼一体化,稳妥应对适龄幼儿入园高峰。北新泾第二幼儿园和北新泾第三托儿所实施一体化。基金会幼儿园扩大园区。新剑幼儿园和虹城幼儿园增设分园。向红小学更名为愚一小学向红分校,并保留独立建制。教育学院附小并入江五小学,成为江五小学华阳校区。撤销市三附校建制,校址作为延安初中安化校区。撤销紫荆中学。注重指导相关学校加强资源扩大后有关课程建设、师资培训等工作,提升优质学校内涵。

深化教育教学改革。根据学生身心发展规律和教育教学特点,明确不同学段重点,以学前教育"主题——运动课程"、小学"快乐拓展日"、初中"阅读领航计划"和高中"主题轴"综合课程为抓手,系统深化课程与教学改革,推进实施素质教育。成立长宁区语文、数学、英语学科发展中心,成立作业效能监测中心,整合力量,研究推进减负增效措施,促进教育教学质量提升。9月9日,区长李耀新在上海市教育工作会议上以"深化教育教学改革,推进长宁教育现代化"为题作交流发言。

推动职业教育和教育服务业发展。成立长宁区教育服务业发展委员会。长宁区人民政府与华东政法大学签署战略合作框架协议,华东政法大学东虹桥法律服务园区、长宁现代职业教育集团、长宁现代教育培训中心和现代职业技术学校华阳综合实训中心同时启动运行。昂立教育总部入驻长宁。区教育局制定《关于加强民非办学机构依法管理的若干意见》和《长宁区促进教育服务业发展的若干意见》,完成市、区两级社会力量办学评估和督查工作,促进社会力量办学机构规范发展。

加强师资队伍建设。选派2名校长参加长三角名校长联合培养计划,6名中小学校长和教师攻读北美教育学硕士学位。评选出长宁区第二届领军人才3名,区第七轮专业技术拔尖人才8名。继续推进区学科带头人项目负责制,开展优青项目培养工作。组织教育系统感动校园人物、第七届十佳青年教师和2010年长宁区模范教师评选,举办教师节庆祝大会,表彰一批"师德先进集体"、"十大师德标兵"和"百名师德先进个人"。研究制定《教师职业生涯发展规划》。开展长宁区中小幼教师专业素质调研,为"十二五"教师全员培训奠定基础。

深化教育人事制度改革。继续开展市教委专项课题《上海市义务教育阶段人力资源优化配置》研究。实施高级教师评聘结合制度,开展中学高级教师职务岗位跨校评聘工作,鼓励教师流动,促进教师队伍均衡化发展。实施岗位设置改革工作。制定《长宁区教育系统人员招聘管理办法(试行)》。2010年新录用人员190人,其中,硕士生23人,应届生104人,在职教师86人,二线人员19人。根据市教委统一安排,选派5名教师开展第十期赴滇支教工作,选派3所小学共3名校级干部、6名教师赴海南支教。完成3批共12名都江堰到沪教师培养培训,完成26名新疆教师汉语培训工作。

保护未成年人健康成长。研究落实中小学生近视、肥胖等预防工作;落实传染病防控措施,完成中小学生及幼儿麻疹疫苗强化免疫工作和学生健康体检工作;组织开展阳光体育活动,促进学生体质健康水平提升。

推进学习型城区建设。区学习办进一步加强社区学校建设,推进学习型城区建设,长宁区被评为全国社区教育示范区。长宁区社区学校师生书画作品展、上海家庭讲故事比赛等活动以及2010

年长宁区全民终身学习活动周吸引广大市民参与；长宁区"世博知识"、"世博双语"和"文明观博"培训参与率和考核合格率均位于全市中心城区前列；"学在数字长宁"网开通"我眼中的世博"互动版块，为市民参观世博会的征文、视频、图片等作品展示提供平台，促进长宁区人人关心世博、参与世博、服务世博良好氛围的形成。2010年长宁区数字化学习工作推进会召开并向各街道（镇）代表赠送"长宁市民学习卡"，为市民时时处处可学提供便利。长宁区在2010年上海市学习型城区建设推进大会上作交流发言。

至年底，长宁区有部、市属全日制高等院校（长宁校区）五所。其中，上海对外贸易学院完善理论知识培养、实战和创新创业能力培养体系，先后与国外58所学校和机构签订合作协议，"上海市外国留学生服务中心"获得批准；上海工程技术大学被教育部批准为全国首批"卓越工程师教育培训计划"试点高校之一，大学科技园被科技部和教育部认定为国家大学科技园；上海交通大学安泰经济与管理学院以一流商学院为目标，将国际化战略贯穿学院各项工作，2010年获国家杰出青年基金、14项自然科学基金项目、FQUIS和AMBA两项国家级认证；东华大学在入选"卓越工程师教育培训计划"试点高校基础上，成立教育发展基金会，协助新疆大学等高校开展纺织类学科学位点及相关本科专业建设，与上海市、长宁区政府共同建设"环东华时尚创意产业集聚区"。（戴 泓 常 念）

（二）教育管理和教学研究

概况

区教育局整体优化教育管理构架和运作机制。推进人才、会计、资产、安全、信息五大管理中心建设。五大中心完成办公地点建设，推进集成式、专业化、信息化管理，促进教育管理效能提升。教育人才交流中心开展师资和二线人员招录工作，完善《长宁区招录教育事业编制人员办法》、《新进教师区域化管理办法》等制度。建设教育人才中心网站，推进师资队伍信息化管理。区教育系统会计实行集中办公。建立每季度学校财务分析报告制度和向各校校长通报制度；建立会计中心内部稽查组对各学段进行同步会计检查，统一会计科目设置标准，指导基层单位规范财务管理。完成教育局后勤保障中心新址建设，基建、设备采购、资产租赁实现归口管理。2010年教育建设项目和设备按要求落实招投标等管理制度。制定项目负责人管理制度。安全管理中心在世博期间为维护教育系统安全稳定作出贡献。根据区世博安保指挥中心统一部署，对中小幼托单位校内安全情况进行全覆盖检查。召开教育系统安全干部工作会议，编制技防操作流程，指导督促教育系统各单位落实安全教育和防范工作，完成信息中心安龙路新址建设及网络搬迁工作。根据《中华人民共和国教育法》三个增长的要求，合理安排教育局资金，确保人员、公用经费投入逐年增长。2010年区财政教育经费拨款113829.58万元，比2009年增加22886.17万元，增长率达到25.17%，高于财政收入增长率9.92个百分点。2010年生均事业费达到25704.6元，比2009年21749.74元增加3954.86元，增长18.18%；2010年生均公用经费达到6327.81元，比2009年4734.3元增加1593.51元，增长33.66%。2010年教职工人均年收入达到94214.58元，比2009年90110.31元增加4104.27元，增长4.55%。召开2010年长宁区教育局财政工作会议，加强校园长、会计、出纳等经费管理队伍建设。（戴 泓）

接受市推进区域教育现代化综合督政组综合督政

5月27—28日，市教委、市政府教育督导室组织上海市推进区域教育现代化综合督政组对长宁区推进教育现代化工作进行综合督政。市教委主任薛明扬、市政府参事、市教育现代化综合督政组组长夏秀蓉、国家教育督导团办公室副巡视员程锦慧等领导出席长宁区汇报会，区长李耀新致辞，副区长邹龙飞作自评报告。综合督政组一行21人参加汇报大会，进行个别访谈、分组座谈和走访调研。《市教委市政府教育督导室关于长宁区推进教育现代化工作的综合督政报告》认为：长宁区作为上海市推进教育现代化先行先试区之一，区政府高度重视教育优先发展战略，体现并落实政府教育公共职能；区教育局积极破解教育发展瓶颈，基本形成国民教育体系与终身教育体系资源共享，学校、社区、家庭共同推进教育现代化发展的态势，各级各类学校教育质量稳步提高，为全市率先基本实现教育现代化提供了经验，全区教育现代化发展取得阶段性成效。

（戴 泓）

5月27日至28日，上海市教委，上海市政府教育督导室对长宁区教育现代化综合督政

（区教育局供稿）

■ 成立长宁区小学作业效能监测中心

8月27日，长宁区小学作业效能监测中心（以下简称“中心”）成立。中心旨在通过对作业效能的监测，以编制《学科作业设计指南》为抓手，实现“减负增效”，全面提升学生综合素质。主要任务有：科学理解作业效能，使作业设计具备整体性、针对性、差异性和诊断性；探求作业效能提升途径；建立作业备案制、网上发布制、常态调研制和实时咨询制监测方法。长宁区小学作业效能监测中心以愚一、江五和天一3所小学为实验基地。

（戴　泓）

■ 全面使用“长宁区教育经费申报审核系统”

9月，区教育局于年初开发的“教育经费申报审核系统”在区教育系统各单位全面使用，该系统将日常经费使用与学校预算编制相结合，用信息化手段为学校把好经费规范使用关。国家审计署驻沪办和市教委审计室调研长宁区教育局会计结算中心认为，长宁区“教育经费申报审核系统”有利于提高教育系统经费使用效率。（戴　泓）

■ 开展长宁教育网议日活动

12月20日，区教育局在长宁教育门户网站开展“长宁教育网议日”在线交流活动。本次网议日主题为“集聚智慧，完善规划，共同绘制长宁教育发展蓝图——《长宁区中长期教育改革和发展规划纲要（2010—2020年）》公开征求意见建议”，区教育党工委书记、教育局局长等五位嘉宾现场回答网友47个问题，网友在网议日前和当日共提出问题及意见建议约500条，相关内容在中长期规划纲要修改中进行了合理采纳。（戴　泓）

■ 一项教科研课题入选全国教育科学“十一五”规划

年内，区教育局《区域推进高中多样化特色发展行动研究》课题被全国教育科学规划领导小组办公室评为全国教育科学“十一五”规划2010年度教育部规划课题。在国家和上海规划纲要出台背景下，结合长宁区已有良好基础，区教育局提出创建“高中多样化特色发展实验区”设想。目标是围绕“办好每一所学校，让每个学生更好的学习与成长”的区域教育理念，让区内所有高中学校都开展具有学校特色、以课程建设为依托的多样化发展实践行动，做到学校有特色、教师有专长、学生有个性。（戴　泓）

■ 举行区中小学、幼儿园教师专业素质调研活动

5月21日、22日，区教育局开展区中小学、幼儿园教师专业素质调研活动。本次调研活动是为了进一步促进长宁区教师更新教育理念，完善知识结构，提升专业化水平，科学制订“十二五”教师教育规划。调研内容包括教师师德、育德能力和学科知识，涵盖44门学科，共3500名中小幼教师参加调研。（戴　泓）

（三）学前教育与基础教育

■ 概况

发展学前教育。编制《学前教育三年行动计划（2011—2013年）》；推进区托幼一体化；新建长宁区新实验幼儿园。深化课程与教学改革。推进学前“主题——运动”课程、小学“快乐拓展日”、初中“阅读领航计划”和高中主题轴课程，建立语、数、外三个区学科发展中心。加强师资队伍建设，深化名校长、名教师培养工程。组织召开2010年长宁区教育系统人才工作会议，完善人才经费管理办法。开展各类干部、师资培训。加强师德建设，提升教育系统单位的文明程度，组织开展第四轮师德十佳暨教育系统感动校园人物、第七届十佳青年教师和2010年长宁区模范教师评选表彰。举办第26届教师节大会，开展文明单位（和谐校园）创建。召

开长宁区教育系统精神文明建设暨师德师风建设大会，对2008—2009年度全国和市、区文明单位表彰。（戴 泓）

■ 召开长宁区0—3岁早教工作研讨联席会议

12月15日，区托幼办联合区妇联、区计生委、区卫生局召开以“各方联手、优势互补、协同推进”为主题的长宁区0—3岁早教工作研讨联席会议。会议旨在对推动0—3岁婴幼儿科学教养知识的普及，探索早教服务模式，组建早教服务队伍发挥推动作用。会议就依托社区、整合各方资源开展婴幼儿社区指导工作进行交流。各部门就0~3岁早教是学前教育的一部分达成共识，并表达为本区婴幼儿提供优质服务的愿望。（戴 泓）

■ 举行庆祝“六一”主题集会暨区少年宫改扩建启用仪式

5月31日，庆祝“六一”国际儿童节主题集会暨长宁区少年宫改扩建启用仪式在长宁区少年宫举行。中共长宁区委书记卞百平，区委副书记、区长李耀新，区人大常委会主任刘雅琴和区政协主席陈建兴等出席。本次庆祝活动由区妇儿工委主办，区教育局、团区委、区妇联、区少工委联合承办。区、街（镇）妇儿工委领导、区少工委委员及部分委、办、局和街镇分管领导和全区优秀少先队员及世博工作者子女代表共计700余人参加。会上，卞百平和李耀新为区少年宫揭牌，一批市级优秀少先队集体和个人代表获表彰。区少年宫（王伯群住宅）系上海市文物保护单位，2010年初，少年宫整体保护改造工程完成并交付使用。（戴 泓）

■ 区少年宫艺术团参加上海世博会伊拉克馆开馆日

6月1日，上海世博会伊拉克馆邀请长宁区少年宫艺术团参加伊拉克馆开馆仪式。长宁实验小学学生代表发言，区少年宫艺术团表演了《上海等你来》等节目。中、伊两国学生互赠礼物，参观伊拉克馆。（戴 泓）

■ 召开第十九届京津沪渝四市区德育研讨会

10月25—27日，以“拓展教育视野，完善德育课程”为主题的第十九届京津沪渝四市区德育研讨会在长宁区举办。出席本次研讨会的有北京东城区、天津南开区、重庆沙坪坝区以及上海长宁区的100余名代表。教育家于漪作“教书育人”专题报告。研讨会包括四市区教委（教育局）领导的主旨报告、专题研讨、参观学校等活动。（戴 泓）

■ 召开区第二轮名校长培养工程（2006—2010年）总结大会

12月25日，上海市第二期双名工程学院成果展示（长宁分场）暨长宁区第二轮名校长培养工程（2006—2010年）总结大会召开。市第二轮普教系统名校长名师培养工程（2008—2010）长宁区25名学员及区第二轮名校长培养工程的30名校长在建青实验学校汇报成果。市教委副主任李骏修，长宁区委常委、组织部部长周文贤和全国教书育人十大楷模于漪等出席。（戴 泓）

■ 区在全国第三届中小学生艺术展演活动中获奖

3月1—4日，在全国第三届中小学生艺术展演活动中，长宁区选送的6个表演类节目、9件书法、绘画和摄影作品、3篇艺术教育论文分获一、二等奖。长宁区教育局获全国第三届中小学生艺术展演上海市活动优秀组织奖。长宁区少年宫被评为全国艺术教育先进单位。（戴 泓）

■ 区在全国和上海市科技教育竞赛活动中获奖

年内，长宁区学生在一批全国和上海市的科技竞赛中获奖，在第25届全国青少年科技创新大赛中获一等奖7个。延安中学一学生在全国第十届“明天小小科学家”活动中获一等奖。愚园路第一小学向红分校两学生的作品“溶液浑浊度测量工具”在全国第七届宋庆龄儿童发明奖评选中获铜奖。在第二十五届英特尔上海市青少年科技创新大赛中，长宁区少科站在各类项目的评选中获一等奖共计34项，长宁区少科站、延安中学获优秀组织奖。在上海市第八届百万青少年争创“明日科技之星”评选活动中3人获“明日科技之星”称号。（戴 泓）

■ 开展系列世博宣传活动

年内，区教育系统开展系列世博宣传活动：举办“小手牵大手，世博引风尚——争当风尚好少年”活动；组织中小学生世博“礼仪之星”评选；承办“共享世博，我与城市环境发展共成长——长宁区中小学生多媒体演讲竞赛”；组织由全区教职工参加的“我和我的世博会”征文；进行“世博知识”、“世博双语”和“文明观博”培训和考核，培训参与率和考核合格率位于中心城区前列；在长宁教育网站上，开通“我眼中的世博”互动版块。

（戴　泓）

（四）职业教育、特殊教育与终身教育

概况

盘活长宁职业教育资源，推进布局优化。年内，“长宁华政东虹桥法律服务园区”“长宁现代职业教育集团”、“长宁现代教育培训中心”、“长宁教育服务业虹桥园区”、“长宁教育服务业发展指导中心”完成揭牌仪式。经区长办公会研究，成立长宁区教育服务业发展委员会。昂立教育总部入驻长宁区。加强对社会力量办学的社会评估和政府督查，根据市教委要求完成市级办学评估工作，同时开展区级评估和专项督查工作。制定长宁区《关于加强民非办学机构依法管理的若干意见》和《长宁区促进教育服务业发展的若干意见》，指导促进长宁区社会力量办学进一步规范发展。成立长宁区特殊教育指导中心，深化特教师资队伍建设，推进随班就读、医教结合工作。（戴　泓）

长宁区获第二批“全国社区教育示范区”称号

11月26日，长宁区副区长张连城在上海市学习型社区建设推进大会上以《数字引领 拓展长宁学习型社区建设》为题作交流发言。12月4日，在教育部主办的全国社区教育工作会议上，长宁区获第二批“全国社区教育示范区”称号。（戴　泓）

市盲童学校参与上海世博会活动

在2010年上海世博会上，上海市盲童学校学生参与世博、奉献世博，向世界和全国人民展现盲人与命运顽强抗争、立志成才，并积极为社会作贡献的动人风采。两位学生参加“生命阳光馆”残疾人技艺能手展示活动，盲人足球队在生命阳光馆进行为期4个月盲人足球表演工作，在国际盲人节上部分学生参加世博会生命阳光馆演出，16位大学毕业的盲人大学生担任生命阳光馆的讲解员。2010年10月31日，11名学生参加闭幕式演出。

（戴　泓）

盲童学校进行残疾人高考升学志愿调研

上海市残疾人联合会、市教委、市教育考试院和华东师范大学等高校领导出席在上海市盲童学校举办的残疾人高考升学志愿调研活动启动仪式。市盲童学校和市聋哑青年技术学校学生向与会领导展示才艺，同时表达了参加高考、进入理想大学进一步深造的愿望。多年来，残疾人上大学得到市教委和市残联领导关心。华东师范大学等几所高校已招收盲生和聋哑学生。有视力障碍和听觉障碍的孩子们则希望能够开放更多大学、更多专业，发挥特长，更好地为社会服务。（戴　泓）

（五）未成年人保护工作

概况

深化德育工作，营造未成年人成长的良好环境。组织中小学幼儿园校（园）长德育工作专项述职论坛。主办京津沪渝市四区德育研讨会，加强学校体育卫生工作，协同区妇儿办、区卫生局等部门研究落实近视、肥胖等防范措施，促进学生体质健康水平提升。完善学生供餐管理制度，加强食堂安全卫生检查。结合世博安保工作，加强学校周边环境专项整治。组织对校车专管员培训，建立校车管理长效机制。进一步发展校外教育。年内，完成长宁区少年宫保护改造工程。区少年宫加强学校艺术团队普及建设，加强重点艺术特色项目的师资建设。（戴　泓）

长宁区教育局等部门联合推动“三防”工作

11月5日，区教育局、区卫生局和区妇女儿童工作委员会办公室联合发文《关于进一步加强长宁区学生防近视、防肥胖和防缺齿工作的通知》，召开“三防”工作专题会议，合力推进防近视、防肥胖和防缺齿工作，促进学生体质健康。（戴　泓）

全面加强校园安保工作

结合上海世博会加强安保工作要求，全面开展校园安全巡查和隐患整治工作，重点管好“三门（校门、食堂门和宿舍门）；两箱（银箱、水箱）；一盘（校车）”。全面加强校园安保队伍建设，组织志愿者护校队伍，增强安保力量；组织开展自护自救知识和技能教育和安全应急演练，进一步增强师生的安全防范意识和能力，有效预防和减少了学生校内外伤害事故的发生。（戴　泓）

（六）东华大学

概况

2010年，东华大学学围绕《国家中长期教育改革和发展规划纲要》，编制完成学校《“十二五”规划纲要》。学校设有纺织、服装·艺术设计、材料科学与工程、旭日工商管理、机械工程、信息科学与技术、计算机科学与技术、环境科学与工程、化学化工与生物工程、外语、人文、理学12个专业学院，另有国际文化交流学院、继续教育学院、体育部、国际合作办学的东华大学莱佛士国际设计专修学院。拥有5个博士后流动站、7个一级博士学位授权点、20个一级硕士学位授权点、53个本科专业，学科涉及工学、理学等九大学科门类。共有1个一级国家重点学科，5个二级国家重点学科，1个国家重点（培育）学科，7个上海市重点学科，同时设有11个国家级和部级重点实验室、工程中心和检测中心，2个国家“111”引智基地以及国家大学科技园。在校学生3万余人，其中研究生6700余人，本科生近1.5万人，继续教育学历生5000余人，各类留学生4000余人。教职工2800余人，专任教师1200余人，其中院士7人、千人计划、长江学者（含讲座教授）和国家杰出青年基金获得者10人，高级职称教师700余名。2010年，学校派出3731名志愿者，完成科技服务世博、志愿奉献世博的重任。在第11次学位授权审核中，3个一级学科博士点，11个一级学科硕士点通过上海市学位办的审核。首批入选“卓越工程师教育培养计划”，新增功能材料新专业。获全国优秀博士学位论文1篇，省部级以上科技奖励26项，其中国家级奖励4项。学校科研经费达2.07亿元，比上年增长25.9%。与上海市、长宁区共同建设“环东华时尚创意产业集聚区”。孙以泽教授主持的“数字化簇绒地毯织机系列成套设备项目”获上海工博会创新奖。举办6次大型国际学术会议，签署13项国际合作协议。留学生人数达到3847人。入选教育部“中非高校20+20合作计划”教育援非项目。首次入选国家“千人计划”，新增国家杰出青年基金获得者、长江讲座教授2人，新增教育部“新世纪优秀人才”和上海市各类人才计划14人。成立上海东华大学教育发展基金会，启动60周年校庆工作。协助新疆大学、塔里木大学开展纺织类学科学位点和相关本科专业的建设。（高兰兰）

“环东华时尚创意产业集聚区建设”签约

4月1日，由东华大学、上海市经济和信息化委员会以及长宁区人民政府共建的“环东华时尚创意产业集聚区建设”举行签约仪式。上海市副市长艾宝俊，市政协副主席钱景林及市有关部门的领导，长宁区区委书记卞百平、区长李耀新以及学校党政领导出席。该项目以服装服饰业为核心，发展时尚创意产品，形成“一轴双核三带四片区”的大产业格局，构筑以“创意上海、设计之都”为宗旨的上海城市发展新亮点。（高兰兰）

4月1日，上海市经济和信息化委员会、长宁区人民政府与东华大学在长宁区区政府举行“环东华时尚创意产业集聚区建设”签约仪式

（东华大学供稿）

4项科研成果获国家级奖励

年内，俞建勇教授主持的“黄麻纤维精细化与纺织染整关键技术及产业化”项目获国家技术发明奖二等奖；孙以泽教授主持的“簇绒地毯织机系列成套装备技术及其产业化”项目、胡祖明教授负责的“聚间苯二甲酰间苯二胺纤维与耐高温绝缘纸制备关键技术及产业化”项目以及作为合作单位、陈南梁教授参与的“数字化经编装备的关键技术研究与应用”项目获国家科技进步奖二等奖。

（高兰兰）

高感性纳米复合功能纤维的规模化生产及其应用通过验收

10月28日，由朱美芳教授领衔的上海市科委纳米科技专项——高感性纳米复合功能纤维的规模化生产及其应用项目通过验收。20世纪80年代，学校就开展纳米材料研发原理、纳米技术在纺织领域的应用等研究。近年来，朱美芳组织材料、化学、物理、化工、纺织、服装、染整和机械等90名研究人员，以纤维材料改性国家重点实验室为依托，联合20家知名企业，开发具有自主知识产权的粉体、纤维、纱线和织物四大类14个系列产品。相关指标通过国家纺织制品质量检验中心检测，并达到国家最高级AAA标准。围绕项目研发，发表论文14篇，申请国家发明专利9项，授权1项。至9月底，累计创产值近5000万元，新增利润900余万元、税收300余万元。（高兰兰）

■ **主办全球化服装教育和科技国际论坛**

11月19日，由东华大学、法国力克公司主办的“全球化服装教育和科技国际论坛”召开。来自中国、法国、美国、英国、荷兰、意大利、巴西、德国等8个国家的24所服装院校近60名服装教育界专家代表以及中国服装产业界的代表出席。论坛以“服装·教育·科技”为主题，通过与CAD和CAM供应商——法国力克公司合作，促进服装教育与国际著名企业院校的交流，推进“创新型、实践型”国际化服装专业人才的培养。（高兰兰）

■ **多项科研成果获2010年全国纺织科学技术奖**

11月19日，2010年全国纺织科学技术大会召开。会议发布《纺织工业“十二五”科技进步纲要》，对年度中国纺织工业协会科学技术奖、纺织高等教育教学成果奖、针织内衣创新贡献奖获奖单位和个人进行表彰。潘鼎教授的“千吨规模T300级原丝及碳纤维国产化关键技术与装备”等14个项目分别获科学技术一、二、三等奖，王建萍的“珍珠纤维女性保健内衣面料及合体内衣的研究与开发”项目获针织内衣创新贡献奖，另获若干教学成果奖。

（高兰兰）

■ **举办第三届纺织生物工程和信息学会国际会议**

5月28日，以“绿色纺织，健康生活”为主题的第三届纺织生物工程和信息学会国际会议举行。校长徐明稚、纺织生物工程和信息学会会长李翼出席开幕式并致辞。中国工程院院士姚穆、美国佐治亚大学终身教授Ian R. Hardin等200余位专家、学者参会。会议为期3天，收到论文300余篇。

（高兰兰）

■ **举办第十二届国际羊毛会议**

10月19—22日，由东华大学主办的第十二届国际羊毛会议召开。来自美国、澳大利亚、新西兰、意大利等国家的专家、学者与会。该会议每5年举行一次，本届会议主题为“低碳时代，生态羊毛，创新科技，美好生活”，大会就羊毛纺织加工及相关领域的最新学术、科技成果，头发护理技术，皮革加工技术等内容进行研讨。会议共收到论文236篇，并评选出优秀青年科学家论文奖一等奖1篇，二等奖2篇，三等奖3篇。（高兰兰）

■ **举行浙江省桐乡市企业人才东华大学培训基地揭牌仪式**

6月28日，受浙江省桐乡市委托，由东华大学成人教育学院、网络教育学院主办的东华大学企业高级管理人员研修班举行开学典礼。校长徐明稚、副校长刘春红，浙江省桐乡市副市长周民等出席典礼。研修班主要面向桐乡市纺织服装类企业的高级管理人员。双方签署东华大学与浙江省桐乡市企业人才培养合作意向书，并为浙江省桐乡市企业人才东华大学培训基地揭牌。（高兰兰）

■ **“高性能芳纶纤维制备过程中的关键科学问题”项目启动**

12月23日，东华大学作为牵头单位申请的国家重点基础研究（“973”）项目——“高性能芳纶纤维制备过程中的关键科学问题”项目启动会议举行。项目首席科学家余木火教授介绍了高性能芳纶的研究意义、制备过程中的关键科学问题、研究方法和研究团队。（高兰兰）

■ **毕业生丁建勋创业成果喜人**

12月2日，教育部部长袁贵仁，副市长沈晓明，教委主任薛明扬等参观上海市大学生科技创业基金会。东华大学2010届毕业生丁建勋作为上海市大学生创业代表出席，并介绍创业经历和展示创业成果。丁建勋2008年创立上海乐程影像技术有限公司。他和他的创业团队发挥各自专长，将专业与创业相结合，以创业带就业，先后获上海大学生基金会、科技部国家创新基金共计60万元的资助，研发的多项影像产品成功申请国家专利。丁建勋向母校捐助数万元机器设备，支持学校的创新创业教育。（高兰兰）

（七）华东政法大学

概况

2010年，华东政法大学修订《2008—2020年发展定位规划》、《学科建设规划》、《师资队伍建设规划》，启动《“十二五”发展规划》编制工作。对接上海发展战略，成立国际金融法律研究与人才培养中心、国际航运法律研究与人才培养中心。与长宁区政府合作，共建华东政法大学——新虹桥法律服务园区。举办首届全国政法高校书记校长论坛。连续6年承担国家司法考试阅卷工作。年内，共招收各类研究生1456人、全日制本科生3171人，继续教育录取新生1755人。推进本科教学质量与教学改革工程建设，获评国家级精品课程1门、特色专业建设点项目1个、教学团队1个，上海市级精品课程3门、示范性全英语教学课程建设项目2个、教学团队2个、本科教育高地项目2个。优化学科布局，提升科研实力。开展一级学科硕士点申报工作，政治学、公共管理、应用经济学、马克思主义中国化4个一级学科硕士点进入国务院学位委员会终审程序。开展中央财政支持地方高校建设专项申报工作，法律史、刑法学、经济法学、国际法学、司法鉴定、民法与知识产权、法学专业实验实训平台等获中央财政专项资助，法律史学科获中央财政特色重点学科项目资助。各类课题立项179项，其中国家社科基金项目19项、教育部人文社科项目19项、上海市哲社规划课题10项。获上海市哲社优秀科研成果奖等省部级以上奖项23项、上海市法学会优秀成果奖15项、校级科研成果奖60项。开展创先争优活动，加强党的建设。各基层党组织确定了鲜明、具体的活动主题和载体，开展形式多样的活动。学生党员开展以“迎世博、作表率、见行动”为主题的先进性教育活动。完成世博志愿者服务工作。3181名志愿者参与上海世博会志愿者服务工作，并有5名教职工参与办博工作。（马　超）

成立国际金融法律学院和国际航运法律学院

年内，学校为进一步提高办学实力与水平，服务于上海建设国际航运中心和国际金融中心，成立国际金融法律学院（国际金融法律研究与人才培养中心）和国际航运法律学院（国际航运法律研究与人才培养中心），围绕“两个中心”的战略目标设置课程、制订教学计划，并确定两个学院的本科生培养方案和研究生培养方案。（马　超）

举行首届政法高校书记、校长论坛

5月30日，学校召开以“培养具有国际视野的法律高端人才”为主题的首届政法高校书记、校长论坛。司法部司法鉴定管理局局长霍宪丹，上海市教委副主任王奇，中国政法大学党委书记石亚军、校长黄进，西南政法大学党委书记张国林、校长付子堂，中南财经政法大学副校长陈小君，西北政法大学校长贾宇，中央司法警官学院副院长王明泉及学校党委书记杜志淳，党委副书记、副校长张智强，副校长叶青，校长助理、组织部部长应培礼等出席论坛。杜志淳、霍宪丹、王奇、石亚军等在论坛上讲话。中国政法大学、西南政法大学、中南财经政法大学、西北政法大学及华东政法大学就建立合作机制、共享先进办学理念和优质教育资源、共同推进中国法制建设达成共识。（马　超）

举办“全球化视野下的亚洲法的变革”国际学术研讨会

8月23日，“全球化视野下的亚洲法的变革”国际学术研讨会在华东政法大学召开。来自日本东京大学、北海道大学、九州国际大学，以及北京大学、中国人民大学、中国政法大学、复旦大学、上海社会科学院、法律出版社、商务印书馆等20余所高校及出版单位的60余位国内外专家学者出席会议。会议围绕“全球化视野下的亚洲法的变革”的议题，主要讨论“亚洲法的国际化、趋同化研究”、“法律移植和法律本土化”、“法律史学科的发展与进步”三大问题。（马　超）

大学生社会法律援助中心获“全国志愿助残示范基地”称号

经上海市残联推荐，学校大学生社会法律援助中心被全国文明办、民政部、中国残联授予“全国志愿助残示范基地”称号。12月23日，学校举行“华东政法大学大学生社会法律援助中心 全国志愿助残示范基地”揭牌仪式。学校大学生社会法律援助中心自成立之初就致力于助残扶残事业，10余年来一代又一代的华政学子，在维护残疾人合法权益、保障残疾人劳动就业等方面做了诸多努力，并取得一定成绩。（马　超）

《司法鉴定概论》课程获国家精品课程称号

根据教育部、财政部印发的《关于批准2010年度国家精品课程建设项目的通知》,由学校党委书记杜志淳主持的《司法鉴定概论》课程获2010年度国家精品课程称号。至此,华东政法大学共有国家精品课程4门。 (马 超)

东虹桥法律服务园揭牌

12月1日,华东政法大学与长宁区政府联手打造的东虹桥法律服务园揭牌。东虹桥法律服务园依托华东政法大学法学教育资源,采取多元主体联合投资方式,构筑产、学、研为一体的教育服务工程,致力于打造法律人才培养、法律咨询与服务产业的高端品牌,为上海经济、金融、贸易、航运中心建设提供完善的法律服务。东虹桥法律服务园的发展,将纳入长宁区"十二五"规划。 (马 超)

12月1日,华东政法大学与长宁区政府联手打造的东虹桥法律服务园揭牌 (华东政法大学供稿)

(八)上海对外贸易学院

概况

上海对外贸易学院建立于1960年,原为对外贸易经济合作部(现商务部前身)直属高校,1994年划转由上海市人民政府领导。学校先后成立国际经济贸易研究所、WTO研究基地、WTO研究教育学院、贸易与发展研究会、上海市人文社会科学重点研究基地和"上海市社会科学创新研究基地、上海发展战略研究所工作室"等相关科研机构。2009年11月,学校获世界贸易组织历史上首批教席和首批教席主持人。学校秉承"以学生成才为本"的办学理念,不断深化人才培养模式改革,致力于培养"知识、能力、素养"三位一体的应用型专门人才并取得明显成效。学校学生在国际、国内各类重大竞赛中获奖30余项,其中包括2006SIFE(赛扶)世界杯全球总冠军、达能Trust国际商业策划大赛全球总决赛分获亚洲区第一名和全球第五名、剑桥商务英语大赛亚洲区半决赛第一名、第五届Jessup国际法模拟法庭中国区选拔赛第一名、全国英语演讲大赛华东区第一名等。学校一直保持着生源质量和就业水平在同类学校的领先地位。

2010年,上海对外贸易学院以学校50周年校庆为发展动力,制订《上海对外贸易学院"十二五"事业发展规划》,促进学校各项事业的新发展。学校新增2个专业硕士学位授权点;4个一级学科硕士点通过上海市评审;获推荐优秀应届本科毕业生免试攻读硕士研究生资格。学校引进学科建设急需的副教授、博士20人;57名教师被聘任为高级专业技术职务。学校获各级纵向科研项目78项,其中国家级项目6项,省部级项目41项;获横向课题45项。学校完善理论知识培养体系、实践能力培养体系和创新创业能力培养体系。国际商务实验教学中心重点项目"全球运营中心"项目建设初具规模,举办"第十一届全国高校经济管理类实验室建设研讨会"。学校先后与国外58所学校与机构签订合作协议。在斯洛文尼亚卢布尔雅那成立商务孔子学院。学校被推选为上海市高校外国留学生教育研究会常务理事单位,获批"上海市外国留学生服务中心"。世界贸易组织总干事拉米亲临学校,启动中国世界贸易组织教席计划。与瑞士公共管理学院共同培养WTO与国际经济治理、国际公务员管理、国际组织管理等方向的博士研究生。截至2010年8月底,学校共有师生1.23万人,其中专任教师570人,研究生869人,本科生9149人,专科生440人。2010年,共招各类学生3164人,其中研究生313人,本科生2449人,专科生146人。 (陈 成)

上海对外贸易学院——常州外经贸人才实训基地揭牌

1月8日,学校同常州世界贸易中心合作设立的上海对外贸易学院——常州外经贸人才实训基地在常州世贸中心开业典礼上挂牌。校长孙海鸣和江苏省贸促会副会长肖铁军为基地成立揭牌。

该基地是集教育培训、企业咨询、产学研相结合的校企合作智力服务机构，学校将面向以常州为中心的“长三角”地区各类中小外贸企业提供服务，开展对外经贸教育培训。常州世贸中心为实训基地提供800平方米的教育培训场地。（陈 成）

■ 与斯洛文尼亚卢布尔雅那大学合办孔子学院

5月26日，学校与卢布尔雅那大学共同建立的孔子学院在斯洛文尼亚卢布尔雅那挂牌成立。中国驻斯大使馆临时代办杨建中、学校副校长徐小薇、卢布尔雅那大学经济学院院长杜尚·穆拉默尔等百余人出席挂牌仪式。这是全球第284家孔子学院，也是继伦敦和哥本哈根之后第三家商务孔子学院。（陈 成）

■ 学院教师被瑞士公共管理学院邀请担任博士生导师

6月11日，瑞士公共管理学院（IDHEAP）邀请学院WTO研究教育学院教授张磊担任该校公共管理专业博士生导师，张磊将与该校其他教授组成博士生导师组，共同指导公共管理专业全球贸易治理等方向的博士生。（陈 成）

■ 学院获推荐优秀应届本科毕业生免试攻读硕士研究生资格

8月17日，根据教育部《关于做好2011年推荐优秀应届本科毕业生免试攻读硕士学位研究生工作的通知》文件，学校获从2011年起开展推荐优秀应届本科毕业生免试攻读硕士研究生工作的资格。2011年，学校将有25位优秀应届本科毕业生可免初试，直接进入硕士研究生的复试。

（陈 成）

■ 新增1门国家级、1门市级精品课程和8门市教委重点课程

8月19日，根据《上海市教育委员会关于转发〈教育部 财政部关于批准2010年度国家精品课程建设项目的通知〉的通知》，学校张永安负责的《国际贸易实务》课程被评为国家精品课程。同时《国际投资》课程被评为2010年度上海高校市级精品课程；宏观经济学、国际技术与贸易、综合英语、个人理财与银行零售业务、民法、PowerBuilder数据库程序设计、政治经济学和创业计划与实践等8门课程立项为2010年度上海市教委重点课程。

（陈 成）

■ 完成世博会志愿者工作

8月21日—9月5日，上海对外贸易学院有2432名世博会志愿者和611名城市站点志愿者分别在上海世博园区和上海市各区县站点开展志愿服务活动。在市委、市政府开展的“服务世博，奉献世博”竞赛第二次评比表彰活动中，学校有1个先进集体、8名个人获表彰；在共青团上海市委组织的“青春世博行动”优秀个人和优秀集体评比表彰活动中，学校有1个优秀集体和1名优秀团员获表彰，1名同学获五四青年奖章；在上海世博局的总结表彰中，学校有3个优秀团队、7名先进个人，1名杰出志愿者、136名优秀志愿者获表彰。在第九批园区志愿者服务工作测评中，学校志愿者服务的13个片区中有8个片区获满分。另外学校有2位世博女兵获三等功。（陈 成）

■ 新增两个专业硕士学位授权点

9月2日，根据国务院学位办《关于下达2010新增硕士专业学位授权点的通知》，上海对外贸易学院获工商管理硕士和翻译硕士专业学位授权点。新增硕士专业学位授权点列入2011年全国研究生统一招生专业目录。（陈 成）

■ 举行建校50周年庆典大会

10月16日，上海对外贸易学院建校50周年庆祝大会在上海大学生体育中心举行。来自全国各地

10月16日，上海对外贸易学院举行建校50周年庆典活动（上海对外贸易学院供稿）

50余所高校的领导出席庆典大会。英国、美国、加拿大、德国、澳大利亚、荷兰、斯洛文尼亚等国10所院校的校长或代表参加庆典大会。校长孙海鸣回顾50年来学校取得的成绩,表示学校将根据国家和上海中长期教育改革和发展规划纲要的精神,抓住中国高等教育新一轮发展的契机,不断提高教育质量和办学水平,为把学校建设成居于国内同类院校前列,在国际上有一定影响、具有鲜明的学校特色、学科特色和办学特色的高水平经贸大学而努力。

（陈 成）

■ 学院被推举为全国商务英语研究会主任单位

10月29—31日,学校党委副书记、副校长陈洁,副校长叶兴国率队参加中国国际贸易学会第九届全国国际商务英语研讨会。会议由中国国际贸易学会国际商务英语研究会主办,由西南财经大学承办。在国际商务英语研究会召开第七次主任联席会议上,叶兴国被推选为新一届国际商务英语研究会主任,陈洁被推选为常务副主任兼秘书长,外语学院副院长彭青龙被推选为副主任。（陈 成）

■ 主办《联合国国际货物销售合同公约》诞生30周年回顾与展望国际学术研讨会

11月6—7日,由上海对外贸易学院主办,上海市法学会国际法学研究会和上海市教委国际贸易法重点学科联合承办的《联合国国际货物销售合同公约》(CISG)诞生30周年——回顾与展望国际学术研讨会在上海召开。中外高校的学者,司法部门和中外律师事务所的法理实务专家等近200人参加会议。会议就《联合国国际货物销售合同公约》的历史、现状和发展、适用范围以及CISG的具体制度等相关议题进行讨论。（陈 成）

(九)上海工程技术大学

■ 概况

2010年,是学校发展承上启下的关键之年,也是学校由外延拓展转向内涵发展的重要转折点。学校经教育部批准成为全国首批“卓越工程师教育培养计划”试点高校之一,获工商管理、材料科学与工程、机械工程和纺织科学与工程4个一级学科硕士学位点,学校大学科技园被科技部、教育部认定为国家大学科技园。学校现有工商管理、材料科学与工程、机械工程、纺织学科与工程等4个一级硕士学位点,77个专业(方向)。在校生1.8万余人,专任教师硕博率达85%,具有高级专业技术职务的教师占33%。学校拥有机械工程学院、电子电气工程学院、管理学院、化学化工学院、材料工程学院、汽车工程学院、艺术设计学院、航空运输学院、飞行学院、服装学院、城市轨道交通学院、中法埃菲尔时装设计师学院、中韩合作多媒体设计学院、基础教学学院、高等职业技术学院、高级技师学院、社会科学学院、马克思主义理论教学部、体育教学部、女工程师学院、继续教育学院等21个院、部；拥有上海市汽车工程实训中心、城市轨道交通技术实验实训中心、航空发动机展示中心、电子电气实验实训中心、工程实训中心、艺术设计展示中心、服装设计展示中心等15个设备先进的教学实训基地,以及能源与环境工程研究所、激光工业技术研究所、汽车工程研究所、化工研究所、经济研究所、劳动关系研究中心、纳米技术研究中心、上海市社会保障问题研究中心、上海国际邮轮经济研究中心、上海飞行仿真技术研究中心等10个校级科研机构。

学校全面启动事业单位岗位设置管理改革,制定《上海工程技术大学事业单位岗位设置方案》、《上海工程技术大学岗位设置管理实施办法》等岗位设置管理系列文件,完善引进海内外高层次人才的措施和办法,制订并实施创新团队培育和引进方案。优化师资队伍结构,师资队伍的硕博比例达到85%。教育质量创优工程建设取得新成绩。学校推进车辆工程、飞行技术2个专业、本科、硕士2个层次、飞行技术、汽车工程、轨道交通工程等9个专业方向的“卓越工程师教育培养计划”试点专业项目建设。完成工商管理、艺术设计和交通运输等第三、第四期市教委教育高地的建设验收工作。机械设计基础、物流信息技术和汽车理论被评为上海市精品课程,7门课程被评为市教委重点课程,1门课程获批上海市外语课程建设项目。工商管理获国家级特色专业称号,车辆工程专业团队获上海市教学团队称号。学校以市教委第五期重点学科建设和“085工程”建设为契机,全面提升科研创新能力。2010年,学校建成上海市社会调查研究中心工程技术大学分中心和上海市人文艺术创新研究中心。学校全面推进大学科技园建设,成为上海第11家国家大学科技园。2010年,学校各类纵向科研项目立项210项。其中国家自然基金项目11项、省部级项目56项。学校获省部级及以上奖励10项，其中上海市科技进步三等奖3项、上海市邓小平理论优秀成果二等奖1项、上海市哲学社会科学内部探讨优秀成果奖2项、上海市决策咨询研究成果一等奖1项、二等奖1项、三等奖2项。研究生教育教学水平跃上新台阶。2010年，工商管理、材料科学与工程、机械工程和纺织科学与工程4个一级学科硕士学位点，通过上海市学位委员会的审核，并获教育部批准。使学校新增19个二级硕士点和专业方向。继续教育和高等职业教育持续发展。高职学院积极探索动手能力，加强机电一体化和模具设计与制造2个重点专业建设，推进数控机床与编程、模具制造工艺、电工技术3门市级精品课程建设。重点建设模具设计与制造公共实训基地、数控技术应用开放实训中心、商品储运与配送实训中心等实训基地。高职学院85%的毕业生获技能证书。继续教育学院完善“技能培训+学历教育+岗位实习”的三结合培养模式，开设北大青鸟国际软件工程师证书、中国物流职业经理资格证书、劳动与社会保障职业资格证书、数控机床操作与维修资格证书等5个三结合培训项目。组织大学生参加上海市大学生工程训练综合能力竞赛、全国大学生数学建模竞赛、全国大学生广告艺术大赛、飞思卡尔杯全国大学生智能汽车竞赛、全国大学生节能减排社会实践与科技竞赛、上海高校大学生化学实验竞赛、上海市职业技能竞赛等全国和上海市的各类知识竞赛与技能竞赛。2010年，共获88项奖项。学校通过完善就业指导课程体系建设、持续加大市场拓展力度、加强就业网站建设力度、加强人文关怀和心理咨询服务、提升一站式服务平台能级等方式进一步完善大学生就业的长效机制。到2010年底，毕业生签约率74.1%，就业率达到98.14%，名列全市同类高校前茅。学校抓住上海举办世博会的历史机遇，发挥学科专业优势，为世博会提供优质的技术服务和智力支持。学校共有3234名教师、学生担任世博会志愿者。民生工程建设力度进一步加大。学校为3844名教职员工办理上海市职工保障互助会综合补充医疗、意外（工伤）互助保障计划（B类）、上海市教师补充医疗保障计划等三大项六类保险，形成多级多层补充保障体系。进一步增加教职员工住房补贴，改善教职员工住房条件。

（冯　洁）

■ 学校获批教育部第一批“卓越工程师教育培养计划”试点院校

6月22日，教育部下发《教育部关于批准第一批“卓越工程师教育培养计划”高校的通知》，批准上海工程技术大学为第一批“卓越工程师教育培养计划”实施高校。6月23日，教育部“卓越工程师教育培养计划”启动会在天津大学召开。校长汪泓、副校长陈力华等参加会议。汪泓应邀作“打造卓越工程师摇篮，培养应用型创新人才”发言。

（冯　洁）

■ 学校学生获“2010长宁·九华杯环球国际模特大赛”冠军

11月14日，在上海体操中心举行的“2010长宁·九华杯环球国际模特儿大赛”国际总决赛颁奖典礼上，宣布艺术设计（服装表演策划）专业学生何贝丰获2010环球国际模特儿大赛国际总决赛冠军。另有3名学生分别获“十佳”选手称号与“最佳亲和力”奖。

（冯　洁）

■ 举行“区校大联手，共建东虹桥战略合作暨进一步提升区校战略合作的框架协议”签约仪式

1月22日，上海工程技术大学与长宁区政府举行“区校大联手，共建东虹桥战略合作暨进一步提升区校战略合作的框架协议”签约仪式，同时与国家宽带网络与应用工程技术研究中心签约，联合推进中国下一代广播电视网（简称NGB）仙霞产业

1月22日，上海工程技术大学与长宁区政府举行“区校大联手，共建东虹桥战略合作启动议式暨进一步提升区校战略合作框架协议”签约仪式

（上海工程技术大学供稿）

园建设工作。全国人大常委龚学平、市政协副主席朱晓明、市委副秘书长李逸平、市政府参事张鳌、市教卫党委书记李宣海、市教委副主任印杰、市经济信息化委副主任邵志清及长宁区领导等出席。（王 镇）

■ 上海工程技术大学国家大学科技园揭牌

在11月10日举行的第三次全国大学科技园工作会议上，上海工程技术大学科技园被教育部、科技部授予国家大学科技园。次日，上海工程技术大学国家大学科技园成立仪式在松江校区举行。上海工程技术大学科技园将以数字动画、互动设计、媒体规划、信息与通信工程、电子与通信工程等学科对接长宁区多媒体产业园、对接数字长宁产业；以中法埃菲时装设计师学院、中韩多媒体学院、服装学院、艺术设计学院的服装、艺术、会展等学科对接时尚长宁创意产业；以管理学院的经管、财经、国贸、物流等学科对接长宁经贸功能提升；以继续教育学院、对外文化教育交流中心，为人才培训提供支持。双方将推进科技部、国家广电总局和上海市关于简称NGB的市部局合作项目建设，建设NGB上海示范项目，打造面向全国的NGB人才基地。全国政协常委、政协上海市第十届委员会主席蒋以任、国家科技部高新技术司副司长耿战修、上海市科委有关领导、长宁区科委有关领导出席成立仪式。蒋以任与耿战修为上海工程技术大学国家大学科技园揭牌。（王 镇）

■ 上海数字贸易与现代物流工程技术中心入驻上海工程技术大学国家大学科技园

12月7日，由民建上海市委、上海市经济信息化委和长宁区政府联合举办的"上海民建浦江论坛——'十二五'信息产业发展与展望"在长宁区举行。全国人大常委会副委员长、民建中央主席陈昌智，上海市副市长艾宝俊，市政协副主席周汉民等出席论坛。论坛举行由长宁区政府、上海工程技术大学、上海亿通国际股份有限公司三方共同推进的虹桥贸易功能性平台——"上海数字贸易与现代物流工程技术中心"入驻上海工程技术大学国家大学科技园揭牌仪式。上海数字贸易与现代物流工程技术中心将依托上海工程技术大学在应用科学、管理科学的优势，依托学校国家创新型卓越工程师培养计划，建设国际贸易与现代物流的专业人才的聚集和培养高地，为虹桥贸易中心建设培养高端应用型人才。（王 镇）

■ 校长汪泓等获上海市第八届邓小平理论研究和宣传优秀成果奖及上海市第十届哲学社会科学优秀成果奖

12月9日，举行上海市第八届邓小平理论研究和宣传优秀成果、第十届哲学社会科学优秀成果颁奖典礼，市委常委、宣传部部长杨振武等出席颁奖典礼。上海工程技术大学校长汪泓主持的《社会保险基金的良性运营：系统动力学模型、方法、应用》获上海市第八届邓小平理论研究和宣传优秀成果奖著作类二等奖。汪泓等的"上海城镇养老保险基金可持续发展对策研究"及管理学院副教授史健勇等的"本市高技术产业化机制研究"成果同时获上海市第十届哲学社会科学优秀成果奖内部探讨优秀成果奖。（王 镇）

■ 4个项目获上海市决策咨询研究成果奖

12月23日，第七届上海市决策咨询研究成果奖颁奖会在西郊宾馆召开，市委副书记、市长韩正出席会议并为获奖者颁奖。校长汪泓主持完成的"基金良性运营的控制系统研发——社保基金运营动态仿真的对策研究"项目获市政府决策咨询研究成果一等奖；航空运输学院教授魏建主持完成的"重大产业科技攻关项目的合作机制及投融资机制研究"项目获二等奖；汪泓的"进一步完善上海社会保障体系研究"项目和管理学院教授吴清的"积极推行住房逆抵押贷款模式"项目获三等奖。（王 镇）

■ 多项教学成果获2009年度高等教育上海市级教学成果奖

3月12日，上海市教育委员会、上海市人力资源和社会保障局、上海市公务员局联合召开上海市2009年度教学成果奖表彰大会，学校获一等奖2项、二等奖5项、三等奖7项。由校长汪泓领衔的"构筑产学研战略联盟，打造优秀工程师摇篮——地方工科大学应用型创新人才培养模式"和副校长郝建平领衔的"创新工程训练平台，培养工程技术人才——国家级实验教学示范中心建设"两项成果获2009年度高等教育上海市级教学成果一等奖。（王 镇）

多个项目获2009年上海市职业技能竞赛奖

3月18日，上海市职业技能竞赛组委会召开2009年上海市职业技能竞赛表彰大会暨2010年上海市职业技能竞赛启动仪式。上海市教育委员会、上海市人力资源和社会保障局、上海市总工会、共青团上海市委员会、上海市经济和信息化委员会、上海市国有资产监督管理委员会等6个委办局领导出席大会。上海工程技术大学高职学院学生参赛的"维修电工"获团体金奖，"数控机床工（车工）"和"数控机床工（铣工）"获团体银奖，学校获优秀组织奖。 （王 镇）

在全国大学生和研究生数学建模竞赛中获奖

12月，由上海工程技术大学社会科学学院组队的4支参赛队在全国大学生数学建模竞赛中获全国二等奖1项，上海赛区二等奖2项、三等奖1项。12月24日，学校应邀参加在中山大学举行的第七届全国研究生数学建模竞赛颁奖典礼。在参赛的包括香港在内的全国32个省、市、区的230所高校中，上海工程技术大学研究生获2个一等奖，3个二等奖，1个三等奖，学校被授予"优秀组织奖"。

（王 镇）

（十）上海交通大学安泰经济与管理学院

概况

上海交通大学安泰经济与管理学院建有经济学院和管理学院。经济学院建有经济系、金融系和应用经济系，以及中国经济研究中心、产业组织与技术创新研究中心、现代金融工程研究中心、转轨与发展研究中心等研究机构。管理学院由营销管理系、运营管理系、组织管理系、管理科学系、管理信息系统系、会计系等6个系和20余个研究所（中心）组成。2010年，学院以国际一流商学院为目标，将国际化战略贯穿学院各项工作。制订《2012—2020发展规划》，重新规划"211"三期和"985"三期；启动徐汇校区发展工作；通过全球公开招聘院长、执行院长及多位副院长，完成行政换届，形成高定位、职业化的新一届领导班子。师资队伍。先后引进8名海外毕业博士，引进兼职教授12人。学院现有专任教师178名，其中教授61名（其中博士生导师54名），副教授69名。教师中拥有博士学位的比例达80%以上，其中拥有国际名校博士学位的比例达25.3%，拥有国际访问、交流经历（3个月以上）的教师达60余人次。师资队伍整体素质高，结构合理。其中，包括长江学者1人、长江学者讲座教授2人、国家杰出青年科学基金3人和教育部跨世纪优秀人才基金2人、新世纪优秀人才基金9人。学院有工商管理、会计学、旅游管理、人力资源管理、金融学、国际经济与贸易、经济学、信息管理与信息系统共8个本科专业，在校本科生1189人；有企业管理、管理科学与工程、农业经济管理、技术经济学、国际经济与贸易学、金融学、会计学、旅游管理、产业经济学、西方经济学和应用心理学11个硕士点；在校硕士生416人。有企业管理、管理科学与工程、农业经济管理3个博士点，在校博士生264人。学院聚焦课程建设，致力于创新型人才的培养，面向全院学生开设的《创新与创业大讲堂》在社会上引起强烈反响。提升专业学位培养水平，促进品牌延伸，EMBA围绕"品牌特色显化，深化内涵建设"等三大重点开展工作；MBA和Mpacc教育建设稳步提升；与MIT合作的CLGO项目保持良好的发展势头，同时开发运营培训项目。作为同时获得EQUIS和AMBA两项国际顶级认证的大学商学院，学院加快迎接AACSB认证的各项工作。学院与50余家国际知名院校有着国际交流与合作关系，每年接受和派出本科及硕士、博士研究生、MBA学生进行交流学习。通过"海天计划"、"雏鹰计划"，每年选拔优秀青年教师利用学术休假时间赴国（境）外一流大学进行对外学术交流活动，通过举办大型国际学术活动，增加学院的国内外影响。2010年，成功举办第十届世界经济学大会，全球1500余名学者（3名诺奖得主）参会。成功举办第三届全球商学院院长论坛，200余名商学院院长参加。2010年，共获国家自然科学基金项目23项，其中获国家杰出青年科学基金1项，国家自然科学基金委员会管理科学部重点项目1项。有8名教师获2010年度上海市哲学社会科技奖、邓小平理论研究和宣传优秀成果奖。配合上海航运中心、金融中心建设，学院成立相关研究中心，编制航运指数、服务经济指数。 （沈良基）

学院举行CCIEE–全球航运景气指数发布会

2月26日，学院与中国国际经济交流中心联合在中华世纪坛大屏幕厅举行研究成果发布会，推介

"CCIEE-全球航运景气指数"。该指数是一个表征全球航运市场景气度的综合指数,旨在揭示世界航运及相关市场的供需关系,综合反映全球航运业的投资价值。突破以往只关注运价的局限性,将全球贸易量、运量等指标纳入权重范围,更准确地反映出全球航运行业的景气状况,同时还能作为全球贸易量的晴雨表。该指数的发布,将为中国争取大宗商品以及铁矿石的定价权增加筹码。 (沈良基)

■ **周林任上海交通大学安泰经济与管理学院院长**

4月6日,学院召开新院长任职宣布会,校党委书记马德秀、党委常务副书记苏明,学院全体教授、中层管理干部70余人出席会议。苏明宣读学校的职务任免决定,周林担任安泰经济与管理学院院长,王方华不再担任安泰经济与管理学院院长职务。院长周林在就职讲话中谈了一些初步工作设想,表示将在以后的工作中做好传承和创新,不辜负学校和学院的期望,凝聚全院师生,为世界一流大学建设、世界一流商学院建设作出贡献,使安泰实现新的突破,迈上新的台阶。 (沈良基)

■ **邀请威廉姆森赴华讲学**

4月13日,2009年诺贝尔经济学奖得主、"新制度经济学之父"威廉姆森中国周新闻发布会在上海交通大学安泰经济与管理学院举行。会议由学院党委书记沈大明主持,院长周林作活动介绍,《每日经济新闻》副总编辑冯明作媒体计划介绍。近40家国内主流媒体出席此次记者会。5月6—11日,受上海交通大学和《每日经济新闻》报社联合邀请,奥利弗·威廉姆森(Oliver Williamson)开始他获奖后的首次中国之行,走访上海、北京、成都三座城市,与中国一流经济学家和企业家对话,共同探讨后金融危机时代新制度经济学的应用与发展、企业交易成本(效率)、公司治理结构的变革与完善等热门话题。 (沈良基)

■ **举行上海转变城市发展方式研讨会**

4月13日,由上海市人民政府发展研究中心和学校安泰经济与管理学院主办的"上发中心—交大论坛:国际大都市研究专题(十)——'十二五'上海转变城市发展方式的思路和重点内部研讨会"在上海交大举行。会议由中国都市圈发展与管理研究中心主任王方华和上海市人民政府发展研究中心副主任朱金海主持。50余人出席会议。国土资源部党组成员、总规划师胡存智、安泰经济与管理学院教授高汝熹、上海财经大学世博经济研究院院长陈信康、复旦大学环境科学研究中心与工程系教授戴星翼及同济大学经济与管理学院教授何芳等作主题发言。交大经济学院执行院长陈宪,上海市规划和国土资源管理局副总工程师蔡顺明,全国人大代表、民建上海市委副主委、《上海经济年鉴》主编张兆安作如何转变上海城市发展方式的讨论发言。"上发中心—交大论坛"旨在听取体制外专家、学者意见,对市领导关注的有关重大问题不定期开展讨论,会议成果将由上海市人民政府发展研究中心和上海交通大学安泰经济与管理学院负责整理,并转化为"决策参考信息"和"专家反映",提交市领导,供决策参考。 (沈良基)

■ **周林入选"中国管理模式杰出奖"遴选理事会理事**

5月7日,2010"中国管理模式杰出奖"遴选理事会一次会议在北京举行,上海交通大学安泰经济与管理学院院长周林作为"中国管理模式杰出奖"遴选理事会的新增理事参加会议。中国管理现代化研究会理事长、原全国人大常委会副委员长成思危,中国企业联合会常务副理事长胡新欣、金蝶国际软件集团董事局主席徐少春、《中外管理》总编杨沛霆、国务院参事陈全生、西交利物浦大学执行校长席酉民等国内顶级商学院院长及管理类主流媒体总编等国内管理产学研知名代表出席会议。"中国管理模式杰出奖"遴选活动于2008年8月登上中国管理历史舞台,目的在于通过总结梳理成功的中国企业管理模式并加以推广,促进中国企业管理现代化的发展,已成为管理界一个重要奖项。 (沈良基)

■ **黄佳妮获"全国优秀学生干部"称号**

5月,在共青团中央、教育部联合开展的"全国三好学生"、"全国优秀学生干部"评选表彰活动中,上海交通大学安泰经济管理学院黄佳妮获"全国优秀学生干部"称号。 (沈良基)

■ **承办第三届《中国金融评论》国际研讨会**

由《中国金融评论》杂志社主办,上海交通大学经济学院和上海交通大学现代金融研究中心承办，Emerald出版社、香港大学中国金融研究中心、中国风险投资研究院、国泰君安金融学院协办的"第三届(2010)《中国金融评论》国际研讨会"7月16日在法华校区召开。上海交通大学安泰经济与管理学院院长周林出席会议并致欢迎辞。中国社会科学院世界经济与政治研究所所长张宇燕，交通银行首席经济学家连平，香港中文大学财务学系教授、《中国金融评论》主编何佳，长江商学院金融学教授曹辉宁，复旦大学金融研究院常务副院长陈学彬，《世界经济》编辑部主任张斌等海内外知名金融领域决策者、学者在开幕式上做主题演讲。《中国金融评论》杂志创办于2006年，是上海交通大学安泰经济与管理学院和Emerald出版社合作的产物。这次《中国金融评论》研讨会主要在"中国经济高速发展中的金融创新和金融发展"话题上展开讨论。在7月17日召开的专题学术研讨会上，海内外著名学者发布自己在公司金融、公司治理、商业银行、风险投资、市场微观结构、对冲基金和房地产市场等领域的最新研究成果。（沈良基）

■ 承办2010年管理国际大会

7月24日，2010年管理国际大会在法华校区安泰楼演讲厅举行。大会由国家自然科学基金委员会主办，上海交通大学安泰经济与管理学院承办，会议围绕"后危机时代的管理：多元化的世界，多元化的管理"主题展开讨论，近300名国内外专家学者与会。国家自然科学基金委员会管理科学部常务副主任李一军、安泰经济与管理学院党委副书记徐飞、院长周林分别致欢迎词。（沈良基）

■ 主办"2010第十届世界经济学大会"

8月17—21日，由上海交通大学主办，中国计量经济学会、上海财经大学、复旦大学、中欧国际工商学院协办的"2010第十届世界经济学大会(Econometric Society World Congress 2010)"在上海国际会议中心举行。来自40余个国家与地区的1500余名顶尖经济学人士出席，包括2007年诺贝尔经济学奖获得者。安泰经济与管理学院院长、世界计量经济学会院士周林，世界银行副行长林毅夫等出席会议。大会涵盖经济学的各个方面，既有计量经济学、微观经济学和宏观经济学等学科的理论性研究，又有经济学理论在各个研究领域的应用性研究。（沈良基）

（栏目编辑　汤翠萍　郑兆永）

司法解读

《全国人口普查条例》解读

经2010年5月12日国务院第111次常务会议通过，自2010年6月1日起施行。

一、人口普查的目的

全面掌握全国人口的基本情况，为研究制定人口政策和经济社会发展规划提供依据，为社会公众提供人口统计信息服务。

二、人口普查的组织实施

组织实施的原则是全国统一领导、部门分工协作、地方分级负责、各方共同参与。国务院统一领导全国人口普查工作，研究决定人口普查中的重大问题。地方各级人民政府按照国务院的统一规定和要求，领导本行政区域的人口普查工作。

三、人口普查资料要求

人口普查对象应当按照《中华人民共和国统计法》和本条例的规定，真实、准确、完整、及时地提供人口普查所需的资料。

四、人口普查时间

人口普查每10年进行一次，尾数逢0的年份为普查年度，标准时点为普查年度的11月1日零时。

二十四、文化

WEN HUA

CHANGNINGNIANJIAN

2011

（一）综述

2010年，长宁区文化局以迎、办世博为契机，以“十二五”规划编制为抓手，组织世博园区内外演出，开展群众文化活动，推进公共文化服务体系建设。全年共开展各级各类群众文化活动5.2万场次，总参与人次217万人，按区常住人口77.89万人计算，年人均参与文化活动2.79次。社区文化活动中心提供展览13场，放映电影73部，文艺演出128场，培训讲座4000课时，上网浏览10万小时。长宁文化艺术中心群文干部下社区辅导509次，被辅导人数6.32万人次。区公共图书馆（含街镇图书馆）文献外借183万册次，人均外借图书3册次；各级图书馆开展读者活动484场次，参与人次11万人次。

至年底，长宁区有新华书店一家，主要负责区中小学教材发放工作，共为区中小学春秋两季教材发行码洋1097万元，80万册；上海影城及其连锁影院重点做好国产影片放映推介和上海国际电影节服务，实现年营业收入1.41亿元，比上年增长13.9%，实现利润1696.6万元，比上年增长50.4%，世博国际影城在世博期间展映4575场，接待游客观众40万人次。（陈 洁 常 念）

（二）文化管理

概况

2010年，区文化局将文化保护与发展相结合，推进非物质文化遗产保护和传承。探索新的公共文化服务工作机制，完善文化产品和文化指导员配送制度，推进区——社区——居民区三级公共文化体系建设。以第三次全国文物普查为契机，推进文物普查和文物保护宣传。（陈 洁）

宋庆龄事迹陈列馆开工仪式

（宋庆龄事迹陈列馆供稿）

规范非物质文化遗产项目保护

2010年，区文化局完成全区非物质文化遗产（简称非遗）普查项目144项，完善其中99项数据库资料，建立非遗保护档案，实现非遗名录数字化、科学化管理。对3项市级非遗保护项目和20项区级保护项目进行保护单位规范化确认工作。

（陈 洁）

开展非物质文化遗产保护项目活态传承

区文化局推进区级非遗保护项目“西郊农民画”保护和传承，举办“粉墨庆世博”西郊农民画展览、“田野芬芳”——金山、秀洲、长宁三地农民画交流展暨三地农民画论坛，开设西郊农民画创作班。制作、维修、复制市级非遗保护项目江南丝竹彩头道具32个，为市级非遗保护项目代表性传承人张徵明、姚振平摄制录像片，演绎“江南丝竹八大曲”（八首传统代表曲目）室内版和行街版。与新华路街道合作举办第五届法华牡丹文化节，推进市级非遗保护项目法华牡丹嫁接技艺及相关习俗的保护传承。年内，长宁文化艺术中心长艺书苑被上海市书场工作者协会授牌命名为“国家级非物质文化遗产保护项目——评弹艺术展演基地”。

（陈 洁）

扶持国家级非物质文化遗产沪剧

区文化局扶持市级非物质文化遗产项目代表性传承人陈甦萍，依托长宁沪剧团，创排沪上首部迎世博原创沪剧《梦圆曲》，由陈甦萍出演女主人公秦枫，公演60余场，并入选上海市新剧目奖。举行再现解（洪元）派神韵李恩来沪剧演唱会。

（陈 洁）

建立公共文化产品配送制度

区文化局成立“长宁区公共文化服务产品配送中心”，制定《长宁区公共文化资源配送制度》，整合区级图书馆、文化馆、电影院、陈列馆、沪剧团、送欢乐艺术团等资源，向社区配送演出27场；专业院团巡讲巡演17场，受益8500人次；在虹桥文化之秋艺术节期间，为各社区购买市级文化院团文艺演出和专业剧目10场。2010年用于社区文化活动中心的配送经费120万元。 （陈 洁）

■ 实现专业文化指导员全覆盖

区文化局为每个社区文化活动中心免费派送1名社区专业文化指导员，在全区实现社区专业文化指导员配送全覆盖。2010年共配送指导员830人次，受益1.67万人次。为提升文化业务指导水平，区文化局向全区社区文化活动中心、居民区文化活动室和业余文化团队的165名指导员提供各类文化业务培训。 （陈 洁）

■ 文物普查工作取得新成果

区第三次全国文物普查实地文物调查阶段通过验收。编制《长宁区第三次全国文物普查新发现文物成果图集》，完成182处不可移动文物的现场调查工作（包括复查文物点156处，新发现文物点26处），登记消逝文物点14处，普查范围覆盖区9个街道、1个镇。制作26块“长宁区‘三普’新发现成果展”展版，参观人次超过1.6万人。（陈 洁）

（三）文化场馆、设施

■ 概况

区文化场馆设施进一步完善，全区10各街道（镇）全部建成社区文化活动中心，全区公共图书馆年度新购藏书127.85千册。区文化局结合《长宁区文化发展“十二五”规划》的编制，开展社区文化活动中心现状调研；创新利用现代化技术，提升公共文化场馆服务能级。在谋划“十二五”文化发展基础上，用足资源，满足群众日益增长的精神文化需求。 （陈 洁）

■ 开展社区文化活动中心现状调研

区文化局与区委宣传部、区社区办联合开展社区文化活动中心调研，完成《长宁区社区文化（活动）中心现状调研报告》。考察和分析中心运作情况、面临问题，提出对策建议，将社区文化活动中心建设作为重要内容纳入“十二五”文化发展规划，要进一步完善社区文化活动中心的功能定位、运作方式和保障措施，发挥社区文化活动中心服务社区居民基本文化需求的作用。 （陈 洁）

■ 长宁图书馆与上海阿法迪公司开发24小时自助图书馆系统

年内，长宁图书馆与上海阿法迪公司合作开发智能化服务项目——国内首家24小时自助图书馆系统调试成功。该图书分拣高效率系统提供还书、查询、续借等自助服务，保证每小时工作量不小于1200本，大幅提升图书管理智能化。 （陈 洁）

（四）文化产业与市场

■ 概况

2010年，区文化局开展区文化产业现状调研，做好文化企业引进和服务工作，推动文化产业发展。依法进行文化行政事务受理审批工作和文化市场行政执法日常工作。进行机制创新，建立文化市场市、区、街镇三级联动日常监管制度。制定《长宁区文化局世博安全保卫群防群治反恐应急预案》，做好迎世博文明指数测评工作，开展平安世博文化市场专项保障行动，落实平安世博坚实保障。长宁区图书馆获“2010年上海市迎世博窗口服务行业立功竞赛世博服务品牌奖”。 （陈 洁）

■ 开展文化产业调研

为优化文化产业结构，推进文化产业发展，长宁区文化局对区文化产业开展调查研究。走访区域内文化企业15家，发放《文化企业征询意见单》138份，形成《长宁区文化产业现状调研报告》，盘点、评估区域文化产业资源，提出文化产业发展目标思路和对策建议。 （陈 洁）

■ 做好文化企业招商引资和服务工作

2010年，区文化局超额完成文化企业招商引资任务，引进文化服务类企业13家，注册资金总额9100万元。完善文化企业服务机制、沟通联系机制，走访文化创意园区及重点文化企业，帮助企业解决困难，推进文化企业发展。 （陈 洁）

■ 文化市场“三级联动”日常监管初获成效

区文化局成立文化市场“三级联动”巡查工作办公室，将文化市场管理从市、区二级管理延伸到市、区、街镇三级联动日常监管。建立日常监督巡查员和街镇网格监督联络员队伍，47名巡查员获市巡查办巡查员证。根据监督员、巡查员反馈的 18 条信息，查处无证无照场所 6 家，整治游商摊点 10 个，查获非法音像制品批发窝点 2 个。

（陈 洁）

■ **举办“精彩世博 阳光娱乐”主题宣传周活动日**

9 月 20 日，区文化局、区综治委、区公安分局、区工商分局、区卫生局、区环保局、区文化市场行政执法大队等 7 家单位在百联西郊中庭广场联合举办“精彩世博 阳光娱乐”主题宣传周活动日。现场设置 20 余幅宣传展板；区文化局、区综治办等单位设立宣传咨询台，开展政策咨询、发放宣传资料。号召区文化娱乐行业规范文明服务，巩固“迎世博 600 天行动”成果，构建文明娱乐环境。区域内 120 余家娱乐行业经营场所负责人参加活动。

（陈 洁）

■ **开展文化市场行政执法检查 458 次**

2010 年，区文化市场行政执法大队共开展执法检查 458 次，检查场所 3458 家次，立案处罚 74 起，罚款 31.7 万元，收缴各类非法出版物 27 万件，取缔无证无照场所 67 家，整治经营非法出版物摊点 89 个，与相关部门开展联合检查 45 次，处理举报投诉 61 件，查办非法音像制品仓储运输案件 15 件。

（陈 洁）

（五）文化艺术活动

■ **概况**

2010 年，区文化局以迎、办世博为契机，围绕世博主题，开展各类群众文化活动，营造世博文化氛围。开展“异域风情”中外艺术交流；在区级公共文化阵地上引进高质量文化项目，提升文化活动品位。坚持文化惠民，将文艺演出、电影、图书等免费文化资源送到基层。举行“畅享世博 炫彩长宁”——长宁区第八届虹桥文化之秋艺术节，整合利用各级各类文化资源，开展演出、展览、讲座等 525 场。

（陈 洁）

■ **开展世博会“周周演”广场活动**

世博期间，区文化局举办“璀璨耀浦江”——上海世博会城市文化广场周周演活动，在百联西郊中庭广场上演音乐、舞蹈、戏曲、杂技、原生态和非物质文化遗产等演出 54 场，共 530 个节目，上万人次观看。组织区演出团队赴外区参与“周周演”巡演 11 场。区文化局获市文广局颁发的上海世博会城市文化广场“周周演”优秀组织奖荣誉称号。

（陈 洁）

■ **开展“社区文化进世博”活动**

7 月 20—29 日，区文化局在世博园区内市民广场举行“七彩长宁 璀璨虹桥”——中国 2010 上海世博会长宁社区市民专场文艺演出活动，15 支社区团队 6600 人次入园表演 30 场。组织 100 名社区市民进入世博文化中心参加“世博合唱节”演出。组织长宁沪剧团进世博园区演出沪剧专场 2 场。

（陈 洁）

■ **举办长宁区 2010 虹桥文化之秋艺术节**

9 月 16 日—10 月 31 日，区文化局举办长宁区虹桥文化之秋艺术节，共举办开幕式、闭幕式、虹桥文化艺术精品展演、长三角非物质遗产舞台艺术大汇演、中外群文艺术大联展等各类演出 475 场、展览 23 场、讲座 27 场，参与人次 15.75 万人。艺术节期间，邀请上海滑稽剧团、上海轻音乐团、上海评弹团、上海杂技团等 10 个专业文艺院团进长宁社区展演精品节目。“艺术之缘”——社区、院团舞台艺术精品互动展演获第十二届中国上海国际艺术节群文活动“创新（特色）项目奖”。本届艺术节开创“三节合一”新模式，与市旅游节、购物节长宁区活动同时开闭幕、交融开展，整合利用市、区、长三角文化资源，营造长宁特色旅游、购物、文化节庆环境。

（陈 洁）

■ **开展“异域风情”中外艺术交流活动**

年内，区文化局共举办 30 余场中外文化艺术交流演出、展览和讲座，包括“战争与和平”纪念世界人民反法西斯战争胜利 65 周年美术作品展，“观城——2010 上海国际版画展”，“布鲁塞尔身体语言”——比利时当代艺术展，中日友好书道交流展，波兰平面设计艺术作品展，亚洲艺术科学协会交流展，“世界眼”系列讲座，“走过蓝色的田野：爱尔兰短篇小说女王克莱尔·吉根在上海”讲座，爱尔兰作家科尔姆·托宾讲座，美国女作家桑德拉·希斯内罗斯讲座等。在虹桥文化之秋艺术节期间，邀请法国罗纳——阿尔卑斯大区“东方乐队”、波兰先锋爵士钢琴家、西里西亚舞蹈团、肯尼亚赛瑞卡奇艺术团、保加利亚鼓舞团、日本乡土乐队、奥地利乐队、

土耳其合唱团、土耳其军乐团登台演出。（陈 洁）

■ **开展公益性文化惠民活动**

2010年，全区每个居民区文化活动室均获区文化局提供的居民书报杂志订阅费1万元。区图书馆下至21个基层服务点，服务67次；长宁文化艺术中心下基层演出33场次，观众8700人次；长宁民俗文化中心文艺团队下基层巡演21场次，观众5460人次；长宁沪剧团开展公益性演出51场；天山电影院放映公益免费或低价电影600余场。

（陈 洁）

（六）传媒、出版

■ **概况**

2010年，区文化局加强传媒、出版工作，成立"海上女作家研究会"，编辑出版《长宁沪剧团成立六十周年纪念画册》。

区门户网站全年发布政府信息2611条；《长宁时报》全年发行52期、创新发行出版《长宁时报》双语版18期；区有线电视台自办节目1套8个栏目，周播3.5小时；区外宣部门出版发行文艺著作《印象大虹桥——作家笔下的长宁》、《品味西大门——记者眼中的长宁》等9部；国家、市媒体发表报导长宁消息总数5760篇（条）。上海影城放映电影1756部，观众207.22万人次。新华书店发行区中小学春秋两季教材80万册。

（陈 洁 常 念）

■ **成立"海上女作家研究会"**

1月6日，由长宁图书馆和上海市作家协会创联室联合主办的"海上女作家研究会"举行成立仪式。市妇联主席张丽丽、市作家协会副主席赵长天、区妇联主席等领导和中国作家协会全国委员会委员、市作协理事王小鹰，市作协小说创作委员会主任、华东师范大学传播学院院长王晓玉等30余位沪上知名女作家莅临现场，庆祝这一女性作家创作、交流、研讨平台创立。45位沪上女作家捐赠手稿11部（篇）、签名著作117册。（陈 洁）

1月6日，"海上女作家研究会"举行成立仪式

（区文化局供稿）

■ **出版《戏曲·醒春光艳——长宁沪剧团成立六十周年纪念画册》**

2010年，长宁沪剧团出版发行《戏曲·醒春光艳——长宁沪剧团成立60周年纪念画册》，介绍60年来长宁沪剧团创作演出的数百台剧目，包括获奖剧目、传统剧目和现代题材剧目；展示照片近500张，其中1949—1978年的剧照133张，改革开放后（1979—2009年）的剧照362张。该书真实反映长宁沪剧团建团以来取得的重要舞台成就，彰显长宁沪剧团奋斗历史折射的时代精神和长宁活力。（陈 洁）

长宁沪剧团出版发行长宁沪剧团成立六十周年纪念画册

（区文化局供稿）

■ **优化中小学教材发放工作**

长宁区中小学教材的发行，历来都是上海新华书店长宁店的重要工作。依据上海市教委对教材的有关规定，上海新华书店长宁店在教材发行工作中，严格按照规范的业务流程进行。整包整扎分析清点，杜绝整包、整扎有短缺；同时检验是否混有其他书籍、污损书籍等现象。在教材分发、发货中，制订以发货量、差错率为零的考核目标，使每年

春秋两季新学期教材在时间节点率、学校满足率、教材差错率都达到市教委的考核目标。对于在教材发行过程中,学校反映教材出现的短缺、倒装、缺页等情况,做到当天予以调换。对学校发生的漏订错订等情况,在第一时间为学校添补、调换。保障全区中小学校“课前到书,人手一册”,顺利开学。2010 年,上海新华书店长宁店共发行全区中小学校教材 80.12 万册,销售码洋为 1097.5 万元。

（顾国勇）

（七）上海影城

■ 概况

2010 年,上海影城以连续第 3 年营收超亿元、利润突破 1650 万元的成绩,巩固了中国电影放映行业著名品牌企业地位。年内,面对激烈的市场竞争,上海影城坚持优先考虑国产影片的排片放映,做好影片的宣传和营销工作,实现国产影片票房占 50%以上。上影出品的影片《赵氏孤儿》,实现票房收入 202 万元；影片《锦衣卫》实现票房收入 258.1 万元,均在上海乃至全国票房名列前位。

（郭 磊）

■ 上海影城营收、利润、票房继续创新高

2010 年,上海影城及连锁影院实现营业收入 1.41 亿元,比上年增长 13.9%；实现利润 1696.6 万元,比上年增长 50.4%；4 家连锁影院共放映电影 1756 部,场次达 5.12 万场,观众 207.22 万人次,实现票房 9530 万元,比上年增长 17.2%,营收、利润、票房皆创历史新高。

（郭 磊）

■ 通过会员卡引导消费

年内,上海影城继续通过会员卡引导观众进行稳定消费。全年实名制会员卡比上年增长 53.1%,实现消费金额 285.5 万元,充值 348.1 万元。同时,上海影城与腾讯 QQ 网站、美团网等进行合作,推出优惠团购促销活动,增加上海影城票房收入。

（郭 磊）

■ 世博国际影城竣工建成,免费展映世博影片 4575 场

3 月,上海影城按照国家五星级影院标准投资建造的位于世博文化中心内的第五家连锁影院——世博国际影城竣工建成,成为全国首家全自动化数字放映和网络化管理的影院。在世博会的 184 天里,世博国际影城免费展映世博影片 4575 场,举办“上海国际电影节日本电影周”、“银幕上海”回顾展等多个具有影响力的电影展映活动,共接待游客 40 余万人次。世博国际影城以一流的硬件设施、优质的品牌服务,为观众提供良好的休憩服务,成为追寻世博足迹,了解宣传电影文化的良好舞台,是“城市,让生活更美好；电影,让城市更具魅力”的完美诠释。

（郭 磊）

（栏目编辑 汤翠萍 郑兆永）

科学知识

英开发新型纳米材料 助术后凝血加快患者康复

英国约克大学发布公报说,该校研究人员开发出一种能帮助病患手术后血液恢复凝结能力的新型纳米材料,它有望替代目前常用且有副作用的凝血药物。

在一些手术中,为保持病患血液循环畅通,往往要使用肝素等抗凝剂防止血液凝结,但在手术结束后,又需要恢复患者的血液凝结能力,以加快伤口愈合,因此又要用其他药物来中和肝素的效果,如鱼精蛋白,但它有一定副作用。

约克大学的戴维史密斯教授等研究人员在德国期刊《应用化学》上发表研究报告说,他们研发出一种与鱼精蛋白在结构上类似的纳米材料,实验显示它可以很好地中和肝素。

史密斯说,有望利用这种材料制造出适用于人体且可降解的药物,它不仅可以中和肝素,还可以避免鱼精蛋白的副作用,加快患者的手术后康复。

司法解读

《中华人民共和国发票管理办法和实施细则》解读

《国务院关于修改〈中华人民共和国发票管理办法〉的决定》已经2010年12月8日国务院第136次常务会议通过，自2011年2月1日起施行。《中华人民共和国发票管理办法实施细则》已经2011年1月27日国家税务总局第1次局务会议审议通过，2011年2月1日起施行。

（一）《发票管理办法》修改的主要背景

原发票管理办法自1993年12月经国务院批准、财政部发布施行以来，对加强税源监控、保证税收收入发挥了积极作用。但随着经济社会的发展，管理办法在执行中出现了不少亟待解决的问题：一是制售和使用假发票、不依法开具发票等违法行为花样翻新且日益严重，管理办法规定的防控措施亟待相应完善；二是对发票违法行为的处罚力度偏轻，难以有效惩处和制止发票违法行为。为了解决上述问题，对管理办法作了修改。

（二）为防止假发票的制作、扩散和使用，增加的规定

近年来，制作、兜售、使用假发票的现象比较严重。《发票管理办法》根据新情况，增加规定：禁止非法代开发票；不得介绍他人转让发票；对知道或者应当知道是假发票的，不得受让、开具、存放、携带、邮寄和运输；不得以其他凭证代替发票使用；并规定税务机关应当提供查询发票真伪的便捷渠道。

《发票管理办法》简化了发票领购程序，从正面引导纳税人合法使用发票，拒用假发票。比如：取消了发票领购环节的资格审核程序，规定纳税人凭税务登记证、身份证明和发票专用章印模即可办理领购手续，主管税务机关应在5个工作日内发给发票领购簿；需要临时使用发票的单位和个人，可以直接向税务机关申请代开发票，税务机关也可以委托其他单位代开发票。

（三）为有效防范虚开发票的违法行为，设立的规定

《发票管理办法》对虚开发票的违法行为作了进一步细化，增强可操作性，并增加规定运用信息技术手段有效防范虚开发票行为：任何单位和个人不得为他人、为自己、让他人为自己或者介绍他人开具与实际经营业务情况不符的发票。近几年，税务机关按照税收征收管理法的规定推广使用税控装置，并试点通过网络发票管理系统开具发票，税务机关也可借此直接监控纳税人开具的发票联信息，不必再依赖记账联和存根联信息。因此，《发票管理办法》增加规定：安装税控装置的单位和个人，应当按照规定使用税控装置开具发票，并按期向主管税务机关报送开具发票的数据；国家推广使用网络发票管理系统开具发票；并对使用非税控电子器具开具发票也作了进一步规范。

（四）为加大对发票违法行为的惩处力度，进行的规定

为进一步加大对发票违法行为的惩处力度，《发票管理办法》作了以下规定：一是提高了对发票违法行为的罚款数额。对虚开、伪造、变造、转让发票违法行为的罚款上限由5万元提高为50万元，对违法所得一律没收；构成犯罪的，依法追究刑事责任；二是对发票违法行为及相应的法律责任作了补充规定，包括：对非法代开发票的，与虚开发票行为负同样的法律责任；对知道或应当知道是私自印制、伪造、变造、非法取得或者废止的发票而受让、开具、存放、携带、邮寄或者运输的，以及介绍假发票转让信息的，由税务机关根据不同情节，分别处1万元以上5万元以下、5万元以上50万元以下的罚款，对违法所得一律没收；三是对违反发票管理规定2次以上或者情节严重的单位和个人，税务机关可以向社会公告，以发挥社会监督作用。

二十五、医疗卫生

YI LIAO WEI SHENG

CHANGNINGNIANJIAN

2011

（一）综述

2010年，长宁区有各级各类医疗卫生机构229所，其中公立医疗卫生机构33所。全区有卫生技术人员8975人，执业医师3388人，注册护士（师）3798人，其中区属医疗卫生机构有卫生技术人员3456人，执业医师1200人，注册护士（师）1553人。全区门急诊人次为918.65万人次，期末开放床位6619张，病床使用率87%，其中区属医疗卫生机构门急诊人次为516.80万人次，期末开放床位数2299张，病床使用率94.5%。未发生孕产妇死亡病例，常住人口婴儿死亡率0.70‰，婚前医学检查率20.93%；未发生精神病人肇事肇祸事件，无业贫困精神病人免费服药率96.7%，精神病人监护率99.84%。

2010年，区卫生局一手抓办博，一手抓发展。全力做好世博会期间各项卫生保障工作，深化社区卫生服务综合改革，提升医疗行业服务能级。完成世博会期间卫生保障工作。开展风险评估和线索排摸，落实重性精神病人治疗及管理；加强传染病及健康相关危险因素预警及防控网络建设，提升公共卫生防控能力；做好医疗应急救护准备和血液保障工作；加强卫生监督执法工作力度，对承担世博接待任务的单位进行重点、全面监督；加强世博会期间卫生系统安全稳定工作，落实世博安保24小时值班。

完善区域公共卫生体系建设。制定下发《2010年长宁区公共卫生工作实施计划》，完成《第三轮公共卫生体系建设三年行动计划》调研并形成方案，开展区域公共卫生监测中心建设调研，开展建设项目预防性卫生审核和公共场所卫生许可并联审批试点工作，结合“健康进楼宇”项目推进卫生便利服务。落实“妊娠风险预警评估”管理，健全重点孕妇分级管理制度，推进全区孕产妇保健系统全覆盖管理工作；开通24小时危重孕产妇抢救管理值班专线，规范危重新生儿抢救转运，加强孕产妇死亡评审工作，积极进行艾滋病母婴阻断、妊娠梅毒规范筛查和治疗干预。完成《全国健康教育和健康促进规划纲要（2005–2010年）》评估报告；举办以“健康迎世博”为主题的第二十届健康教育周、“加油世博半程跑、喜迎全民健身日”暨首届健康生活嘉年华活动，发放世博健康礼包27.05万份；对健康自我管理知识知晓情况进行评估调查1046人次；开展控烟宣传，组织控烟志愿者进行控烟巡视和劝阻吸烟活动。

深化社区卫生服务综合改革。与上海市医药股份公司签约，在新华和周家桥街道社区卫生服务中心实行383种药品零差价销售及物流统一配送试点工作；推广家庭健康责任制经验，深化“3–2–1+1”（“市内三级医院–区内二级医院–区内社区卫生服务中心+区疾病预防控制中心”为一体的健康教育和健康促进模式）区域医疗卫生协同服务工作，与华东医院合作开展2010年全科医生能级提升计划；完成卫生部社区卫生服务体系建设重点联系城市（区）常规监测工作并接受卫生部督导；制定长宁区居民健康在线资讯平台整体设计方案，对居民健康咨询知识库开发和梳理；与区老龄委继续开展困难老人体检、百岁老人健康照顾、高龄困难老人居家护理和无业老人基本医疗辅助等工作。

提升医疗业务管理水平。对16家区属医疗机构、1家企业医院、3家部队医院和7家民营医疗机构开展“医疗质量万里行”检查；在区属医疗机构探索实施电子门诊病史，开展《病历书写基本规范》培训；完善门诊医疗质量考核体系及护理管理和质量控制体系；与街道（镇）、部门协同，联合打击无证行医及“医托”现象；新建“治未病”服务中心2个、分中心8个、服务站10个，开展中医体质辨识及干预户籍人口数1.85万人次。

加强卫生人才队伍建设。制定《区卫生系统新三年人才规划（2010–2012年）》；实施“长宁区卫生局全科医学人才引航计划”、“星云计划”；举办医学科研管理高级研修班和年度科研招标擂台赛；完成第七、第八批对口支援都江堰医疗卫生队任务，安排7名四川来沪进修人员至区属相关医疗机构培训。

加强卫生系统精神文明建设。组织医院窗口文明服务暗访团对区内24家医院进行检查；在区域内12家医疗机构导入5S管理系统，提高现场管理能力；推进民主管理，深化院务公开，年内区卫生系统医务职工对院务公开民主管理总体满意和较满意率为99.02%；启动区卫生系统读书节活动，建立“职工书屋”制度；以服务世博为契机，打造卫生系统志愿者品牌，开展“世博外建站点卫生志愿者服务”、“站点健康宣传志愿者服务”和“世博园区志愿者服务”等活动。

区爱卫部门开展全民健康促进行动、健康场所建设和世博病媒生物控制保障和爱卫监督执法等系列活动，全区无病媒生物重大公共安全事件发生；长宁区获市爱卫办授予“健康上海、健康世博、全民健康促进行动示范区”称号，健康城区和爱卫工作获“市爱卫办年度综合评价”全市第一。

区红十字会开展救灾、救助、救护和志愿意者服务，成功创建7个市级红十字示范社区、9所红十字达标或示范学校、2个红十字冠名医疗机构，为构建和谐城区发挥红十字会作用。（殷晓椿　常　念）

（二）卫生管理

概况

年内，区卫生局围绕世博保障开展卫生管理工作。加强医疗质量监管，加大人才培养扶持，开展世博公共卫生保障工作，加强政风行风监督，组织世博运行保障和文明服务立功竞赛活动。提升医疗机构服务能级，年内筹建区中心医院改扩建工程。

（殷晓椿）

区卫生系统青年志愿者服务队获上海世博会先进集体称号

上海世博会期间，区属医疗卫生单位的373名医务青年报名加入长宁区卫生系统青年志愿者服务队，参加长宁区7个区属世博外建站点、世博园区、园区医疗站点、地铁站点的世博志愿者和世博医疗志愿者服务，累计志愿服务时间达21528小时。12月27日，党中央、国务院在人民大会堂隆重举行中国2010上海世界博览会总结表彰大会，区卫生系统青年志愿者服务队获得由中共中央、国务院颁发的“上海世博会先进集体”称号。（殷晓椿）

举行“精心谋划世博后　提升城市卫生服务理念与领导力”主题研讨会

7月31日，以“精心谋划世博后　提升城市卫生服务理念与领导力”为主题的研讨会在区公共卫生中心举行。研讨会由市领导科学学会、中共长宁区卫生工作委员会、长宁区卫生局联合主办。浦东新区卫生局副局长、长宁区华阳路街道党工委书记、浦东新区潍坊街道党工委书记及长宁区医疗卫生单位的代表等，围绕“精心谋划世博后，提升城市卫生服务理念与领导力”主题，结合工作实践，从强化城市公共服务、提升区域卫生服务能力、加强精神卫生服务能力建设与保障世博安全、以先进文化塑造提升医院软实力等多个视角进行交流研讨。

（殷晓椿）

启用区卫生系统“青年人才家园”

5月27日，区卫生系统“青年人才家园”启用。“青年人才家园”位于华阳路，是一幢建筑面积313平方米的三层独立建筑，年租金为14万元，由区卫生局人才专项经费拨款。“青年人才家园”有房间11间，每间可入住2-3人，配备家具、冰箱等基础设施。并成立青年人才家园管理委员会，下设青年人才家园管理办公室，负责青年人才家园具体运作。年内，15位青年医务工作者入住“青年人才家园”。

（殷晓椿）

区卫生系统举行“星云计划”人才选拔活动

6月份，区卫生局启动面向35岁以下青年群体、孵化拔尖人才后备梯队的“星云计划”。291位报名者参加初赛、复赛和决赛选拔，有20位选手被确定为“星云计划”培养对象。根据“星云计划”实施办法，每个入选对象须根据个人专业方向和所承担的工作，制定个人培养目标、计划和措施。在2年的培养周期内，每个培养对象须完成调研课题1项；同时，将获得2万元的经费资助，获得在职教育、培训进修以及参加各类学术会议和交流活动的机会，获得科研立项、职称晋升等方面的优先推荐权。（殷晓椿）

启动区卫生系统全科医学人才“引航计划”培育工程

8月份，区卫生局启动全科医学人才“引航计划”。“引航计划”旨在培养社区卫生服务中心全科医学领军人才，在通过个人申报、单位推荐、“擂台赛”公开答辩后，每期确定培养对象3—5人，培养周期为1年。其间，由区卫生局安排三级医院导师结对带教、参加国内外学术活动等，并获总值5万元的培养经费。在培养期间，培养对象需开展相关专业科研工作。（殷晓椿）

启用区继续医学教育信息网

1月20日，长宁区继续医学教育信息网启用。区继续医学教育信息网为全区医务人员提供远距离、多媒体、开放性的教学环境，帮助医务人员按照自己的时间、兴趣选择课程和学习方式，在执业过程中随时进行学习，免费查询医学论文、医学期刊等资料。（殷晓椿）

■ 各级领导视察

6月4日，国家中医药管理局副局长于文明到长宁区光华中西医结合医院视察中医工作。11月8日，由国家中医药管理局科技司副司长李昱带队的考察团到长宁区考察"治未病"科研工作开展情况，并参加长宁区参与的"十一五"国家科技支撑计划重大项目《中医"治未病"及亚健康中医干预研究》研讨会。（殷晓椿）

（三）公共卫生、预防保健（妇幼）

■ 概况

年内，区卫生局致力完善公共卫生体系建设，拓展公共卫生监测项目，保障涉博公共场所的卫生与安全。开展慢性病及其危险因素监测，以"高血压自我管理"和"高血压药物合理治疗"为主题，试点进行社区高血压疾病细节管理。加强产科质量管理、儿童保健工作并继续做好为退休妇女和生活困难妇女提供免费妇科及乳腺病筛查工作。深化"心理卫生进社区"项目，推进"重性精神疾病管理治疗"项目示范区工作，初步形成项目检查督导机制。（殷晓椿）

■ 卫生部对长宁区《全国健康教育与健康促进工作规划纲要(2005—2010年)》实施工作进行评估督导

5月25日，长宁区代表上海市接受卫生部对《全国健康教育与健康促进工作规划纲要(2005—2010年)》实施工作的评估督导。卫生部专家组一行在听取区卫生局的工作汇报后，前往新华路街道办事处、新华街道社区卫生服务中心、区妇幼保健院、银河宾馆，实地了解社区"3-2-1+1"健康教育模式("市内三级医院－区内二级医院－区内社区卫生服务中心＋区疾病预防控制中心"为一体的健康教育和健康促进模式)工作情况。督导结果表明，长宁区居民健康水平逐年上升，明显高于全国水平，已达发达国家水平。区居民期望寿命2009年达到83.64岁，较2008年增加0.59岁；孕产妇及婴儿死亡率长期处于低水平，2005年—2009年仅发生1例孕产妇死亡，婴儿死亡率均在7‰以下。区已全面完成10个社区卫生服务中心和40个社区卫生服务站的标准化建设。2010年健康教育工作经费达到1306.7万元，社区预防保健经费达到每万人口55万元，有力保障健康教育工作有序有效开展。（殷晓椿）

5月25日，长宁区卫生局代表上海市接受卫生部工作评估（区卫生局供稿）

■ 加强重性精神病人管理

区卫生局对首次集中风险评估为3级以上在册精神病人进行高风险评估和社区重点管理。2010年，全区在册精神病人4201人，年内完成风险评估4185人，线索排摸出阳性人员343人，其中诊断明确67人、基本明确67人、疑似125人、排除84人。对具有潜在暴力倾向或曾肇事肇祸精神病人实施"三方"监护，每周召开工作例会，对高风险重性精神病人的治疗、监护、康复情况进行随访，并组织自查及督导活动。（殷晓椿）

■ 世界卫生组织总干事陈冯富珍考察长宁区健康城区建设工作

7月30日，世界卫生组织总干事陈冯富珍一行考察长宁区建设健康城区工作。陈冯富珍一行至新泾镇社区卫生服务中心考察融电子病历、社区居民健康档案和健康自我管理档案为一体的"社区卫生服务信息系统"，视察淞虹苑小区"健康路"等配套设施情况，走访健康家庭户，参观新泾镇绿一居委市民健康自我管理小组活动及社区儿童舞蹈队等其他健康类活动。（殷晓椿）

（四）疾病预防控制

概况

年内，区卫生局完成季节性流感接种4.74万人，完成麻疹疫苗强化免疫接种4.33万人。常规接种人数13.98万人，接种率99.37%；外来人口调查接种率98.80%。开展春冬季呼吸道传染病、夏秋季肠道传染病的防控工作，成功处置一例霍乱病例。针对手足口病防病形势，加强手足口病疫情监测、审核、追踪及分析。每月开展一次艾滋病高危人群干预，发挥全科医生结核病家访模式，落实肺结核病人政府减免治疗。（殷晓椿）

完成麻疹疫苗强化免疫接种4.33万人

年内，区卫生局成立接种工作领导小组，成员单位包括区卫生局、区教育局、区委宣传部等。领导小组下设接种工作办公室，负责接种工作的具体实施。成立10支接种小分队和2支机动小分队，负责全区中小学校学生的接种工作。成立区预防接种异常反应调查诊断专家组，负责异常反应的诊断处置。9月11日，接种工作全面开展。年底，全区共接种4.33万人。（殷晓椿）

开展健康教育与健康促进特色活动

年内，区卫生局开展“加油世博半程跑，喜迎全民健身日”长宁区首届健康生活嘉年华活动；推出由专家、政府、市民三个层面参与的“健康理念”公共卫生论坛，以及服务公安干警的“百千万保健计划”。成立东方讲坛公共卫生志愿者宣讲团与全区179个居民健康自我管理小组，二者成为东方讲坛两大团体会员俱乐部成员，探索采用新型俱乐部运作机制，创新健康传播方式。开展卫生保健便利服务，为职业人群提供健康服务；在银河宾馆和白猫慧谷科技园区开展市级健康单位示范点创建活动。（殷晓椿）

（五）医疗卫生机构与业务

概况

年内，区卫生局开展各项医疗质量控制检查和管理督导，保障世博期间医疗安全；组织各项业务培训，开展全科医师专项培训，增强医务人员职业技能；加大中医管理力度、深化社区中医服务，社区中医药服务达标建设覆盖率达100%；加强基础护理管理，推进护理队伍建设；推进药事管理工作；区属医疗机构门诊516.80万人次，急诊52.15万人次，期内入院6.26万人次。（殷晓椿）

承办全国“治未病”预防保健服务试点单位第六次会议

12月2—3日，由国家中医药管理局主办，上海市卫生局、上海市“治未病”发展研究中心和长宁区卫生局共同承办的全国“治未病”预防保健服务试点单位第六次会议在长宁区召开。长宁区卫生局就区域运用KY3H健康保障服务模式开展“治未病”试点工作作经验交流。闸北区人民政府、北京中医药大学、长宁区新泾镇社区卫生服务中心、湖南省常德市汇华堂中医“治未病”医院等来自国内各省市的多家“治未病”试点单位代表作交流发言。大会还对中医养生保健机构基本标准、社区中医预防与养生保健服务指南、加强中医预防保健服务工作的建议等有关文件进行研讨。（殷晓椿）

天山中医医院引入“导师制”人才培养模式

5月份，天山中医医院与三级医院合作开展“导师制”人才培养活动。天山中医医院经过自荐、考核、打擂台等形式选拔出2名具备良好医德、有志于研究和继承名老专家学术经验的医生，拜华山医院、岳阳医院的名老专家为指导教师，培养期为2年。（殷晓椿）

光华中西医结合医院风湿科主任何东仪获“中国医师奖”

11月5日，中国医师协会主办的第七届“中国医师奖”颁奖表彰大会在人民大会堂举行。上海市长宁区光华中西医结合医院风湿科主任何东仪因在类风湿疾病的诊疗、科研和教学方面取得突出成绩，成为获此荣誉者之一。（殷晓椿）

区卫生系统举行迎世博医疗救护暨卫生防护综合演练

4月15日，区卫生系统举行迎世博医疗救护暨卫生防护综合演练。参演单位有区卫生局、区卫生局卫生监督所、区疾病预防控制中心、区中心医院、区精神卫生中心、北新泾街道社区卫生服务中心、“120”急救中心长宁分中心。演练内容涉及医疗救治、传染病防控、病原微生物实验室安全和重性精神病人管理等多项世博期间医疗卫生保障的重点工作项目，整场演练约2小时，参演人员70余人。（殷晓椿）

（六）社区卫生服务

概况

年内，区卫生局全面完成社区卫生服务中心标准化建设，全区有10家社区卫生服务中心、40家社区卫生服务站点；全年社区卫生服务中心门急诊254.13万人次，期内入院2707人次；完成重点联系城市常规监测及数据评估分析；基本建成“治未病”服务网络；继续推动“3-2-1+1”（见综述）区域医疗卫生协同服务体系建设（依托三级医院技术力量、发展二级医院优势特色、惠及社区医疗工作的医疗合作模式），完善和推进社区卫生临床检验和远程心电等服务项目外包机制。（殷晓椿）

完成社区卫生服务站标准化建设

7月1日，北新泾街道社区卫生服务中心正式拆分为北新泾街道社区卫生服务中心和新泾镇社区卫生服务中心，实现全区每个街（镇）拥有一个社区卫生服务中心。年内，区卫生局完成5个社区卫生服务站的调整建设，完成全区40个社区卫生服务站的标准化建设。（殷晓椿）

虹桥街道社区卫生服务中心与瑞金医院举行居民健康管理项目合作签约仪式

1月19日，虹桥街道社区卫生服务中心与上海交通大学医学院附属瑞金医院举行居民健康管理项目合作签约仪式。双方就社区健康教育、业务培训、双向转诊和慢性病管理等方面开展合作，探索社区健康管理新模式。（殷晓椿）

（七）卫生监督、监察

概况

区卫生局开展住宿业公共卫生监督执法活动，对区内娱乐休闲场所开展综合整治行动，探索建设项目预防性卫生审核和公共场所卫生许可并联审批试点工作。开展打击“医托”及无证行医工作，建立由街道办事处、居委会为网底的工作网络及联席会议制度。年内，区卫生局出动卫生监督员1.7万余人次，完成各类监督指导1.09万户次，各类检测3572项次，109起举报受理和调查处置，497件案件的立案查处。（殷晓椿）

全力完成上海世博会各项保障任务

区卫生局联合区旅游局及旅店业协会召开住宿业世博会卫生监督保障工作动员大会，开展住宿业卫生管理员培训及联合执法行动；对承担世博接待任务的单位重点监督集中空调卫生设施和公共用品清洗消毒情况，对客房空气、集中空调卫生等进行全面卫生学检测。对22家重点保障单位和22家重点监管单位的病原微生物安全进行循环检查。对区内12家设有血库的医疗机构开展血液安全监测。对各医疗机构和学校甲型H1N1流感防控工作加强监管。开展游泳场所和住宿场所量化分级管理及游泳池水质监测。每月对中山水库和10个饮用水监测点进行快速检测和实验室检测，完成区内14户管道分质供水小区的世博风险排查和实验室检测。（殷晓椿）

开展公共场所控烟行政执法检查

年内，区卫生局卫生监督所成立公共场所控烟工作领导小组和工作小组，制定工作方案，开展公共场所控烟行政执法检查。对22户控烟场所开展室内CO和PM2.5两项指标的现场监测，督促相关单位整改不足，并通过定期追踪复查确保整改措施落实到位。对确实存在违法行为、且未按时落实整改的单位予以查处。7月6日，区卫生局卫生监督所依据《上海市公共场所控制吸烟条例》第二十条的规定，对区内一商场发出《责令改正通知书》和《行政处罚事先告知书》，这是《上海市公共场所控制吸烟条例》实施以来区执行的首例行政处罚。（殷晓椿）

（八）卫生发展与改革

概况

对照国家医改方案并结合区委重点课题“推进社会事业优质均衡发展、提升城区软实力”的要求，在区卫生系统内开展编制卫生事业发展“十二五”规划的研讨及调研；承办京津沪渝区域卫生改革发展联盟第二届论坛；以家庭健康责任制建设为抓手，探索社区卫生健康管理新模式，开展家庭医

生制工作试点；开展长宁区困难人员“四医联动”基本医疗保障服务等。（殷晓椿）

■ 编制卫生事业发展“十二五”规划

年内，区卫生局组织区属各医疗卫生单位党政负责人参加卫生部干部培训中心（卫生部党校）举办的“医院品牌建设培训班”。与市领导科学学会合作组织“精心谋划世博后提升城市卫生服务理念与领导力”主题研讨会。组织区属医疗卫生单位党政负责人赴外区和外省市医疗机构实地参观考察。通过对卫生发展现状进行分析，认清目前发展阶段的主要特征和薄弱环节，形成“建设完善布局、合作强化学科、改革提升管理”的规划思路，完成系统“十二五”规划的制定。（殷晓椿）

■ 举行京津沪渝区域卫生改革发展联盟第二届论坛

6月12日，由区卫生局主办、区妇幼保健院承办的京津沪渝区域卫生改革发展联盟第二届论坛在长宁区举行，论坛主题为“妇幼公共卫生建设与发展”。来自北京市西城区、天津市南开区、重庆市沙坪坝区、上海市长宁区和桂林市（特邀）的卫生行政部门和妇幼保健机构代表分别就妇幼卫生网络体系建设、妇幼保健机构文化建设和妇幼保健机构人才队伍建设等方面交流工作经验。（殷晓椿）

■ 开展困难人员“四医联动”基本医疗保障服务

年内，区卫生局与区民政局、区财政局、区人社局联合开展长宁区困难人员“四医联动”基本医疗保障服务，即由基本医疗保险、基本医疗服务、政府医疗救助和社会组织医疗帮扶四方面组成的基本医疗保障措施。“四医联动”保障对象在户籍所属社区卫生服务中心就医，医疗保险支付范围内个人自负部分按95%享受保障，个人承担5%；转诊至区属定点二级医疗机构就医，医疗保险支付范围内个人自负部分按90%享受保障，个人承担10%。（殷晓椿）

■ 周家桥街道社区卫生服务中心开展家庭医生制工作试点

年内，区卫生局以家庭健康责任制建设为抓手，探索社区卫生健康管理新模式，在周家桥街道社区卫生服务中心开展家庭医生制工作试点。周家桥街道社区卫生服务中心为社区内每个居委会配备1名家庭责任制医生，探索建立以重点人群为主要服务对象、以居民健康全程管理为核心、以“家庭健康伙伴行动”为主题的家庭医生制工作模式。通过试点，家庭责任制医生与社区居民建立良好的互信关系，依从性明显提高；社区门诊预约率达80%；责任医生的门诊量与慢性病管理率呈双升状态，工作效率显著提高。（殷晓椿）

（九）医学科研、信息化建设

■ 概况

年内，区卫生局举办区医学科研管理干部高级研修班，邀请市级医学科研专家授课。举办“2005-2009年长宁区卫生系统科研成果展示”，展示区卫生局在提升医学科研内涵和质量建设方面所做的工作及区卫生系统在学科、人才、项目和成果上取得的成效。结合区域卫生事业发展需求，完善医疗机构电子系统信息系统。区卫生局承担的市信息化专项资金项目《区域居民健康管理服务平台》及市科委软科学研究项目《科技服务居民健康评估发展研究》通过验收。（殷晓椿）

表25-1 2010年长宁区卫生系统科技成果鉴定情况表

序号	鉴定项目名称	单位	项目负责人	鉴定单位	鉴定时间
1	ΔNp73基因沉默对结肠癌细胞5-氟尿嘧啶化疗敏感性的影响	长宁区中心医院	彭海霞	上海市卫生局	2010年7月
2	缺血性卒中患者颅内外动脉狭窄的分布	长宁区中心医院	孙 瑄	上海市卫生局	2010年7月
3	覆膜内支架置入治疗胃肠瘘	同仁医院	茅爱武	上海市科学技术委员会	2010年6月
4	胃肠道支架的临床应用	同仁医院	茅爱武	上海市科学技术委员会	2010年6月
5	一期切开隧道式拖线治疗马蹄状肛周脓肿的临床研究	天山中医医院	林 晖	上海市医学科技情报所	2010年8月
6	脑卒中后运动功能障碍的中西医结合康复治疗	天山中医医院	崔 晓	上海市卫生局	2010年7月

续表 25-1-1

序号	鉴定项目名称	单位	项目负责人	鉴定单位	鉴定时间
7	社区眼病防治模式的建立与流行病学及干预研究	北新泾社区卫生服务中心	王伟伟	上海市卫生局科教处	2010年1月

说明：资料由区卫生局办公室提供。

表 25-2 **2010 年长宁区卫生系统科技获奖和获得专利情况表**

科技获奖情况						
序号	鉴定项目名称	获奖项目名称	单位	项目负责人	授奖单位	获奖时间
1	第三届上海中西医结合科学技术奖	问荆合剂治疗类风湿关节炎的临床和实验研究	光华中西医结合医院	何东仪	上海市中西医结合学会	2010年1月
2	2010年度明治乳业生命科学奖	（个人奖）	光华中西医结合医院	何东仪	上海市科委	2010年11月
3	上海医学科技奖（社区卫生）	社区眼病防治模式的建立与流行病学及干预研究	北新泾社区卫生服务中心	王伟伟	上海市医学会	2010年9月
获得专利情况						
序号	专利类别	专利名称	单位	项目负责人	授予单位	获得专利时间
1	实用新型	传染性疾病症状监测系统	长宁区疾控中心	章 洁	国家知识产权局	2010年10月

说明：资料由区卫生局办公室提供。

区社区眼病防治项目获上海医学科技奖（社区卫生）

10月11日，在上海市社区卫生科技论坛暨2009年度上海医学科技奖（社区卫生）颁奖大会上，长宁区北新泾街道社区卫生服务中心的"社区眼病防治模式的建立与流行病学及干预研究"项目获2009年度上海医学科技奖（社区卫生）。"社区眼病防治模式的建立与流行病学及干预研究"项目以建立有城市人群特点的社区眼病防盲致盲网络为目标，以流行病学研究获得的眼病资料为指导，开展有针对性的急慢性眼病干预，建立社区眼病防治模式，为全国防盲工作策略的制定提供重要参考。课题组共发表相关论著论文11篇（其中，SCI论文2篇），被引用18次；成果被上海市卫生局疾妇处、天津医科大学总医院等数家单位推广应用。 （殷晓椿）

区卫生系统举行第二届长宁区医学科技奖评审

为促进长宁区医学科技事业发展，调动卫生工作者的积极性和创造性，区卫生局于2010年6月开展第二届长宁区医学科技奖评审活动。评奖以项目成果对区医学科技事业发展的促进作用及创造社会、经济效益的贡献大小作为评审依据，共评出一等奖1名、二等奖2名、三等奖3名；获奖课题涉及介入诊疗科、心血管科、肛肠科以及社区慢性病防治等学科领域。 （殷晓椿）

表 25-3 **第二届长宁区医学科技奖获奖情况表**

奖励等级	项目名称	负责人	所在单位
一等奖	胃肠道支架的临床应用	茅爱武	同仁医院
二等奖	缺血性卒中患者颅内外动脉狭窄的分布	孙 瑄	区中心医院
	老年人跌倒社区综合干预效果的研究	夏庆华	区疾控中心
三等奖	ΔNp73基因沉默对结肠癌细胞5-氟尿嘧啶化疗敏感性的影响	彭海霞	区中心医院
	一期切开隧道式拖线治疗马蹄状肛周脓肿	林 晖	天山中医医院

续表 25-3-1

奖励等级	项目名称	负责人	所在单位
三等奖	踝臂指数与社区下肢外周动脉病的早期诊断及干预	王玲琳	程家桥街道 社区卫生服务中心

说明：资料由区卫生局办公室提供。

■ **签署《中芬社区公共卫生服务信息化国际合作备忘录》**

10月14日，区卫生局携手芬兰Aall0大学，联合国家宽带网络与应用工程技术研究中心和上海华山信息技术有限公司，在上海世博园芬兰馆签署《中芬社区公共卫生服务信息化国际合作备忘录》。此次合作是在市科委支持和协调下，由区卫生局牵头，联合国家宽带网络与应用工程技术研究中心和上海华山信息技术有限公司，与芬兰Aalto大学开展全面医疗信息化合作，在长宁区区域医疗信息整合平台基础上，通过引入Active Life Home方案，开展社区居民健康医疗业务系统的研究与应用，实现居民用户个性化健康管理、个性化健康教育和家庭医疗监护预警等功能。（殷晓椿）

■ **"长宁区卫生局家庭责任制医师工作站"项目立项**

8月26日，区卫生局组织召开"长宁区卫生局家庭责任制医师工作站"项目立项专家评审会，邀请市经信委、市科委的7位专家听取项目申报单位汇报，对项目立项材料进行审阅。专家组认为该项目建设符合国家深化医疗体制改革和建立健全医疗服务体系的要求，项目技术构架清晰，建设经费合理，优化医疗资源配置，降低居民就医费用，为全区今后开展家庭责任制奠定了基础；建议该系统增加呼叫中心功能，与数字证书认证体系互联，实行医生身份认证。经专家组评审后，同意该项目立项。（殷晓椿）

（十）爱国卫生工作

■ **概况**

2010年，根据《长宁区2009—2011年建设健康城区三年行动计划》，区爱国卫生工作贯彻落实《上海市公共场所控制吸烟条例》（以下简称《控烟条例》），开展全民健康促进行动、健康场所建设和世博病媒生物控制保障、群众性爱国卫生运动、爱国卫生监督执法等重点工作。年内，全区没有发生病媒生物重大公共卫生事件，世博保障任务圆满完成。长宁区被上海市爱国卫生运动委员会授予健康上海、健康世博，全民健康促进行动示范区称号，健康城区和爱国卫生工作在市爱卫办年度综合评价中名列第一。长宁区爱卫办被评为上海世博会志愿者工作优秀团队。（吴 琼）

■ **加强公共场所控烟工作**

2月3日，长宁区召开健康促进委员会全会暨爱卫会全会，下发《长宁区公共场所控烟工作方案（试行）》文件，成立由分管区长担任组长，30个委、办、局、街镇、社会团体及单位组成的长宁区公共场所控制吸烟领导小组和工作小组，其中区教育局、区卫生局、区食药监局、区建交委、区房地局、区文化执法大队、公安长宁分局等7个部门依法履行监督执法职责，其他各部门对所辖公共场所控烟工作承担日常督导管理职责。在推进《控烟条例》实施过程中，形成"依法履责、专业支持、社会参与"的控烟工作机制。区长李耀新先后2次对控烟工作做出专题批示，区人大常委会副主任孙荣初、副区长邹龙飞分别率队对公共场所控烟工作开展督察。各行政主管部门和控烟监管执法部门建立控烟相关制度。区健康促进办公室制作各类宣传资料发

5月31日，第23个世界无烟日主题活动在慧谷白猫园区举行（区爱卫办供稿）

到各街道（镇）及辖区单位和公共场所，利用控烟宣传周、世界无烟日等契机，3次举行大型宣传活动，对机关、学校、医院及社区居民全面开展控烟宣传工作。各控烟监管执法部门将控烟监管工作纳入本部门的日常执法检查中，年内共检查各类公共场所2505家次（其中区食药监713家次，卫监所439家次，公安分局118家次，房管局614家次，文化执法大队621家次），对其中的185家单位提出责令整改，对1家单位进行行政处罚（警告）。建立一支500人的控烟志愿者队伍，其中75名为市级控烟志愿者，每季度开展控烟巡查活动，年内，共对391家（次）单位开展控烟巡视。（吴 琼）

■ 开展爱国卫生和健康城区宣传活动

年内，区爱卫办共制作各类宣传单页、手册、海报和宣传品12种11.44万份，宣传版面132块，分发到各街道（镇）和辖区单位，各街道（镇）利用黑板报、文艺表演、咨询服务等形式开展健康宣传教育活动。新闻媒体对区爱国卫生和健康城区工作报道文章等有174篇次，其中中央媒体6篇次，市级媒体38篇次，区级媒体38篇次，卫生类专业媒体92篇次。（吴 琼）

■ 开展健康自我管理活动

2010年，全区健康自我管理小组按要求做好“一课两操三读本”工作，即：小组每季度开展一次讲座，推广老年平衡操和易筋经操，利用《控烟条例》、《健康66条》和《市民健康知识手册》3个读本进行学习。年内，区爱卫办加强物资配置，为每个社区小组配备电子血压计；华阳路街道成立健康自我管理小组志愿者工作室，提升小组运行自主性和规范性。10月22日，区爱卫办召开健康自我管理小组示范标准研讨会，在新泾镇绿一健康自我管理小组率先开展家庭控油控盐记录试点的基础上，把相关要求拓展到11个示范小组，进一步探索健康自我管理小组的规范化建设。全区有健康自我管理居民区小组179个，累计组员3620人，居委会覆盖率达100%，单位小组28个，累计组员488人。（吴 琼）

■ 举办长宁区首届健康生活嘉年华活动

8月3日，区健康促进委员会、区卫生局联合主办以“加油世博半程跑，喜迎全民健身日”为主题的首届健康生活嘉年华活动。开展健康咨询、“治未病”体质辨识、“五脏相音”体质辨识检测项目等健康服务；举办公共卫生论坛，邀请公共政策和中医领域专家为市民传达最新的健康理念；推出服务公安“百千万保健计划”（为百名公安干警、劳模和代表提供知名专家咨询，为千名公安干警建立中医健康档案，为万名公安干警家属提供健康知识服务）；展示和市民健康生活方式相关的图片、实物，以及对世博“大礼包”的应用指导，组织开展健康操表演、“庆世博，健康宝宝大比拼”亲子活动。（吴 琼）

8月3日，长宁区举办首届健康生活嘉年华活动
（区爱卫办供稿）

■ 开展全民健康生活方式日系列活动

8月26日、9月1日，长宁区分别在上海虹桥临空经济园区、白猫慧谷科技园举办全民健康生活方式系列活动，向驻园企业发放健康世博礼包，开展以“四控一动”为主要内容的健康讲座、为园区白领提供健康咨询和体质测试等服务。各街道（镇）向辖区内门责管理队伍、驻沪部队、农贸集市、工地、家政服务业、及商务楼宇中的新上海人世博志愿者外建站、轨道交通站台等人流集中的地点发放健康世博礼包，开展讲座，提供健康咨询服务。活动期间，全区共举办各类健康讲座48场次，听众2722人次，开展各类健康咨询活动40次，受益人数达2651人次。（吴 琼）

■ 建设健康社区和健康单位

年内，10个街道（镇）围绕“五个人人”、全民健康生活方式行动和健康自我管理小组等重点工作，制订年度工作计划，通过推进会、表彰会及各种宣传途径对辖区单位、居民小区、居民家庭和志愿

者进行宣传动员。新华路街道作为长宁区评估现场之一，接受并通过卫生部专家督导组关于《全国健康教育与健康促进工作规划纲要（2005—2010年）》的终末督导。江苏路街道、华阳路街道、程家桥街道、新华路街道被评为2010年度上海市健康社区先进，上海慧谷白猫科技园区等24家单位被评为2010年度上海市健康单位先进；仙霞新村街道、虹桥街道、新泾镇被评为2010年度长宁区健康社区先进，同仁医院等56家单位被评为2010年度长宁区健康单位先进。（吴 琼）

落实世博期间病媒生物控制保障措施

世博期间，区爱卫办在病媒生物控制保障上采取三项措施：一是制订《长宁区世博会期间病媒生物控制保障工作方案》、应急处置预案等系列指导性文件，并加大综合联动力度，多部门联手，对星级宾馆、建筑工地等重点场所工作人员开展培训，落实各项预防措施；二是健全应急队伍，开展演练，提升应急处置能力；三是加强监督执法力度，开展各类专项检查，消除公共卫生安全隐患。年内，全区服务行业没有发生因病媒生物引致的投诉事件和重大病媒生物公共卫生事件。（吴 琼）

开展人人动手清洁家园活动

年内，长宁区建立卫生巡查工作制度，发动单位、职工、家庭、居民、学校师生、志愿者，开展人人动手清洁家园活动。其中，作为市级主会场活动的共有4次：1月15日，以新泾镇虹康花苑小区及周边沿街单位为主场，开展以“清洁家园迎世博，干干净净迎新春”为主题的“环境清洁日”集中整治活动。4月15日，开展爱国卫生大扫除活动，市社会动员指挥部陈振民，市城市管理指挥部李毓毅、孔绍逊、王以中、鲁建平，区委宣传部部长朱国宏，副区长邹龙飞，市爱卫办副主任金培武等市、区领导与500余名爱国卫生志愿者参加中山公园轨道交通站点周边的义务劳动。6月10日，结合星期四爱国卫生义务劳动，以江苏路街道长新小区和虹桥街道新虹桥中心花园为主场，开展以“清城区，灭四害，促健康，保世博”为主题、以清除蚊蝇孳生场所为整治重点的环境清洁活动，并完成上海市夏季灭蚊蝇工作新闻发布会的接待任务。9月15日，以“清洁环境、迎接佳节”为主题，集中开展环境综合整治和有害生物防制活动，市政府副秘书长尹弘、世博会主运行指挥部市政市容环保组办公室副主任王以中、孔绍逊、区委常委、副区长赵惠琴、市爱卫办副主任唐琼等市、区相关部门领导参加长新小区的环境清洁活动，并视察东诸安浜路集贸市场环境整治活动及文明出行宣传活动。（吴 琼）

组织爱国卫生志愿者活动

年内，全区完善由1.14万名社区居民组成的爱国卫生志愿者队伍，通过志愿者上岗试运行考验，定期在居住区、沿街单位、重要公共场所开展清洁城区活动。对2010年长宁区爱卫系统在城区清洁工作中涌现出的107名“服务世博、奉献世博”爱国卫生志愿者先进个人予以表彰，其中，30人被市爱卫办评选为市级志愿者先进个人。（吴 琼）

加强爱国卫生监督执法和巡查活动

年内，配合文明指数测评、卫生创建检查、爱国卫生大巡查等活动，加强对宾馆、超市、工地、农贸集市、居民小区、绿地等重点地区和场所的日常检查和监督执法力度。共开展监督检查3629户次，对1532家单位提出责令整改，对整改不力的72家单位进行行政处罚，罚款总额43330元。（吴 琼）

（十一）红十字会工作

概况

长宁区红十字会以弘扬“人道、博爱、奉献”的红十字精神、保护人民的生命和健康、促进人类和平进步事业为宗旨，以动员人道力量，改善最易受损群体境况为工作目标，打基础、求发展、创特色、树品牌。长宁区有10个街道（镇）红十字会，成功创建7个上海市红十字示范社区、8所红十字达标学校、1所红十字示范学校和2个红十字冠名医疗机构及130所居委红十字服务站、12所公园红十字服务站。通过深入宣传、积极动员、普及培训、广泛救助等多种形式，在区内开展“救灾、救助、救护”，“社区服务、志愿服务、便民服务”，“红十字青少年、少儿住院互助基金”等工作，结合“3·1”上海市遗体捐献纪念日、“5·8”世界红十字日、世界急救日等重大纪念日开展各类活动。推进“三救”工作（救灾、救护、救助工作），倡导“三献”工作（推动宣传无偿献血、捐献造血干细胞、捐献遗体器官工作），重点关心“三最”群体（最易受损害、最困难、最需要帮助的群体)，为构建和谐社会发挥红十字会作用。履行在人道领域内的政府助手职责，注重以人为本，注重保障和改善民生，促进社会公平正义，保障社会和谐稳定。（徐俭美）

■ 募集救灾款项730余万元

区红十字会在市红十字会指导下，组织开展国内外重大自然灾害的紧急救援工作。2010年海地地震、中国西南旱灾、青海玉树地震、甘肃舟曲泥石流等自然灾害频繁发生，社会各界纷纷捐款献爱心，区红十字会承担大量救灾募捐工作。制定募捐方案，召开紧急会议，统筹安排，全面落实各项募捐工作，坚守岗位，认真接受每一笔善款，将所有捐款公开透明，网上公示，共募集款项730余万元。其中，青海玉树地震收到募捐款694.35万元，所有捐款全部用于灾区。同时，为本区受火灾的家庭在第一时间提供红十字人道救助款和生活必需品，为受灾家庭进行申报补助。（徐俭美）

■ 开展多项帮困救助、帮困资金近百万元

长宁区红十字会以改善最易受损群体境况为己任，开展各项人道救助工作。“千万人帮万家”是红十字会每年开展的一项传统的迎春募捐帮困送温暖活动，2010年长宁区红十字会于元旦、春节期间对区内部分特困家庭中的肿瘤病患者、麻风病致残者、精神病患者、因病致贫老人、遭遇意外灾害的受害者等五种对象2000余人次实施帮困救助，帮困资金近百万元。“社区困难失智老人关怀服务”项目，目的是改善社区部分失智且经济困难，生活完全不能自理的失智老人生活状况，区红十字会开展“志愿服务进家庭”活动，组织志愿者每月上门为服务对象配送纸尿裤等护理用品，提供关怀服务；开展老年介护培训，针对失智老人特点开设起居生活护理、皮肤清洁护理、饮食护理、心理护理系列讲座。区红十字会还开展“造血干细胞移植救助”、“贫困家庭青少年先天性心脏病救助”等项目。（徐俭美）

■ 加大红十字救护培训力度

2008—2010年，红十字救护培训作为市政府实事项目予以实施。区红十字会坚持条块结合，与区有关部门联合培训，与街道（镇）携手合作，共培训红十字救护员5888人，普及人员4.77万人。培训对象有居委干部、社区居民，教师、学生，企业职工、武警战士及各委办局、团区委等青年世博志愿者。（徐俭美）

区红十会结合5.12全国防灾减灾日，日开展救护演练包扎比赛（区红十字会供稿）

■ 开展遗体、造血干细胞捐献志愿者工作

3月初，区红十字会组织区内遗体捐献志愿者代表参加福寿园的遗体捐献纪念活动，区红十字会、街道（镇）红十字会积极宣传组织开展志愿者座谈会、走访慰问等活动。2010年，长宁区遗体（角膜）捐献登记人数60人。“点燃生命的希望——造血干细胞捐献”是为白血病患者提供一次生的希望，区红十字会积极宣传、发动，联合团区委，在街镇、企事业单位、红十字会员单位、高校、医院开展造血干细胞志愿者招募活动，集中采样。2010年，长宁区有114名志愿者加入中国造血干细胞捐献者资料库。（徐俭美）

■ 区少儿住院基金做到收支基本平衡

“上海市中小学生、婴幼儿住院医疗互助基金”是市红十字会、市教委、市卫生局三家联合开展的住院医疗互助基金，创办原则是互助共济、节余滚存。9月1日—9月30日，区红十字会完成全区中小学生、婴幼儿住院医疗互助基金的收缴、注册、汇总、上交至市红十字会工作。2010年，长宁区少儿住院基金参加人数6.09万人，收费365.58万元，在册学生参加率在98%以上。区红十字会负责日常少儿住院结算、审核，定点医院的住院医疗费审核，门诊大病、重病医疗费用申报、审核、报销等。每年为800多人次的中小学生、婴幼儿支付住院医疗费用，做到收支基本平衡。（徐俭美）

（栏目编辑 汤翠萍 郑兆永）

司法解读

《流动人口计划生育工作条例》解读

《流动人口计划生育工作条例》已经2009年4月29日国务院第60次常务会议通过，自2009年10月1日起施行。

一、制定条例的总体思路

寓管理于服务之中，实现由行政制约为主向依法管理、政策引导、优质服务等综合管理转变；通过利益导向，引导流动人口自觉履行计划生育义务；运用现代信息技术手段，强化流动人口计划生育信息沟通；保障流动人口在现居住地的计划生育合法权益，实现户籍所在地和现居住地对流动人口计划生育更协调、有效的管理。

二、乡（镇）人民政府、街道办事处的流动人口计划生育工作职责

一是明确规定了流动人口户籍所在地乡（镇）人民政府、街道办事处的职责，包括：为离开户籍地的成年育龄妇女及时出具婚育证明；依法落实法律、法规和规章规定的流动人口计划生育服务和奖励优待。

二是明确规定了流动人口现居住地乡（镇）人民政府、街道办事处的职责，包括：查验婚育证明，督促未办理婚育证明的成年育龄妇女及时补办婚育证明；组织从事计划生育技术服务的机构指导流动人口中的育龄夫妻选择安全、有效、适宜的避孕节育措施，依法向育龄夫妻免费提供国家规定的基本项目的计划生育技术服务；及时向流动人口户籍所在地的乡（镇）人民政府或者街道办事处通报已婚育龄妇女避孕节育情况；依法落实流动人口依照本条例规定在现居住地享有的计划生育服务和奖励优待。

三是明确规定了流动人口现居住地村民委员会、居民委员会的协助义务，包括：协助乡（镇）人民政府、街道办事处做好流动人口婚育情况登记，协助了解本村或者本居住地区流动人口计划生育情况，及时向乡（镇）人民政府或者街道办事处通报相关信息。

三、流动人口应自觉履行计划生育的义务

一是规定流动人口可以在现居住地办理生育第一个子女的生育服务登记。根据原《办法》规定，已婚育龄流动人口申请在现居住地生育子女的，应当返回其户籍所在地办理生育服务证。为了方便群众，条例规定：育龄夫妻生育第一个子女的，可以在现居住地的乡（镇）人民政府或者街道办事处办理生育服务登记。条例同时对生育服务登记的办理时限等程序作了明确规定。

二是规定流动人口的计划生育信息由流动人口现居住地和户籍所在地乡（镇）人民政府或者街道办事处负责互相通报、核实。关于已婚育龄妇女避孕节育信息，条例规定：流动人口现居住地的乡（镇）人民政府或者街道办事处应当根据已婚育龄妇女的避孕节育情况证明，及时向其户籍所在地的乡（镇）人民政府或者街道办事处通报。关于办理生育服务登记需要的信息，条例规定：对在现居住地办理生育服务登记的育龄夫妻，育龄夫妻现居住地的乡（镇）人民政府或者街道办事处应当向其户籍所在地的乡（镇）人民政府或者街道办事处核实有关情况；育龄夫妻户籍所在地的乡（镇）人民政府或者街道办事处应当按时反馈。

三是缩小婚育证明的办证范围。根据原《办法》规定，所有成年流动人口离开户籍所在地前都应当办理婚育证明。条例缩小了婚育证明的办证范围，将办证对象限定为成年育龄妇女，以突出流动人口计划生育工作的重点。

四、保障流动人口与计划生育有关的权益

明确了流动人口在现居住地享有的计划生育服务和奖励优待，规定：流动人口在现居住地依法免费享受国家规定的基本项目的计划生育技术服务；晚婚晚育或者在现居住地施行计划生育手术的，按照现居住地的有关规定享受休假等；实行计划生育的，按照现居住地的有关规定，在生产经营等方面获得支持、优惠，在社会救济等方面享受优先照顾。

为了落实流动人口在现居住地享有的计划生育服务和奖励优待，条例规定：流动人口现居住地的各级地方人民政府和县级以上地方人民政府有关部门应当采取措施，落实本条例规定的流动人口计划生育服务和奖励优待；用人单位应当依法落实法律、法规和规章规定的流动人口计划生育服务和奖励优待。

二十六、体育

TI YU

CHANGNINGNIANJIAN

2011

（一）综述

2010年，区体育工作取得优异成绩。区体育局获2010年上海市竞技体育后备人才输送奖和广州亚运会贡献奖。全年向上级训练单位输送体育后备人才73人次（其中重点二线39人、一线1人）。培养一级运动员26人，二级运动员115人，一级裁判员10人，二级裁判员17人。有3名长宁培养输送的运动员参加广州亚运会，其中游泳运动员唐奕夺得4金2银好成绩。区网球、射击、游泳等项目的7名运动员获得2010年上海市青少年运动员奖学金。夏季开放游泳场所60家，接待泳客48.4万人次。3476名中小学生参加免费游泳课，2200名中小学生参加中小学生暑期学游泳达标活动，经考核，有2100人达标，达标率96%。更新体育器材435件，整新体育器材394件，覆盖128个健身点，健身设施完好率达98%以上。全年完成电脑体育彩票销售额5568万元，比上年增长23%。（庄　涛）

（二）体育管理与经营

■ 概况

区体育局在体育管理与经营工作中，加强对社会体育工作的调研、检查、指导和培训，推进体育场地向社会安全开放。举办游泳救生员、消防安全员、体育彩票销售员等培训班，提升体育管理与经营能力，切实保障体育场馆规范开放及体育彩票亭文明销售，改进服务方式，提高服务水平。（庄　涛）

■ 副区长邹龙飞检查体操中心控烟工作

2月22日，副区长邹龙飞带领区控烟领导小组到上海国际体操中心检查控烟工作。检查组对体操中心主馆、训练馆等部位进行全面检查，对体操中心在醒目位置、重点进出口等区域张贴宣传海报及禁烟标识表示满意，对体操中心控烟领导小组开展的宣传、教育及具体工作给予表扬，要求体操中心在今后控烟工作中继续严格管理，狠抓落实，营造一个良好的健身环境。（庄　涛）

■ 市体育系统迎世博工作推进会在长宁召开

3月5日，市体育系统迎世博工作推进会在上海国际体操中心召开，长宁区体育局、普陀区体育局及市直属康东网球馆领导在会上作交流发言，市体育局副巡视员严家栋等领导出席会议。市体育局有关处室、各直属场馆领导和联络员、市体育局迎世博领导小组各成员单位领导和联络员、各区县体育局分管领导和联络员等80余人参加会议。会上，严家栋充分肯定长宁区体育局、普陀区体育局、康东网球馆在迎世博工作过程中取得的成绩，对今后工作提出3点要求：要依托大背景，提高责任心，加大投入，不断提升服务质量；努力推动体育社会管理工作；围绕世博，服务群众，不断增强体育公益服务意识。要扎实做好迎世博与办世博的工作转换，巩固已有成果；创新提升服务质量，做好控烟、微笑服务、拓宽场馆功能等工作。要结合长远，推动体育场馆各项工作全面发展，结合制定“十二五”发展规划，广泛开展调研；加强体育管理工作，研究解决存在问题，争取各级政府政策支持；综合体育成果，放大体育效益，做到长效管理。会前，在长宁区体育局局长陪同下，与会人员实地参观上海国际体操中心训练馆、主馆、灯光系统；检查迎世博宣传氛围、场馆建设、服务、安全保障等，对体操中心规范管理迎世博工作予以高度肯定。（庄　涛）

■ 体操中心青年志愿者开展控烟服务活动

3月5日为学雷锋日，也是体操中心等部分公共体育场馆开展迎世博公共体育场馆免费开放服务日，25片羽毛球场地无一空闲。为贯彻《上海市公共场所控制吸烟条例》，创建健康、清洁、无烟的体育场馆，以清新的面貌迎接世博会召开，体操中心青年突击队以志愿者身份开展控烟服务活动。6名青年志愿者身穿红马甲，佩带控烟志愿者标志，向在羽毛球馆排队领取羽毛球免费券的球客进行控烟宣传及吸烟劝阻，向球客们介绍《控烟条例》及体操中心相关禁烟规定。（庄　涛）

■ 做好接待韩国体育交流团工作

4月23—26日，韩国首尔市江西区体育交流团一行36人到长宁区进行足球、羽毛球、保龄球等友谊交流比赛活动。区体育局做好4个方面准备工作：成立体育友谊交流比赛活动接待工作小组，及时制定好足球、羽毛球、保龄球等交流比赛方案，落实好体操中心、天山中学等3处比赛场地，组织落实好足球、羽毛球等3个项目的运动员、裁判员等90余人。（庄　涛）

开展游泳开放救生、消防灭火演练及安全知识培训

5月28日,区温水池开展夏季游泳开放救生、消防技能培训活动。邀请高级救生教官范联宏现场示范心肺复苏技术、讲解抢救知识,21名教职工参加。6月15日,区少体校组织住校运动员进行消防灭火演练,通过演练,掌握正确使用灭火器方法,增强消防安全意识,确保世博会期间校内安全。12月1日,区体育局在上海国际体操中心举办消防安全知识培训班,邀请市消防局专业人士主讲消防安全理论知识、灭火器等消防器材的正确使用方法、火灾现场逃生技能,为确保体育系统一方平安奠定基础。体育系统各场馆消防安全分管领导、业务干部、部分职工及美仑大酒店、乐购超市、星之健身俱乐部、体操中心游泳馆代表100余人参加培训。

(庄 涛)

检查游泳场所开放安全

7月6日,区体育局会同区游泳协会等部门组成安全检查组对上海国际体操中心、威康天山店等7家游泳场所进行突击安全检查。检查的重点为:游泳场所各项制度是否齐全,场所设施设备是否符合标准,警示标志是否按规定设置,救生员是否按规定名额配备并持证上岗,各类救生器材是否齐全。检查总体情况良好,但也发现个别游泳场所设施存在安全隐患、救生员配备不合理等,联合检查组及时与有关单位领导进行沟通,提出整改意见。要求各游泳场所切实加强责任心,落实安全工作各项措施,把保障游客生命安全作为首要任务,认真整改问题和不足。(庄 涛)

市体育局领导调研长宁区体育工作

9月25日上午,市体育局党委书记、局长李毓毅到长宁区调研。区委副书记、区长李耀新,副区长张连城等出席调研座谈。李耀新在讲话中指出,长宁体育事业"走在前列"要建立起大体育格局,体育发展要同绿化、城市建设相结合,同教育资源相结合,同旧区改造相结合;要与市体育事业发展相对接;在体操、羽毛球等重点项目上做大做强,要有相应的配套措施。区体育局局长汇报了近年区体育事业的主要工作以及今后几年的发展思路。李毓毅充分肯定近年来长宁区体育工作取得的成绩,对于长宁体育今后的发展,李毓毅提出:全民健身要有特色、创精品,要扩大各年龄层次群体的参与,形成区域内企事业单位职工踊跃参加的赛事;业余训练方面要坚持"三上一提高",即上项目、上规模、上水平,提高成材率,做好四个"三"的项目(即"三基":游泳、水上、田径;"三大球":足球、篮球、排球;"三小球":乒乓球、羽毛球、网球;"三特":高尔夫、斯诺克、棋牌)。要加强教练员、管理人员队伍建设;在体育场地建设上再加大投入。(庄 涛)

对体育彩票亭进行整治

在迎世博期间,区体育局对区域内26个体育彩票亭进行整治,8个入室,18个移位,并对所有体育彩票亭进行美容、整新。5月8日,长宁区第二家体育彩票竞猜专营店开业,标志着长宁区调整网点结构工作取得实质性进展,它向市民提供环境舒适、设备齐全、装潢统一的室内购买体育彩票场所,为提升体育彩票形象创造良好条件,也为体育彩票发展开拓新的空间。长宁区从2009年开办第一家竞猜专营店到2010年12月底,开办12家,这些专营店成为长宁区体育彩票销售主力军,每月销量约占全区总销量三分之一。(庄 涛)

(三)公共体育场馆

概况

2010年,长宁区共有上海国际体操中心、长宁温水游泳池、长宁网球场等3大公共体育场馆设施。区体育局以服务世博为主线,发挥现有公共场馆设施功能,提高服务水平,为长宁区市民提供优质的体育健身环境和满意的服务,3大公共体育场馆设施全年共接待健身市民175.52万人次。区体育局还积极推进社区公共体育运动场建设,满足市民健身需求,截止到2010年底,全区共建成8个社区公共运动场。(庄 涛)

国际体操中心年接待市民健身人数150万人次

上海国际体操中心位于上海市武夷路777号。场馆功能:能举办体操、艺术体操、乒乓球、篮球、羽毛球、排球等比赛,也可供专业运动员训练和大型集会和文化演出活动场地。2010年,上海国际体操中心成功举办全国啦啦队选拔赛,市第十四届运动会健美操及体操、艺术体操比赛,长宁区残疾人

群众性体育比赛，市公安系统羽毛球比赛，承办周立波海派清口专场、迪斯尼冰上芭蕾舞等大型文艺演出，深受市民好评，成为展示长宁社会服务新形象的重要平台和窗口。作为公益体育场馆，大力开展全民健身活动，定期开办老年人羽毛球专场、暑期青少年活动专场，坚持每月免费开放社会服务专场和春节免费开放专场，2010年，上海国际体操中心共接待全民健身市民人数150万人次。（夏莉莉）

■ **长宁温水游泳池年接待游客22.49万人次**

长宁温水游泳池位于愚园路1041号，该池长25米、宽14米8泳道。2010年，温水游泳池被市体育局评为“上海市游泳场所连续安全开放22年”和“上海市服务保障世博会优秀游泳场馆”及“上海市体育系统世博保障先进集体”。是年，温水游泳池、林百欣两馆共对外开放接待游客22.49万人次。其中日常健身游客12.91万人次、学会游泳班2.23万人次、幼儿训练班2.2万人次、业余训练队4.5万人次、学生体育5614人次、全民健身免费开放日928人次。在温水游泳池还成功举办长宁区小学生“希望杯“游泳比赛，19所小学452人次参加；成功举办2期救生员培训，共91人参加；3期救生员和一期救生组长审证，共194人参加。（庄 涛）

■ **长宁网球场年对外接待球客30300人次**

长宁网球场位于华山路1038弄173号，拥有3片双打网球场，设有运动员休息室、男女淋浴室等辅助设施。2010年，长宁网球场发挥公共体育场馆社会效应，全年共对外开放接待球客3.03万人次；组织开展网球、桥牌、乒乓球等各类竞赛活动4418人次，其中组织比赛12次，参加人数为555人次。此外，长宁网球场坚持每逢5月5日、6月8日和8月8日免费、定时向市民开放，共接待球客350人次。是年，长宁网球场经国家体育局批准命名为2009年度上海市长宁长网青少年俱乐部。

（庄 涛）

表26-1 **2010年长宁区社区公共运动场设施分布情况表**

序号	名称	地址	所属街镇	体育设施
1	新泾公园 社区公共运动场	天山西路455号	北新泾	体质检查站、羽毛球馆、乒乓球馆、篮球场、健身点、健身广场
2	虹桥河滨公园社区公共运动场	长宁路1900号 娄山关路	周家桥	篮球场、幼儿健身设施
3	新泾体育之光社区公共运动场	泉口路227弄1号	新泾	篮球场、笼式足球、健身点
4	华山绿地社区公共运动场	华山路 平武路	新华路	篮球场
5	虹康休闲广场 （新泾绿地社区公共运动场）	泉口路111号 剑河路	新泾	网球场、健身点
6	程家桥街道 社区公共运动场	沪青平公路 迎宾三路上航新村	程家桥	篮球场、网球场、健身点
7	安顺绿地 社区公共运动场	安顺路 定西路	新华路	笼式足球（篮球）、健身步道
8	延天绿地社区公共运动场	中山西路767号	天山路	笼式足球（篮球） 2片塑胶标准灯光篮球场

说明：资料由区体育局办公室提供。

（四）群众体育

■ **概况**

2010年，区体育局以服务世博为主线，推进全民健身与世博同行。积极开展迎办世博公共体育场馆服务日活动。倡导“体育生活化，生活体育化”，举办全民健身志愿服务大行动启动仪式、社区健身团队展示、棋牌比赛、游泳比赛等体育活动。组织、指导19个单项体育协会、18个体育俱乐部开展网球、桥牌等各类活动。点面结合，全区联动，与世博形成良好互动，掀起全民健身热潮。

（庄 涛）

"全民健身与世博同行"群众体育表演

（区体育局供稿）

召开2010年全民健身社区工作会议

2009年12月28—29日，区体育局召开2010年全民健身社区工作会议。会议对2009年区全民健身工作进行回顾和总结，部署2010年长宁区全民健身工作；介绍区参加2010年第14届市运会成年组比赛的组队工作方案。10名街道（镇）群体干部作交流发言，并结合实际，提出针对性意见与建议。会议提出：2010年全民健身工作要突出围绕世博会主题；要注重民生，从身边的体育工作做起，做好社区公共体育场地管理工作；随着后奥运时代到来，要更加注重全民健身阵地建设，加强社区群众体育组织建设，在谋划"十二五"规划之际，积极争取体育场地建设空间；各街道（镇）要充分掌握并利用辖区内学校、经营性体育场所资源开展群体活动，发挥好公益性社会体育指导员科学健身指导作用；要积极适应新的财政预算体制，工作要早做计划、突出重点，积极争取各方支持。

（庄 涛）

开展各类迎春体育活动

春节期间，区体育局分别在体操中心、安顺绿地社区公共运动场等场馆开展羽毛球、足球、篮球等群众性体育比赛。世界羽毛球冠军王仪涵，区少体校、网球场教练分别为体育爱好者作现场指导。区委常委、宣传部部长朱国宏参与节日期间健身活动。长假期间，有4万余人次参加各种健身活动。体操中心、网球场年初一免费对外开放乒乓球、羽毛球、网球等场地，1400余名健身爱好者参与活动。

（庄 涛）

举办二级社会体育指导员培训班

为加强长宁区社会体育指导员队伍建设，为市民提供更好的科学健身指导，4月15—16日，区体育局在虹桥社区文化活动中心举办2010年长宁区二级社会体育指导员培训班。培训班学员共68人，分别来自社区团队、体育系统场馆、单项体育协会的群众体育爱好者和组织管理者。培训班邀请上海交大、上海体院和华东师大的教授，为学员讲授社会体育指导员的要求与活动、体育健身锻炼方法、《全民健身条例》、运动常见损伤的防护和救治等课程。通过培训，提高社会体育指导员队伍科学健身指导理论水平，学员间交流实践经验，为社会体育指导员三级、二级、一级、国家级四级梯队建设和可持续发展奠定基础。

（庄 涛）

做好游泳救生员培训、年审工作

年内，区游泳协会积极开展游泳救生员培训、年审工作。举办2期游泳救生员培训班，共培训初级、中级救生员91人，审证194人，将培训及年审合格者推荐上岗，缓解"世博年"救生员不足的矛盾，为下岗、无业人员提供再就业机会，也为夏季游泳开放提供有力保障。

（庄 涛）

开展市民健身日活动

6月10日是上海市市民健身日，为营造全民健身氛围，提高市民健身热情，全区各街道（镇）、体育协会发动、组织群众喜闻乐见的棋牌赛、乒乓球等11项特色健身活动。活动形式包括体育团队汇报展示、文体表演、冰上活动、健康健身咨询等。市民健身日当天，区体操中心等4个公共体育场馆和7个社区公共运动场免费、定时、有序向市民开放，共吸引数千名市民参与。

（庄 涛）

完成市民体质监测工作

6月22—28日，上海市第三次国民体质监测长宁区监测工作分别在上海国际体操中心、海贝幼儿园、长宁实验幼儿园3个监测点进行。按照《2010年上海市国民体质监测工作方案》要求，经过前期大量人员组织、设备安装、场地落实等准备工作，100余名工作人员连续一周认真工作，分别对幼儿组、成年组和老年组共2400位市民、10余个项目进行体质测试，圆满完成长宁区监测任务。

（庄 涛）

■ **举办第三届“龙之梦”杯楼宇、园区乒乓球邀请赛**

6月27日，由区社工委、区体育局联合主办，区乒乓球协会、上海国际体操中心承办的第三届“龙之梦”杯楼宇、园区乒乓球邀请赛在上海国际体操中心举行，来自长宁、静安等6个区24支乒乓球代表队参赛，经过七轮激烈角逐，静安区代表队夺得团体冠军。（庄 涛）

■ **慰问备战第十四届市运会学校组队运动员**

7月8—9日，区体育局组织业务科等有关人员先后前往淞虹路小学、延安中学等15所有第十四届市运会参赛任务的学校，看望慰问足球、篮球、手球、乒乓球等项目的带训老师、教练和运动员，对他们冒着酷暑坚持训练表示慰问，鼓励他们科学训练、勇于拼搏，多为长宁区体育竞赛争金夺银。区教育局有关人员一同参加慰问。（庄 涛）

■ **温水池承办游泳比赛**

8月7日，长宁区机关工会游泳比赛在温水池举行。比赛共设男、女子中青年组25米、50米自由泳、蛙泳和接力等12个组别。共有15个代表队116名运动员报名参加。通过激烈比赛，区公安分局队获团体第一名，区机关游泳队获第二名，区安监局和区工商联并列第三名。（庄 涛）

■ **开展全民健身系列体育活动**

2010年8月8日，是全国第二个“全民健身日”。全民健身志愿服务大行动长宁启动仪式在上海国际体操中心隆重举行。副区长张连城出席并宣布启动仪式开始。区体育局局长致辞并为长宁区世博志愿者赠送游泳票，各街道（镇）领导为志愿者发放健身苑点维修工具。长宁区以办世博为契机，以各项社区体育活动为载体，开展系列体育活动：举办全民健身志愿服务大行动启动仪式、社区健身团队展示等20余项体育活动。还免费向社会开放10个公共体育场馆、社区公共运动场，4个国民体质监测站免费为群众体质监测。各项活动，共吸引1万余名市民参与。（庄 涛）

■ **区羽毛球项目被命名为“中国羽毛球协会（2010—2013）后备人才培养基地”**

近年来，长宁区加强羽毛球项目发展，培养和输送了世界冠军王仪涵等一批羽毛球体育后备人才。经国家体育总局乒乓球羽毛球运动管理中心审核和实地考评，长宁区羽毛球项目被命名为“中国羽毛球协会（2010—2013）后备人才培养基地”。此种基地全国共有33个，上海仅有2个单位获此殊荣。（庄 涛）

■ **举行第一届“北新泾街道”杯社区乒乓球邀请赛**

8月8日，区乒乓球协会和北新泾街道联合主办的第一届“北新泾街道”杯社区乒乓球邀请赛在娄山中学举行，来自全区7个街道及区机关的9支乒乓球队约70余名运动员参加比赛，经过七轮激烈竞争，北新泾1队、新泾镇队和程家桥街道队获前三名。（庄 涛）

■ **举行全国百城健身气功系列展示长宁区展示大会**

10月8日，由长宁区体育总会主办，华阳路街道、中山公园协办的“与世博同行、迎国庆，2010年全国百城健身气功系列展示活动长宁区展示大会”在中山公园举行。来自区10个街道（镇）18个站点的18支健身气功队伍和体育团队400余人为观众展示表演国家体育总局创编的4套健身气功功法和文体节目。（庄 涛）

■ **开展体质测试和健康咨询服务活动**

11月10—16日，区体育局在上海国际体操中心星之健身俱乐部体质监测站为市民开展体质测试和健康咨询服务活动。此次活动共为200余人进行测试、咨询。通过活动，指导市民科学健身，进一步推进市民健身科学化进程。（庄 涛）

（五）业余训练、体育竞赛

■ **概况**

年内，区体育局抓业余训练、体教结合、体育竞赛、“后备人才基地”和二线运动队建设等工作，参加第十四届市运会比赛并取得好成绩，长宁区培养输送的多名运动员分别在国内外赛事上取得骄人战绩，实现新的跨越。（庄 涛）

■ **参加第十四届市运会学校组队工作座谈会**

1月13日，长宁区参加上海市第十四届运动会学校组队工作座谈会在上海国际体操中心召开。区体育局、区教育局有关领导出席会议。来自区域内15所有组队任务学校的分管校长、带队老师和区体教结合办公室有关同志等40余人参加座谈会。区体育局介绍第十四届市运会总则（草案）和区学校组队初步方案，并就组队和备战第十四届市运会提出要求：要做好运动员注册工作；妥善做好升学工作；确认运动员代表资格；抓好寒、暑假期训练工作，注重关心运动员学习和生活。区教育局强调：各学校要提高对体育工作重要性认识，面对工作开展中的艰巨性，充分思考体育特长生招收工作的可操作性。各学校代表分别就如何做好组队和备战工作交流发言。（庄 涛）

■ **召开业余训练工作会议**

3月9日，2010年长宁区业余训练工作会议暨青少年组备战第十四届市运会动员大会在体操中心召开。区体育局局长到会并讲话：今年要结合“迎世博、办世博”工作重心，抓好业余训练，搞好市运会备战，力争比赛成绩进入全市前列。要统一思想，明确目标任务；抓住重点，坚持科学训练；严格赛风、赛纪，确保参赛和承办项目干干净净。区体育局副局长作区业余训练工作报告，就如何备战好第十四届市运会做工作动员。少体校、军体校和温水池等3个训练单位的5名代表就如何备战好第十四届市运会做交流发言。会议还进行分组讨论，与会人员对2010年工作思路、第十四届市运会指标任务等问题提出意见和建议。

（庄 涛）

区体育局动员全系统干部、职工全力备战14届市运会（区体育局供稿）

■ **举行运动员形态机能测试**

3月27日，区体育局在军体校举行体育后备人才基地运动员形态、机能测试。长宁区的2个体育后备人才基地包括游泳、射击、射箭、羽毛球等4个项目近200名运动员参加。通过测试，全面了解运动员生长发育状况，完善军体校和游泳学校体育后备人才基地运动员个人形态数据档案，为教练员选育才输送、制定训练计划、安排运动量及运动队训练管理等提供科学依据。（庄 涛）

■ **长宁区业余训练工作获市多项表彰**

4月8日，在2010年市业余训练工作会议暨学校二线专题会议上，区体育局副局长代表区体育局作题为《夯实基础迎挑战，开拓创新求发展》交流发言，介绍区业余训练、体教结合及备战第十四届市运会工作情况。会议对优秀单位和优秀个人进行表彰。区游泳学校获2009年优秀高水平体育后备人才基地称号，王朋仁、何纲2名教练员获2006—2009年度上海市业余训练十佳教练员称号，建青实验学校被评为在第十一届全运会上为上海代表团作出贡献的办二线运动队学校，另有12名运动员获2009年上海市青少年运动员奖学金。

（庄 涛）

■ **举行教练员业务培训**

5月11日，区体育局在体操中心举行长宁区业余训练教练员业务培训。市体操运动中心主任沈利龙介绍上海体操队历经磨砺在第十一届全运会上实现历史突破的宝贵经验，提出“抓目标、抓团队、抓人才、抓督导、抓大赛”的运动队科学管理方法和“凝聚产生力量，团结诞生希望”的理念，展望体操项目发展，对区备战市运会工作提出建议。区体育系统各训练单位分管领导、全体教练员和训练干部等68人参加培训。（庄 涛）

■ **副区长邹龙飞调研区参加第十四届市运会备战情况**

6月17日，副区长邹龙飞前往区少体校、西郊学校调研区参加第十四届市运会青少年组比赛备战情况，看望正在进行备战训练的运动员、教练员和工作人员。邹龙飞听取关于市运会青少年组比赛备战情况、近期主要工作和下阶段工作安排汇报。针对体育后备人才培养，他要求体育局和教育局全力携手，做好市运会青少年组备战工作；要利用有利时机，以竞赛促学校体育工作发展；要系统思考长宁体育工作，树品牌，创特色。邹龙飞还现场察看了体操、艺术体操、摔跤和柔道等项目训练情况，并向运动员和教练员表示慰问。（庄 涛）

■ 召开夏训工作动员会

6月25日，区体育局在体操中心召开第十四届市运会长宁区学校组队夏训工作动员会。来自区域内12所有组队任务学校和区体教结合办公室有关同志30余人参加会议。会议强调赛风赛纪和反兴奋剂工作重要性，提出“五个抓”的要求：抓准备，各运动队充分做好赛前准备工作；抓尖子，保证尖子运动员正常训练，保持良好竞技状态应对比赛；抓重点，对于本届运动会新增的小学组集体项目（足球、篮球、手球）要力争取得好成绩；抓安全，夏训期间要注意防暑降温工作，防止伤害事故发生；抓沟通，保持与上级训练单位教练员的沟通，了解关心输送运动员训练备战情况。各学校代表就如何做好夏训工作作交流发言。（庄 涛）

■ 成立第十四届市运会长宁区体育代表团

8月26日，长宁区体育代表团成立大会在上海国际体操中心召开。第十四届市运会于2010年10月9日至11月13日举行，区1436名运动员参加青少年组和大众组57个项目比赛。副区长张连城充分肯定前期有关备战工作取得的成绩。他要求提高认识，高度重视并充分发挥体育在促进人的全面发展、提升城市内涵和功能、促进经济社会发展中的重要作用；明确目标，完成好各项参赛任务；全区各部门、各单位切实加强领导，形成合力，把备战工作落到实处，坚持科学训练，关心运动员，注重劳逸结合，调整好竞技状态；增强信心，体现良好精神风貌；严格赛风赛纪，尊重裁判，赛出水平，争取运动成绩和精神文明双丰收。区体育局、区教育局、区财政局等代表团相关单位及各街镇领导30余人参加会议。区教育局局长、代表团副团长主持会议并介绍市运会长宁区代表团筹备情况。区教育局、新泾镇和区少体校等单位代表作交流发言。（庄 涛）

■ 完成业余训练运动员选材测试工作

8月29日，长宁区业余训练学生选测试工作在区少体校举行。来自区射击、游泳、田径等19个训练项目在训运动员，包括国家高水平后备人才基地以及2010年新招收的运动员共计600余人参加选材测试。本次测试是为了更全面了解全区重点运动员和新招收运动员的生长发育状况，进一步完善军体校和游泳学校两个国家级基地运动员个人形态数据档案，为教练员选材育才输送、制定训练计划、安排运动量及运动队训练管理等提供科学依据。（庄 涛）

■ 召开第十四届市运动会长宁区代表团总结工作会议

12月2日，第十四届市运动会长宁区代表团总结工作会议在上海国际体操中心召开。长宁区副区长、代表团团长张连城出席会议，区体育局、区教育局、区财政局等代表团相关单位及各街镇领导40余人参加会议。张连城充分肯定区代表团在上海市第十四届运动会上取得可喜成绩，并提出4点要求：要围绕“奥运争光”目标任务，着力培养高素质体育后备人才；要认真贯彻《全民健身条例》，全力推进全民健身服务保障体系建设；要努力做好学校体育工作，扎实推进全国学校体育场馆向社会开放；要做到4个精心：精心筹备好表彰大会，精心谋划好强势项目后备人才发展规划，精心组织好群众性、社区性赛事活动，精心实施好体教结合行动方案。区体育局局长、代表团副团长对区代表团参赛工作情况作全面总结，介绍获奖评比标准和获奖名单（送审稿），并听取代表团各委员意见和建议。长宁区体育代表团历经两个多月的激烈比赛、顽强拼搏，共取得金牌145.25枚、银牌105枚、铜牌89.5枚；获得青少年组团体总分第三名（团体总分3223分），奖牌总数和八项团体总分第四名；大众组团体奖牌总数第四名的好成绩；长宁区游泳队以1分35秒88的成绩创4×50米自由泳接力上海市纪录；同时长宁区承办的艺术体操比赛获本届运动会优秀竞赛组织奖。（庄 涛）

■ 举行区小学生“希望杯”运动会“阳光伙伴”集体跑比赛

4月2日，由区体教结合办公室承办的长宁区第十七届小学生“希望杯”运动会“阳光伙伴”集体跑比赛在延安中学体育场举行。全区26所小学，近800名学生参加比赛。"阳光伙伴"集体体育比赛是由28名队员肩并肩、腿绑腿排成一排跑完50米，以最后一名队员冲过终点作为比赛成绩的集体跑活动，淞虹路小学以10秒44的成绩获得冠军，绿苑小学和开元小学分获二、三名。（庄 涛）

■ 举行区中小学"青春杯"、"希望杯"足球比赛

5月5—21日，由区教育局、区体育局主办，区少体校承办的中小学"青春杯"、"希望杯"足球赛分别在仙霞高级中学、天山二小和淞虹路小学举行。全区10所中小学、16支队伍、192名运动员参加比赛。经过32场激烈角逐，"青春杯"比赛结果为：仙霞高级中学获得高中男子传统组第一名，延安中学获得男子高中组第一名。"希望杯"比赛结果为：淞虹路小学获得女子小学传统组第一名，天山二小、哈密路小学分别获得男子小学组和女子小学组第一名。（庄 涛）

■ 举行区小学生"希望杯"游泳比赛

6月19日，长宁区在温水池举行小学生"希望杯"游泳比赛，来自全区18所学校的283名运动员参赛。通过激烈比赛，开元学校获男女团体第一名，威宁小学、实验小学分获男女团体第二、三名。（庄 涛）

■ 举行"青春杯"、"希望杯"排球、篮球等比赛

7月1日，长宁区中学生第十一届"青春杯"和小学生第十七届"希望杯"田径、排球、篮球、乒乓球4个项目比赛落下帷幕。4月12日开赛以来，来自全区184支运动队1447名运动员参加比赛，共进行177场比赛，历时三个月。其中，延安中学、天山中学、威宁小学、安顺路小学等18所中小学学校分获29个组别的第一名。通过比赛提高学生的身体素质，增强相互友谊，达到办赛目的。（庄 涛）

表26-2 **2010年长宁区社区公共运动场设施分布情况表**

比赛名称	组别	参赛队数	第一名	
			男子	女子
青春杯田径赛	高中	16	延安中学	延安中学
			天山中学	建青实验学校
	初中	33	延安初级中学	延安初级中学
			西延安中学	新泾学校
希望杯田径赛	小学	51	威宁小学	长宁实验小学
青春杯篮球赛	高中	5	延安中学	
	初中	15	复旦初级中学	延安初级中学
			开元中学	市三女中初中部
希望杯篮球赛	小学	11	安顺路小学	长宁实验小学
青春杯排球赛	初中	10	天山二中	市三女中初中部
希望杯排球赛	小学	15	古北路小学	江五小学
青春杯乒乓球赛	高中	6	延安中学	复旦中学
	初中	8	娄山中学	娄山中学
			复旦初级中学	延安初级中学
希望杯乒乓球赛	小学	15	玉屏南路小学	玉屏南路小学

说明：资料由区体育局办公室提供。

■ 区承办第二十五届"安信地板杯"暑期中学生足球比赛

8月10—11日，由区体育局、区教育局承办的2010年第二十五届"安信地板杯"《新民晚报》暑期中学生足球比赛在天山路第二小学举行。此次比赛共有6支队伍45名运动员参加，经过4轮10场比赛，天赋联队获得初中组第一名，刀队、三角有有队、豌豆队分别获得高中组前三名。（庄 涛）

表 26-3 2010年长宁区输送的运动员参加国内外比赛成绩一览表

序号	时间	运动员	比赛项目	成绩
1	4月26日	唐 奕	全国游泳冠军赛女子50米自由泳	铜牌
2	4月26日	唐 奕	全国游泳冠军赛女子100米自由泳	金牌
3	4月26日	唐 奕	全国游泳冠军赛女子200米自由泳	金牌
4	4月26日	唐 奕	全国游泳冠军赛女子4×100米自由泳接力团体	金牌
5	4月26日	唐 奕	全国游泳冠军赛女子4×200米自由泳接力团体	金牌
6	5月17日	冯志民、施 扬 何晓峰、董紫华	第四届世界体育大会救生比赛4×50米自由泳障碍接力	一等奖， 超世界纪录
7	6月1日	张建平	全国射箭奥林匹克锦标赛反曲弓混合团体淘汰赛	第三
8	6月15日	丁婧婕	全国青少年射击锦标赛少年女子10米气步枪团体	第一
9	6月15日	戴颖霁	全国青少年射击锦标赛少年女子10米气手枪团体	第一
10	6月15日	蔡颖蕾	全国青少年射击锦标赛少年女子25米气手枪团体	第二
11	6月26日	杨晓辉	全国射击锦标赛女子飞碟多向项目	冠军、团体第二
12	7月2—4日	吕 凯	全国少年男女柔道锦标赛90KG	金牌
13	7月2—4日	姚 海	全国少年男女柔道锦标赛100KG	金牌
14	8月6—9日	张雪儿	全国少年男女体操锦标赛女子乙组团体	第一
15	8月6—9日	张雪儿	全国少年男女体操锦标赛女子乙组个人全能	第一
16	8月6—9日	张雪儿	全国少年男女体操锦标赛女子乙组高低杠	第一
17	8月6—9日	张雪儿	全国少年男女体操锦标赛女子乙组跳马	第一
18	8月6—9日	张雪儿	全国少年男女体操锦标赛女子乙组自由体操	第一
19	8月6—9日	张雪儿	全国少年男女体操锦标赛女子乙组平衡木	第三
20	8月6—9日	黄德禄	全国少年男女体操锦标赛男子甲组团体	第一
21	8月6—9日	黄德禄	全国少年男女体操锦标赛男子甲组跳马	第一
22	8月6—9日	黄德禄	全国少年男女体操锦标赛男子甲组个人全能	第二
23	8月6—9日	黄德禄	全国少年男女体操锦标赛男子甲组鞍马	第二
24	8月6—9日	黄德禄	全国少年男女体操锦标赛男子甲组双杠	第二
25	8月6—9日	黄德禄	全国少年男女体操锦标赛男子甲组单杠	第三
26	8月6—9日	邵正淳	全国少年男女体操锦标赛男子乙组跳马	第一
27	8月6—9日	邵正淳	全国少年男女体操锦标赛男子乙组团体	第二
28	8月15—20日	唐 奕	首届青少年奥林匹克运动会男女混合4×100米自由泳接力	冠军
29	8月15—20日	唐 奕	首届青少年奥林匹克运动会女子200米自由泳	冠军
30	8月15—20日	唐 奕	首届青少年奥林匹克运动会女子100米自由泳	冠军
31	8月15—20日	唐 奕	首届青少年奥林匹克运动会女子4×100米自由泳接力	冠军
32	8月15—20日	唐 奕	女子50米自由泳	冠军
33	8月15—20日	唐 奕	男女混合4×100米混合泳接力	冠军
34	11月13—17日	唐 奕	16届亚运会游泳比赛女子4×200米自由泳接力	金牌
35	11月13—17日	唐 奕	女子100米自由泳	冠军
36	11月13—17日	唐 奕	女子4×100米混合泳接力	金牌
37	11月13—17日	唐 奕	女子4×100米自由泳接力	金牌
38	11月13—17日	唐 奕	女子50米自由泳	银牌
39	11月13—17日	唐 奕	女子200米自由泳	银牌
40	12月15—20日	唐 奕	第10届世界短池游泳锦标赛女子4×200米自由泳接力	金牌，破世界纪录
41	12月15—20日	唐 奕	第10届世界短池游泳锦标赛女子4×100米混合泳接力	金牌，破赛会纪录

说明：资料由区体育局办公室提供。

（栏目编辑 郑兆永）

司法解读

上海市实施《中华人民共和国归侨侨眷权益保护法》办法解读

2010年11月11日,上海市第十三届人民代表大会常务委员会第二十二次会议修订《上海市实施<中华人民共和国归侨侨眷权益保护法>办法》(以下简称《上海市实施办法》),自2011年3月1日起施行。

一、关于各级政府及其有关部门的职责

明确了市和区县人民政府、市和区县人民政府侨务办公室和其他部门,以及乡镇人民政府和街道办事处,在保护归侨侨眷合法权益方面的职责;增加了各级人民政府应当将侨务工作专项经费列入本级财政预算,并予以保障的内容;根据本市利用社区资源为侨服务的工作经验,要求各级人民政府和街道办事处依托社区服务网络。

二、关于归侨人大代表名额和在沪华侨选举权

增加了归侨人数较多的乡、镇人民代表大会应当有适当名额的归侨代表的内容;增加了区、县或者乡、镇人民代表大会代表选举期间,在本市的华侨可以在本市原籍地或者出国前居住地依法参加选举的内容;同时,规定本市各级侨联可以依法推荐归侨代表候选人。

三、关于对困难归侨、侨眷的救济救助

保留了对丧失劳动能力又无经济来源的归侨和经市政府侨务部门和市民政部门审核认定的无业早期归侨,按照规定保障其基本生活的内容;同时,增加了对生活确有困难的归侨、侨眷给予救济的规定,并鼓励各类慈善机构以及其他单位和个人对他们给予扶助。

四、关于归侨、侨眷和华侨的社会保险

明确了参加社会保险的归侨、侨眷可以享受相应的社会保险待遇;增加了在本市就业的华侨,其社会保险的登记、缴费、申领、中止、终止、支付、清算等,按照国家和本市有关规定办理的内容。

五、关于对归侨、侨眷及其境外亲友在沪创业发展的扶持帮助

对发挥归侨、侨眷、华侨以及其他境外学有所长人员的人才资源优势为本市经济社会发展服务方面给予了高度重视,规定了有关部门应当根据归侨、侨眷及其境外亲友投资兴办的企业的需要,在政策咨询、资金扶持、信息需求等方面提供服务,并协助其解决生产经营中遇到的困难;增加了在本市工作的归侨可以参加本专业职称资格评定,其境外工作年限和成果,可以作为本专业职称资格评定的依据的内容。

六、关于"三侨生"和华侨子女在本市接受教育方面的权益

为了切实帮助归侨学生、归侨子女和华侨在国内的子女(即"三侨生")解决就学方面的实际困难,新修订的《上海市实施办法》进一步明确了教育等有关部门对"三侨生"报考国家举办的非义务教育的学校,按照国家和本市有关规定办理的内容,并取消了不适应国情、侨情变化的条款。还增加了华侨子女来本市就读实施义务教育的学校,符合有关规定的,应当视同本地居民子女办理入学手续。

七、关于中华民族语言和中华优秀传统文化的传承

特别增加了本市侨务、教育等有关部门应当重视中华民族语言和中华优秀传统文化在华侨子女中的教育、弘扬与交流,并在政策、资金上支持和鼓励学校、社区等利用各种资源开展相关活动的规定。

八、关于侨联的法律地位和作用

明确了本市各级侨联代表归侨侨眷的利益,按照章程开展活动,反映归侨侨眷的合理诉求,提出意见和建议,依法维权并发挥社会监督作用的内容;并增加了归侨、侨眷的结社权等规定。

九、关于法律援助和侵权责任

充实了归侨、侨眷在合法权益受到侵害,造成财产损失或者其他损害时的有关权利,以及侵犯归侨、侨眷合法权益所需承担的法律责任等内容。

二十七、社会事务

SHE HUI SHI WU

（一）综述

2010年，长宁区把办世博和惠民生紧密结合，着力保障和改善民生，各项社会事业取得新成效，社会保持和谐稳定。加强人口计生公共服务体系建设，人口计生宣传教育水平提升。年末，全区户籍人口61.62万人，户籍人口出生率为6.93‰。人力资源和社会保障工作围绕社会和谐稳定全面推进，开展充分就业、扶持创业、技能培训等工作；全年新增就业岗位3.62万个，帮扶610名就业困难人员实现就业。做好社会保险工作，加强对特殊人群社保补办及纳保工作；组织人力资源市场清理整顿，开展农民工工资支付情况专项检查。长宁区社会保险事业管理中心围绕"外塑形象、内强合力、关注民生、参与世博"的工作要求，规范做好养老保险基金等有关基金的征收、结算和拨付工作，推进外来从业人员参加上海市城镇社会保险工作，做好外籍和港澳台人员社保政策咨询，确保社会和谐稳定。民政工作坚持以民为本、为民解困、为民服务宗旨，与社会建设相结合。全区10个街道（镇）的社区事务受理中心全部实行"一门式"工作机制，双拥优抚实现军地双方满意，婚姻（收养）登记工作规范开展，社会救助、最低生活保障等工作有效推进，实施社会救助46.19万次，发放救助金1.07亿元。加大对各类社会组织的培育，探索社会组织"枢纽型"管理模式，年内新培育社会组织52家，全区社会组织总数达到449家。开展"幸福养老"建设，全区养老机构34家，养老床位4211张，新增养老床位811张，新增居家养老服务对象1600人。开展妇女儿童工作，努力维护妇女儿童权益，"十一五"妇儿规划主要指标达标率为81.63%。开展推荐残疾人就业、居家养护等工作，组织为残疾人免费体检、送年货及参观世博会等活动，实施残疾人家庭无障碍改造工程，为残疾人提供服务。（常　念）

（二）人口与计划生育

概况

2010年，长宁区人口计生工作围绕区委、区政府中心工作和市人口计生联席会议重点工作，推进全区人口计生工作顺利完成。区域内常住总人口75.18万人，其中户籍人口61.62万人，流动人口13.95万人。区户籍人口计划生育率99.30%，连续18年出生人口负增长；外来人口计划生育率91.83%；户籍人口出生率6.93‰，自然增长率－0.31‰；总和生育率为（TFR）0.71，一般生育率28.42‰，生育峰值年龄为28岁；晚婚率95.96%。全年依法征收违反规定生育的社会抚养费48例，申请强制执行16例，征收金额84.05万元；审核独生子女意外伤残或死亡补助申请46例，发放金额15.8万元；审核计划生育一次性补充养老金9442例，其中通过区政府发放奖励费92例，发放金额21.62万元；办理再生育子女审批354例；办理独生子女父母光荣证2510份；办理流动人口婚育证明509份。8月，区人口计生指导中心及辖区各社区人口计生综合服务站统一增挂家庭计划指导中心（站）牌。年内，区人口计生委慰问全区453户家庭成员患有大病、重病且经济困难的计划生育困难家庭和6户结对助学的学生家庭，送上慰问金、助学金共计14.02万元。开展"三下乡"活动和流动人口计划生育"关怀关爱"专项行动，举办免费孕前优生健康检查项目业务培训班、"基层人口计生干部'中医治未病'"知识讲座。完成人口计生基础信息核查工作。

2010年，区人口计生委在市人口计生工作目标考核中获优秀等级。在上海市计划生育药具系统"三基"知识岗位练兵和知识竞赛中，长宁区代表队获三等奖，区人口和计划生育指导中心获优秀组织奖。（干晓华）

召开人口发展与教育资源均衡配置课题研讨会

1月12日，区人口计生委召开《长宁区未来3—5年人口发展与教育资源均衡配置的基本分析》课题研讨会，副区长邹龙飞出席会议。区发改委、区教育局、区妇联、区人口办、区社区办及街道（镇）领导出席会议并就报告内容作研讨。研讨会分析区人口规模总量和当前教育人口发展现状，根据近年来出生人口情况，科学预测区未来3—5年教育人口的变动趋势，对未来3—5年各年龄段教育人口与相适应教育资源的供需矛盾作预测分析，提出促进区教育人口和教育资源协调发展的思路和政策建议。（干晓华）

召开社区人口计生综合服务站工作研讨会

1月20日，区人口计生委在太仓召开长宁区社区人口计生综合服务站工作研讨会，并参观太仓市家庭保健服务中心。各街道（镇）就2009年社区人口计生服务站的创建情况及成效作介绍，并围绕如何利用综合服务站平台，延伸人口计生公共服务范围；如何围绕育龄群众需求，不断创新服务载体和提高服务能力、服务水平和服务质量；如何结合社区实际，发挥示范单位的示范作用，形成服务品牌做研讨发言。（千晓华）

■ 召开流动人口相关部门工作研讨会和服务管理工作交流大会

1月，区人口计生委分别召开10个街道（镇）的房屋协管社社长、派出所分管户籍的副所长和分管实有人口信息管理负责人会议，研讨区域内流动人口综合管理工作。会议总结回顾近年来全区在实有房屋、实有人口管理中部门联手、密切配合的成功经验，并就做好流动人口宣传服务、实现实有人口信息资源共享达成共识。12月9日，区人口计生委召开区流动人口计划生育服务管理工作交流会。各街道（镇）人口计生办主任、社区和市场综合协管员代表等40余人参加。会议介绍区流动人口计划生育工作要求和服务管理基本情况，各街道（镇）计生办主任、社区综合协管员、市场计生协管员代表作交流发言。（千晓华）

■ 开展两次打击“两非”宣传活动

3月25日、10月19日，区人口计生委分别牵头区卫监所、区妇幼所、新泾镇、北新泾街道等单位在外来人员集聚的康大菜场、新泾一村等地区开展“呵护女婴、保护母亲”社区行宣传活动。2次宣传活动共发放流动人口免费享受基本项目计划生育技术服务指南、科学育儿金钥匙、来沪人员计划生育生殖保健服务手册、平产分娩、保障就医安全等宣传资料2000余份、安全套1200盒、宣传品1200余份。区卫监所对活动周边地区进行巡察，当场收缴非法行医牌匾10余块，相关医药用品1箱。（千晓华）

■ 召开2010年人口和计划生育工作会议

4月16日，长宁区召开2010年人口和计划生育工作会议。市人口计生委副主任赵勇、副区长邹龙飞出席会议并讲话。会议传达中央领导同志讲话精神和国家、市人口计生工作会议精神。大会回顾总结2009年全区人口计生工作，部署区人口计生2010年工作。公安长宁分局和仙霞新村街道办事处分别作交流发言。（千晓华）

■ 举办人口文化专场文艺演出

5月21日，区人口计生委、区计划生育协会在百联西郊购物中心广场举办“人口计生与世博同行暨纪念中国计生协会成立30周年”人口文化专场文艺演出。活动邀请社区计划生育协会会员参加，市、区人口计生委领导出席。通过文艺表演、会员自编自导小品、人口计生政策和生殖健康知识有奖答题等形式宣传世博，弘扬人口文化，纪念中国计生协会成立30周年，营造全社会关心、支持人口计生工作，促进家庭幸福美满的良好氛围。（千晓华）

■ 举办“7·11”世界人口日主题活动

2010年7月11日，是第21个“世界人口日”。区各级人口计生部门开展系列宣传活动，利用191块板报、标语、社区电子屏，刊登“世界人口日”宣传主题。各级人口计生部门围绕“人口计生四关注”开展丰富的主题宣传活动。（千晓华）

■ 召开纪念《中共中央关于控制我国人口增长问题致全体共产党员、共青团员的公开信》发表30周年大会

9月25日，区人口计生委、区计划生育协会联合召开纪念《中共中央关于控制我国人口增长问题致全体共产党员、共青团员的公开信》发表30周年大会。市人口计生委副主任赵勇，区委常委、区委宣传部部长朱国宏，副区长张连城，市计生协会副会长沈龙英等出席。市、区领导回顾30年来人口计生事业的发展历程，对30年来长宁区人口计生工作成效给予肯定，并向在计生战线上工作满20周年的在职计生干部、第一批领取独生子女父母光荣证的计生家庭代表颁发纪念杯。（千晓华）

■ 举办残障人士出生缺陷一级预防知识讲座

11月17日，区人口计生委、区计生协会会同区残联，邀请国家级优生促进专家王世雄讲课，全区50余名残障人士及家属代表参加。（千晓华）

■ 配合市人口计生委召开驻沪领馆通报会

12月8日，市人口计生委、市政府外办在华阳路街道联合召开上海市人口和计划生育情况通报

会。匈牙利、白俄罗斯、法国、芬兰、泰国、墨西哥等23个国家驻沪领馆官员及市人口计生委主任谢玲丽、副主任孙常敏、赵勇及副区长张连城等领导出席。谢玲丽通报上海市人口发展的基本状况，介绍2010年上海市在加强人口管理工作，进一步聚焦民生，加强人口计生公共服务，推进统筹解决人口问题，促进家庭幸福、社会和谐所做出的努力和措施。张连城介绍长宁区人口计生工作的基本情况。领馆官员们还考察华阳路街道社区文化中心和社区人口计生工作。（千晓华）

12月8日，上海市人口和计划生育情况驻沪领事馆通报会在华阳路街道举行（区计生委供稿）

■ **区人口计生公共服务机构标准化建设接受市人口计生委验收**

12月14日，市人口计生委副主任孙常敏一行对区人口计生公共服务机构标准化建设示范单位及社区优生优育指导服务示范单位进行评估验收。专家组随机视察虹桥街道人口计生综合服务站和天山路街道天山宝宝家园，通过实地视察、听取介绍、翻阅资料、查看软硬件建设情况等形式，对长宁区人口计生公共服务机构标准化建设示范单位及社区优生优育指导服务示范单位建设给予肯定，同时希望长宁区进一步巩固创建成果，再接再厉，继续探索，为创建全国计划生育优质服务示范站创造条件。（千晓华）

（三）人力资源和社会保障

■ **概况**

2010年，区人力资源和社会保障工作全面完成各项目标任务：全区新增就业岗位3.63万个，完成市、区政府下达目标的136.6%；城镇登记失业人数1.42万人，控制在市、区政府目标1.52万人以内；扶持创业组织907个，完成市、区政府目标的151.2%；成功安置就业困难人员610人，6个街道（镇）创建成为上海市充分就业社区达标单位，华阳路街道获得国家级充分就业示范社区称号。开发适合青年人就业的岗位1.56万个，录用5737人。开展职业技能培训15441人，其中30岁以下青年8368人，农民工技能培训3563人。开发8家创业见习基地，累计发放创业援助卡60张，成功创业57人。完成区非正规就业组织项目调整，由原来9大类50多个小项调整为3大类5个小项，非正规劳动组织转制90家。为2850人补办居民医疗保险。受理医疗报销2.06万人次，医保基金支付3616.08万元。监督检查医疗机构17家，追回违规资金129.99万元。外来从业人员综合保险覆盖14.02万人，完成市政府目标的130.7%；首次将2.86万名外来从业人员纳入城保，首次将区19家医院482名外来护工纳入社会保险。为7.51万人次支付失业保险金4398万余元，为1400余名灵活就业人员办理社保补贴期限一次性延长手续。办理征地农民工、新疆支青等工龄认定及社保补缴、退休等专项工作385人，审批高龄纳保37人。依法开展工伤认定和劳动能力鉴定1569件。全年受理监察案件630件，处置群体性纠纷61起，其中突发和重大事件28件，为5000多名劳动者追索各类报酬2616.8万元。收到仲裁案件2155件，办案期限降到30天以下。办理来信来访760件，按时办结率100%。工资集体协商覆盖4.23万人，完成市、区政府目标的103.2%。（李海生）

■ **开展区内农民工工资支付情况专项检查**

1月，区人力资源和社会保障局、区建交委、公安长宁分局、区总工会联合开展农民工工资支付情况专项检查。重点检查农民工较集中的20户餐饮企业和5家建筑工地的劳动合同签订、工资支付、加班工资发放、最低工资标准执行、城镇保险、综合保险费缴纳等情况。现场对个别欠薪欠保单位作出责令限期改正决定。（李海生）

■ **长宁区获上海市职业技能大赛全市第一**

2月，上海市人力资源和社会保障局召开2009

年市职业技能大赛总结表彰大会，长宁区名列全市第一名，获手语翻译人员、中式烹调师、餐厅服务员、食品检验工4个项目团体金奖，获网页设计制作员项目团体银奖。长宁区共有7个项目参加该技能大赛。（李海生）

■ 开展区就业援助月主题活动

2月5日，区人力资源和社会保障局、区残联、华阳路街道联合举办以"就业援助进家入户，帮您解决就业困难"为主题的2010年就业援助月主题日活动。重点聚焦家庭困难应届高校毕业生、长期失业人员、"零就业家庭"成员、登记失业残疾人共4类人员。主题日活动现场设置岗位招聘、就业援助、自主创业、劳动仲裁、养老保险、医疗保险、残疾人权益保障等10余个窗口，提供各类服务。活动得到区内104家用人单位响应，累计提供就业岗位2000多个，现场达成初步录用意向96人，其中有7家单位向残疾人提供14个有针对性的岗位，当场签约9人。（李海生）

■ 开展医院外来护工综合保险工作

3月，区人力资源和社会保障局联合区卫生局正式启动区内医院外来护工参加综合保险，为外来护工提供住院医疗、老年补贴、日常医药费补贴三项待遇，具体标准为参保护工患病住院发生的医疗费用在起付标准1500元的以上部分，由社会保险承担80%，个人承担20%；参保护工连续缴纳护工社会保险费每满12个月或三年内累计缴费每满12个月的，可以获得一份老年补贴凭证（目前一份老年补贴待遇水平为1575元左右）；参保护工还可以领取"上海市外来从业人员综合保险卡"享受每月20元的日常药费补贴待遇。区内医院外来护工参加社会保险人数482人，涵盖本区19家医院，基本实现动态管理下医院外来护工"应保尽保"。（李海生）

■ 组织2010春季高校毕业生就业招聘活动

3月20日，区人力资源和社会保障局举办2010年春季高校毕业生就业招聘活动，组织区属大企业、事业单位、社会知名企业、民营企业等单位前来设摊，发布各类需求岗位740多个，吸引1500余名大学生前来应聘，实际投递简历884份，现场达成就业意向196人。为搞好此次招聘活动，组织方加强对就业岗位甄选，要求企业提供岗位要切合大学生实际，最后从60多家单位筛选43家单位参加。同时为招聘量大的企业开放单独房间，方便招聘双方更好交流。（李海生）

■ 召开区社会保障和民政工作会议

3月19日，召开区2010年社会保障和民政工作会议。副区长陆继业要求认清形势、把握大局，围绕上海世博会和加快转变经济发展方式这个大局开展各项工作；要明确目标任务，加强组织领导，采取行之有效的工作措施，不断提高工作标准和工作质量；要切实把就业困难人员、青年大学生和农民工三类重点对象的就业工作摆在突出位置，集中力量抓好落实；要在切实抓好劳动就业和社会保障重点工作的同时，统筹推进特殊人群就业和劳动关系稳定等其他各项工作；要进一步加强基础工作，做好"十二五"规划的编制、基层公共服务体系建设、失业预警机制的建立等工作。（李海生）

■ 开展清理整顿人力资源市场秩序专项行动

4月9日，区人力资源和社会保障局会同公安长宁分局、工商长宁分局开展清理整顿人力资源市场秩序专项联合执法行动。执法行动分6个小组，出动执法人员24人，依法检查13户职业中介机构、家政劳务公司。检查重点为职介机构证照、职介信息及收费标准公示、职介资格、遵守职业介绍相关规定等情况。对1户职介证照不齐全、不具备职业介绍的"黑中介"予以取缔。（李海生）

■ 召开区职业技能竞赛活动总结会

4月15日，召开长宁区职业技能竞赛活动总结会。大会对在区竞赛中表现优异的单位和个人颁奖，其中上海市锦江职业技术培训中心等4所学校获团体奖，有长宁区医务工会、上海新长宁（集团）工会、上海银河宾馆有限公司等12家单位获优秀组织奖；有59人获个人优秀奖，14人获"上海市长宁区技术能手"称号，14人晋升技师。（李海生）

■ 高龄纳保覆盖面扩大

随着上海市城镇高龄无保障老人纳入社会保障政策条件放宽，享受人群从原先的年满70周岁调整为年满65周岁，本市户籍年限满30年调整为满15年。至3月底，长宁区共有3550名老年居民

享受该项政策。（李海生）

■ 组织编制区就业和社会保障“十二五”规划

5月，区人力资源和社会保障局成立长宁区就业和社会保障“十二五”规划编制工作领导小组，从局办公室、就业科、监察科、仲裁科、就业促进中心抽调专人组成“十二五”规划起草小组，在每个科室和下属事业单位确定联络员，开展“十二五”规划大讨论，制定“十二五”规划编制方案等。其中规划编制方案包括时间节点、工作要求、分管领导以及和市人力资源和社会保障局、区横向部门与街道（镇）、部分人大代表政协委员3个层面交流会安排等。至年末，完成规划初稿。（李海生）

■ 举办长宁区民营企业招聘活动

5月25日，区人力资源和社会保障局、区总工会、区工商联、天山路街道联合举办以“为高校毕业生就业搭桥，为民营企业招聘人才服务”为主题的民营企业招聘活动。18家用人单位提供就业岗位450个，有700余人到现场应聘、咨询，意向录用人数105人，当场录用37人。（李海生）

■ 六个街道、镇获“充分就业社区”达标示范单位

5月，经市人力资源和社会保障局审议评定，长宁区华阳路街道、仙霞新村街道、虹桥街道、新华路街道、周家桥街道和新泾镇被评为2009年度上海市“充分就业社区”达标街镇。7月，华阳路街道再获“国家级充分就业示范社区”称号，成为上海市首批3个国家级充分就业社区之一。（李海生）

■ 开展整治非法用工专项行动

5—7月，区人力资源和社会保障局联合公安长宁分局、工商长宁分局、区安监局等九部门在区域内开展“整治非法用工打击违法犯罪”专项行动。共检查用人单位95户，为77名劳动者追索工资20.4万元，为9名上海市合同制职工补缴社会保险费3.3万元，为83名外来从业人员补缴综合保险费7.6万元，清退37名劳动者押金8.7万元，作出行政处理决定2件。（李海生）

■ 落实外来从业人员世博补贴政策

8月，为落实上海市“世博关爱行动”，体现“城市，让生活更美好”的世博主题，区人力资源和社会保障局对世博期间缴纳综合保险的区内外来从业人员做好一次性补贴工作。该标准为每人100元，统一由市人力资源和社会保障局打入每位外来从业人员的综合保险日常医药费补贴卡，长宁区外来从业人员19万余人受益。（李海生）

■ 召开区创建充分就业社区现场会

8月17日，在新华路街道召开“践行世博主题、促进充分就业在长宁推进会暨创建充分就业社区现场会”，40家就业促进工作领导小组和创业工作领导小组成员单位代表参加会议。会议为6个2009年区充分就业社区达标街道（镇）颁发证书，并部署下阶段工作。副区长陆继业要求全力推进区充分就业社区创建工作，努力实现“充分就业在长宁”目标；要进一步完善创业服务，用好创业政策，加强创业培训，鼓励创业带动就业；要着重做好高校毕业生工作，建立关心机制，拓展和开发就业岗位。（李海生）

■ 布置2010年区内企业工资增长指导线工作

8月，区人力资源和社会保障局布置2010年区内企业工资增长指导线工作，指导企业在合理范围内适当提高劳动者工资收入。2010年工资增长平均线为11%。要求特别关注国有企业工资增长，经济效益较差的企业可参照下线4%的幅度增长工资，经济效益较好的企业可参照上线16%的幅度增长工资。（李海生）

■ 长宁区医疗保险事务中心开展现金使用检查

8月，区医疗保险事务中心对全区医疗保险服务窗口和服务点的现金使用情况开展全面检查。对现金余额的账实相符、缴费资金区分、缴费收入解缴的及时性等8个方面开展检查。在检查中重点对窗口报销参保人员医药费推行非现金支付方式，提高银行卡支付比例，其中对报销医药费金额大于2000元的要求必须办理银行卡，对于居住在外省市人员报销门诊医药费3000元以上和报销住院医药费1万元以上的，原则上要求通过邮寄方式支付等。（李海生）

■ 召开区劳动人事争议仲裁委员会会议

9月8日，召开2010年区劳动人事争议仲裁委员会会议。会议宣布区仲裁委组成人员名单，

讨论通过《长宁区劳动人事争议仲裁委员会议事规则》,通报《2008—2010年长宁区劳动人事仲裁工作报告》,并就《长宁区推进劳动人事争议调解组织建设的实施意见》征求与会委员意见。区仲裁委员会主任、副区长陆继业要求:仲裁委员会要体现大部制工作改革的成效,成为落实《中华人民共和国调解仲裁法》的抓手,成为推动和谐劳动关系建设的主力,并要求各位委员严于律己、认真履职、增强合力和加强学习。 (李海生)

■ 开展2009年度医保资金使用审计

11月,在市医保中心指导下,采用第三方审计方式,以是否严格执行各项业务操作规范为标准,对长宁区2009年度有关帮困人员待遇审核、备用金管理、医保专用收据管理、医保卡册管理、门诊大病登记、个人账户清算等12个方面的内容进行了专项审计。审计结果总体情况良好。 (李海生)

■ 长宁区主动对接涉博企业劳动关系和谐工作

11月,邀请区内12家涉博企业召开座谈会,听取了解涉博企业关于和谐劳动关系的意见和困难,并给予指导。排摸走访区内涉博企业58家,涉及通信、物流、保洁、机械等多个行业,涉及员工2500人。组织劳动保障监察大队和协管队,密切关注跟踪重点涉博企业,一旦发现涉博劳动纠纷,立即发挥群体性劳动纠纷预警处置机制,主动进行信息互通,综合联动,共同处置。 (李海生)

■ 强化消防安全生产工作

静安区"11·15"火灾事故发生之后,区人力资源和社会保障局第一时间传达市、区会议精神和部署系统消防安全工作,同时针对电器安全、灭火器配备和使用、紧急事件逃生通道、逃生组织和人员疏散等开展排摸检查,出动检查人员40余人次,更换82个压力不足的灭火器以及部分损坏的接线板。 (李海生)

■ 开展人力资源和社会保障系统政风行风建设

年内,区人力资源和社会保障局采取系列措施推进政风行风建设:两次召开全系统政风行风建设工作推进会,统一思想、明确任务。开展局系统"微笑文明示范岗"、"高效服务示范岗"、"优质服务十佳好事"评选,36人被评为先进个人和先进集体。组织系统各级党组织和党团员投身"世博先锋行动"。开展政风行风明查暗访,并在系统中层干部及全局大会上通报。对制度执行情况开展监督检查,加强对权力的制约、资金的监控和干部任用监督。开展"党在我心中、真情为民生——走进基层、服务群众,走出机关、服务企业"主题实践活动和劳动保障大篷车"五进五送"活动,全年深入基层社区举办各类招聘会43场,提供就业岗位1.15万个,意向录用2491人,7332人接受各类政策法规咨询。 (李海生)

■ 对区内13家医保定点药店管理开展专项检查

10月底至12月上旬,区人力资源和社会保障局对区内13家医保定点药店开展专项检查,追回违规款项7.6万元,其中处方药违规19人次,违规金额1091.68元,占违规金额1.44%;非处方药违规2588人次,违规金额7.0万元,占违规金额92.34%;中药饮片违规30人次,违规金额57.6元,占违规金额0.08%;错结算违规67人次,违规金额4667.91元,占违规金额6.14%。 (李海生)

■ 加强劳动能力鉴定工作

年内,区人力资源和社会保障局加强劳动能力鉴定工作。对从业人员发生工伤或因病治疗后残疾影响劳动能力的,按照工伤鉴定关于劳动功能障碍10个伤残等级(1—10级)、生活自理障碍3个等级(1—3级),以及因病鉴定关于完全丧失劳动能力、大部分丧失劳动能力、部分丧失劳动能力的规定,把好申请鉴定"入口关",认真审核申请材料,仔细研究分析疑难案例,对争议案例充分听取各方意见。全年受理劳动能力鉴定申请738人,给出鉴定结论717人,其中工伤鉴定706人,因病鉴定9人,放弃2人。工伤鉴定706人中,一至四级3人,五至六级13人,七至十级658人,无级别32人。(李海生)

■ 稳妥处置涉博劳动纠纷案件

11—12月,区人力资源和社会保障局积极稳妥处置涉博劳动纠纷案件,共受理涉博案件4起,多为反映在世博园区从事保洁、保安等工作的员工与其派遣单位就高温费、加班费、经济补偿金等问题发生的纠纷。经协商共为13名员工追讨高温费、加班费及经济补偿金等共计1.96万元。

(李海生)

（四）社会保险

概况

长宁区社会保险事业管理中心（简称长宁社保中心）隶属于上海市人力资源和社会保障局，受上海市社会保险事业基金结算管理中心领导。是承担具体办理各类社会保险业务的经办机构，主要职能是：负责养老保险基金的征收、结算、拨付；负责养老保险个人账户管理；负责对离退休人员养老金社会化发放和管理；负责征收医疗保险基金、失业保险基金、工伤保险基金、生育保险基金以及市政府规定的残疾人就业保障基金和小企业欠薪保障基金等其他社会保障基金；负责生育保险金和工伤保险金的支付管理；负责各类社会保险政策咨询以及个人账户查询。

2010年，长宁社保中心以规范服务达标，提高社保业务经办水平为抓手，以提升员工队伍素质，培育区中心团队文化为切入点，以打造服务品牌，提高人民群众的满意度为衡量各项工作成效的最高目标，通过开展市级文明单位创建，使全体员工的政治和业务素质得到普遍提高，思想、纪律和工作作风得到明显增强，完成上级下达的各项工作任务，各项创建指标达到《上海市文明单位创建管理规定》。2010年，长宁社保中心被评为2009—2010年度上海市文明单位、部优质服务窗口、市局先进集体，区社保中心对外服务窗口获上海市巾帼文明奖、上海市世博贡献奖称号。（王国荣）

开展诚信服务在窗口集中行动

2011年，长宁社保中心组织职工开展以提供诚信优质服务，构建和谐文明窗口为主题的诚信服务在窗口集中行动。强化诚信服务理念。组织职工重温《上海市社保中心系统工作人员服务承诺书》，学习迎世博社保业务经办规范服务有关要求。向服务对象作出“认真履职，首问负责；依法办事，诚信服务；优质服务，文明接待”承诺，并将该承诺制成宣传海报张贴在服务大厅，自觉接受服务对象的监督。注重诚信服务管理。邀请行风监督员根据诚信服务要求，对社保业务经办窗口服务质量开展明查暗访，对明查暗访反馈的意见和建议及时予以研究，落实整改措施。鉴于前来办理生育保险、工伤保险等小险种的市民要求提供复印服务的量较大，而该险种服务窗口离开复印机有较长距离，给工作人员和服务对象带来不便。区社保中心及时将该经办窗口移至靠近复印机房间旁的窗口，从细节上为参保者提供更优质的服务。规范诚信服务行为。在开展诚信服务的窗口过程中，区社保中心以“微笑的城市，满意的你”为主题，从宣传世博和践行服务入手，动员职工投入“经办操作零差错、服务接待零投诉”劳动竞赛，从小事小节抓起，从规范服务做起，更好地改善服务细节，优化服务流程，形成“迎世博、创文明、优服务”的良好工作干劲和精神面貌。（王国荣）

举办外籍、港澳台人员社保政策“一条龙”专场咨询活动

4月10日，长宁社保中心青年志愿者服务队联合市外国人就业中心、市海外中心、区医保中心的团员青年，在古北社区市民中心举办针对在沪工作的外籍人员和港澳台居民参加上海市城镇社会保险的“一条龙”专场咨询活动。古北社区是上海市著名的外籍人员和港澳台居民居住相对密集的社区，活动现场吸引不少居住在此的海外居民。青年志愿者服务队制作中英文对照的相关政策摘要的小折页，发放给前来参加咨询的相关人员，并介绍外籍人员和港澳台居民参保资质证件的办理流程，以及如何办理参保手续和参保后能享受的相关待遇。（王国荣）

推进外来从业人员参加市城镇社会保险

2010年，长宁社保中心通过“走出去，请进来”等多种措施，推进外来从业人员参加市城镇职工养老保险扩覆工作。全年办理外来从业人员参保人数1.73万人，保障了区域内外来从业人员的合法权益。（王国荣）

围绕关注民生开展“双结对”活动

2010年，长宁社保中心把送服务进社区作为开展“双结对”活动的有效载体，双方通过定期开展交流与沟通，协调、解决多起事关老百姓切身利益的诉求，得到社区干部和居民的好评。为区社保中心党员和职工提供直接接触基层、面向群众、实践锻炼的机会。（王国荣）

设立“CN·SI”爱心助学基金

为更好地弘扬中华民族传统美德，奉献社保党

员和团员真诚爱心，并帮助品学兼优的贫困盲童学生完成学业，在上海市盲童学校支持下，长宁社保中心全体党员、团员自发捐助设立以长宁社保英文缩写"CN·SI"来命名的爱心助学基金。基金由区社保中心全体党团员每年5月定期自愿发起捐助，在上海市盲童学校的小学、初中和高中部共设立每年10个获奖名额，并委托上海市盲童学校将每次发放使用情况向长宁社保中心通报备案。10月下旬，区社保中心党团员代表和上海市盲童学校共同举行助学基金的捐助仪式，将捐助的款项交到负责老师手中，并共同签订《"CN·SI"爱心助学基金章程》。盲童学校师生用一曲《感恩的心》向区社保中心党团员代表表达内心感受。（王国荣）

（五）民政工作

概况

2010年，区民政工作围绕"一手抓办博，一手抓发展"工作要求和"五个确保"目标任务，深入学习、自觉实践科学发展观，坚持以民为本、为民解困、为民服务的核心理念，把握热点、聚焦重点、攻坚难点，不自满、不松劲、不懈怠，确保办世博与保民生"两不误、两促进"。年内，长宁区被评为全国养老服务示范活动单位，获全国老龄工作先进单位等称号。全面完成"十一五"规划项目。社会救助功能兜底夯实，基本建立以最低生活保障为基础，医疗、教育等专项救助为配套，节日帮困、临时救助、综合帮扶为补充的市、区两级社会救助体系。实施协保临补、渐退就业临补、大重病医疗季度临补、医疗"三定"、教育临补、燃气具临补、保洁社临补、单位吸保临补、个案帮扶等9项长宁特有的"填补低谷"救助措施（具体数据见《2010年长宁区民政局各类救助情况表》）。社会福利和老龄工作深化发展，初步探索形成机构养老、社区居家养老和家庭养老相结合的多元化养老服务体系。2010年，全区共有养老机构34家、养老床位4211张，占户籍老年人口的3.03%；居家养老服务人数1.36万人，占户籍老年人口的9.79%，提供以"助餐、助浴、助洁、助医、助行、助急"等为主的项目化服务25项；建成老年人日间服务中心11家；设立社区老年人助餐服务点40个。双拥优抚安置工作巩固提高。拓展完善以随军随调家属就业安置、军官子女优先照顾就学等"两就工作"为重点的各项双拥优抚政策，优抚对象抚恤补助标准年均增长10%。深入推进文化拥军、科技拥军、社区拥军、政策拥军等"四个拥军"工作。坚持开展"一街（镇）创建双拥主题一特色"活动，深化"兵妈妈"、"故乡指导员"、"数字八连"等长宁双拥活动品牌。社区和基层民主建设有序推进，探索创新社区管理模式，有序推进居委会换届选举，不断激发居民区自治活力，居委会直选比例由52%上升到100%。加大居委会建设和减负工作力度，在社区推行听证会、协调会、评议会等"三会"制度，搭建社区委员会和社区居民代表会议等社区层面的共治平台，引导社区成员参与社区建设。年内，长宁区成功创建全国和谐社区建设示范城区。社区服务功能不断完善，全区10个街道（镇）全部建成社区事务受理服务中心，建立"前台一口受理、后台内部协办"的"一门式"工作机制，逐步形成方便、快捷的社区公共服务体系。推行社区事务受理服务中心标准化建设，探索试点"一头管理、一口受理、全年无休、全区通办"的社区公共服务能力。社会组织培育发展建管并举，坚持以公益性、民生类社会组织为重点，加大各类社会组织培育发展力度，全区社会组织总数达到449家，社会组织年平均增长率达10%。探索社会组织"枢纽型"管理模式，成立长宁区社会组织联合会和10个街道（镇）社会组织指导服务中心（联合会）。开展社区公益性项目招投标工作和社会组织规范化建设评估，完善社区群众团队备案管理和三级预警网络建设。全面完成2010年工作目标。至年底全区共完成逸仙程桥敬老院、祥福敬老院、金福第二敬老院、新泾敬老院、安馨第二敬老院等5家养老机构的新、扩建工作，新增养老床位811张；新增居家养老服务对象1600人，拓展以"助洁、助浴、助医、助餐、助行、助急"等"六助"为主的居家养老项目化服务内容25项；新建华阳路街道等10个社区老年人助餐服务点；完成新华、三泾南宅、沈家郎、天支、长一、香花、长宁新城、虹许、新顺、杨家宅、天义、虹景等12家办公面积不达标居委会办公用房改造工作。开展"老年友好型城区"创建试点系列调研和"推进社会事业优质均衡发展，提升城区软实力"养老专题报告研究，完成长宁区创建"老年友好型城区"试点工作方案起草及意见征询工作，组织实施"幸福养老"首轮3年建设终结评估；规范开展婚姻（收养）登记工作，制订相关处置预案，完善应急措施，应对2010年10月10日结婚登记高峰，日登记量达821对；落实福利企业年检、年审及残疾职工最低工资调整工作，维护残疾职工合法权益，保障福利企业正常运行；完成青海玉树地震捐款、捐物接收，新建区救助管理站立项等专项工作。（谢国良）

表27-1 2010年长宁区民政局各类救助情况表

救助项目		救助人数（人次）	救助金额（万元）
医疗救助		1588	438.22
填补低谷	协保临补		
	渐退就业临补	1197	23.93
	大重病医疗季度临补	256	9.97
	医疗“三定”	1476	8.09
	教育临补	527	193.8
	燃气具临补	781	47.4
	保洁社临补	1566	31.32
	单位吸保临补		
	临时救助	12508	547.3
节日帮困		44304	961.65
综合帮扶（个案）		60	98.88

说明：资料由区民政局社会科提供。

■ “四医联动”基本医疗保障推广实施

年内，区民政部门加强“支出型”贫困研究，开展针对困难群体和政策边缘群体的区级“基本医疗保险+基本医疗服务+政府医疗救助+社会组织医疗帮扶”的“四医联动”基本医疗保障工作，10月起，在全区推广实施，主要涵盖区内民政特殊救济对象、低保人员、低保残疾和大重病人非本区户籍配偶、低收入大重病人员、65周岁以上无业老人和因病致贫人员等6类困难群体，并将其纳入保障范围，即困难人员按具体所参加的医疗保险办法享受医疗保险，属于医疗保险支付范围个人自负部分的医疗费用，在社区卫生服务中心就医的，95%享受保障，个人承担5%；转诊至区属定点二级医疗机构就医的，90%享受保障，个人承担10%；全年个人自负部分中个人承担超过1000元，可申请社会组织医疗帮扶。（谢国良）

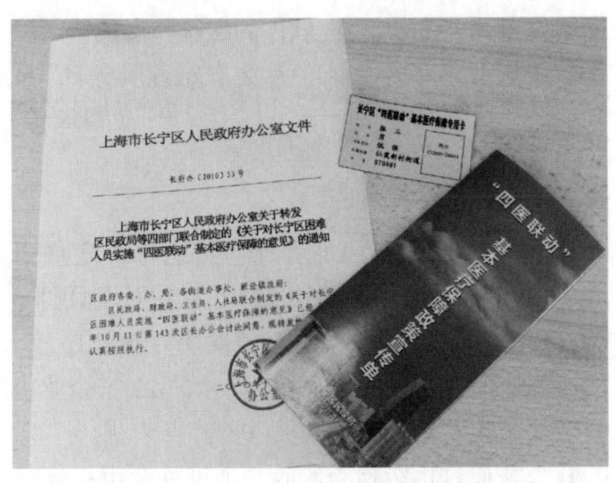

10月起，长宁区全面推行“四医联动”基本医疗保障 （区民政局供稿）

■ “幸福养老”首轮3年建设成效显著

年内，区民政部门全面完成2008—2010年度长宁“幸福养老”首轮3年建设目标任务，6大体系、15个指标项、53个目标值全部达到目标要求；组织实施首轮“幸福养老”3年建设终结评估，再次开展万名老人调研，结果显示，全区老年人对“幸福养老”平均了解程度为78.51%，对各项指标设定的满意率为85.2%，对指标实施情况的满意为83.6%，老年人“幸福指数”达到89.8分；开展“老年友好型城区”创建工作及相关调研，拟定《长宁区“老年友好型城区”创建评估标准》和《长宁区创建全国“老年友好型城区”试点工作的实施意见》及相关附件，下发至区各有关单位和街道（镇），有序落实各项创建任务，对现有“幸福养老”指标体系目标值进行深化、调整和补充。（谢国良）

■ 世博拥军与双拥创建工作有力有效

年内，区民政部门以世博期间双拥工作为重中之重，切实做好双拥考评各项迎检、评比工作，区领导分别于春节、“五一”、“八一”、“十一”、世博结束前和节假日走访慰问驻区部队和世博安保部队，组织全区重点优抚对象和军休干部参观世博园区，开展“军民同心、奉献世博”专场慰问演出、“军民携手，情牵世博‘八一’军民联欢活动”、“鱼水情深，世博梦圆”国庆联欢晚会等文化进军营活动，为外地来沪世博安保部队安装纱门、纱窗，改善其居住条件，重点解决军烈属临时困难补助、军官子女照顾就学、随军随调家属照顾安置就业等热点、难点问题。连续第六年提前完成2009年冬季退役士兵接收安置工作，共接收172人、安置172人，接收率、安置率均达100%。（谢国良）

12 月 27 日，武警上海边防总队向中共长宁区委、区政府赠送“共创双拥模范 同筑平安世博”锦旗

（区民政局供稿）

■ 世博安保社会面工作成效凸显

年内，区民政部门采取主动救助与叠加救助相结合、坚持政策与人性处理相结合、帮防并举与及时处置相结合等方式，对重点管控与稳定对象中的生活困难人员实施有针对性的社会救助；针对突发情况和个案事例，采取特事特办、适当突破的办法，快速妥善处置；与下放安徽居民集中所在的 8 个对口县（区）民政部门进行对接，及时了解并掌握下放安徽居民，尤其是其中不稳定人员的情况及动向；变被动上访为主动下访，前后 10 余次赴安徽相关县（区）开展维稳工作；深化民政、公安、城管“三合一”联动救助模式和流浪乞讨救助进社区工作，扎实开展 6 日、16 日、26 日“逢 6”集中救助活动，对重点区域、路段及人员密集场所进行 24 小时不间断巡逻。世博会运行期间，共出动巡查车辆 521 车次、巡查人员 1969 人次，救助各类流浪乞讨人员 1441 人次，未发生 1 起漏救或因救助不当导致的意外责任事故。（谢国良）

■ 夯实社会帮困救助工作

年内，区民政部门拓展“一口上下”运行机制，落实各项救助政策，加大帮困工作力度，共实施社会救助 46.19 万人次，发放救助金 1.07 亿元，其中实施区级各类“填补低谷”临时救助 1.83 万人次，金额 861.81 万元，社会综合帮扶个案 60 例，金额 98.88 万元。组织开展节日帮困活动，惠及困难人员 4.43 万人次、金额 961.65 万元。完成低保救助标准调整、困难群体世博关爱行动、国庆期间一次性困难补贴等专项救助工作。成立区居民经济状况核对中心。华阳路街道、天山路街道天山社区及虹桥街道虹储居委会获国家综合减灾示范社区称号。（谢国良）

■ 拓展为老服务品牌

年内，区民政部门启动困难、无业、低保老人免费健康体检、高龄困难老人居家护理、65 岁以上无业未纳保老人基本医疗补贴、百岁老人健康照料等多项惠老助医项目，实施“金色护航站”（独居老人关爱）和“金色晚霞”（老年活动室规范管理）等为老公益项目。开展“千名老人看世博”主题活动，组织全区 1000 余名社区无业、孤寡老人等参观世博园区；举办“银龄在世博，健康伴我行”长宁区庆祝上海市第 23 个敬老日活动及“敬老在你身边，共建和谐长宁”百岁、独居、困难老人走访慰问、“观世博，留记忆”老年人摄影、书法、绘画展览等活动。（谢国良）

■ 加强社区建设

年内，区民政部门以深入开展“加强社区建设，夯实社区基层基础”重点课题调研为依托，协调推进新华路街道新华居委、华阳路街道华一居委 2 个“居委会自治家园示范点”建设，深化上海市“和谐街道”、“和谐居委”创建，指导 1 个街道、55 个居委开展新一轮申报。按时、平稳、有序完成世博期间赠票赠卡工作，为全区约 22 万户符合条件的家庭发放世博大礼包。有序落实全区社区事务受理中心标准化建设工作，在新泾镇开展受理中心“一口受理”工作试点，完成全部街道（镇）受理中心网络设备及“五网合一”软件的配置和安装调试工作。组织开展每月 20 日“社区志愿者服务日”系列活动。（谢国良）

■ 培育发展社会组织

年内，区民政部门加大社会组织培育发展力度，全区共新培育社会组织 52 家，其中社会团体 5 家、民办非企业单位 47 家；公益性社会组织 16 家。完成企业协会“政社分开”工作，全区 22 家企业协会全部实现与党政机关人员、机构、资产、财务“四分开”，并通过市级检查验收。推进社会组织规范化和街镇枢纽型社会组织建设，全区 10 个街道（镇）全部成立社会组织联合会（指导服务中心）。完成

社会组织年检工作，加大社会组织动态管理和违法社会组织的查处力度，完善三级预警网络和社区群众团队备案工作。（谢国良）

■ 举办两场大型集体婚礼颁证仪式

4月28日晚，区民政部门假新虹桥中心花园，举办“牵手长宁，拥抱世博”大型集体婚礼颁证仪式，区委常委、区武装部政委王惠宁，市民政局副局长王万里出席典礼，并为10对新人现场颁证，这是长宁区首次在晚间举办的集体婚礼颁证仪式。11月8—11日，区民政部门又联合湖南省张家界市有关部门在张家界共同举办具有当地土家族特色的“情牵长宁 缘定天门”大型婚典活动，进一步深化长宁婚姻登记特色品牌，区委常委、区武装部政委王惠宁，区人大常委会副主任鲁德喜，副区长陆继业等出席。（谢国良）

4月28日，区民政部门举办“牵手长宁 拥抱世博”大型集体婚礼颁证典礼（区民政局供稿）

（六）妇女儿童工作

■ 概况

2010年，区妇儿工委贯彻《上海市实施〈妇女权益保障法〉办法》，推进区妇女、儿童发展“十一五”规划实施，落实退休妇女和生活困难妇女妇科病、乳腺病免费筛查等区政府实事项目实施，努力维护妇女儿童合法权益；深入调研，完成区妇女、儿童发展“十二五”规划编制工作。（周 波）

■ 调整区妇女儿童工作委员会机构

1月7日，根据区委《关于调整长宁区妇女儿童工作委员会组成人员的通知》的要求，增设区妇儿工委副主任和成员单位，形成由副区长担任主任，区妇联主席、区委组织部副部长、区综治办主任、区社建办主任、区统计局局长、区人口计生委主任、区教育局局长、区卫生局局长、区民政局局长担任副主任，30个职能部门分管领导、10个街道（镇）主要领导担任成员单位委员的工作机构。

（周 波）

■ 召开区妇女儿童工作委员会全体委员（扩大）会议

2月9日，召开区妇女儿童工作委员会全体委员（扩大）会议，围绕学习贯彻市妇儿工委全会精神和区委、区政府总体要求，回顾总结2009年区妇女儿童工作，部署2010年妇女儿童工作并提请委员审议通过，会议同时布置区妇女儿童发展“十二五”规划编制工作。副区长、区妇儿工委主任邹龙飞出席会议并强调一要提高认识，明确职责，不断增强政府部门做好妇女儿童工作的使命感；二要聚焦重点，努力探索，确保妇女儿童发展“十一五”规划全面达标；三要同步思考，创新设计，战略谋划妇女儿童“十二五”发展愿景。

（周 波）

■ 开展区妇女儿童发展“十一五”规划监测统计工作

3月30日，召开区妇女儿童发展“十一五”规划监测统计工作培训会议，对2009年监测统计情况进行汇总分析，并形成监测统计分析报告。监测统计分析报告显示，长宁妇女儿童工作总体发展呈现出与经济社会同步发展的良好态势，至2009年底，实施上海妇女儿童发展“十一五”规划49项主要目标，全区有40项指标已达标，达标率为81.63%。（周 波）

■ 召开2009—2010年度妇女儿童发展研究课题开题会

4月28日，召开2009—2010年度长宁妇女儿童发展研究课题开题会，邀请复旦大学公共卫生学院副院长钱序教授和中华医学会计划生育分会主任委员程利南教授对12项立项课题进行现场指导，以推进区妇女儿童发展课题的研究力度和深度。2009—2010年度长宁妇女儿童发展研究课题通过招标，共收到20份课题申请书。经过书面评审，最终筛选出12项课题，涵盖妇幼保健、家庭教育、女性就业、参政议政等多个方面。（周　波）

■ 开展免费筛查妇科病、乳腺病工作

年内，区妇儿工委办公室协调区卫生局、各街道（镇）妇儿工委继续开展退休妇女妇科病、乳腺病免费筛查政府实事项目，全区共有2.39万名退休妇女接受妇科病、乳腺病免费筛查。（周　波）

■ 举办“六一”国际儿童节主题活动

5月31日，由区妇儿工委主办，区教育局、团区委、区妇联、区少工委联合承办的“童乐世博，精彩长宁”——2010年长宁区庆祝“六一”国际儿童节主题集会暨长宁区少年宫改扩建启用仪式在长宁区少年宫隆重举行。区委书记卞百平，区委副书记、区长李耀新，区人大常委会主任刘雅琴，区政协主席陈建兴，共青团上海市委副书记钟晓敏，市妇联副主席朱鸣，区委副书记夏永泰，区委常委、宣传部部长朱国宏，副区长邹龙飞出席活动。主题活动分内场外场两部分，内场以短片、舞蹈、合唱和呼号等形式，展现长宁少年儿童朝气蓬勃、昂扬向上的精神风貌；外场则展示少年儿童的各类作品，并开展儿童保健、疾病防治、育儿知识、法律援助、家庭教育等咨询，为儿童提供服务。（周　波）

■ 区领导视察儿童工作

6月1日，区妇女儿童工作委员会主任、副区长邹龙飞一行到开元小学、天山幼儿园与儿童一起参加“六一”主题活动。并先后视察周桥社区卫生中心儿保部、长宁妇幼保健院佳佳母婴保健部，了解儿童妇幼卫生保健工作。还视察在“六一”期间为儿童提供优惠或免费服务的国际体操中心羽毛球馆、区少年儿童图书馆、天山电影院等文化、体育场所。（周　波）

■ 召开区妇女儿童工作委员会全体委员第二次会议

9月10日，召开长宁区妇女儿童工作委员会全体委员第二次会议，研究推进妇女儿童发展“十一五”规划重难点指标的实施，讨论《长宁区妇女儿童发展“十二五”规划（征求意见稿）》。区妇儿工委主任、副区长张连城出席会议并强调成员单位要提高认识，增强工作使命感；要聚焦重点，确保全面完成“十一五”规划各项任务；要编制好规划，继续争创全国实施妇女儿童发展纲要示范区。（周　波）

（七）残疾人工作

■ 概况

2010年，区残联继续开展为残疾人家庭“送百元年货”活动，区慈善基金会出资25.2万元，区残联出资21.9万元，慰问2715名重残无业、一户多残、老养残等残疾人。有185名残疾人享受机构养护服务，616名残疾人享受居家养护服务。推荐安置170名各类残疾人就业，完成年度目标的138.2%。续缴社会保险的重残无业人员127人，为4名残疾人办理补缴社会保险金。新办残疾人证1000余张、办理盲人免费乘车证156张。新增重残无业人员养老补助45人，重残人员报销医药费348人，报销费用19.4万元；重残无业人员申请重残医保31人，临时补助16人，补助费用0.57万元。为残疾大学生21人、残疾高中生4人、残疾家庭子女大学生96人、高中生18人发放助学金，金额32万余元。完成残疾人和各类残疾人工作者培训822人次。组织2123名残疾人参加免费健康体检。为78名听力障碍者配发助听器。为2779名残疾人发放4171件残疾人辅助器具。办理残车交旧车换新车65辆，新购残车81辆。发放全年残车补贴经费达32万余元，残疾人帮困救助金301万元。年内，通过上海市创建全国残疾人工作示范城市区县达标评审。（韩　红）

■ 组织残疾人参与世博会

年内，区残联制订《残疾人参观世博会方案》，发放门票及补贴共计58万余元，发放门票3600张，交通费补贴22万元。区残疾人福利基金会筹集善款近10万元，向1000余名残疾人捐助世博会门票。区聋人雕塑家曹瑞强主创浮雕“生命之墙”在世博会生命阳光馆展出，该浮雕以雕塑艺术表现形式，展现生命的孕育、成长、追求、沉迷、痛苦和快乐的主题。世博会期间，区残联以参与世博、服务世博、奉献世博为主题，通过《长宁时报》、长宁有线台、《长宁残联》、残疾人艺术团队等宣传载体，开展形式多样的宣传活动。（韩　红）

■ **完成各项实事项目**

年内，区残联完成年度市政府实事项目建设阳光康复援助基地。天山路街道、新泾镇完成残疾人阳光康复援助基地建设，吸纳残疾人32人。区残疾人劳动服务所会同新华路街道和市民政福利办公室，设立1个区级"阳光基地"。残疾人家庭无障碍改造统一纳入全区年度建设任务，由区建交委统一安排资金和施工队伍并组织实施。411户残疾人家庭列入改造计划，其中提高型残疾人家庭改造46户、普通型365户。（韩　红）

■ **开展"阳光之家"、"阳光心园"工作**

年内，区残联注重"阳光之家"劳动产品的开发和管理，已开发玩具拼装、环保袋制作、十字绣等项目；优化"阳光之家"管理方式，在全区开展信息化管理模式；加强与社会各界的联系和互动，开展一系列助残和联谊活动。"阳光心园"实行全周开放，与区文化局联合举办由18名"阳光心园"学员参加的为期3个月的音乐鉴赏和舞蹈培训，开展"五好学员"和七项康复活动达标评比活动。（韩　红）

■ **开展残疾人文体活动**

年内，区残联举办残疾人艺术团元宵联欢活动，60余名残疾人文艺骨干参加活动。组队参加市残联举办的世博知识竞赛，获第三名。全年各街道（镇）、居民区开展残疾人读书活动共计436次，约1万余人次参加。区残疾人图书馆从3月1日起试运行，全年共计900余人次参加图书馆阅览和各项活动。7月20日，是"全国特奥日"，区残联举办社区体育指导员培训班、特奥家庭论坛等活动。11月23日，区残联与区体育局联合举办残疾人群众性体育赛事，10个街道（镇）代表队100余名残疾人运动员参加7个项目比赛。（韩　红）

8月5日，区残疾人图书馆的开设，丰富了残疾人的业余生活（区残联供稿）

■ **区残疾人国画院活动丰富多彩**

5月，区残疾人国画院以"阳光、生命、和谐生活"为主题，精选近百件艺术瓷盘、瓷器及国画作品，参加第五届中国国际残疾人和老年人康复护理技术及辅助器具展览会。8月，"中外残疾人艺术作品展"在上海市图书馆举行，区残疾人国画院11位画师的20余件作品参展。10月底，"第十一届中国工艺美术大师作品暨国际美术精品博览会"在杭州开幕，区残疾人国画院选派优秀工艺画师前往参加交流。（韩　红）

■ **加大社区助残队伍建设**

年内，根据市残联重点工作要求，开展助残社工队伍试点工作。在反复调研基础上，经公开选聘、择优录取，有6名助残社工于7月在仙霞新村街道、华阳路街道、新泾镇上岗。（韩　红）

■ **残疾人专门协会工作展现活力**

年内，区肢协组织以宣传世博知识为目的的智力竞赛，举办长宁区与虹口区肢协工作交流。区盲协发挥音乐特长，开展"二胡"、"葫芦丝"基础培训班，有学员28名，并成立戏曲表演队。区聋协在上海东方国际手语教育学校的支持和帮助下，为聋人举办上海市第一个聋人中国手语中级培训班。（韩　红）

■ **编制区残疾人事业"十二五"规划**

年内，区残联根据市残联和区政府要求，结合残疾人工作实际，在深入调研的基础上，编制长宁区残疾人事业"十二五"规划。主要内容包括：做好残疾人康复工作；做好残疾人特殊教育工作；做好残疾人就业和社会保障工作；做好残疾人文化体育工作；依法维护残疾人合法权益；做好残疾人组织建设工作。（韩　红）

（栏目编辑　徐德生　汤翠萍）

科学知识

美科学家发明“人工树叶”能够产生电流

在许多科学家的眼中,树叶是利用太阳能的“高手”。如果能人工造出“树叶”,能源问题或许就能得到根本性解决。几十年来,研制“人工树叶”一直是科学家们神圣的终极奋斗目标之一。十多年前,美国国家可再生能源实验室的约翰－特纳,发明了第一片“人工树叶”。不过,该装置由贵重的金属材料制成,且性能非常不稳定,因此未得到广泛应用。最近,这项研究终于有了新进展。美国科学家丹尼尔－诺切拉在第241届美国化学学会的年会上宣布了其研究小组的最新进展一种廉价高效的“人工树叶”。他在报告中说:“将一加仑水和人造树叶放置在阳光下,可以提供发展中国家一个家庭一天的基本用电。”

这种人工树叶原型,可以持续进行光合作用达45小时。该装置形状像扑克牌,但比扑克牌要薄。你只需要将它放入水中,置于阳光下,它便可以将水分解为氢气和氧气,并将这两种气体存储在燃料电池中,以此发电。一加仑的水(约合3.78升)生成的电量足够满足一间房子整天的电力需求。诺切拉说:不久的将来,印度和非洲的贫困村庄都将买得起应用这种技术的电力装置。

这个发明被认为是人类寻找替代能源的征程中一个里程碑式的发明,甚至有人认为这片小小的“树叶”可能将彻底解决未来的能源和与之相关的环境问题。

“人工树叶”通过一种化学催化材料,利用镍和钴,在阳光照耀下进行“半光合作用”,将水在一定的电压下高效地电解为氧气,同时产生质子和电子;产生的质子与电子可以结合,生成氢气,提供一种清洁的能源。比起硅光电池板,这种“人工树叶”显然更便宜。更重要的一点在于:它不“挑食”,所以完全可以把各种废水喂给它用来发电。钴和磷酸盐是强大的而且廉价的新催化剂,该催化剂由镍和钴制成,能在简单的条件下有效地将水分解成氧气和氢气。诺切拉发明的人工树叶进行光合作用的效率大约是自然树叶的10倍。可以乐观地认为,将来人工树叶的光合效率将更高。现在,光合作用是以天然的方式进行并为自然界供能的。未来,光合作用可能也将通过人工树叶的形式造福人类。

该项发明的核心在于发现了高效廉价的电解水的电极催化材料,从而让规模化应用成为可能。 “人工树叶”可以高效储能,并有其他方式无法比拟的优势。白天,将太阳能电池产生的电力通过电解水转化为氢气和氧气,作为化学能储存起来;晚上或阴雨天,又可以随时通过燃料电池将储存的化学能转化为电能。

中国科学家也在进行这项研究。2010年,上海交通大学金属基复合材料国家重点实验室的科学家们将“人造叶子”的技术发布在当年的美国科学学会上。这个团队用中国特有的植物打碗碗花做实验,先找到自然叶子收获阳光的结构,再研制一种在功能上替代这种结构的化学物,为这片叶子贴上了“中国制造”的标签。遗憾的是,这些成果都没有进入实用领域,不是因为造价太昂贵,就是因为不稳定易锈蚀。诺切拉最新发布的这片叶子部分地解决了这一问题。“我们的目标是让每一个家庭拥有自己的发电站。”诺切拉说,“可以设想,在不久的将来,那些印度和非洲的村庄将有能力购买基于这种技术的基础发电系统。”

人们在为这一发明兴奋的同时,还应该清醒地意识到,所谓的“人工树叶”其实还存在着较大的局限性。首先,“人工树叶”并未真正实现自然界早已运行上亿年的树叶的全部功能,它仅仅模仿了树叶中光系统Ⅱ中的局部功能。其次,它的运行也要依赖太阳能电池和燃料电池来完成。再次,它还需要新型的廉价的压缩气体系统以储存所产生的氢气和氧气,然后用于发电。因此,要把这一发明真正规模化应用还有很长的路要走。

二十八、街道 镇

JIE DAO ZHEN

CHANGNINGNIANJIAN

2011

（一）综述

2010年，长宁区各街道（镇）抓住迎办世博契机，加大公共财政投入，大力推进社区民生工作，完善社区公共设施功能建设，持续保持社区稳定，不断提高社区建设和管理水平。

实施旧区改造和旧小区综合整治。房屋成套改造、二次供水设施改造和"一平方米"改造（橱卫改造）等工程取得新进展，群众居住条件得到切实改善。年内，拆除旧区建筑面积10.02万平方米，完成二次供水设施改造1.4万平方米。投入1310万元，落实102个拾遗补缺项目。在北新泾街道、新华路街道进行物业管理一体化试点。

不断健全民生保障体系。完成新增就业岗位、控制城镇登记失业人数等重要指标，至年末新增就业岗位3.62万个，帮扶610名就业困难人员实现就业，城镇登记失业人数1.47万人，控制在市下达目标内，全区6个街道（镇）成功创建成为充分就业社区达标单位，其中华阳路街道获国家级充分就业示范社区称号；实施社会救助46.19万人次，发放救助金1.07亿元；新建社区老年人助餐服务点10个，新增居家养老服务对象1600人，提供以"助洁、助浴、助医、助餐、助行、助急"为主要内容的社区居家养老项目化服务。

有序开展社区管理与服务。条块联动，落实市容环境责任区制度，推行沿街面市容环境大门责制度管理，重点开展对跨门营业、违法建筑、非机动车停放、道路扬尘等整治。继续深化社区事务受理服务中心、社区文化活动中心、社区卫生服务中心3个中心建设，新建5个社区卫生站点。因地制宜为群众提供便捷生活服务。在新华路街道、仙霞新村街道开展街道政企分开资产整合试点工作。

全面推进"迎世博600天行动计划"和开展世博安保群防群治工作。组织开展文明礼仪、双语培训、世博知识培训等培训活动以及世博"周周演"、"全民健身与世博同行"等群众文体活动，发动社区群众参与迎世博"三五"主题日活动，开展志愿服务活动，动员社会各方参与世博、奉献世博。9项平安建设实事项目全部完成。集中开展安全隐患排查整治，组织消防演练，安全生产、消防安全处于平稳可控状态。

年内，各街道（镇）经济出现良好局面，区政府下达的一级目标全面完成。总部经济发展基础得到加强。多家国内外企业落户长宁，既有外资企业又有国内的龙头企业。招商引商结构调整明显。招商引资工作从过去"重资金，看数量"向"引智、引人"发展。与大枢纽结合的招商得到有序推进。服务企业的力度加大、政策兑现提前。100万平方米存量商务楼实施租税联动。为下年度的发展开了好头。（安 静 徐 奕 王晓峰）

表28-1 **2010年长宁区各街道（镇）招留增指标完成情况表**

街道	招					
	四有企业引进			有规模有实力		
	目标（家）	完成（家）	完成率（%）	目标（家）	完成（家）	完成率（%）
新华	25	28	112.00	8	13	162.50
江苏	30	33	110.00	9	26	288.89
华阳	28	33	117.86	8	16	200.00
周桥	16	20	125.00	4	9	225.00
天山	30	33	110.00	9	14	155.56
仙霞	25	28	112.00	8	22	275.00
虹桥	25	28	112.00	8	14	175.00
程桥	25	28	112.00	8	22	275.00
北新泾	22	25	113.64	6	16	266.67
新泾镇	40	43	107.50	12	30	250.00
合计	266	299	112.41	80	182	227.50

续表 28-1-1

街道	留					
	企业数（家）	税收目标（万元）	12月税收（万元）	完成率	同期税收（万元）	同比增长率（%）
新华	38	13056.48	13181.58	100.96	11064.81	24.7
江苏	53	32831.08	31503.40	95.96	27822.95	20.45
华阳	47	24710.45	23956.97	96.95	20941.06	20.85
周桥	19	6437.96	5583.24	86.72	5455.90	-4.6
天山	51	41571.08	36369.53	87.49	35229.73	-1.3
仙霞	55	22890.50	25527.54	111.52	19398.73	41.06
虹桥	30	17170.37	18873.14	109.92	14551.16	18.09
程桥	69	74488.69	65383.94	87.78	63126.01	3.57
北新泾	37	20750.70	25361.76	122.22	17585.34	55.6
新泾镇	136	178688.90	190573.15	106.65	151431.27	34.54
合计	535	432596.21	436314.25	100.86	366606.96	19.01

街道	增					
	工商			税务		
	工商指标数	完成数	完成率（%）	税务指标数	完成数	完成率（%）
新华	2	2	100.00	1	1	100.00
江苏	3	3	100.00	1	2	200.00
华阳	2	2	100.00	1	1	100.00
周桥	1	1	100.00	1	1	100.00
天山	2	3	150.00	1	1	100.00
仙霞	2	2	100.00	1	1	100.00
虹桥	2	2	100.00	1	2	200.00
程桥	1	1	100.00	1	1	100.00
北新泾	2	2	100.00	1	1	100.00
新泾镇	3	3	100.00	1	2	200.00
合计	20	21	105.00	10	13	130.00

说明：1.资料由区商务委提供；2.招：指招商引资，引进重点企业数量。四有企业：指有规模、有实力、有产业、有实效的企业；留：指对税收百万元以上重点企业的服务；增：指对工商、税务落在外区的重点企业的转化。

（二）新华路街道

概况

新华路街道位于长宁区东南部，设居委会17个，有居民23289户，户籍人口99164人。街道办事处设在法华镇路479号。

2010年，街道完成各项目标任务。街道经济平稳发展。街道税收总量达4.2亿元，比上年增加59%，完成年度指标的138%。引进企业132家，其中引大引强企业28家，完成年度指标的112%；纳税100万元以上的重点企业38家，产税1.32亿元；有规模有实力的企业14家，重点企业税务转化1家，工商转化2家。社区党建工作全面推进。成立区“凝聚力工程”学会新华社区分会、居民区工作站。制订楼组党建工作实施细则，党小组楼组覆盖率达80%，“两新”党组织覆盖率达14.3%。完成21个居民区党支部的“公推直选”。有效运作“相约新华志愿者服务中心”。社会组织联合会会员单位扩大到38家。新建企业工会349家。开展廉政主题教育活动，落实“一岗双责”职责，逐级签订《党风廉政责任书》。完善“三重一大”集体决策事项工作制度，抓好“三重一大”事项执行情况跟踪督办。服务保障世博工作圆满完成。建立世博安保指挥体系，招募平安志愿者3480名，发动92家驻区单位参与安保工作。开展“世博先锋行动”，世博期间共计91家单位3800余名党员，参加26个公交站点的驻点守护和安保巡逻等志愿服务。平安志愿者参与治安巡防、驻点守护服务约6.8万人次。举办有关世博主题的“新华论坛”6期、世博主题讲座23次、“文明观博”培训4.5万余人次。管理运行社区世博志愿者工作分站和8个服务站点，组织367名志愿者参与世博站点服务。建立和完善后世博志愿者服务工作长效机制。建成全市首批市容环境责任区达标街道、首批市容环境综合管理示范街道。推进门责制度化建设，建立路长制商家自律模式。拆除泰安路沿街垃圾箱房，做好番禺路209弄危房整修、路面重铺等工作，启动云阳路沿街门店重点整治行动。拆除违章建筑250平方米，网格化立案2357件，处置结案率达100%。开展餐饮服务技能竞赛和美食节系列活动，发放睦邻卡5000余张。申报新华居委会为“上海市居委会自治家园示范点”，落实“世博人家”3户，接待日本、韩国、南非、波黑等国家代表团及北京、重庆、新疆等地考察团16批330余人，做好欧盟副主席、德国总统、匈牙利总理等参观服务保障。完成波黑国家馆日、日本大阪日、土耳其文艺演出及市民广场长宁区专场演出等活动。发放“世博大礼包”21787份，组织老年协会、残疾人、低保及优抚对象等2300余人参观世博会。做好世博安保部队的双拥工作。社区文明素质得到提高。创建市级文明小区33个，区级文明小区17个，文明弄47个。创建星级文明楼组738个，创建率达85.2%。做好文明指数测评迎检工作。创建淮海世纪花苑、田渡小区2个节水型小区。举办“火红中国年”——新春音乐会、“新华之夜”——慰问世博“三防”部队、虹桥文化之秋艺术节——轻音乐团专场演出等品牌文化活动。全年开展各类群众文化活动154场，2.63万人次参与。组织居民完成5000张“长宁市民学习卡”的在线学习。完成800平方米的新图书馆易地改扩建及开馆工作，做好社区图书馆加入市中心图书馆基层服务点暨“一卡通”系统建设工作，实现市、区、社区三级图书资源共享。完成3万户有线电视模转数工作。社区人居环境得到改善。如期完成上钢十厂地块居民动迁工作，景亿利、登云公寓两处基地动迁已接近尾声。完成16处旧小区及8个1996年前建造的高层综合整治工作，推进21处小区二次供水改造，完成新华路393弄“一平方米”改造、新华路329弄厨卫改造工程，新华路448弄“一平方米”改造有序推进，安装扶手38处。完成泰安路、新华路外国弄堂、梅泉别墅等景观工程建设。完成以牡丹亭、牡丹石等为景观的“一园一带两绿地”牡丹花观赏区建设，完成法华文化长廊建设。新增区环保绿色家庭2户。建成市0—3岁科学育儿示范单位，开展“关心关怀计划生育特扶家庭”特别辅助特色项目工作。开展区物业一体化激励试点工作。社会保障功能逐步增强。完善“一站一队六点”(便民服务站、爱心服务队、社区内设六个服务点)便民服务网络，开展社区服务加盟单位诚信服务评选。新增就业岗位2025个，完成全年指标184%；扶持创业96人，完成全年指标106%；非正规企业转制18家，完成指标138%。对各类困难人员实施救助24152人次，救助资金837.42万元。为35户残疾人家庭安装无障碍设施。新建阳光职业康复援助服务社，解决10名困难残疾人就业问题。新装安康通31台，建立社区老人互助睦邻点15个。申报创建市级和谐示范居委会2个、市级模范居委会5个，完成居委会办公用房达标建设2个。做好第六次全国人口普查工作。完成4.3万名挂户大学生的登记与编组录入工作，社区入户登记37571户，完成率达100%。社区稳定工作取得实效。深化市、区级平安小区、平安单位创建活动，加强街道综治中心和居民区综治工作站规范化建设。新增和更新实时监控探头25个，改建弄口电控铁门31扇，设置街面夜间警灯20处，推进非机动车地桩锁工程建设。年内，社区入室盗窃案显著下降，社区万人发案率继续保持全区低位。化解信访存量，完善领导包案制、律师参与信访工作机制。全年共受理群众来信来访169件，比上年下降25%，办结率达98%，调解民间纠纷505起，制作协议书145份，调解成功率99%。深化“两个实有”信息全覆盖管理。开展“安全生产宣传月”、“安全隐患集中排查”等专项整治行动。与社区单位签订消防安全、安全生产、特种设备安全责任书4163份，开展各类安全生产检查2912次。

2010年，街道获首批全国学习型街道示范单位、全国创建学习型家庭示范社区、中组部授予的上海世博会创先争优先进基层党组织、上海市创先争优 世博先锋行动“五好”基层党组织、上海市世博会志愿者工作优秀团队、上海市世博区县友好结对工作优秀集体、上海市五一劳动奖状、上海市健康社区先进等称号。（张海燕）

■ **承办洛阳牡丹花会上海分会场暨第五届法华牡丹节**

4月10日，街道承办的长宁区“洛阳牡丹景 上海世博情”洛阳牡丹花会上海分会场暨第五届法华牡丹节开幕式在中山公园举行。区委书记卞百平，副区长杲云，洛阳市委常委、市委农工委书记田金钢，上海市文广局副局长王小明，区相关委办局领导、各街道（镇）有关领导、各界人士代表、居民代表等1500余人参加开幕式。两地领导先后为上海市非物质文化遗产保护项目——法华牡丹嫁接技艺揭牌，并签订牡丹花种植、推广合作意向书。4月14—18日，每天上午在华山绿地中心广场举办第五届法华牡丹节广场天天演活动。4月20日，法华牡丹园开园仪式在安顺绿地举行。法华牡丹园由1个“牡丹亭”主题景观、4处假山石景观、8组牡丹花坛，800余株牡丹花卉组成。区委常委、副区长赵惠琴出席开园仪式。洛阳驻沪办、区绿化市容局等领导及社区各界群众1000余人参加。（张海燕）

■ **卫生部督导评估组到街道视察**

5月25日，卫生部《全国健康教育与健康促进工作规划纲要》督导评估组一行10余人到街道视察。听取街道工作汇报，实地考察社区卫生服务中心运行情况，在社区文化中心观看3个居民区举行的《上海市公共场所控制吸烟条例》讲座，肯定了街道健康教育促进工作所取得的成绩。（张海燕）

■ **召开纪念建党89周年主题大会暨长宁区“凝聚力工程”学会新华社区分会成立大会**

6月28日，街道在上海影城召开纪念建党89周年主题大会暨长宁区“凝聚力工程”学会新华社区分会成立大会，区委常委、组织部部长周文贤，区“凝聚力工程”学会副会长姜翠、各街道（镇）领导，社区基层党组织代表、各驻区单位党组织、学会会员单位及社区党员等1000余人出席会议。会上宣布“凝聚力工程”学会新华社区分会会长、副会长、秘书长名单；并举行“凝聚力工程”学会新华社区分会顾问聘请仪式、社区文化单位项目认领仪式；部分商务楼宇与居民区楼组、社区单位与居民区党组织党建共建结对；表彰社区优秀共产党员、优秀党员志愿者、先进基层党组织、优秀组织奖，党建联建优秀单位。（张海燕）

6月28日，新华路街道召开纪念建党89周年主题大会暨长宁区“凝聚力工程”学会新华社区分会成立大会（新华路街道供稿）

■ **举办“新华杯”排舞比赛**

6月26日，新华路街道与市社区体育健身俱乐部联合举办的“全民健身与世博同行——‘新华杯’排舞比赛”在华东政法大学附属中学操场举行，来自全市11个区县的23支代表队参赛。街道健身队获一等奖。（张海燕）

■ **举办区庆“八一”军民联欢活动暨“新华之夜”文艺晚会**

7月22日，区双拥办、上海轻音乐团和新华路街道在世博安保三防医学救援队营地联手举办庆“八一”军民联欢活动暨“新华之夜”文艺晚会。为1000余名世博安保官兵送上精彩纷呈的文艺演出。（张海燕）

■ **市住房保障和房屋管理局领导到街道调研物业管理工作**

8月23日，市住房保障和房屋管理局局长刘海生一行到街道调研物业管理工作，听取蓉之林物业管理咨询工作室运作情况的汇报。市房管局领导对街道创新工作思路，培育和扶持党建工作室参与小区物业矛盾调解、信访代理等工作所取得的成绩予以肯定。（张海燕）

■ 市社工委领导到街道视察居委会自治家园与社会组织工作

9月2日，市社工委副书记、纪工委书记王宏伟一行到街道视察居委会自治家园和社会组织建设工作，实地考察新华居委会自治家园建设情况，听取新华社区俞静居民区社群工作室运作情况的介绍。市社工委领导对街道培育社会组织、开展民主自治工作给予肯定。（张海燕）

■ 举办小主人老洋房寻访活动暨新华老洋房展示中心成立仪式

10月16日，街道联手区旅游局、区妇联在新华社区青年中心举办"与世博同行、深度看城市"小主人老洋房寻访活动暨新华老洋房展示中心成立仪式。区委常委、副区长杲云宣布寻访活动正式启动并为老洋房展示中心揭牌。区旅游局、区妇联、新华路街道等有关领导及来自长宁区的30户"五好文明家庭"参加活动。活动旨在让"五好文明家庭"子女欣赏新华辖区老洋房的魅力并宣传给更多的人，让人们通过老洋房对新华乃至长宁有更深入的了解与认识，促进地区文化、旅游、经济发展。（张海燕）

■ 承办第八届虹桥文化之秋艺术节轻音乐专场演出

10月27日，由街道与上海轻音乐团联合承办的第八届虹桥文化之秋艺术节轻音乐团专场演出在上海影城举办。来自上海轻音乐团的演奏家、歌唱家为现场观众献上了《长江之歌》、《阿里郎》、《匈牙利舞曲》等中外名曲。街道党政领导、区文化局有关人员、"凝聚力工程"学会新华社区分会会员单位代表、社区居民千余人参加活动。（张海燕）

■ 国务院办公厅调研组到街道开展物价专题调研会

12月7日，国务院办公厅调研组到街道就物价问题开展专题调研，邀请社区5名困难居民、优抚对象代表参加。调研组听取长宁区、新华路街道关于应对物价上涨和落实帮困救助政策的关工作汇报及社区居民代表对近期物价上涨的意见。（张海燕）

■ 举办"春风送暖，帮您解忧"大型就业援助招聘活动

3月4日，街道社保、工青妇、党员服务中心等部门联合举办春季就业援助大型现场招聘活动。活动以"春风送暖、帮您解忧"为主题，重点帮助进城农民工、就业困难大学生解决就业问题。共组织20家社区用工单位，提供98个项目、838个劳动岗位；还组织街道社会保障、劳动监察部门为现场求职人员提供就业政策咨询服务。参加求职人员达1400余人，接受就业咨询服务370余人次，填写求职意向登记表101人，其中农民工10人。（张海燕）

（三）江苏路街道

■ 概况

江苏路街道位于长宁区东部，设13个居委会，居民18383户，户籍人口50419人。街道办事处设在愚园路909弄2号。

2010年，街道完成各项目标任务和实事项目。完成经济预定目标。完成税收总量4.6亿元，实现全年增15%的目标。现代服务业企业408家，比上年增加22家。完成"四有"项目45个，完成年度指标的150%。其中有规模、有实力企业19家，完成年度企业指标的211%。全力服务世博。新建社区宣传栏7个、电子屏4个，及时张贴、刊载世博会信息；完成街道世博志愿者服务外建站1个、内建站5个；完成街道世博指挥中心建设，指挥体系图上墙，强化实战氛围；发动居民区定期出版世博黑板报，发放迎世博社区居民倡议书，共发放"世博大礼包"16824套；居民区以不同形式与驻区单位签订治安防范《承诺书》、《协议书》等，确保街道站点值守、街面巡逻、单位"三保"等项目的日常运作；在社区报上刊登世博平安志愿者事迹30余篇、社区居民世博征文20余篇、世博心语近150条；接待国内宾客50余人次，宣传社区老洋房文化、社区为老服务工作；精心筹划参加世博会波兰馆日活动，认真做好组织工作，确保活动安全有序；抓好服务细节，社区事务受理服务中心针对不同服务对象与内容，设置人性化服务设施，提升无障碍服务水平，完善公共服务导向标识；举行50余场文明观博世博知识讲座；完成世博知识网上培训2万余人次；组织“万人看世博”活动，完成232人参加的世博试运行演练任务，组织各类群体1700余人次参观世博会。突出民生保障。完成7个居委会活动室、办公室修缮工作；启动利西综合性助餐点，为第四网格老人送餐，社区助餐点实现全覆盖；新建金福养老院1所，改善积孝敬老院设施，养老床位增至740个；落实社区65岁以上无业老人未纳保生活保障每月生活补助；完成全体社区居民家庭综合保险；开展社区残疾人家庭无障碍设施需求摸底和安装评估工作；全年发放各类补助3.12万人次，金额1143万元。双困与零就业家庭均实现100%安置目标，扶持创业组织82家，青年创业见习指标完成全年指标的125%，外劳动力综合保险参保1.12万人，完成全年指标数的133%。改善环境品质。完成愚园路风貌街建设协调配合工作，消除延安西路等历史遗留市容顽症12处；拆除武定西路1371弄万村社区卫生服务站两侧违法建筑150余平方米；完成旧小区综合整治1.6万平方米；打造岐山村特色弄堂，对弄内48号和111号旧房实施厨卫设施改善试点；完成17个垃圾厢房整修，对5条小市政道路进行翻修；完成160个楼道便民休息椅、40张小区休闲椅及101副便民晾衣架安装；更新125个小区信报箱、雨篷；完成5个小区道路翻修、12处小区路面修补及2处下水道疏通改造；完成东方雅苑等9个小区的业主委员会换届选举。构建平安社区。制订世博安保指挥体系和责任图，建立和完善处级干部督察制、机关联络员制、滚动排摸制等工作制度，确保世博期间社会面稳定；完成6个小区电子围栏的安装和调试；23家娱乐服务场所完成业态调整。拓展文化建设。社区图书馆购买新书1850册，征订报刊杂志120余种；新增曹家堰、岐山居民区数字科普活动室；举行“第十二届江苏之声”、“对联迎春”社区居民对联大派送、“世博情、邻里亲”、“激情世博、欢乐五一”等文化活动；组织开展“精彩世博、美好家园”社区居民摄影大赛；探寻每一幢老房子背后的故事，编著出版近10万字的《弄堂深深深几许》一书；完成社区健身器材的更新工作，新建愚园路792号社区健身点。社区图书馆放映数字科普电影120场，受益3600余人次，举行社区乒乓球队成立仪式暨社区乒乓球比赛。与延安中学初二年级“青春期教育”课题组联合举行“干部的那些事儿”小干部论坛，387名同学参加；完成网上环保知识培训近3000人次；完成社区居民数字电视整体转换工作。

2010年，街道获全国社区教育优秀科研成果一等奖、服务中国2010上海世博会组织奖，获全国创建学习型家庭示范社区、上海市平安社区、上海市无烟街道、上海市红十字示范社区、上海市市容环境责任区达标街道称号，被评为上海市学习型社区达标单位、上海市侨务信访先进集体、上海市健康社区先进、上海市人口和计划生育公共服务机构标准化建设示范单位、中国2010年上海世博会志愿者工作优秀团队。（李雯洁）

■ **中央信访工作督导组、市领导到李琴工作室调研**

12月3日，中央信访工作督导组一行视察李琴人民调解信访代理工作室。李琴简要介绍工作室成立以来运作和发展情况，并汇报2005年工作室受理信访代理案件以来的信访代理工作情况。9月7日，市委副秘书长姚海同到李琴人民调解信访代理工作室调研，市领导首先听取李琴汇报人民调解与信访代理合二为一的工作机制和存在的困难以及运作模式、经验方法等情况，然后提出对信访代理机制的几点建议。（李雯洁）

■ **开展环境清洁日活动**

9月15日，街道在长宁路491弄长新小区开展环境清洁日活动，活动分环境卫生整治、有害生物控制、爱国卫生宣传咨询三部分，社区单位、党员等170余名志愿者参加。（李雯洁）

■ **启动“数字计生 药具直送”项目**

9月28日，街道“数字计生 药具直送”项目启动仪式在社区文化活动中心举行。街道探索以信息化为依托的药具“直送工程”，并将计划生育政策法规和生殖健康知识宣传、教育和服务融入到“直送”过程中，打造“信息化支撑、现代化管理、社会化运作、立体化服务”药具直送项目，进一步满足育龄群众生殖健康需求。区、街道领导、社区计划生育协会理事、会员及居民代表80余人参加。

（李雯洁）

■ **开展“你为世博忙，我为你服务”系列拥军活动**

世博期间，街道调动社区各方力量，发挥街道双拥工作优势，将双拥工作贯穿世博安保全过程，为服务世博作贡献。街道领导走访慰问在世博园区执行安保任务的"南京路上好八连"和在江苏路地铁站执行安保任务的武警九支队六中队官兵。组建流动电影放映队进军营播放，组织社区文艺团队以及市、区两级文艺团队进军营演出；开展电影进军营、演出进军营、图书进军营、娱乐进军营等系列活动；精心挑选图书、杂志送到军营；购买飞镖、魔方等健康有益的体育器材送到军营；在部队家属院内新建健身点，满足部队官兵及家属的体锻需求。街道党工委与地铁申通公司、武警上海总队第九支队共同签订《服务世博，军民共建》协议书，形成上下联动、军地互动的双拥工作局面。（李雯洁）

举行"新年暖流"大型为民服务活动

1月30日，街道举行2010年"新年暖流"大型为民服务活动。活动以"和谐世博我参与"为主题，组织30名"两新"组织志愿者慰问6位独居老人，走访5户困难家庭，上门为10余名困难人员提供家政服务；设置理发、修伞、免费测血压等便民服务和法律、理财等咨询服务，为社区居民送温暖、送清洁、送欢乐。（李雯洁）

区"凝聚力工程"学会江苏路社区分会成立

5月28日，区"凝聚力工程"学会江苏路社区分会成立大会暨2010年党建研究会年会在江苏路社区文化活动中心召开。分会立足于深化社区"凝聚力工程"建设，完善区域化党建格局，搭建服务世博、推动发展、促进和谐的交流平台。街道与中国石化化工销售华东分公司、上海电力医院、上海教育报刊总社等12家社区单位签订驻区单位社区发展项目协议书，达成商务楼宇白领青年健康保障服务、金融服务联盟等项目协议。103家辖区企事业单位、"两新"组织作为会员单位参加大会。（李雯洁）

民盟上海市委与街道举行社区共建签约仪式

12月31日，民盟上海市委与街道举行社区共建签约仪式。民盟上海市委将发挥人才智力优势，参与社区建设，为社区发展建言献策。街道利用社区资源平台，为民盟社情民意和课题调研等工作提供服务。双方将进一步推进社区科学发展，促进和谐社区建设，通过联手合作，探索建立双方合作长效机制，达到优势互补，共促发展、互惠共赢。（李雯洁）

完成愚园路风貌街建设协调配合工作

年内，街道完成愚园路风貌街建设的协调配合工作。整合居委、物业、业委会等部门力量，通过上门发放告知书、改造效果的沟通协调、产生问题的有效处理、施工过程的跟踪服务等，确保建设任务顺利推进。完成愚园路1210弄弄口建设，门卫室、垃圾箱房的移位改建；完成愚园路1032弄弄口建设，并延伸历史文化风貌街内涵；协调新长宁集团、新华物业，对弄内房屋大修，恢复提升洋房和新里风味；完成沿线东方书报亭、福利彩票亭的迁移。（李雯洁）

开展各类活动营造良好世博氛围

3月3日，街道在社区文化中心举行"庆百年华诞 迎世博盛会"活动，庆祝"三八"国际妇女节百年华诞。区志愿者开展"三八"妇女维权周活动，社区礼仪宣讲团对全体女性发起"做好东道主，文明迎世博"倡议，社区历届三八红旗手、各界人士等200余人参加活动。5月6日，由街道、上海市迎世博摄影大赛组委会以及长宁区工人文化宫联合主办的"精彩世博、美好家园"社区居民摄影展开幕式在区工人文化宫举行。摄影展共征集摄影作品近800幅，76幅优秀摄影作品在区工人文化宫展出一周。7月7日，"世博在你眼前 慈善在我心中"社区大型慈善捐赠、义卖活动在舜元弘基天地广场举行，募得爱心款3500余元，连同捐赠的1万

11月18日，江苏路街道志愿者服务短信平台开通（江苏路街道供稿）

余元现款，全部捐给"仁和"爱心基金会，用于帮助社区困难群体。共计300余人参加活动。年内，街道举办"我用小手绘世博"青少年绘画竞赛，竞赛共收集绘画作品近百幅，评选出一等奖3名、二等奖6名、三等奖10名以及创意奖5名。11月18日，街道在长宁区少年宫举办社区世博工作总结表彰会，区领导向江苏社区志愿者服务总队队长李忠授旗；居民区志愿者服务分队和社区单位志愿者服务分队成立；志愿者服务总队志愿服务短信服务平台启用。大会对迎博办博实践中踊跃投身服务世博工作的驻区单位和个人进行表彰，共50家社区"两新"组织、社区单位等获江苏社区世博工作先进集体称号；130位社区党员、志愿者、基层工作者获江苏社区世博工作先进个人称号。380余人参加会议。 （李雯洁）

■ 举办第十二届"江苏之声"艺术节

10月16日始，街道围绕"文化凝人"主题，举行为期1个半月的第十二届"江苏之声"艺术节。由上海歌剧院交响乐团、上海爱乐乐团、社区文化群众团队等带来的"百姓戏台"、"美好家园"、"共唱和谐"等10场专场活动在社区文化活动中心举行，让社区的文艺达人过足舞台瘾，让喜爱文艺的居民赏个够。近1万人次社区居民参与艺术节活动。 （李雯洁）

■ 曹家堰、岐山数字科普活动室建成

年内，街道运用高性能宽带网信息技术，投资19.8万元，在曹家堰、岐山2个居民区建设数字科普活动室。2个居民区数字科普活动室各为100平方米。建成后的数字科普活动室内，社区居民通过一个小小的科普机顶盒，就可随意点看各种多媒体视频以及高清电视，观看沪杏科技图书馆几千部科普视频资料片。2500余户社区居民在家门口就能享受到高科技信息技术带来的科普、文化、休闲娱乐的服务便利。 （李雯洁）

■ 编辑出版《弄堂深深深几许》

年内，街道编辑出版《弄堂深深深几许——探寻江苏路社区的地理文脉》一书，该书近11万字，200余幅照片，分"都市里的梦幻之旅"、"大隐隐于市的风云人物"、"才子佳人的传奇人生"等七大版块，探寻江苏路社区的地理文脉，展示推介社区的人文资源，传播社区文化。 （李雯洁）

■ 与金山区亭林镇亭西、金门、金明村签订结对帮扶（共建）协议

8月9日，街道和部分街道、区属企业党（工）委与金山区亭林镇党委结对帮扶（共建）协议签订仪式在金山区亭林镇举行，共建双方共同签订《上海市城乡党组织结对帮扶（共建）协议书》。根据协议，街道与亭林镇亭西、金门村、金明村建立结对帮扶关系。 （李雯洁）

■ 商务楼宇白领青年健康保障服务项目启动

8月26日，街道与上海电力医院在舜元·弘基联合启动商务楼宇白领青年健康保障服务项目。该项目通过开设网上在线咨询、开通健康体检预约服务热线等方式，为13幢商务楼宇白领提供服务。启动仪式上，上海电力医院向社区重点企业负责人、楼宇白领代表赠送VIP健康保健卡和代表开启健康大门的金钥匙，心血管内科、医疗美容科等6个科室组成的专家咨询团现场设摊为白领提供咨询服务。 （李雯洁）

（四）华阳路街道

■ 概况

华阳路街道地处长宁区东北部，设21个居委会，有居民24800户，户籍人口70540人。街道办事处设在定西路1310弄12号。

2010年，街道以保世博、保民生、促发展为工作目标，完成年初制定的各项工作目标和任务。发挥"1+3"（1是社区（街道）党工委，3是行政组织党组、社区综合党委、居民区党委）党组织引领作用。开展创先争优活动，党工委贯彻党风廉政建设责任制，坚持每月一次党工委会议制度，抓好班子民主生活会，严格执行"三重一大"集体决策制度，健全党工委领导网格、居委会分工联系制度及党群联动和社区各类综合性创建工作协调联动机制。行政组织党组加强协同运作。以迎博办博为契机，增强街道和区行政职能部门派出机构在社区公共安全、城市建设、市容环境、民生保障及文明创建工作中的协作联动。世博期间，联合开展市容整治50次，加强日常街面巡逻，实施社区消防、安全生产检查，确保安全隐患整改率100%。综合党委延伸党建领

域。通过开展社区"两新"组织学习实践科学发展观活动,确保党建覆盖面100%,建立楼宇与楼组、企业与社区、业主与支部的互动联动桥梁。"一楼一特"活动全面开花,"世博先锋岗"、"心灵之约、生日家园"、"万众一心"、"白领驿站"、"五月玫瑰"、"80后BLOG"、"党员集结号"等品牌项目亮点纷呈。居民区党委强化楼组党建。在21个居民区推行"日志、周评、月会、年考"制度,鼓励党员在楼组内"亮身份、亮风采、亮承诺",社区939个楼组建立党的活动小组覆盖率达100%。华一、华四居委会积极创建"世博自治家园",促进社区管理与群众自治有效衔接和良性互动。社区总工会完成换届选举,扎实开展"广普查、深组建、全覆盖"集中行动,区域性工资协议签订179份,完成计划的112%,独立企业工资协议签订26份,完成计划的100%。社区团工委组织14批青年志愿者做好社区12个世博城市志愿者服务站点工作,策划开展走近世博系列活动,以青年中心为阵地,开办寒托暑托班、学历培训班。社区妇女联合会完成2274名退休妇女的免费妇检,发动窗口服务行业女性班组投入"巾帼文明岗"创建活动。社区统战工作注重做实品牌,在全区成立第一家中青年知识分子联谊会分会,运作好社区离、退休民主党派读书会和少数民族读书会,以"侨之家"为载体组织侨界人士开展各类活动。社区党员服务中心践行服务承诺,做实"十大接待日"、"十个志愿者工作室"等项目,并拓展建立社区党代表提议制,促进民意民声转化为民心实事。街道接待浦东干部学院越南"党的组织建设"专题研究班、秘鲁"2011力量"党代表团、云南朗天乡村教师代表团等国内外来宾20余批。街道经济持续平稳发展。全年税收总量7.47亿元,比上年增长13.06%;引进企业176家,其中符合"四有"(有规模、有实力、有产业、有时效)标准的企业32家,注册资金1000万元以上的企业15家,分别完成计划的114.28%和187.5%;47家重点企业稳定经营,完成税收2.4亿元,比上年增长14.4%;楼宇转化企业工商注册2家、税务登记2家。扎实推进平安社区建设。做好第六次全国人口普查工作,11月1—10日,134名指导员和357名普查员正式开展上门登记工作,共登记10.76万人。结合人口普查,推进"实有房屋、实有人口"全覆盖工作;落实经费,为辖区内233扇无人管理、街道托底的防盗门进行维护维修,加强286个监控探头的专业维护;燃气安全普查500户,为171户特困户更换燃气具;落实社区消防、安全生产长效机制,检查单位2330家,发放整改意见书1814份,整改率达100%;完善人民调解和信访代理工作制,全年调处各类民间纠纷617起,接调处警"110"纠纷381起,制作调解协议书80件,调解成功率98%以上,入民宅案件比上年下降9.09%。改善群众居住环境。配合推进延安西路1289弄基地、苏州河三期防汛墙基地动迁工作;完成明珠线沿线房屋综合整治、8处危棚简屋维修工程;协调解决4处旧小区综合整治遗留的路面整修、下水道翻建、水泵更换等问题,受益居民800户;为多层公房安装楼道休息椅150个、积水点改造5处、小市政道路整修4条、老公房扶手安装17处、晾衣架安装15处、车棚维修19处、绿化补种7处,受益居民1.26万户。提升社区综合服务功能。全年新增就业岗位1492个,完成任务的135.64%;外来从业人员综合保险覆盖1.63万人,完成任务的139.41%;城镇登记失业人员控制在指标(1600人)之内。向社区居民发放世博大礼包2.17万份、健康大礼包3.51万份、节能灯5万只,做好数字电视整转工作;为生活困难群众发放救助款1900.38万元,受益4.94万人次;全年新增居家养老196人,为700户独居老人安装"爱心铃",为400户80岁以上独居老人安装煤气报警器;配合区创建"全国残疾人工作示范区域"并接受市验收,为599户有需求的残疾人提供上门量血压、心理疏导等健康服务;加强对精神病人的关心和服务;为社区0—6岁婴幼儿提供科学育儿指导服务1248人,麻疹疫苗强化免疫接种1477人;新建1处治未病分中心、1处老年人助餐点,完成长一居委会达标建设。居民精神文化品质不断提升。举办世博系列讲座12场,环保知识、"文明观博"培训3.6万余人次,在《华阳》(社区报)上开设世博专栏,宣传世博期间各类新闻动态及好人好事;围绕世博主题,举办城市文化体验日活动42场,社区近5000人次参与活动,鼓励群文团队创作、展示,舞蹈作品《欢呼绿荫》入选上海城市世博广场舞蹈展演节目;挖掘民间文化资源,以"社区博览会"为平台展示雨花石收藏、集邮、摄影、书画等一批社区文化精品;加强社区(老年)学校规范化建设,与社区内6所中小学校签订场地开放协议,向居民发放健身卡600余张,更新健身器材29件,完成第三次国民体质监测200人样本采集。

2010年，街道获首批国家级充分就业示范社区、全国妇联基层组织建设示范社区、全国模范司法所、世博区县友好结对工作优秀集体、上海市全民国防教育先进单位、2008—2009年度上海市学习型社区等国家级、市级称号20余项。（蒋 婧）

完成世博会各项保障任务

世博期间，建立街道、网格、居民区三级世博安保社会面稳定安全指挥体系和社会面防控网络，发动2600余名平安志愿者对中山商圈、公交站点、公园绿地、主要道路及居民小区巡查驻守；关注精神病人、吸毒人员、矫正人员等9类重点人群；加强动拆迁、建设工程、旧区改造、劳资纠纷、残疾人等群体性矛盾的预警预判，缓解、化解群体性矛盾5件，突出矛盾3件；落实专人对辖区15条中小道路、21个居民区日常巡查，依托网格化平台，及时发现、处置、解决问题；推进沿街面大门责管理工作，完善门责单位自律、志愿者宣传、门责指导员检查、执法队伍整治"四位一体"工作机制；街道牵头组织大型整治50次，出动人员1924人次，车辆199车次，确保社区环境总体整洁、有序；开展"两个主动联系"工作，106家单位、5041名党员、职工到社区报到，接受世博保障任务；发动2340人次地铁志愿者、1.3万人次道路交通志愿者、3.3万人次文明创建志愿者参与文明指数测评、文明创建、交通文明执勤、"三五"（5日窗口服务日、15日环境清洁日、25日文明秩序日）集中行动、"世博先锋行动"等活动；12个世博城市服务站点累计信息咨询10.65万人次，翻译服务5543人次，文明宣传3.13万人次；机关干部、部分居委会干部、群众团队等370人参加世博会土耳其馆活动；社区文化活动中心接待国际参展方代表团、加拿大旺市市长代表团、海地团结党代表团、日本枚方市代表团4批涉外代表团。

（蒋 婧）

"凝聚力工程"学会华阳路社区分会有效运作

3月30日，区首家"凝聚力工程"学会社区分会——华阳路社区分会成立，分会共发展中科院上海硅酸盐研究所、市建七公司、华东政法大学等会员单位104家。分会采用"实体"运作，在社区党员服务中心挂牌，明确接待受理服务窗口。注重"实在"沟通，健全会员单位"联络员"与街道"联络员"的"双联"机制，开通《华阳手机报》，开展"串百企门"大走访，同步做好《走访记录》《供需库表》《贡献度表》，积极问需于会员，促进会员间的信息交流和资源交换。做到"实效"服务，开展"关爱舟曲灾区，一个志愿者的爱心接力"、"两新"组织多米诺骨牌大赛、"凝聚之夜"国庆文艺汇演、"三点钟候鸟宝宝俱乐部"、编制《社区人文动感地图》等活动。依托分会载体，凝聚社区内属地、属资、属条、属业等各层面的群体，促进单位党建、行业党建和区域党建共建共享、互利共赢。（蒋 婧）

全国妇联调研组到街道调研

4月21日，全国妇联党组副书记、副主席、书记处书记陈秀榕带领全国妇联调研工作组到街道调研"妇女组织参与基层群众自治实践"工作。调研组参观了社区文化活动中心的"凝聚力工程"展示橱窗、亲子俱乐部、家庭文明建设指导中心、"心扉家园"心理指导室等，随后出席"推进城乡妇女参与基层群众自治实践"座谈会。社区妇联在工作中培养典型、扎实工作、实践创新、打造品牌的做法得到全国妇联调研组的肯定。（蒋 婧）

杜宝君雨花石藏馆迁址华阳

4月25日，杜宝君雨花石藏馆迁址揭牌仪式在社区文化活动中心举行，市收藏协会会长吴少华等到场祝贺。作为入选《中国旅游景区景点大辞典》的上海12家个人收藏馆之一，杜宝君雨花石藏馆深受社区收藏爱好者、艺术爱好者的欢迎。

（蒋 婧）

健全六项就业援助工作机制

年内，街道健全"部门联动、宣传动员、技能培训、就业援助、陪伴服务、失业预警"六项就业援助工作机制，依托社区"职业导航工作室"、21个居民区"民意直通车"等一批品牌项目运作，为群众提供就业指导和服务。每季度有针对性地开展"就业援助日"活动，帮助社区就业困难人员和大学生应聘就业。全年帮助双困人员52人、零就业家庭10户就业，安置率达100%。为大学生推荐匹配岗位，青年职业见习41人。（蒋 婧）

开展5S管理试点工作

年内，街道以科学发展促和谐为目标，推进5S（整理、存放、清洁、标准、修养）管理试点工作，在街道机关、社区事务受理服务中心、社区文化活动中心、社区党员服务中心、华阳敬老院、老年人日间服务照料中心、华一居委会、华四居委会8家单位实施5S管理试点工作，通过优化内部管理，提升服务水平。年底，8家试点单位全部通过审核认证。在2010年全区61个处级部门主要领导和作风建设联络员的2次民主推荐和社会中介组织3次明查暗访测评中，街道名列全区作风建设满意度测评街镇组第一名。（蒋 婧）

■ **完成“十二五”社区发展规划初稿**

年内，社区党工委班子成员先后赴曹家渡长宁88金庭项目基地、湖丝栈创意产业园、德比易园等重点场所进行调研；召集区行政职能部门派出机构、居委会、居民代表，围绕民生、经济、社会、文化、党建等专题领域探讨交流，分析社区发展中的瓶颈问题，征集切实可行的对策和举措，在广泛听取意见的基础上完成街道“十二五”社区发展规划初稿。（蒋 婧）

■ **2010年上海市人口和计划生育情况驻沪领馆通报会在华阳路街道举行**

12月8日，由上海市人口计生委、上海市政府外事办联合主办的上海市人口和计划生育情况驻沪领馆通报会在华阳社区文化活动中心举行。市人口计生委主任谢玲丽出席会议。来自匈牙利、法国、日本、芬兰、俄罗斯等20余个国家29名驻沪领馆官员听取上海市关于人口和计划生育工作的汇报，并参观社区0—3岁科学育儿指导室、早教基地。各国官员对华阳社区、长宁区及上海市根据市民和家庭需求，创新手段，从源头上提高人口素质、增进家庭幸福的做法给予肯定。（蒋 婧）

12月8日，上海市人口和计划生育情况驻沪领馆通报会在华阳路街道举行（华阳路街道供稿）

■ **华一居委会创建“世博自治家园”**

年内，街道指导帮助华一居委会总结“1+6”议事会自治模式和“法官信箱”咨询项目经验，争创市“世博自治家园”示范点。华一居委会以自治建设为核心，以六小委员会（文化教育工作委员会、治安调解工作委员会、服务保障工作委员会、事务监督工作委员会、人口健康工作委员会、环境卫生工作委员会）为主要自治主体，开展民主选举，参与民主决策，推动民主管理和执行民主监督，充分发挥居民群众自我管理、自我教育、自我服务的功能。华一“世博自治家园”示范点通过上海市民政局、上海市社会发展研究会验收。（蒋 婧）

（五）周家桥街道

■ **概况**

周家桥街道位于长宁区北部，设20个居委会（新增天山华庭），居民17270户，户籍人口43217人。街道办事处设在长宁路1618号。

2010年，街道结合各项重点工作和民心实事项目，聚焦重点，夯实基础，狠抓落实，完成年初预定的任务目标。街道经济平稳有序发展。企业累计完成税收1.92亿元，比上年增长2.86%，引进企业75家，其中引大引强20家，超额完成全年指标。企业工商落地转化1家，税务落地转化1家，完成指标的100%。扎实推进民生保障工作。新增居家养老服务110人，新增老年人助餐点1处，安装残疾人无障碍设施（室内）20处。完成周一、周二、沈家郎、中五、天山河畔居委会办公用房和长宁新城老年活动室的整修；安装小区电子防盗门20扇，出入口监控探头7只；走访社区困难群众4500余户，帮困金额达20余万元；举办“托起明日的太阳”第四届助学奖学金发放仪式，发放助学金2.1万元。全力以赴做好服务世博各项工作。建立和完善安保指挥体系，划分6个责任区，实行“一岗双责”和“四个例会”制度，制订和完善有关世博安保各类方案、预案44个，招募补充平安志愿者2614人，参与巡防检查、驻守执勤等服务超过18万人次；完成17721户居民的世博大礼包发放工作，发放世博倡议书3万余份，宣传册1.4万余册，宣传画1000余份。发动、组织社区居民参加各类世博知识的学习和培训，共完成培训20120人次、考核总人数达10075人次。世博期间，街道安全检查656次，出动人员1838人次，检查单位2624家次，开具整改意见书1227份，查处隐患220处，整改率为100%；开展消防培训1074人次，组织企业负责人和管理人员参加岗位培训85人次，农民工安全生产培训74人次。加强就业工作扶持力度。新增就业岗位1115个，完成全年指标的124%；指导97人成功创业，完成全年指标的194%；举行2场大型就业政策咨询招聘会，60余家单位参加，提供岗位近400个，帮助居民成功就业81人；召开5场"区开业专家进社区"专题活动，特邀区开业专家和创业成功人士为50余名青年创业者答疑解惑；开展来沪务工人员"春风行动"，设立服务窗口，对46名来沪务工人员提供职业推荐服务；开通"凝聚力工程"学会周家桥社区分会"青年就业直通车"，为社区59名有就业意向的失业青年挖掘就业岗位。继续推进市容环境整治工作。加强市容环境常态长效管理，增加重点区域、重点道路巡查，对小区卫生死角和"三乱一跨"等市容顽症进行整治。整治跨门营业92处，整治流动摊贩76处，清理各类垃圾122吨，清理卫生死角17处，划定非机动车停放线4600余米；推进旧小区整治，配合完成宁康小区、民众小区、精益大楼、清宁小区等14个旧小区综合整治工程，对沿中山西路7幢高楼进行清洗；配合区房地局等部门做好古北路108弄、124弄两幢居民楼保护性施工的进场工作；开展"拾遗补缺"工作，在周一、周二、沈家郎3个居委的7个小区安装楼道扶手；为范北、锦屏等7个小区整修路面；在三泾南宅小区楼道内安装折叠椅50把，为古南、中四等10个旧小区安装晾衣架327个。积极探索文化活动多样化。街道编排的舞蹈节目《五洲风情》在世博广场演出7天21场，在社区举办"精彩世博、舞动周桥"第六届群众文体团队展示、"世博星光下"纳凉晚会、第四届"敏之杯"社区乒乓球大赛、戏曲系列专场、少儿百幅书画展、书画笔会、社区剧场、百姓购书节等活动，吸引近万名居民参加。

2010年，街道获上海市平安社区，上海市学习型社区等称号。街道平安志愿者服务队被评为上海市优秀平安志愿者服务队。（高佳雯）

■ 举办第五届残疾人士看上海一日游活动

4月12日，街道举行第五届残疾人士看上海一日游活动开幕式，市政协常委、市残疾人协会副会长徐风建、区委常委、宣传部部长朱国宏出席。来自社区370名残疾人士以及癌症康复俱乐部成员、社区青年、解放军志愿者、社区摄影协会成员等450人乘坐大巴前往浦东鲜花港，欣赏温室盆花和绿地鲜花。（高佳雯）

4月12日，周家桥街道举行第五届残疾人看上海一日游活动（周家桥街道供稿）

■ 举办第三届百姓购书节

"喜迎世博 品味书香"——周家桥街道第三届百姓购书节于4月17日举行，活动由上海教育出版社、上海文艺出版社等14家图书出版社加盟设摊，各类图书上千余种，既有售书，更有赠书仪式，特别是世博图书深受居民欢迎，来自19个居民区千余名读者参加购书节活动。（高佳雯）

■ 区"凝聚力工程"学会周家桥社区分会成立

6月18日，街道举行"党建引领促凝聚，服务世博创和谐"长宁区'凝聚力工程'学会周家桥社区分会成立大会及揭牌仪式。区委副书记夏永泰到会祝贺并讲话，会议通过分会会长、副会长、秘书长名单，93个社区单位成为周家桥分会会员单位，并认领"六送"项目，即送信息、送健康、送平安、送环境、送岗位、送文化。（高佳雯）

■ 举办第六届群众文艺团队大展示

6月26日，街道在上海国际体操中心举办第六届社区群众文艺团队展示活动。长宁区委、区政府领导、区各职能部门领导、社区人大代表、政协委员、社区单位代表和专家学者、社会名流、新闻媒体、部队官兵等400余位嘉宾与社区近5000名观众参加活动。活动以《周桥大联欢》为序曲，共有4个篇章，分别为：《中国风情篇》、《上海风情篇》、《五洲风情篇》、《世博风情篇》，最后以诗歌朗诵《致世博》谢幕。（高佳雯）

■ 举行《周桥社区报》创办1周年庆典活动

7月，街道和新闻晨报社联合举行《周桥社区报》创办1周年庆典活动，活动回顾《周桥社区报》诞生1年来的耕耘和收获，并对优秀通讯员进行表彰。合作方打算将《周桥社区报》由月刊变为双周刊，这将是上海第一份双周刊的社区报。（高佳雯）

■ 举行社区第五届优秀园丁表彰大会

在第26个教师节前夕，街道举办第五届优秀园丁表彰大会，表彰辖区内9所学校的37名优秀教师，并对街道1年来的教育工作进行总结。街道党政班子、学校、幼儿园领导及各居民区书记、主任共120人参加。（高佳雯）

■ 举办廉政文化展示活动

10月20日，街道举办"苏河老印象，清风新周桥"大型廉政文化展示活动。唐周绍，沈敏等市、区领导出席活动并视察廉政景观带、示范小区等展示点，还观看主题文艺演出，对街道近几年的廉政文化建设成果给予肯定。该活动是长宁区廉政文化系列活动的重要组成部分，也是街道近年来廉政文化建设成果的一次大展示和大检阅。新华网、人民网、中国规划网、长宁悠闲、《长宁时报》等媒体进行专题报道，点击率达60余万人次。（高佳雯）

■ 举办"盛世欢歌，周桥同行"社区第七届十月歌会

10月30日，街道举办主题为"盛世欢歌 周桥同行"第七届十月歌会。区委副书记夏永泰等领导以及知名学者出席活动。来自社区各居委会及共建联建单位的23支合唱队，1200余位合唱演员登台表演，献歌世博，用歌声来祝贺世博会的成功举办，迎接后世博的到来。（高佳雯）

■ 举办第四届"敏之杯"社区乒乓球比赛

12月18日，街道于国际体操中心举办第四届"敏之杯"社区乒乓球比赛开幕式，市体育局副局长李伟听，区委常委、统战部部长刘春景等领导及社会各界知名人士出席。街道（镇）的31支球队390余名运动员参加比赛。新华社、人民日报、解放日报、上海电视台等媒体对活动进行专题报道。周家桥街道获团体比赛第一名。（高佳雯）

■ 举办第五届助学奖学金授赠仪式

8月26日，街道举办"托起明日的太阳"助学奖学金受赠仪式，6位来自贫困家庭的品学兼优同学获自强少年奖学金。助学金授赠仪式作为街道会所文化的一项品牌活动，已经连续举办5年，累计资助学生65人次，发放助学金17.4万元。（高佳雯）

■ 举办"11·9消防日"宣传活动

11月9日，街道开展形式多样、内容丰富的消防宣传活动，包括疏散救援演练、防火知识问答、消防主题黑板报创作竞赛等，既营造宣传氛围，提高居民的防火意识和逃生能力，又达到教育和训练的效果，活动吸引社区近千名群众参加。（高佳雯）

（六）天山路街道

■ 概况

天山路街道位于长宁区中部，设18个居委会，居民27054户，户籍人口87405人，街道办事处设在遵义路185号。

2010年，街道各项工作取得新成绩。经济工作。全年完成税收5.2亿元，累计引进企业253家，引进"四有"企业33家，其中"引大、引实、引强"企业18家；完成企业工商转化4家、税务转化2家。市政建设与环境整治。全年完成98个市政建设"拾遗补缺"项目，其中拆除违章515平方米，补种绿化1.5万平方米，安装室外休闲椅92把，整修道路300平方米，新建和维修车棚500平方米，大树修剪120棵，项目涉及资金达150余万元，惠及社区所有18个居民区。扎实开展各项惠民项目建设：启动天山二村121—122号、天山三村6号、天山路760弄13—14、16—17号3个成套改造项目；完成延西、友谊2个社区卫生服务站建设；完成天

山路1721弄小区、1761弄1—2支弄小区、古北路361号及安顺路220弄38号小区的二次供水改造工程；完成玉屏南路380弄小市政道路地下排水管道翻排工程；完成何家角地区动拆迁工作。与区工商局、区食药监局、区城管、区市容局、公安长宁分局等部门协力开展市容环境联合执法10次，对乱设摊、无证经营、跨门经营、流动摊贩、“六小场所”等进行有效整改。世博服务工作。围绕世博主题，开展居民群悦舞台、周周演等文艺演出80余场，参与群众近3万人次。组织机关干部、社区老年人、残疾人、老干部、群众团队等社区群众参观世博园区15批次，达1500余人。完善1个城市志愿服务外建站点和6个内建站点的规范建设；统筹建立16支志愿者队伍，在册总人数4299人；推进虹桥志愿者网站天山试点工作，完成各类志愿者的登记注册和信息入库工作。以迎世博为契机，完成8次文明指数测评迎检工作。信访维稳工作。重点做好各类重点人员及突出信访矛盾、群体性纠纷的稳控工作。开展信访专项治理工作，受理信访106件，按时办结率100%；加强社会公共安全排查，对社区单位进行安全生产检查674次，开出整改意见书650份。开展社会面巡防守护工作，组织动员2172名平安志愿者参与巡防。采用“教育、防范、打击”相结合的方法，改善社区治安态势，全年没有发生重大治安事件和安全事故，一般事故比上年下降28%。民生保障与劳动就业工作。完成“世博大礼包”集中发放工作，共计下发“世博大礼包”21857份，居民领取数量超过90%。举办各类大型招聘会、培训会10次，推荐就业1294人次，录用381人。全年共提供各类救助75125人次，帮扶资金达2073万元。新增居家养老1808人；为343户独居老人免费安装煤气报警器；新建天山二村老年助餐点，老年助餐点总数达到5个，服务范围辐射至15个居民区；受理社区生活热线求助1080件，处理率、满意率均达100%。街道完成副食品价格补贴发放数据核对录入工作。共录入人数7451人，副补总金额为5.57万元。其中城镇居民副补人数为5706人，副补金额达4.56万元；外地回沪人员副补人数为1319人，副补金额达9579元。所有录入信息全部审核完毕，信息完整率达99%。党建工作。开展以“党员世博先锋行动”为主题的创先争优活动，组织开展各类主题活动30余次，参加党员近5000余人次，表彰社区各级党组织120个。成立区“凝聚力工程”学会天山社区分会，推进落实分会“党建聚民心、文化塑品质、共建创文明”等10个建设项目。深化纺大“社情民意气象站”和天山三村“夕阳红”读书会党建品牌，提升基层党组织执政能力。拓展15个党员志愿者工作室服务功能，加强党员志愿者工作室领军人物队伍建设，提升新社会阶层人士投入社区建设的有效性。

2010年，街道获全国社区教育示范街道、上海市文明社区、上海市优秀平安志愿者服务队、区世博贡献奖等全国、市、区级荣誉称号70余项。

（罗贤萍）

■ 召开社区代表大会

3月23日，天山路街道召开第二届社区代表大会第一次会议。社区居民代表、社区单位代表、“两新”组织代表及部分人大代表等331人参加会议。街道办事处主任作题为《全心全力、奋力拼搏，以世博契机促社区工作再攀新高峰》的工作报告，现场针对代表意见书进行解答。大会收到提案41件，至4月23日，已结案35件，结案率85.4%，答复满意率100%。（罗贤萍）

■ 市首家社区教育实验研究工作室成立

6月17日，上海市社区教育实验研究天山路街道工作室在街道社区学校成立。该工作室由上海市教育科学院社区教育研究中心、长宁区学习办、长宁区社区学院、天山路街道办事处共同开办。作为全市首家设立在街道层面的社区教育实验研究工作室，是社区教育工作方式的创新，将以实验项目为抓手，推动街道社区教育实验工作，并为社区教育发展提供决策咨询，为长宁区社区教育实验项目的成果推广试点服务，为推动学习型城区建设、构建城市终身教育体系发挥积极作用。会上，天山路街道社区学校作“社区学校的制度建设和管理机制研究”教育科研课题的开题报告，与会专家和领导作专业指导和点评。（罗贤萍）

■ 开展庆祝建党89周年系列活动

为庆祝建党89周年，街道开展迎“七一”系列活动。召开“迎七一庆祝建党89周年”主题大会，组织先进党员和党组织代表交流发言，宣传先进事迹，展现优秀党员风采；表彰在社区党员“世博先锋行动”中涌现出来的96名先进党员和20个先进党组织；走访慰问社区内50名困难党员，了解困难党员的家庭生活及健康状况，送上慰问品；组织居民区党建干部召开党员世博先锋行动专题培训会，对前一阶段的工作进行总结回顾，对下一阶段的工作内容和细节重点进行布置和规划。（罗贤萍）

■ 区“凝聚力工程”学会天山路社区分会成立

7月15日，区“凝聚力工程”学会天山路社区分会成立大会在东华大学举行。社区各界人士近180人参加大会。区委常委、区委组织部部长周文贤出席大会并讲话。周文贤对天山路社区在坚持开展“凝聚力工程”建设中所作出的努力和取得的成效给予肯定，并对分会在下一阶段的工作提出希望。（罗贤萍）

■ 开展“庆八一，话世博”七个一系列活动

年内，街道开展“庆八一，话世博”七个一系列活动。开展一次结对活动：继续开展“妈妈在我身边”传统结对活动。来自天山消防支队等共建部队、社区居民区、结对兵母子代表等近200人参加活动。活动现场举行“妈妈在我身边”兵母子第99及第100对的结对仪式。还举行与会领导向结对兵母子赠送世博门票以及天山路街道办事处向天山消防中队赠书的活动仪式。召开一次座谈会、邀请区武装部、空军仙霞路干休所、天山消防中队等多家共建部队与社区居民、离退休老干部共同座谈，交流世博主题，并为社区双拥工作“十二五”规划献计献策。开展一次走访慰问、由街道领导带队走访慰问驻地部队和社区空军干休所离退休老干部，并送上慰问品。筹建一个健身苑点、为天山路上的“将军楼”筹建一个新的健身苑点，为小区内的老将军、老干部提供健身设施。组织一次送清凉活动：对社区的400户优抚对象开展全面走访慰问，送上夏季防暑降温用品。开展一次为老服务：邀请共建部队到社区两家敬老院为老人提供理发、清洁等服务。同时，组织老少结对交流谈心，为老人送上一份精神慰藉。制作一期双拥专刊：利用社区外网、《天山家园报》及《长宁时报》等媒体积极宣传街道双拥工作成果。（罗贤萍）

■ 街道成立社区检察室

8月5日，天山路街道社区检察室在社区文化中心揭牌成立。上海市人民检察院党组成员、副检察长柳小秋，区有关领导、区相关部门以及天山路社区派出所等相关人员参加揭牌仪式。天山路社区检察室作为全市首批5家试点挂牌单位之一，将承担对派出所立案、侦查、执法等环节以及监外执行和社区矫正活动进行监督，定期通报和交换执法数据等工作职能。该检察室还将通过受理群众控告申诉和举办、接受违法犯罪人员自首等实现控申关口前移，以便及时为社区群众提供司法救助。（罗贤萍）

8月5日，全市首批社区检查室——天山社区检察室揭牌（天山路街道供稿）

■ 举行上海中心图书馆基层服务点授牌仪式

12月22日，上海中心图书馆基层服务点授牌仪式在社区文化中心举行。来自全区各街道（镇）的社区图书馆馆长、群众读书团体及居民代表等200余人参加活动。市图书馆党委书记穆端正、长宁区副区长张连城、市区文化部门及天山路街道办事处有关领导等出席揭牌仪式。活动现场举行了市中心图书馆基层服务点授牌仪式，市图书馆党委书记穆端正、长宁区副区长张连城等有关领导向长宁区各街道（镇）图书馆馆长授予铭牌，标志着长宁区实现图书馆基层服务点全覆盖。读者只要花100元押金就可以享受全市的图书资源，在任意一个“一卡通”服务点分享通借通还的便利服务；同时还能享受长宁分馆的数字动漫书、电子图书及各种教育视频资源等。（罗贤萍）

■ 街道与杭州市江干区凯旋街道开展社区建设交流活动

12月11日，杭州市江干区凯旋街道党工委书

记一行参观街道社区事务受理中心、文化活动中心及党员服务中心，听取街道关于社区三个中心建设及运行的基本情况介绍。双方就如何整合并发挥各类社区资源，更好地服务群众及如何规范老城区物业管理等有关问题进行交流探讨。（罗贤萍）

■ 推进就业工作

年内，街道统筹各方力量，定期举办现场招聘会、现场政策咨询会、各类知识讲座和教育培训等大型活动，为社区求职者提供求职帮助。并定期将登记在册的求职人员信息进行分析和汇总，制订不同的求职就业方案，借助社区"胡明胜劳动人事工作室"志愿者专家资源，组织安排规模较小但针对性更强的就业咨询及政策讲解活动，与大型活动相辅相成。至年底，累计举办现场招聘会4次，参加招聘会2300人次，推荐就业839人次，成功录用225人，安置就业困难人数47人，扶持成功创业65人；新增岗位613个；推荐青年见习人数23人。

（罗贤萍）

（七）仙霞新村街道

■ 概况

仙霞新村街道位于长宁区中部，设23个居委会。居民27159户，户籍人口71524人。街道办事处设在虹古路206号。

2010年，街道完成各项工作目标任务。快速发展社区经济。全年招商引企180家，累计注册资金4.82亿元；完成"四有"项目31个，完成指标的124%；完成税收4.72亿元，比上年增加40.42%，社区招、留、增经济发展获区综合评比一等奖。优化提升城区品质。落实5条主要商业街门责管理制度，签订承诺书1450份，处置网格化案件1300余件。推进天山五村违章拆除、环境整治等工作，完成公用卫生间改造35间，改建美天菜场、澳华市场。完成旧小区综合整治21万平方米，1996年前建造的高层综合整治41.2万平方米。改造安龙路929弄等4条小市政道路，推进茅台路等8条中小道路综合整治。完成小区绿化补种7500平方米，完成虹景小区泵房改造、天山路店招店牌维修、虹纺小区草坪砖铺设等项目。推进自行车棚整修、晾衣架安装、健身器材更新等一批民心工程，改建1700平方米的仙霞运动场。完成迎博、办博任务。开展世博宣传，举办"世博戏曲大家唱"、"仙霞国乐三十年"、"家庭环保节能大赛"等活动。组织世博知识和礼仪培训，完成文明观博和世博知识培训9.4万人次，通过网上考试6万人次。组建园区志愿者、城市站点志愿者和城市文明志愿者队伍，招募志愿者4600余人。开展"诚信经商"活动，建立"迎世博劳模巡访团"对重点窗口单位指导、服务和检查。举办上海购物节系列活动之一"仙霞美食文化节"，着力打造仙霞路特色商业街。确保社区平安有序。对重点地区进行综合整治。发动平安志愿者4661人，加强68个自然小区、11条主要道路、28个公交站点、地铁站点出入口的治安巡防和驻点守护。落实辖区1289个屋顶水箱、59个蓄水池、593个水箱屋面入口"双人双锁"管理制度，采取保安、志愿者、民警"三合一"管理模式，做好辖区15所幼小学守护工作。世博期间，共组织小区巡防6.78万人次、街面巡防7.5万人次、公交地铁驻点守护1.63万人次。社区社会面总体平稳，八类恶性案件零发生，两抢案件明显下降。做好信访突出矛盾的化解稳控工作，全年受理信访570件次，办结率为99.12%。完善社会保障与社区服务。在慧谷白猫科技园成立长宁区首家社区青年就业服务工作站，组织青年职业见习47人，扶持创业组织71个。完善零就业家庭动态管理、动态援助工作机制，新增就业岗位1313人，安置就业困难人员58人，综合保险收缴9974人。新建大金更老年助餐点，新装"一键通"系统400门，新增居家养老服务对象230人，落实困难独居老人关怀慰问206人，安装煤气报警器703个。做好"四医联动"基本医疗保障试点工作，共办理"四医联动"基本医疗保障专用卡1062人，其中低保对象836人、重残无业114人、无业老人151人，基本覆盖社区困难人群，共发生费用98万余元。做好残疾人、精防人员帮扶工作，共向低保家庭、重残无业、特殊救济对象等发放各类帮困、救助金1069.33万元，受助达32040人次。做好第六次全国人口普查工作。组织发动社区单位、居民为灾区捐款57.5万元。完成献血指标312个，招募入库造血干细胞志愿者9个。深化社区大党建。开展"世博先锋行动"，82家单位党组织、3900余名在职党员投入世博志愿者行动。成立"凝聚力工程"学会仙霞社区分会，推出10个区域性合作项目。推进"七进楼宇"与"六个便利"工作相结合，建立楼宇"白领就餐点"3个。深化楼组建设，增设楼道折叠椅400个，楼组爱心车50辆，创建党建示范楼组100个，开展“世博书籍进楼组”等党建特色活动。在全市率先召开人大代表视频述职现场会。完善“三重一大”制度，开展“小金库”专项治理。

2010年，街道获全国第二次经济普查先进集体、全国社区共建共享先进街道、上海市学习型社区、上海市和谐社区建设示范街道、上海市老龄工作先进集体、上海市民族团结进步创建活动优秀社区、上海市平安社区、上海市迎世博环境整治贡献奖等称号。 （钱 晶）

■ **开展迎世博党员志愿者为民服务活动**

1月22日，仙霞党员服务中心在古宋居民区开展“2010年新年暖流——迎世博党员志愿者大型为民服务”活动。社区金融业沙龙成员单位上海银行长宁支行等11家金融企业，街道经为摄影工作室等4个党员志愿者工作室及社区计生协会、居民区为民服务队等60余名党员志愿者为社区居民提供投资理财、物业、法律、心理等方面的咨询服务，还有量血压、理发、小家电和日常生活用品维修等服务项目，有500余位居民受惠。 （钱 晶）

■ **街道综治工作中心揭牌**

2月25日，街道举行社区（街道）综治工作中心揭牌仪式，区委常委、区政法委书记刘玉鹏、区综治办领导、10个街道（镇）分管领导和综治办主任参加仪式。刘玉鹏为仙霞新村街道综治工作中心揭牌，并对街道（镇）综治工作中心建设提出要求。 （钱 晶）

■ **启动“四医联动”试点工作**

4月1日，“四位一体”基本医疗保障试点工作在街道正式实施，771名符合条件的居民成为首批受益者。“四位一体”基本医疗保障采取“基本医疗保险、公共卫生服务、政府医疗救助、社会组织帮扶”相互联动的医疗保障救助模式，对享受最低生活保障等五类困难群众开展“保基本、可叠加、多组合”医疗保障和救助，有效缓解支出性贫困人群的生活困难。 （钱 晶）

■ **召开2010年社区代表大会**

4月7日，街道召开2010年社区代表大会。来自社区的居民代表，部分区党代表、“两新”组织代表和社区单位、驻区部队代表共200余人出席，区民政局副局长到会讲话。大会发放《世博倡议书》和近200份政风行风评议测评表，对社区窗口单位在履行职责、办事公正、清正廉洁等8个方面的工作进行测评。 （钱 晶）

■ **开展市、区党代表、人大代表进社区活动**

4月20日，街道开展市、区党代表、人大代表进社区活动。市党代表夏永泰、陈建兴、沈敏，市人大代表刘正东、江小青等区领导与45位区党代表、人大代表参加活动。5位区领导以市、区党代表、人大代表身份，深入仙逸小区、虹日小区、天原小区、虹景小区、古宋小区等联系点，听取居民区各项工作情况汇报，并参观特色工作点，收集部分党员、群众代表反映的社情民意。 （钱 晶）

■ **第五届仙霞美食文化节开幕**

5月18日，第五届仙霞美食文化节开幕式在绿丰会所举行，社区24家餐饮企业参加迎世博风味菜和特色点心展台展示。区领导、各街道（镇）综合党委书记及来自仙霞社区的人大代表、党代表、两新支部书记代表、居民区代表等200余人参加活动。 （钱 晶）

■ **成立流动人口计生协会分会**

5月25日，仙霞社区第一个以流动人员为主的计划生育协会分会成立。大会选举产生仙霞社区物业流动人口计生协会分会会长和副会长，聘请协

10月15日，仙霞社区开展人口计生政策现场咨询活动 （仙霞新村街道供稿）

会顾问和秘书长，对协会会员进行分组并推荐协会小组长。（钱　晶）

■ “凝聚力工程”学会仙霞社区分会成立

6月29日，区“凝聚力工程”学会仙霞社区分会成立大会在绿丰会所举行。街道党工委书记、综合党委书记及慧谷白猫科技园、长宁社区学院、厦门国际银行等企事业单位代表90余人出席会议。区委常委、组织部长周文贤，区凝聚力工程学会副会长姜翠到会并作讲话。会议开通“走到一起来”功能互动服务平台，发行《走到一起来》的分会会刊。上海工程技术大学、慧谷白猫科技园区等单位作交流发言。（钱　晶）

■ 召开第二次归侨侨眷代表大会

7月12日，街道召开第二次归侨侨眷代表大会，选举产生仙霞新村街道第二届侨联会委员9名，主席1名、副主席2名，完成第二届侨联会换届选举工作。（钱　晶）

■ 举办第四届睦邻文化节

7月19日—11月29日，街道举办第四届睦邻文化节。文化节主题为“居民自己演，演给居民看，社区文化展现社区风采”，文化节由“论坛”、“节庆”、“互动”、“展示”四大板块组成，包含低碳环保专题论坛，社区科普节、健身节、读书节，社区百岁老人微型绣花鞋展，舞蹈专场及卡拉OK大奖赛等22项活动，主要参加对象为社区居民。（钱　晶）

■ 参加世博会玻利维亚国家馆日活动

8月13日，街道组织机关、居民区、街道读书会、舞蹈队、关工委等270余名市民代表参加上海世博会玻利维亚国家馆日活动。玻利维亚国防部部长鲁本·萨维德拉·索托，区人大副主任鲁德喜出席活动，并参加升旗仪式。市民代表还现场观看了玻利维亚民族歌舞演出。（钱　晶）

■ 建立仙霞社区青年就业服务工作站

9月2日，仙霞社区高校毕业生专场招聘会暨仙霞社区青年就业服务工作站揭牌仪式在慧谷白猫科技园区举行。街道在长宁区街道（镇）中率先设立就业服务工作站，为落实社区就业困难人员“不挑不拣24小时推荐就业承诺”制度提供保障。（钱　晶）

■ 举行仙霞社区校长论坛暨优秀园丁奖颁奖仪式

9月9日，街道举办“社区教育与社区重塑”——2010年仙霞社区校长论坛暨优秀园丁奖颁奖仪式。区学习办副主任、街道主要领导、辖区内大学、中学、小学、幼儿园、职校领导和社区居民代表等100余人出席。长宁区社区学院、仙霞高级中学等学校校长围绕学校与社区的互动凝聚，终身教育与社区发展等议题作了发言。活动还对3所在社区读书大联盟活动中有突出贡献的学校及27名奋战在教育第一线的优秀教师进行表彰。（钱　晶）

■ 举行“11·9消防日”宣传活动

11月3日，街道举行以“联勤联防联动、加强消防建设、保障城市安全运行”为主题的“11·9消防日”社区大型消防安全宣传活动，旨在提高居民群众的消防意识和在火灾事故中的自防和自救能力。活动现场发放宣传资料1500份，展出黑板报23块，共有居民和单位职工1000余人参与。

（钱　晶）

■ 开展法制宣传日

12月5日，街道举办法律知识宣传暨向阳花公益社向社区捐赠法律书籍活动，活动在长宁文化艺术中心和水霞公园广场同步举行。活动特邀律师事务所的法律专家志愿者，为社区从事法律帮助、纠纷调解的志愿者及居民区调解干部作专题法律培训讲座，向志愿者赠送简明法律读本。广场活动包括“五五”普法、消防法宣传黑板报展评，法律专家现场签名赠书，以及法律志愿者现场开展法律咨询等内容。（钱　晶）

■ 举行社情民意采集点签约仪式

12月16日，民进长宁区委举行建立社情民意采集点签约仪式。水霞居民区党总支与民进区委文化综合支部签约，将在水霞小区建立采集点，定期收集反映居民群众关注的热点、难点等各类社情民意。（钱　晶）

（八）虹桥街道

■ 概况

虹桥街道位于长宁区西部，设16个居委会，有居民18415户，户籍人口46567人。街道办事处设在虹桥路1155号。

2010年,街道完成各项目标任务。发展社区经济事业。全年完成税收3.71亿元,引进企业97家,其中"四有"企业28家。私房出租、个体税收等小税种完成2178.89万元。完成2010年度财政预、决算执行,做好"小金库"自查自纠。推行财务POS机使用,健全政府采购管理流程,强化项目的专款专用,增强财政资金的绩效性。完成迎博办博工作。开展提升市容环境"清洁家园"活动,全年参与人数超过2.3万人次。完成世博大礼包发放及参与密克罗尼西亚联邦国家馆日活动等工作。拓展延伸区域化大党建形成的资源共享、区域共治、责任共守的党建机制,118家单位4000余名党员到社区报到,合力构建社区世博志愿者守护网。开展平安世博"双百日"立功竞赛活动。街道世博安保分指挥部认真履责,"一办六组五大责任区"严格按照安保方案落实各项措施,建立规范台账13种(类),督促相关单位看好门、管好人、保好物。组建专项工作组,稳步推进地铁10号线宋园路站矛盾化解工作。探索建立常态发现、应急处置、日常维护三项长效管理机制。组织志愿者参加城市站点服务和世博保畅等活动。推进民生保障与劳动就业。全年新增就业岗位1350个,安置青年见习岗位37个,安置就业困难群体50人,实现100%安置目标。全年发放救助金503.2万元,低保金210.33万元,为4户特殊困难家庭实施个案帮扶。节日走访慰问困难家庭4911户,发放节日慰问金103.51万元。为社区高龄困难老人开展"送清洁"活动,累计助洁373户,助浴630人次。开展第四届大型老年趣味运动会等系列活动。慰问困难老人、百岁老人、无业未纳保老人近200人次,慰问金额达1.5万元。新增虹许鲜味馆助餐点。开展助残系列活动,全年帮困慰问1186人次,发放慰问金26.29万元。开展国防教育,推进双拥"十百千万"主题活动,为空军上海虹桥路干休所解决路面长期积水问题、为总装备部上海干休所小区改建添置绿化、为武警五支队一大队安装28个有线电视信号端口等。提升市容环境面貌。完成虹桥路沿线交通设施改造工程,在虹桥路(凯旋路—中山西路)路段设置1.2米隔离铁栏、在地铁10号线伊犁路站出口处设置交通信号灯和横道线,消除安全隐患,方便居民出行。做好沿街大门责管理,建立"物业(居委会)——市容所——街道联席办"三级承诺管理网络。部署落实防汛防台责任制,完成虹桥路885弄、953弄"闸门井"项目建设,有效缓解地势低洼地区汛期积水问题。完成绿化补种约1750平方米,平稳拆除中山西路1030弄3处历史遗留的违章搭建。完成居民区休闲椅100个、凉衣架420个等改造项目。推动无人管理小区物业一体化管理。落实黄金城道步行街等重点区域的巡查整治。配合祝家巷地块的旧区改造工作,全年完成搬迁89户。开展各类文艺演出、团队展示活动58场,放映电影78场。举办"走近经典——经典译制片展映月"活动。社区文化活动中心全年共举办小剧场话剧3场,讲座15场。加强街道文化团队的培养和管理,新增中老年时装队和银发锣鼓队。深化"融之情"品牌文化。举办"世博手牵手,音乐无国界"系列展示活动。与长宁文化艺术中心、上海歌舞团、刘海粟美术馆等单位签订文化共建协议书。推动综治平安建设。创建社区(街道)综治委、综治办、信访办,组建街道综治中心,开辟信访接待室。与16个居委会、22家社区治安重点单位签订综合治理责任书。强化人防物防建设,完善居民区物防设施,全年累计投入40万元。抓好信访矛盾调处,稳控化解社区各类矛盾。全年共受理各类矛盾纠纷453件,调解成功率100%,接待居民来访、法律咨询952人次。党代表和人大代表参与信访接待和矛盾化解工作,开展"平安世博"明察暗访活动,督促有关部门改进薄弱环节。落实消防生产管理,开展消防、安全生产大检查。对虹桥路1030弄4处地下空间开展联合整治行动。会同派出所与潘家塔地区房屋出租人签订责任书,签约率达100%。取缔拆除潘家塔内两处"老虎灶"。街道出资为社区20余户独居、孤寡老人家庭更换老化电线。开展党员"世博先锋行动"和"创先争优"活动。完成"十二五"规划编制、第六次全国人口普查、古北国际社区建设调研等重点工作。组织开展"讲党性、重品行、作表率"主题教育活动。完成行政效能监察工作。开展对基层站所政风行风民主评议。工会超额完成区总工会下达的各项指标。团工委举办第五届虹桥社区青年创新论坛,与13家委员单位和理事单位签订共建合作协议书,完成团中央基层团建试点工作。妇联组织举办"全民参与迎世博、办世博"、"和谐社区从家庭做起"等主题活动。

2010年,街道获2007—2009年度上海市未成年人保护工作先进单位、2008—2009年度上海市文明社区、2008—2009年度上海市禁毒工作先进集体、2009年度上海市科普示范社区（街道）、2009年度上海市学习型社区创建单位等称号。街道的《以学习促进"和谐 国际"社区建设》论文获2009年度上海市成人教育协会推进学习化社区工作委员会第八届社区教育优秀论文评选二等奖。

（赵 晨）

举行"三八"妇女节百年庆祝活动暨家庭世博志愿者行动启动仪式

3月3日，街道举办"展巾帼风采、为世博添彩"——"三八"国际劳动妇女节100周年庆祝活动暨家庭世博志愿者行动启动仪式，辖区内各界妇女代表、社区单位、机关干部等250人参加。社区妇联主席宣读《虹桥社区家庭世博志愿者行动倡议书》。街道领导向社区家庭世博志愿者行动服务队队长赠送礼仪书籍和颁发志愿者徽章，并宣布虹桥社区家庭世博志愿者行动服务队正式启动。

（赵 晨）

举行代表联系社区启动仪式

4月20日，街道举行"市、区党代表、人大代表联系社区活动"启动仪式。街道党工委书记就代表联系社区活动作工作布置。区委常委、区委宣传部部长朱国宏、上海申通地铁集团有限公司党委书记、董事长应名洪，区委组织部副部长，党的十七大代表、虹储居民区党总支书记等市、区代表参加了代表联系社区活动。启动仪式后，50余名代表分成7个工作组到各自联系的居民区共商平安世博工作。

（赵 晨）

区"凝聚力工程"学会虹桥社区分会成立

6月23日，街道召开区"凝聚力工程"学会虹桥社区分会成立暨"世博先锋行动"创先争优表彰大会。区委常委、区委组织部部长周文贤、"凝聚力工程"学会虹桥社区分会会长、副会长、顾问、理事及会员单位代表200余人参加会议。上海市社会工作党委基层工作处处长胡永明、区"凝聚力工程"学会副会长姜翠为虹桥社区分会揭牌。会上，对2010年虹桥社区"世博先锋行动"争先创优先进基层党组织、优秀共产党员、区属区域优秀共建单位、"两新"组织最具凝聚力老总进行表彰和颁奖。市商务委、上海电气集团、段和段律师事务所等10家单位认领虹桥社区2010年十大党建工作项目。

（赵 晨）

6月23日，街道召开区"凝聚力工程"学会虹桥社区分会成立暨"世博先锋行动"创先争优表彰大会

（虹桥街道供稿）

创新3个中心"三联"工作机制

8月3日，街道召开"创先争优促发展"社区党员服务中心、虹桥现代服务业分中心、社区事务受理中心3个中心"三联"工作会议。区委组织部、区社工委、区人社局、区商务委等单位领导出席会议。会上，街道党工委下发《关于进一步加强党建工作与经济工作"双联"互促的实施意见》和《关于开展虹桥社区"两新"组织党组织"创先争优，服务经济"专题月活动的通知》。区有关部门领导还为虹桥社区农贸市场联谊会成立揭牌。

（赵 晨）

召开社区精神文明建设共建联建暨平安世博、文明观博工作推进会

8月25日，虹桥社区精神文明建设共建联建工作会议暨社区单位平安世博、文明观博工作推进会在新苑宾馆举行，社区60余家单位党组织负责人参加会议。街道党工委书记总结2010年虹桥社区精神文明共建情况，并对社区单位在世博年中为平安世博所作出的贡献表示感谢。区委常委、区委宣传部部长朱国宏到会并讲话。（赵 晨）

推进"创先争优"活动

10月11日，街道召开干部大会，部署关于在社

区基层党组织和党员中进一步推进“创先争优”活动的实施意见，以“世博先锋行动”为主题，将创先争优活动覆盖机关、科室、直属部门和居委会等各个层面。街道建立党工委统一领导，党办、组织、宣传等部门共同负责，相关部门参与指导的组织领导机制；实行党工委班子成员分片联系指导，机关联络员定点联系，各级党组织书记具体负责的创先争优活动运作机制。进一步培育和提升示范点建设，定期通报活动情况，适时召开工作推进会，总结交流经验。（赵　晨）

完成中山西路1030弄8号消防隐患协调整治

11月24日，街道会同区房管局第二办事处、虹桥路派出所、锦润物业公司等相关单位就中山西路1030弄8号消防隐患协调整治工作召开现场协调会，会议决定成立中山西路1030弄8号消防安全隐患整治工作小组并达成多项共识。在对1030弄8号住户情况排摸后，四部门联合署名拟定告知书和整改通告并逐户上门发放签收。至通告限期满，所有住户均自觉将楼道堆物清除。街道市政科还会同锦润物业对1030弄2楼走道进行必要的公共部位修缮。街道防火办联合物业公司、居委会在加大消防安全宣传力度的同时加强对该处的日常排查整治，防止消防隐患再度滋生。（赵　晨）

（九）程家桥街道

概况

程家桥街道位于长宁区西部，设7个居委会，有居民7207户，户籍人口19931人。街道办事处设在哈密路1955号。

2010年，街道完成各项工作任务。完成迎世博任务。世博安保扎实有序。落实社会面防控42项措施，开展消防安全等专项检查，排摸整治不稳定因素54起，连续200余天对12个封闭小区、8条街面道路、5个重点目标、15个公交站点、1个旅游景点、283只水箱、5家宾旅馆开展治安巡防、驻点守护。加高围墙300米，安装地桩锁150余米，增补电子探头20个、安装落水管防盗刺700余个。受理调处一般矛盾纠纷124起，排查化解矛盾纠纷23起，组织开展防范宣传37次，成功调解冠龙酒店因噪声、扬尘、光污染影响程桥二村54户居民的矛盾，达成施工扰民补偿协议。城区建设成效明显。完成虹桥交通枢纽周边居民区19万平方米的综合改造，清洁建筑立面12万平方米，二次供水改造8000平方米，粉刷围墙4200平方米，规范店招店牌150平方米；改造绿化1100平方米，新建绿化500平方米，翻修小市政道路1条，完成30个文明楼组建设，建设1条世博健身路。文明程度稳步提升。完成“文明观博”网上培训考核8359人，完成率为104.5%。志愿服务广泛开展。组建1个世博外建站和8个内设站，选拔世博园区志愿者24人，城市站点志愿者52名，向市民提供信息查询服务6.31万人次，语言翻译服务6292人次，文明宣传4.62万人次，应急救助服务23人次，先后14批次724名志愿者上岗服务。发放世博大礼包7019份，组织街道干部、居民区干部、社区群众和两新组织150人参加世博会墨西哥国家馆的开馆仪式。经济保持平稳增长。街道对接经济体制调整，做好扶持和服务企业工作，完成税收总量8.34亿元，引进企业161家，其中“四有”企业40家，转化工商、税务企业各2家，经营性收入完成619.1万元，小税种收入537万元。民生保障逐步增强。组织系列就业援助服务活动，实现新增就业1268人，完成全年指标的115.3%，失业人数控制在300人以内，扶持青年成功创业39家，带动就业59人；非正规组织转制9家，双困人员安置24人。扩大帮困救助覆盖面，全年低保救助2538人次，重残无业补助592人次，大病重病医疗救助44人次，节日慰问补助1425人次，累计发放各类社会补助389万元。发放支内回沪人员各类补助1916人次，共计9.6万元。为127户优抚对象发放各类补助36万元。建成南龚、机场、宝北3个助餐点，解决社区300余名老人午餐难问题。新建王满、机场96幢爱心楼道。完成第六次全国人口普查，共入户摸底14518户，摸底清查24506人，其中户籍人口为19931人。对社区适龄儿童开展麻疹疫苗免费接种，共有337名适龄儿童接种麻疹疫苗，接种率为95%。精神文明建设不断提高。开展文明社区和文明单位创建，完成10大类96幢特色楼组建设。申报上海市“十佳”精神文明事迹，社区1名外籍志愿者入选。开展“讲文明、树新风”活动，组织社区单位和居民区志愿者参加文明路口执勤。策划系列文化活动，塑造程桥文化风景线，举办中外人士闹元宵、程桥之春展演、“庆世博”上海城市广场文化周周演程桥专场、百人排舞展演等系列活动49场，其中，参加长宁区展演22场次，参与活动的演职人员2000余人次。以“健康迎世博，体育生活化”为主题，开展第11届程桥“双拥杯”篮球赛。党建工作富有成效。成立“凝聚力工程”学会程家桥社区分会，构建区域化大党建格局。规模以上非公有制企业独立党组织覆盖率95.8%；“两新”组织党组织覆盖率15%，新组建2家党支部（流动党支部、虹桥枢纽商务区联合党支部）。实施党员世博先锋行动，组织社区单位和“两新”组织党员435人次参与公交站点驻守执勤，有5个“世博先锋行动党组织”，60名“世博先锋行动党员”和10个世博先锋行动党建联建优秀单位。

2010年，街道获上海市文明社区、上海市社会治安综合治理先进集体称号，社区学校撰写的《社区学校教师志愿者队伍建设运行机制实验报告》获全国社区教育优秀科研成果二等奖。

（蒋菊华）

■ **召开2010年工作目标暨党风廉政建设签约大会**

1月29日，街道召开2010年工作目标暨党风廉政建设签约大会。街道领导与分管科室、居民区开展2010年街道工作目标任务签约。社区党工委书记作《面向未来，夯实基础，开创社区建设新局面》的党课报告。共有15个科室和部门签订党风廉政责任书和目标责任书。（蒋菊华）

■ **举办2010年新春岗位招聘会**

1月30日，在社区事务受理中心大厅，街道举办2010年新春岗位招聘会，有24家企业提供300余个岗位，1000余人前来应聘，392人签订意向书。

（蒋菊华）

■ **成立世博运行工作领导小组**

4月1日，街道成立世博运行工作领导小组，下设世博安保宣传指挥部、主运行指挥部和接待服务指挥部，负责程家桥街道世博运营期间（2010年4月15日—10月31日）有关项目的实施和各项任务的落实，形成上下贯通、内外衔接、快速反应、协调运行的工作网络，理顺世博会运营期间的指挥体系和组织架构。（蒋菊华）

■ **开展为青海玉树地震募捐活动**

4月14日，青海省玉树县发生7.1级地震，造成重大人员伤亡和财产损失。街道开展“情系灾区”募捐活动，街道机关干部154人全部参与爱心募捐活动，募得爱心捐款1.46万元。各居民区和社区单位也在红十字会和慈善基金会的组织下，开展募捐行动，宝北小区一名百岁老人在家人的搀扶下到居委捐款，王满居民区一位身在外地的居民通过电话委托捐款，程桥一村的一对退休夫妻一次就捐了1000元。其他居民区也通过各种方式发动居民为灾区献爱心，累计募得捐款4万余元。（蒋菊华）

■ **与机场公司签约共建和谐西大门**

4月20日，程家桥社区与上海虹桥国际机场公司共同签署《程家桥社区共建联建社会主义精神文明协议书》，双方将在世博安保、城区运行、社区接待方面形成“资源共享、载体共建、和谐共创”的互动合作机制。（蒋菊华）

■ **召开区“凝聚力工程”学会程家桥社区分会成立暨“世博先锋行动”创先争优表彰大会**

6月28日，街道召开区“凝聚力工程”学会程家桥社区分会成立暨“世博先锋行动”创先争优表彰大会，区委副书记夏永泰等领导及分会理事和会员单位代表、社区党员代表等300余人出席大会，表彰60名优秀党员代表，并与相关部门签订科普教育、文化服务、法律援助、青年干部实践基地等5项共建联建项目协议书。（蒋菊华）

■ **与金山区亭林镇签订帮扶结对协议书**

8月9日，街道与金山区亭林镇党委签订《城乡党组织结对帮扶（共建）协议书》，共建双方将在2010—2011年度开展经济合作、基层党建经验交流、农产品销售、扶贫帮困、文化交流、互派青年干部实践锻炼、探讨社区养老方式等7个主要领域进行合作与共建。（蒋菊华）

■ **举办中青年科级干部培训班**

12月1—4日，街道对22名中青年科级干部开展培训。该培训班是程家桥街道和区委党校联合教学基地成立以来的第一期培训班，培训采取授课、情景模拟、参观学习、问题答辩等形式，着重学习社区管理中突发事件的应对及实际问题的解决能力，提升学员的应变能力和综合素质。

（蒋菊华）

12月1—4日，程家桥街道举办中青年科级干部培训班 （程家桥街道供稿）

（十）北新泾街道

概况

北新泾街道位于长宁区西部，设13个居委会，居民15286户，户籍人口39922人。街道办事处设在蒲松北路51号。

2010年，街道完成各项工作目标任务。共引进企业220家，注册资金1.13亿元，美元1128万元，欧元130万元，日元5500万元，港币100万元，比上年增长146.16%。全年完成税收7.43亿元，比上年下降32.56%。引进"四有"（即有规模、有实效、有实力、有产业）企业25家，完成指标数的113%；其中有规模、有实效企业引进18家，完成指标数的300%；"四有"企业产税5756.95万元，完成全年指标124.02%。税收100万以上企业税收稳定经营37家，比上年增长44.22%；楼宇转化2家，税收落地1家；向152家引进企业发放企业发展专项资金共计1552万元。推进民生保障工作。完成新泾二村、新泾四村、新泾七村、新泾八村、剑河小区、新泾三村部分旧小区、清池路200弄旧小区综合整治，受益家庭5356户；完成金钟小区、新泾五村便民扶手安装，受益家庭1737户。安装爱心休歇椅796个，无障碍扶手200个。完成新泾七村旧小区拾遗补缺整治项目，受益家庭2571户。完成剑河路部分沿街居民楼隔离网安装。安装28只监控探头、5扇防盗门，对5个重点小区的技防设施进行升级和改造。开展联合执法3次，出动执法人员60余人次，车辆8次，取缔无证无照"四小"场所4家。集中清查和整治商品房小区的群租现象3次，取缔"群租"6户。开展世博各项工作。完成辖区内居民和"两新"组织团员、青年的志愿者招募工作。成立北新泾世博志愿者分站并建立1个世博志愿者服务外建站（新泾公园）、2个内建站（社区图书馆、MOTEL 163酒店）；开展世博安保大培训6次、大演练4次，优化和完善25个安保工作子方案，确保人员、责任和措施三落实。开展地铁保畅通志愿者活动（中山公园站），55个社区单位485名志愿者参加活动。登记和发放世博大礼包15493份。组织辖区重点优抚对象20人、街道独居困难老人100人、残疾人286人参观世博会。组织社区约150名居民参加世博会喀麦隆国家馆日庆祝活动。组织社区90%以上居民参加网上世博知识培训，其中75%以上居民获培训合格证书。做好社会稳定工作和调处民间纠纷工作。信访接待总数达320件。司法信访窗口共接待咨询868件，调解纠纷346件，制作人民调解协议书95份，"110"接处警157件，信访代理19件。化解各类突出信访矛盾15件，其中化解历史遗留问题5件，各类动迁矛盾2件，其他突出矛盾8件。完成新泾一村一居、新泾六村老年人活动室装修改造。新购哈密居委会办公用房1处。新泾三村、四村、七村3个居委会成功创建市级和谐示范居委会；元丰花园居委会创建为市级模范居委会。15个小区（绿新小区、新泾七村小区、馨晨小区、四村小区、五村小区、乐春小区、八村小区、元丰天山花园小区、馥邦小区、春房小区、协合花苑小区、金钟小区、剑河小区、金淞家园、宜嘉坊）创建为市级文明小区。开展侨联分会换届选举工作。完成区十四届人大代表增补工作。做好民主评议基层站所工作。9—11月，街道建立评议工作组，聘请16位评议代表，通过"看、听、查、访"等形式，对社区卫生服务中心和北新泾工商所进行民主评议，10月份分别在两个单位召开评议大会，进行民主评议。年内，开展群众文艺演出60余场（次），观众3万余人次，群众演员5000余人次。加大社会救助力度。全年发放社会救助40876人次，金额1241.89万元。其中低保家庭1.31万户，3.83万人次，金额1101.06万元；其他各类补助2812人次，金额140.84万元。开展世博关爱行动，发放补助1108户，金额23.48万元，对特殊对象发放世博门票1100张；节日帮困8980人次，168.18万元。医疗帮困218人次，66.64万元。做好社区促进就业工作，新增就业岗位1107个，完成率123%；城镇登记失业人数控制在1752人以内(年初目标1850人)；成功扶持创业组织63家，完成率158%；非正规转制12家，完成率200%；零就业家庭和双困人员安置率均达到100%；外来从业人员综合保险覆盖数每月完成1635人，完成率102%；青年职业见习数完成47人，完成率100%。完成3.5万只节能灯推广工作。为辖区内10户残疾人家庭安装室内无障碍设施。新增新泾三村老年人单一型助餐服务点。成立社区体育指导员工作站。为困难家庭更换燃气器具128户。常住人口计划生育率达到100%。(其中户籍人口和外来人员计划生育率均达到100%)。全年开展流动人口执法检查2次，共620人，验证580人(流动人口持证率91.20%，验证合格率达95%)。成功创建为计划生育市级示范化综合服务站。组织社区1825名退休妇女进行免费妇科病、乳腺病筛查。组织南洋医院医生上门为市场40余名外来妇女进行免费妇科体检。完成2010年度征兵工作，13名青年应征入伍。

2010年，社区(街道)总工会被评为上海市推动劳动关系和谐企业创建活动先进单位。北新泾司法信访窗口被评为全国巾帼文明岗、迎世博600天上海市巾帼文明示范岗。2009—2010年度市级国家安全工作小组工作规范化运作先进集体。街道图书馆、新泾五村居委班组被评为迎世博600天上海市巾帼文明岗。 (沈琳君)

■ 完成蒲淞北路动迁地块租赁房清退工作

3月，上海市西集体资产经营有限公司与茗嘉房地产有限公司的租赁合同终止，并与11户原产权人解除合同、结清租金。10月，完成蒲淞北路动迁地块租赁房屋清退工作。 (沈琳君)

■ 建立戒毒(康复)训练活动点和心理咨询医疗点

年内，街道建立戒毒(康复)训练活动点(新泾公园)和心理咨询医疗点(新泾五村)。辖区内禁毒戒断毒瘾3年以上摘帽率达27.4%，列全区第一，复吸仅为4%，保持全区最低。 (沈琳君)

■ 召开社区(街道)工会第二次代表大会

年底，街道召开社区(街道)工会第二次代表大会，选举产生新一届社区(街道)总工会委员会，委员13人；经费审查委员会委员3人。(沈琳君)

■ 设立区"白玉兰开心家园"北新泾工作点

8月，区首家"白玉兰开心家园"——北新泾工作点在街道司法信访窗口挂牌。作为区"白玉兰开心工作室"试点，由有心理咨询资格的法律工作者负责，街道妇联和辖区13个居民区的妇代主任参与，为社区妇女提供信访接待和代理、心理疏导、法律援助等服务项目。 (沈琳君)

■ 开展"孝亲敬老"系列活动

9月，街道以"孝亲敬老在身边，志愿服务系社区"为主题，开展大型社会志愿者服务活动，向社区1892名80岁以上老年人发放慰问品，为社区762名独居老人发放重阳糕、长寿面。 (沈琳君)

■ 举办家园之歌原创系列活动

3月5日，街道在民俗文化中心剧场举办"展巾帼风采，迎世博盛会——北新泾社区庆三八国际妇女节100周年暨家园之歌原创系列活动"，活动分"群星灿烂"、"彩霞满天"、"旌旗飞扬"3个篇章展开，以歌曲、朗诵、小品表演等形式表彰歌颂女性先进工作者，参与居民500余人。 (沈琳君)

■ 推进"两新"党建双达标工作

年内，街道成立规模以上企业党组织2家，发展党员2人，转正预备党员2人；组建成立北翟"晚霞"舞蹈工作室和一村二居"晚钟"书画工作室；组建商务楼宇党员服务点2个、商务楼宇综治工作室6个(在6个商务楼宇中实现全覆盖)。

(沈琳君)

■ 开展以"世博先锋行动"为主题创先争优活动

年内，街道开展以"世博先锋行动"为主题，以"岗位行动、家园行动、志愿行动"为主要内容的创先争优活动。6月28日，召开北新泾街道庆祝中国共产党成立89周年暨世博先锋行动表彰大会。表彰先进基层党组织6个、先进共产党员60人、先进在职党员志愿者30人、党建联建共建先进单位5个。6月29日，组织10名社区党员参加地铁第二运营有限公司党委举办的"迎七一——党员世博先锋行动"签名活动。 (沈琳君)

4月24日，北新泾街道志愿者向外国游客讲解参观世博会交通路线图　（北新泾街道供稿）

■ 区"凝聚力工程"北新泾社区分会成立

7月8日，街道召开区"凝聚力工程"学会北新泾社区分会成立大会。区委书记卞百平等有关领导到会祝贺，参加会议人员150余人。大会讨论通过分会顾问、会长、副会长、秘书长名单和分会2010年工作要点，在区"凝聚力工程"学会的领导下，以党建链接、共建链接、服务链接为主要方式，不断完善"凝聚力工程"区域化党建体制和格局。分会共有理事18人、会员42人。聘请顾问3人。（沈琳君）

（十一）新泾镇

■ 概况

新泾镇位于长宁区西部，设30个居委会、3个行政村（9月25日，撤销新泾镇双泾村建制）、2个生产队（薛家厍、申家宅），居民36001户，户籍人口87498人。镇政府设在哈密路431号。

2010年，全镇各业总收入完成224.56亿元，比上年增长8%。全镇各业增加值完成19.25亿元。各业税收完成23.3亿元，比上年增长19.3%。招商引资有新发展。引进总部型企业15家，引大引强项目完成43家，其中有规模实力的企业34家。动拆迁工作顺利开展。配合世博会的举办，全部拆除SN十路范围内的17万平方米建筑，平稳搬迁25家企业、2户村民和近百户外来户，提前完成交地任务；如期完成直升机基地第三批交地任务；仙霞西路跨线桥项目顺利通车；新泾家苑北块配套动迁房已实现结构施工过半，205街坊建设工程顺利推进；完成南北园174户村民动迁签约，拆平所有私房，相关企业的动迁平稳推进。配合区政府做好赵沈巷、郁家宅基地和临空一号地块的动迁。环境整治有进展。完成9个旧小区共41万平方米的综合整治；对9个困难小区实施新建自行车棚、楼道整治、道路拓宽等为民工程；为13个小区安装196副晾衣架；修建休闲凉亭1座、亲水平台1个；安装楼道便民折椅250只；为5个社区卫生服务站点添置康复器材；更新10个社区体育健身点、整修更新20个健身点；对4200余名70岁以上高龄和困难老人实施免费体检，组织135名独居老人、困难老人前往世博园区观博。新增老年助餐点1个。筹建天山怡景苑居委会。在居民区继续开展"一居一特"活动。民生保障与劳动就业稳定有序。落实麻疹疫苗强化免疫工作，登记3713人，接种3262人，无一人发生严重异常反应；举办"青春健康"、"全民健康生活方式日"、"健康送外来务工者"等主题活动；完成红十字会急救培训任务，救护培训200人，普及性培训1300人。第六次全国人口普查工作按照时间节点进行。至12月底，全镇常住人口计划生育率97.61%，户籍人口计划生育率99.85%，外来流动人口计划生育率93.77%。为5800余名退休妇女进行免费妇科病、乳腺病的筛查。发放各类社会救助金1492.31万元，帮困38428人次。新增就业岗位1328个，就业困难人员安置164人，创业带动就业人数1153人。社会治安稳步推进。成立镇综治中心，实现司法、信访、调解服务窗口一体化运作。推进平安社区建设，开展防灾减灾工作，建成市、区级安全小区30个，创建覆盖率达到100%。建立并完善社区突发事件应急处置机制。年内，完成8件区人大书面意见、4件区政协提案的办理工作。完成镇人大42件书面意见的办理，其中已解决和采纳11件，正在解决的19件，列入计划解决的2件，需创造条件解决的10件。镇党委、镇政府通过修订完善"三重一大"事项集体决策制度的规定和加强财政预算资金管理规章制度，加大党风廉政建设监管力度，选拔任用干部严格按规定程序，征地、动拆迁、撤制农龄分配等事项，坚持阳光透明，并由村民代表、人大代表和纪委专职干部实施三个层面叠加式监督。2010年，发展党员13人，党员转正17人，招聘录用大学生13名。开展世博系列工作。印制发放世博宣传资料10万余份；组织开展"舞动世博"社区排舞展演比赛、"迎世博倒计时100天"广场文化演出、田野沪剧团下社区等各类大中型文化演出活动15场。成功举办世博会城市广场周周演新泾镇专场演出，西郊农民画、手撕画艺术等民间艺人先后受邀进入世博园区展示表演。发放世博大礼包43237套，健康大礼包4.7万套。

2010年，新泾镇获上海世博会世博知识和文明观博全民宣传培训践行活动优秀组织奖、市重大工程立功竞赛优秀集体、市平安社区、2004—2009年度上海市社区矫正工作先进集体、市第六届全民终身学习活动周最佳参与奖、市科普示范镇等称号，论文（著作）《社区教育与民俗文化互动发展的研究》被评为全国社区教育优秀科研成果二等奖、《以人为本，求真务实，积极推进学习型社区建设》获市第九届社区教育优秀论文三等奖。（丁如霆）

■ 成立综治工作中心

4月10日，占地面积近200平方米的镇综治工作中心运行，该中心的成立，从体制上实现资源共享、信息共通、矛盾共调，纠纷共处，为社会不稳定因素的急速处置、妥善处理提供组织保障。

（丁如霆）

■ 妇联工作呈现新的特色

3月5日，镇妇联召开以"喜迎世博、同庆百年"为主题的纪念"三八"国际劳动妇女节100周年纪念大会。会议表彰新泾镇各行各业的先进女性代表、百万家庭学礼仪的优秀志愿者及优秀学员，并安排村和企事业单位与20余名妇科病重症患者开展帮困结对；聘请49位全国及市级"先进巾帼英雄"作为家庭文明建设指导员参与世博文明家庭建设；与刘博士心理阳光工作室签约，为新泾镇妇女儿童提供免费的专业心理咨询和辅导。（丁如霆）

■ 联合国专家到金菊小区考察

3月9日，联合国环境规划署有关专家在市环保局党委书记范贤彪等陪同下，考察上海市环保绿色社区宣传点——刘四居民区金菊小区，先后参观"环保小组"、"手撕画组"、"朗诵小组"和"读报小组"等4个有特色的兴趣小组，对金菊小区的低碳生活理念和环保生活方式予以高度评价。9月19日，联合国开发计划署国别副主任那华等7位专家考察金菊小区并听取示范项目进展汇报。环保志愿者华兴富将手撕画作品《龙》赠送给那华先生；小区居民将废旧衣物，当场缝制成美观大方的环保袋，并将印有海宝图案的环保袋赠送给评估团成员。在镇发展史陈列馆，93岁老人沈虎的诗作受到评估团好评。那华高度评价居民对环境友好型城市建设做出的努力和取得的成果。（丁如霆）

■ 举办新泾镇西郊农民画展

6月3日，主题为"粉彩墨韵庆世博"——长宁区新泾镇西郊农民画展开幕式在长宁区图书馆展厅举行。副区长邹龙飞及区相关部门领导和社区书画爱好者500余人参加活动。画展历时7天，展出的64幅作品均为镇农民近几年的创作。此次画展活动是近20年来西郊农民画规模最大的一次展览活动，对发扬新泾镇民俗文化传统，创建"田野文化"品牌，有着积极作用。（丁如霆）

2月，长宁区新泾镇淞二社区举办居民手撕画民间艺术展（新泾镇供稿）

■ 民间艺术团队应邀参加世博园区演出活动

受世博会公众参与馆邀请，6月27—29日，新泾镇优秀民间艺术"西郊农民画"、"新泾手撕纸"在上海世博会公众参与馆举行"人文新泾民间艺术展示秀"专场活动，进行现场绘制和表演。7月20—29日，镇田野合唱团、田野舞蹈团应邀参加世博园区城市广场——长宁专场演出以及世博合唱节的演出活动，成为新泾镇第二批进入世博园区表演的文化团队。（丁如霆）

■ 举办"全民健身与世博同行"新泾镇第二个全民健身日体育展示活动

8月8日，在虹康绿地休闲广场举办"全民健身与世博同行”新泾镇第二个全民健身日体育展示活动，近200人进行腰鼓、24式太极拳、健身秧歌、健身气功、手杖操、排舞和健身球等多项表演，集中展示全民健身活动蓬勃开展的丰硕成果，突显新泾镇作为全国体育先进单位的亮点和特色。

（丁如霆）

■ 与金山工业区开展城乡党组织结对帮扶签约工作

8月11日，镇党政领导及相关科室部门负责人，与临空经济园区、上海中山实业总公司联手，赴金山工业区开展城乡党组织结对帮扶签约工作。年内，新泾镇将以“三个共建”（党建共建、文化共建、人才共建），“三个送”（送健康、送温暖、送欢乐）以及“两大平台”（经济交流平台、产品供销平台）等8个项目，与金山工业园区下属立新、高楼、新街和保卫4个村级党组织开展结对帮扶，通过提供信息、技术、人才、资金等多项帮扶措施，实现资源的共知、共建、共享。

（丁如霆）

■ 举办“田野芬芳——金山、秀州、长宁三地农民画展及研讨会”

10月15日，新泾镇在长宁民俗文化中心举办“田野芬芳——金山、秀州、长宁三地农民画展及研讨会”，展出来自三地的100余幅农民画作品，镇西郊农民画所展现的独特艺术个性和夸张的表现手法受到金山和秀州农民画专家的高度评价。

（丁如霆）

■ 部分村、生产队完成撤制农龄分配工作

4月，新泾村王姚更、冯更浪、沈家塔3个生产队的撤制农龄分配工作完成。8月、12月双泾村汤更浪生产队和绥宁村南北园生产队先后完成撤制农龄分配工作。12月，美满村完成撤制村工作。

（丁如霆）

■ 举行“周浦撷阳居民之家”揭牌仪式

12月30日，新泾镇在泉口路185弄113号举行“周浦撷阳居民之家”揭牌仪式。周浦撷阳居民之家总建筑面积1000余平方米，包括社区医疗卫生服务站、婴幼儿早教中心、心理健康教育咨询、居民活动室、环保创意工坊及居委会、物业管理等公共服务内容，为周边居民群众提供多项公益性服务。该处原为市孤儿院遗留建筑，由于长期闲置，无人管理，成为一个环境脏乱差、无业人员居住其间的卫生、治安死角。在区职能部门的协助下，成立专项工作小组，广泛征求居民意见，最终确定改建方案由镇财政安排资金实施改建。（丁如霆）

■ 开展世博会系列活动

3月3—5日，新泾镇开展“平安世博”志愿者上岗演习活动。参加演习的540名志愿者每天4个小时，冒雨坚持在镇域内的76个公交站点、14个银行网点进行值班驻守，为完善世博安保工作提供保障。8月8日，新泾镇联手区文化局在百联西郊购物中心中厅广场，举办“2010年上海世博会城市广场文化活动周周演长宁区新泾镇田野艺术专场”，田野合唱团表演四部混声合唱，田野舞蹈团演出《茉莉花开》等精彩节目。有1000余名社区居民到场观摩，在上海市文广局庆世博周周演活动考核中，镇田野艺术专场演出被评为优秀奖。5—8月，开展世博大礼包登记发放工作。截止到8月10日，全镇共为4.32万户家庭发放世博大礼包，其中本市户籍家庭3.83万户、持有居住证（临时居住证）家庭3594户、境外人士家庭1391户。9月6日，新泾镇社区居民、文化团队以及机关和居委会工作人员等250余人，受邀参加世博会朝鲜国家馆日升旗仪式。10月31日晚上7点，镇3个世博城市志愿服务站圆满完成为期184天的世博志愿服务各项任务。世博期间，3个志愿服务站累计364人次世博志愿者上岗参加服务，开展了世博人放心家园、医疗救护等特色活动，累计向市民提供信息咨询服务1.77万人次，语言翻译263人次，文明宣传1.23万人次，应急救助2人次。（丁如霆）

（栏目编辑　汤翠萍）

政府规章

上海市人民政府关于贯彻《上海市饮用水水源保护条例》的实施意见

《上海市饮用水水源保护条例》(以下简称《条例》)2009年12月10日经上海市第十三届人民代表大会常务委员会第十五次会议审议通过,2010年3月1日起施行。为更好地贯彻《条例》,建立健全饮用水源地安全保障制度,切实保护好饮用水源地,确保广大人民群众喝上安全、放心的饮用水,提出如下实施意见:

一、充分认识饮用水源保护的重要性

饮用水源安全关系到人民群众的身体健康,关系到社会稳定,是上海构建和谐社会的一项重要工作。各级政府和有关部门要站在维护广大人民群众根本利益的高度,充分认识饮用水源保护的重要意义。要以贯彻《条例》为契机,做好《条例》的宣传工作,把宣传《条例》作为当前法制宣传的重要内容。要充分利用广播、电视、报刊、网络等各种媒体,采用多种形式进行宣传,增强社会公众依法保护饮用水源的意识。

二、认真履行《条例》规定的各项职责

各相关区县政府和有关部门要切实加强对贯彻《条例》工作的领导,认真履行《条例》规定的各项职责,把贯彻《条例》纳入本单位年度工作计划,并制订方案、完善措施、落实经费。

《条例》的贯彻实施是一项长期任务,各相关区县政府和有关部门对《条例》实施过程中出现的新情况、新问题要及时研究,采取相应措施。

三、继续推进供水集约化进程

目前,本市还存在多个分散在内河取水的中小型水厂,这些水源地由于河道小、自净能力有限,水质相对较差。各相关区县政府和有关部门要结合贯彻《条例》,加快推进区域供水集约化进程,2012年底前基本关闭除崇明外的其他区的中小水厂,2015年底前基本完成崇明供水集约化工作。要通过推进供水集约化工作,逐步关闭现存的中小水源地,实现饮用水源集中保护、有效保护的目标。

四、依法划定饮用水水源保护区范围,取缔各项违法设施

黄浦江上游、青草沙、陈行、东风西沙水源地的饮用水源保护区范围现已完成划分和调整。各相关区县政府要根据《条例》的规定,依法完成辖区内饮用水水源保护区划分工作,划分方案报市政府批准后公布执行。同时,按照规范,设立相应的饮用水水源保护区界标和警示标志。

各相关区县政府要严格按照《条例》的要求,对各级保护区内的违法设施进行整治和清拆。一级保护区内不得存在与供水设施和保护水源无关的项目,二级保护区内不得设置排污口、畜禽养殖场、固体废物贮存堆放场所、危险品码头等项目。

五、完善水源保护生态补偿制度

建立健全饮用水源生态补偿机制,进一步加大生态建设和保护力度,是统筹城乡发展的重要举措,是推进上海经济社会环境协调可持续发展的重要内容。目前,本市生态补偿机制已经建立,青浦、松江等7个区县已经获得2009年度饮用水源生态补偿,2010年将根据《条例》完善补偿范围。相关区县政府和有关部门要根据《条例》的要求,进一步完善饮用水水源保护生态补偿制度,加大投入力度,健全保障机制,积极探索除财政转移支付以外的其他补偿方式,更好地发挥生态补偿对促进水源保护地区经济社会发展的作用。

六、搞好饮用水源地风险控制和事故应急处理

各相关区县政府和有关部门要根据《条例》的要求,做好风险企业监管、船舶污染防治、危险品运输监管、事故预防和应急处理、饮用水应急供应等工作,尤其是要保障世博期间饮用水源供水安全。各有关部门要联防联控,建立健全多部门联合协同的保障机制,借鉴兄弟省市处理处置饮用水源地污染事故的经验,一旦发生污染事故,迅速采取有效措施,确保居民的饮用水供应和生产生活的稳定,把损失降到最小。

先进集体
先进个人

XIAN JIN JI TI
XIAN JIN GE REN

CHANGNINGNIANJIAN
2011

（一）全国及市先进集体

■ 上海世博会创先争优先进基层党组织（全国级1个）

长宁区新华路社区（街道）党工委

■ 全国五一劳动奖状

上海中山建设实业发展总公司

■ 全国三八红旗集体

长宁区妇幼保健院

■ 服务世博全国三八红旗集体

长宁区建设和交通委员会

■ 全国巾帼文明岗

长宁区北新泾街道司法信访窗口

长宁区少年宫

■ 服务世博全国巾帼文明岗

北京水晶石数字科技有限公司上海分公司管理中心

上海东联环境卫生服务有限公司

上海市公安局长宁分局出入境管理办公室证照组

■ 中国2010年上海世博会先进集体

长宁区卫生系统青年志愿者服务队

■ 上海市五一劳动奖状

上海市长宁区妇幼保健院“小刘热线”

■ 上海市“工人先锋号”

上海置信电气非晶有限公司工程部

长宁区初级职业技术学校随班就读组

北新泾街道办事处新泾五村居委会

■ 上海世博工作优秀集体（市级2个）

长宁区虹桥社区（街道）虹储居民区党总支

上海水晶石信息技术有限公司党支部

■ 市“创先争优，世博先锋行动”、“五好”基层党组织（11个）

长宁区建设和交通委员会机关党支部

上海中山建设实业发展总公司党总支

上海市延安初级中学党支部

长宁区中心医院党委

公安长宁分局治安支队第一党支部

晨讯科技（上海）有限公司党委

上海置信（集团）有限公司党委

天山三村居民区党总支

长宁区华阳社区（街道）党工委

长宁区新华社区（街道）党工委

长宁区虹桥街道虹储居民区党总支

■ 2009—2010年度上海市三八红旗集体

长宁区妇女联合会

新华社区（街道）妇女联合会

上海春秋国际旅行社有限公司800客服中心

长宁区财政局行政事业科

长宁区华阳敬老院

■ 上海市青年五四奖章集体

公安长宁分局世博安保青年突击队

■ 上海市五四红旗团委

长宁区虹桥社区团工委

■ 上海市五四特色团委

上海市现代职业技术学校团委

■ 上海市五四红旗团支部

长宁区司法局团总支

长宁区青少年事务社工团支部

■ 上海市“青年文明号”

公安长宁分局特警支队“2505”街面武装巡逻队

长宁区绿化管理署规划建设科

（二）全国及市先进个人

■ 2010年全国劳动模范和先进工作者

朱国萍　长宁区虹桥街道虹储居民委员会党总支书记

邵春安　长宁区江苏路第五小学校长

服务世博全国三八红旗手

方静燕　长宁区政府外事办公室副主任

全国巾帼建功标兵

唐融融　晨讯科技(上海)有限公司执行董事、高级副总裁

服务世博全国巾帼建功标兵(以姓氏笔画为序)

方慧芳　原长宁区世博运行工作领导小组办公室常务副主任

陈甦萍　长宁沪剧团团长

钱建华　上海工汇房地产开发经营有限公司董事长、党支部书记

第八届中国青年志愿者优秀个人奖

王　丽　新视觉残疾人爱心服务网创办人(半边天基金会青少年项目副主任)

上海市五一劳动奖章

王安海　上海未来宽带技术及应用工程研究中心有限公司总经理

市“创先争优,世博先锋行动”、“五带头”共产党员(43人)

顾耀华　长宁区环境监察支队科员

张红英　上海东联环境卫生服务有限公司总经理

唐如康　长宁区住房保障和房屋管理局党委书记、局长

冯燮堃　新长宁(集团)有限公司党委书记、董事长

吴　悦　上海市娄山中学德育教导主任

何东仪　长宁区光华中西医结合医院内风关内科主任

方慧芳　长宁区政府办公室调研员

汪玉萍　长宁区政法委员会主任助理、政法室主任

朱灵芳　长宁区新泾镇党委委员、新泾镇计生委主任

曾伟明　长宁区建设和交通委员会副主任

应仁德　长宁区科委招商服务部部长

彭　勇　长宁区检察院控诉科科长

李振雷　长宁区税务分局征管科科长

董　隽　长宁区法院民三庭助理审判员

孙实建　联想(上海)有限公司党总支书记、行政经理

宋建社　长宁文化艺术中心党总支书记、主任

迟建宏　公安长宁分局天山路派出所所长

何恩兵　公安长宁分局治安支队副支队长

方　磊　安全长宁分局业务科科长

孙子相　公安长宁分局程家桥派出所所长

陈　刚　上海瑞富律师事务所副主任

倪佳慧　工商长宁分局注册科科长

戴景福　长宁区民政局社会科科长

杨　怡　上海多媒体产业园联合党支部书记

杨金妹　长宁区天山路街道纪工委副书记

程　栋　海尚物业管理有限公司党支部书记

任　辉　锦辉工业供销有限公司党支部书记

季毅君　长宁区新华路街道陈家巷居民区党总支书记

裴佩珍　长宁区新华路街道新华居委会主任

瞿美琳　长宁区虹桥街道虹东居民区党总支书记

潘光华　长宁区虹桥街道虹桥居民区党总支书记

汤华海　长宁区周家桥街道综治办主任

陈　颖　长宁区周家桥街道春天花园居民区党支部书记

芦开福　长宁区华阳路街道社保科科长

朱兆桢　长宁区华阳路街道华四居民区党总支书记

严月华　长宁区江苏路街道岐山居民区党总支书记

庄　明　长宁区程家桥街道社发科科长

俞佩芳　长宁区北新泾街道新泾五村居民区党总支书记

汪翔云　长宁区新泾镇党委书记、人大主席

张玉娣　长宁区新泾镇北虹居民区党总支书记

施静妮　长宁区委、区政府信访办公室受理科副科长

薛中明　长宁区仙霞新村街道综治办主任

杨家生　长宁区仙霞新村街道仙逸居民区党总支书记

2009—2010年度上海市三八红旗手(以姓氏笔画为序)

马亚红　长宁区劳动人事争议仲裁院院长

马 骏 长宁区妇幼保健院院长
朱丽群 长宁区人民检察院公诉科科长
严月华 长宁区江苏路社区(街道)岐山居民区党总支书记
芮咏梅 上海市现代职业技术学校学生处主任
陈晓理 上海万宏工业投资(集团)有限公司总经理
庞惠琴 原长宁区民政局党政办公室主任
胡文娟 上海禾煜贸易有限公司副总经理
倪佳慧 工商长宁分局企业注册科科长
董 隽 长宁区人民法院民事审判第二庭助理审判员
裘嘉玮 长宁区业余军事体育学校教练员
蒋之欣 华润思捷实业有限公司财务部会计经理
蒋晓华 长宁区委、区政府信访办公室副主任
鲍秀琴 长宁区华阳路街道妇女联合会主席
潘月云 长宁区仙霞新村街道虹仙居民区党总支书记

■ 上海市青年五四奖章

高 峥 长宁区委、区政府信访办公室副主任

■ 上海十大青年经济人物

张 晔 上海易贸投资有限公司总裁

■ 上海十大青年 IT 新锐

陶 琴 分众传媒(中国)控股有限公司副总裁

■ 上海青年高端创意人才

武学凯 上海标顶服饰有限公司创意总监
叶 峰 上海水晶石数字科技有限公司设计总监

科学知识

美国研制的新型潜艇可如海豚般在海面灵活跳跃

在茫茫大海中,海豚是一种聪明和灵活的动物,它们的潜水本领和游泳本领都十分惊人。海豚还是一种十分可爱的动物,它们在海洋上的跳跃动作十分迷人。最近,美国研究人员模仿海豚的运动模式,开发出了一种可在海面上灵活跳跃的海豚潜艇。

对于来到海滨观光的不少游客来说,他们希望既能在海面上驰骋兜风,又能到海底观看美丽的景色,还能从空中远眺壮阔的海面。海豚潜艇就能满足游客的这些愿望。海豚潜艇被设计为减少水流摩擦的流线形,不仅具有类似海豚的外观,而且也像海豚一样灵活,可以在大海中随意畅游。如果在水面上航行,它能达到80公里的时速,就像是一艘在水上冲刺的喷气式快艇。下潜到海面下时,它的速度也可达到40公里的时速,比一般潜艇要快得多。

最为独特的是,海豚潜艇能像真正的海豚那样在海面上跳跃。这是以前的一些海上交通工具做不到的。那么,海豚潜艇怎么能完成这样独特的动作呢?原来,研究人员发现,海豚和其他鲸类之所以能够跃出水面并达到一定的高度,是因为它们的尾部具有强劲的动力。于是,研究人员模仿了海豚尾部的结构,也在潜艇的尾部安装了一个动力系统,可以把潜艇推向空中,最高居然可以腾空3米。

经过一段时间的训练之后,驾驶员还可以令海豚潜艇在空中做出连续跳跃和腾空翻转等高难度的特技动作。腾空之后,这艘潜艇又能掉头向下,以快速俯冲的方式进入水中,十分刺激。为了抵抗水下高速行驶和落入水面时产生的巨大冲击力,潜艇上装备的玻璃罩厚度高达2.4厘米。要把海豚潜艇设计得灵活且可腾空,就不能把它造得太大。海豚潜艇全长大约5米,比一般水上交通工具都要小不少。潜艇的驾驶舱也比较迷你,一般只能有1人进入驾驶舱,稍大一些的也只能多载1名乘客。

潜艇的内部也有不少科技含量较高的设计。潜艇为驾驶员和乘客提供了类似赛车的桶形坐椅,并且加装安全带,可以在高速行驶时最大限度地保护乘客免受冲击。潜艇内还装备有 iPod 播放器和 GPS 设备,为乘客提供娱乐和导航服务。潜艇底部还配备有可360度旋转的摄像机,让乘客除了透过玻璃罩欣赏水下风光之外,还可借助摄像机传回的画面在液晶显示器上全方位观看水中世界。

由于鲨鱼和海豚的运动模式比较类似,研究人员还开发出了鲨鱼潜艇。顾客还可以选择个性化的排气装置,模仿鲨鱼和海豚的叫声,从而与外形相匹配。因此,目前这款潜艇的主要消费对象是水上运动爱好者。研究人员希望改进它的构造,采用更加轻便坚固的材料和更加强劲的动力系统,希望能让更多的普通游客也能乘坐这种潜艇到海上去观光。

司法解读

《上海市住宅物业管理规定》的若干意见解读

新修订的《上海市住宅物业管理规定》已于2011年4月1日起施行。为了贯彻实施市人大常委会修订的《上海市住宅物业管理规定》,进一步做好本市住宅物业管理工作,上海市住房保障和房屋管理局制订了《关于实施〈上海市住宅物业管理规定〉的若干意见》(以下简称"若干意见"),已于2011年5月31日经上海市人民政府转发。

(一)关于职责分工

《若干意见》明确,乡、镇政府或街道办事处负责落实住宅小区综合管理工作制度,协调落实部门和人员解决住宅小区综合管理中的疑难问题,指导监督业主大会、业主委员会组建、换届改选和日常运作,办理业主委员会的备案手续;区、县房管部门负责对业主大会、业主委员会组建、换届改选和日常运作中相关程序的业务指导和监督管理;区、县民政部门负责对居民委员会、村民委员会履行其对业主大会、业主委员会组建、换届改选和日常运作中相关工作职责的指导监督;居民委员会、村民委员会做好对业主大会、业主委员会组建、换届改选和日常运作的指导,帮助业主自行管理的业主委员会的规范运作,并通过人民调解委员会调解物业管理纠纷。

(二)关于业主代表的产生和业主投票权数的计算

筹备组、换届改选小组中的业主代表人数,由乡、镇政府或街道办事处根据物业管理规模和社区建设情况确定,一般为5-10人,其所占比例应当不低于筹备组或换届改选小组总人数的二分之一。业主代表产生方式由居民委员会、村民委员会确定,并在物业管理区域内予以公告。

业主投票权数,由业主大会根据专有部分面积、建筑物总面积和业主人数、总人数确定。业主人数,按照房地产权证数确定,一个产权证计为一个业主人数;房屋已出售并交付使用但尚未领取房地产权证的,按照房屋销(预)售合同数确定,一份合同计为一个业主人数。

(三)关于业委会全体辞职的处理和业委会主任、副主任不召集业委会会议的处理

业主委员会成员全体辞职的,乡、镇政府或街道办事处应当会同区、县房屋管理部门组建业主委员会换届改选小组。业主委员会换届改选小组中的业主代表,由居民委员会、村民委员会组织业主推荐产生。业主委员会换届改选小组应当自成立起90日内召开业主大会,选举产生新一届业主委员会。主委员会主任、副主任无正当理由不召集会议的,居民委员会、村民委员会可指定业主委员会其他成员召集业主委员会会议,并在物业管理区域内予以公告。

(四)关于物业矛盾纠纷的调处

乡、镇政府或街道办事处、居民委员会、村民委员会应当充分发挥人民调解委员会在物业管理纠纷调解中的作用,充实专业人员,提高物业管理矛盾纠纷居间调解的效能。乡、镇政府或街道办事处可通过设立住宅小区综合管理法律服务咨询站及聘请行业专家、律师等专业人员,为住宅小区综合管理提供法律咨询服务,解决疑难问题,调解矛盾纠纷,提高社区物业综合管理的整体水平。

(五)关于物业服务收费

住宅物业管理区域已组建业主大会的,由业主大会与物业服务企业按照质价相符的原则,协商确定物业服务内容、物业服务收费标准和收费方式,并在物业服务合同中予以约定。

(六)关于物业使用性质的变更

由规划管理部门会同区、县房屋管理部门提出允许改变物业使用性质的区域范围和方案,经区、县政府同意后,区、县规划管理部门应当予以公告并抄送区、县房屋管理部门。符合相关规定的住宅,其房屋所有权人可向物业所在地的区、县房屋管理部门申请变更住宅使用性质,区、县房屋管理部门应当自受理申请之日起20日内做出决定。对符合条件的,准予其变更住宅物业使用性质,并告知其依法向工商管理等部门办理有关手续的义务。

区党政机关　人民团体及街道　镇负责人名录

QU DANG ZHEN JIGUAN REN MIN TUAN TI JI JIE DAO ZHEN FU ZE REN MING LU

CHANGNINGNIANJIAN

2011

(一)中共长宁区委员会

书　记:卞百平
副书记:李耀新　夏永泰
常　委:卞百平　李耀新　夏永泰
　　朱国宏(11月免)　王惠宁(10月免)
　　周文贤　刘春景　沈　敏(女)
　　赵惠琴(女,12月免)　杲　云
　　沈晓初(12月任)　刘玉鹏
　　马发明(12月任)
区纪律检查委员会书记:沈　敏(女)
区委办公室主任:钟晓咏
区委机要局局长:钟晓咏
区委政策研究室主任:夏　铮
区委组织部部长:周文贤
区委党史研究室主任:邹登荣(1月免)
　　施文雄(1月任)
区委老干部局局长:朱良沪
区委宣传部部长:朱国宏(12月免)
区精神文明建设办公室主任:朱　辉
区委统战部部长:刘春景
区机关党工委书记:李树林
区委党校校长:夏永泰(兼)
区委党校常务副校长:许涞华
区委政法委员会书记:刘玉鹏
区委政法委员会副书记:周　正
　　殷春安(2月免)
　　陈卫东(2月任)
　　张红兵(3月任)
区社会治安综合治理办公室主任:
　　殷春安(2月免)
　　陈卫东(2月任)
区人大常委会党组书记:刘雅琴(女)
区人民政府党组书记:李耀新
区政协党组书记:陈建兴
区社会工作党委书记:高建华(兼,10月免)
　　曾新跃(10月任)
区总工会党组书记:张龙福
团区委党组书记:陈　颖(女,副书记主持工作)
区妇联党组书记:刘　琪(女)
区工商联党组书记:沈善敏
区侨联党组书记:张国蕊(女)
区人民法院党组书记:邹碧华
区人民检察院党组书记:戴国建(1月免)
　　严明华(1月任)
区发展和改革委员会党组书记:钱雪娃
区商务委员会党组书记:马以宏
区安全生产监察局党组书记:胡　岗
区建设和交通党工委书记:王玮华(女)
区科学技术委员会党组书记:龚　明
区人口和计划生育委员会党组书记:
　　方惠萍(女,7月免)
　　张　聆(女,7月任)
公安长宁分局党委书记:周　正
　　政委:姜　坚
安全长宁分局党委书记:王添新
区司法局党委书记:史济康(12月免)
　　王　军(12月任)
区人力资源和社会保障党工委书记:吴伟康
区民政局党委书记:邱　刚
区残疾人联合会党组书记:程玉新
区财政局党组书记:王　瑾(女,3月免)
　　金其根(3月任)
区审计局党组书记:金其根(3月免)
　　邱军祺(3月任)
区教育党工委书记:陈设立
区卫生党工委书记:吴文娟(女)
区文化局党委书记:胡以申(3月免)
　　张永珍(女,3月任)
区体育局党委书记:杨解平
区绿化和市容管理局党委书记:周登杰
区环境保护局党组书记:薛建平
区规划和土地管理局党组书记:赵成樑
区住房保障和房屋管理局党委书记:唐如康
区国有资产监督管理工作委员会书记:黄经麟
区民防办公室党委书记:毛国伟
区委、区政府信访办公室主任:柳爱国
区委防范和处理邪教问题领导小组办公室、区防范和处理邪教问题办公室主任:陈卫东
区档案局党组书记:邹登荣(1月免)
　　施文雄(1月任)
区档案局局长:施文雄
工商长宁分局党委书记:夏利民
税务长宁分局党组书记:洪新卫
区质量技术监督局党组书记:孙曰好
区食品药品监督管理分局党组书记:胡国强

（二）区人大常委会

主　任：刘雅琴（女）
副主任：范本上　姜　翠（女，1月免）
　　　　孙荣初　鲁德喜
　　　　王　瑾（女，1月任）
　　　　邱华云（不驻会）
办公室主任：茅美羚（女，10月免）
　　　　　　李世樑（10月任）
代表工作室主任：顾天天
内务司法工委主任：黄国庆
华侨民族宗教事务工委主任：黄国庆
财经工委主任：吴同兴（10月免）
　　　　　　张培莉（女，10月任）
预算工委主任：吴同兴（10月免）
　　　　　　张培莉（女，10月任）
教科文卫工委主任：徐振宇
城建环保工委主任：王建民
人事工委主任：张永珍（女，4月免）

（三）区人民政府

区　长：李耀新
副区长：赵惠琴（女，12月免）杲　云
　　　　沈晓初（12月任）周　正
　　　　邹龙飞（6月免）　陆继业
　　　　张连城（6月任）
区政府、区法制、区外事、区合作交流办公室主任：李荣华
区机关事务管理局局长：曹立仁
区政府政策研究室主任：空缺
区委、区政府社区建设办公室主任：
　　　　卢礼信（机构改革，11月免）
区社会建设工作办公室主任：
　　　　曾新跃（机构增设，11月任）
区对台湾事务办公室主任：姚也勤
区民族宗教事务办公室主任：王小柳（女）
区侨务办公室主任：张国蕊（女）
区城市管理监督受理中心主任：空缺
区城市管理指挥处置中心主任：张三谷（兼）
区虹桥、中山公园地区功能拓展办公室主任：
　　　　钱雪娃（兼）
区临空经济园区办公室主任：朱　平
区发展和改革委员会主任：钱雪娃
区统计局局长：经照华（1月免）
　　　　邹登荣（1月任）
区物价局局长：钱雪娃
区商务委员会主任：马以宏
区经济委员会主任：马以宏
区粮食局局长：马以宏
区旅游局局长：马以宏
区投资促进办公室主任：马以宏
区安全生产监督管理局局长：胡　岗
区建设和交通委员会主任：张三谷
区科学技术委员会主任：龚　明
区知识产权局局长：龚　明
区地震办公室主任：龚　明
区信息化委员会主任：龚　明
区人口和计划生育委员会主任：
　　　　方惠萍（女，10月免）
　　　　张　聆（女，10月任）
区监察局局长：邱　放
区公安分局局长：周　正
区司法局局长：史济康（12月免）
　　　　张谢定（12月任）
区人力资源和社会保障局局长：史国祥
区民政局局长：邱　刚
区社团管理局：王仁伟（兼、8月免）
　　　　赵仲星（兼、8月任）
区财政局局长：王　瑾（女，3月免）
　　　　金其根（3月任）
区审计局局长：金其根（3月免）
　　　　邱军祺（3月任）
区教育局局长：贾　炜
区卫生局局长：张　平
区文化局局长：胡以申（3月免）
　　　　张永珍（女，3月任）
区体育局局长：杨解平
区绿化和市容管理局局长：朱文华
区城市管理行政执法局局长：朱文华
区环境保护局局长：薛建平
区规划和土地管理局局长：王训国
区住房保障和房屋管理局局长：唐如康
区国有资产管理监督委员会主任：赵红旗
区民防办公室主任：高荣强
区人民防空办公室主任：高荣强

区行政学院院长：张连城（兼、9月任）
区行政学院常务副院长：许涞华
安全长宁分局局长：王添新
工商长宁分局局长：夏利民
税务长宁分局局长：洪新卫
区质量技术监督局局长：孙曰好
区食品药品监督管理分局局长：胡国强

（四）政协长宁区委员会

主　席：陈建兴
副主席：刘春景　张连城（6月免）
　　　　徐伟人（不驻会）　王跃林（不驻会）
　　　　王训国（不驻会）
秘书长兼办公室主任：陶昌琪
专门委员会办公室主任：陈忠魁

（五）区人民武装部

部　长：洪俊才（12月免）　张平浔（12月任）
政　委：惠　宁（8月免）　马发明（8月任）

（六）法院、检察院

区人民法院院长：邹碧华
区人民检察院院长：戴国建（1月免）
　　　　　　　　　严明华（1月任）
区反贪局局长：空缺

（七）工会、共青团、妇联、工商联、残联、红十字会

区总工会主席：姜　翠（女、2月免）
　　　　　　　鲁德喜（2月任）
团区委书记：陈　颖（女，副书记主持工作）
区妇女联合会主席：刘　琪（女）
区工商业联合会会长：钱建蓉
区残疾人联合会理事长：程玉新
区红十字会会长：邹龙飞（6月免）
　　　　　　　　张连城（6月任）
区红十字会常务副会长：徐伟人

（八）街道、镇

新华路社区（街道）党工委书记：余小雄（女）
　　办事处主任：
　　　　李世樑（9月免）
　　　　陆奇峰（9月任）
江苏路社区（街道）党工委书记：李忠兴
　　办事处主任：李建国
华阳路社区（街道）党工委书记：宋　慧
　　办事处主任：
　　　　王　军（12月免）
　　　　钱根祥（12月任）
周家桥社区（街道）党工委书记：
　　　　严伯军（3月免）
　　　　徐国良（3月任）
　　办事处主任：
　　　　徐国良（3月免）
　　　　吴坚勇（3月任）
天山路社区（街道）党工委书记：
　　　　曾新跃（10月免）
　　　　卢礼信（10月任）
　　办事处主任：朱启珩
仙霞新村社区（街道）党工委书记：宋嘉禾
　　办事处主任：胡敏华
虹桥社区（街道）党工委书记：王运平
　　办事处主任：
　　　　程　敏（3月免）
　　　　周　崴（3月任、副主任主持行政工作）
程家桥社区（街道）党工委书记：林可嗣
　　办事处主任：曹华君
北新泾社区（街道）党工委书记：莫　平
　　办事处主任：徐春霞（女）
新泾镇党委书记：汪翔云
　　镇　长：倪　尧
　　人大主席：汪翔云

司法解释

最高人民法院关于适用《中华人民共和国国家赔偿法》若干问题的解释(一)

2011年2月14日由最高人民法院审判委员会第1511次会议通过,2011年3月18日施行。

为正确适用2010年4月29日第十一届全国人民代表大会常务委员会第十四次会议修正的《中华人民共和国国家赔偿法》,对人民法院处理国家赔偿案件中适用国家赔偿法的有关问题解释如下:

第一条 国家机关及其工作人员行使职权侵犯公民、法人和其他组织合法权益的行为发生在2010年12月1日以后,或者发生在2010年12月1日以前、持续至2010年12月1日以后的,适用修正的国家赔偿法。

第二条 国家机关及其工作人员行使职权侵犯公民、法人和其他组织合法权益的行为发生在2010年12月1日以前的,适用修正前的国家赔偿法,但有下列情形之一的,适用修正的国家赔偿法:

(一)2010年12月1日以前已经受理赔偿请求人的赔偿请求但尚未作出生效赔偿决定的;

(二)赔偿请求人在2010年12月1日以后提出赔偿请求的。

第三条 人民法院对2010年12月1日以前已经受理但尚未审结的国家赔偿确认案件,应当继续审理。

第四条 公民、法人和其他组织对行使侦查、检察、审判职权的机关以及看守所、监狱管理机关在2010年12月1日以前作出并已发生法律效力的不予确认职务行为违法的法律文书不服,未依据修正前的国家赔偿法规定提出申诉并经有权机关作出侵权确认结论,直接向人民法院赔偿委员会申请赔偿的,不予受理。

第五条 公民、法人和其他组织对在2010年12月1日以前发生法律效力的赔偿决定不服提出申诉的,人民法院审查处理时适用修正前的国家赔偿法;但是仅就修正的国家赔偿法增加的赔偿项目及标准提出申诉的,人民法院不予受理。

第六条 人民法院审查发现2010年12月1日以前发生法律效力的确认裁定、赔偿决定确有错误应当重新审查处理的,适用修正前的国家赔偿法。

第七条 赔偿请求人认为行使侦查、检察、审判职权的机关以及看守所、监狱管理机关及其工作人员在行使职权时有修正的国家赔偿法第十七条第(一)、(二)、(三)项、第十八条规定情形的,应当在刑事诉讼程序终结后提出赔偿请求,但下列情形除外:

(一)赔偿请求人有证据证明其与尚未终结的刑事案件无关的;

(二)刑事案件被害人依据刑事诉讼法第一百九十八条的规定,以财产未返还或者认为返还的财产受到损害而要求赔偿的。

第八条 赔偿请求人认为人民法院有修正的国家赔偿法第三十八条规定情形的,应当在民事、行政诉讼程序或者执行程序终结后提出赔偿请求,但人民法院已依法撤销对妨害诉讼采取的强制措施的情形除外。

第九条 赔偿请求人或者赔偿义务机关认为人民法院赔偿委员会作出的赔偿决定存在错误,依法向上一级人民法院赔偿委员会提出申诉的,不停止赔偿决定的执行;但人民法院赔偿委员会依据修正的国家赔偿法第三十条的规定决定重新审查的,可以决定中止原赔偿决定的执行。

第十条 人民检察院依据修正的国家赔偿法第三十条第三款的规定,对人民法院赔偿委员会在2010年12月1日以后作出的赔偿决定提出意见的,同级人民法院赔偿委员会应当决定重新审查,并可以决定中止原赔偿决定的执行。

第十一条 本解释自公布之日起施行。

统计资料

TONG JI ZI LIAO

CHANGNINGNIANJIAN

2011

2010年长宁区社会和经济主要指标

指标名称	单　位	数　量	比上年增长（%）
区增加值	亿元	309.93	9.5
区级财政收入	亿元	72.08	14.5
区财政支出	亿元	85.5	15.1
区工业销售产值	亿元	83	25.7
社会消费品零售额	亿元	209.53	12.8
批准三资企业项目	户	305	65.8
协议吸收外资	亿美元	5.83	10.1
固定资产投资额	亿元	59.85	8.2
商品房预售面积	万平方米	10.02	–65
商品房销售面积	万平方米	14.01	–36.9

2010年长宁区增加值及其构成

单位：亿元

项　目	2010年	比上年增长（%）	项　目	2010年	比上年增长（%）
一、增加值（总计）	309.93	9.5	住宿和餐饮业	28.43	16.5
第二产业	40.61	7.5	房地产业	50.27	3.9
#工业	23.97	5.4	二、增加值构成（%）		
第三产业	269.32	9.8	第二产业	13.1	–0.2
#信息、计算机、软件业	21.92	15.0	第三产业	86.9	0.2
批发和零售业	70.12	13.2			

2010年长宁区财政收支

单位：万元

项目	数量	比上年增长（%）	项目	数量	比上年增长（%）
一、财政总收入	1727573	17.3	财政支出总计	854982.9	15.1
#中央收入	687472	20.7	#一般公共服务	46313.1	61.9
市级收入	319313	16.7	公共安全	65867.3	0.9
区级收入	720788	14.5	教育	110322.3	19.3
二、财政收入（按税种分）			科学技术	31823.5	17.2
#增值税	275309	8.0	文化体育与传媒	10013.8	0.1
营业税	388711	16.3	社会保障与就业	61601.6	11.9
房产税	278714	3.8	医疗卫生	36793.9	13.7
企业所得税	54300	13.0	环境保护	3144.6	44.3
涉外所得税	220823	40.8	城乡社区事务	269581.1	-11.2
个人所得税	257115	41.4			

2010年长宁区工业销售产值（区域）

单位：亿元

名称	数量	名称	数量
工业总产值	79.56	股份制企业	31.3
工业销售产值	83.00	外商及港澳台投资（三资）	24.6
#规模以上工业	81.15	其他经济	4.66
#国有	19.29		
集体	1.31		
股份制经济		工业产品销售率（%）	104.40

2010 年长宁区规模以上工业

单位：亿元

	2010年		2010年
企业数（个）	93	资产总计	125.66
#亏损企业数	21	流动资产合计	71.18
主营业务收入	90.01	应收账款	15.39
管理费用	9.11	产成品存货	3.34
财务费用	0.53	固定资产净值	21.79
#利息支出	0.34	负债合计	51.13
营业利润	9.76	本年应付工资总额	6.43
利润总额	10.69	全部从业人员平均人数（人）	13236
主营业务税金及附加	0.38		

2010 年长宁区企业集团情况（一）

单位：万元

	2010年	增长（%）
一、上海九华商业（集团）有限公司		
单位数	60	
销售收入	438931.9	9.8
利润总额	3999.4	–20.9
社会消费零售额	132184.1	2.1
资产总计（亿元）	13.3	0.8
固定资产原价（亿元）	1.7	6.3
二、上海万宏工业投资（集团）有限公司		
单位数	100	–4.8
工业总产值	51306.7	–5.5
工业销售产值	51517.5	0.6
利润总额	2777.8	–20.6
资产总计（亿元）	13.2	8.2
固定资产原价（亿元）	3	–

2010 年长宁区企业集团情况（二）

单位：万元

	2010年	增长（%）
三、上海新长宁（集团）有限公司		
单位数	40	-2.4
销售收入	654948	159.9
房地产收入	608238.5	198.1
利润总额	48291.4	16.9
资产总计（亿元）	126	12.5
固定资产原价（亿元）	34.5	1.5
四、上海服装（集团）有限公司		
单位数	62	
主营业务收入	220764	0.5
#长宁区	120520	-8.1
利润总额	3467	31.1
#长宁区	2554	24
工业总产值	41125.3	-9.8
#长宁区		
资产总计（亿元）	32.5	8.5
固定资产原价（亿元）	6.4	—

2010 年长宁区社会消费品零售额

单位：万元

项　目	数 量	项　目	数 量
总　计	2095328	二、按行业分	
一、按商品类别分		批发零售业	1676262
吃的商品	584597	#限额以上	1089570
穿的商品	348872	住宿餐饮业	419066
用的商品	1089570	#限额以上	272393
烧的商品	72289	*商业销售总额	25912558

2010 年长宁区旅游业

项 目	单 位	旅 行 社	宾 馆
数量	家	69	52
营业收入	亿元	60.73	33.04
接待总人数	万人次	113.73	217.00

2010 年长宁区建筑业

	单位	2010年	项 目	单位	2010年
建筑业总产值	亿元	190.06	房屋建筑竣工面积	万平方米	456.36
#建筑	亿元	157.67	计算劳动生产率的平均人数	人	63128
安装	亿元	29.06	年末从业人员	人	41793
竣工产值	亿元	122.76	本年新签合同	亿元	309.2
房屋建筑施工面积	万平方米	1943.64			

2010 年长宁区环境保护情况

	单 位	数 值		单 位	数 值
一、废水状况			超标收费单位	次	34
废水排放单位	户	11	征收排污费金额	万元 / 年	7.9
废水排放量	万吨 / 年	155.88	三、噪声情况		
有治理设施的单位	户	5	建设噪声达标区	平方公里	28.56
废水征收排污费单位	户（次）	7	占全区建成区达标区覆盖率	%	76.8
征收排污费金额	万元 / 年	2.4	区域环境噪声值（白）	分贝	57
二、大气环境状况			区域环境噪声值（夜）	分贝	46.6
二氧化硫排放（平均）浓度	毫克 / 立方米	-0.033	交通干线噪声平均值（白）	分贝	71.2
二氧化氮平均排放浓度	毫克 / 立方米	0.058	交通干线噪声平均值（夜）	分贝	62.4
区域降尘量	吨 / 月·平方公里	7.6	噪声超标征收排污单位	户（次）	60
可吸入颗粒物 PM10	毫克 / 立方米	0.083	征收排污费金额	万元 / 年	35

2010年虹桥涉外商务区工业总产值和商业销售总额

单位：亿元

项目	数值	项目	数值
一、中山公园商业中心		商业销售总额	485.34
工业总产值	1.75	三、虹桥临空经济园区	
商业销售总额	397.76	工业总产值	14.24
二、虹桥涉外贸易中心		商业销售总额	313.54
工业总产值	3.79		

2010年长宁区工业销售产值前十位企业

位次	企业名称	位次	企业名称
1	上海生物制品研究所	6	上海置信非晶合金变压器有限公司
2	上海交运股份有限公司	7	上海日港置信非晶体金属有限公司
3	上海金地石化有限公司	8	中颖电子股份有限公司
4	上海东方航空食品有限公司	9	上海科技股份有限公司
5	上海宝钢建筑工程设计研究院	10	上海华虹计通智能系统股份有限公司

2010年长宁区房地产业销售收入前十位企业

位次	企业名称	位次	企业名称
1	上海市天宸股份有限公司	6	上海长宁房地产经营有限公司
2	上海虹康房产建设有限公司	7	上海新长宁（集团）有限公司
3	上海九州物业发展有限公司	8	上海明鸿房地产发展有限公司
4	上海伟怡房地产发展有限公司	9	和记黄埔地产（上海）古北有限公司
5	上海天台恒星房地产发展有限公司	10	上海古北（集团）有限公司

2010 年长宁区进出口前十位企业

位次	企业名称	位次	企业名称
1	东方航空进出口有限公司	6	兄弟（中国）商业有限公司
2	上海新康电子有限公司	7	上海理商进出口贸易有限公司
3	上海服装（集团）有限公司	8	上海台宏进出口有限公司
4	米其林（中国）投资有限公司	9	蝶理（中国）商业有限公司
5	上海创侨进出口有限公司	10	上海风格服饰有限公司

2010 年长宁区税收前十位企业

位次	企业名称	位次	企业名称
1	上海新天地置业发展有限责任公司	6	联合利华服务（合肥）有限公司
2	上海电气集团股份有限公司	7	米其林（中国）投资有限公司
3	上海海烟物流发展有限公司	8	嘉里曹家堰房地产（上海）有限公司
4	和记黄埔地产（上海）古北有限公司	9	美施威尔（上海）有限公司
5	上海伟怡房地产发展有限公司	10	上海生物制品研究所

2010 年长宁区各类房屋分布面积

单位：万平方米

房屋种类	建筑面积	#物业公司管理	房屋种类	建筑面积	#物业公司管理
总计	3419.32	2502.44	二、居住房屋	2086.44	2019.37
一、非居住房屋	1332.87	483.07	#公寓	17.58	17.31
#工厂	259.32	0.97	花园住宅	56.44	49.10
学校	144.32	14.90	职工住宅	1974.63	1928.71
办公楼	422.25	365.20	新式里弄	21.52	18.20
商场店铺	113.77	43.33	旧式里弄	13.91	5.60
医院	42.50	4.46	简屋	0.53	0.07
旅馆	109.91	44.60	其他	1.83	0.38

2010年长宁区房屋交易成交情况

房屋种类	成交套数（套）		成交建筑面积（万平方米）		成交金额（亿元）	
	数量	增长（%）	数量	增长（%）	数量	增长（%）
合计	11323	–43.4	112.3	–39.8	2966835	–27.7
#增量房	1771	–57.4	24.0	–52.8	739406	–47.4
存量房	9552	–39.7	888.3	–35.0	2227429	–17.5

2010年长宁区私营企业及个体工商户

项目	私营企业		项目	个体工商户	
	数量	比上年增长（%）		数量	比上年增长（%）
户数（户）	12029	1.9	户数（户）	10781	2.2
投资人数（人）	20096	2.9	从业人数（人）	15848	6.3
雇工人数（人）	81649	–0.4			
注册资金（亿元）	298.34	11.1	注册资金（万元）	17758.73	11.6

2010年长宁区园林绿地面积

单位：万平方米、%、平方米/人

园林绿地面积	1014.94	单位附属绿地	564.89
#公共绿地	438.57	绿化覆盖面积	1072.11
公园	134.55	覆盖率	28.83
街道绿地	304.02	人均公共绿地	7.14
生产绿地	11.48		

注：绿化覆盖率28.83%，按区域面积37.19平方公里计算。

2010年长宁区户数、人口

街道（镇）名称	户 数	人口（人）	街道（镇）名称	户 数	人口（人）
总计	214864	616187	仙霞新村街道	27159	71524
华阳路街道	24800	70540	虹桥街道	18415	46567
江苏路街道	18383	50419	程家桥街道	7207	19931
新华路街道	23289	99164	北新泾街道	15286	39922
周家桥街道	17270	43217	新泾镇	36001	87498
天山路街道	27054	87405			

2010年长宁区社会福利事业、社会救助及婚姻登记

	单位	数量		单位	数量
一、社会福利事业					
区社会福利院、敬老院	个	28	福利单位	个	18
床位数	张	4211	福利企业中残疾人数	人	148
收养人数	人	2356			
二、社会救助					
城镇居民最低生活保障人数	人次	148593	支援灾区建设募集衣被	万件	21.4
支援灾区建设捐赠款	万元	198.6			
三、婚姻登记					
准予登记结婚数	对	8359	再婚（男+女）	人	260
初婚	人	16458	离婚	对	1512

2009年长宁区教育事业基本情况

名 称	学 校（所）	学 生（人）	教职员工（人）
幼儿园	40	13175	1273
#教育局	31	8795	867
小学	25	18200	1747
中学	26	19909	2516
职业学校	1	1539	222

2010 年长宁区文化事业基本情况

项　目	单位	总计	项　目	单位	总计
群众艺术馆、文化馆（站）	个	10	电影院接待观众	万人次	62.64
群众艺术馆、文化馆（站）举办训练班	次	88	图书馆接待读者	千人次	1550.58
馆办文艺团队	个	1	公共图书馆总藏量	千册	970.33

2010 年长宁区卫生事业基本情况

项　目	2009年	2010年	项　目	2009年	2010年
机构总数（个）	176	229	门急诊总量（万人次）	826.42	918.65
#市属（家）	8	8	床位总计（张）	6472	6619
区属（家）	19	20	#区属	2664	2955
卫生技术人员（人）	7277	8975	病床使用率（%）	102	94.05
#区属	3679	3456	年末实有家庭病床（张）	1423	1607

2010 年长宁区综合保险情况

街道（镇）名称	参保单位	参保人数	街道（镇）名称	参保单位	参保人数
总计	20177	140626	虹桥街道	2554	15099
华阳路街道	2396	16649	程家桥街道	737	9148
江苏路街道	1478	12013	北新泾街道	490	1643
新华路街道	2366	12612	新泾镇	1618	11325
周家桥街道	970	4263	人社局	2600	20554
天山路街道	1962	11423	建委系统	1796	15756
仙霞新村街道	1210	10141			

2010年长宁区各街道（镇）劳动就业安置情况

街道（镇）名称	新增就业岗位数	城镇登记失业数	街道（镇）名称	新增就业岗位数	城镇登记失业数
总计	36085	15012	仙霞新村街道	1393	1900
华阳路街道	1532	1613	虹桥街道	1433	1150
江苏路街道	1320	1555	程家桥街道	1290	271
新华路街道	1700	1520	北新泾街道	1176	1843
周家桥街道	1165	1149	新泾镇	1328	1863
天山路街道	1891	2148			

2010年长宁区失业人员分类

	人数	比重（%）	街道（镇）名称	人数	比重（%）
总人数	15012	100	高中学历	6750	45
一、按性别分			初中及以下	5263	35.1
男性	10232	68.2	按工种分		
女性	4780	31.8	初级技工	2134	14.2
二、按年龄分			中级技工	820	5.5
16-35周岁	4005	26.7	高级技工	225	1.5
36-60周岁	11007	73.3	上岗证	1150	7.7
三、按学历分			技师	51	0.3
硕士以上学历	124	0.8	高级技师	42	0.3
本科学历	995	6.6	其他	10590	70.5
专科学历	1880	12.5			

2010年长宁区体育运动成绩

一、全国性比赛	二、承办比赛
游泳4金4铜　射箭3银2铜 射击1金1银　足球1金	承办上海市第十四届运动会体操比赛、艺术体操比赛 三、向上级训练单位输送体育苗子75人次
四、世界级比赛	五、亚洲级比赛
游泳（世界短池游泳锦标赛）2金	游泳（广州亚运会）4金2银

司法解读

《统计法》解读

《统计法》,2009年6月27日十一届全国人大常委会第九次会议审议通过,对1983年制定、1996年修订的现行《统计法》进行了全面修订,自2010年1月1日起施行。

统计数据质量是统计工作的生命。完善保障统计数据质量的法律制度,是此次《统计法》修订的重中之重。

一、明确了有关负责人和统计人员在统计活动中的基本守则

地方各级人民政府、政府统计机构和有关部门以及各单位的负责人不得自行修改统计机构和统计人员依法搜集、整理的统计资料,不得以任何方式要求统计机构、统计人员及其他机构、人员伪造、篡改统计资料,不得对依法履行职责或者拒绝、抵制统计违法行为的统计人员打击报复;统计人员不得伪造、篡改统计资料,不得以任何方式要求任何单位和个人提供不真实的统计资料,不得有其他违反本法规定的行为。

二、进一步完善统计数据质量责任制度

统计调查对象应当按照国家有关规定建立健全统计资料的审核、签署制度,统计资料的审核、签署人员应当对其审核、签署的统计资料的真实性和完整性负责;统计人员应当坚持实事求是,恪守职业道德,对其负责搜集、审核、录入的统计资料与统计调查对象报送的统计资料的一致性负责。

三、强化了统计数据质量监督检查和责任追究制度

建立统计数据质量行政问责制。依照新《统计法》的规定,今后一个地方、部门或者单位的负责人对严重统计违法行为失察的,将难辞其咎。

《统计违法违纪行为处分规定》解读

《统计违法违纪行为处分规定》监察部、人力资源社会保障部、国家统计局第18号令公布,自2009年5月1日起施行。

一、对地方、部门以及企业、事业单位、社会团体的领导人员统计违法违纪行为的处分规定

有自行修改统计资料、编造虚假数据;强令、授意本地区、本部门、本单位统计机构、统计人员或者其他有关机构、人员拒报、虚报、瞒报或者篡改统计资料、编造虚假数据;对拒绝、抵制篡改统计资料或者对拒绝、抵制编造虚假数据的人员进行打击报复;对揭发、检举统计违法违纪行为的人员进行打击报复的行为之一的,给予记过或者记大过处分;情节较重的,给予降级或者撤职处分;情节严重的,给予开除处分。

二、对各级人民政府统计机构、有关部门及其工作人员统计违法违纪行为的处分规定

在实施统计调查活动中,对有强令、授意统计调查对象虚报、瞒报或者伪造、篡改统计资料;参与篡改统计资料、编造虚假数据的有关责任人员,给予记过或者记大过处分;情节较重的,给予降级或者撤职处分;情节严重的,给予开除处分。

三、对统计调查对象中的单位有关责任人员统计违法违纪行为的处分规定

统计调查对象中的单位有虚报、瞒报统计资料;伪造、篡改统计资料;拒报或者屡次迟报统计资料;拒绝提供情况、提供虚假情况或者转移、隐匿、毁弃原始统计记录、统计台账、统计报表以及与统计有关的其他资料,情节较重的,对有关责任人员,给予警告、记过或者记大过处分;情节严重的,给予降级或者撤职处分;情节特别严重的,给予开除处分。

四、对其它统计违法违纪行为的处分规定

违反国家规定的权限和程序公布统计资料,造成不良后果的,对有关责任人员,给予警告或者记过处分;情节较重的,给予记大过或者降级处分;情节严重的,给予撤职处分。

区委 区政府和 区委办 区政府办 主要文件目录

QUWEI QUZHENGFU HE QU WEI BAN QU ZHENGFUBAN ZHUYAOWENJIANMULU

文件目录

中共长宁区委主要文件目录

长委[2010]1号 关于调整长宁区妇女儿童工作委员会组成人员的通知

长委[2010]11号 关于建立中共上海市长宁区住房保障和房屋管理局纪律检查委员会的通知

长委[2010]12号 关于调整上海多媒体产业园管理委员会组成人员的通知

长委[2010]13号 关于调整和增补长宁区反恐怖工作协调小组成员单位的通知

长委[2010]16号 关于长宁区局级领导干部2009年度考核工作情况的报告

长委[2010]20号 关于成立长宁区2007—2009年度区先进生产（工作）者、先进集体和上海市劳模、先进工作者候选人及模范集体候选单位评选委员会的通知

长委[2010]21号 关于成立长宁区淞虹路商业建设和福缘禅院西迁工作领导小组的通知

长委[2010]27号 中国共产党上海市长宁区第八届委员会第十二次全体会议决议

长委[2010]29号 中共长宁区委批转《区人大常委会党组关于筹备人大工作会议暨纪念地方人大常委会成立三十周年会议有关事宜的请示》的通知

长委[2010]36号 关于调整长宁区党风廉政建设责任制领导小组成员的通知

长委[2010]37号 中共长宁区委关于调整长宁区世博运营期间工作领导小组成员及其有关机构的通知

长委[2010]40号 中共长宁区委关于进一步加强人大工作的意见

长委[2010]41号 中共上海市长宁区委员会关于报送市委巡视反馈意见整改方案的报告

长委[2010]42号 关于调整长宁区政务公开（政府信息公开）联席会议组成人员的通知

长委[2010]47号 关于增补长宁区世博运行工作领导小组成员的通知

长委[2010]51号 关于2009年长宁区委抓基层党建工作情况的报告

长委[2010]59号 中共长宁区委关于表彰“世博先锋行动先进基层党组织”、“世博先锋行动优秀共产党员”、“世博先锋行动党建联建优秀单位”的决定

长委[2010]60号 中共长宁区委批转区人大常委会党组《关于召开2010年长宁区人大代表会议的请示》的通知

长委[2010]61号 中共长宁区委批转区政协党组《关于召开2010年长宁区政协全体委员会议的请示》的通知

长委[2010]67号 关于调整长宁区厂务公开工作领导小组组成人员的通知

长委[2010]68号 关于成立长宁区创先争优活动领导小组的通知

长委[2010]78号 中共上海市长宁区委员会、上海市长宁区人民政府关于表彰长宁区现代服务业十大领军人才、第二届领军人才、第七轮专业技术拔尖人才的决定

长委[2010]79号 中共上海市长宁区委员会、上海市长宁区人民政府关于进一步推进人才工作发展的实施意见

长委[2010]85号 关于调整长宁区企业领导干部廉洁自律领导小组组成人员的通知

长委[2010]89号 中共长宁区委 长宁区人民政府关于进一步加强社会建设的若干意见

长委[2010]92号 中共长宁区委关于进一步加强工会、共青团、妇联工作的若干意见

长委[2010]94号 中共长宁区委批转区人大常委会党组《关于召开长宁区十四届人大八次会议的请示》的通知

长委[2010]97号 中共上海市长宁区委关于制定长宁区国民经济和社会发展第十二个五年规划的建议

长委[2010]102号 中共长宁区委批转区政协党组《关于召开长宁区政协十二届五次会议的请示》的通知

长委[2010]107号 中共长宁区委贯彻落实2010年度《上海市老干部工作领导责任制》情况的报告

长宁区人民政府主要文件目录

长府[2010]1号 上海市长宁区人民政府关于邀请市政府领导出席长宁区世博100天动员大会的请示

长府[2010]2号 上海市长宁区人民政府关于对长宁区重点企业进行表彰奖励的决定

长府[2010]4号 上海市长宁区人民政府批转区总工会和人力资源社会保局制定的《关于评选2007—2009年度长宁区先进生产(作)者、先进集体和上海市劳动模范、先进工作者候选及模范集体候选人及模范集体候选单位工作的意见》的通知

长府[2010]5号 上海市长宁区人民政府关于印发2010年区政府和部门重工作目标的通知

长府[2010]6号 关于长宁区2009年节能工作总结和2010年节能工作安排的报告

长府[2010]11号 上海市长宁区人民政府关于邀请市政府领导出席2010虹桥资募港高峰论坛的请示

长府[2010]14号 上海市长宁区人民政府关于表彰2007—2009年度长宁区先进生产(工作)者、先进集体的决定

长府[2010]16号 上海市长宁区人民政府关于长宁区土地出让清查情况和整改工作的报告

长府[2010]18号 上海市长宁区人民政府关于创建长宁高科技园的请示

长府[2010]22号 上海市长宁区人民政府关于公布本区实行“告知承诺”第一批行政审批事项目录及格式文本(样本)的通知

长府[2010]30号 上海市长宁区人民政府关于邀请艾宝俊副市长出席推进长宁区低碳项目战略合作意向书签约仪式的请示

长府[2009]31号 上海市长宁区人民政府关于申报上海市低碳发展实践区试点的函

长府[2010]32号 上海市长宁区人民政府关于同意变更区国有资产经营投资有限公司出资方式等相关事宜的批复

长府[2010]33号 上海市长宁区人民政府关于商请调整安亭镇昌吉路149号土地控详规划的函

长府[2010]34号 上海市长宁区人民政府关于调整周家桥街道与新泾镇之间行政管理范围界线的批复

长府[2010]35号 上海市长宁区人民政府关于申

请转报全球环境基金（GEF）二期项目技术援助赠款的函

长府[2010]39号 上海市长宁区人民政府关于苏三期防汛墙改建工程涉及华东政法大学居民动迁情况的报告

长府[2010]40号 上海市长宁区人民政府关于建议将上海教育博物馆建在长宁区的函

长府[2010]41号 上海市长宁区人民政府关于邀请赵雯副市长出席上海旅游节、上海购物节长宁区活动开幕式的请示

长府[2010]42号 上海市长宁区人民政府关于批转区财局制定的《关于面对2011年新泾镇财政预算编制的指导意见的通知》

长府[2010]43号 上海市长宁区人民政府关于将青浦区华新镇相关土地用于建造长宁区旧区改造动迁安置房的报告

长府[2010]45号 上海市长宁区人民政府关于同意撤销新泾镇双泾村民委员会建制的批复

长府[2010]47号 上海市长宁区人民政府关于发布《长宁区政府投资项目管理办法》的通知

长府[2010]48号 上海市长宁区人民政府关于征询“十二五”期间拟建上海虹桥舞蹈艺术中心、上海虹桥国际艺术中心两项目可行性意见的函

长府[2010]49号 上海市长宁区人民政府关于恳请追加长宁区旧区改造基地动迁安置用房的请示

长府[2010]50号 长宁区人民政府、长宁区人民武装部关于表彰2009年度长宁区征兵工作先进单位和先进个人的决定

长府[2010]51号 长宁区人民政府、长宁区人民武装部2010年征兵命令

长府[2010]52号 上海市长宁区人民政府关于同意组建长宁现代职业教育集团的批复

长府[2010]53号 上海市长宁区人民政府印发《关于加快集聚高层次和优秀青年人才的若干意见（试行）》和《关于人才公寓的若干意见（试行）》的通知

长府[2010]55号 上海市长宁区人民政府关于邀请副市长沈晓明出席长宁区人民政府与华东政法大学战略合作框架协议签约仪式暨东虹桥法律服务园、长宁现代职业教育集团等揭牌仪式的请示

长府[2010]56号 上海市长宁区人民政府关于邀请副市长艾宝俊出席2010年上海民建浦江论坛的请示

长府[2010]58号 上海市长宁区人民政府关于申请开展融资性担保业务管理工作的报告

长府[2010]59号 上海市长宁区人民政府关于同意长宁东虹桥小额贷款股份有限公司增资的预审报告

中共长宁区委办公室主要文件目录

长委办[2010]1号 中共长宁区委办公室关于区台办《关于中共长宁区委组团赴台交流组成人员的请示》的批复

长委办[2010]2号 中共长宁区委办公室、长宁区人民政府办公室关于加强世博会期间举办大型会议和活动管理的通知

长委办[2010]3号 中共长宁区委办公室印发《2010年长宁区国家安全小组工作要点》的通知

长委办[2010]5号 中共长宁区委办公室关于印发《中共长宁区委常委会2010年议题计划》、《中共长

宁区委2010年重点调研课题》的通知

长委办[2010]6号 中共长宁区委办公室、长宁区人民政府办公室转发《区综治办关于建立长宁区社区(街道)、镇综治工作中心的实施意见(试行)》的通知

长委办[2010]7号 中共长宁区委办公室印发《贯彻落实〈中共长宁区委关于加强党的建设的若干意见〉项目分工表》的通知

长委办[2010]8号 中共长宁区委办公室、长宁区人民政府办公室转发《长宁区企业协会政社分开工作实施方案》的通知

长委办[2010]9号 中共长宁区委2010年双月座谈会议题预告

长委办[2010]10号 中共长宁区委办公室关于印发《中共上海市长宁区委员会关于市委巡视反馈意见的整改方案》的通知

长委办[2010]11号 关于启用"上海市长宁区世博安保、宣传指挥部"等印章的通知

长委办[2010]12号 中共长宁区委办公室、长宁区人民政府办公室印发《2010年区委、区政府领导党风廉政建设和反腐败工作责任分工》的通知

长委办[2010]13号 中共长宁区委办公室、长宁区人民政府办公室印发《2010年长宁区党风廉政建设和反腐败工作部门分工》的通知

长委办[2010]14号 中共长宁区委办公室、长宁区人民政府办公室转发《区爱卫会关于在全区组织开展"星期四爱国卫生义务劳动"的工作方案》的通知

长委办[2010]15号 中共长宁区委办公室、长宁区人民政府办公室转发《关于本区做好青海玉树地震救灾捐赠工作实施意见》的通知

长委办[2010]16号 中共长宁区委办公室、长宁区人民政府办公室转发《区"十二五"规划办公室关于长宁区开展"十二五"规划大讨论活动的通知》的通知

长委办[2010]18号 中共长宁区委办公室、长宁区人民政府办公室转发《关于做好世博期间本区双拥工作的意见》的通知

长委办[2010]20号 中共长宁区委办公室、长宁区人民政府办公室印发《区信访办关于长宁区加强世博会前后及期间信访稳定工作的实施意见》的通知

长委办[2010]23号 中共长宁区委办公室转发《区委组织部、区编办关于进一步加强大口党工委职能、机构建设的意见》的通知

长委办[2010]24号 中共长宁区委办公室、长宁区人民政府办公室转发《关于进一步规范区处级部门"三重一大"集体决策制度执行及上报备案工作的意见》的通知

长委办[2010]25号 中共长宁区委办公室转发《长宁区处级领导干部配备后评估工作暂行办法》和《关于区管国有(集体)企业领导人员分层管理的若干意见试行)》的通知

长委办[2010]26号 中共长宁区委办公室、长宁区人民政府办公室转发《区科委关于长宁区创建全国科技进步先进区行动计划(2010-2012)》的通知

长委办[2010]27号 中共长宁区委办公室转发区纪委、区委组织部《关于对本区处级领导干部个人有关事项报告情况抽查的通报》的通知

长委办[2010]28号 关于申请增加区委机要局工作人员的请示

长委办[2010]30号 中共长宁区委办公室、长宁区人民政府办公室印发《长宁区机关电子签名管理办法》

的通知

长委办[2010]33号　中共长宁区委办公室、长宁区人民政府办公室关于切实做好国庆节前后有关工作的通知

长委办[2010]35号　中共长宁区委办公室、长宁区人民政府办公室转发《区委组织部关于加强对区有关职能部门派出机构双重管理工作的若干意见(试行)》的通知

长委办[2010]36号　中共长宁区委办公室、长宁区人民政府办公室转发《区建交委关于进一步加强城区综合管理的实施意见》的通知

长委办[2010]37号　中共长宁区委办公室、长宁区人民政府办公室转发《区人口办关于加强实有人口综合服务和管理的实施意见》的通知

长委办[2010]38号　中共长宁区委办公室、长宁区人民政府办公室转发《区委组织部、区社会工作党委、区社区建设办公室、区人力资源和社会保障局、区民政局、区财政局关于进一步加强居民区工作人员和社区专职党群工作者等队伍建设的实施意见》的通知

长委办[2010]39号　中共长宁区委办公室转发《区纪委关于进一步规范本区礼品上交登记和管理处置工作的办法》的通知

长委办[2010]40号　中共长宁区委办公室关于对《中共上海市长宁区委关于制定长宁区国民经济和社会发展第十二个五年规划的建议(征求意见稿)》征求意见的通知

长委办[2010]41号　关于报送2010年调研课题成果的通知

长委办[2010]43号　中共长宁区委办公室、长宁区人民政府办公室关于做好2011年元旦、春节期间有关工作的通知

长委办[2010]44号　中共长宁区委办公室、长宁区人民政府办公室转发《区民政局关于开展长宁区2011年元旦春节期间帮困送温暖工作的实施意见》的通知

长委办[2010]46号　中共长宁区委办公室印发《上海市长宁区红十字会主要职责内设机构和人员编制方案》的通知

长宁区人民政府办公室主要文件目录

长府办[2010]2号　长宁区人民政府办公室关于成立区第六次全国人口普查领导小组的通知

长府办[2010]3号　长宁区人民政府办公室转发区新闻办制定的《关于进一步做好“上海长宁”门户网站内容保障工作实施意见》的通知

长府办[2010]4号　长宁区人民政府办公室印发《关于做好2010年本区无偿献血工作意见》的通知

长府办[2010]5号　长宁区人民政府办公室关于成立长宁区与高等院校、科研院所战略合作领导小组的通知

长府办[2010]6号　长宁区人民政府关于《长宁区人大常委会关于对〈区政府关于中华人民共和国食品安全法〉实施情况的报告的审议意见》的复函

长府办[2010]7号　长宁区人民政府办公室关于成立长宁区推进企业协会政社分开联席会议的通知

长府办[2010]9号　长宁区人民政府办公室关于表彰2009年度区人大代表书面意见和政协提案办理工作先进(表扬)单位和先进个人的通报

长府办[2010]11号 长宁区人民政府办公室关于成立长宁区旧改地块事前征询制度试点工作领导小组的通知

长府办[2010]12号 长宁区人民政府办公室转发区商务会、发展改革委制定的《关于进一步促进时尚产业发展的若干意见》的通知

长府办[2010]13号 长宁区人民政府办公室关于成立长宁区拆除违法建筑领导小组的通知

长府办[2010]14号 长宁区人民政府办公室关于转发区绿化市容局制定的《长宁区世博期间景观灯光设施管理暂行办法》的通知

长府办[2010]15号 长宁区人民政府办公室关于2010年本区人力资源和社会保障工作考核指标和考核统计等事项的通知

长府办[2010]16号 长宁区人民政府办公室关于转发区科委(信息委)制定的《长宁区信息化项目绩效评估管理办法》的通知

长府办[2010]17号 长宁区人民政府办公室关于调整区突发公共事件应急管理委员会组成人员的通知

长府办[2010]19号 长宁区人民政府办公室关于加强本区综合性应急救援队伍建设的实施意见

长府办[2010]20号 长宁区人民政府办公室关于转发区公安分局制定的《长宁区构筑社会消防完全"防火墙"工程实施意见》的知

长府办[2010]21号 长宁区人民政府办公室关于为区机关事务管理局"三定"方案单独发文的请示

长府办[2010]22号 长宁区人民政府办公室关于成立区规范教育培训市场管理联席会议的通知

长府办[2010]23号 长宁区人民政府办公室关于成立区劳动人事争议仲裁委员会的通知

长府办[2010]24号 长宁区人民政府办公室关于转发区国资委制定的《长宁区区属经营性国有资产委托监管试行办法》的通知

长府办[2010]25号 长宁区人民政府办公室关于调整区防震减灾工作联席会议组成人员的通知

长府办[2010]26号 长宁区人民政府办公室关于启用长宁区劳动人事争议仲裁委员会及其办公室印章的通知

长府办[2010]27号 长宁区人民政府办公室关于组建上海市第十四届运动会长宁区体育代表团的通知

长府办[2010]28号 长宁区人民政府办公室关于成立东虹桥法律服务园区(区校合作)管理委员会的通知

长府办[2010]29号 长宁区人民政府办公室关于成立长宁区教育服务业发展委员会的通知

长府办[2010]30号 长宁区人民政府办公室关于成立长宁区科技进步工作领导小组的通知

长府办[2010]31号 长宁区人民政府办公室关于转发区市容联席办制定的《长宁区市容环境沿街面大门责管理考核意见》的通知

长府办[2010]32号 长宁区人民政府办公室关于长宁区公务员门户工作平台启用电子签名的通知

长府办[2010]33号 长宁区人民政府办公室关于转发区房管局制定的《关于进一步提升长宁区住宅小区物业管理水平的实施意见(试行)》的通知

长府办[2010]34号 长宁区人民政府办公室关于调整长宁区绿化委员会组成人员的通知

长府办[2010]37号 长宁区人民政府办公室关于印发区发展和改革委员会主要职责内设机构和人员编制规定的通知

长府办[2010]38号 长宁区人民政府办公室关于印发区教育局主要职责内设

机构和人员编制规定的通知

长府办[2010]39号 长宁区人民政府办公室关于印发区环境保护局主要职责内设机构和人员编制规定的通知

长府办[2010]40号 长宁区人民政府办公室关于印发区民政局主要职责内设机构和人员编制规定的通知

长府办[2010]41号 长宁区人民政府办公室关于印发区司法局主要职责内设机构和人员编制规定的通知

长府办[2010]42号 长宁区人民政府办公室关于印发区国有资产监督管理委员会主要职责内设机构和人员编制规定的通知

长府办[2010]43号 长宁区人民政府办公室关于印发区计划生育委员会主要职责内设机构和人员编制规定的通知

长府办[2010]44号 长宁区人民政府办公室关于印发区体育局主要职责内设机构和人员编制规定的通知

长府办[2010]45号 长宁区人民政府办公室关于印发区安全生产监督管理局主要职责内设机构和人员编制规定的通知

长府办[2010]46号 长宁区人民政府办公室关于印发区民防办公室主要职责内设机构和人员编制规定的通知

长府办[2010]47号 长宁区人民政府办公室关于印发区劳动人事争议仲裁院职能配置、内设机构和人员编制规定的通知

长府办[2010]49号 长宁区人民政府办公室关于印发区文化局主职责内设机构和人员编制规定的通知

长府办[2010]50号 长宁区人民政府办公室关于转发区绿化市容局制定的《长宁区沿街商铺生活垃圾上门收集实施方案》的通知

长府办[2010]52号 长宁区人民政府办公室关于成立长宁区消除麻疹和消除疟疾工作领导小组的通知

长府办[2010]53号 长宁区人民政府办公室关于转发区民政局等四部门联合制定的《关于对长宁区困难人员实施"四医联动"基本医疗保障的意见》的通知

长府办[2010]54号 长宁区人民政府办公室关于长宁区人民政府机关2011年预算编制(草案)的请示

长府办[2010]55号 长宁区人民政府办公室关于成立区产业发展引导基金理事会的通知

长府办[2010]56号 长宁区人民政府办公室关于成立长宁区产业发展引导基金监事会的通知

长府办[2010]57号 长宁区人民政府办公室关于转发区市容联席办制定的《长宁区规范户外广场(商业街)搭棚展示展销(暂行)意见》的通知

长府办[2010]58号 长宁区人民政府办公室关于转发区市容联席办制定的《长宁区街道(镇)市容环境沿街面大门责指导员队伍管理和考核办法》的通知

长府办[2010]59号 长宁区人民政府办公室关于申请增加区政府信息公开工作机构、编制、人员的请示

长府办[2010]60号 长宁区人民政府办公室关于转发区发展改革委制定的《关于加快长宁区政府投资项目采用BT、BOT方式管理的若干试行意见》的通知

长府办[2010]61号 长宁区人民政府办公室转发区食品安全联系会议办公室制定的《关于进一步加强乳品质量安全工作的实施意见》的通知

长府办[2010]62号 长宁区人民政府办公室关于转发区发展改革委、商务委、国资委、科委、财政局联合制定的《长宁区融资性担保公司管理办法(试行)》的通知

长府办[2010]63号 长宁区人民政府办公室关于转发区住房保障工作领导小组办公室制定的《长宁区廉租住房实物配租管理暂行办法》的通知

长府办[2010]64号 长宁区人民政府办公室关于转发区住房保障工作领导小组办公室制定的《长宁区开展经济适用住房工作方案》、《长宁区落实市政府〈本市发展公共租赁住房的实施意见〉的工作意见》的通知

长府办[2010]65号 长宁区人民政府办公室转发区财政局制定的《关于进一步做好区财政预算信息公开工作的意见》的通知

长府办[2010]66号 长宁区人民政府办公室关于转发区财政局制定的《长宁区区级行政单位国有资产管理暂行办法》和《长宁区区级事业单位国有资产管理暂行办法》的通知

长府办[2010]67号 长宁区人民政府办公室转发商务委等四部门联合制定的《关于推进长宁区中小企业改制上市培育工作的意见》和《长宁区推进中小企业改制上市扶持办法》的通知

长府办[2010]68号 长宁区人民政府办公室关于成立区融资性担保行业规范发展和业务监管联席会议的通知

长府办[2010]69号 长宁区人民政府办公室转发区工商分局、综治办、公安分局三部门联合制定的《区关于打击传销违法和犯罪活动的实施意见的通知》

长府办[2010]70号 长宁区人民政府办公室关于成立区打击传销违法和犯罪活动联席会议的通知

科学知识

首次发现有微生物能分解塑料　由此引发新忧虑

在美国夏威夷檀香山召开的第五届国际海洋废弃物大会上，马萨诸塞州森林洞穴海洋研究院(WHOI)科学家表示，他们首次在海洋中发现能消化塑料垃圾的微生物，并提出了他们的新忧虑：塑料中的有毒物质有可能被引入海洋食物链中。

海洋中有大量塑料，大部分都漂浮在水面下。在电子显微镜下，每片塑料都是一片绿洲或一块充满生物的暗礁。WHOI海洋微生物学家特雷西·闵瑟和同事对北大西洋马尾藻海(Sargasso Sea)的塑料垃圾进行了研究，目前那里垃圾成堆，有超过1100吨塑料。

他们捞出来一些钓鱼线、塑料袋和塑料结(塑料珠的前期产品)，经在电子显微镜下观察，发现有类似细菌的细胞生活在这些塑料表面的小坑里，好像它们正在吞噬着塑料。虽然以前在垃圾填埋场也发现过能消化塑料的微生物，但在海上发现能分解塑料的微生物还是首次。这也有助于解释为何污染持续不断，海洋垃圾数量却能保持平衡。但这种细菌是把塑料转化为无害产品还是把有毒物质引入食物链中，目前还不能判断。闵瑟表示，他们计划对更多塑料抽样检验，培养鉴别上面的微生物，以确定它们怎样消化了那些塑料，并对代谢副产品进行研究。

塑料中含有邻苯二甲酸盐等有毒物质，也会不断吸附海洋中的有毒有机物。这些化学品进入细菌中，可能被消化分解为更小的塑料颗粒，进入细胞释放出其中的有毒物质。森林洞穴海洋生物实验室的微生物学家琳达·艾玛拉·泽特勒说，根据基因分析，塑料细菌的种类和附近海水、海藻中的细菌种类不同。塑料细菌具有真核细胞特征，比一般细菌更加复杂，这些细菌会不会引起疾病还无法判断。此外，海洋“塑料环境”可能包含着复杂的生物群落，气流和洋流将这些塑料带到全世界，海洋中没有一处能避免这些细菌的影响。这是我们制造的一个小世界，可能更好，也可能更坏。

索引

SUO YIN

CHANGNINGNIANJIAN

2011

说 明:

一、本索引采用主题分析索引法,按主题词首字的汉语拼音字母顺序排列。

二、索引主题词后面的数字表示内容所在的页码,数字后面的 a、b 分别表示正文中左右栏别。

三、索引内容为表格、图片,在主题词后分别注有(表)、(图)字。栏目、分目标题用黑体字标明。

四、为便于读者检索,党政机关、企事业单位名称一般不冠以“长宁”、“区”,易产生歧义者除外。

五、内容有交叉重复的,在本索引中将重复出现。

E

F

G

H

K

L

M

R

X

图书在版编目(CIP)数据

长宁年鉴.2011/《长宁年鉴》编纂委员会编.—
北京:方志出版社,2011.12
ISBN 978-7-5144-0352-7

Ⅰ.①长… Ⅱ.①长… Ⅲ.①长宁区-2011-年鉴
Ⅳ.①Z525.13

中国版本图书馆 CIP 数据核字(2011)第 244460 号

长宁年鉴(2011)

编　　者:《长宁年鉴》编纂委员会
责任编辑:陈曦　李静

出 版 社:方志出版社
(北京市建国门内大街5号中国社会科学院科研大楼12层)
邮编　100732
网址　http://www.fzph.org
发　　行:方志出版社发行部
(010)85195814　85196281
经　　销:新华书店
法律顾问:北京市大禹律师事务所
印　　刷:上海市印刷七厂有限公司

开　　本:889×1194　1/16
印　　张:35
字　　数:1095 千
版　　次:2011 年 12 月第 1 版　2011 年 12 月第 1 次印刷
印　　数:0001-1150 册

ISBN 978-7-5144-0352-7/K·289　定价:200.00 元

上海万宏工业投资(集团)有限公司
Shanghai Wanhong Industry Investment (Group) Co.,Ltd

上海万宏工业投资（集团）有限公司组建于2005月5月18日，隶属上海市长宁区国有资产管理委员会。

上海万宏工业投资(集团)有限公司是一家以先进制造业为主的都市型工业集团，总资产13.2亿元，年工业产值6亿元，主体产品涉及矿用输送装备、隧道工程防水橡胶、大型工程橡胶、机械电器、电子仪器工程、印刷包装、服装服饰诸多行业，以及新能源动力、LED灯源、轨道交通装备等新兴产业。

集团众多品牌产品销往国内外，与美国、日本、法国、英国、澳大利亚等国家以及中国香港地区有多项合资与合作，并与诸多知名大专院校、科研院所有着广泛的项目、科研合作。

集团拥有多名博士、硕士、MBA、高级工程师等各类高新技术专业人才、研发团队。

集团拥有上海市高新技术企业4家、上海市知识产权示范企业1家、上海市知识密集型技术密集型企业2家；拥有产品专利技术300余项；多次参与国家“863”计划等重大项目。集团下属企业分别通过ISO 9001质量管理体系、ISO 14000环境管理体系和ISO/TS16949技术标准等认证。

集团地处上海西区门户，其产业分布在上海市多个区域，是上海都市型工业经济的典型代表。

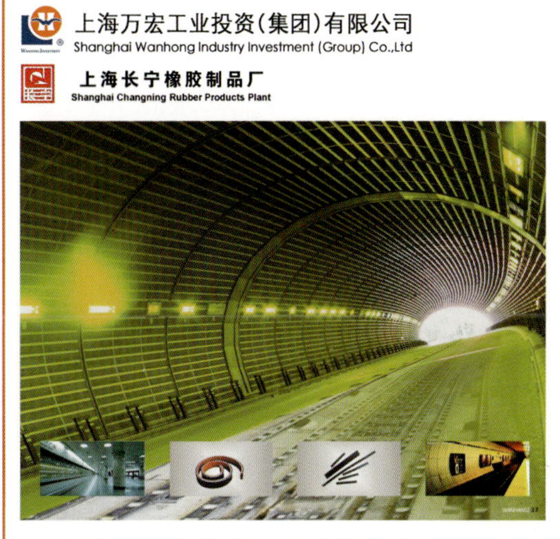

上海新长宁（集团）有限公司由上海长宁投资公司、上海长宁建设资产经营有限公司、上海鑫达实业总公司共同出资组建，注册资9.24 亿元，资产总额75亿元。公司以房地产开发为核心，积极拓展科技产业和商业，是长宁区最具实力的企业集团。

公司拥有全国房地产开发经营一级资质，连续12年荣获上海市重点工实事立功竞赛优秀公司，以其高品质的房产开发和成熟的品牌形象，位居上海房地产开发企业50强前列。在长宁区实施“三大经济组团”发展战略的进程中，新长宁集团全力投身于上海多媒体产业园、虹桥临空经济园区和虹桥涉外贸易中心的开发建设，取得了不凡的成绩。如今多媒体产业园已成为“数字长宁”的一个缩影，集聚效应显著；虹桥临空经济园区进入开发高潮，拆迁招商齐头并进；虹桥开发区功能拓展项目稳定启动，规划蓝图跃然纸上，一大批楼盘拔地而起。既有尽显尊贵的住宅小区兆丰嘉园、怡景苑、古北嘉年华庭、虹桥馨园、古龙公寓、古北新城，也有高档智能化商务楼兆丰广场、新时空国际商务广场、天山世纪广场、天山商业中心、思创大厦等。

新长宁集团

为全面贯彻实施“科技兴市”主战略，新长宁集团大力推进科技产业新高地的建设。在加快科技园区开发的同时，相继组建成立了生物医药、信息技术、电子商务等高科技公司，积极探索构建科工贸一体化的产业链，取得了良好成效。同时，为适应长宁区现代化商业发展的需要，集团所属天山商厦坚持立足内部，适度外延，创品牌特色，育业种特强的方针，融购物、休闲、娱乐、餐饮于一体，已成为上海商业“十佳”标兵，社区商业的一面旗帜。

2010年，新长宁集团实现经营收入27.5亿元,为年指标的110%；实现净利润3亿元，为年指标的109.10%；净资产收益率11.53%，为年指标的115.30%；实现国资保值增值率116.5%，为年指标的101.30%。实现招商引资指标13个，完成年指标数100%。新长宁（集团）有限公司获“上海市重点工程实事立功竞赛优秀公司”十七连冠；获2009年中国房地产开发企业百强；获“中国地源热泵技术应用优秀房地产企业”称号；获得由长宁区人民政府颁发的2009年度经济发展贡献奖奖牌；获上海市“守法经营示范企业”称号，获第二届上海市场诚信经营先进单位和诚信承诺先进单位；获“2010年上海市房管行业世博运行保障先进单位”。

公司地址：上海市长宁区仙霞路618号　电话：021-62625600　传真：021-62624207　邮编：200336

公司开发的中山万博国际中心

唯实 求实 务实

上海中山建设实业发展总公司

中共上海市委副书记殷一璀向公司总经理黄志源颁发全国五一劳动奖状

全国劳模安君英（右二）和中山公司总经理黄志源慰问动迁居民

上海中山建设实业发展总公司于1993年4月工商注册，1994年3月28日正式挂牌运作，为长宁区国资委管理的国有企业。目前拥有上海中山动拆迁有限公司、上海长宁中山投资管理有限公司、上海万博房地产开发有限公司等7家子公司。

中山总公司成立以来，发扬"唯实、求实、务实"的企业精神，认真履行国有企业的社会责任，积极对接区域发展目标，孕育了以全国劳模安君英同志为代表的先进典型，先后完成了90多项重大动拆迁工程，动迁单位2000多家，居民20000多户，拆除面积200多万平方米；代建政府投资项目达70亿元；并开发了虹桥万博花园、中山商务楼、盛世虹桥、中山万博国际中心等多项房产项目，**屡获"白玉兰"奖**。"十一五"期间，总公司人均创利和人均缴税在全区乃至全市国有企业中均名列前茅。

2011年，中山总公司**荣获全国"五一劳动奖状"，上海市先进基层党组织**。在此之前，已连续十五年获得上海市重点工程实事立功竞赛优秀公司称号，连续六届被评为"上海市文明单位"，还荣获上海市职工最满意企（事）业单位等称号。

公司总经理黄志源正在学习文件

公司实施动迁的北翟路中环立交观貌

公司代建项目由度环卫项目中的通沟污泥处理厂

公司获得的主要荣誉

嘉顿广场夜景效果

上海亚和投资管理有限公司

Shanghai Yahe Investment & Management Co.,Ltd.

董事长孙和平（左一）陪同长宁区区委领导调研嘉顿广场

长宁区区委领导莅临嘉顿广场听取汇报

洛城广场虹桥路一侧

洛城广场内景

上海亚和投资管理有限公司坐落于上海市长宁区虹桥路1665号洛城广场6楼，是一家专业致力于商业房地产投资、开发、管理、服务为一体的大型民营企业，公司旗下实体经营的“和平商业广场”、“洛城商业广场”、“嘉顿商业广场”落户在长宁区虹桥古北商圈，招商引资了上百家集餐饮、休闲娱乐、文体教育、零售为一体的品牌商户，形成了一个个具有现代化管理规模的“SHOPPING MALL”。

通过我们的招商，众多知名商家落户长宁，如：“金宝贝”、“鼎泰丰”、“丰收日”、“巴国布衣”、“屈臣氏”、“喜来公社”、“新秀丽”等等，这些商家每年为长宁区带来超过上千万的税收，同时带动新一轮的文化潮流和人气凝聚，无疑成为虹桥古北地区升起的一颗璀璨明星。

上海亚和投资管理有限公司的发展离不开长宁区区委、区政府的大力支持，区政府领导几次莅临广场调研，帮助企业解决问题，为企业出谋划策，公司将继续以“依托虹桥，发展长宁”战略方针，以现有虹桥经济技术开发区为基础，实施虹桥功能拓展，进一步提升品位、优化功能、注入活力，为整个长宁虹桥地区的经济发展而努力。

上海明鸿房地产发展有限公司
上海明鸿房地产发展有限公司是由上海东湖（集团）公司、新加坡明鸿发展投资（私人）有限公司、香港联合地产（杭州）有限公司于1992年成立的中外合资房地产开发企业，公司注册资本1500万美元。
公司于1992年以土地批租方式取得虹桥路以北、虹梅路以西300亩，占地207942平方米的土地，规划建造219幢独幢小别墅，规划容积率≤0.4。明苑别墅目前Ⅰ、Ⅱ期、Ⅲ期已建造206幢别墅，销售良好，销售率95%，最后一期13幢别墅目前已开工。
明苑别墅地理位置优越：距虹桥机场仅五分钟车程，如沿着涉外宾馆星罗棋布的虹桥路向东行驶15分钟，即可到达市中心；小区紧临西郊宾馆，其近千亩郁郁葱葱的植被令人心旷神怡，而小区内环境优美，绿树成荫，空气清新，各型别墅错落有致，极具欧陆风情。明苑别墅的市场定位主要是在大陆有投资的外商，各国驻沪机构的外籍人员及部分国内处于事业巅峰的人士，是市区罕见的黄金别墅区。

上海华闻房地产开发有限公司

上海华闻房地产开发公司成立于1992年12月14日，注册资本2000万元人民币。经人民日报批准，2003年8月公司改制，由上海科文置业有限公司和温州市国光房地产开发有限公司共同出资，收购成立上海华闻房地产开发有限公司。

公司在中山西路999号开发建造的华闻国际大厦属五A甲级办公楼，占地面积7945M^2，规划建筑面积50339M^2（含5000M^{2}地下室）。由上海建科设计院设计，浙江华强建筑工程有限公司承建，2006年元月破地动工，2008年2月29日竣工交付使用，2008年8月26日正式取得大产证，该项目2009年8月荣获2008年度上海市建设工程“白玉兰”奖（市优质工程）。

地　址：上海市中山西路999号
租赁电话：021-62781996
021-62781995

浦江大型居住社区

城建国际中心

上海城建置业发展有限公司
Shanghai Construction Property Development Co.,Ltd.

大宁瑞仕花园

上海城建置业发展有限公司，是上海城建（集团）公司的全资子公司，是城建集团从事房地产开发、经营、管理的平台，拥有房地产开发一级资质。

公司连续三届被评为“上海市房地产开发50强企业”和“中国房地产领先企业”。

公司先后开发了古北瑞仕花园、金桥瑞仕花园、悠和家园、瑞和新苑、城建国际中心、城建地产大厦等近1000万平方米的优秀住宅、高档写字楼和保障性住房，并在市场上形成了以高档住宅为主的“瑞仕”和以中档商品房为主的“瑞和”两大品牌。

瑞和宜山大厦宜山路项目

目前，城建置业在开发的楼盘有大宁瑞仕花园、安亭瑞仕花园、无锡太湖瑞仕花园、上海城建大厦、城汇大厦、浦江和华新大型居住社区保障房等项目。随着公司的发展，企业品牌不断扩大，所开发建设的楼盘荣获多项奖项。如“古北瑞仕花园”先后荣获上海最受欢迎的楼盘、十大国际品质楼盘、建设部中国住宅经典示范楼盘、上海最具投资潜力楼盘、上海市优秀住宅金奖、上海市“四高”优秀住宅小区、首届上海十大经典全装修示范楼盘等称号；“悠和家园”和“金桥瑞仕花园”荣获2005年上海最受欢迎楼盘综合金奖；“城建国际中心”荣获首届全国新时代优秀规划建筑设计方案全国优秀商务楼金奖、上海市“白玉兰”奖及建设部颁发的中国建筑工程“鲁班奖”。

金桥瑞仕花园

公司秉承“诚信、务实、创新、卓越”的经营理念，将继续与时俱进，拓展思路，积极参与上海和外省市房地产的开发建设，打造城建置业房产品牌，为推进上海的住房建设，构建和谐社会作出贡献。

安亭瑞仕华庭别墅四拼图

中国智慧城市专家

一、数字化中国

从神州数码诞生的第一天起，我们就确定了自己的理想——“数字化中国”，也因此命名为神州数码。我们要打造一家百年老店，让神州数码成为中国最具价值的IT服务供应商，通过持续创新，为客户提供卓越的全面整合服务，以实现数字化中国的理想。

郭为

神州数码控股有限公司董事局主席

神州数码控股有限公司2000年从原联想集团分拆成立，2001年在香港联合交易所主板上市（股票代码00861.HK），是中国最大整合IT服务商。

通过集合全球信息产业资源，神州数码将丰富的技术解决方案和全线IT产品整合，满足行业、企业及个人消费用户多样的信息技术服务需求。目前，神州数码已构建起完整的IT服务价值链，服务涉及IT规划咨询、解决方案设计与实施、IT系统运维外包、系统集成、IT分销和维保等领域，为客户提供端到端的整合IT服务。

数字化中国是我们的名字，更是我们的使命。2010年，神州数码提出了“智慧城市”发展战略，将继续推进“以客户为中心，以服务为导向”的转型，融合城市化和信息化进程，着力打造具有区域特色的“智慧城市”产业链，以在中国IT服务领域多年的积累引领“智慧城市”时代发展。

过去十年，神州数码始终在行业保持着领先地位，并因其持续高速成长，获得了业界认可。

- IT分销和系统集成服务连续10年位居市场第1；
- 在行业软件应用服务领域，政府行业位居第1，金融行业位居第2，电信行业名列第4；
- 在国家工信部公布的“中国软件业务收入百强企业”中，2009、2010、2011年，神州数码连续三年进入前三甲；
- 2010、2011连续两年进入财富中国500强，2011年名列第73位；
- 2009年～2010年，连续两年入选《福布斯（Forbes）》“亚太地区最佳大型上市公司50强”；
- 亚太地区城市信息化合作办公室“2010中国城市信息化杰出供应商”；
- 荣获国家信息化评测中心评选的“最佳企业信息化整体解决方案提供商奖”、中国软件行业协会评选的“2008中国10大软件创新企业”、《信息周刊（Information Week）》2008年度“中国商业科技100强”排名第1。

二、业务布局

神州数码在中国和世界之间架起桥梁，十年间，神州数码的IT合作厂商发展到接近300家，产品领域发展到超过400个。

销售网络覆盖860个城市、有634家数码港、13000多家经销渠道和6000多家增值合作伙伴，拥有中国IT领域最广泛的市场覆盖。

已在全国范围内建立4个区域中心、3个物流中心和1个数据中心，业务网络拓展至19个平台，近50个办事处及分支机构，同时在5个城市设立了“智慧城市”子公司。

神州数码在过去十年中，积累了来自电信、金融、政府、能源及交通行业的重要客户，成为他们值得信赖的合作伙伴，为他们提供大量可借鉴和可执行的行业解决方案。

三、战略发展

作为中国信息化的见证者和建设者，神州数码的发展历程就是中国IT服务发展史的缩影。

在过去的“一五”、“二五”和刚刚启幕的“三五”，神州数码前进道路上的每一次战略转型，都是与国家发展的主旋律、信息产业发展的主脉搏相结合，顺势而为，释放信息技术的力量，与用户共同创造和分享数字化中国的辉煌未来。

四、智慧城市

神州数码经过前十年的发展，蓄积了强大的势能。面对今天城市化与信息化融合的新趋势，神州数码进入了以融合服务为中心的“三五”发展阶段，2010年发布“智慧城市”战略，藉此战略实现新的跨越。

在神州数码的智慧城市总体设计中，政府职能与信息技术充分融合，提供“以人为本”融合便捷的公共服务——解决医疗、交通、能源供给、社会保障等一系列社会管理及服务的问题。在提升城市管理服务水平的同时，打造新型城市产业群与生态圈。

神州数码的智慧城市战略，就是以社会经济的繁荣为目标，以社会和谐稳定为前提，以民生和人民幸福为考核目标，通过以云计算为代表的信息技术手段进行融合创新，推进新型城市化进程。

神州数码智慧城市全景图

神州数码构筑的“中国智慧城市蓝图”，将通过完善通信与信息基础设施，构建数据共享与整合平台，为城市提供包括市民管理与服务、企业管理与服务、城市管理与运营，从而实现城市的幸福、繁荣与和谐，全力打造以便利城市、健康城市、高效城市、平安城市、绿色城市等为特征的智慧城市。

五大业务领域全面发力

神州数码基于“智慧城市”战略蓝图，在五大业务领域全面发力，支撑“智慧城市”战略，实现企业高速发展。

神州数码基于“智慧城市”战略，围绕五个业务领域，集合全球IT资源，为客户提供丰富的解决方案，以满足客户独特、多样的IT服务需求。

江南春荣膺“改变中国的商业力量”大奖

2005年7月分众传媒在纳斯达克上市时的团队照片

商务楼宇联播网

公寓电梯媒体

Focus Media 分众传媒

分众传媒（Focus Media），中国领先的数字化媒体集团，创建于2003年，**产品线覆盖商业楼宇视频媒体、卖场终端视频媒体、公寓电梯媒体（框架媒介）、户外大型LED彩屏媒体、电影院线广告媒体等多个针对特征受众、并可以相互有机整合的媒体网络。**

分众传媒以中国都市人群为核心目标人群，覆盖中国最广泛的高收入群体，以独创的商业模式、媒体传播的分众性、生动性赢得了业界的高度认同。**2005年7月分众传媒成功登陆美国纳斯达克，成为海外上市的中国纯广告传媒第一股，**并以1.72亿美元的募资额创造了当时的IPO纪录。2007年12月24日，分众传媒正式被计入纳斯达克100指数，成为第一个被计入纳斯达克100指数的中国广告传媒股。

目前，分众传媒所经营的媒体网已经覆盖100余个城市、数以10万计的终端场所，日覆盖超过3亿的都市主流消费人群，业已成为中国都市最主流的传媒平台之一，效果被众多广告主所认同肯定。

卖场联播网

户外彩屏LED

影院广告

2010年上海市浙江商会社会责任奖

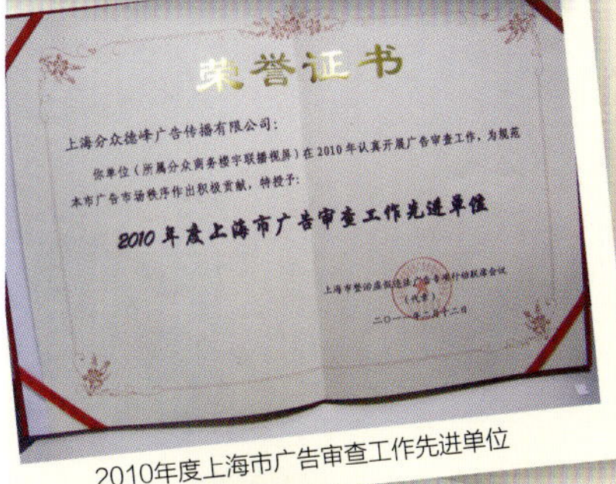

荣誉证书

2010年度上海市广告审查工作先进单位

2010年度上海市广告审查工作先进单位

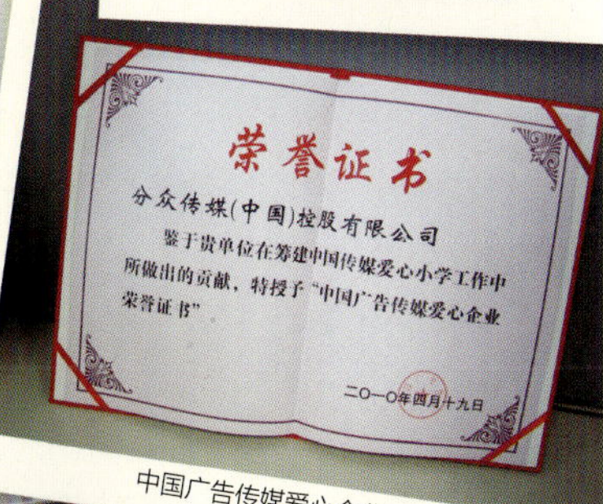

荣誉证书

分众传媒（中国）控股有限公司

鉴于贵单位在筹建中国传媒爱心小学工作中所做出的贡献，特授予“中国广告传媒爱心企业荣誉证书”

二〇一〇年四月十九日

中国广告传媒爱心企业

中国2010年上海世博会迎世博贡献奖-宣传教育贡献奖

中国2010年上海世博会公益宣传先进单位（2009年度）

中国2010年上海世博会公益宣传贡献奖（2007年度）

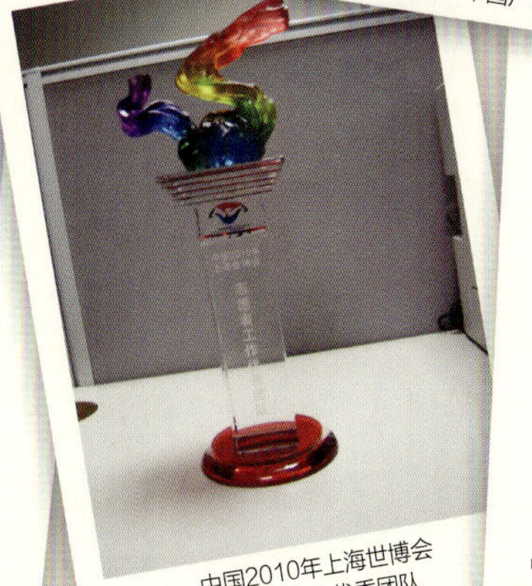

中国2010年上海世博会志愿者工作优秀团队

中国2010年上海世博会公益宣传贡献奖（2008年度）

海烟物流

服务创造价值

PTL分拣系统

SENZANI全自动烟条拣选系统

A-FRAME半自动烟条拣选系统

门店收货交接场景

2010年度用户满意服务企业

2010年长宁区劳动关系和谐企业

2010年度上海市安全行车先进集体

上海海烟物流发展有限公司成立于2002年6月，公司在上海烟草集团的领导下，实施集约化经营，整合上海烟草和糖酒业的优势资源，专注于卷烟、酒类、食品、百货的分销与配送。公司通过几年的努力，形成以现代物流和卷烟营销、糖酒商品营销为核心的三大主营业务。

2005年建成投入运行的海烟物流中心占地100亩，建筑面积37000平方米，库区共有托盘位3.3万个，其中自动立体库约2.6万个。主要配送卷烟和食品百货，卷烟配送范围包括崇明在内的上海所有区县约3.7万家客户。

根据上海质量协会用户评价中心的第三方测评，自2005年起，海烟物流的客户满意度始终保持在93以上，2009年达到95.77，2010年达到96.06。2006、2008年，公司还获得全国和上海市服务质量满意企业和上海市优秀服务商标。

海烟物流以“和搏一流”的企业精神，以“国内一流，国际先进”为目标，将“服务创造价值”作为企业理念，从服务于整个供应链的角度，注重服务，强化管理，持续提升现代物流运营水平，提升现代物流的软实力。

公司承建的江苏路愚园路企业发展大厦项目

区人大代表视察公司承建的上海盛源科技园项目

公司承建的沈阳亿丰广场二期

总经理徐光新参加上海证券印制有限公司扩建二期工程奠基

长宁区江苏路街道领导到公司考察

岳阳市委市领导到公司考察

舜元建设（集团）有限公司于2005年5月经改制设立，注册资金3.2亿元，总资产230000万元，是一家拥有房屋建筑施工总承包壹级资质、市政公用工程施工总承包壹级资质、装饰装修工程专业承包壹级资质，机电设备安装工程施工总承包贰级、钢结构工程、消防设施工程专业承包贰级，机电设备安装工程、建筑智能化工程专业承包叁级等专业承包资质。2006年10月通过质量、环境、职业健康安全管理“三合一”体系认证，是上海地区同行业中率先通过质量、环境、职业健康安全管理“三合一”体系认证的民营企业。现已发展成为集建筑施工、安装、市政、钢结构生产安装、装饰装修、劳务、节能建材生产、建筑材料销售、科技研发等为一体多元发展的企业集团。

2005年12月企业以7.2亿元资产成功收购了上海北大青鸟企业发展有限公司100%的股权，增强了企业的综合竞争力。自公司成立以来，先后建立了一整套与施工相适应的质量、安全、技术、经营、财务等一系列的管理制度和工作职责。确立了以“文明建企、人本立企、质量兴企、科管强企、依法治企”的治企方略，坚持以科技为先导，人才为根本，大力培养引进大、中专毕业生和技术人才，狠抓工程质量、安全生产和文明施工，提供优质服务，不断提高服务质量，市场占有率和市场美誉度逐年提升。

近年来，公司与同济大学建筑工程系联合成立了同济一舜元科技研发中心，企业技术中心被评为上海市技术中心，凭借雄厚的技术实力和精良的施工设备，公司业务在巩固大上海建筑市场的基础上，触角已延伸到浙江、江苏、山东、辽宁、四川、重庆、安徽、湖南、广东、海南、黑龙江、新疆、甘肃等十多个省近二十多个城市及地区，先后创国家鲁班奖、钢结构金奖、上海市白玉兰奖、浙江省钱江杯、江苏省扬子杯、上海市优质结构等优质工程、优质结构工程100余项，获上海市文明工地、标化样板工地、节约型工地等荣誉500多项，荣获“中国建筑业综合实力100强”、“全国优秀施工企业”、“全国质量管理优秀企业”、“上海市民营企业百强”、“上海市‘守合同重信用’AAA级企业”、“上海市建筑施工企业综合实力排名30强企业”、“上海市建筑业诚信企业”、“上海市用户满意施工企业”、“上海市建筑施工安全生产先进企业”、“长宁区文明单位”、“长宁区重点企业（纳税大户）”等荣誉称号。

公司以“诚实、奉献、开拓、创新”为企业精神，人为本，坚持“诚实守信、质量为本、崇尚科学、追求卓越”的经营理念，倡导社会责任感，提倡员工追求协作创新，发挥个性，实现员工与企业的良性互动。舜元人将以诚信缔造企业品牌，奋力实施名牌名品战略，乐于竞争，以优质服务赢得您永远的支持，以高尚的职业道德，精湛的施工技艺创造明天更大的辉煌。

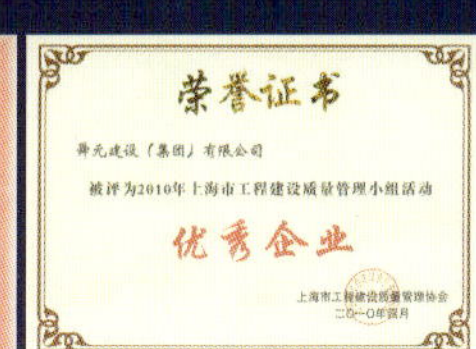

中国航空油料有限责任公司华东公司

华东公司为世博志愿者号飞机加油

中国航油上海地区世博保障誓师大会

中国航空油料有限责任公司华东公司成立于 1991 年 1 月，是国有大型航空运输服务保障企业。公司本部设在上海，在华东六省设有 10 个分公司、24 个供应站和 7 个炼油厂办事处。公司主要经营范围是民用航空油料批发、储存、加注业务等，为国内外航空公司提供供油服务。供油网络覆盖华东六省一市 34 个民用机场。

经过 20 年的发展，公司整体实力显著增强。公司目前拥有油库 35 座、油罐 182 个，储油能力 21.61 万立方米，机坪加油管网 8 个，专用输油管线 186.3 公里，并拥有多条铁路专用线及卸油栈桥，先进的自动供油控制系统、加油设备，形成了集航油采购、运输、储存、检测、销售、加注服务一体化的航油供应管理体系，满足适应了民航高速发展的需要。

公司以“竭诚服务全球民航客户、保障国家航油供应安全”为使命，努力为国内外航空公司提供“主动、热情、及时、准确、周到”的供油服务。20 年来，累计为国内外航空公司飞机加油 432.3 万架次，销售航油 2324.6 万吨，实现利润 20 亿元。公司总资产由成立时的 1.4 亿元增至 43.6 亿元。2010 年共为 50 万架次飞机供油 259.76 万吨，全年实现销售收入 132.43 亿元，实现利润 3.53 亿元。

1994 年以来，公司销售和利润总额历年名列上海物流企业前茅。“十一五”期间，公司荣获全国“安康杯”竞赛优胜企业五连冠、“全国民航先进劳动关系和谐企业”，连续 5 年被行业政府、地方政府安全生产年度考核评定为优秀安全业绩，多年被评为上海市文明单位。

近年来，公司多次经历重大任务的考验，先后成功完成了抗震救灾、奥运保障、世博保障和亚运保障等重大任务，忠实履行了企业的社会责任，体现了中国航油“务实、创新、责任、和谐”的价值理念，展示了中国航油员工“特别听指挥、特别能吃苦、特别能战斗、特别肯奉献”的航油“国家队”形象，赢得了上级领导的充分肯定和社会各界的高度评价。公司被国资委授予“中央企业参与 2010 年上海世博会荣誉集体”的光荣称号。

上海农商银行 SRCB 长宁支行

上海农商银行成立于 2005 年 8 月 25 日，是由上海国资控股、澳新银行参股、总部设在上海的法人银行，是在有着逾 50 年历史的上海农村信用社基础上整体改制而成的股份制商业银行。目前注册资本为50亿元人民币，营业网点近340家，员工总数约 5000 人。

近年来，围绕上海打造国际金融中心和加快城乡一体化建设的契机，上海农商银行确立了"成为公司治理完善、机构布局合理、业务功能齐全，资本充足、管理精细、风险可控、业绩优良的区域性便民银行"的发展战略；将"培育一支求知奋进、务实创新的员工队伍和建设一家服务大众、贴心周到的便民银行"作为全行愿景；明确了"做强郊区、拓展城区、立足上海、辐射周边"的市场定位。

自改制成立以来，上海农商银行不断健全现代商业银行经营管理体制和机制，完善内控和风险管理体系，各项业务平稳健康发展，资产质量不断改善，经营业绩逐年提升，服务功能持续完善，品牌知名度不断扩大，已经成为上海地区营业网点最多的银行之一，是上海地区小企业贷款客户和金额最多的银行，也是全国电子渠道最齐全的区域性银行之一，同时还是全国首家推出金融便利店和提供晚间人工服务的银行，成为了上海金融业的重要组成部分。目前，全行总资产规模约 2800 亿元，本外币各项存款余额已超 2236 亿元。据英国《银行家》杂志统计，按一级资本排序，上海农商银行连续多年在全球 1000 家大银行中，跻身全球银行 500 强。

上海农商银行长宁支行位于古北路555弄8号(总机：52060066)，目前在长宁区已设有8个网点，分别位于新泾镇、虹桥路、仙霞路、古北路、天山商业街和凯旋路，为企业和个人客户提供存款、贷款、理财产品销售、基金销售等金融服务。**位于泉口路152号的泉口分理处和位于天山路762号的古北支行，还以"金融便利店"的新颖经营模式，将营业时间延长至晚上9：00，通过错时营业的方式，为广大个人客户提供便捷的储蓄及理财服务。**

高新技术企业

证书

企业名称：上海现代中医药技术发展有限公司　证书编号：GR200831000585

发证时间：2008年11月25日　有效期：三年

批准机关：

现代中医药简介

上海现代中医药股份有限公司是由上海新长宁（集团）有限公司、北京百洋大成医药技术有限公司、上海中医药大学、华东理工大学多方共同投资组建的高新技术企业。公司整合了风险资本，多所著名大学强大的科研力量和药品制造、市场营销的专业力量等各种资源，应用现代科学技术研究开发具有自主知识产权的各类现代中药。

公司拥有非常明显的地域优势，集五千年中医药理论传承与上海这个国家级科研中心的优势于一身，利用与国际接轨的现代科研方法，将中医药开发研究带入新的发展模式。公司志在创制中医药国际化标准，瞄准西医治疗的空白领域，凭借中医药丰厚的底蕴，开展对中医药理论的原始创新，根据中医药发展新理论，专业研制小复方中药，治疗西医体系无法治愈的各种疾病。同时利用中医药的安全性优势，注重质量与高效，打造国际垄断性产品。

现代中医药近期成就

公司至今已获得发明专利15项，美国授权专利发明2项，实用新型专利11项，上海市高新成果认定7项，完成上海市高新技术成果转化项目6项，国家科技进步二等奖2项，其中与公司产品扶正化瘀片和芪麝丸有关的科研成果各获一项。

2010年12月，公司改制成功，正式更名为上海现代中医药股份有限公司。

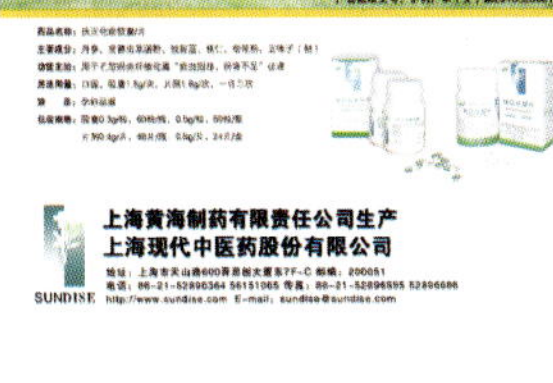

中华医学科技奖

证书

由上海中医药大学完成的"益气化瘀中药防治椎间盘退变的细胞生物学机制研究"获2007年中华医学科技奖壹等奖。

此证

证书号：200701109U0101

中华医学会

二〇〇七年十二月十二日

公司产品**扶正化瘀片**2006年12月正式取得美国IND批文，展开II期临床研究，按照美国FDA要求，公司将于2012年完成扶正化瘀片在美国抗慢性丙型肝炎肝纤维化的II期临床试验研究，并于未来3年内展开III期临床试验，如果临床试验能够顺利完成，扶正化瘀片或将成为第一个通过美国FDA批准上市的中药复方药品，并且将建立中药制剂的临床疗效评价标准和质量控制标准，为中医药国际化提供示范性的研究案例。

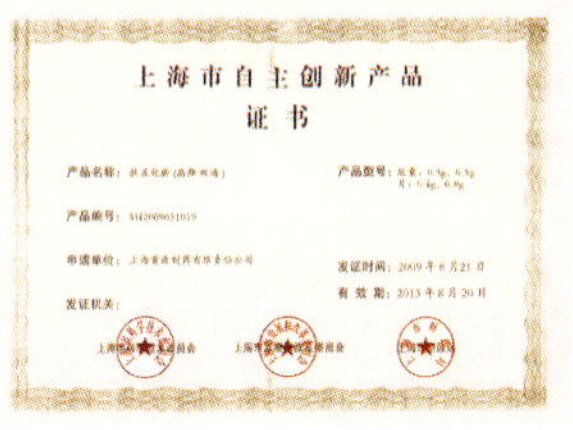

上海市自主创新产品

证书

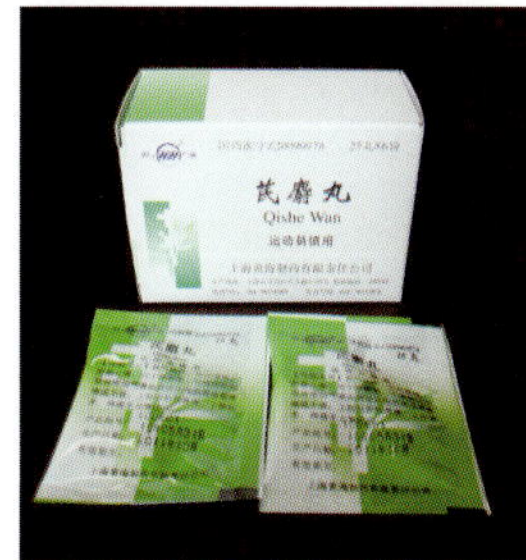

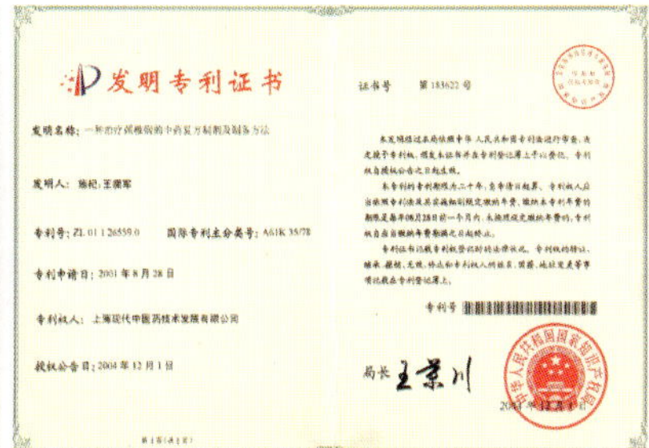

发明专利证书

局长 王景川

国家科学技术进步奖

证书

另外一项国家级**扶正化瘀胶囊**高技术产业化示范工程项目也将于2011年底竣工，建设成一条全过程自动化的中药提取生产线。为国内中药生产企业提供样板，推动传统中药制药行业的技术升级和发展。建设一条年产5亿粒扶正化瘀胶囊的生产线，可以满足40万肝纤维化患者的用药要求。

地址：上海市天山路600弄思创大厦东7F-C　**邮编：**200051　**电话：**021-52896364　56151065　**传真：**021-52896595　52896686　http://www.sundise.com　E-mail:sundise@sundise.com

XIJIAO STATE GUEST HOTEL

Shanghai China

★★★★★

上海西郊宾馆隶属于上海东湖（集团）公司，始建于1960年，是目前上海最大的五星级花园别墅式国宾馆，宾馆占地约1200亩，馆内河流蜿蜒，遍植名木古树，独具特色的亭台楼榭与小桥流水浑然天成。历年有2001年上合组织成员国六国元首非正式会晤及上合组织五周年庆典、APEC中美峰会等重大活动在馆举行。毛泽东和邓小平同志曾在此下榻，宾馆还曾接待了包括英国女王、日本天皇、美国总统奥巴马以及英、法、俄等各国总统在内的百余位各国元首。

西郊宾馆拥有各类总统套房、套房、行政房、豪华房249间（套），各类风格迥异的别墅108栋，还拥有气势恢宏、设施完善的会议中心，成为高档会见、会议和大型商务宴请的首选之地。西郊宾馆内还有上海西区最顶尖运动休闲会所之一的体育中心，为您的商务之旅更添一份惬意。西郊宾馆以一流的设施和个性化的服务欢迎中外宾客的光临。

Shanghai Xijiao State Guest Hotel founded in 1960, is the largest 5 star garden guest house in Shanghai. The hotel covers an area of 1200 mu which is covered by trees, flowers and grasslands. 2001, an informal meeting of the membership state council of Shanghai Cooperation Organization , the fifth anniversary event of Shanghai Cooperation Organization and APEC Summit were held in the hotel. The hotel was having welcomed around 100 passels of important national guests such as Queen Elizabeth II, the Emperor of Japan, US President Barack Hussein Obama and other foreign celebrities. Chairman Mao, Chairman Deng all have been stayed in the hotel.

Xijiao State Guest Hotel is possessing more than 249 guest rooms of different style, including Presidential Suite, Business Suite , Executive Room, Deluxe Room. The hotel also possess 108 villas and the spectacular Conference center with complete facilities. The well-equipped conference center has became the first choice for interview, meeting and banquet. The Sports center in the hotel is one of western region of Shanghai' s most comprehensive sports and social clubs. Xijiao State Guest Hotel warmly welcome all distinguished guests to stay at our hotel with first-rate facilities and services.

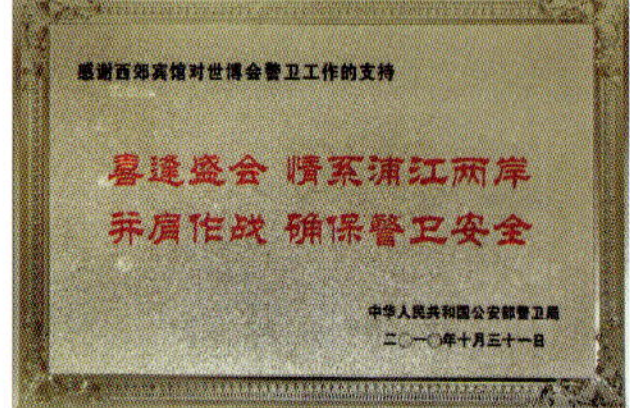

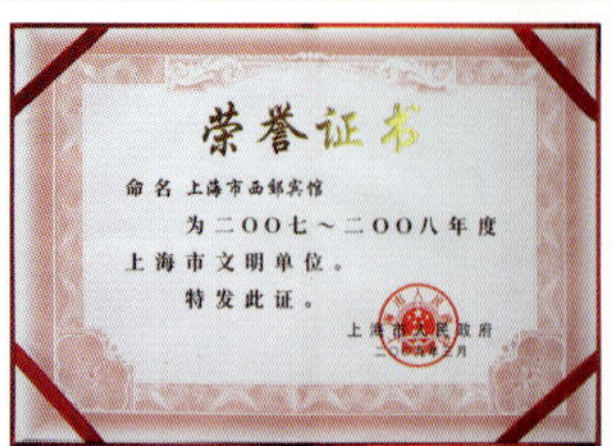

上海春秋国际旅行社有限公司

上海春秋国际旅行社有限公司（简称“公司”）的前身是成立于1981年的上海春秋旅行社。30年来，公司由小到大，从单一经营发展到集团化综合经营。特别是公司作为国内第一家创办航空公司的旅行社，于2004年5月26日创建成立了国内唯一低成本航空公司——春秋航空有限公司。目前，公司拥有员工3000余名，业务涉及旅游、航空、酒店、机票、会议、展览、商务、车队、体育赛事、城市旅游观光巴士等，拥有境内42家全资分社和海外4家全资分公司，在全国有4000多家代理商，在上海设立52家营业网点，是国内连锁经营最具规模的旅游批发商和包机批发商之一。

公司是国际会议协会（ICCA）在中国旅行社中最早的会员，第53～55届世界小姐大赛组委会指定接待单位，世界顶级赛事F1赛车中国站的境内外门票代理，众多世界500强企业的指定接待单位，“2010年上海世博会世博游指定旅行社”之一。

公司历年来获得中国“优秀质量管理小组”、全国实施用户满意工程先进企业、全国旅行社业文明窗口示范单位、全国国际旅行社百强企业、全国及上海“守合同、重信用”企业、“上海市著名商标”、“上海市用户满意企业”、“上海市文明单位”和“上海市A类纳税信用单位”等称号。1994～2008年，连续蝉联全国百强旅行社国内旅游第一。2009～2010年，连续两年获《新民晚报》“最受喜爱的旅游企业”奖项。公司拥有一支素质高、业务精的专业导游领队队伍，在“迎世博，2009年上海市青年导游员大赛”上包揽中文组前三甲以及英文组二等奖。

2010年，公司进一步实施名牌战略，目前已拥有“春秋旅游”、“贵族之旅”、“春秋假期”3个“上海名牌”共17个系列，线路涵盖海南、云南、桂林、张家界、普吉岛、巴厘岛、日本、法国、瑞士、意大利等旅游目的地。

导游大赛的春秋旅游获奖选手与春秋国旅领导谢元宪（左四）合影

春秋集团捐赠西柏坡希望小学

春秋公司荣获上海市著名商标

观光巴士

申畅国际商务楼

申畅国际商务楼是上海纺织物业管理有限公司属下上海申畅物业管理有限公司管理的一幢涉外商务楼。

商务楼地处氛围幽静的新华路上，环境优雅，深具城市文化底蕴，毗邻虹桥开发区，地理位置得天独厚。**商务楼具有欧式风格，楼高六层，建筑面积 6446 平方米，是一幢深受中外资公司青睐的国际商务楼。**

申畅物业紧紧围绕“科学管理、至诚待客；开拓经营、创造效益。”公司质量方针和经营理念。通过质量管理体系，确保公司持续稳定，高质量地提供满足顾客要求和适用法规要求的服务。

申畅物业为租户提供优质、周到的服务。设立邮政、快递专柜、餐厅，提供电信、卫视、网络服务，会议室出租和影视设备借用服务、租户设施维修服务、医务室健康咨询等服务。

物业加强标准化服务管理，定期走访租户，发放服务征询表及时听取租户意见和建议，做到及时反馈及时整改。为租户提供一个安全、舒适、高效、洁净的工作环境。

坚持注重物业与地方政府相关机构长期良好的沟通关系，与地区招商办合作为入驻企业提供优惠政策，实行工商注册、税务登记“一门式”服务，实施物业和地区租税联动制，为申畅国际商务楼的发展制造了良好的内外环境。

地址：上海市新华路 668 号